ETTY HILLESUM

Judith Koelemeijer

ETTY HILLESUM

HET VERHAAL VAN HAAR LEVEN

UITGEVERIJ BALANS

Tweede druk, oktober 2022
Eerste druk, september 2022

Deze publicatie is mede tot stand gekomen dankzij een bijdrage van

Etty Hillesum Stichting
Prins Bernhard Cultuurfonds
Fonds Bijzondere Journalistieke Projecten
Stichting Jaap Harten Fonds
Jaap Rosen Jacobson
Nederlands Letterenfonds
Amsterdams Fonds voor de Kunst
Gravin van Bylandt Stichting
Stichting Democratie en Media
Emanuel Snatager Foundation

Omslagontwerp Mijke Wondergem
Omslagfoto Bernard Meijlink
Kleurbewerking omslagfoto Erwin Zeemering
Auteursfoto Bob Bronshoff
Typografie en zetwerk Studio Cursief, Irma Hornman
Druk Wilco

ISBN 978 94 638 2174 2
NUR 320, 680

www.uitgeverijbalans.nl
facebook.com/uitgeverijbalans
twitter.com/balansboeken
instagram.com/uitgeverijbalans
uitgeverijbalans.nl/nieuwsbrief

www.judithkoelemeijer.nl

INHOUD

PROLOOG

De jongen zat op zijn knieën voor het bureau van zijn vader, dat bestond uit een groot werkblad met daaronder aan weerszijden twee kastjes. Voorzichtig maakte hij het linker bureaukastje open. Op de bovenste plank lagen de schriften van Etty Hillesum. Het was een hele stapel. Sommige hadden ringetjes, andere niet.

Hij pakte een schrift van de stapel, behoedzaam, bang betrapt te worden, en bladerde erin. De bladzijdes waren dicht beschreven. Hij kon helaas geen woord van het priegelige handschrift lezen. Wel viel hem de hoofdletter 'S.' op, die overal op de pagina's terugkeerde. Bedoelde Etty daar zijn vader mee? Zijn vader heette Klaas Smelik, net als hijzelf.

Snel legde hij de schriften weer terug. Ze hadden een mysterieuze aantrekkingskracht op hem, al was hij pas tien jaar oud en vijf jaar ná de oorlog geboren. Etty was Joods en had de oorlog niet overleefd. Ze was niet ouder geworden dan 29 jaar. Hij keek in de schriften van iemand die dood was, een griezelige gedachte. Hij was bang voor de dood.[1]

Het was rond 1960, de oorlog lag alweer vijftien jaar achter hen. Toch werd er thuis nog vaak over de oorlogsjaren gepraat. Ook Etty werd in de gesprekken veel genoemd. Ze was een goede kameraad geweest van zijn vader, en de beste vriendin van zijn 34 jaar oudere halfzus Johanna.

's Avonds, als ze aan tafel zaten, vertelde zijn vader vaak hoe hij had geprobeerd Etty ervan te overtuigen om bij hen onder te duiken. Ze hadden een verborgen kruipruimte onder de plankenvloer van hun villa in Hilversum. Het was een heel goede plek om je te verstoppen.

Zijn vader was schrijver en kon meeslepend vertellen.

'Ik pakte Etty stevig vast en vloekte: "Jij blijft hier!"'

Maar Etty had hem vreemd, bijna vijandig aangekeken, en gezegd: 'Je begrijpt me niet. Ik wil het lot van mijn volk delen.'

Daarna zweeg zijn vader altijd even.

'En toen wist ik dat alles verloren was,' verzuchtte hij dan.[2]

Zijn vader kon het nog altijd niet begrijpen. Hij had Etty verteld dat het kamp in Polen haar dood zou worden. Evengoed had hij haar niet kunnen redden.

Nu had zijn vader Klaas alleen nog Etty's dagboek. Elf volgeschreven schriften in het linker bureaukastje.

Op een dag, vlak na de oorlog, was er een vriendin van Etty, Maria Tuinzing heette ze, naar hun huis in Hilversum gekomen.[3] Ze had een stapel schriften bij zich en zei dat Etty die aan haar had gegeven. Mocht ze niet terugkomen uit Polen, had Etty tegen Maria gezegd, dan moest zij haar dagboek aan Klaas Smelik overhandigen. En dan moest Klaas Smelik, die contacten had in de uitgeverijwereld, ervoor zorgen dat het gepubliceerd werd.

Zijn vader had verschillende uitgevers benaderd, wist hij. Maar niemand wilde het dagboek uitgeven. Ze vonden het te filosofisch, had zijn vader uitgelegd.

'De mensen willen lezen hoe slecht de Duitsers waren en hoe goed de Nederlanders. Ze willen over gruwelen en heldendaden lezen. Maar Etty vond juist dat mensen moeten ophouden met elkaar te haten.'

Hij zag dat zijn vader het heel erg vond dat de publicatie nog niet was gelukt. Zijn vader had Etty's wens niet kunnen vervullen. Hij had gefaald.

Ook voor hemzelf was het jammer. Nu kon hij alleen maar raden wat er in de geheimzinnige schriften stond. En zou zijn belangrijkste vraag misschien wel nooit worden beantwoord. Want hoe kon Etty voor de dood kiezen, terwijl haar het leven werd aangeboden? Wat kon er belangrijker zijn dan een mensenleven?[4]

DEEL I

I

De man met de antenne

Ze beleefde de dag als een wedergeboorte. 'Op 3 februari 1941 ben ik ter wereld gebracht,' beweerde ze stellig.[1] Etty Hillesum was toen al 27 jaar. Toch leek het of haar ware leven pas die dag begon – en alles wat zich daarvoor had afgespeeld er niet werkelijk toe deed.

Het gebeurde allemaal op een ijskoude maandagochtend, tijdens de eerste winter in Amsterdam onder Duitse bezetting.[2] Etty had een afspraak in de Courbetstraat, op een klein halfuur lopen van haar huis in Amsterdam-Zuid. Er waaide een gemene noordenwind, de stad was bedekt met een dik pak sneeuw en het vroor flink. In het voorgaande weekend waren in het hele land schaatstochten gehouden, oorlog of niet. Trams reden er nauwelijks die dag, dus moest Etty het hele eind op de fiets door de sneeuw ploegen.[3] Ze was verkleumd toen ze aanbelde op nummer 27.

'Hier is het object voor mijnheer Spiehier,' riep ze met schuchtere stem in het trappenhuis.[4]

'Komt u maar boven!' antwoordde een vrouw.

Etty's ontmoeting met Julius Spier was via via tot stand gekomen. Ze wist niet meer dan dat hij 'psychochiroloog' was; Spier kon handen lezen en op grond daarvan een psychologische analyse maken. Voor de cursussen die hij gaf, was hij geregeld op zoek naar 'objecten' die hun handen wilden tonen. Etty was nieuwsgierig genoeg geweest om zich daarvoor aan te melden.

Boven aan de trap werd ze ontvangen door een 'kroesharig, jongensachtig meisje'.[5] Etty wilde een hand geven en haar naam noemen, maar werd direct afgekapt.

‘Het is niet de gewoonte dat men zich hier voorstelt,’ zei de jonge vrouw koeltjes.

Het ‘object’ moest kennelijk zo neutraal mogelijk benaderd worden. Etty zou daarom pas later ontdekken dat de vrouw Adri Holm heette. Zij was een leerlinge van Spier en werkte ook als zijn secretaresse.

‘Beschimmeld en bedremmeld’ stapte Etty de twee kamertjes binnen die Julius Spier huurde bij de familie Nethe.[6] Spier droeg een groene pofbroek, viel haar direct op, zoals ook onder Duitse officieren in die tijd de mode was. Hij was lang, kalend, en met zijn 54 jaar precies twee keer zo oud als zij. Kennelijk was hij hardhorend, want hij had een luide stem en hij droeg een hoortoestel waaraan een antenne was bevestigd die recht omhoogstak, als een speciale voelspriet waarmee hij signalen opving die voor anderen verborgen bleven.

‘Geen zinnelijk gezicht, on-Hollands, type dat me toch ergens vertrouwd was,’ noteerde Etty nadien in haar dagboek als haar eerste indruk. En vervolgens: ‘Verstandige, ongelofelijk verstandige, stokoude, grauwe ogen, die de aandacht van de zware mond voor korte tijd wisten af te leiden, maar toch niet helemaal.’[7]

Etty was verlegen bij zo’n eerste kennismaking.[8] Het ongewone van deze afspraak zal haar nog onzekerder hebben gemaakt. Wél stond ze altijd open voor nieuwe ontmoetingen, zeker als het om de kennismaking met een potentieel interessante man ging. Ze hield van mannen van wie zij wijzer kon worden. En ze flirtte graag.

In de vele studies die er later zouden verschijnen over Etty Hillesum gaat het bijna altijd om haar geest, haar intens rijke gedachtewereld, maar lijkt te worden vergeten dat ze óók een jonge, sensuele vrouw was. Etty had borsten als ‘zware druiventrossen’, zoals een geliefde ooit opmerkte. Ze kon lekker schalks kijken vanonder haar dikke krullenbos en wist heel goed wat ze als minnares te bieden had.[9] Tegelijkertijd had ze in haar fysieke presentatie iets onbeholpens, wat vermoedelijk ook sympathie opwekte. Ze was klein, een beetje mollig, vreselijk onhandig, en had een wat schommelende, trage tred die zij zelf treffend omschreef als haar 'wereldberoemde kamelengang'.[10]

Er zat ten minste één boek in de tas die Etty bij zich had. Zonder leesvoer ging ze de deur niet uit. Etty had woorden nodig als water. Als kind al verstopte ze zich het liefst in de bibliotheek van haar vader. Heimelijk droomde ze ervan schrijfster te worden. Ze verlangde er intens naar betekenis te geven aan het vele dat in haar omging. De wens om te schrijven kon bijna pijnlijk zijn, als het smachten naar een onbereikbare geliefde. Maar ze had nog nooit een letter op papier gezet. Te weinig discipline, te neurotisch, te veel innerlijke onrust en onzekerheid. Als eeuwige studente – na rechten was ze verdergegaan met Slavische talen – leek ze zich nergens op te willen vastleggen. Sinds een aantal jaren woonde ze in huis bij de veel oudere weduwnaar Han Wegerif, met wie ze een relatie had gekregen. Maar erg trouw was ze niet.

Etty was het gelukkigst wanneer ze achter haar 'lieve bureau' zat, in haar kamer aan de Gabriël Metsustraat met uitzicht op het Museumplein, en zij zich kon verliezen in zoiets als de Russische grammatica, of een vertaling van Tolstoj. Dat er mensen bestonden die behalve boeken ook *handen* konden lezen, was een gedachte die haar tot voor kort volstrekt vreemd was.

Maar nu stond ze daar, in de 'kloosterachtige en tegelijkertijd gemoedelijke kamertjes' van Julius Spier, gedreven door wat ze zelf achteraf omschreef als pure sensatielust.[11]

Bij handlezen denkt men al snel aan kermissen, zigeuners en waarzeggerij. Maar Spiers handleeskunst – en dat moet direct worden gezegd – was van een heel andere orde. Julius Spier was een welgestelde Jood van Duitse komaf, die begin 1939 legaal naar Nederland was uitgeweken. In Berlijn was hij een lokale beroemdheid geweest, met bekende namen in zijn klantenkring, onder wie Albert Einstein. Hij had zich het handlezen zelf eigen gemaakt, naast een lucratieve carrière als zakenman in de metaalindustrie. In de meer dan dertig jaar dat Spier zich met de chirologie bezighield, had hij een volstrekt unieke methode ontwikkeld, waarbij hij op grond van uiterlijke kenmerken van de hand en de lijnformaties in de handpalm kennis zei te kunnen vergaren over iemands psychische en fysieke gesteldheid.[12]

Spier kon naar eigen zeggen de belangrijkste gebeurtenissen in een leven 'uitlezen', maar waagde zich uit principe juist níét aan toekomstvoorspellingen. Met zijn bijzondere gave wilde hij mensen allereerst helpen, en het gebeurde vaak dat de handanalyse het begin vormde van een langer therapietraject. Spier was goed ingevoerd in het academische discours van de analytische psychologie van zijn tijd. Hij was zijn praktijk in 1929 begonnen op aanraden van niemand minder dan de Zwitserse psychiater Carl Gustav Jung. De twee hadden elkaar meermalen ontmoet in Zürich en Jung was zo onder de indruk geraakt van Spiers accuratesse in zijn analyses, dat hij hem op verschillende manieren ondersteunde en nog in 1940 een warme aanbevelingsbrief voor hem opstelde.

'Ik ken mijnheer Spier nu een aantal jaar en ik heb hem altijd een zeer oprechte en directe persoonlijkheid gevonden,' schreef Jung. 'Nog afgezien van zijn speciale gaven als chiroloog, heeft hij een heel goed psychologisch begrip en gaat hij heel gewetensvol te werk. Hoewel zijn methode voornamelijk intuïtief is, is zij ook gebaseerd op een schat aan praktische ervaring. De psychologische waarde van mijnheer Spiers chirologie kan een grote hulp zijn voor elke psycholoog, dokter of pedagoog. Het vormt een belangrijke bijdrage aan het onderzoek naar het menselijk karakter in het algemeen.'[13]

Julius Spier had wel duizenden handen bekeken. Nu was het de beurt aan Etty Hillesum, van wie hij niet meer wist dan dat ze 'Fräulein' was, en 27 jaar oud.

Etty mocht plaatsnemen op een rotan armstoel, die naast een kleine, ronde tafel stond. Er was niet veel ruimte in de kamertjes van Spier, zoals goed te zien is op een foto uit 1941.[14] Het 'zitje' bevond zich pal naast Spiers bureau, vlak daarachter stond een lage, overvolle boekenkast. Op de vloer lagen eenvoudige kleden, die opbolden als er stoelen werden verzet. Aan de muur hing een getekend, Boeddha-achtig portret van de meester zelf, met de blik naar beneden, zodat het leek alsof hij op het bezoek neerkeek.

Spier ging tegenover Etty zitten. Het 'ceremonieel van zwarte inkt en boterhammenpapier', zoals Etty het later zou noemen, kon beginnen.[15]

Het maken van handafdrukken vormde een belangrijk onderdeel van Spiers analyse. Hij gebruikte daarvoor plakkaatverf en geen inkt, zoals Etty dacht. Die verf werd eerst op een glasplaatje aangebracht, en vervolgens met een verfrollertje verdeeld en op de handpalm gesmeerd. Etty moest haar handen daarna stevig op een stuk dun, half doorzichtig papier drukken, zodat de lijnen in haar hand een duidelijk patroon achterlieten op het vel, als de kronkelige hoogtelijnen op een landkaart.

Spier betrok de hele hand in zijn analyse, dus ook bijvoorbeeld de stand en vorm van de vingers, of zelfs de gesteldheid van de nagels. Om Etty's handen goed te kunnen bekijken, vroeg hij haar daarom eerst de ellebogen op tafel te zetten en haar handen omhoog te houden, met de palm naar zichzelf gericht. Vervolgens moest ze de handen op tafel leggen, eerst met de palmen naar beneden, en daarna naar boven. Pas toen pakte Spier haar hand vast en begon hij met het lezen van haar levensverhaal, zoals dat voor hem als het ware in haar handpalmen stond geprint. Intussen maakte Adri Holm aantekeningen. Deze notities werden later uitgewerkt tot een 'protocol': een beschrijving van alle lijnen en kenmerken van de hand van het object en de veronderstelde betekenis daarvan.

Etty onderging het ritueel met stijgende verbazing. Soms leek het of Spier dwars door haar heen kon kijken.

Het begon meteen al goed.

'De linkerhand verschilt veel van de rechterhand, wat betekent dat de ouders heel verschillend zijn van elkaar,' was Spiers eerste observatie, die Adri Holm vervolgens in Etty's protocol opnam.[16]

Dat klopte helemaal. Juist de grote tegenstelling tussen haar ouders vormde de kern van veel problemen in Etty's jeugd.

Etty's moeder was een Russische Jodin, die in 1907 vanuit Soerazj naar Nederland was gekomen. Er werd verteld dat ze op de vlucht was geslagen voor pogroms in het tsaristische rijk, hoewel niemand precies wist hoe dat zat. Riva Hillesum-Bernstein was emotioneel, chaotisch, opvliegend en vreselijk druk, als je de verhalen mocht geloven van de mensen die haar hadden gekend.

Etty's vader, de Amsterdamse Louis Hillesum, was daarentegen een echt verstandsmens; ogenschijnlijk de beheersing en rationaliteit zelve. Hij was in 1880 geboren in een kinderrijk gezin in de Jodenbuurt, nog een echte pauperwijk toen, in het historische centrum van Amsterdam. Zeer intelligent en ijverig als hij was, had hij zich door hard werken ontworsteld aan het getto van zijn jeugd. Hij was gepromoveerd in de klassieke talen en had jarenlang als leraar Grieks en Latijn gewerkt op scholen door het hele land. Uiteindelijk was hij rector geworden van het gymnasium in Deventer.

Louis Hillesum was klein van stuk en kon vanwege een oogafwijking slecht zien, ook als hij zijn bril met jampotglazen droeg. Naast de struise Riva oogde hij altijd wat muizig, al kon die schijn ook bedriegen. Thuis sloot hij zich liefst op in zijn studeerkamer, met zijn hoofd bijna ín zijn boek omdat hij anders de letters niet kon lezen, ver weg van zijn lawaaiige en ruziemakende vrouw.

> 'De vader, gezond en fysiek sterk, maar ook ongekend nerveus en een einzelgänger, is een wetenschapper en zeer rationeel,' stond in het protocol.
> 'De moeder, Russin, is een gevoelsmens. Zij is zeer affectief, snel geprikkeld, (te) actief, ambitieus, onbeheerst.
> De binding van object met de moeder is negatief, met de vader positief.
> Als gevolg van de verscheurdheid tussen de ouders en een gebrek aan zelfvertrouwen heeft object haar talenten niet ontwikkeld.'[17]

Het was voor Etty een vervreemdende ervaring. Hoe wist die man in die gekke pofbroek dat allemaal zo ineens? Spier imponeerde haar omdat hij zo moeiteloos haar diepste conflicten wist te peilen. Maar ze ergerde zich er ook aan dat de handlezende therapeut wel erg overtuigd leek van zijn eigen kunnen.[18] 'Ergens ook even heel onaangenaam getroffen: toen ik even niet oplette en dacht dat hij het over mijn ouders had: Nein, das alles sind Sie, philosophisch, intuitiv begabt en nog wat van die heerlijkheden, das alles sind Sie. Hij zei het op de manier zoals je een klein kind een koekje in de hand duwt. Ben je nou niet blij? Ja, al die mooie eigenschappen hebt U nou, bent U nou niet blij? Toen een kort moment van afkeer, ergens vernederd, misschien ook alleen maar geraakt in m'n aesthetische gevoel, in ieder geval vond ik hem toen vrij misselijk. Maar later waren er weer die verrukkelijke, menselijke ogen, die vanuit grauwe diepten peilend rustten in mij, ogen, die ik graag had willen omhelzen.'[19]

De analyse duurde zeker een uur. Soms stelde Spier ook vragen, om zijn vermoedens te onderzoeken of bevestigd te zien. Het protocol bestond uiteindelijk uit niet minder dan vijfentachtig observaties, die zowel waren gebaseerd op visuele waarnemingen van de hand, als op meer intuïtieve interpretaties van Spier zelf. Er was veel mis met het object, zoveel werd wel duidelijk – ook al bezat ze zeker bepaalde begaafdheden.

> Object is enorm onrustig, zeer prikkelbaar, zeer gevoelig, snel geïrriteerd en verkeert voortdurend in grote spanning. Ze is koppig en ambitieus. Tegelijkertijd is ze verlegen en heeft ze behoefte aan erkenning.
> Ze is kunstzinnig aangelegd, kan goed schrijven, heeft een beweeglijke, intuïtieve intelligentie, bezit rechtvaardigheidsgevoel, een goed observatievermogen, goed werkende zintuigen, kan zich aanpassen en is gevoelsmatig gul en warmhartig.
> Ondanks de vele talenten heeft object op geen enkel gebied iets bereikt.
> Object is erotisch erg gemakkelijk te prikkelen, zo sterk dat het seksueel problematisch ligt.
> Van nature is object impulsief, extravert en zij kan, evenals haar moeder, goed formuleren, maar uit oppositie tegen haar moeder doet zij dit niet. Bij opkomende authen-

> tieke gevoelens zet het denken dan zo kritisch in, dat het deze gevoelens terugdringt. Het gevoel wordt steeds onderbroken door het denken en raakt, ongemerkt, overladen.[20]

Al met al werd het object gehinderd door een algehele *seelische Verstopfung*; een verstopping op zielsniveau. Het object dacht veel te veel na en werd gehinderd door tal van 'geremde gevoelens'.

Opvallend is dat Spier geen moment de twee jongere broers van Etty noemde, Jaap en Mischa, terwijl juist ook zij een grote invloed hadden gehad op Etty's welbevinden in de voorgaande jaren. Zowel Jaap als Mischa kampte met ernstige geestelijke problemen en beiden moesten verschillende keren worden opgenomen in een inrichting. Het was voor Etty een angstige ervaring geweest om te zien hoe haar broers hun grip op de werkelijkheid verloren. Maar kennelijk hadden deze ervaringen voor Spier geen herkenbare sporen in haar handpalm nagelaten, of kwamen ze tijdens de sessie niet ter sprake.

Naast de opmerkingen in het getypte protocol, werd op het blad met de handafdrukken ook een aantal geschreven aantekeningen gemaakt.

Een daarvan lijkt een opmerkelijke toekomstvoorspelling te bevatten.

Erlebnislinie mit ±30 Jahr.

Ervaringslijn rond 30 jaar.

Zag Julius Spier dat Etty niet ouder dan dertig zou worden? Als dat al zo was, zal Spier erover gezwegen hebben, want zoals gezegd deed hij uit principe geen voorspellingen. Hij wilde het leven van zijn objecten niet beïnvloeden.[21] Bovendien was zijn ervaring dat de lijnen in de hand nog konden veranderen.[22] Het ging er niet om iemands lot te voorzien. Veel belangrijker was het om het 'object' inzicht te bieden in de eigen psyche, de sterke en zwakke kanten, mogelijkheden en belemmeringen, zodat de betreffende persoon zélf het lot in eigen hand kon nemen.

'Hoe kan deze mens geholpen worden?' vroeg Spier daarom aan het einde van de zitting.

'En ik was al veroverd door hem door het staaltje van zijn kunnen dat hij geleverd had aan mij,' schreef Etty, 'en ik voelde me hilfsbedürftig'.[23]

Verward en misschien ook al verliefd ging ze naar huis, door het koude, besneeuwde Amsterdam.

—

Terwijl Etty zich op die 3de februari 1941 diep in de ziel liet kijken, trokken mannen van de WA, de knokploeg van de NSB, gezamenlijk op naar het Rembrandtplein. Ze hadden het gemunt op café De Kroon, een van de weinige horecagelegenheden in de stad waar nog geen bordje 'Voor Joden verboden' op de deur hing. Café De Kroon was een grote en populaire uitgaansgelegenheid, gebouwd in art-nouveaustijl. 'Een sieraad van dit stadsgedeelte,' had het *Algemeen Handelsblad* geschreven bij de opening in 1898. Ook Joodse Amsterdammers kwamen er graag. Maar nu gooiden de Nederlandse nationaalsocialisten een fiets door de ruiten en stampten ze naar binnen. De aanwezige cafébezoekers probeerden de WA-mannen weer naar buiten te werken, maar dat was precies waar de kerels in hun zwarte uniformen op uit waren. Er werd gemept en gevochten en de hele prachtige inventaris werd kort en klein geslagen.[24]

Zo ging het steeds, in die eerste februaridagen. Overal in de stad lokten WA'ers en NSB'ers relletjes en knokpartijen uit – met als gevolg dat Hans Böhmcker, de Amsterdamse *Beauftragte*, ten slotte triomfantelijk aan zijn Duitse meerderen in Den Haag kon melden dat vrijwel alle Amsterdamse hotels, restaurants en cafés gezwicht waren en overal de gewenste bordjes 'Voor Joden verboden' hingen.[25]

Maar rustig werd het niet in de stad. Op zondag 9 februari was het weer raak. WA-mannen trokken in grote groepen de oude Joodse buurt binnen, waar ze in de straten rond het Waterlooplein groente- en fruitkarren omkiepten, huizen binnendrongen, huisraad op straat gooiden en meubilair vernielden. Iets verderop, op het Thorbeckeplein, bestormden ze het café-cabaret Alcazar, waar juist die middag de populaire Joodse jazztrompettiste Clara de Vries optrad voor veel Joods publiek.[26] Ook daar werd het interieur vernield. De vechtpartijen sloegen vervolgens over naar het Rembrandtplein.

Niet eerder tijdens de Duitse bezetting was het er zó gewelddadig aan toegegaan in de stad.

In het welgestelde Amsterdam-Zuid waar Etty woonde, bleef het nog rustig. Toch zal ze zeker gehoord hebben over de onlusten elders. Juist in die februarimaand van 1941 móést wel tot alle Joden doordringen dat er nu echt gevaar dreigde.[27] Onder toeziend oog van de Duitsers ontstond er een ware bendeoorlog in de stad, met aan de ene kant de steeds agressiever optredende mannen van de WA, en aan de andere kant grote groepen jonge, Joodse jongens die de terreur niet langer pikten en besloten met eigen knokploegen weerstand te bieden. Ze kregen daarbij steun van arbeiders uit de Jordaan en Kattenburg, die zo hun eigen redenen hadden om de pest te hebben aan de Duitsers.[28]

Vlak voordat deze straatoorlog een dramatisch hoogtepunt bereikte, ging Etty naar een lezing van Spier. 'Voordracht met lichtbeelden: psychologische *Handdeutung*, te houden door Julius Spier', stond te lezen op de uitnodiging; een witgedrukt kaartje dat onder geïnteresseerden werd verspreid.[29] Nog diep onder de indruk van haar eigen handanalyse, ging Etty er allereerst heen 'om deze mens op een afstand te zien, om hem uit de verte te keuren, voor ik me met ziel en al aan hem zou uitleveren'.[30]

De lezing werd gehouden op zaterdagmiddag 8 februari in de kapitale villa van Spiers zuster Alice op het Muzenplein, ook in Amsterdam-Zuid. Spier werd er omringd door 'veel charmante vrouwen en jonge meisjes', viel Etty direct op. Niettemin kreeg ze een goede indruk van het gebeuren. De lezing was van hoog niveau en ook bij tweede kennismaking bleek de psychochiroloog een innemende persoonlijkheid.[31] 'Charmante man. Charmante lach, ondanks al die valse tanden. Toen onder de indruk gekomen van een soort innerlijke bevrijdheid, die er van hem uitging, soepelheid en gemak en een heel eigen gratie in dat zware lichaam.'[32]

Kort na de lezing escaleerde het geweld in de stad. Op een mistige dinsdagavond, 11 februari, raakte bij nieuwe vechtpartijen in de Joodse buurt een voorman van de WA zwaargewond; kort daarna overleed hij. 'Vermorzeld onder de lompe poten van een nomadenvolk, dat niet van ons bloed is,' schreef het nationaalsocialistische weekblad *Volk en Vaderland*.[33]

De volgende ochtend sloten de Duitsers de oude Joodse buurt hermetisch af. Bruggen werden opgehaald, versperringen opgeworpen. Voor de Amsterdammers, die al eeuwenlang vredig samenleefden met een grote Joodse gemeenschap in het hart van de stad, was het een schokkende ervaring: de vier tramlijnen door de wijk reden niet meer, en aan de rand stond ineens pontificaal een groot bord: Judenviertel/Joodse Wijk. Even leek het verder rustig te blijven, maar na nieuwe vechtpartijen met Joodse knokploegen elders in de stad besloot Hanns Albin Rauter, de *höhere SS- und Polizeiführer*, dat het tijd werd om 'een voorbeeld te stellen'.

Op zaterdag 22 februari reden tientallen Duitse overvalwagens de Joodse buurt in en begon een klein leger van politiemensen met honden aan een klopjacht op jonge, Joodse mannen. Ze werden van hun fiets geslagen, uit hun huizen gejaagd en verzameld op het Jonas Daniël Meijerplein. Een dag later, op zondag 23 februari, volgde nóg een razzia. In totaal werden 427 Joodse mannen tussen de 20 en 25 jaar als 'gijzelaars' weggevoerd – niemand wist waarheen.[34]

'Protesteert tegen de afschuwelijke Jodenvervolgingen!!! Staakt!!! Staakt!!! Staakt!' De ongekende razzia op de Joodse mannen leidde in Amsterdam tot een eenmalig, massaal protest dat later de geschiedenis in ging als de Februaristaking. Het waren communistische arbeiders, vaak lid van de inmiddels verboden CPN, die hierbij het voortouw namen. Vele Amsterdamse ambtenaren sloten zich bij hen aan. Op 25 februari reden er geen trams in de stad, werd er geen vuilnis opgehaald, en trokken grote groepen stakers in protestmarsen over de Dam en het Rokin, waar ze gezelschap kregen van duizenden sympathisanten.[35] De straat was weer van de Amsterdammers. 'Het was een feestdag, het was weer "onze" dag,' schreef een Amsterdamse leraar in zijn dagboek. 'Wij zijn geheel vrij geweest.'[36]

Al duurde die euforie niet lang. De Duitsers werden aanvankelijk totaal overrompeld door de staking. Maar al de volgende dag sloegen ze hard terug. Een Duits politiebataljon en twee ss-Totenkopf-Infanterieregimenten trokken de stad binnen; er vielen schoten in de Jordaan, de Kinkerbuurt, in de Albert Cuypstraat. Stakende ambtenaren werden onder druk gezet en bestraft met hoge boetes; tientallen van hen werden ontslagen. In de duinen bij Scheveningen vonden de eerste executies van opstandelingen plaats.

Het verzet werd gebroken. Onder de Amsterdamse Joden – die zich voor één dag niet alleen hadden geweten – heersten voortaan nog meer onzekerheid en angst. Was dit het begin? En zo ja, van wat dan?

—

Nog geen twee weken later begon Etty Hillesum met het schrijven van het dagboek dat haar wereldberoemd zou maken.

'Vooruit dan maar!' waren op 9 maart 1941 haar eerste woorden in het donkerblauwe, gekartonneerde schrift dat ze voor dit doel had uitgekozen. 'Dit wordt een pijnlijk en haast onoverkomelijk moment voor mij: het geremde gemoed prijs geven aan een onnozel stuk lijntjespapier.'

Na de eerste handleessessie was Etty bij Julius Spier in therapie gegaan. Hij had haar aangeraden een dagboek bij te houden. Door het dagelijkse schrijven over haar emoties en gedachten zou Etty meer grip kunnen krijgen op haar gevoelsleven. Bovendien had Spier in haar handen gezien dat ze aanleg had om schrijfster te worden.

Maar juist dat schrijven vond Etty aanvankelijk doodeng.

'De gedachten zijn soms zo klaar en helder in het hoofd en de gevoelens zo diep, maar opschrijven, dat wil nog niet,' noteerde ze in die allereerste dagboekalinea. 'In hoofdzaak is het geloof ik het schaamtegevoel. Grote geremdheid, durf de dingen niet prijs te geven, vrij uit me te laten stromen en toch zal dat moeten, wil ik op den duur het leven tot een redelijk en bevredigend einde brengen. Zoals ook bij het geslachtelijke verkeer de laatste bevrijdende schreeuw altijd schuw in de borst blijft steken. Erotisch ben ik geraffineerd en ik zou haast zeggen doorgewinterd genoeg om tot de goede minnaressen te behoren en de liefde lijkt dan ook volmaakt, maar toch blijft het Spielerei om het essentiële heen, er blijft diep in me iets gevangen. En zo is het ook met de rest. Intellectueel ben ik zo geoefend dat ik alles kan peilen, alles kan aanroeren met heldere formules, ik lijk zeer überlegen in vele problemen des levens, maar toch, daar heel diep zit een samengebalde kluwen, er houdt me iets vast in de greep en ik ben af en toe toch maar een angstige stakkerd, ondanks het heldere denken.'[37]

Het is opvallend dat Etty op die eerste dagboekpagina's niets schreef over de Februaristaking of de sfeer in de stad – terwijl de schrik en hevige verontwaardiging onder Amsterdammers nog overal voelbaar moesten zijn geweest. Ze keerde haar blik allereerst diep naar binnen, en als ze al ergens mee worstelde, dan was het met S., zoals ze Spier consequent noemde, die meer indruk op haar leek te hebben gemaakt dan al het andere dat er in de voorgaande weken was gebeurd.

'Daar zat ik nou, met m'n "seelische Verstopfung". En hij zou orde brengen in de innerlijke chaos, zich aan 't hoofd stellen van de innerlijke tegenstrijdige krachten, die er in me werken. Hij nam me a.h.w. aan het handje en zei, kijk, zo moet je leven. M'n leven lang heb ik het gevoel gehad: kwam er maar iemand, die me bij de hand nam en die zich met me bemoeide, ik lijk flink en doe alles alleen, maar ik zou me zo verschrikkelijk graag uitleveren. En dat nu deed deze wildvreemde mijnheer S. met z'n gecompliceerde gezicht en in een week al had hij, ondanks alles, wonderen bij me verricht.'[38]

Spier leerde haar gymnastiek- en ademhalingsoefeningen. Hij sprak 'verlossende woorden' over de depressies waaraan zij leed en haar soms zo getroebleerde verhouding tot anderen. Etty merkte al snel dat ze anders ging leven, bevrijder, vloeiender. Haar verstopte gevoel verdween, er kwam wat meer rust en orde in haarzelf. Ze realiseerde zich dat de invloed van Spiers 'magische persoonlijkheid' op deze ontwikkeling nog groot was, maar verwachtte dat alles nog 'psychisch gefundeerd zou worden en bewust gemaakt'.[39]

Juist in een periode waarin de Duitsers de Nederlandse Joden steeds openlijker vervolgden, begon Etty in zichzelf onvermoede vrijheden te ontdekken. Waar ze in het openbare leven ruimte verloor, won ze innerlijk elke dag terrein.

Het was voor Etty een overweldigende ervaring. In de voorgaande jaren was haar geest geregeld overbelast geraakt. Ze was dan bang geweest om eraan onderdoor te gaan, of zelfs psychotisch te worden, net als haar beide broers.[40] De jongste, Mischa, was juist begin 1941 opnieuw opgenomen in de Joodse instelling voor geesteszieken Het Apeldoornsche Bosch. Twee maanden later, toen Etty haar dagboek begon, zat hij er nog steeds.[41] Wie zei dat zijzelf niet ook kon doordraaien?

Al in haar allereerste briefje naar Spier sprak Etty deze angst uit, die haar al jarenlang beheerste: 'Er was plotseling een grenzeloos gevoel van eenzaamheid, een gevoel dat het leven zo verschrikkelijk zwaar is en dat men alles alleen moet doen en hulp van buiten helemaal niet mogelijk is, en onzekerheid, en angst, alles was daar. [...] En toen ik van u naar huis fietste, had ik graag overreden willen worden door een auto en ik dacht: ach ja, ik zal ook wel gek zijn, net als mijn hele familie, een gedachte die altijd bij me opkomt wanneer ik me wanhopig voel.'[42]

Maar nu had Spier haar bij de hand genomen, en ervoer ze een steun en bescherming die ze niet eerder had gekend.

'Lieve hemel, wat ben ik vroeger toch een ongelukkige stakkerd geweest, vergeleken bij nu,' schreef ze op 13 maart. 'Zo net een IJsclubje gelopen, veerkrachtig en gelukkig, zonder Überschwenglichkeit, bijna zakelijk gelukkig. [...] Vroeger was ik ieder ogenblik bang, dat m'n krachten me in de steek zouden laten en dan lieten ze me natuurlijk in de steek, nu denk ik daar niet meer over en de krachten vernieuwen zich voor iedere kleine taak, die ik op me neem, weer vanzelf. Er is een soort wonder met me gebeurd.'[43]

Op het Museumplein voor Etty's huis bevond zich het terrein van de vroegere ijsbaan, die in 1937 een andere locatie had gekregen. Wanneer Etty een rondje om het plein wandelde, noemde ze dat 'een IJsclubje lopen'. Het is een beklemmende gedachte dat op hetzelfde plein waar Etty zich op 13 maart zo intens vrij en gelukkig voelde, zich pas een dag eerder een grote menigte Nederlandse en Duitse nationaalsocialisten had verzameld. Ze waren naar het Concertgebouw gegaan, schuin tegenover Etty's huis, waar Rijkscommissaris Arthur Seyss-Inquart om vier uur 's middags een rede hield.

Seyss-Inquart, de hoogste Duitse bestuurder in Nederland, had aanvankelijk geprobeerd het Nederlandse 'Herrenvolk' met tamelijk zachte hand voor de nationaalsocialistische zaak te winnen. Maar na de Februaristaking, waarvan hij de Joden de schuld gaf, verhardden zijn taal en optreden.

'De Joden zijn voor het nationaalsocialisme en het nationaalsocialistische Rijk de vijand!' declameerde hij onomwonden in het Concertgebouw. 'Wij zullen de Joden raken waar wij hen aantreffen en wie met hen meegaat heeft de gevolgen te dragen. De Führer heeft verklaard dat de Joden in Europa hun rol hebben uitgespeeld en derhalve is hun rol uitgespeeld!'[44]

Etty schreef niets over de manifestatie of de verzamelde menigte, die ze vanuit het raam van haar kamer kon hebben gezien. Op woensdagmiddag 12 maart bracht ze een bezoek aan Spier, en maakte ze met hem na afloop een wandeling in de zon langs de Stadionkade, toen nog aan de rand van de stad. Ze spraken over het vrouwelijk orgasme.

'Luistert u eens, weet u eigenlijk wat de clitoris is?' had Spier gevraagd.

'Ja,' had Etty gemoedelijk geantwoord.

'Er zijn veel vrouwen die dat helemaal niet weten.'

'Dat is een erg treurige zaak,' zei Etty begripvol.[45]

Pas een paar dagen later refereerde ze voor het eerst in haar dagboek aan de Duitse bezetting. Ze had een dag eerder samen met S. wat aantekeningen doorgelezen die een patiënt voor hem op papier had gezet. Spier had ergens gezegd dat als er ook maar één mens zou zijn die het werkelijk waard was mens genoemd te worden, dat genoeg zou zijn om in de mensheid te blijven geloven.[46] Etty was zo getroffen door deze gedachte, dat ze in een spontane opwelling haar armen om Spier heen sloeg.

'Dit probleem ligt in deze tijd,' schreef ze op die zaterdagochtend 15 maart om halftien. 'De grote haat tegen de Duitsers, die het eigen gemoed vergiftigt. Laat ze allemaal maar verzuipen, tuig, uitgassen moet je ze, deze uitingen behoren tot de dagelijkse conversatie en geven iemand soms het gevoel, dat het niet meer mogelijk is in deze tijd te leven. Tot opeens enige weken geleden plotseling de verlossende gedachte kwam, die als een aarzelend piepjong grasssprietje omhoog stak tussen een woestenij van onkruid: En al zou er nog maar één fatsoenlijke Duitser bestaan, dan zou die het waard zijn in bescherming genomen te worden tegen de hele barbaarse bende en om die éne fatsoenlijke Duitser zou men dan niet zijn haat mogen uitgieten over een geheel volk.'[47]

Haat was een ziekte van de eigen ziel. Het lag niet verankerd in haar karakter.[48]

Zo formuleerde ze, al op de eerste bladzijden van haar dagboek, de geesteshouding die uiteindelijk haar lot zou bepalen.

—

In veel levens bestaat een kantelpunt. Een punt waarop alles zó ingrijpend verandert, dat je voortaan kunt spreken van een 'ervoor' en een 'erna'. Voor Etty was de ontmoeting met Spier de grote ommekeer. Ze werd opnieuw geboren als mens, én beleefde haar al zo lang en vurig gewenste wording als schrijver.

Was het ook daarom, dat Etty in haar dagboek zo opvallend weinig schreef over alles wat zij vóór 3 februari 1941 had meegemaakt? Het leek vaak of zij volledig opging in haar nieuwe zelf – en liever niet meer aan haar oude ik herinnerd werd. Tijdens het schrijven maakte zij voortdurend een onderscheid tussen 'vroeger' – haar leven vóór Spier – en 'nu', als om te benadrukken dat zij werkelijk iemand anders was geworden.

Toch was er wel degelijk een heel leven aan die wedergeboorte voorafgegaan. En ook haar ouders hadden, met hún geschiedenis, hun sporen in dat leven achtergelaten.

Het begon allemaal zelfs al voor de geboorte, in de baarmoeder, had Spier gemeend in Etty's handen te zien. 'Tijdens de zwangerschap is object psychisch belast geraakt door bepaalde belevenissen van de moeder. Deze belasting heeft zich bij object voortgezet in haar jeugd.'[49]

Maar de Russische Riva Bernstein had dan ook nogal wat meegemaakt.

2
Russisch zigeunermeisje

Riva Bernstein was volgens haar dochter geobsedeerd door eten.

'Kom eet nog wat. Je hebt nog niet genoeg gegeten. Wat ben je mager geworden.'[1]

Toen zij nog thuis in Deventer woonde, was Etty eens met haar moeder op een huisvrouwenfeest. Ze zat op het balkon in de schouwburg en keek naar beneden, waar haar moeder aan een lange tafel tussen 'vele huiselijke vrouwen' soep zat te eten. Haar moeder had een blauwkanten japon aan. Ze at met gulzigheid en overgave. Etty keek op haar neer, het tafereel greep haar verschrikkelijk aan.

'Ze stootte me af, zoals ze daar zat en tegelijkertijd had ik een waanzinnig medelijden met haar. Ik kan het niet verklaren. Er was in die gulzigheid iets of ze bang was in het leven iets te kort te zullen komen. Iets verschrikkelijk zieligs was er in haar en tegelijk iets dierlijks afstotelijks.'[2]

De scène is tekenend voor de relatie tussen Etty en haar moeder. Etty ergerde zich vaak aan haar drukke, emotionele, al te aanwezige Russische mama. Tegelijkertijd voelde ze medelijden en compassie, en was ze vaak bang dat ze misschien wel juist veel op haar moeder leek.

'Ik geloof dat ik altijd een angst heb zo te worden als mijn moeder: bij momenten vol enthousiasme en leven en belangstelling en voor de rest verterende in mezelf, me afplagende met moeheid en er niet uit kunnen komen.'[3]

Vriendinnen van Etty zagen zeker overeenkomsten tussen moeder en dochter. 'Ik mocht die moeder bijzonder graag, want het gaf voor mij de herkenning van de Russische geest die ik altijd in Etty vond,' vertelde Etty's latere vriendin Hanneke Starreveld. 'Het spontane, alles doen wat in je gevoelens opkomt en dat ook uiten, wat het effect ook zal zijn. In de manier waarop Etty met vriendschappen omging, zag ik een hele sterke verwantschap met haar moeder. De verhouding tussen hen was moeilijk, juist omdat Etty veel verkeerde dingen van zichzelf in haar moeder geprojecteerd zag.'[4]

Opvallend is dat Etty zich – in haar dagboek althans – nooit afvroeg waarom haar moeder was geworden wie zij was. Etty had een enorme belangstelling voor Rusland en de Russische taal. Toch vertelde ze nergens iets over de achtergrond van haar moeder, haar Russische familie, het leven dat Riva Bernstein leidde vóórdat zij haar moeder werd. Alsof ze niets van die beladen Russische geschiedenis wilde weten – terwijl dat verleden ook haarzelf gevormd had.

Spier noemde Etty een 'Russisch zigeunermeisje'.[5] Ook andere vrienden vonden haar 'typisch Russisch'. Maar wat betekende het, dat Etty half-Russisch was en dus zowel een Slavische als een Hollandse ziel in zichzelf verenigde?

Het lijkt er soms op dat Etty haar Russische kant veronachtzaamde, als gevolg van de afstand die zij voelde tot haar moeder. In een dagboekpassage over de vermeende 'volksziel' van westerlingen en Russen met betrekking tot het vermogen te lijden, schaarde zij zichzelf nadrukkelijk aan westerse zijde: 'En ik vroeg me plotseling af: is dat niet het verschil tussen de Russen en ons Westerlingen? De Rus draagt tot aan het einde en zet z'n schouders onder het volledige gewicht der ontroeringen en lijdt tot op de bodem. Wij houden halverwege op met dragen en bevrijden ons met woorden, beschouwingen, philosophieën, theoretische verhandelingen, wat je maar wilt. Midden in het ondergáán der ontroeringen houden we op en kunnen niet verder dragen en lijden en onze hersens komen te hulp, ontnemen ons de lasten en bouwen hun theorieën op.'[6]

Etty zag zichzelf allereerst als een Nederlandse vrouw. Maar zij droeg ook een Russische geschiedenis met zich mee. Een Joods-Russische familiegeschiedenis van vervolging en onderdrukking.

Riva Bernstein was een vluchtelinge. Etty wist van de pogroms in Rusland; in de kennissenkring van de familie Hillesum werd daar herhaaldelijk over gesproken.[7] Ze was opgegroeid met de dreiging die haar moeder had ervaren, de noodlotsgedachte dat het Joodse volk gedoemd was vervolgd te worden en daarom al vele eeuwen voortdurend op de vlucht had moeten slaan.

'Mijn oer instincten van Jood, bedreigd met ondergang' – zo verwoordde Etty dat levensgevoel.[8]

Etty zou later een sterke lotsverbondenheid voelen met het Joodse volk. De basis van dit gevoel lag sterk in de achtergrond en ervaringen van haar moeder.

Maar wat was Riva Bernsteins verhaal?

—

Etty's moeder was een dame met moed en een zekere klasse. Het viel direct op toen zij zichzelf op 18 februari 1907 als vreemdelinge meldde bij de politie in Amsterdam.

Om te beginnen kwam ze alleen, wat beslist opmerkelijk was voor een 25-jarige vrouw uit Rusland. Vrijwel alle vrouwen uit Oost-Europa die werden ingeschreven in het Vreemdelingenregister reisden met hun man mee.[9] De Russen leken sowieso niet graag zonder familieleden te vertrekken. Toch had deze Riva Bernstein de lange reis in haar eentje afgelegd, midden in de Russische winter nog wel.

Het was Etty's broer Jaap die later vertelde dat ze zich had verkleed als soldaat, uit angst anders niet veilig te zijn.[10] De dagenlange treinreis, die onder meer langs Warschau en Berlijn voerde, was destijds inderdaad niet zonder risico. Ook in de Nederlandse kranten werd erover geschreven. Russische vluchtelingen vielen onderweg ten prooi aan 'beschimping, bespotting, afzetterijen' en erger. Vooral voor de alleenreizende vrouw dreigde gevaar, berichtte het *Nieuw Israëlietisch Weekblad*.[11]

Als man had Riva zich zekerder gevoeld. Lange jas en grote laarzen aan, de bontmuts diep over haar hoofd getrokken. Volgens haar zoon had zij zich zelfs kaalgeschoren.

Misschien was Jaaps verhaal een sprookje. Maar dan wel een móói sprookje, over een vrouw die doortastender was dan haar dochter het later veelal deed voorkomen.

Ook het beroep dat Riva opgaf bij haar inschrijving in het Vreemdelingenregister was bijzonder te noemen. 'Onderwijzeres in de Russische taal', liet ze de beambte noteren. Het gebeurde niet vaak dat een Russische, Joodse vrouw een degelijke opleiding had genoten. De meeste waren naaister, werkten in de huishouding, of meldden dat zij 'zonder beroep' waren.[12]

Door de dienstdoende politiebeambte werd verder in keurig schoolschrift genoteerd dat Riva Bernstein van het 'Israëlitisch geloof' was, blauwe ogen had en donkerblond haar – kaalgeschoren was zij bij haar aankomst in Nederland dus in elk geval niet.[13] Ook schreef hij dat zij een 'vol aangezicht' had en een 'gezonde kleur'.

Met een lengte van 1,62 meter was ze niet groot te noemen – maar dat zei weinig over haar verschijning. Riva Bernstein was geen vrouw die je snel over het hoofd zag. Ze had een flinke boezem en een blik die wel als fel werd omschreven. Sommigen noemden haar knap toen zij jong was, en dichtten haar zelfs een statige, koninklijke verschijning toe.[14]

Riva Bernstein, ook Rebecca, werd op 23 juni 1881 geboren in het stadje Potsjep, in het district Tsjernigov, toentertijd gelegen in het tsaristische Rusland. Ze was de oudste dochter van Michael Bernstein en Hinde Lipovsky, beiden oorspronkelijk afkomstig uit de buurt van Minsk, nu in Wit-Rusland. Michael en Hinde waren al rond de veertig jaar toen Riva ter wereld kwam, wat oud was voor een Joods echtpaar in die tijd. De meeste Joodse gezinnen waren beduidend jonger en ook talrijker. Na Riva kregen de Bernsteins in 1882 nog één zoon, Jacob.

Juist in Riva's eerste levensjaar werden de Russische Joden slachtoffer van een ongekende golf van geweld. Op 13 maart 1881 was tsaar Alexander II tijdens een rondrit in Petersburg vermoord. De bom werd gegooid door nihilistische revolutionairen – maar het waren vooral de Joden die de rekening betaalden. De zoon en opvolger van de vermoorde tsaar, Alexander III, beschuldigde de Joden ervan linkse, antimonarchistische sympathieën te koesteren en daarmee het autocratische gezag van de tsaar te willen ondermijnen. Overal waar Joden leefden, vonden pogroms plaats; in zeker 166 steden en stadjes werden huizen in brand gestoken, winkels geplunderd en Joodse burgers vermoord. Ook in Potsjep moesten de Joodse inwoners het ontgelden. In 1882 brandden er zo'n honderd Joodse huizen af en op het grote marktplein voor de orthodoxe kerk gingen zeker 120 kramen van Joodse kooplieden in vlammen op.[15]

De familie Bernstein besloot haar heil elders te zoeken, en verhuisde naar het kleinere, noordelijker gelegen plaatsje Soerazj. Van oudsher was het Joden in Rusland alleen toegestaan te wonen in het zogeheten Vestigingsgebied: een gebied dat grote delen omvatte van het huidige Litouwen, Wit-Rusland, Polen, Moldavië, Oekraïne en gedeelten van West-Rusland. Eind negentiende eeuw leefden er zeker vijf miljoen Joden in deze streek – op dat moment de grootste Joodse gemeenschap ter wereld.

De Joden in Rusland werden gemarginaliseerd, al vele honderden jaren lang. Zij mochten tal van beroepen niet uitoefenen, geen hogere rang in het leger bekleden, een baan bij de overheid zat er al helemaal niet in. Ook werd het hun niet toegestaan zich op het platteland te vestigen of eigen land te bezitten. De meeste Russische Joden woonden in zogeheten 'sjetls', provincieplaatsen met een overwegend Joodse bevolking.

Het plaatsje waar Riva opgroeide, Soerazj, was zo'n typisch Russische sjetl. Bij de grote volkstelling van 1897 bleek 59,9 procent van de inwoners Joods te zijn. Veel Joodse mannen werkten in Soerazj als kleermaker, metaalbewerker, of zaten in de handel; ze verkochten graan en andere landbouwproducten, textiel of leer.[16] Welk beroep Michael Bernstein, de vader van Riva, uitoefende is niet bekend,[17] maar haar broer Jacob werd diamantbewerker en noemde zichzelf later ook wel 'commissionair in diamant'.[18] Het ligt voor de hand te veronderstellen dat hij het vak van diamantair leerde van zijn vader.

In Soerazj leefde de familie Bernstein jarenlang in relatieve rust en welstand. Riva werd onderwijzeres in de Russische taal en had dus op z'n minst voortgezet onderwijs genoten. Dat was zeker niet vanzelfsprekend voor een Joods meisje in het Rusland van eind negentiende eeuw. In joods-orthodoxe kringen werden alleen de jongens aangezet tot studeren, de meisjes waren voorbestemd voor het moederschap. Kennelijk waren de ouders van Riva liberaal genoeg om daar anders over te denken. Daarbij kwam nog dat het voor Joodse leerlingen in Rusland – meisjes én jongens – überhaupt heel moeilijk was om tot het voortgezet en hoger onderwijs door te dringen. Een van de vele anti-Joodse maatregelen van tsaar Alexander III was in 1887 het instellen van een numerus clausus voor Joodse studenten, wat betekende dat elke school niet meer dan 10 procent Joodse leerlingen mocht toelaten.

Riva moet een doorzetter zijn geweest, en de volledige steun hebben gehad van haar ouders, die haar op een meisjeslyceum wisten te plaatsen of privéonderwijs lieten volgen. In Soerazj werden bij de census van 1897 – Riva was net zestien jaar – precies achttien Joodse onderwijzers geteld. En daar zat toen nog geen één vrouw bij.[19]

'Mevrouw was óók heel erudiet,' vertelde een vriendin van de familie Hillesum.[20] Die ontwikkelde kant van Riva werd niet vaak gezien. Als Russische vrouw in de Nederlandse provincie werd zij later vaak het mikpunt van roddel en spot. Mevrouw Hillesum was excentriek, zo werd er gefluisterd, ze droeg on-Hollandse grote sjaals en capes en sprak een grappig soort Nederlands. Dat zij goed opgeleid en bovendien heel muzikaal was, werd door lang niet iedereen onderkend.

De familie Bernstein woonde in Soerazj in de Tuinstraat, de *Sadovaja oelitsa*.[21] Een lange, smalle en onverharde weg, waar 's winters voortdurend wagens in de modder of sneeuw vastliepen. Aan weerszijden van de Tuinstraat bevonden zich lage, houten huizen met flinke percelen grond eromheen. Moestuinen, kippenhokken, het gekraai van een haan en de geur van houtvuur; grote delen van Soerazj hadden nog een landelijk karakter. Vanaf de Tuinstraat liep je binnen tien minuten naar de rivier de Ipoet, die dwars door het plaatsje stroomde en juist in het centrum een scherpe bocht maakte. Op de lommerrijke oevers kon worden gevist en gepicknickt.

Riva was inmiddels 24 jaar oud toen het voor de Russische Joden wéér gruwelijk misging. Het land verkeerde dat jaar op de rand van een burgeroorlog. Op 9 januari 1905 had tsaar Nicolaas II een vreedzaam protest voor meer burgerrechten wreed neergeslagen. Na dat bloedbad was zijn volk, voor het eerst in eeuwen, in opstand gekomen. Massale arbeidersstakingen en studentenprotesten legden het openbare leven plat; boeren plunderden de landgoederen van hun bazen en lieten meer dan drieduizend landhuizen in rook opgaan. De politie en het leger hadden steeds minder grip op de chaos.

Pas in oktober 1905 stemde de tsaar uiteindelijk in met meer burgerrechten. Het Manifest dat werd afgesloten luidde echter ook een nieuwe golf van geweld in, dit keer van ultrarechtse kant. Nu de tsaar leek toe te geven aan de eisen van de revolutionairen, voelden fanatieke aanhangers van de autocratie zich geroepen het gezag van de tsaar te helpen herstellen. Zij keerden zich allereerst tegen 'intellectuelen en Joden', die zij ervan verdachten de aanstichters te zijn van de linkse revolutie.

De ultrarechtse monarchisten verenigden zich in de zogeheten Zwarte Honderden, knokploegen die onder bescherming van de tsaar en de politie ook aanvallen op Joden initieerden. In de periode van oktober 1905 tot september 1906 waren er maar liefst 657 pogroms in het Vestigingsgebied. Het overgrote deel daarvan vond in het zuiden plaats, en van die zuidelijke districten werd juist de provincie Tsjernigov, waar de familie Bernstein woonde, het zwaarst getroffen, met 251 pogroms in totaal.[22] Het geweld was vaak ongekend. Er vielen in de jaren 1905-1906 meer dan drieduizend doden, zeker tweeduizend mensen raakten gewond, na afloop van de pogroms lagen hele Joodse wijken in de as.[23]

De pogrom die op 6 november 1905 door Soerazj raasde, was ernstig genoeg om opgemerkt te worden door de Nederlandse kranten, waaronder het *Algemeen Handelsblad*. Soerazj werd genoemd in een hele rij van plaatsen die onder de Jodenvervolging hadden geleden. 'De intreurige taferelen die zich den 7den November hebben afgespeeld tijdens de begrafenis van 412 vermoorde Joden zijn onbeschrijfelijk,' meldde de krant. 'Vele vrouwen vielen in onmacht, de lucht was vervuld van jammer en weeklacht. Alle joodsche winkels, vele christen-huizen waren gesloten. De studenten-lijken werden door de Joden begraven. Op de graven werden kransen gelegd met het opschrift: "Martelaar van het geloof", "Offer van de autocratie", "Strijder voor de vrijheid". De identiteit van 245 lijken kon niet vastgesteld worden, omdat de gezichten door sabelhouwen onherkenbaar waren.'[24]

De familie Bernstein zag nog maar één uitweg: zo snel mogelijk vertrekken uit Rusland. Ze waren niet de enigen. Tussen 1880 en 1920 verlieten liefst twee miljoen Russische Joden het tsaristische rijk. De pogroms waren daarbij vaak de aanleiding, maar velen hadden ook economische beweegredenen. Voor de Bernsteins zal zeker hebben meegespeeld dat Amsterdam in 1907 nog een belangrijke stad was in de wereldwijde handel in diamanten. Er lagen voor hen meer kansen dan in Soerazj, waar veel mensen door de politieke onlusten wel wat anders aan hun hoofd hadden dan het kopen van juwelen.

Vaak hadden Russische emigranten een familielid dat hun eerder was voorgegaan en de weg had bereid. Zo ook de Bernsteins. In Amsterdam woonde een oudtante van Riva: Paulina Eidinow-Lewis.[25] Zij kwam oorspronkelijk uit hetzelfde plaatsje als Riva's vader, Kopyl, en was al in 1895 met haar echtgenoot Mendel Eidinow, een invloedrijke diamanthandelaar uit Moskou,[26] naar Nederland getrokken.[27] Voor Riva waren Paulina en Mendel Eidinow belangrijke familieleden, zo blijkt onder meer uit het feit dat Mendel later getuige zou worden bij haar huwelijk met Louis Hillesum.[28] Zij waren haar Russische anker in een verre, onbekende wereld.

Begin 1907 waagde Riva de sprong. Ze vertrok als eerste van de familie Bernstein naar Amsterdam. Drie maanden later arriveerde Riva's broer Jacob; hij liet zich op 13 mei 1907 inschrijven in het Vreemdelingenregister. De registratie van Michael en Hinde Bernstein volgde weer een maand later, op 10 juni. De Bernsteins namen gezamenlijk hun intrek bij de familie Montanjees aan de Tweede Jan Steenstraat 21, een Portugees-Joodse familie die óók in de diamantbewerking zat.

Meestal klikte het niet zo tussen de Sefardische Joden, die van oudsher uit Spanje en Portugal kwamen, en de Asjkenazische Joden uit Oost-Europa.[29] Riva's invloedrijke oudoom Mendel Eidinow lijkt hier de verbindende schakel te zijn geweest. De vrome Eidinow kende via de sjoel aan de Swammerdamstraat, waaraan hij verbonden was, de Litouws-Joodse familie Person, die op de Tweede Jan Steenstraat 21-II woonde vóórdat Riva en haar familie daar hun intrek namen. Bovendien zat zowel Eidinow als de familie Montanjees in de diamantbewerking en -handel.

Van de Tuinstraat in Soerazj kwam Riva op een bovenwoning in De Pijp terecht. Rusland had zij definitief achter zich gelaten. Maar haar herinneringen en angsten nam ze met zich mee, als de steeds kleiner wordende poppetjes die verborgen zitten in een Russische matroesjka.

—

Een van de belangrijkste lessen die Etty van Spier leerde in de eerste periode dat zij bij hem in therapie was, was dat zij niet langer eisen moest stellen aan haar ouders. *Keine Ansprüche an die Eltern.* Ze moest leren haar ouders te zien als mensen met een eigen, afgerond *Schicksal*; ze droegen hun eigen lot.[30]

Het was een bevrijdend inzicht voor Etty. Al veel te lang had zij zich afgezet tegen met name haar moeder. 'Ik heb een oppositie tegen m'n moeder, die is nog steeds niet in elkaar gezakt, en daarom doe ik die dingen, die ik in haar verafschuw, precies zo.'[31] Het werd hoog tijd dat zij zich losmaakte, haar eigen weg vond, en op haar innerlijke kracht ging vertrouwen.

Om zijn patiënten te leren dat zij vaak sterker waren dan zij zelf dachten, had Spier een nogal onorthodoxe behandelmethode ontwikkeld. Hij voerde niet alleen intensieve gesprekken, maar daagde vooral de vrouwen die bij hem in therapie waren ook uit tot een fysieke krachtmeting. Lichaam en ziel waren immers één, *Körper und Seele sind eins*.[32]

De eerste keer dat Etty worstelde met Julius Spier, bezorgde ze hem een bloedlip. Het was Spier nog nooit gebeurd dat hij door een vrouw tegen de grond werd gesmeten. Etty verbaasde zich er zelf ook over hoe sterk ze was; al haar 'innerlijke gespannenheid en samengebalde kracht' braken los.

Ze mocht Spiers bloedende lip deppen met eau de cologne. Het worstelen werd hervat. Even later lag ze 'getemd' onder hem. Spier bleef 'zakelijk', maar Etty gaf zich voor even over aan de lichamelijke bekoring die er van zijn grote lijf uitging.[33]

Vanuit hedendaags perspectief deugt het natuurlijk totaal niet. Hoe kon Spier zijn vrouwelijke cliënten verleiden tot een worstelpartij, waarbij de therapeut en de hulpzoekende niet zelden boven op elkaar zaten of eindigden in elkaars armen?

Ook Etty was niet altijd overtuigd van de zuiverheid van Spiers intenties. Een volgende keer dat ze met Spier worstelde, kwam hij boven op haar te liggen en kreunde hij, al was het maar even, en maakte hij 'de oudste stuiptrekkingen ter wereld'.[34] Leuke manier van patiënten behandelen heb jij, dacht Etty toen. 'Zo heb je er zelf ook nog plezier van en je wordt er nog voor betaald op de koop toe, al is dat ook niet veel.'

Tegelijkertijd raakte ze opgewonden door Spiers aanrakingen. 'De wijze, waarop zijn handen naar mij grepen tijdens dat gevecht, de manier zoals hij in m'n oor beet en m'n gezicht omspande met z'n grote hand tijdens dat worstelen, dat alles maakte me volkomen dol, ik voelde iets van de geoefende en boeiende minnaar, die achter al deze gebaren zat.'[35]

Het was nogal verwarrend. Aan de ene kant vond Etty het allemaal 'intens gemeen' en had ze het idee dat Spier misbruik maakte van de situatie. Aan de andere kant kon ze juist na zo'n worsteling enorm vertrouwelijk worden met Spier, als met een vriend die ze al heel lang kende.[36] Ze ervaarde het bovendien als een bevrijding om te ontdekken dat ze fysiek zo sterk kon zijn.[37]

Etty was verre van sportief. Bij gymnastiek had ze op het gymnasium steevast een dikke onvoldoende gehaald. 'Object doet niets voor haar lichaam,' had Spier bij de eerste handanalyse al gezien. Alleen het geestelijke telde voor Etty en tijdens al die lange uren achter haar bureau was ze geneigd haar lijf te vergeten. Bijna letterlijk, vrienden vertelden dat ze niet altijd erg prettig rook. Etty zag haar lichaam – behalve wanneer het ging om de erotiek – vooral als iets lastigs. Net als haar moeder, die kampte met tal van lichamelijke kwalen, werd Etty vaak gekweld door hoofdpijn, maagpijn, vermoeidheid en menstruatieperikelen. Spier liet haar ervaren dat niet alleen haar geest, maar ook haar lichaam aandacht en onderhoud nodig had, wilde ze sterker worden. Op zijn advies deed Etty voortaan iedere ochtend gymnastiek- en ademhalingsoefeningen, en waste zij haar hele lijf met koud water.[38]

In de eerste weken van haar vriendschap met Spier werd Etty zo voortdurend heen en weer geslingerd. Het ene moment had ze de wildste erotische fantasieën over deze nieuwe vriend in haar leven, het andere moment 'vloekte ze als een polderjongen' wanneer zijn stem aan de telefoon haar lichaam in opstand bracht. Ze was toch geen hysterische bakvis meer? Op zo'n moment begreep ze de monniken 'die zichzelf geselen om het zondige vlees te temmen'. Keer op keer moest ze S. overwinnen. Ze wilde niet verliefd op hem worden. Of beter gezegd: ze vond dat ze niet verliefd op hem mocht worden. Tegelijkertijd speelde ze het spel dat ze al zo vaak had gespeeld; zelfbewust en opvallend vrijgevochten voor een vrouw van haar tijd. Haar erotische nieuwsgierigheid was altijd uitgegaan naar velen.

Streng sprak ze zichzelf op papier toe: 'Je bent nu je levenlang al zo gewoon om in je fantasie mannen naar je toe te halen, op de meest schaamteloze wijze, dat het een gewoonte geworden is, waarmee het moeilijk is zo plotseling te breken.' Ze tartte zichzelf door voortdurend aan Spier te denken – terwijl ze wist dat het allemaal hebberigheid was. Met een meedogenloze eerlijkheid ontrafelde ze haar eigen gevoelens: 'Het feit, dat hij ook op het punt staat een verhouding met je te beginnen, maakt hem nog aantrekkelijker voor je, hij is nu binnen je bereik gekomen, het streelt je ijdelheid ook wel een beetje en er komt ook weer het platste, zeer aardse "hebberige" bij: dat kan ik nu allemaal hebben, die mond, die handen, die ogen en zeg het nu maar eerlijk, dit papier zal het geheim wel bewaren, ook het gevoel: het zou zonde zijn dat alles te laten schieten, later zal ik er spijt van hebben, ik zal waarschijnlijk nooit meer zo'n man ontmoeten.'[39]

Andersom was Etty voor Spier ook een 'Aufgabe'. Hij kon erg goed met vrouwen opschieten en had altijd veel vriendinnen gehad, die graag met hem omgingen omdat hij charmant was, goedlachs, warm, joviaal en oprecht belangstellend. In Duitsland was Spier getrouwd geweest met de niet-Joodse Hedel Rocco, met wie hij twee kinderen had gekregen, Ruth en Wolfgang. Dit huwelijk was in 1935 uitgelopen op een scheiding, mede doordat Hedel Spier-Rocco de vrijpostige manier waarop haar man met vrouwen omging niet langer tolereerde. Volgens Ruth had haar vader een handvol serieuze relaties gehad tijdens zijn huwelijk. Zo was hij rond 1932 'wahnsinnig' verliefd geworden op de beeldschone, jonge zangeres Vilma Fichtmüller, die hij ondersteunde in de ontwikkeling van haar carrière. Julius Spier had daarin geen reden gezien zijn huwelijk te beëindigen, maar Hedel zette de scheiding door.[40]

Spier had daarna een relatie gekregen met een van zijn chirologieleerlingen, de 29 jaar jongere pianolerares Hertha Levi. In 1938 was het de Joodse Hertha gelukt uit te wijken naar Engeland, en sindsdien leefden de geliefden gescheiden, 'vol van verlangen, eenzaam en alleen maar aan elkáár denkend', zoals Spier het in een brief aan Hertha uitdrukte.[41]

Na een bezoek van Spier aan Hertha in Engeland, in 1939, hadden de twee trouwplannen gemaakt. Spier hoopte toestemming te krijgen zijn verloofde naar Nederland te halen, waar zij hem als assistente zou kunnen helpen bij zijn werk. Ook dacht hij erover zich uiteindelijk met haar in het veiligere Londen te vestigen. Hertha moest zich door het huwelijk beslist niet aan hem gebonden voelen, had hij haar geschreven: als de oorlog voorbij zou zijn, zou ze weer haar eigen weg kunnen gaan als ze dat wenste. Spier begreep ook wel dat ze met haar 23 jaar eigenlijk veel te jong voor hem was.

Hertha leek aanvankelijk wel te vinden voor het plan om in Engeland met de handschoen te trouwen. Maar toen ze ten slotte op de Nederlandse ambassade in Londen haar handtekening moest zetten, 'weigerde haar arm iets te doen'. Het lukte domweg niet; haar hand leek als verlamd. Ze verliet het gebouw, bleef nog een halfuur vertwijfeld op de stoep zitten, en ging naar huis.[42]

Spier was vreselijk teleurgesteld. Toch lieten de geliefden elkaar niet los. Ze schreven elkaar bijna dagelijks, wanhopig omdat de post zo vaak verzaakte, en Spier was er – naar eigen zeggen – in geslaagd Hertha zeker twee jaar lang trouw te blijven.[43] Na het overspel in zijn leven, had hij op zijn 52ste besloten dat hij nu wél zijn belofte van trouw wilde waarmaken. Spier noemde Hertha zijn 'verloofde die op hem wachtte'.

Etty vond dat ze die trouw niet mocht doorbreken. Bovendien had ze ook zelf een verhouding. Elke keer nadat ze had geworsteld met Spier, fietste ze weer terug naar 'pa Han', de weduwnaar die al jaren haar minnaar was – al waren er weinig mensen die dat wisten.

'Voor mij was hij mijnhéér Wegerif,' zei een studievriend later. Hij had nooit bedacht dat Etty ook een verhouding kon hebben met deze oudere heer. 'Dat hij het nog dééd, het nog kon, ja!'[44]

Officieel was Etty 'femme d'honneur' bij Wegerif, wat betekende dat ze wat huishoudelijke klusjes deed in ruil voor kost en inwoning. Niet lang voor Etty's komst had pa Han zijn echtgenote Willy verloren; een verre achternicht van hem en een ontzettend lieve en toegewijde vrouw.[45] Als kameraden en bevlogen sociaaldemocraten hadden ze zich samen een leven lang ingezet voor de SDAP en hun socialistische idealen. Ze kregen vier kinderen, van wie alleen de jongste, het nakomertje Hans, nog thuis woonde toen Etty introk.

Veel vriendinnen van Etty waren dol op pa Han. Een slanke, rijzige en in alles beschaafde man, met grijs haar en een onderzoekende blik. De vriendinnen roemden de rust die hij uitstraalde, zijn wijsheid en droge humor. Han Wegerif had altijd gewerkt als accountant, vooral voor de vakbeweging. Dat gaf hem een wat stoffig imago, maar achter de keurige heer in pak ging een geëmancipeerde man schuil die ruim van geest was, niet snel oordeelde, en anderen hun vrijheid gunde.

'Ik bewonder vader zo,' schreef zijn oudste dochter Ella ooit aan haar verloofde. 'Vader is zo echt goed, zo groot en ruim. Vader heeft ons nog nooit iets opgedrongen, ook niet zogenaamd voor je bestwil, maar hij heeft ons alle kansen gegeven.'[46]

Voor Etty was pa Han de man die haar een thuis had gegeven. Een wijkplaats waar ze in alle rust kon wonen, werken en zichzelf zijn – zo ongeveer alles wat haar eigen ouders haar níét hadden kunnen bieden. Dat ze ook graag met pa Han sliep, hield ze voor haar vrienden verborgen. Ze zouden het niet begrijpen, vermoedde ze. Etty kon goed geheimen bewaren en praatte niet graag over wat er ten diepste in haar omging. Alleen bij pa Han kon ze volledig open zijn.

'Je praat te veel over jezelf,' klaagde die op een dag.

'Maar dat doe ik alleen tegen hèm,' schreef Etty daarna, 'tegen anderen juist te weinig.'[47]

Etty vertelde pa Han ook veel over haar nieuwe therapeut Spier en de 'Spierclub', de vriendinnen en leerlingen van Spier die al snel ook háár vriendinnen werden. Pa Han stond daarvoor open, en hij nodigde Spier en de vriendinnenclub later geregeld bij hem thuis uit. Maar ook hier bleek dat Etty erg goed kon zwijgen. Ze vertelde pa Han nooit dat ze ook erg verlangde naar de man Spier, of over hoe zij al dan niet therapeutisch over de grond rollebolden. Intussen wist Spier wel degelijk hoe Etty's relatie met pa Han precies in elkaar zat.[48]

Echt schuldig voelde Etty zich niet. Ze hield zich vast aan de gedachte dat ze Spiers trouw zou respecteren – en daarmee ook zelf trouw zou kunnen blijven. Ze zou pa Han 'uit haar leven niet willen missen'. En daarom moest ze van Spier afblijven: 'Een mens moet niet alles willen hebben, ook niet als hij het krijgen kan. Wanneer ik werkelijk hier overwinnen kan, dan zal ik een heel stuk sterker in m'n leven staan, dan zal ik voor het eerst in mijn leven werkelijk iets gepresteerd hebben.'[49]

Maar of dat haar ook zou lukken?

Spier daagde haar net zo goed uit. 'Het is toch eigenlijk een schandaal dat je zoiets met kleren aan doet,' zei hij toen ze eens op de grond in elkaars armen lagen.[50]

Etty fantaseerde hoe ze een volgende keer bij S. binnen zou lopen en heel stoer zou zeggen: 'Ich will das Sie Ihrer Freundin treu sind.' En als ze dan eenmaal die ferme woorden had gesproken, zo stelde ze zich voor, dan zou ze graag zijn mond kussen, ieder plekje ervan, rustig en zonder hartstocht, als bewijs van hun grote, groeiende vriendschap – en niet meer dan dat.

Helemaal vertrouwen deed ze zichzelf niet. 'O God, geef me kracht zo standvastig te blijven.'[51]

—

Lichamelijk was er de twijfel, de verwarring. Maar geestelijk gaf Etty zich in die eerste maanden volledig over aan Herr Spier, die ze consequent met 'u' bleef aanspreken. Het leek of er niets anders meer voor haar leek te bestaan dan deze wijze, goedmoedige leermeester, van wie ze intuïtief aanvoelde dat hij haar antwoord kon geven op vragen en problemen die haar al jarenlang teisterden.

Er was geen evenwicht in haar bestaan. Periodes van intens, bijna geëxalteerd leven werden afgewisseld door tijden van somberheid en inktzwarte depressie. Haar vaak hooggespannen verwachtingen en dromen zaten haar danig in de weg. Ze putte zichzelf uit door die fantasieën, waar de werkelijkheid schril bij afstak. Het gebeurde herhaaldelijk dat ze zó moe was van al het piekeren en fantaseren, dat ze aan het echte leven of geconcentreerde werken niet meer toekwam. Dan moest ze rusten, een middagdutje doen, aspirines slikken, huilen, de teleurstelling verwerken. Spier leerde haar meer in het moment te leven. Los te laten, discipline te betrachten en niet langer weg te rennen voor zichzelf. Ogenschijnlijk eenvoudige lessen, waardevol voor alle mensen in alle tijden – maar voor Etty een even grote ontdekking als opgave.

'Wanneer ik vroeger achter m'n bureau zat, vervulde me een onrust, dat ik ergens buiten, in het leven iets verzuimde. En daardoor kon ik me nooit goed concentreren op m'n studie. En wanneer ik was in het "werkelijke leven", onder de mensen, verlangde ik altijd weer op een droefgeestige manier naar dat bureau en was onder de mensen ook niet echt vrolijk. [...] Ik moest me iedere keer weer terugtrekken uit de buitenwereld omdat de vele indrukken me verwarden en ongelukkig maakten. En dan moest ik vluchten in een stille kamer. Nu draag ik die “stille kamer” zogezegd steeds in me mee en ik kan me er ieder ogenblik in terugtrekken, of ik nu in een volle tram zit of zwaar aan de boemel ben.’[52]

Ook bij het schrijven had Etty zichzelf tot dan toe vreselijk dwarsgezeten. Al jaren buitelden de zinnen, verhalen en sferen door haar hoofd, maar opschrijven wilde niet lukken. Het moest direct volmaakt zijn wat er op papier kwam, de woorden moesten zich kunnen meten met alle geniale invallen die ze had gehad, terwijl ze het ‘dagelijkse werk eraan’ niet wilde doen.

Een onmogelijke verwachting, zag ze zelf in: ‘In bijna extatische momenten acht ik me tot wonder wat in staat om vervolgens weer in de diepste put van onzekerheid weg te zinken. Het komt doordat ik niet dagelijks en geregeld werk aan datgene, waarin ik meen dat m’n begaafdheid ligt: het schrijven.’[53]

Spiers advies aan Etty om een dagboek te gaan schrijven maakte een einde aan dat voortdurende gedraal. Etty zag haar dagboek nadrukkelijk als een ‘kladschrift’ – het hóéfde allemaal nog niet perfect te zijn. Voor het eerst durfde ze de woorden vrijelijk uit zich te laten stromen, en al schrijvende te zoeken naar haar eigen stijl en stem. Uren en uren kon ze nu zitten schrijven. Naast het praten en worstelen was dat misschien nog wel het meest helend. Ze had nu eindelijk een instrument in handen om vorm te geven aan haar intense, maar vaak chaotische stroom van gedachten. Het schrijven bood haar grip op een werkelijkheid die haar eerder al te vaak angst had aangejaagd.

Het is daarom niet vreemd dat ze in die eerste periode zo vaak een onderscheid maakte tussen ‘vroeger’ en ‘nu’. Etty had werkelijk het gevoel dat ze als gevolg van Spiers levenslessen een ander mens was geworden. Vroeger, schreef ze, had ze altijd het opgejaagde gevoel gehad nergens tijd voor te hebben, althans: niet voor de kleine dingen des levens. De tandarts, de kapper, een blokje om, een gesprek met vriend of vriendin. Steeds tartte haar dat krampachtige en onrustige gevoel dat zulke zaken allemaal afleidden van waar het werkelijk om ging: het studeren, het schrijven, het Werk met een grote W. Een zeer ‘mystiek’ begrip, moest ze toegeven, want van dat werk kwam door alle innerlijke onrust en opgejaagdheid meestal weinig terecht.[54]

Spier leerde haar dat de 'in zichzelf rustende mens' niet in tijd rekende, zoals ook een kind volledig kon opgaan in het moment.[55] Om innerlijke rust te verwerven en goed te kunnen werken, moest men de tijd en zichzelf juist *vergeten.*

Voor Etty was het niet minder dan een openbaring. 'Ik heb nu overal meer tijd voor en werk intensiever dan ooit. Die S. is een kostbaar mens, men moet zuinig op hem zijn.'[56]

—

Het was woensdagochtend, 19 maart 1941. Etty zat aan haar bureautje op de Gabriël Metsustraat te schrijven. Ze nam in haar dagboek wat aantekeningen over die ze had meegekregen van Spier.[57] Het ging om wijsheden en praktische levenslessen, door cursisten van Spier genoteerd tijdens zijn lessen 'psychochirologie'. Spier had er een gewoonte van gemaakt om zijn verworven inzichten in de handleeskunde en de psychologie te delen met leerlingen, die vaak eveneens bij hem in therapie waren. Ook Etty zou vaak aan die lessen deelnemen.

'Het volgende neem ik over omdat ik het voortreffelijk en in kort bestek geformuleerd vind, alles waar het eigenlijk om gaat,' noteerde Etty. Het was een passage waarin Spier zijn opvattingen uiteenzette over de problematische verhouding tussen ouders en kinderen. Geheel in het Duits; Nederlands sprak hij nauwelijks.

Vrij vertaald en samengevat kwamen Spiers woorden erop neer, dat het kind verbonden was met beide ouders, en daarom moest doormaken wat de ouders zelf niet uitgevochten hadden in hun leven. Het was aan het kind om zich los te maken van die invloed en te leren op eigen benen te gaan staan. Alleen zo kon het geestelijk zelfstandig worden. Gemakkelijk was dat niet. Het losmaken was als een tweede geboorte, die met veel strijd en moeilijkheden gepaard ging. Ook moesten er vaak schuldgevoelens worden overwonnen. Een kind zag zijn ouders meestal alleen als hoe ze waren, zich gedroegen, maar wanneer een kind werkelijk volwassen wilde worden, moest het ook gaan begrijpen *waarom* die ouders zo geworden waren.[58]

Voor Etty waren dat belangrijke woorden. Het ging erom, analyseerde ze voor zichzelf, je ouders 'innerlijk lief te hebben', en te vergeven voor alle moeilijkheden die ze je, alleen al door hun bestaan, hadden aangedaan; aan binding, afkeer, kortom aan 'de belasting van hun eigen gecompliceerde leven'.[59]

Waar veel kinderen te weinig bewegingsvrijheid kregen in hun jeugd, hadden zij en haar broers juist te veel ruimte gehad. Haar ouders, bedacht Etty, waren zo overweldigd geweest door de gecompliceerdheid van het leven, dat ze nooit duidelijke keuzes hadden kunnen maken. Ze konden nergens een houvast geven omdat ze zelf nooit een houvast gevonden hadden, en ze konden weinig tot de vorming van hun kinderen bijdragen omdat ze zelf nooit een vorm hadden kunnen vinden. 'En steeds opnieuw en steeds duidelijker zie ik onze taak: hun arme, rondzwervende, niet tot vorm en rust gekomen talenten, in ons de gelegenheid te geven uit te groeien en te rijpen en hun vorm te vinden.'[60]

Riva Bernstein was op drift geraakt, ver afgedreven van de vertrouwde wereld van haar jeugd. En dat gold eigenlijk evenzeer voor Etty's vader, de Amsterdamse Louis.

3
Mijn uitverkoren bloedsomloop

Haar 'vadertje', noemde Etty Louis Hillesum. Ze kon met vertederde blik naar hem kijken. Misschien omdat haar vader, ondanks zijn statuur en geleerdheid, ook altijd iets hulpeloos had, iets verlorens in het leven. In haar dagboek riep Etty een ontroerend beeld van hem op, toen ze beschreef hoe hij haar op een koude, winterse dag, een ei kwam brengen: 'Ik moet opeens denken aan mijn Vadertje, die daar klein en gebogen, in een verkreukelde onhandige vilthoed en met een zwartwit geruite jongenssjaal om, een paar dagen geleden me een ei, zegge één ei en wat boter in een papiertje kwam brengen om vervolgens verder te wandelen naar Mischa, met nog één ei en een klontje boter en nog een kadetje met rookvlees.'[1]

Naar anderen kon Louis Hillesum afstandelijk zijn, ook uit een zekere schuchterheid. Maar voor zijn kinderen deed hij alles.

Etty herkende veel van zichzelf in haar vader. Ze had van hem haar enorme leeshonger geërfd en was opgegroeid in zíjn studeerkamer, waar de boeken hoog tegen de wanden stonden opgetast. Net als Louis was Etty vooral beschouwend van aard; ze oordeelde niet snel en had grote behoefte alles wat zij niet begreep eerst te bestuderen en te doorgronden. Zij deelde Louis' gevoel voor droge, misschien wel typisch Amsterdamse humor. En evenals haar vader, had Etty een gegronde afkeer van hokjesdenken.

Tegelijkertijd kon Etty last hebben van haar vaders vaak gelaten en berustende houding. *Ogge nebbisj* verzuchtte Louis Hillesum dan: helaas, ocharm, jammer genoeg! Louis' lijfspreuk was 'de domper op m'n hele jeugd' geweest, schreef Etty.[2]

Ze had geen vader gehad tegen wie ze kon aanleunen, die haar bescherming bood.

Ogge nebbisj – het was zoals het was.

—

Etty's vader werd geboren als Levie, maar noemde zich later dus Louis.[3] Die Franse vorm klonk wereldser, en vooral: neutraler. Louis Hillesum hield er niet van wanneer hij op zijn Joodse afkomst werd aangesproken. Hij was er ook principieel op tegen om mensen vast te pinnen op hun gezindte.[4] Liever stond hij te boek als vrijzinnig; een man die afstand had genomen van zijn orthodox-joodse achtergrond en zich bij voorkeur liet leiden door de klassieken, wier wijsheden hij moeiteloos kon citeren.

Toch is het de vraag of er in Louis niet ook altijd een Levie verborgen is gebleven. Want het mocht dan zo zijn dat andere Hillesums zijn huis meden omdat het er niet bepaald koosjer aan toeging: van de joodse religie op zichzelf – als onuitputtelijke bron van verhalen, kennis en waarden – heeft hij zich nooit afgekeerd. Nog tot zeker 1941 bleven Louis en zijn vrouw Riva lid van de Joodse gemeente in Deventer, en bleven zij betalen voor een plekje in de synagoge en op de begraafplaats.[5]

Als Levie groeide hij op aan de Sint Antoniesbreestraat 31 in Amsterdam, midden in wat toen nog de 'Jodenhoek' werd genoemd. Zijn vader, Jacob Samuel Hillesum, runde er een barbierszaak annex logement, vrijwel uitsluitend voor 'geloofsgenoten'. In een advertentie in het *Nieuw Israëlietisch Weekblad* van 4 mei 1883 beloofde vader Hillesum het 'reizend publiek' een 'nette en prompte bediening, beneden alle concurrentie'. Tevens had hij een appartement voor een familie disponibel, en liet hij weten nog een flinke werkmeid te kunnen plaatsen.

J.S. Hillesum was als middenstander in tamelijk goeden doen, zeker in vergelijking tot de vele venters en losse arbeiders die de Jodenbuurt bevolkten. Als de jonge Levie zijn straat uit liep, richting Waterlooplein en verder, naar de voormalige eilanden Uilenburg, Marken en Rapenburg, belandde hij in straatjes en stegen waar de zon nauwelijks doordrong en de mensen dicht opeengepakt woonden in pakhuizen die dienstdeden als woonkazernes. De bevolkingsdichtheid in de Jodenhoek was zeven keer zo hoog als elders in de stad en het leven speelde zich voor een groot deel af op straat. In de bedompte, veel te kleine woningen waren de omstandigheden vaak erbarmelijk. Soms leefden er meer dan tien mensen in één kamer, zonder behoorlijke keuken of wc. Een riool was er niet – 's avonds werd het 'stilletje' of de kakdoos buitengezet, waarna die werd opgehaald door de zogenoemde Boldootkar van de Stadsreiniging. Het stierf in de buurt van het ongedierte, besmettelijke ziekten verspreidden zich snel en de kindersterfte was hoog.[6]

Ook de Hillesums verloren kinderen. Levie, geboren in 1880, was het zevende kind van Jacob Samuel Hillesum en zijn vrouw Esther Loeza. Twee van zijn oudere broers waren echter op jonge leeftijd gestorven: Meijer, geboren in 1874, werd niet ouder dan drie jaar, en Samuel Eliazer, geboren in 1878, haalde zijn tweede verjaardag niet. Ook het meisje dat direct na Levie werd geboren, Naatje, stierf jong: zij was nog geen jaar oud toen zij in 1883 overleed.[7] In de Jodenhoek waren de dood, ziekte en armoede altijd dichtbij.

De buurt had een geheel eigen sfeer, een eigen taal ook; het was voor veel bewoners een getto dat zelden tot nooit werd verlaten. Ook voor de jonge Levie was een leven buiten deze wereld lang onvoorstelbaar. Levies opa, Samuel Meijer Hillesum, kwam van het Bussenschuthofje, een sjofel hofje dat uitkwam op de Rapenburgerstraat en waar het allerarmste deel van het Joodse proletariaat woonde. Samuel Meijer was altijd venter geweest, dus in die zin had Levies vader, Jacob Samuel, duidelijk vooruitgang geboekt. Hij bewoonde met zijn gezin een heel pand aan de Sint Antoniesbreestraat, en getuige de vele advertenties die hij door de jaren heen in het *Nieuw Israëlietisch Weekblad* liet plaatsen, wist hij zichzelf goed te verkopen. Ook speelde Etty's Amsterdamse grootvader een actieve rol in de Joodse gemeenschap. In zijn logement stelde hij geregeld ruimte beschikbaar voor 'Bestuurs- en Algemeene Vergaderingen en Oefeningen'. En als er kaarten moesten worden verkocht voor feestelijke bijeenkomsten van de Godsdienstige Vereeniging, dan kon men bij Hillesum aan de Sint Antoniesbreestraat altijd terecht.[8]

—

Haar 'uitverkoren bloedsomloop', noemde Etty haar Joods-zijn ironisch. In dat eerste oorlogsjaar leek zij zich nog weinig bewust te zijn van het gevaar dat haar afkomst met zich meebracht. Ze was ook nauwelijks met haar religie bezig, ondanks haar oer-Joodse wortels. Als zoveel Nederlandse, geseculariseerde Joden, kwam Etty niet meer in de synagoge en had zij zich losgezongen van de Joodse rituelen die zij in haar jeugd wel degelijk had gekend – al hield ze nog altijd veel van de vrijdagse kippensoep van haar moeder.

Het waren de Duitsers die Etty opnieuw bewust maakten van haar Joodse identiteit. Op 10 januari 1941 had de bezetter in de zogeheten 'Verordening 6' bepaald dat iedereen die geheel of gedeeltelijk van 'joodschen bloede' was zich als zodanig moest laten registreren. Ook Etty ontving een oproep. Op 19 maart ging ze naar een lagere school bij haar in de buurt om zich te melden. Ze zag er geen kwaad in en leek weinig doordrongen van wat de aanmelding voor haar persoonlijk kon betekenen. Deze vormde immers een eerste, maar wel bepalende stap in het hele proces van registratie, isolatie en ten slotte deportatie en vernietiging dat de nazi's voor ogen stond.[9]

'Zojuist even aangifte gedaan van m'n uitverkoren bloedsomloop,' noteerde Etty na de registratie in haar dagboek. 'Dat Hollandse volk is me zeer dierbaar.'[10]

Op humoristische toon beschreef ze wat ze had meegemaakt. De Nederlandse klerken achter de tafel in het klaslokaal behandelden de 'merkwaardige zaak' met een 'zeldzame gedistingeerdheid, begrip en zeer beschaafde humor'. Geen medelijden of verontwaardiging, maar 'bijzondere zachtheid en menselijkheid ging er van die paar mensen met hun kantoorgezichten uit'. Alsof ze de spreekkamer van een dokter binnenkwam; er klonk geen luid woord en alles ging even geruisloos en plezierig. Wat haar vooral trof, was de 'affectloosheid waarmee die paar Hollanders tegenover dat stukje Jodendom stonden'.

Een dame vroeg: 'Moeten kinderen beneden de 15 jaar ook aangemeld worden?'

Waarop een van de kerels zei: 'Mevrouw, al zijn ze een uur oud.'

'In Holland kan men werkelijk leven,' besloot Etty haar verslag, met een knipoog naar het beroemde gedicht van Slauerhoff, een van haar helden uit de jaren dertig.[11]

Het 'Aanmeldingsformulier VO 6/1941' dat Etty moest invullen bestond uit tien vragen, die weer in subvragen waren onderverdeeld. Naast naam, geboortedatum en huidig adres, moest ze aangeven wat haar beroep was, en of zij op 9 mei 1940 tot een 'joodsch-kerkelijke gemeente' behoorde.[12] Op die laatste vraag zal zij 'neen' hebben geantwoord, want toen Etty in 1932 van Deventer naar Amsterdam verhuisde om er te gaan studeren, was zij bij de Joodse gemeente aldaar uitgeschreven.[13] 'Afschrijving wegens vertrek Amsterdam', stond er op de lidmaatschapskaart van de familie. Bij een Joodse gemeente in Amsterdam had ze zich nooit ingeschreven. Vijf dagen na haar aanmelding als Jodin, op 24 maart 1941, werd Etty namelijk hetzelfde gevraagd toen zij als Joodse studente een vergunning vroeg om zich in te schrijven aan de Universiteit Leiden voor de cursus 1941/1942, zodat zij zich kon voorbereiden op haar kandidaats Slavische Talen en Letterkunde. Naast het kopje 'kerkgenootschap' vulde zij duidelijk in: 'Geen.'[14]

Vraag 9 was voor de nazi's de belangrijkste. Hoeveel 'joodsche grootouders' waren er? Het antwoord diende in letters te worden ingevuld – om vergissingen met onleesbare cijfers te voorkomen.

Vier, vulde Etty naar waarheid in.

Daarmee was haar lot bezegeld. Ze was 'vol Jood'. Geen kwart, geen half, maar helemaal. Na betaling van precies één gulden aan administratiekosten kreeg Etty een voorlopig bewijs van aanmelding en mocht zij de school weer verlaten.

Op 1 oktober 1941 werd een overzicht van alle aanmeldingen gemaakt door de Rijksinspectie van de Bevolkingsregisters. Vrijwel alle Nederlandse Joden hadden zich keurig laten registreren. Zij riskeerden een gevangenisstraf van vijf jaar als zij dit nalieten. En ach, dachten de meesten, hun gezindte stond toch ook genoteerd in het Bevolkingsregister van de gemeente?

Nederland bleek precies 140.001 'volle' Joden te tellen en 20.885 'kwart-' en 'half-Joden'. De gemeente Amsterdam – waar het overgrote deel van de Nederlandse Joden woonde – stuurde 85.516 aanmeldingsformulieren in; zo'n 80.000 personen konden aangemerkt worden als 'volle Joden'.[15] Dit was ongeveer 10 procent van het totale aantal inwoners van Amsterdam.

Er werd erg hard gewerkt door de betreffende ambtenaren om de registratie voor de beoogde datum rond te krijgen. Het hoofd van de Bevolkingsadministratie gaf de nieuwe gegevens over alle Joodse Amsterdammers ongevraagd door aan het Gemeentelijk Woningbureau, waar een inventarisatie werd gemaakt per straat. Het Bureau Statistiek van de gemeente vervaardigde vervolgens een stadsplattegrond waarop per buurt met stippen was aangegeven hoeveel Joden er woonden. 'Elke stip = 10 Joden', stond in de legenda te lezen. De oude Joodse buurt van Etty's vader en de Transvaalbuurt kleurden door de vele stippen vrijwel helemaal zwart.[16]

—

Het ouderlijk huis van Louis Hillesum aan de Sint Antoniesbreestraat was altijd vol leven en lawaai. Er kwamen kappersklanten, binnen- en buitenlandse pensiongasten, kostgangers, geloofsgenoten. Maar het huis herbergde ook een geheim. Iets waarover men in die tijd alleen in bedekte termen sprak, of waarover liever helemaal werd gezwegen.

Levies oudere zus Grietje leed aan een onbekende geestesziekte, die zich rond haar achttiende voor het eerst openbaarde.

In november 1887 moest zij worden opgenomen in een inrichting. Levie was toen zelf zeven jaar oud. Andere opnames van Grietje volgden in 1890, 1891 en 1894.[17]

Een jongen was Levie nog. Binnen een periode van zeven jaar maakte hij vier keer mee dat zijn zus kennelijk zo bevangen werd door waanideeën dat het onmogelijk werd haar nog langer thuis te houden. Grietje werd opgenomen in het Nederlandsch-Israëlitisch Krankzinnigengesticht; een instelling voor Joodse geesteszieken aan de Nieuwe Keizersgracht, op tien minuten lopen van het woonhuis van de Hillesums.[18]

In het stadsgesticht was het benauwd en lawaaierig. De vrouwen konden er niet veel meer doen dan wat breien, naaien of klusjes in de huishouding verrichten. Althans: wanneer zij daartoe in staat waren en niet zo 'onrustig' waren dat zij tot 'bedverpleging' werden gedwongen en strak vastgebonden hun dagen sleten.[19]

Grietje was niet de enige Hillesum die af en toe het spoor bijster raakte. Ook bij een paar neven en nichten van Louis ging het in latere jaren mis.[20] Het lijkt erop dat de familie erfelijk was belast, en dat die psychische kwetsbaarheid op volgende generaties werd doorgegeven.

'Er zwerven gevaarlijke ziektekiemen in mijn belaste familie rond,' schreef Etty – en zij had het daarbij dus niet alleen over haar broers.[21]

Levie zou altijd betrokken blijven bij zijn zus Grietje, die ook goede periodes kende en dan als dienstmeisje op verschillende adressen werkte. Hij was al docent klassieke talen en 'Louis' geworden, toen hij Grietje zelfs een periode in huis nam om zijn zwangere vrouw Riva te helpen bij het huishouden. Maar ook toen ging het mis. Al na een maand was de situatie onhoudbaar geworden en moest de inmiddels 46-jarige Grietje worden afgevoerd naar het Krankzinnigengesticht Amsterdam.[22] Ze zou er tot haar dood niet meer uit komen.

Etty was twee jaar oud toen haar geestelijk zieke tante in huis rondwaarde en zij uiteindelijk moest worden opgehaald.

—

Als kind werd Levie getroffen door een ernstige oogziekte. Hij zou, volgens een later attest, een 'keratoconjunctivitis' hebben gehad – een ontsteking van het hoornvlies en het oogbindvlies – gecompliceerd door een ontsteking van de iris, een 'iridocyclitis'.[23] Waarschijnlijk waren deze aandoeningen het gevolg van de besmettelijke oogziekte trachoom, waar veel kinderen in de Joodse buurt mee kampten.[24] Levie werd zeer slechtziend en zou daar zijn leven lang veel hinder van ondervinden. Op grond van dit 'lichamelijke gebrek' werd hij in 1899 vrijgesteld van militaire dienstplicht.[25]

Het liefst had de muzikale Levie viool willen spelen, maar zijn slechte ogen beletten hem dat.[26] Op zijn elfde kreeg hij een beurs voor het Nederlands-Israëlitisch Seminarium aan de Rapenburgerstraat. Voor een slim middenstandsjongetje uit de Jodenhoek bestonden er in die tijd niet zoveel andere mogelijkheden om hogerop te komen. Levie studeerde opvallend snel en werd in augustus 1900 de 'Hoogste Rang' toegekend voor het examen van Godsdienstonderwijzer.[27]

Weinig leek een carrière als rabbijn nog in de weg te staan. 'Een joods geleerde in de dop', zo werd hij omschreven door de historicus Jaap Meijer – de vader van Ischa – die de familie op afstand had gekend en later een studie aan Louis Hillesum wijdde.[28]

Maar Levie besloot anders. Terwijl hij klaargestoomd werd voor het rabbinaat, maakte hij in die jaren rond de eeuwwisseling kennis met de klassieken. De opleiding tot rabbijn vereiste namelijk tegelijkertijd een academische ontwikkeling; meestal in de vorm van een kandidaatsexamen klassieke talen aan de universiteit. Tijdens zijn studie aan de Universiteit van Amsterdam werd Levie Hillesum zo gegrepen door de klassieken, dat hij gaandeweg tot de overtuiging kwam dat hij liever classicus werd dan rabbijn. Daarbij speelde mee dat hij als classicus eenvoudigweg betere carrièreperspectieven had. Zoals meer van zijn generatiegenoten uit de Joodse buurt was Levie een 'opstrever': een jongen die zich door intelligentie en een hogere opleiding ontworstelde aan zijn achtergrond.[29] Het is aannemelijk dat hij toen al hoopte als classicus in het onderwijs te gaan werken, hét werkveld in die jaren voor getalenteerde jongens uit de onderklasse om hogerop te komen, een vast inkomen te krijgen, en in bredere kring aanzien te verwerven.

Het was een keuze die het leven van Etty's vader vergaand zou beïnvloeden. Hij maakte zich los van het traditionele, Joodse milieu van zijn jeugd, zag af van zijn religieuze ambities en koos voor een seculiere carrière in het gymnasiale onderwijs. Hij betrad daardoor een wereld die hem in feite wezensvreemd was en waarin hij zich steeds opnieuw moest bewijzen – met alle onzekerheden en spanningen die daarbij hoorden.

In 1902 behaalde Levie Hillesum zijn kandidaats, en in 1905 zijn doctoraal klassieke letteren, beide cum laude. Nog drie jaar later, in 1908, promoveerde hij op een taalkundige kwestie, ook cum laude. In zijn proefschrift verwees Hillesum geen enkele keer naar zijn seminaristenjaren.[30] Alsof zijn religieuze vorming er werkelijk niet langer toe deed. Sinds augustus 1905 woonde hij samen met zijn vier jaar oudere broer Salomon – die ook op het seminarium had gezeten – op de Nieuwe Herengracht 205. Niet heel ver van de Sint Antoniesbreestraat, maar wel op stand, aan de uiterste rand van de Joodse buurt. De ideale plek om verder uit te vliegen.

Hij was definitief op weg om Louis te worden, en Levie achter zich te laten.

—

Na zijn promotie verhuisde 'dr. L. Hillesum' naar de Grensstraat 28 – vlak bij de Weesperzijde en de Transvaalbuurt. Dit waren populaire buurten onder geassimileerde Joden; de huizen waren er vaak beter en ruimer dan die in de Jodenhoek. In het adresboek van Amsterdam staat Louis in die jaren ingeschreven als 'leeraar klassieke talen'. De banen voor classici – die immers alleen op een gymnasium les konden geven – waren echter schaars. In heel Nederland waren er in die periode niet meer dan zo'n veertig gymnasia; vaak ook nog eens kleine scholen met relatief weinig leerlingen.[31] Wie daar als docent aan de slag wilde, moest bereid zijn naar een heel andere hoek van het land te verkassen. Een carrière als leraar betekende: veel verhuizen, gestaag dienstjaren opbouwen, streven naar een steeds hogere jaarwedde, en als bekroning hopelijk de gooi naar het (con)rectorschap.[32]

Louis begon zijn carrière als privaatleraar en repetitor voor het staatsexamen – wat voor veel classici de springplank was naar een aanstelling op een school. Hij leek geen haast te hebben met solliciteren.[33] Pas in 1911 begon hij ineens actief op zoek te gaan naar een serieuze betrekking. Het lukte hem om een tijdelijke aanstelling te bemachtigen op het Stedelijk Gymnasium in Amsterdam. Het was maar voor een maand – van 1 september tot 1 oktober – maar kennelijk kon dat de inmiddels 31-jarige Louis niet deren.

Hij had haast gekregen. Er was een vrouw in zijn leven gekomen. Een vrouw uit Soerazj, op wie hij nogal gesteld was geraakt. Wanneer hij haar bij de tramhalte opwachtte, repeteerde hij zacht zijn eerste Russische woordjes.[34]

—

Wie rond de eeuwwisseling door Amsterdam wandelde, kon overal het geklop en gebonk horen van hamers en heipalen. In de eerste helft van de negentiende eeuw leek de stad nog weg te zinken in lethargie en verval. Op het Rembrandtplein was het zo rustig dat er kippen los konden lopen. Maar eind negentiende en begin twintigste eeuw barstte het overal in de stad van de bedrijvigheid. Amsterdam kreeg een Rijksmuseum (1885), een Concertgebouw (1888) en een Centraal Station (1889). Nieuwe wijken voor de gewone man – wijk YY of De Pijp, waar Riva bijvoorbeeld belandde – werden in rap tempo uit de grond gestampt. De bevolking nam snel toe, tot ruim een half miljoen inwoners in 1900, en op straat werd het steeds drukker, met paardenkoetsjes, handkarren, bakfietsen en de eerste elektrische tram, door het *Algemeen Handelsblad* een 'bedstee op wielen' genoemd 'met de snelheid van een paard in matige draf'.

In de stad bevond zich een kleine gemeenschap van Joodse immigranten uit Rusland. Zij vestigden zich onder meer in de Manegestraat, die wel het 'Russenstraatje' werd genoemd. Tussen deze 'Oost-Joden' en de Amsterdamse Joden boterde het niet echt; er bestond veel achterdocht en rivaliteit. Heel wat Russische Joden konden zich later herinneren dat ze als kind in Amsterdam werden gepest. 'Vuile stinkrussen, ga naar je land terug!' werd er gescholden.[35]

De Oost-Joden waren doorgaans minder geassimileerd dan de Nederlandse Joden, hun gebruiken werden met argwaan bekeken. Bovendien vreesden de Hollanders concurrentie: zouden er niet te veel vluchtelingen komen, en wat betekende dat? 'Ze [de Russen] hadden niets te bieden,' schreef Abel J. Herzberg in zijn *Brief aan mijn kleinzoon*. 'Vreemdelingen, van wie je niet verwachten mag, dat ze vandaag of morgen weer op zullen hoepelen, zijn nooit en nergens bij iemand bemind.'[36]

De opvang voor vluchtelingen aan de Weesperzijde, Hachnosas Ourechiem, was vooral ingericht om de Oost-Joden zo snel mogelijk door te schuiven, herinnerde een Amsterdammer zich. 'Daar kregen ze te eten, er waren slaapzalen waar ze konden slapen. Dan kregen ze een handgeldje, er werd geïnformeerd wanneer de volgende boot naar Amerika ging, en daar werden ze zo snel mogelijk op geplaatst.'[37]

Het was dus zeker niet vanzelfsprekend dat een jonge, ambitieuze Joodse man als Louis Hillesum thuiskwam met een *Russische* vrouw. Hij had heel wat vooroordelen te overwinnen en veel uit te leggen.

Toch lag dat in het geval van Louis iets anders. Zijn oudste zus Mietje had in zekere zin de weg vrijgemaakt; zij had óók een Russische partner. Mietje was in 1895 getrouwd met Levie Ettingen, die oorspronkelijk uit het Baltische Krāslava (Kreslau) kwam. Louis en zijn broer Salomon waren goed bevriend met hun Russische zwager en diens vader, Joseph.[38] Zo raakten ze vertrouwd met de wereld van de Oost-Joden en de verhalen die zij met zich meebrachten.

Er waren meer banden in de familie Hillesum met Russische immigranten. Een directe neef van Louis, Uri Hillesum, zat in het bestuur van de Russische synagoge aan de Swammerdamstraat. Uri Meijer, docent op het seminarium, was een van die Amsterdammers die zich het lot van de Russische vluchtelingen wél aantrokken en zich persoonlijk ook thuis voelden in de Oost-Joodse sjoel. Er was een klein gezelschap van 'Hollanders' dat de Russische sjoel regelmatig bezocht, en daarvoor een eigen plek in de synagoge toegewezen had gekregen: de 'Hollandse Hoek'. Zij voelden zich aangesproken door de intensiteit van de Oost-Joodse diensten en de leercultuur.[39]

Het is niet precies bekend hoe Louis en Riva elkaar hebben ontmoet. Maar via Louis' andere neef Uri Meijer Hillesum kwamen hun wegen wel heel dicht bij elkaar. Als bestuurder van de Russische synagoge had Uri namelijk geregeld contact met Riva's familielid Mendel Eidinow, die als verteld was getrouwd met haar oudtante Paulina Lewis. Mendel woonde praktisch naast de sjoel aan de Swammerdamstraat en was lid van de *chevre kadiesje* van de Oost-Joodse gemeente, wat betekende dat hij zorg droeg voor stervenden en begrafenissen.[40]

En dat was nog maar het eerste lijntje tussen de families van Louis Hillesum en Riva Bernstein. Wie zich verdiept in de mogelijke connecties, ontdekt al snel dat er meer van zulke verbanden zijn. Een verfijnd, Joods netwerk van Russische en Nederlandse families, waarin de twee potentiële geliefden elkaar gemakkelijk konden ontmoeten. Opvallend was dat alle Joodse, en met elkaar verbonden families in dit netwerk oorspronkelijk afkomstig waren uit het oude, Pools-Litouwse gemenebest. Asjkenazische Joden dus, die naast Russisch vaak Litouws-Jiddisch spraken, en meestal blond haar en blauwe ogen hadden – precies zoals Riva en haar broer zelf.[41]

Louis en Riva bewogen zich beiden in een vrijwel uitsluitend Joodse, Amsterdamse wereld; een wereld van 'ons kent ons' en vele onderlinge familie- of vriendschapsbanden. De vraag waar zij elkaar voor het eerst troffen, kan eigenlijk beter worden omgedraaid: hoe zouden zij elkaar níét hebben kunnen ontmoeten?

Jaap Meijer benadrukt in zijn studie over Louis Hillesum hoe bijzonder het was dat hij voor een Russische vrouw koos.

Meijer kende geen andere Joodse geleerde die tot zo'n stap overging.

'Hij hield van de intelligente, muzikale vrouw,' schreef Meijer, 'en zou – ondanks allerlei conflicten – haar trouw blijven tot in de ondergang.'

Maar dát was niet helemaal waar.

Het lukte Riva niet om in Rusland haar geboorteakte te bemachtigen, die ze nodig had om te kunnen trouwen. Ze besloot daarom een zogeheten akte van bekendheid te laten opmaken. Op 11 mei 1911 ging ze met haar broer Jacob, haar aanstaande Louis en de vader van diens Russische zwager, Joseph Ettingen, naar de kantonrechter om het in orde te laten maken.[42] De drie heren verklaarden dat Riva was voor wie zij zich uitgaf, en voor 1,20 gulden was het geregeld.

Nu nog een vaste baan voor Louis, eveneens onontbeerlijk voor een huwelijk.

Tijdens zijn invalbaantje op het Stedelijk Gymnasium solliciteerde Louis Hillesum op een vacature in Tiel, waar hij als nummer twee op de voordracht kwam te staan. Hij had een goede indruk gemaakt op de inspecteur der gymnasia, die zich nog volop bemoeide met benoemingen.

'Ik heb Hillesum te Amsterdam gehoord en ik was tevreden over hem,' schreef de inspecteur. Wel was hij verbaasd over de nogal 'zonderlinge' manier waarop docent Hillesum zich voor de klas bewoog.

'Ik had soms moeite om mijn lachen in te houden,' schreef hij, 'en tot mijn groote verbazing wekte zijn optreden de lachlust der leerlingen van de 2e klasse volstrekt niet op. Of ditzelfde op den duur bij leerlingen van hogeren klassen niet het geval zal zijn, betwijfel ik. Hij schijnt zijn best te doen stijf deftig te zijn.'[43]

Louis wilde kennelijk zo graag een goede, geleerde indruk maken, dat hij ging overcompenseren, in een poging zijn onzekerheid en eenvoudige achtergrond te verbergen.

Omdat Tiel voor de eerste kandidaat koos, solliciteerde Louis vervolgens naar een baan in Middelburg, op meer dan tweehonderd kilometer van Amsterdam en voor hem ongetwijfeld heel diep in de provincie. Het Stedelijk Gymnasium van Middelburg bestond sinds 1879, maar had kennelijk geen al te beste naam, want op een nog openstaande vacature voor conrector reageerden maar twee kandidaten – die beiden niet geschikt bleken. De curatoren van het gymnasium besloten daarom tijdelijk een leraar klassieke talen aan te trekken, die de lessen van de afwezige conrector moest overnemen.[44] Die vervanger werd Louis Hillesum. Op 31 oktober 1911 werd hij ingeschreven in Middelburg, bij Poortman aan de Brakstraat 275.[45] Riva bleef in Amsterdam, zoals het een ongetrouwde vrouw betaamde.

Voorlopig alleen, liep Louis elke dag van zijn kosthuis naar het gymnasium aan de Latijnse Schoolstraat. Een wandelingetje van tien minuten, dwars door het middeleeuwse centrum van het stadje. Het gymnasium was gevestigd in een klassiek herenhuis, vlak bij de abdij. Een kleine, traditionele school, waar leerlingen van heel Walcheren naartoe kwamen, op de fiets, met de stoomtram, de trein of de pont.[46] In 1911 telde het hele gymnasium slechts vierendertig leerlingen, onder wie zes meisjes.[47] Louis Hillesum kreeg een aanstelling voor eenentwintig lesuren en verdiende daarmee 2000 gulden per jaar, omgerekend naar nu een salaris van ruim 22.000 euro bruto.[48]

Aan het einde van dat schooljaar, het was inmiddels juli 1912, kreeg Louis uiteindelijk zijn vaste aanstelling. Een collega-docent klassieke talen was ernstig ziek geworden en na een aantal maanden overleden. Hillesum kon zijn baan overnemen.[49]

Het nieuws stond op 8 juli 1912 in de *Middelburgsche Courant*. Al een dag later, op 9 juli 1912, gingen Louis en Riva in ondertrouw.[50] Eindelijk kon het, ze hadden haast.

Het huwelijk werd op 7 november 1912 voltrokken in Amsterdam. Eerder moest het vanwege ziekte 'voor onbepaalde tijd' worden uitgesteld.[51] Louis had drie dagen vrij gekregen voor de trouwerij. Als getuigen hadden ze de familieleden meegenomen die ook in de voorgaande jaren steeds nauw bij hen betrokken waren: Riva's oudoom Mendel Eidinow en haar broer Jacob Bernstein, en van Louis' kant zijn broer Salomon en zijn Russische zwager Levie Ettingen.

Op 12 december 1912 werd Riva Hillesum-Bernstein uiteindelijk overgeschreven naar Middelburg. Ze betrok met haar echtgenoot de ruime bovenwoning van een herenhuis aan het Molenwater met het toenmalige nummer M 259, net buiten het historische stadscentrum. De wat kleinere benedenwoning werd bewoond door de timmerman Jan 't Hart en zijn vrouw. Als buurman had Louis een collega; de docent natuur- en scheikunde Roelf van der Laan.[52]

Ruim drie maanden later was Riva zwanger.

4
Worden wie je bent

Het was ijzig koud toen Etty geboren werd – net als 27 jaar later op de dag van haar wedergeboorte. Er kon op die 15de januari 1914 voor het eerst geschaatst worden op ondergelopen weilanden rond Middelburg. Alle leerlingen van het gymnasium kregen ijsvrij en Louis mocht naar huis.[1] Precies om vier uur 's middags werd zijn dochter geboren.[2]

Esther noemden ze haar, naar Louis' moeder Esther Loeza. Algauw werd het voor iedereen Ettie – met een ie. Later veranderde ze dat zelf in het volwassener ogende 'Etty'.[3]

De ouders waren zo trots op hun dochter, dat ze in de zomer van 1914 een portret lieten maken in het 'fotografisch atelier' van G.M. Pouleijn aan de Korte Noordstraat in Middelburg. Op de foto kijkt Etty met nieuwsgierige ogen de wereld in. Ze zit op de arm van haar moeder en draagt een witkanten jurkje, waaronder haar blote voetjes uitsteken. Ook Riva is in smetteloos wit gestoken. Ze heeft haar wang tegen Etty's bolle babywang aan gedrukt en glimlacht voorzichtig, alsof ze zelf ook nog niet kan geloven dat zíj het is die dit geluk ten deel is gevallen.[4]

Het was nog maar zeven jaar geleden dat ze moest vluchten uit Soerazj, bang en verkleed als soldaat.

—

De babyfoto uit Middelburg is het enige beeld van een kleine Etty dat bewaard is gebleven. Op het eerstvolgende bekende portret is ze al zes jaar oud. Hoe Etty eruitzag als peuter en kleuter – je kunt het je alleen maar proberen voor te stellen. De afwezigheid van foto's is exemplarisch voor het geringe aantal sporen dat de familie Hillesum in deze periode heeft achtergelaten. Louis veranderde voortdurend van baan, gymnasium en woonplaats. Het gezin raakte op drift, kwam nergens echt thuis. Er waren later daarom nauwelijks kennissen en vrienden die verhalen over de jonge jaren van Etty konden vertellen, of foto's uit oude albums konden lospeuteren.

De odyssee van de familie Hillesum begon in augustus 1914, vlak na het uitbreken van de Eerste Wereldoorlog, en voerde hen kriskras door Nederland. Etty verhuisde met haar ouders van Middelburg naar achtereenvolgens Hilversum (1914), Tiel (1916), Winschoten (1918) en Deventer (1924). Tien jaar duurde het, voordat Louis een plek had gevonden die beantwoordde aan zijn ambities en verwachtingen.

Etty's kinderjaren waren onrustig en vol spanning. Steeds opnieuw moesten haar ouders – en zijzelf – zich aanpassen aan een nieuw leven in een andere provinciestad. Daarbij was het ook nog eens vier jaar lang oorlog. Nederland slaagde er weliswaar in neutraal te blijven, maar gemakkelijk waren de omstandigheden niet. Ruim tweehonderdduizend mannen werden gemobiliseerd, met tal van gevolgen voor het maatschappelijk leven. De Nederlandse bevolking kreeg te maken met vluchtelingen, hoge voedselprijzen en schaarste. Voor Riva kwam daar nog bij dat het in haar moederland wél oorlog was, wat haar veel zorgen baarde. En ook Louis had familie die bij de strijd betrokken was. Een oudere broer van hem, de kleermaker Mozes Abraham, woonde sinds een aantal jaren met zijn vrouw en zoon in Parijs. Mozes had zich aangemeld bij het Vreemdelingenlegioen en vocht aan het front.[5]

Het viel Louis niet mee om zich op de verschillende gymnasia steeds opnieuw te bewijzen. Riva volgde haar man, maar vond het vele verhuizen een enorme bezoeking. Erg praktisch was ze niet, zonder dienstbode was ze nergens, en als het haar allemaal te veel werd, kon ze luidkeels jammeren. 'O mijn hoofd, mijn hoofd!' riep ze dan uit.[6] Riva leed aan tal van vage kwalen, en stress had bepaald geen goede invloed op haar gesteldheid.[7] Ze vond het moeilijk zich een positie te verwerven als Russische vrouw-van in de provincie. Vooral in Winschoten en Deventer werd er vreselijk geroddeld over mevrouw Hillesum, die zo raar Nederlands sprak, met een rollende r, en in wier huis het een chaos was. Ze had ''n hoeshòln van Jan Stain', fluisterden de huisvrouwen op z'n Gronings in het noorden.[8]

Als jong meisje kende Etty weinig stabiliteit. Om de twee jaar ervaarde ze hoe thuis de spanning weer opliep. Steeds in het voorjaar begon Louis te solliciteren, vaak naar banen op verschillende gymnasia in het hele land. Zo reageerde hij in de lente van 1914 op vacatures voor een vaste docent klassieke talen aan zowel het gymnasium van Dordrecht als dat van Hilversum. Hij werd op beide scholen aangenomen, maar koos voor het spiksplinternieuwe gymnasium in Hilversum, dat net een jaar eerder geopend was.[9] Het gezin ging pal tegenover de school wonen, in een riant huis aan de Albertus Perkstraat 81, omringd door lanen en groen.[10]

Het was allereerst de ambitie die Louis voortdreef. Hij wilde een betere positie of een hoger salaris – en als dat betekende dat hij zijn hele huishouden ervoor moesten verkassen, dan moest dat maar. In Hilversum ging Louis direct 200 gulden per jaar meer verdienen dan in Middelburg, waardoor zijn jaarwedde steeg naar 2400 gulden.[11] Hij had goede verwachtingen van het nieuwe gymnasium, dat was gevestigd in een pas opgeleverd, licht gebouw aan de Albertus Perkstraat. Bij de opening in 1913 stroomden leerlingen uit de hele omgeving toe. Hierdoor werd de school echter al snel te klein en moesten er lokalen worden bijgebouwd. De ingang werd verplaatst naar de Schuttersweg. Overlast, lawaai en improviseren dus; geen omstandigheden waaronder Louis Hillesum floreerde. Bovendien waren de klassen veel groter dan hij gewend was. In de eerste zaten eenentwintig jongens en zeventien meisjes.[12]

Al eind 1914 kwamen de eerste klachten. 'Het minst gunstig was de indruk ontvangen van de lessen van dr. Hillesum,' werd genoteerd in het verslag van de curatorenvergadering van 21 december.[13] De school was intussen gegroeid naar 98 leerlingen, zeker dertig meer dan bij de opening. Louis Hillesum kon de grote klassen niet aan; door zijn slechte ogen miste hij het overzicht. Werd er achterin met propjes gegooid, dan kon hij onmogelijk aanwijzen wie de dader was. Bovendien was hij aan één oor doof, wat het nóg lastiger maakte om orde te houden.[14]

Louis en Riva waren zeer verheugd over de geboorte van Jaap, op 27 januari 1916, een gezonde zoon die werd vernoemd naar Louis' vader Jacob Samuel. Maar dat gezinsgeluk werd overschaduwd door de problemen van Louis op het gymnasium. Aan het einde van het schooljaar 1915-1916 werd er een klacht tegen hem ingediend, door een invloedrijke vader die het er niet mee eens was dat zijn dochter moest blijven zitten.[15] Het werd een hele affaire en een paar maanden daarna was Louis plots halsoverkop vertrokken – gevlucht was misschien een beter woord. Hij liet de school achter met tal van nog niet ingevulde lesuren Grieks en Latijn.[16] Per 1 november 1916 ging Louis werken op het veel kleinere gymnasium van Tiel, dat in totaal maar zesendertig leerlingen had, verdeeld over zes klassen.[17]

Etty vertelde in haar dagboek helaas niets over haar vroege jaren, of over de invloed die de vele verhuizingen hadden op haar als kind. De enige keer dat ze eraan refereerde, was toen ze schreef dat de studeerkamer van haar vader 'slordig en onpersoonlijk' was, zoals 'eigenlijk alle kamers in al de verschillende huizen, die we ooit bewoond hebben'.[18]

Echt warm of Hollands gezellig klonk dat niet; meer als een gezin op doorreis.

Etty was twee jaar oud, toen haar moeder wéér moest inpakken. Kasten leeghalen, boeken sjouwen, luiers wassen, koffers volproppen, en verder ging het, naar een 'herenhuis met erf en tuin' aan de Tielse Lingedijk, met het toenmalige nummer 74.[19]

Het kleine gymnasium van Tiel kende een eeuwenlange traditie en had een goede naam. De latere schrijver Menno ter Braak zat bij Louis Hillesum in de klas en beleefde juist in Tiel zijn gelukkigste jaren.[20] Ingeklemd tussen grote rivieren, was het een prettig, overzichtelijk historisch stadje om in te wonen. Ook Louis was op zijn plek op het Tielse gymnasium. In de notulen van de lerarenvergaderingen uit die tijd is geen kwaad woord te vinden over dr. Hillesum. Hij wordt een 'voortreffelijk docent' genoemd.[21]

Evengoed bleef Louis de vacatures spellen. Al in het voorjaar van 1918 – de Hillesums woonden net anderhalf jaar in Tiel – solliciteerde hij naar de baan van conrector aan het gymnasium van Winschoten, in het uiterste noordoosten van het land. Louis maakte met de overstap promotie én hij ging een jaarwedde ontvangen van 3200 gulden, precies 1000 gulden meer dan hij als beginnend leraar had verdiend.[22]

Het Winschoter gymnasium had op dat moment een bar slechte naam. Het totale aantal leerlingen was met 31 tot een dieptepunt gedaald, en het voortbestaan van de school had in de voorgaande jaren in de gemeenteraad herhaaldelijk ter discussie gestaan.[23] De baan van conrector was al een jaar vacant toen Louis Hillesum erop solliciteerde.[24] Het aantal classici was tijdens de Eerste Wereldoorlog schaars en docenten konden dus kritisch zijn. Niemand had zin gehad om op een gymnasium met een slechte reputatie te gaan werken, en al helemaal niet in het afgelegen hoge Noorden. Behalve Louis Hillesum, die inmiddels 38 was en graag conrector Hillesum wilde worden.

Voor Etty betekende het dat ze eind augustus 1918 weer met haar ouders en kleine broertje op de trein stapte. Ze was inmiddels vierenhalf jaar oud en ging voor de derde keer verhuizen.

Er was in haar vroege jeugd geen plek die Etty 'thuis' kon noemen. Als kind miste ze de vanzelfsprekende, langdurige verbondenheid met een woning, een straat, vriendinnetjes en bekenden uit de buurt. Het zou nog erg lang duren voordat zij dat thuisgevoel ten slotte wel zou vinden – en dat was níét in het huis van haar ouders.

—

Werden der du bist, was het adagium van Spier. Worden wie je bent. Hij wilde zijn patiënten de weg wijzen naar een ontwikkeling die paste bij iemands aangeboren mogelijkheden.

Spier was ervan overtuigd dat elk mens ter wereld kwam met een unieke, persoonlijke aanleg. Tijdens de analyse, waarbij hij in de handen zocht naar sporen van ouders en voorouders, en hij de specifieke afkomst ook ter sprake bracht, ging het erom uit te zoeken welk deel van die aanleg biologisch bepaald was, en volgens Spier eigenlijk niet meer veranderd kon worden, en welke factoren psychologisch van aard waren en mede het gevolg van de opvoeding. De kunst was, in de ogen van Spier, om erachter te komen welke 'milieu-invloeden' belemmerend hadden gewerkt op de aangeboren aanleg. Kreeg de patiënt eenmaal zicht op de eigen psyche, dan kon hij zich bevrijden van die belemmeringen en uiteindelijk worden wie hij ten diepste was: werden der du bist.[25]

In wezen draaide alles bij Spier om persoonlijke ontwikkeling en aanvaarding. Het had geen zin om te vechten tegen zaken die je toch niet kon veranderen, met alle wrok en onvrede van dien. Veel beter was het om te werken aan wat wél nog ten goede kon worden gekeerd. Alleen dan kon een mens zich van overbodige innerlijke ballast bevrijden, rust en vrede in zichzelf stichten, en de wereld met meer liefde en compassie tegemoet treden.

Het belangrijkste probleem van Etty was volgens Spier dat zij haar gevoelens onderdrukte, doordat zij een 'te sterke denkkracht had' en te veel op het geestelijke was gericht. Het gevolg hiervan was dat zij emotioneel 'overladen' raakte en zich hierdoor vaak gedwongen zag 'abrupt over te schakelen van activiteit naar passiviteit'.[26]

Met andere woorden: op goed moment werd het haar allemaal te veel en moest zij met hoofdpijn op bed gaan liggen, diepongelukkig en doodmoe, de gordijnen dicht.

Etty kon gebukt gaan onder enorme spanningen. Het ligt voor de hand te veronderstellen dat de oorzaak hiervan lag in haar rusteloze jeugd; een kindertijd vol verhuizingen, stress en gebrek aan houvast en binding. Maar dat is misschien een te gemakkelijke verklaring. Haar innerlijke onrust was ook het gevolg van de enorme intensiteit waarmee zij leefde, haar gretigheid en gulzigheid, op het mateloze af. Geestelijk én lichamelijk betaalde ze hiervoor herhaaldelijk een hoge prijs.

Hoe dankbaar zij Spiers lessen ook omarmde, in de eerste periode van de therapie had Etty meer dan eens last van een

Rückfall, zoals Spier dat noemde. Een gemene terugval, die haar confronteerde met het feit dat ze er nog lang niet was.

Zoals op die zondagavond van 23 maart, toen ze voor het eerst naar een muziekavond zou gaan die Spier regelmatig voor vrienden organiseerde.

Ze zat weer eens helemaal 'vast in het struikgewas', schreef ze, in plaats van vrij over innerlijke vlaktes te dwalen. Hoofdpijn, nervositeit, en een 'weerzinwekkende ragoût van kleine gedachtetjes en onrustjes'. Ze kreeg het er benauwd van.

Streng sprak ze zichzelf toe: 'Maar nou moet je jezelf goed in de hand houden en niet loslaten, anders donder je weer heel diep de put in.'[27]

Al de hele dag maakte Etty zich druk om de muziekavond. Welke jurk zou ze aandoen, zou iedereen haar wel aardig vinden, en hoe zou Spier zich opstellen? Voor het eerst zou ze toetreden tot de vriendenclub die Spier inmiddels had opgebouwd in Amsterdam; een 'besloten, afgeronde wereld' die ze op de een of andere manier moest zien te veroveren.

In paniek belde ze Spier op. Daarna was ze boos op zichzelf.

'Etty, je bent een onbenullig mispunt, dat je hem daarnet hebt opgebeld,' schold ze zichzelf uit. 'Kopfschmerzen! Je hebt het niet alleen afgekund.'

Spier had haar gezegd dat ze dan maar wat eerder moest komen, die avond, nog voordat het musiceren zou beginnen. Om vijf voor zes zou hij haar kunnen ontvangen. Etty legde zich erbij neer dat het niets meer werd met haar die dag. Ze had nog zo graag willen schrijven, maar kon niets meer uit zichzelf losrukken; alles zat 'bekneld tussen granietblokken'. En veel zin om Spier te zien had ze ook niet.

'Ik heb de pest aan mezelf en daarmee uit!' schreef ze die middag om vier uur – en daarna sloeg ze haar schrift dicht.[28]

—

Julius Spier had eigenlijk operazanger willen worden. Maar aan die droom kwam op zijn zestiende abrupt een einde: hij kreeg difterie en liep als gevolg daarvan een blijvende gehoorbeschadiging op. Voortaan kon hij nog slechts drie tonen voortbrengen – en die klonken alle drie ook nog eens hartstikke vals.

Toch piekerde Spier er niet over zijn ambitie op te geven. Liever dan zich neer te leggen bij het onmogelijke, bleef hij geloven in wat er allicht nog allemaal wél kon. Naïef misschien, voor een man die zonder gehoorapparaat bijzonder slecht hoorde, maar wel tekenend voor zijn optimistische levenshouding. Spier nam zangles bij de beste pedagogen en probeerde met behulp van een elektrische kuur zijn gehoor te verbeteren. Elke dag weer deed hij trouw zijn oefeningen, ook al had zijn zanglerares bij de eerste les verzucht dat zijn tong 'zo zwaar en onbeweeglijk was als een blok hout'.[29]

Een leven zonder muziek kon Spier zich niet voorstellen. Hij was opgegroeid in een muzikaal milieu in Frankfurt am Main; in het grote, liberaal-joodse gezin Spier werd dagelijks gezongen en piano gespeeld. Spiers zus Alice zong nog eens met een koor op het Mahlerfestival in Amsterdam. Hij had goede vriendinnen die faam verwierven als zangeres; een aantal vrienden van hem musiceerde of was dirigent. Het duurde lang voordat Julius Spier tot het pijnlijke inzicht kwam dat een professionele zangcarrière er voor hemzelf echt niet in zat.[30]

Evengoed bleef hij graag zingen en optreden – als het moest tussen de schuifdeuren. In Amsterdam had Spier opnieuw kennisgemaakt met de Joodse organist en pianist Evaristos Glassner, die hij kende uit Berlijn. Samen met Glassner organiseerde hij geregeld huisconcerten, waar hij graag liederen zong van Schubert, bijvoorbeeld uit de cyclus *Die schöne Müllerin*.[31] Spier werd bij die optredens vaak begeleid door twee van zijn Nederlandse vriendinnen en chirologieleerlingen: Adri Holm en Henny Tideman.

Adri Holm had Etty al ontmoet toen zij de allereerste keer haar handen liet lezen door Spier. Het 'kroesharige, jongensachtige meisje' was al sinds oktober 1939 met Spier bevriend. Ze was bij hem in therapie geweest en van leerling psychochirologie opgeklommen tot zijn secretaresse. 'Ze aanbidt hem op de een of andere manier,' had Etty kort na die ontmoeting geschreven, 'op wat voor manier kan ik nog niet doorgronden.'[32]

Adri Holm had een nerveuze natuur en had altijd erg veel last gehad van eczeem; haar hele armen zaten onder de schilfers. Maar onder invloed van Spiers therapie was ze van dat eczeem genezen. Ook was ze zich veel vrijer gaan voelen en gedragen.[33] 'Juffrouw Holm', zoals Etty haar aanvankelijk noemde, had een opleiding gevolgd aan het Instituut voor Kunstnijverheidsonderwijs, waar ze zich met name had toegelegd op de kunst van het weven. Ze vervaardigde de mooiste kleden. Om zich artistiek nog beter te kunnen uiten, had Spier haar aangeraden te gaan zingen. Ze was zijn vaste begeleidster geworden bij huisconcerten.

Sinds Julius Spier begin 1939 naar Nederland was uitgeweken, had hij een compleet nieuwe vriendenkring opgebouwd. Het was opmerkelijk hoe snel hij een hele schare van vooral 'Freundinnen' aan zich had weten te binden, waarbij hij steeds oog leek te hebben voor ieders specifieke talenten. Bij de eerste ontmoeting liet hij zich vaak leiden door wat hij in de handen van de vrouwen meende te zien – voor hem hun 'tweede gezicht'.

Naast Adri Holm was Henny Tideman een van Spiers oudste vriendinnen. Tideman, of 'Tide', zoals iedereen haar noemde, had Spier in september 1939 ontmoet in de tram van Haarlem naar Amsterdam. Ze zaten toevallig tegenover elkaar.

'Is dit het Spoi?' vroeg Spier op goed moment.

Ze raakten aan de praat en Tide beloofde hem bij het eindpunt Spui te waarschuwen.

'U zingt heel goed, maar u bent geen zangeres,' zei Spier toen plompverloren.

Tide stond perplex. Hoe wist die heer dat? Ze kwam net van een zangrepetitie en beschikte over een aardige sopraan.

'Bent u helderziend?' vroeg Tide.

'Nee, ik ben psychochiroloog en ik zie het aan uw handen,' antwoordde Spier.

Nieuwsgierig geworden, vroeg Tide: 'Kunt u dan ook zien welk beroep ik wél uitoefen?'

'Onderwijzeres of bibliothecaresse.'

Tide, die lesgaf op een huishoudschool, stond paf. Ze maakte geen bezwaar toen de heer meeliep naar haar fiets. Maar ze weigerde vooralsnog haar adres te geven.[34]

Op een foto van Tide uit 1939 valt vooral haar wat zalvende blik op. Ze straalt deugd uit en volstrekte eenvoud. Tide was een ernstige, bijzonder gelovige vrouw. Ze had rossig haar, dat ze naar achteren kamde en opstak, een vrij lange neus, en onregelmatige, lichte wenkbrauwen. Etty noemde haar in haar dagboek meermaals 'verschrikkelijk lelijk', maar dat kon ook kinnesinne zijn, want een afstotelijk uiterlijk had ze niet. Tide had een volle mond, zachte wangen en grote, ronde ogen. Ze was een bevlogen lid van de Oxford-beweging, en probeerde zich als goed christen te houden aan de vier maatstaven die binnen deze religieuze stroming belangrijk werden gevonden: de volkomen liefde, de volkomen onzelfzuchtigheid, de volkomen eerlijkheid en de volkomen reinheid. Haar geloofsbeleving was bijzonder intens; ze voelde zich in alles met God verbonden.

Of zoals een vriendin het samenvatte: 'Tide gaat met God om als haar onderjurk.'[35]

Kort na het gesprekje in de tram kwam het toch tot een ontmoeting tussen Tide en Spier.

'Zou u iets voor mij willen zingen?' vroeg Spier.

Tide zong 'Du bist wie eine Blume, so hold und schön und rein'.

Spier vond het prachtig en vroeg haar of ze vrienden konden worden, maar dan 'zonder seks', omdat hij een verloofde had in Londen die hij trouw wilde blijven.

Zonder aarzelen zei Tide ja, volkomen 'eerlijk en rein' als zij vanuit haar geloof wilde zijn.[36]

Julius Spier en Henny Tideman vonden elkaar in hun liefde voor muziek, psychologie, wandelen in de natuur – en later ook voor God. In het begin van de vriendschap waren er de onvermijdelijke worstelpartijen geweest, maar Tide was er trots op dat ze desondanks steeds een waardige afstand had weten te bewaren tot haar nieuwe vriend. Wél liepen ze vaak innig gearmd wanneer ze over de hei bij Laren wandelden, of in de duinen bij Bergen, maar daar had God geen bezwaar tegen.

Eind maart 1941 introduceerde 'Jul', zoals Tide Spier noemde, tijdens een muziekmiddag een nieuwe *Freundin* in het clubje. Tide zag direct dat deze jonge vrouw – Etty was zeven jaar jonger dan zijzelf – van meet af aan wel erg vrijpostig met haar bijzondere vriend omging. Ze vond dat moeilijk te aanvaarden. Pas veel later zou Tide toegeven dat ze stikjaloers was geweest.[37]

—

Etty was alweer rustiger geworden toen ze op de fiets stapte om naar de muziekavond te gaan. In haar dagboek vertelde ze niet waar de vrienden elkaar troffen. Vaak werd gemusiceerd bij Spiers zuster Alice op het Muzenplein, maar er werd ook afgesproken bij de familie Nethe thuis, waar Spier zijn kamers huurde, of in de woning van Tide in de Euterpestraat.

Precies om vijf voor zes legde Spier zijn 'grote warme hand' op Etty's hoofd, en bracht hij zijn 'vriendelijke, zwaarmoedige mond' dicht bij de hare. Ongevaarlijk, oordeelde ze; meer iets vertrouwds en dierbaars om naar uit te kijken.[38]

'Waarom bent u vanochtend niet direct naar me toe gekomen?' vroeg Spier – van je en jij zeggen was nog lang geen sprake.

'Ik was nog in gevecht met mezelf,' antwoordde Etty. 'Ik ben eigenlijk boos dat ik naar u ben toe gekomen, zo onbeheerst.'

'U moet niet boos zijn, dat is ook een verkrampte reactie,' reageerde Spier. 'Die verkramptheid is de Hollandse kant in u.'

De schat had verdomd gelijk, noteerde Etty na afloop. Ze zou een verschrikkelijk leuk mens kunnen zijn – en dat zei ze in alle bescheidenheid – maar daarvoor moest ze eerst afrekenen met al dat krampachtige, angstige en onnatuurlijke in haarzelf.[39]

Etty vond de blonde vrouwen die Spier omringden direct aardig. Die avond ontmoette ze Tide, Adri Holm en vermoedelijk ook Dicky de Jonge, een collega-onderwijzeres en protegee van Tide die eveneens bij de familie Nethe op kamers woonde. Spiers vriend Evaristos Glassner zat zoals altijd achter de piano.

Ze had zich gepantserd en beschouwde het allemaal wat koel en gedistantieerd. De magie van Spiers persoonlijkheid onderging ze die avond niet zozeer. Een aardig mens, dat was hij, maar als man zou ze hem toch niet wensen, hield ze zichzelf voor. En van zijn zingen was ze niet erg onder de indruk. Een soort van 'verre heldentenor', zo kwam de zang op haar over.[40]

Ze was daarmee minder kritisch dan een vriend van haar, die stelde dat Spier zong 'als een oude leeuw, die in een gillettemesje trapt'.[41]

Na het optreden praatten de vrienden nog wat na. Het ging al snel over de politiek. Een van de aanwezigen had persoonlijk een nieuwtje van Duitse soldaten gehoord – wat precies vertelde Etty niet in haar dagboek. In elk geval iets om kwaad en verontwaardigd over te zijn en het Duitse volk om te veroordelen. Spier luisterde mee, Etty zat naast hem. Ze hield van zijn 'geweldig expressieve gezicht' wanneer hij naar iemand luisterde.

Onverwacht haalde hij fel uit.

'Aber das ist doch nicht ein ganzes Volk von Verbrechern!'[42]

Het waren toch niet allemáál misdadigers, die Duitsers?

Etty was onder de indruk van 'de toorn die op Spiers machtige bovenlip beefde', en zijn edele verontwaardiging. Ze voelde de geweldige krachten die van binnenuit in hem naar boven kwamen; heel die 'intensief levende mens'.

'De rest zat maar zo'n beetje te zaniken over politiek,' schreef ze nadien, 'omdat dat nu eenmaal bij de conversatie hoort tegenwoordig, maar hij ving ieder woord met z'n hele wezen op en reageerde met z'n hele wezen.'[43]

Niet-haten als het enige antwoord op de haat. Vanaf het eerste moment dat Etty Spier ontmoette, had juist deze houding van verzoening en aanvaarding haar enorm in Spier aangesproken. Ze leefde in een stad waarin de haat en de terreur hand over hand toenamen. Sommige van haar oude, linkse studievrienden stikten van verontwaardiging en zonnen op verzet; hoe konden zij actief weerstand bieden? Maar zo'n opstelling paste niet bij Etty. Ze was tijdens haar studietijd vaak omgegaan met activisten, maar had nooit zelf op de barricaden gestaan. Ze was er te onhandig voor, te twijfelend, te weinig praktisch ook. Liever bleef ze aan de zijlijn, als denker en beschouwer, en zocht ze naar woorden en ideeën die haar hielpen een antwoord te vinden en *geestelijk* weerstand te bieden.

In Spier vond Etty een medestander en een leermeester, en vooral in die eerste fase van hun vriendschap hing ze aan zijn lippen. Ze had zijn wijsheden nodig; de woorden hielpen haar overeind te blijven in een wereld die steeds verwarrender en bedreigender werd.

—

'Je kan waarachtig beter een volledige straathoer zijn of een echte heilige,' zei ze al eens.[44] Het was de erotiek die het verpestte, steeds weer. Die 'verdomde erotiek' waarmee niet alleen hij vol zat, maar ook zij. Zes weken lang leefde Etty in de illusie de relatie onder controle te hebben. Ze had sinds 26 maart zelfs geen letter in haar dagboek geschreven. Ze had het niet nodig gehad, alles was 'klaar en helder' in haar. Maar nu was er weer stilstand en een 'vertroebelde onrust'. Dus pakte ze op vrijdagmiddag 8 mei 1941, om drie uur 's middags, terwijl ze in bed zat, haar schrift er maar weer bij. Met pijnlijke precisie en eerlijkheid probeerde ze te ontrafelen waar het misging, met haarzelf en met S., 'altijd maar weer S.'.[45]

Op 21 april had ze Spier voor het eerst een hele avond alleen gezien. Ze hadden over de Bijbel gepraat. Onder invloed van Tide was Spier de Bijbel gaan lezen, vooral het Nieuwe Testament. Etty luisterde geïnteresseerd. Daarna was ze bij S. op schoot gekropen en had hij haar voorgelezen uit Thomas a Kempis; de middeleeuwse augustijner kanunnik en mysticus die onder meer het beroemde *De imitatione Christi* schreef. Het was nog goed, schreef ze. Er was een hoop menselijke en vriendschappelijke warmte. Maar later was zijn lichaam plotseling over haar en was ze lang in zijn armen, hij kuste haar witte dijen en ze werd steeds eenzamer.

'Es war schön,' zei hij toen ze naar huis ging, maar zelf hield Etty er een loodzwaar en bedroefd gevoel aan over. Ze vroeg zich af waarom. Waarom kon ze zich niet met haar diepste wezen aan hun lichamelijk contact overgeven? Ze hield niet echt van hem, dacht ze. En ze wist dat het zijn ideaal was om één vrouw trouw te zijn – die nu toevallig in Londen zat. Als ze nou een echt grote vrouw zou zijn, zou ze met de lichamelijke omgang stoppen. Het maakte haar toch maar ongelukkig. Maar ze durfde hem nog niet op te geven. Ze was ook bang hem te kwetsen in zijn mannelijke eergevoel. En er kwam kinderachtige ijdelheid bij: 'Al die meisjes en vrouwen om hem heen zijn zo gek op hem, maar ik, die hem nog het kortste ken, ben de enige die zo intiem met hem is.'[46]

Hóé intiem eigenlijk? Etty zou dat in geen van haar dagboeken precies prijsgeven. Alsof ze dan in woorden waarmaakte wat ze in werkelijkheid niet waar wilde hebben.

Ze verviel in 'trucjes en maniertjes en erotische geraffineerdheden' – zoveel wilde ze er nog wel over kwijt. En omdat dat gedrag niet natuurlijk van haar uitging, geen weerklank in haarzelf vond, maakte het haar uiteindelijk alleen maar eenzaam.[47]

—

Etty werd deze maanden zó in beslag genomen door de vriendschap met Spier, dat zij nauwelijks iets schreef over de oorlog. Maar op 14 juni 1941 veranderde haar toon.

'Weer arrestaties, terreur, concentratiekampen, willekeurig weghalen van vaders, zussen, broers. Men zoekt naar de zin des levens en vraagt of het überhaupt nog zin heeft. Maar dit is een zaak, die men alleen met zichzelf en met God moet uitmaken. En misschien heeft ieder leven z'n eigen zin en duurt het een heel leven die zin te vinden. Nu ben ik tenminste alle samenhang met de dingen en het leven kwijt en heb het gevoel of alles toevallig is en dat men zich innerlijk van iedereen moet losmaken en van alles afstand doen. Het lijkt zo dreigend en onheilspellend alles en dan de grote machteloosheid.'[48]

De Jodenvervolging had nu ook Etty's eigen buurt bereikt. Op 11 juni had in Amsterdam-Zuid een razzia plaatsgevonden, als vergelding voor een aanslag op een kantoor van de Wehrmacht in dat stadsdeel.[49] Zeker driehonderd Joodse jongeren waren daarbij opgepakt en afgevoerd naar Mauthausen, een concentratiekamp in Oostenrijk dat berucht en gevreesd was. De mannen die in februari 1941 waren gearresteerd bij de eerste grote razzia in Amsterdam, waren óók naar Mauthausen gestuurd. Van hen was sindsdien niets meer vernomen; familieleden ontvingen alleen maar doodstijdingen.

Etty was enorm van slag door het bericht. 'Gisteren heb ik één moment gedacht, dat ik niet verder kon leven, dat ik hulp nodig had. Ik was de zin van het leven en de zin van het lijden kwijt, ik had het gevoel onder een geweldig gewicht "zusammen zu brechen".'[50]

De Joodse jongens die uit hun huizen waren gehaald, hadden háár leeftijd. Ze waren bovendien op een ongekend gemene wijze in de val gelokt.

In februari 1941 was op last van de Duitsers in Amsterdam de Joodse Raad opgericht: een organisatie die de Joden in Nederland moest besturen. De Joodse Raad werd geacht het beleid van de Duitsers door te geven aan de achterban en ervoor te zorgen dat de vele anti-Joodse maatregelen ook werden uitgevoerd. De voorzitters van deze raad waren twee mannen die al jarenlang belangrijke bestuurlijke posities bekleedden in de Joodse gemeenschap: de diamantair Abraham Asscher en de classicus en hoogleraar David Cohen. Hoewel van meet af aan duidelijk was dat zij in feite een instrument waren in handen van de bezetter, hoopten de leiders van de Joodse Raad door samen te werken 'erger te voorkomen' en nog zo veel mogelijk invloed te kunnen uitoefenen op het beleid.[51]

Hoe kwetsbaar de positie van de Joodse Raad was, werd in juni 1941 direct duidelijk. Begin van die maand hadden Asscher en Cohen bezoek gehad van een Duitse politieman die vriendelijk informeerde of hij misschien de namen en adressen kon krijgen van een grote groep Joodse, vaak zionistische jongeren die tot voor kort in het werkdorp Wieringermeer verbleven. Daar bereidden zij zich voor op hun emigratie naar Palestina. De Duitsers hadden het werkdorp – waar vooral Duitse en Oostenrijkse emigranten woonden – gesloten, en veel van de jonge zionisten en andere vluchtelingen waren daarna ondergebracht bij gastgezinnen in Amsterdam-Zuid. Maar nu, kondigde de politieman aan, zouden ze allemaal weer mogen terugkeren. Zou de Joodse Raad de jongeren misschien willen informeren dat zij binnenkort zouden worden opgehaald, zodat zij niet zouden schrikken van politie aan de deur?

Asscher en Cohen, die na de razzia van 1941 was beloofd dat er geen nieuwe arrestaties zouden volgen, lieten de gevraagde namen en adressen bij de Duitse autoriteiten bezorgen, en meldden zich op 11 juni bij de *Sicherheitsdienst* (SD) voor verder overleg. Terwijl zij daar vastzaten, werden de driehonderd jongeren door eveneens misleide Nederlandse politiemannen uit hun huizen gehaald. Onder hen waren veel pioniers uit de Wieringermeer, maar ook tientallen Amsterdamse Joodse jongens die de pech hadden op het verkeerde tijdstip op de verkeerde plaats te zijn, zoals twaalf leden van roeivereniging Poseidon bij de Berlagebrug.[52]

De woede en verontwaardiging in Amsterdam-Zuid waren groot. Ook Etty had even tijd nodig om de gebeurtenissen te verwerken en er een antwoord op te vinden. Typerend was dat zij de terreur direct in verband bracht met veel grotere, filosofische vragen.

'Ik heb het "Lijden" der mensheid vlak en eerlijk in de ogen proberen te kijken, ik heb me ermee uiteengezet, of liever: iets in mij heeft zich er mee uiteengezet, op veel wanhopige vragen zijn antwoorden gekomen, de grote zinneloosheid heeft weer plaats gemaakt voor iets meer orde en samenhang en ik kan weer verder.'[53]

Het ging er niet alleen om dat er driehonderd arme jongens waren opgepakt, minstens zo belangrijk was hoe Etty zichzelf geestelijk teweer kon stellen tegen de tirannie en vervolgens verder kon, 'sterker dan vroeger'. De dreiging van oorlog en vervolging werd daarmee voor Etty allereerst een innerlijke beproeving. Alsof zij zelf eveneens een 'klein slagveld' was, waar de vragen van haar tijd uitgevochten moesten worden.[54]

'De binnenwereld is even reëel als de buitenwereld,' had Etty juist op de dag van de razzia geschreven.[55]

En zo ervoer zij dat werkelijk.

Ook wat dat betreft was Spier op het juiste moment in haar leven gekomen. Hij hielp haar niet alleen antwoorden te vinden in haar persoonlijke strijd en zoektocht naar innerlijke rust, door zijn levenslessen ging ze eveneens begrijpen hoe zij zich het beste kon verhouden tot het geweld en de haat in de wereld om haar heen.

'Wij zijn maar holle vaten, waar de wereldgeschiedenis doorheen spoelt,' schreef ze een dag na de razzia van 11 juni, toen zij haar evenwicht weer had hervonden.

De vervolging zou op een dag ook háár kunnen treffen. Maar al vroeg in de oorlog besefte Etty dat ze hier geconfronteerd werd met zulke overweldigende wereldgebeurtenissen en wezenlijke, morele vragen, dat haar persoonlijk lot daaraan eigenlijk alleen maar ondergeschikt kon zijn.

—

Het was opmerkelijk dat Etty geen woord wijdde aan de onverwachte Duitse inval in de Sovjet-Unie, op 22 juni 1941, die de oorlog een beslissende nieuwe wending zou geven.

Rusland was het land van Etty's dromen. 'En wat ik wil? Later in Rusland chirologie bedrijven. Dat zou een schone synthese zijn van alles wat ik nou doe.'[56] Ze fantaseerde er vaak over om naar Rusland te reizen en een 'schakel' te worden tussen twee werelden.[57] Dat het in dat land van haar moeder nu óók oorlog was, moet toch op zijn minst indruk op haar hebben gemaakt. Toch schreef Etty niets over de strijd in Rusland. Evenmin leek zij zich zorgen te maken om haar Russische familie.

Riva was in 1907 met haar ouders en broer Jacob naar Amsterdam gekomen. Ze woonden jarenlang in bij de familie Montanjees op de Tweede Jan Steenstraat. Nadat Riva in 1912 met Louis was getrouwd, had haar familie Nederland op goed moment weer verlaten. Etty had haar Russische opa, oma en oom Jacob nooit gekend. Ze wist dat ze nog ergens Russische verwanten moest hebben, maar ze leek geen idee te hebben waar deze zich bevonden, noch hoe die familie precies was samengesteld. De enige keer dat Etty in haar dagboek verwees naar haar Russische familie, sprak zij over 'de verdwenen ouders van mijn Russische moeder' – andere familieleden noemde zij niet.[58]

Ook haar broer Jaap leek in het duister te tasten omtrent zijn Russische roots. De historicus Jaap Meijer voerde tijdens de oorlog lange gesprekken met Jaap, onder meer over zijn familie. Meijer concludeerde daarna dat er geen contact werd onderhouden met de 'Amerikaanse (sic!) misjpoche'.[59] Dacht Jaap Hillesum werkelijk dat zijn Russische familie dáár zat?

Mede op grond van Jaaps vermeende uitspraak, is altijd aangenomen dat de familie Bernstein illegaal verder emigreerde naar Amerika. 'Adres onbekend' stond er achter de naam van Etty's opa Michael Bernstein in het Bevolkingsregister van Amsterdam.[60] Op 3 juli 1918 werden de Bernsteins 'ambtshalve afgeschreven'. Hoelang ze toen al vertrokken waren uit Nederland, was niet duidelijk. Er waren veel Russische Joden die vanuit Nederland naar Amerika emigreerden. Verschillende onderzoekers meenden daarom dat ook de Bernsteins die weg wel zouden zijn gegaan.[61] Het merkwaardige was echter dat zij geen enkel spoor hadden nagelaten. Hun namen komen niet voor op passagierslijsten van de Holland-Amerika Lijn, geven geen 'hit' in de database van Ellis Island, dé aankomsthaven in Amerika van immigranten uit Europa, en worden niet herkend door zoekmachines van websites als ancestry.com.

Ze leken van de aardbodem verdwenen.

Voor dit boek is lang gezocht naar de Russische familie van Etty. Uiteindelijk werden zij gevonden – maar op een heel andere plek dan gedacht. De Bernsteins bleken helemaal nooit op de boot naar Amerika te zijn gestapt. Zij gingen vlak voor de Eerste Wereldoorlog terug naar Rusland, het land dat ze zeven jaar eerder juist waren ontvlucht.[62]

Om iets van het mysterie van Etty's verdwenen Russische familie te begrijpen, moeten we terug naar 1912. Op 18 januari van dat jaar verloofde Etty's oom Jacob, toen nog woonachtig in Amsterdam, zich met de Joodse Marie Mirkin, die oorspronkelijk uit Moskou kwam en op dat moment in Warschau studeerde. De families Bernstein en Mirkin kenden elkaar al langer. In de nalatenschap van Marie bevonden zich foto's van haarzelf en haar drie zussen die rond de eeuwwisseling naar Soerazj waren gestuurd, de laatste woonplaats van Jacob, Riva en hun ouders.[63] Marie behoorde tot een geprivilegieerde familie van handelaren en industriëlen, net als Riva's oudoom Mendel Eidinow. Dat Marie in Moskou was geboren, wees daar al op. In het tsaristische Rusland konden alleen Joden die behoorden tot het 'eerste gilde' van belangrijke koopmannen, tegen betaling van belasting, buiten het Vestigingsgebied gaan wonen.

Op een foto die in juli 1912 werd gemaakt van Marie Mirkin in Warschau, is duidelijk te zien dat zij uit een gegoed milieu kwam. Marie draagt een imposante hoed en een parelketting. Haar lange, glanzende jurk met sleep is afgewerkt met strikken en kant.[64] Op een andere foto uit diezelfde maand poseert zij samen met haar verloofde Jacob en een onbekende man. Jacob gaat gekleed in een smoking, met glanzende revers en vlinderstrik. Hij is al wat kalend, en heeft een opvallend vriendelijke, zachte glimlach.

Jacob en Marie trouwden op 19 januari 1913 in Warschau. Begin mei van dat jaar kwam Marie naar Nederland, en trok ze in op de Tweede Jan Steenstraat bij de familie Montanjees, waar Jacob en zijn ouders al sinds hun vlucht uit Rusland in 1907 woonden.[65] Riva was toen al gehuwd met Louis en vertrokken naar Middelburg. Op 19 oktober 1913 kregen de dertigjarige Jacob en de vijfentwintigjarige Marie een dochter: Rachel Sarra. Zij was dus maar een paar maanden ouder dan haar nichtje Etty.

Jacob had altijd zijn geld verdiend in de diamanthandel. Maar na 1910 werd dat in Amsterdam steeds moeilijker, omdat de handel zich verplaatste naar Antwerpen. Via familie van zijn vrouw Maria kon hij een goede baan krijgen in Joezovka, een industriestad die tegenwoordig Donetsk heet en is gelegen in Oost-Oekraïne. In Joezovka bevonden zich verschillende kolenmijnen en een staalfabriek en de stad was indertijd het hart van de Russische industrie. Volgens de familieoverlevering hadden ook de Mirkins uit Moskou belangen in een van de mijnen, en kon Jacob een leidinggevende positie in het bedrijf krijgen. Hij greep de kans met beide handen aan. Ook zijn ouders, inmiddels bijna 75 jaar oud, gingen met hem mee. Pogroms waren er na 1907 niet meer geweest in Rusland, wat hield hen nog tegen?

Wanneer de Bernsteins precies uit Amsterdam vertrokken is niet duidelijk, maar het moet vóór augustus 1914 zijn geweest. Na het uitbreken van de Eerste Wereldoorlog werden de Nederlandse grenzen gesloten en was het vrijwel onmogelijk geworden om via Duitsland naar Rusland te reizen. De etage op de Tweede Jan Steenstraat kreeg in elk geval in december 1914 een nieuwe bewoner.[66]

In Joezovka werd in 1917 het tweede kind van Jacob en Marie geboren: Etty's neef Michael of 'Misja', die net als haar eigen broer Mischa dus was vernoemd naar hun opa Michael Bernstein. Bijna tien jaar later, in 1926, volgde nog een nakomertje, dochter Inna. Op de vele foto's die van de familie bewaard zijn gebleven, maakt het gezin een hechte en gelukkige indruk, met Jacob als de kalme, glimlachende pater familias. Jacob klom op tot hoofdingenieur en de familie was in zulke goeden doen dat zij in 1937 met z'n allen konden gaan kuren in Georgië.

De familie Bernstein bestond uit overlevingskunstenaars. Het gezin van Riva's broer Jacob wist in Rusland de revolutie van 1917, nieuwe pogroms, een burgeroorlog, hongersnood, stalinistische zuiveringen, de Tweede Wereldoorlog en de Holocaust te overleven. Uiteindelijk emigreerden Etty's nichten Rachel en Inna, samen met de gezinnen van hun kinderen, in 1994 naar Israël. Hoewel Rachel toen al 81 jaar was en Inna 68, besloten zij nogmaals op zoek te gaan naar een beter leven voor zichzelf en hun nazaten.

Rachel vertelde haar dochter later dat zij 'maar drie dagen' in Amsterdam had gewoond. Nooit zei zij iets over een Nederlandse tak van de familie.[67] Ook het nakomertje Inna had geen idee van een Russische tante in Nederland.[68] Dit wijst erop dat het contact tussen Riva en Jacob al vrij snel na 1914 verloren moet zijn gegaan – en zij beiden hun kinderen niets hebben willen vertellen over hun vroegere familie.

Riva's ouders zijn vermoedelijk vrij snel na hun terugkeer in de Sovjet-Unie overleden. Rachel bewaarde geen herinneringen aan hen. Het feit dat Jacobs zoon in 1917 Michael werd genoemd, net als zijn opa, wijst daar ook op – binnen de Joodse traditie is het niet gebruikelijk te vernoemen naar familieleden die nog in leven zijn.[69]

De grote vraag is natuurlijk waarom Riva en Jacob elkaar kwijtraakten. De Eerste Wereldoorlog heeft Joezovka nooit bereikt, en economisch moet het Jacob goed zijn gegaan in de oorlogsjaren, toen de staal- en kolenindustrie van Joezovka op volle toeren draaiden. Hoewel er soms postzendingen verloren gingen, was het zeker wel mogelijk om brieven te versturen naar Nederland. Riva en Louis verhuisden voortdurend, en het kan zijn dat Jacob op goed moment het juiste adres miste. Maar dan waren er altijd nog andere familieleden tot wie hij zich had kunnen wenden, zoals oudoom Mendel Eidinow in Amsterdam, en na diens dood in 1915 zijn weduwe Paulina Lewis. Dus vanwaar die definitieve breuk? En het doodzwijgen dat erop volgde?

Over de redenen valt alleen maar te speculeren. Ruzie in de familie. Onenigheid over de remigratie. Kift tussen zus Riva en schoonzus Marie Mirkin. Gedoe over een erfenis. Of politieke problemen van Jacob. Na de revolutie van 1917 was het jarenlang erg onrustig in Joezovka, waar de macht afwisselend in handen was van de Sovjets, de Oekraïense staat, het Witte Leger en ten slotte weer de Sovjets. Pas in 1920 was de situatie weer stabiel, en moesten de Bernsteins volwaardige Sovjetburgers zien te worden van 'Stalino', zoals de stad voortaan werd genoemd. Als industrieel was Jacob bourgeois en bij voorbaat verdacht. Dat hij zijn positie niettemin wist te behouden, getuigt van tactiek en aanpassingsvermogen. Familie in het verderfelijke Westen kon hij in dat verhaal niet gebruiken.

Maar ook dat is speculatie.

Wonderlijk blijft het wel, dat Etty zo vaak fantaseerde over Rusland, maar dat in geen van haar fantasieën haar Russische familieleden voorkwamen; eigen bloedverwanten in dat verre, haar zo fascinerende land.

Intrigerend is ook dat Etty alleen schrijft over 'de verdwenen ouders van mijn Russische moeder'. Verzwegen Riva en Louis inderdaad dat er nog een broer was geweest? Een broer met een vrouw en een dochter bijna zo oud als Etty toen zij vertrokken? Was het allemaal te pijnlijk?

Riva, haar ouders en broer Jacob waren altijd samen opgetrokken, vooral tijdens hun eerste jaren in Amsterdam. Na hun vertrek in 1914 moest Riva de vanzelfsprekende verbinding met haar Russische familie missen. Ze werd afgesneden van haar wortels, juist op een moment dat ze met Louis begon aan een onrustige odyssee door Nederland.

—

Als jong gezin in de provincie, ver weg van de Russische én van de Amsterdamse familie, moesten Louis en Riva op zoek naar nieuwe vrienden en kennissen. Het is begrijpelijk dat ze daarbij allereerst aansluiting zochten bij wat zij al kenden: de vertrouwde, Joodse wereld van hun jeugd.

Het begon al in Middelburg, waar Louis op een vrijdagavond in 1912 aanbelde bij Julius Wolff en zijn vrouw Betsy. Konden ze misschien kennismaken? Julius Wolff was net als Louis docent – hij gaf wiskunde op de hbs – én Joods. Het was een bewuste keuze van Louis om juist op sjabbat op de hem onbekende meneer Wolff af te stappen, in plaats van op de koffie te gaan bij een niet-Joodse collega van het gymnasium. Er zou een vriendschap voor het leven uit groeien. Niet alleen tussen Louis en Julius, maar ook tussen hun beider echtgenotes. 'Mijn moeder Betsy kon uitstekend met Rebecca overweg,' vertelde dochter Lenie later. 'En dat zegt wel wat, want dat was nu niet zo'n eenvoudige figuur.'[70]

Ook in Winschoten hadden de Hillesums vooral contacten in de Joodse gemeenschap. Zoals dat vaak gaat, waren de nieuwe kennissen van Riva en Louis de ouders van vriendinnetjes van Etty. Toen Etty zes jaar werd, ging ze naar de Visschersdijkschool; een lagere school voor de beter gesitueerden van Winschoten, in het centrum van het stadje.[71] Veel keus hadden

Riva en Louis niet gehad, want op de zeven andere lagere scholen in het stadje was 'het aantal achterlijken groot'.[72]

Etty kreeg twee goede vriendinnetjes op school, die allebei Joods waren: Rose Engers en Liesje de Beer. De ouders van Rose en Liesje waren succesvolle ondernemers, die tot de bovenlaag van de Joodse gemeenschap in Winschoten behoorden. Simson Engers runde een winkel in radio's en elektrische apparaten, en de De Beers handelden in manufacturen. Etty speelde vaak met Liesje in de grote winkel van de familie De Beer aan de Langestraat, waar ze tussen de hoog opgetaste stapels stoffen goed verstoppertje konden spelen.[73]

De families Engers en De Beer waren met elkaar bevriend en kwamen geregeld bij elkaar over de vloer.[74] Na hun komst naar Winschoten, sloten de Hillesums zich bij dit gezelschap aan. De moeder van Liesje, Ro, was een nogal doortastende dame, die actief was in de armenzorg en de lokale politiek. Zij werd als eerste vrouw gekozen in de gemeenteraad van Winschoten. Om hun goede band te benadrukken, stuurde Louis haar na die verkiezing prompt een felicitatiekaart: 'Edelachtbare vrouw! Moge uw verkiezing uzelf en de gemeente Winschoten tot heil strekken!'[75] Ook gingen Louis en Riva om met de plaatselijke tandarts, de Joodse meneer Joosten, en zijn gezin.

Winschoten had van oudsher een relatief grote Joodse gemeenschap. Het stadje lag midden in het Oldambt, een dunbevolkt, afgelegen gebied. Alleen de steenrijke graanboeren maakten er fortuin; veel anderen waren gedoemd te ploeteren op het vlakke, winderige land. Nergens in Nederland kon je zó ver kijken als in het Oldambt, waar wuivende korenvelden ongehinderd overgingen in wolkenluchten als op de schilderijen van Hollandse meesters. Winschoten was het centrum van die boerenwereld. Vanuit de verre omgeving trok men naar het stadje om er graan en vee te verkopen, bankzaken te regelen of inkopen te doen – en het was juist die klandizie waarvan de Joodse ondernemers in Winschoten al eeuwenlang profiteerden.

Als classicus was Louis in die Joodse gemeenschap van koopmannen en handelaren een buitenstaander, al was het maar omdat hij en zijn gezin het zwaar Groningse dialect niet spraken. Hij had ook geen verstand van handeldrijven of geld verdienen. Veel geestverwanten zal hij er niet gevonden hebben. Jaap Meijer, de latere historicus, groeide zelf op in Winschoten en zag als jongetje conrector Hillesum regelmatig voorbijschuiven. Een kleine man met een expressieve kop en snor, voor zijn gevoel een 'echt joods type'. In zijn latere studie van Louis Hillesum betwijfelde Meijer of de notabelen van het stadje ooit de weg vonden naar de Oranjestraat, waar de Hillesums woonden. 'Zo'n erudiete dr. Hillesum had met de plattelandsgemeente op voorhand niets te maken,' veronderstelde hij.[76]

Zo geïsoleerd als Meijer het voorstelde, was het gezin Hillesum niet. Met de families De Beer, Engers en Joosten bestond geregeld contact. Maar of ze er helemaal bij hoorden? De Hillesums waren nogal 'naar binnen gerichte mensen, geen maatschappijgerichte mensen', vertelde de kleindochter van tandarts Joosten.[77]

Ze waren en bleven buitenstaanders; hun kinderen leerden dat zij nergens helemaal bij hoorden.

—

In Winschoten werd de andere foto gemaakt die uit Etty's kindertijd bekend is. Het was 1 juli 1920, Etty was zes jaar oud. De dochter van tandarts Joosten ging trouwen. Louis Hillesum trad op als getuige, Etty en Liesje de Beer mochten bruidsmeisjes zijn.[78]

Op de foto staat Etty naast de bruid en draagt zij haar sleep. Ze heeft een wit jurkje aan en een grote witte strik in d'r haar, net als Liesje. Wat beduusd kijkt ze in de camera, duidelijk onder de indruk van het hele gebeuren. De Joostens waren geassimileerd, maar hadden voor hun dochter wel een traditionele, Joodse bruiloft georganiseerd, met alles erop en eraan. In de sjoel kwamen ze nog zelden, maar als er dan toch getrouwd werd, moest dat liefst wel in eigen kring gebeuren én in de synagoge.

De hele Joodse gemeenschap van Winschoten was uitgelopen voor het huwelijk. Na de ceremonie in het Raadhuis aan de Langestraat trok het gezelschap in een lange stoet door het centrum van Winschoten naar de synagoge aan de nabijgelegen Boschstraat. De geliefden, Marga Joosten en de tandarts Oscar Lansberg, stonden onder de *choepah* toen de trouwringen werden aangereikt. Aan het einde van de plechtigheid trapte de bruidegom een in doek gewikkeld glas stuk, ter herinnering aan de verwoesting van de tempel van Jeruzalem. *Mazzeltov!* riepen de aanwezigen, veel geluk!

Riva keek toe in de synagoge, de vierjarige Jaap zat naast haar. Ze was zwanger van haar derde; Mischa Hillesum zou bijna drie maanden later worden geboren. Dit was de Joodse wereld die Louis en zij zo goed kenden, en waarvan hun kinderen nu eveneens deel uitmaakten.

'God, sta me bij en geef me kracht,' schreef Etty op 19 maart 1941. Het was de eerste keer dat ze God direct aansprak in haar dagboek. In de intense jaren die volgden, zou ze dat nog vaak doen. Zij zou een volstrekt unieke relatie ontwikkelen met wat zij 'God' noemde, wars van alle dogma's.

Maar die God was geen vreemde voor haar, geen nieuwe innerlijke kracht die ze in tijden van nood ontdekte. Ze kende Hem al heel lang.

—

Elke vrijdagmiddag was Riva druk met kippen braden. Om vijf uur moesten vriendinnetjes van Etty wegwezen, want dan begon de sjabbat en dat vierden de Hillesums samen.[79] Ook vele jaren later zou Etty zich 'moeders kippesoep' nog goed herinneren.[80]

Louis en Riva maakten zich geleidelijk los van de gesloten, religieuze wereld van hun jeugd. Ze gingen zelf zelden of nooit naar de sjoel, Riva voerde geen koosjere keuken en Louis werkte gewoon op zaterdag. Maar dat betekende niet dat ze geen verbinding meer hadden met hun Joodse identiteit en geloof. Zoals gezegd bleven Riva en Louis nog tot zeker 1941 ingeschreven bij de Joodse gemeente. Louis was bovendien jarenlang bestuurslid van de Joodse Godsdienstschool, zowel in Winschoten als in Deventer.[81] Een erebaantje dat paste bij zijn positie van Joodse notabele in de provincie, maar óók werk dat hij belangrijk vond. In Louis ging nog altijd een Levie verborgen; de jongeman die bijna rabbijn was. Hij sprak geregeld op godsdienstige bijeenkomsten voor de jeugd, bijvoorbeeld ter ere van het Chanoekafeest, waar hij de jongeren op het hart drukte 'door ijver en vlijt liefde voor de godsdienstschool te tonen'.[82] Ook gaf hij soms lezingen voor publiek, bijvoorbeeld over de 'joodsche opvoeding', op verzoek van de Joodsche Vrouwenraad.[83] Zijn kinderen stuurde hij echter zelf níét naar de Joodse Godsdienstschool van Winschoten, maar dat had alles te maken met de godsdienstleraar aldaar, mijnheer Koppens, die een slechte naam had.[84] Louis was veel beter gekwalificeerd, en kon zijn kinderen daarom zelf wel de nodige religieuze kennis bijbrengen.

Vrijdagavond kippensoep en Jom Kipoer-Joden werden zij wel genoemd in het interbellum.[85] Nederlandse Joden die sterk geassimileerd waren, maar bij wie de belangrijkste tradities wel degelijk in ere werden gehouden. Naast de sjabbat, werden bij de Hillesums joodse feestdagen gevierd. Zo kregen Etty en Jaap vrij van school toen Jaap bar mitswa werd. Louis noteerde op zaterdag 9 december 1929 zelf hun namen op de absentielijst van het gymnasium in Deventer, met daarachter in Hebreeuwse letters: bar mitswa.[86] Jaap was net dertien geworden, en volgens de joodse traditie religieus meerderjarig, een 'zoon van het gebod'. Of de Hillesums ook met Jaap naar de synagoge gingen, zoals gebruikelijk, is niet bekend, maar een feestdag waarvoor vrij kon worden genomen, was zijn bar mitswa in elk geval wel.

Het is later weleens vergeten, maar Etty groeide op als een *Joods* meisje, met ouders en grootouders die diep waren geworteld in de Amsterdamse Jodenhoek en het Russische sjtetl. Dáár lagen de verhalen die hen als familie hadden gevormd en die nog lang doorklonken.

Pas toen de familie in 1924 in Deventer ging wonen – Etty

was toen ruim tien jaar oud – kwamen er niet-Joodse kennissen in beeld. Tot die tijd zijn enkel de verhalen en herinneringen overgeleverd van de Joodse vrienden die de Hillesums hadden, al waren dat er niet veel.

—

De familie Hillesum woonde in Winschoten in een ruime, pas opgeleverde twee-onder-een-kapwoning aan de Oranjestraat 2. Het huis had een zolder, die je via een steile trap kon bereiken. Een lange, smalle ruimte onder het puntdak; alleen in het midden kon je er rechtop staan. In de schuine zolderwand bevond zich een raampje met een uitzetijzer, zodat je het kon opendoen om te luchten.

Honderd jaar na dato zit dat raampje er nog steeds.[87] Onveranderd, hoewel de ijzeren randen verroest zijn en het vol zit met spinnenwebben. Het is verleidelijk om je voor te stellen dat Etty weleens door dat raampje naar buiten keek, naar de hemel die later zo'n bijzondere betekenis voor haar kreeg: 'Al blijft ons één nauwe straat, waardoor we mogen gaan, boven die straat staat toch de héle hemel.'[88]

Zes jaar woonde Etty in Winschoten, van haar vierde tot haar tiende. Na de jachtige zwerftocht door Nederland leken de Hillesums eindelijk hun bestemming te hebben bereikt, althans: voorlopig. Op 22 september 1920 werd het gezin uitgebreid met nog een zoon, Mischa, een gebeurtenis die de toen zesjarige Etty heel bewust zal hebben meegemaakt.

Louis deed het goed op het gymnasium; in de archieven is er geen onvertogen woord over hem te vinden. Oud-leerlingen herinnerden zich zijn wat zangerige spreekwijze, de figuurlijke 'culturele uitstapjes' die hij zich soms veroorloofde buiten de verplichte leerstof, en de grapjes die hij maakte. Tegen leerlinge Trees zei hij: 'Ora et labora is wel goed, maar nóg beter is labora et ora, want zonder werken helpt het bidden alléén je op school ook niet.'[89]

De conrector kon het goed vinden met de rector, Johannes Wartena, die jarenlang predikant was geweest in een doopsgezinde gemeente. Na schooltijd liepen ze vaak samen naar huis. Het was een 'bijna koddig schouwspel', herinnerde een leerling zich. De rijzige rector stak een paar koppen uit boven conrector Hillesum. Vaak raakten ze diep in gesprek. Je kon de rector dan 'ernstig neerwaarts zien kijken', en de conrector 'leergierig, deemoedig Olympuswaarts'.[90]

Bijna thuis was de familie Hillesum – maar nog niet helemaal. Begin januari 1924 vroeg Louis onverwacht om ontslag. Hij was benoemd als conrector op het gymnasium van Deventer, een school met een betere naam en ook centraler in het land gelegen. Een nieuwe conrector kwam er niet meer in Winschoten, uit bezuinigingsoverwegingen en omdat deze 'toch niets te doen had'.[91]

Voor de allerlaatste keer pakten de Hillesums hun koffers. Louis en Riva zouden niet meer weggaan uit Deventer. Dat wil zeggen: niet vrijwillig. Ze bleven totdat de Duitsers hen kwamen halen.

5
O God, laat me schrijven

Etty zat in de vensterbank van haar ouderlijk huis in Deventer, vlak naast de nog rommelige ontbijttafel. Het was vrijdagochtend, 8 augustus 1941, kwart over tien. Ze schreef in haar dagboek en luisterde intussen met een half oor naar haar moeder, die klaagde over boterbonnen en haar gezondheid.

'Dat is het tragische hier altijd,' noteerde ze. 'Er ligt hier een kapitaal aan begaafdheid en menselijke waarde, bij vader en bij moeder, maar onverbruikt, tenminste niet goed gebruikt. Je breekt hier je nek over de onopgeloste problemen, over snel wisselende stemmingen, het is een chaotische en droevige toestand, die zich weerspiegelt in de uiterlijke chaos van de huishouding.'[1]

Vanwege de zomervakantie was Etty vanuit Amsterdam voor een paar weken teruggekeerd naar Deventer. Een uitstapje dat haar nog werd toegestaan door de Duitse bezetter, al zou dat niet lang meer duren. Ze had haar dagboek meegenomen en schreef er die dagen veelvuldig in, als een reporter die live verslag deed van de rampzalige toestand in het ouderlijk huis. Etty's beschrijvingen geven zo een bijzonder, want heel direct beeld van het gezin Hillesum en de sfeer waarin ze was opgegroeid. Vroeger ging ze altijd kapot in het gekkenhuis dat haar ouderlijk huis was, schreef ze. Inmiddels probeerde ze alles innerlijk op afstand te houden en er zonder kleerscheuren onderuit te komen.[2]

Maar dat viel nog niet mee, ondanks de vorderingen die ze in de therapie had gemaakt. Terug in haar ouderlijk huis, leek ze ook zelf weer terug bij af. Vaak werd Etty overvallen door een intense moedeloosheid. Ze miste de kracht om te werken. Uitsluitend in bed kon ze alleen zijn, een moment van rust vinden. Als zo vaak worstelde ze met hoofd- en maagpijn. Het ene moment lukte het haar behoorlijk Russisch te praten met haar moeder, die zich dan ontpopte tot een 'pittige, en hebbelijke persoonlijkheid', maar het volgende moment wilde ze haar toeroepen dat ze een 'lelijke brulaap' was, dat ze moest ophouden met dat geklets, en dat ze toch heus helemaal gek was.[3]

Het was vooral haar moeder die Etty tot wanhoop dreef; van haar vader kon ze als altijd meer hebben. Als Louis ook maar de geringste zucht slaakte, dan brak haar hart. Maar wanneer Riva met veel pathos verkondigde dat ze zich zó ellendig voelde en geen oog had dichtgedaan, dan raakte dat haar innerlijk niet.[4]

Etty vond haar moeder vooral een stoorzender. 'Ongeregeld leven, zuchten en klagen over haar vermoeidheid en daar de hele sfeer in huis mee bedervend en haar leven lang al bedorven hebbend.'[5]

Wanneer Etty in Deventer wilde ontsnappen aan de huiselijke chaos, schreef ze in haar dagboek, vaak meerdere keren per dag. De aanvankelijke schroom die ze voelde bij het schrijven, had ze inmiddels afgeschud. Ze gooide alles er 'ongecontroleerd, zonder mooidoenerij' uit. Eindelijk kreeg ze vertrouwen in haar schrijven; voor het eerst durfde ze de wens uit te spreken dat ze de 'kroniekschrijfster van veel dingen uit deze tijd zou willen worden'.[6]

Maar ze had die zo belangrijke bekentenis nog niet gedaan, op 13 augustus in de namiddag, of beneden in huis brak moord en brand uit. Ze hoorde haar vader tegen Mischa brullen: 'Ga dan!' Ze hoorde hem met deuren smijten. Ook dat moest verwerkt worden, schreef ze. Etty moest huilen, nee brúllen – zo objectief was ze dus ook nog niet.

'Eigenlijk kan je hier in huis niet leven.'

Etty's beschrijving wekte niet de indruk dat het ooit anders was geweest. Ze noemde geen keerpunt, refereerde niet aan gelukkiger tijden in Deventer. Thuis: dat was spanning en chaos en steeds opnieuw zoeken naar een kwetsbaar evenwicht.

Toch wist Etty zich te hernemen, terwijl haar familieleden

beneden verder ruzieden. In de kantlijn van haar cahier, een schrift met een blauwe, kartonnen kaft, tekende ze met klare lijnen een viertal gezichtjes, waarvan één met afhangende mondhoeken.[7] Kennelijk kalmeerde dat gekrabbel haar, want daarna schreef ze verder, zonder een enkele aarzeling of doorhaling: 'O ja, Kroniekschrijfster, daar was ik gebleven. Ik neem bij mezelf waar dat naast al dat subjectieve lijden dat ik doe altijd weer een a.h.w. objectieve nieuwsgierigheid komt, een hartstochtelijke belangstelling voor alles wat deze wereld en z'n mensen en m'n eigen zieleroerselen betreft. Ik geloof soms dat ik een taak heb. Alles, wat er om me heen gebeurt moet in mijn hoofd tot klaarheid gedacht worden en later door mij beschreven worden.'[8]

Het was het woord dat verlossing moest bieden, steeds opnieuw; alleen de taal bood grip op de wanorde die haar omringde.

—

De wanden van de studeerkamer van Louis Hillesum in Deventer stonden van beneden tot boven vol met boeken. Etty en haar vriendinnetje Betty maakten er vaak samen huiswerk. 'Mag ik dat ene boek nog even zien?' vroeg Betty dan. Ze bedoelde de *Decamerone*, de beroemde middeleeuwse raamvertelling van Boccaccio, met scabreuze, humoristische verhalen. In de *Decamerone* stonden zaken waarvan Betty als jong meisje ging blozen. Maar bij Etty thuis lag het boek gewoon in de studeerkamer, het was immers literatuur.[9]

Etty las al op haar vijftiende *Misdaad en straf* van Dostojevski. Zelf kwam Betty niet verder dan meisjesromannetjes. 'Je moet ook Russische literatuur gaan lezen,' drong Etty vaak aan. Dan knikte Betty van ja, al wist ze dat ze dat toch niet zou doen. Etty was op veel gebieden verder dan zij. Als ze na schooltijd op straat stonden te praten, met de fiets aan de hand, begon Etty over diepzinnige zaken waar Betty zelf nog nooit over had nagedacht. Het was ook Etty die haar alles vertelde over wat een jong meisje moest weten als ze vrouw werd. Ze giechelden over ongesteld zijn, vertelden elkaar 'vieze mopjes'. 'Weet je wat ik nú weer heb gehoord?' riep Etty dan vrolijk uit. Betty vond Etty toen al geen meisje meer. Ze had al jong zware borsten, was in alles veel vrouwelijker dan zijzelf.[10]

Betty en Etty woonden in dezelfde straat. De A.J. Duymaer van Twiststraat lag buiten het centrum van Deventer, aan de andere kant van het spoor. De familie Hillesum huurde er een groot, statig hoekhuis met drie verdiepingen.[11] Betty woonde iets verderop, in de wat eenvoudiger nieuwbouw. Haar vader was vertegenwoordiger. Goede middenstandsklasse, maar niet zo geleerd als mijnheer Hillesum. Soms vroeg ze zich af of dat te min was voor de familie. Moeder Riva was vriendelijk, maar ook wat gereserveerd wanneer ze bij Etty kwam spelen.

In de vijfde, direct na de zomervakantie, was Etty bij haar in de klas gekomen. Ze zaten op de Graaf van Burenschool, ook wel 'School A' geheten, een school voor de beter gesitueerden in het centrum van de stad. Het was bijna tien minuten fietsen van school naar huis; bijna niemand woonde zo ver. Al snel was het vanzelfsprekend dat Etty en Betty elke ochtend samen opfietsten. Ze hadden een speciaal fluitje waarmee ze elkaar waarschuwden als ze voor de deur stonden.[12]

Ook toen Etty naar het gymnasium ging en Betty naar de hbs, bleven ze elkaar zien. Ze tennisten en gingen samen naar dansles. In zo'n groep viel Etty niet echt op, zag Betty. Ze deed vlot mee, ze was vrolijk, maar er was weinig bijzonders aan haar op te merken. Hoogstens onderscheidde Etty zich doordat ze er altijd zo slordig bij liep. Bij Betty thuis hadden ze een naaister. Maar Etty's moeder deed veel zelf en liet haar dochter 'rare floddertjes' dragen.

Het was niet gezellig bij Etty thuis. Betty kwam bijna dagelijks bij de familie Hillesum over de vloer, maar Etty's ouders bleven altijd ver van haar af staan. Ze had sterk het gevoel dat de vader en moeder van Etty niet bij elkaar pasten. Vader Hillesum kwam alleen zijn studeerkamer uit om een beleefdheidspraatje te maken.

In de laatste klassen van de middelbare school groeiden ze uit elkaar. Betty begreep dat Etty veel naar de leeszaal van de bibliotheek ging. Er kwamen vrijwel nooit meer andere meisjes bij de familie Hillesum thuis, hoorde ze in de stad.

—

In haar dagboek vertelt Etty hoe ze eens als vijftienjarige in de studeerkamer van haar vader zat omdat ze wilde schrijven. Ze voelde dat er iets naar buiten wilde breken, maar het kon niet tot een vorm komen. En ze wist nog hoe ze toen opschreef: rood, groen, zwart. 'Ik zie door de bladeren van de groene boom een meisje in een felrode jurk.' Dat was de enige wijze waarop ze uitdrukking kon geven aan al het hevige dat in haar zat.[13]

Zo verging het haar later nog eens, in de trein naar Parijs. Overweldigd door het ritme van de trein en de vele indrukken, zat ze met een armzalig klein notitieblokje stijf in haar vingers geklemd en wilde ze wat opschrijven. Ze schreef toen ongeveer: grijs, grauw, zwart, maar vanbinnen is het feloranje en vuurrood. Ook schreef ze op, in die voortrazende trein: 'De wereld is toch zeker voor ieder mens afzonderlijk wel eens vergaan en toch bestaat ze nog steeds. Hoe merkwaardig.' Ze herinnerde zich nóg hoezeer ze die formule een indrukwekkende schepping had gevonden, en hoe deze haar voor een tijdje verloste van haar innerlijke kramp.[14]

Het schrijven als bezwering, als een manier om bevrijd te worden van opgekropte emoties en al te vage, onrustige gedachten. Etty was pas vijftien, toen dat verlangen naar het vinden van het juiste, verlossende woord haar al intens kon bezighouden. Ze zou er haar hele leven mee blijven worstelen.

Niet voor niets schreef ze later zo vaak citaten van grote auteurs en filosofen over. Ze wilde mooie zinnen vasthouden, koesteren. In de taal lagen de antwoorden op alle vragen die haar zo intens konden bezighouden. Maar al te vaak ontsnapten haar zelf nog de woorden, als tere zeepbellen die wegwaaiden op de wind.

'Er zit een onrust in me, een bizarre, duivelse onrust, die productief zou kunnen zijn als ik er iets mee wist te beginnen. Een "schöpferische" onrust. Het is niet de onrust van het lichaam, zelfs geen dozijn opgewonden liefdesnachten zou er een eind aan kunnen maken. Het is bijna een "heilige" onrust. O God, neem me in je grote hand en maak me tot je instrument, laat me schrijven.'[15]

—

De vakantieweken in Deventer werden een beproeving voor Etty. In de voorgaande maanden had ze onder invloed van Spier een razendsnelle ontwikkeling doorgemaakt, en diep in zichzelf een rust opgegraven waarvan ze niet wist dat die bestond. Eenmaal overgeleverd aan de 'georganiseerde wanorde' van haar ouderlijk huis, bleef er van die innerlijke kalmte niet veel over. Ze deed haar best, maar voelde zich na verloop van tijd uitgeput en bodemloos ongelukkig.[16]

De familie Hillesum woonde sinds mei 1933 op de Geert Grootestraat 9, een groot, witgepleisterd herenhuis met drie verdiepingen in het historische centrum van Deventer. Ruimte hadden ze er meer dan genoeg. Toch zaten de familieleden elkaar die zomer van 1941 danig in de weg.

Louis, zestig inmiddels, was in november 1940 ontslagen, zoals alle Joodse ambtenaren. Jarenlang had hij zich omhooggewerkt, eindeloos had hij zich ingezet voor het gymnasiale onderwijs. Maar nu hadden de Duitsers hem nutteloos verklaard en zat hij thuis, met niets omhanden en weinig ruimte voor afleiding. In de voorgaande maanden was de ene na de andere verordening uitgevaardigd. Joden mochten niet meer naar de bioscoop, het theater, het zwembad, het strand of het park, en ook hotels en restaurants waren verboden terrein geworden. Steeds verder werden zij in een isolement gedrongen. Juist op die 8ste augustus 1941 werd nog eens verordend dat Joden al hun banktegoeden en effecten moesten onderbrengen bij de Lirobank, de roofbank van Lippmann, Rosenthal & Co.[17]

Etty schreef die zomer weinig over wat er in de wereld gebeurde. Als kroniekschrijfster leek ze toch allereerst opgeslokt te worden door haar eigen, emotionele veldslagen. Het was wel een beetje gênant, vond ze ook zelf. Hoe kon ze zichzelf en haar stemmingen zo serieus blijven nemen, terwijl er zoveel leed om haar heen was? Ze schreef dit in Deventer, op de dag dat ze hoorde dat haar kennis Daan Sajet verongelukt was met een Brits vliegtuig. Maar ze kon niet anders, besloot ze. Ze moest zelf 'het centrum' blijven, antwoord vinden op de vragen over leven en dood die de tijd haar stelde. Haar hoofd was de werkplaats waarin alle dingen tot klaarheid gedacht moesten worden.[18]

Ze leefde sterk in haar gedachten, die haar vaak reëler voorkwamen dan de wereld die haar omringde. Een enkele regel van Rilke was voor haar werkelijker dan bijvoorbeeld een verhuizing, schreef ze. Niet dat ze een 'verdroomde idioot' was. De werkelijkheid interesseerde haar 'beestachtig erg'. Maar dan wel liefst vanachter haar bureau.[19]

In lange brieven aan Spier – die ze overnam in haar dagboek – beklaagde Etty zich over de ellendige sfeer thuis in Deventer. Spier hield op dat moment vakantie in Wageningen, en schreef haar terug.[20] Zijn woorden hielpen haar weer contact met zichzelf te krijgen; verbinding met het 'diepste en beste wat in haar was' en dat zij God noemde.[21]

Het was Etty niet echt gelukt afstand te nemen van Spier, zoals ze eerder vast van plan was geweest. Ze had zijn steun nodig en bleef naar hem verlangen. Kort voor haar vertrek naar Deventer hadden ze op de hei een lange kus uitgewisseld. Een kus waarbij Etty zich hartstochtelijk tegen Spier aandrong, ze wist niet hoelang, alsof ze zijn hele wezen in zich wilde opzuigen.[22]

Dat Etty Spier erg miste, was pa Han al eerder opgevallen. Op een ochtend, vlak voor Etty's vertrek naar Deventer, zat hij in de serre chocola te drinken en zei hij: 'Je bent echt "poesterig" vandaag. Ik zou maar een eindje gaan omlopen als ik jou was.'

Etty zei dat ze zich inderdaad slecht voelde, ook lichamelijk – maar vertelde niet waarom.

Zoals veel vaker had pa Han haar wel door: 'Dat komt omdat S. er niet is.'[23]

In Deventer miste ze haar beide vrienden. 'Mijn gekwelde hoofd verlangt vandaag zo naar je handen,' schreef ze aan

Spier.[24] Toch dacht ze diezelfde dag met evenveel liefde aan pa Han: 'Ik geloof, dat ik zo langzamerhand nog het meest verlang naar Pa Han's blauwgrijze "liefe auge" – naar zijn gevoelige streelhanden.'[25]

Ze had haar grote, grijze mannen nodig, allebei; als oude, stevige bomen waar ze tegenaan kon leunen.

In haar ouderlijk huis bood niets steun. Het was er een 'allerwonderlijkst mengsel van barbaarsheid en hoge cultuur'.[26] Vroeger had ze thuis elke nacht een liter vertwijfelde tranen vergoten.[27] Inmiddels waren die tranen opgedroogd. Maar echt leven kon ze thuis niet. 'Het is hier een inferno.'[28]

In een brief aan Spier vertelde Etty wat er met haar broer Mischa was gebeurd, op de dag dat ze haar vader 'ga dan!' had horen roepen. Mischa had het huis in overspannen toestand verlaten. Hij liet een pathetische brief achter, waarin hij schreef dat hij de sfeer thuis niet langer kon verdragen en zijn eigen leven wilde opbouwen. Hij nam alleen de tandenborstel van zijn moeder mee, verder niets. Na een lange dag zoeken, ontdekten ze dat hij naar kennissen in de provincie was gegaan, die hem gelukkig liefdevol hadden opgenomen.

'Hij wil niet naar huis terug,' schreef Etty. 'Gelijk heeft hij, de kleine man. Hopelijk houdt hij zich goed, zodat hij niet weer opgesloten hoeft te worden.'[29]

Er gebeurde altijd zo waanzinnig veel bij hen thuis, ze werd er gek van, beklaagde Etty zich bij Spier. Elk uur bevatte wel duizend stemmingen. Ze moest dat allemaal steeds opnieuw verwerken. Dat ze zo niet van haar hoofdpijn afkwam, was geen wonder.

'Het is alsof er in deze omgeving voortdurend aan mijn levensvreugde geknaagd wordt, ik weet niet meer hoe ik me daartegen weren kan, het is alsof er overal zware stenen aan me hangen, aan mijn armen, benen, brein en hart, die me in een of ander moeras naar beneden willen trekken.'[30]

Het Stedelijk Gymnasium van Deventer was gevestigd in een klassiek gebouw aan de Nieuwe Markt. Hoge ramen met houten luiken; op de gevel prijkten Griekse zuilen. Een schoolplein was er niet. Wanneer Etty de deur uit kwam, stond ze direct midden in het historische centrum van de stad. Binnen een paar minuten liep ze naar de IJssel; de brede rivier waarover ze zo graag uitkeek en waaraan zij later nog vaak zou terugdenken. Ze hield van het weidse, stralende en stille rivierlandschap.

Etty lijkt op het gymnasium nogal op zichzelf te zijn geweest, bescheiden en teruggetrokken. Ze ging wel om met de meisjes die bij haar in de klas zaten, maar intiem werden die vriendschappen niet. Het leek of ze er geen behoefte aan had. Zo werd Etty nooit lid van de Deventer Gymnasiasten Bond, die onder meer toneelvoorstellingen organiseerde.[31]

Veel keus aan vriendinnen had Etty trouwens niet. Het gymnasium in Deventer was een erg kleine school, met klassen die soms uit niet meer dan zes leerlingen bestonden. In Etty's eerste jaar, 1926, zaten er in totaal maar 65 leerlingen op het Deventer gymnasium. Daarvan was de eerste klas, met negen jongens en elf meisjes, nog veruit de grootste. Maar die groep was in 1931, Etty's voorlaatste jaar, al geslonken tot twaalf. De helft daarvan deed de Alfa-afdeling, onder wie drie meisjes: Etty zelf, Do ter Haar Romeney en Ina Mooy.[32]

Etty was een 'plezierige klasgenote', zou Do ter Haar Romeney later vertellen. Je kon met haar lachen, ze was leuk en gezellig, en ze stond 'niet echt los van de rest van de klas'. Ze viel ook niet op door buitengewone studieprestaties of andere bijzonderheden. Etty had geen vriend, geen vaste vriend van wie zij wisten in elk geval. Ze vertelde heel erg weinig over haar privéleven.[33]

In de laatste gymnasiumjaren, toen ze nog met drie meisjes over waren, had Do Etty wat 'intensiever' meegemaakt, maar de relatie was altijd oppervlakkig gebleven en ze spraken elkaar alleen op school. 'Een gezellige meid met wie je veel plezier kon hebben' – dat was alles wat Do te vertellen had.[34]

In haar latere leven zou Etty juist uitblinken in diepgaande vriendschappen. Ze had veel vrienden en vriendinnen, die haar unaniem prezen om haar humor, oprechte belangstelling, warmte en intense betrokkenheid. Maar als onzekere adolescent had Etty daarvoor nog geen ruimte, zo leek het. Ze had genoeg aan zichzelf en de stapels boeken waarmee zij zich terugtrok tijdens lange middagen in de bibliotheek.

Voor een meisje dat graag las, behaalde ze maar matige cijfers. Etty kreeg weinig onvoldoendes, maar blonk ook nergens in uit. In de eerste jaren leek ze meer haar best te doen, en haalde ze nog weleens een paar 4'en – het toenmalige cijfersysteem liep van 1 tot en met 5 en een '4' stond voor goed. Maar vanaf de derde klas had ze steevast rapporten met cijfers tussen de 3^- en de 3½, met een enkele uitschieter naar beneden of naar boven. Opvallend is dat ze ook voor Nederlands nooit meer dan een 3½ scoorde – en vaak minder. De meeste 4'en haalde ze voor vaderlandse of oude geschiedenis. Meetkunde was haar slechtste vak, waarvoor ze een aantal keren een nipte 2^+ behaalde. Etty had geen talent voor tekenen; meer dan een 2½ kreeg ze voor dat vak zelden. Ook voor 'lichamelijke ontwikkeling' stond ze steevast onvoldoende. In alle jaren dat ze op het gymnasium zat, behaalde ze voor gym meestal niet meer dan een schamele 2.[35]

Haar broer Jaap deed het veel beter. Hij was een echte bèta en haalde voor natuur- en scheikunde steevast een 4. Maar ook bij andere vakken scoorde hij hoger. Op Jaaps zomerrapport van 1929 stonden zes 4'en – terwijl zijn zus er op datzelfde rapport maar twee had en zij voor een aantal vakken niet meer dan een 3^- had behaald, dus net-niet-onvoldoende, waaronder voor Latijn. Dat zal haar vader niet leuk hebben gevonden.

Opvallend is ook het grote verschil tussen zus en broer bij lichamelijke ontwikkeling. Jaap blonk juist uit in gym, vooral bij de buitensporten. Tijdens zijn gymnasiumjaren behaalde hij altijd een 4 voor lichamelijke ontwikkeling, en een aantal keren zelfs een 5.[36] Hij was handiger, sneller en ijveriger dan zijn zus. Het lijkt er zelfs op dat Jaap zó'n talentvolle leerling was, dat hij op de lagere school een keer een klas heeft overgeslagen. Op het gymnasium zat hij één klas lager dan Etty, terwijl hij toch twee jaar jonger was dan zij. Bij het overzicht van de paasrapporten van 1928 zit Etty in de tweede klas, en Jaap al in de eerste. Dat betekent dat hij in september 1927 naar het gymnasium ging – terwijl hij toen nog maar elf jaar oud was en nog lang geen twaalf.[37]

Vermoedelijk had Etty tijdens haar gymnasiumtijd moeite met het vinden van de juiste concentratie; een probleem waarmee ze ook tijdens haar studentenjaren zou worstelen. In de klas droomde ze vaak weg, aan haar bureau dwarrelden haar gedachten al snel alle kanten op. Ze was heus intelligent genoeg. De stof was het probleem niet. Ze maakte het zichzelf moeilijk om te studeren.

Er bestaat een foto van 'de drie meisjes uit 6 Alfa'. Etty, Ina en Do zitten naast elkaar in een schoolbank, met de armen over elkaar. Do, rechts in het rijtje, kijkt vriendelijk en onderzoekend in de lens. Ina, in het midden, draagt een bril en zoekt met loensende, ernstige blik de camera; ze heeft d'r lange haar ouderwets 'juffig' om haar hoofd gedrapeerd. Etty zit links, en kijkt als enige schuin weg. Ze draagt haar halflange, krullende haar los; een bobkapsel dat in de mode was geraakt in de jaren twintig. Haar blik is afwezig. De drie meisjes zijn naast elkaar gezet omdat ze nu eenmaal de enige drie meisjes zijn in 6 Alfa – meer samenhang bestaat er niet.[38]

Het lijkt erop dat Etty veel voor zichzelf hield. Zo had ze, zonder dat haar klasgenoten dat wisten, wel degelijk vriendjes in haar gymnasiumtijd. In de zomer van 1930 had Etty 'gestoeid' met Leo Zeldenrust, de zoon van vrienden van de Hillesums. Zestien waren ze allebei, en volgens Leo zo groen als gras. 'We waren gymnasiasten en dus liepen we achter op seksueel gebied.'[39] Veel verder dan een kusje ging het niet. De verkering hield niet lang stand. Leo vond het maar lastig dat Etty 'voortdurend brieven wilde schrijven'.[40] Ook zou Etty iets hebben gehad met de Amsterdamse Berthold Stokvis, die medicijnen studeerde en later psychiater zou worden.[41]

In haar dagboek verwijst Etty slechts één keer naar haar middelbareschooltijd. Ze schrijft dan: 'Ik herinner me hoe ik als gymnasiumzuigeling eens op een papiertje schreef: De genade moet bij haar schaarse komsten een welvoorbereide techniek aantreffen.'[42]

Etty refereert hier opnieuw aan haar worsteling met het schrijven. Móchť ze al eens een lucide inval krijgen – de genade – dan zou ze moeten zorgen dat ze alvast de techniek van het schrijven beheerste.

Zo is dat ene zinnetje toch veelzeggend. Ze noemde zichzelf een 'zuigeling' op het gymnasium. Alles moest nog tot wasdom komen. En ze realiseerde zich toen al dat haar grootste verlangen – het schrijven – ook handwerk betekende, een vaardigheid die vooral door oefening te leren was.

Het zal een wens zijn geweest die ze niet heeft uitgesproken, zoals haar hele adolescentie een stil groeien en gisten naar volwassenheid was.

—

Het gebeurde op straat. Etty en Betty stonden met elkaar te praten. Ineens begon Etty over haar Joods-zijn.

'Hoe zie jij het Jodendom? De plaats van de Joden in de wereld?'

Betty wist niet wat ze moest zeggen. Als christen sprak je in die tijd 'anders' over Joden. Het was een beetje beladen. Ze draaide eromheen.

Toch kwam Etty er later nog een paar keer op terug. Wat ze precies wilde bespreken, wist Betty niet. Maar één ding begreep ze wel: Etty was in die periode, in de laatste jaren van het gymnasium, sterk bezig met haar Joods-zijn. Misschien – zo bedacht Betty later – voelde Etty zich mede daarom 'anders dan anderen' en was zij nogal eenzelvig op het gymnasium.

Wat Betty niet wist – en veel anderen vermoedelijk ook niet – was dat Etty en haar broer Jaap in die tijd deel uitmaakten van een zionistische vriendenclub, die bestond uit zo'n twaalf tot vijftien Joodse jongeren uit Deventer. Ze kwamen een aantal keren per maand bij elkaar, soms bij de Hillesums thuis. Er werd gedebatteerd over de Joodse geschiedenis, de zionistische idealen en de mogelijkheden om naar Palestina te gaan, toen nog Brits mandaatgebied.

Etty, inmiddels een jaar of zestien, was er vaak bij. Ze zei niet veel, ze luisterde vooral. Maar ze nam alles wel intens in zich op, herinnerde Eduard Kleerkoper zich, die eveneens bij het groepje hoorde. 'Ze had van die grote, dromerige ogen waarmee ze je aankeek en je vroeg je dan af of ze hier of ergens anders was. Je had altijd de indruk dat ze een beetje ver weg was.'[43]

Louis en Riva hadden al langer sympathie voor het zionisme. In Tiel had Louis zich zelfs aangesloten bij de plaatselijke afdeling van de Nederlandse Zionistenbond. Hij werd er bestuurslid, vermoedelijk secretaris.[44] Dat was in de jaren 1917 en 1918, toen er na de Russische revolutie een burgeroorlog uitbrak in Rusland en de Joden opnieuw het slachtoffer werden van talloze pogroms. Vooral de troepen van het Witte Leger grepen hun kans wraak te nemen op de Joden, die zij verweten te heulen met de bolsjewieken. Hele sjtetls werden uitgemoord; meer dan honderdduizend Joden kwamen in die revolutiejaren om het leven.

Ook in de Nederlandse kranten verschenen angstaanjagende berichten. 'De gruwelen overtreffen in bestialiteit alles wat in 1905 is gebeurd,' viel te lezen.[45] Riva en Louis dachten ongetwijfeld aan de familie in Rusland. Hield het dan nooit op? Het zionisme bood een uitweg. Alleen in een eigen land bij de berg Zion in Jeruzalem zouden de Joden veilig zijn.[46]

'Wie werkelijk niet willen dulden, dat aanslagen op het Joodsche volk worden gepleegd, behoren met de Zionisten samen te werken, die het Joodsche volk in staat stellen alle aanvallen te weerstaan!' klonk het in die tijd op een vergadering van de Zionistenbond.[47]

Toen de familie Hillesum eind 1918 naar Winschoten verhuisde, had Louis zijn bestuursfunctie opgegeven. De Joden van Winschoten moesten weinig hebben van de zionistische beweging, en de Nederlandse Zionistenbond had er geen afdeling. 'Wie wollen nait noar Palestina tou, wie hebn 't hier veuls te goud', was een gevleugelde uitdrukking in het noorden.[48] Zo dachten trouwens wel meer Nederlandse Joden erover. Het gros van hen moest weinig hebben van het zionisme. Ze voelden zich te veel verbonden met Nederland, een land waar ze al eeuwenlang veilig waren. Vrome Joden geloofden bovendien dat alleen een toekomstige Joodse Messias hen naar het beloofde land kon leiden.

Juist in Deventer bestond wel een bevlogen, zionistische beweging. Louis en Riva hadden zelf geen aspiraties meer zich daarmee te verbinden. Maar ze stelden hun huis open voor zionistische jongeren, en moedigden Etty en Jaap aan deel te nemen aan de discussies.

Eduard Kleerkoper kon zich de zaterdag- of zondagmiddagen bij de Hillesums later nog goed herinneren. Er hing een heel andere sfeer dan bij hemzelf thuis. De schemerlampen, de aparte meubels, de tapijten en kleedjes overal; het maakte op hem een chique en ook romantische indruk. Kleerkoper zag er de hand van Riva in; hij herkende in het huis de goede smaak van Russen van betere komaf. Riva zelf vond hij nogal mysterieus. Zoals ook Etty anders was. Romantisch, dweperig. Een beetje moeilijk en zwaar op de hand. Eduard dacht dat dat kwam door haar Russische moeder en het lezen van boeken van Dostojevski en Tolstoj.[49]

Zelf was Eduard een overtuigd zionist. Hoe Etty erover dacht, kon hij niet goed peilen. Ze was gesloten, liet weinig van zichzelf zien, zoals haar wat mollige figuur altijd verstopt ging onder te wijde, zwarte jurken. De achttienjarige Eduard vond haar sympathiek, maar niet bepaald een mooi meisje. 'Een vrij gewoon meisje, maar met indringende ogen.'[50]

De zionistische beweging in Deventer werd geleid door de broers Cohen, wier vader een bekende meubelzaak had aan de Lange Bisschopstraat in het centrum. Hun activisme was geïnitieerd door de pogroms in Oost-Europa. David Cohen, de latere voorzitter van de Joodse Raad, had al in 1902 een grensvereniging voor emigranten opgericht, die Joodse vluchtelingen uit Oost-Europa onder meer hielp bij het verkrijgen van de juiste doorreispapieren.[51] Ook stonden David en zijn broers geregeld op het station van Deventer wanneer de internationale treinen uit het Oosten daar een tussenstop maakten. Naarmate de pogroms toenamen, zaten er steeds meer Joodse vluchtelingen uit Rusland in die treinen. Ze waren oververmoeid, vervuild, dorstig en hongerig. De broers Cohen – naast David had je nog Herman, Chi, Joseph, Jacques en Ru – liepen de coupés langs met emmers water, thee en drinkkroezen; er werd gepraat, gehuild en getroost.[52]

Ru Cohen had in 1918 de Deventer Vereniging opgericht, een vereniging voor de vakopleiding van Palestinapioniers. De vaak goed opgeleide Joodse jongeren die droomden van een toekomst in Palestina hadden meestal geen flauw benul van het boerenwerk op het land, terwijl juist die kennis onontbeerlijk was om de nieuwe, Joodse staat op te bouwen. Ru Cohen zorgde er daarom voor dat de *chaloetsiem* of pioniers aan de slag konden bij boeren en kwekers in de buurt van Deventer. Samen met zijn vrouw Eva bestierde hij vanuit zijn huiskamer een druk opleidingskantoor, dat in de loop van de tijd honderden jonge Palestinapioniers aan werk hielp.

De Britten gaven elk jaar maar een beperkt aantal 'certificaten' of visa uit aan Joodse immigranten, en de eisen die aan de nieuwkomers werden gesteld waren hoog. De opleiding tot Palestinapionier duurde daarom wel zo'n vier jaar, en Deventer groeide in Nederland uit tot een belangrijk centrum van deze beweging. Honderden Joodse jongeren uit het hele land, maar ook uit Duitsland, Oostenrijk en Hongarije, leerden in de buurt van Deventer koeien melken en aardappels rooien.[53] Op sjabbat kwamen ze bij elkaar in gebouw De Korenbloem aan de Papenstraat, waar ze discussieerden over hun toekomst en Hebreeuws leerden.[54]

Hoe het zionistische vriendenclubje van Etty en Jaap precies gelieerd was aan de Deventer Vereniging van Ru Cohen is niet duidelijk, maar dat er een verband bestond is wel zeker. Een van de jongeren uit het groepje noemde de toen dertigjarige Ru Cohen als de centrale figuur.[55] Eduard Kleerkoper zei dat het clubje 'niet tot een vereniging behoorde', maar vertelde tegelijkertijd dat bij de bijeenkomsten weleens iemand aanwezig was die 'op Hachsjara' was, dus in opleiding tot Palestinapionier, en dat er 'twee jonge vluchtelingen uit Duitsland' in het clubje zaten.[56] Deze chaloetsiem en ook de buitenlanders stonden zeker in nauw contact met Ru Cohen.

Etty zelf heeft Ru Cohen in elk geval ook goed gekend – nog een aanwijzing voor de verbondenheid van het Joodse vriendengroepje met de Deventer Vereniging. In haar dagboek beschrijft ze een ontmoeting met deze charismatische man. Het was duidelijk niet de eerste keer dat ze een diepgaand gesprek voerden.[57] Ru Cohen was volgens zijn neef Herman een 'kunstenaar in hart en ziel', een dromer en een romanticus, in wiens grote huis aan de Sandrasteeg in Deventer tal van pioniers en andere idealisten een welkom onthaal vonden.[58]

Een bevlogen zionist was Etty zelf niet. Ze had sympathie voor de beweging – zoals ze later ook sympathie had voor het socialisme en het communisme. Maar ze wilde nergens bij horen. 'Etty had een ontstellende angst om in een hokje gestopt te worden,' zei een vriendin ooit. Ze was bang voor alles wat zich als een 'isme' verzette tegen andere overtuigingen.[59] Liever bleef ze aan de zijlijn staan, als beschouwer, beroepstwijfelaar, open voor alle opties en argumenten. Ze was zestien en op zoek naar haar identiteit; haar Joodse achtergrond maakte daar vanzelfsprekend deel van uit. Op het gymnasium volgde ze in de vijfde klas ook lessen Hebreeuws. De taal moet haar zeker hebben geïnteresseerd, want ze behaalde voor het vak steevast een hoog cijfer 4.

Deventer was in de jaren twintig en dertig een echt provinciaal stadje. Weinig auto's, veel paard-en-wagens, fietsen en bakfietsen; op straat stond nog geen enkel stoplicht.[60] Er woonden voornamelijk arbeiders, die werkten in een van de vele fabrieken van Deventer, zoals textielfabriek Ankersmit, vleeswarenbedrijf Stegeman, en de Koninklijke Deventer Tapijtfabriek. De Joodse gemeenschap bestond uit zo'n vijfhonderd mensen, van wie velen elkaar kenden. In deze overzichtelijke wereld zocht Etty haar weg. Ze fietste naar het gymnasium aan de Nieuwe Markt, zat in de zon met uitzicht over de IJssel, of zocht haar toevlucht in de bibliotheek. Soms trok ze er met haar broer Jaap op uit, en gingen ze naar het zomerhuisje van de bevriende familie Arend in Gorssel. Heel veel spannends gebeurde er niet.

Het zionisme bracht nieuwe mensen en verhalen in huis. Jongens uit het buitenland die op Hachsjara waren. Jongens die al naar man roken. Gretig nam Etty alles in zich op. In haar ouders' huiskamer in Deventer werd de kiem gelegd voor de 'Joodse lotsverbondenheid' die Etty later zo sterk zou ervaren – en die mede haar eigen lot zou bepalen.

—

Het was bijna griezelig wat de jonge Mischa allemaal kon op de piano. Zijn kleine, altijd vieze handjes raasden over de toetsen.[61] Al op zijn zesde speelde hij Beethoven, Schubert en Mozart; Chopin was zijn lievelingscomponist.[62] Soms ging hij op de grond zitten en speelde zo verder, met de handen boven zijn hoofd en zonder de toetsen te kunnen zien. Voor de kwaliteit van zijn spel maakte het geen verschil. Hij kon ook met zijn ogen dicht spelen, alsof hij één was met zijn instrument.[63]

Mischa was een wonderkind. Een knap jongetje met zachte trekken; de lieveling van zijn moeder. Zijn pianoklanken vulden het huis. Etty groeide niet alleen op met boeken, maar ook met muziek. Janka Dunnink, de laatste huishoudster van de Hillesums, vertelde dat de huiskamer vol instrumenten stond, dus meer dan alleen een piano voor Mischa. Alles draaide bij de familie Hillesum volgens Janka om lezen en muziek, ze herinnerde zich dat Riva cello speelde.[64] Jaap kon eveneens voortreffelijk musiceren op de cello.[65] Bij Janka thuis bevond zich later een harp, die vermoedelijk bij de Hillesums vandaan kwam, want Janka en haar man, die van eenvoudige komaf waren, speelden zelf geen instrument.

Etty en Jaap hadden als kind beiden pianoles. Hun leraar was Jan Brugge, de directeur van de muziekschool in Deventer, en zelf een begenadigd pianist. Hij ontving zijn leerlingen thuis, aan de Sint Jurriënstraat 5. Of Jan Brugge ook aan Mischa les heeft gegeven is niet bekend; hij vertelde zijn kleinzoon later alleen over Etty en Jaap.[66] Wel speelde Brugge – toen

Mischa al wat ouder was – in Deventer samen met hem in een kwartet.[67]

Er bestond een goede band tussen de families Hillesum en Brugge. In de nalatenschap van de familie Brugge bevindt zich een nieuwjaarskaartje van Etty en Jaap, met een afbeelding van spelende kinderen in de sneeuw. En na het overlijden van Jan Brugge, in 1941, schreef Louis een roerende brief aan zijn weduwe, waarin de vriendschap tussen de families werd benadrukt: 'Zeer geachte mevrouw Brugge! Diep onder de indruk van het verscheiden van uw echtgenoot, moge ik U en de Uwen, mede namens mijn vrouw en kinderen, mijn innige deelneming betuigen in Uw onmetelijk verlies. Met Brugge is een begaafd musicus en een vader van een nobel karakter en een fijnbesnaard gevoel heengegaan, die zich aller hoogachting en sympathie verworven had. Van ganser harte wens ik U en Uw kinderen de kracht toe om het verlies met berusting te leren dragen.'[68]

Etty had gevoel voor muziek, meende Spier in haar handen te zien.[69] 'Ik schijn niet onmuzikaal te zijn, ben altijd zeer gegrepen als ik eenmaal muziek hoor,' schreef ze er zelf over in haar dagboek.[70] Volgens een vriend speelde Etty zeker niet onverdienstelijk piano.[71]

Er bestaat een foto van Etty en Mischa uit 1935, waarop ze allebei achter de piano zitten en heel geconcentreerd naar de partituur kijken. Zo harmonieus ging het er niet altijd aan toe. Soms, wanneer Etty piano speelde en Mischa binnenkwam, kon hij haar toebijten: 'Mens wat doe je? Hou daarmee op, je zit het stuk helemaal te verpesten!'[72]

—

Een jongetje uit de Sint Antoniesbreestraat was hij geweest. Een Joods jongetje met slechte ogen, dat wel nooit verder zou komen dan de Blauwbrug. In 1891 was hij naar het seminarium gegaan, waar hij besloten had geen rabbijn maar onderwijzer te worden. Bijna dertig jaar later, in februari 1928, werd Louis Hillesum benoemd tot rector van het Deventer gymnasium.[73] Hij was inmiddels 48 jaar oud en had het hoogste bereikt dat er voor hem in het verschiet lag. Zijn salaris bedroeg nu 6867 gulden per jaar.[74] Louis was de wereld van zijn jeugd definitief ontgroeid. Hij was een gevestigd man, die zich kon meten met de notabelen van Deventer.

Toch lijkt het alsof hij dat zelf soms nog nauwelijks kon geloven. Wie het archief van het gymnasium doorneemt, valt al snel op dat de rector een bijna maniakale controledrift had. Zoals misschien wel meer 'opstrevers' van lagere komaf, leek hij bang te zijn door de mand te vallen of niet voldoende achting te verwerven. Ter compensatie zat hij overal bovenop, bedillerig en streng, in een voortdurende poging zijn – kennelijk ook voor hemzelf niet vanzelfsprekende – gezag te bewaken. Zijn aantekeningen stonden vol onderstrepingen en doorhalingen, als de uitroepen van een stampvoetende, boze man. Docenten én leerlingen werden nauwlettend door Louis Hillesum in de gaten gehouden en zijn reprimandes of straffen waren zelden mild.

Nico van Hasselt, zoon van een bankier uit Deventer, moest eens tijdens de tekenles het wapen van de provincie natekenen. Hij vond het een stomme opdracht en hing onderuit in zijn bank. De tekenleraar, meneer Montfoort, struikelde daardoor over zijn voeten. Prompt werd hij naar de rector gestuurd, die ook voor dit lichte vergrijp geen enkel excuus duldde: hij moest direct naar huis en zijn vader inlichten over zijn onbehoorlijke gedrag.

Rector Hillesum werd gevreesd door alle leerlingen, herinnerde Van Hasselt zich. Als je naar zijn kamertje moest, direct boven de ingang, was het hommeles. Hij kon wel goed lesgeven, zijn uitleg was altijd duidelijk. Maar prettig om naar hem te kijken of te luisteren was het niet. Als mijnheer Hillesum voorlas, maakte hij vaak een kwijlend geluid, alsof hij steeds moest ophalen. En zijn ogen keken niet recht vooruit, waardoor je moeilijk contact met hem kon maken. In alles bestond er hoe dan ook een grote afstand, en geen sfeer van vertrouwen.[75]

Louis Hillesum kon er slecht tegen wanneer er aan zijn gezag werd getornd. Eenmaal gekrenkt, bond hij niet snel in. Voor een man die door iedereen werd getypeerd als een stoïcijns kamergeleerde, kon hij opmerkelijk fel uit de hoek komen. En vergeten en vergeven deed hij niet snel.

Zo was er een vader, de heer Ladage, die de rector – en zijn docenten – ervan beschuldigde dat de normering op het gymnasium uitzonderlijk streng was, waardoor veel leerlingen kampten met te lage cijfers en 'geschokte zenuwen'. Hillesum was razend. Hij noemde de aantijging een geval van 'rabies parentalis', geraaskal van ouders, in 'bijzonder ernstigen graad'.[76]

Louis Hillesum was fel omdat hij snel beledigd was. Maar er speelde ook onzekerheid mee. Bij zijn aantreden in 1928 bestond er nogal wat kritiek op het Stedelijk Gymnasium. Het aantal leerlingen was kort daarvoor tot een dieptepunt gedaald, en veel ouders beklaagden zich erover dat het voor hun kinderen onmogelijk was om zonder bijles voldoendes te halen. In de gemeenteraad vroeg men zich hardop af of het Gymnasium nog wel bestaansrecht had. Het was aan Louis Hillesum om die vertrouwenscrisis te bezweren en tegelijkertijd te waken over het niveau van het onderwijs. Dat viel hem niet altijd mee.[77]

Etty had ongetwijfeld last van de reputatie van haar vader. Ze was en bleef toch het dochtertje van de rector – geen benijdenswaardige positie.

'Vraag dat maar aan uw pa, die weet dat toch zo goed,' sneerde haar docent klassieke talen eens, de heer De Vries.[78]

Rond 1930 was Louis Hillesum verwikkeld in een hevig conflict met deze docent. Hij vond De Vries niet competent genoeg en probeerde van hem af te komen, maar werd daarbij dwarsgezeten door een vrouwelijke wethouder, die er juist voor zorgde dat De Vries opnieuw benoemd werd.

Uit de briefwisseling van Louis Hillesum met de inspecteur en het curatorium – die hem uiteindelijk steunden – blijkt dat hij zich helemaal vastbeet in de zaak, en werkelijk alles uit de kast haalde om zijn gelijk te halen. Om de onbekwaamheid van zijn docent te bewijzen, sloot Hillesum 'een stukje proefwerk' in dat De Vries gecorrigeerd had en waarin hij 'minstens 5 <u>dikke</u> fouten liet zitten en er zelfs één in bracht'. Voor de zekerheid had de rector alles met 'roode potloodstrepen' aangegeven.[79]

Het 'geval De Vries' liep op goed moment zo hoog op, dat

Louis Hillesum serieus overwoog zijn ontslag te nemen. De minister moest er uiteindelijk aan te pas komen om de benoeming van De Vries ongedaan te maken. Op 24 juli 1930 werd de leraar ontslagen – na een lange en ongetwijfeld hete zomer in huize Hillesum.[80]

De kinderen van de rector voelden zich minder vrij op school, vertelde een klasgenoot van Etty. 'Ze zaten een beetje in een uitzonderingspositie.'[81]

In de bovenbouw kreeg Etty ook les van haar vader. Het ergste wat haar kon overkomen was dat haar vader haar in de klas 'Esthertje' noemde, zoals hij thuis gewend was.[82]

—

Er was één docente die wel heel dol was op de rector. Ze heette Christine van Nooten en kwam in april 1931 op het Deventer gymnasium werken als lerares Grieks en Latijn. Vóór haar komst was het – mede door de kwestie De Vries – nogal een 'warboel' geweest in de vakgroep klassieke talen. Maar toen mejuffrouw Van Nooten zich aandiende, zei Louis Hillesum: 'Die moet ik hebben, dan ben ik eruit.'[83]

Christine van Nooten vertelde dat zodra Louis Hillesum de docentenkamer betrad, het gesprek 'immer werd overstraald door zijn humor'. De rector was in haar ogen een rustige, uiterst bescheiden man, die de grote begaafdheid van hemzelf en zijn kinderen zo veel mogelijk op de achtergrond schoof. 'Maar hoe hebben wij mogen genieten van zijn enorme belezenheid, zijn grote kennis, zijn gave, met enkele woorden ons in te leiden in hetgeen hij wilde vertellen.'[84]

Andersom zag Louis Hillesum de jonge docente – Christine van Nooten was 27 jaar bij haar aantreden – ook wel staan. Niet dat ze een opvallend knappe verschijning was. Een 'typisch ongetrouwde juffrouw, die wat overdreven was in haar bewegingen', zo typeerde Nico van Hasselt haar later. Maar Christine van Nooten had wel een bepaalde klasse; ze kwam uit een goede familie en ze deelde Louis' liefde voor de klassieken.[85]

In het voorjaar van 1932 maakte Van Nooten met een Nederlands gezelschap een reis door Griekenland, gedeeltelijk met het cruiseschip Patrias II. Vervolgens gaf zij op het gymnasium voor docenten en hun eega's een voordracht met lichtbeelden over haar 'Grieksche reis'. Christine van Nooten werd ingeleid door Louis Hillesum, die zich daarbij liet inspireren door de Odyssee: 'Muze, vertel ons van Hellas, heldhaftige vrouwe, die zooveel door heel Europa gezworven heeft te land en op de Patrias II.'[86]

De rector had de Griekse reis van zo'n groot belang gevonden, dat de nieuwe docente er, ondanks haar geringe staat van dienst, direct extra verlof voor had gekregen.

Of Louis Hillesum *zijn* vrouw meenam naar de voordracht, is de vraag. Christine van Nooten zou later weinig lovend spreken over de Russische echtgenote van de rector. 'Zij was de overheersende figuur,' herinnerde zij zich, 'en in de stad niet bemind.' Riva's felheid stuitte menigeen tegen de borst, en thuis had Louis Hillesum weinig te vertellen.[87]

Maar die woorden werden ook ingegeven door haar eigen ervaringen met de rector.

Christine van Nooten zou in de oorlog nog erg belangrijk worden voor Louis Hillesum – en op een bepaalde manier ook voor Etty.

Toen oud-leerling Nico van Hasselt, meer dan zeventig jaar later, de details van deze geschiedenis vernam, viel hij bijna van zijn stoel. 'Wat?!' riep hij uit, 'mejuffrouw Van Nooten?!'

—

Op vrijdag 10, zaterdag 11 en maandag 13 juni 1932 deed Etty eindexamen. Ze moest schriftelijk een aantal vertalingen maken. Sommige examens werden ook mondeling afgenomen, waaronder dat van Grieks, Latijn en geschiedenis. Bij Grieks was haar vader de examinator. Er werd al om acht uur 's ochtends begonnen en de eerste twee dagen eindigde het programma om precies 17.05 uur in de middag.[88]

Etty slaagde in één keer, met als eindcijfers opnieuw vooral 3'en, geen enkele 4, en een 2½ voor wiskunde. Haar klasgenote

Do wist wel een 4 voor nieuwe talen te behalen, en een 4½ voor geschiedenis. Derde meisje Ina scoorde zelfs een 5 voor geschiedenis, maar kreeg wel een herexamen Latijn. Van de tien geslaagden gingen er acht naar de universiteit, zo werd op de cijferlijst genoteerd.[89] Acht jongeren uit heel Deventer, in een heel studiejaar. Etty hoorde bij het zeer selecte groepje jongeren dat de kans kreeg een academische studie te volgen.

Het liefst was Etty Russisch gaan studeren. Maar dat was geen studie die een goede kans bood op een baan. Ze koos daarom voor rechten, met Russisch als bijvak. Etty had bedacht dat ze kinderrechter wilde worden, zodat ze kon opkomen voor de meest kwetsbaren. Ze hoopte dat werk te combineren met andere bezigheden, die wel beantwoordden aan haar liefde voor het Russisch en de Russische literatuur.[90]

Het was een pragmatische keuze, die niet echt bij Etty paste, maar gezien de tijd en omstandigheden wel begrijpelijk was.

De beurskrach van oktober 1929 in New York had de wereld meegesleept in een diepe economische recessie. Het aantal werklozen in Nederland was in 1931 opgelopen tot circa honderdvijftigduizend; het nominale inkomen was met zo'n 20 procent gedaald. Veel bedrijven gingen failliet, steeds meer mensen raakten afhankelijk van de steun.

De crisis was het gesprek van de dag. 'Men kan in onze dagen schier geen blad in handen krijgen of er staat wel een artikel in, een beschouwing, een verslag, dat verband houdt met de heerschende crisis,' stond te lezen in het openingsartikel van het *Deventer Dagblad* op 15 januari 1932; Etty's achttiende verjaardag. Tekenend voor de malaise was een berichtje elders op de pagina, waarin nadrukkelijk werd vermeld dat op het postkantoor van Deventer en in de 'hulpkantoren' in omliggende gemeenten *kosteloos* giften gedaan konden worden voor het Nationaal Crisiscomité, dat eind 1931 was opgericht om de ergste noden onder de bevolking te lenigen.[91] Ook werd bericht over een speciaal lokaal in de Ankersteeg, waar de 'Commissie voor ontspanning' de werklozen moest bezighouden. 'Bij ons bezoek waren een 50-tal personen daar in gezelligen kring bijeen, bij gezelschapsspel.'

Dit leed was nog overzichtelijk als je het vergeleek met een bericht elders in de krant, over de 'werkloozensteun' in Berlijn, waar meer dan anderhalf miljoen mensen van de gemeentelijke bijstand afhankelijk bleken te zijn. 'De steunverleening van 625 R.M. per hoofd en p. jaar beteekent een jaarlijksche belasting van bijna 1 miljard mark voor de gemeente.'

Duitsland had nog altijd veel last van de enorme herstelbetalingen die na de Eerste Wereldoorlog door de overwinnaars waren opgelegd. De wereldwijde crisis trof het land extra hard, onder meer omdat er geen Amerikaans krediet meer te krijgen was om aan die herstelbetalingen te voldoen. De werkloosheid groeide enorm; de armoede en de algehele onvrede namen navenant toe. Bij de verkiezingen in 1928 had de NSDAP van Adolf Hitler nog een paar zetels verloren, maar sinds de beurskrach was zijn nationaalsocialistische beweging begonnen aan een gestage opmars.

'De Britsche econoom Keynes heeft een pleidooi gehouden voor de schrapping der herstelbetalingen en oorlogsschulden,' meldde het *Deventer Dagblad* op Etty's verjaardag. De beroemde econoom was er al langer van overtuigd dat de hoge schuldenlast van Duitsland een ontwrichtende werking had. Hij voorspelde dat wanneer Duitsland een generatie lang forse herstelbetalingen moest betalen, Europa op een nog verwoestender oorlog zou afkoersen, een oorlog die 'de beschaving en vooruitgang van onze generatie zal vernietigen'.[92]

In deze crisissfeer moest Etty nadenken over haar toekomst. Ze koos voor rechtsgeleerdheid aan de Universiteit van Amsterdam omdat ze daar vanaf het eerste jaar ook colleges Russisch zou kunnen volgen bij de Duits-Russische slavist Bruno Becker. Direct bij aanvang van het studiejaar 1932-1933 schreef ze zich in voor de lessen 'Russisch voor beginners' van Becker, bij wie ze in totaal meer dan tien jaar college zou blijven volgen.[93]

Want ze mocht dan kinderrechter willen worden, het was duidelijk waar haar hart werkelijk naar uitging.

Op 14 juli 1932 was de openbare promotie in de Doopsgezinde Kerk van Deventer, in aanwezigheid van de curatoren van het gymnasium, leraren, leerlingen en ouders. Mejuffrouw Van Nooten mocht opnieuw uitgebreid vertellen over haar Griekse reis. Daarna nam de rector zelf het woord. Hij vertelde trots dat het aantal leerlingen aan het gymnasium nog steeds stijgende was en nu tachtig in totaal bedroeg; vierenveertig jongens en zesendertig meisjes. Kinderen die naar het gymnasium gingen, betoogde hij, moesten wel over een 'bijzondere begaafdheid' beschikken, omdat alleen zij werden voorbereid op het hoger onderwijs. Vervolgens las rector Hillesum voor wie waren bevorderd, en richtte hij zich met 'hartelijke woorden van afscheid en gelukwensch' tot de leerlingen die met gunstig gevolg het eindexamen hadden afgelegd, en dus 'aan de hoge eisen hadden voldaan'.[94]

Etty zat met haar moeder en broers in de kerkbank, terwijl haar vader haar vanaf de houten kansel toesprak.

'Alleen de besten hebben kans van slagen,' hield hij haar voor. 'Vooral in deze tijden.'[95]

—

Het ging niet goed met Etty in Amsterdam, in de nazomer van 1941. Zelf noemde ze nergens de desastreus verlopen zomervakantie in Deventer als oorzaak, maar het was wel opmerkelijk dat ze juist na de moeilijke weken thuis in een depressie raakte. Door de confrontatie met haar familie werd Etty teruggeworpen in de tijd, een periode die zij zelf haar 'zwartste middeleeuwen' noemde.[96] Ze was somber, piekerde veel. Het was allemaal te intens geweest. Ze had zich weer eens volledig laten opslokken door de 'bacchanalen van de geest'. Zelfs een boek kon haar verwoest achterlaten, omdat zij zich te hevig identificeerde met wat zij las: 'Iemand als Dostojewski maakt me nog steeds op de een of andere manier kapot.'[97]

Ze was weer patiënt, maar hoe kon S. nog haar behandelend geneesheer zijn, nu hij haar vriend en minnaar was geworden? Ze voelde zich kwetsbaar en niet goed opgewassen tegen Spier. Op een avond had hij haar 'half snikkend' alle brieven van zijn vriendin Hertha in Londen laten lezen. Hij wilde geen geheimen voor haar hebben. Etty vond dat ze 'als fatsoenlijk Christen' blij moest zijn dat hij zulke mooie brieven kreeg – ze dacht daarbij ongetwijfeld aan de moreel onkreukbare Tide. Maar haar 'vrouw-zijn' zat danig in de weg. Haar jaloezie, de argwaan en onzekerheid.[98] Als Spier zei dat Hertha zulke slimme dingen over chirologie had geschreven, dacht ze: ik ben de enige die zulke slimme dingen mag zeggen, alle anderen niet![99] Ze vervloekte zichzelf erom. Wat was dat voor een ongeëmancipeerd gedrag? Als zoveel vrouwen, richtte ze zich nog veel te veel op de liefde en bevestiging van één man.

'Wij zijn nog geen echte mensen, we zijn wijfjes.'[100]

Oude angsten keerden terug. De angst om de grip op het leven te verliezen en net als haar broers 'onherroepelijk gek en verduisterd' te raken.[101] De angst geen moed tot leven meer te hebben. Op een avond was ze bij Spier geweest voor de cursus chirologie. Toen ze naar huis fietste, voelde ze zich onzegbaar treurig. Hoog boven haar hoofd hoorde ze de Engelse bommenwerpers overvliegen, op weg naar Duitsland. De gedachte dat er per abuis zo'n bom naar beneden zou vallen en een einde aan haar leven zou maken, ervaarde ze als bevrijdend.[102]

Van Spier leerde Etty dat ze depressies moest zien als 'creatieve pauzes', waarin de geest de kans moest krijgen zich te herstellen. Het was goed om je daarvan bewust te zijn, want dan ging de depressie veel sneller over. Je moest je nooit depressief voelen over een depressie. Maar dan nog: hoe kwam ze uit de modder?

Soms ging ze in een hoek van haar kamer zitten, ingeklemd tussen twee muren, met haar hoofd diep naar beneden. *Hineinhören*, noemde ze dat, net als Spier. Het Duits gaf beter aan dan het Nederlands wat ze bedoelde. Vanbinnen horen; naar jezelf luisteren. Ze staarde letterlijk naar haar navel; wachtte af welke nieuwe krachten er in haar wilden opborrelen.

Later ging ze ook knielend hineinhören, op de kokosmat in de badkamer van Wegerif, met haar hoofd verborgen in haar badjas. Ze geneerde zich er aanvankelijk voor. Haar kritische, Joodse zelf keek over haar schouder mee. Knielen: dat deden toch alleen christenen? Maar de religieuze drang om te knielen, met haar handen voor haar gezicht, was groter. Alleen zo kon ze luisteren naar de verborgen bronnen in haarzelf.[103]

—

Het was een middag als een sprookje. Voor even werd Etty uit haar depressie omhooggetild. De intieme en sensuele ervaring bleef haar bij als een 'onwezenlijk mooi droombeeld' dat haar dagen nog lang doorlichtte.[104]

Op woensdagmiddag 10 september 1941 was Etty samen met Dicky bij Spier. Dicky was met haar 23 jaar de jongste van de Spierclub. *Die Kleine*, noemde Spier haar liefkozend. Ze had donkerblond, opgestoken haar, pientere pretogen en zachte meisjeswangen. Dicky had Spier leren kennen via Tide, die zij weer kende van de Oxford-beweging. Een 'gesloten en verkrampt jong mens' was ze geweest toen zij Spier ontmoette. De therapie had haar enorm geholpen. Door Spier voelde zij zich voor het eerst van haar leven echt begrepen. Ze vertrouwde hem volledig.[105] 'Ik was maar een vodje en hij maakte me weer mens.'[106]

Toen Dicky zeven jaar oud was, verloor ze binnen een paar maanden tijd haar vader, moeder en jongere broertje. Haar ouders stierven door ziekte, haar broertje als gevolg van een ongeluk. Dicky werd daarna opgenomen door haar grootouders in Amsterdam, maar veel liefde had zij in haar jeugd niet gehad. 'Hadden we je maar naar het weeshuis gestuurd,' zei haar oma bij het minste of geringste dat ze fout deed.[107] Dicky was nooit geknuffeld of zelfs maar aangeraakt. De eerste keer dat ze met Spier worstelde, raakte ze totaal overstuur; zó vreemd was het om beetgepakt te worden. Geleidelijk had ze geleerd zich over te geven, al bleef ze schuw en voorzichtig.

Dicky werkte als onderwijzeres op een christelijk armenschooltje in de Jordaan. Ze was slim en een doorzetter, vastbesloten zich te ontworstelen aan haar treurige jeugd. Op haar 21ste hield ze het bij haar grootouders niet langer uit en verhuisde ze naar een onverwarmde zolderkamer. Het waren de crisisjaren; ze verdiende nét genoeg om de huur en een eenvoudige maaltijd in een studentenrestaurant te betalen. Ze was zo arm dat ze, wanneer ze zich geen garen kon veroorloven, haar kleding repareerde met een lange haar die ze uit haar hoofd trok.

Spier had met haar te doen en zorgde er daarom voor dat ze, net als hijzelf, bij de familie Nethe een kamer kreeg, waar ze veel geriefIijker kon wonen. Hij had zich echt over haar ontfermd, als een vader bijna. Wanneer ze 's morgens wegfietste naar de school waar zij werkte, zag ze vaak hoe hij het gordijn opzijschoof om haar uit te zwaaien.

Omdat Dicky in hetzelfde huis als Spier woonde, kwam ook Etty haar geregeld tegen. Etty was snel gesteld geraakt op de goedlachse, jonge vrouw, al voelde ze soms ook afgunst – 'jaloezietjes en geïrriteerdheid' – omdat Dicky haar S. zoveel vaker zag dan zijzelf.

Tijdens die sprookjesachtige septembermiddag was Spier even op bed gaan liggen, en Etty was al snel naast hem gekropen.

'Kom er toch ook even bij,' nodigden ze Dicky uit.

De zware overgordijnen van de slaapkamer waren gesloten; veel zagen ze niet.

Volgens Etty ging het toen zo: 'Die kleine Dicky, die in het donker aan het ritselen hoorde, dat ik m'n jurk uittrok en toen heel parmantig zei: O, maar dan doe ik het ook. Dat was zo natuurlijk en zo fris. En daar ging die jurk en daar lagen we met onze blote armen en schouders tegen hem aangedrukt. En later Dicky met haar verdroomde gezichtje vol overgave achterover in haar loshangende haren en S. en ik over haar heengebogen en S. tegen mij: findest Du Sie jetzt nicht schön? En zijn hand bij haar borst en mijn mond op de zijne en mijn arm over hem heen naar Dicky, het was zo wonderlijk en helemaal niet pervers en toch zo vol lichamelijk genot.'[108]

Dicky zelf zou zich die middag meer dan 78 jaar later heel anders herinneren. Misschien had de tijd de beelden vervaagd, als oude foto's die langzaam verdwenen. En ook haar preutsheid kon er natuurlijk debet aan zijn dat ze een en ander nadien niet meer scherp wílde zien. Maar evengoed durfde Dicky wel te zeggen – ze was inmiddels 101 – dat Etty hoe dan ook de neiging had te romantiseren. Ze deed overal 'een mooi sausje' overheen. Dicky vermoedde dat dat kwam door haar Russische moeder. Russen overdreven altijd graag.[109]

Volgens Etty lagen zij met hun 'blote armen en schouders' tegen Spier aan gedrukt. Alsof ze naakt waren! Etty vertelde er niet bij dat je in die tijd altijd een onderjurk droeg, en dat ze dus eigenlijk gekleed waren geweest. Ook had Dicky geen moment het gevoel gehad dat het samenzijn zinnelijk was. Warm was het zeker, en ook heel vriendschappelijk. Maar 'vol van lichamelijk genot'? Daar kon Dicky zich weinig bij voorstellen.

Of was zij dat vergeten?

'We lagen daar zo echt wat je noemt te genieten met ons drieën,' schreef Etty, 'van elkaar en het bleef goed omdat het menselijke moment de overhand had. En toen hij even naar de andere kamer liep, lagen Dicky en ik plotseling in elkaars armen en toen hij ons daar zo zag liggen zei hij met bijna iets extatisch in zijn stem: liebe Mädchen seid ihr, ach, was seid ihr für liebe Mädchen en gooide zich toen over ons tweeën heen. En op een gegeven moment zoende hij waar hij raken kon, Dicky en mij om de beurt, zoals het uitkwam. En ik was niet jaloers, er was zo iets harmonisch en hij had zo iets liefs, zo iets ontroerends liefs in z'n gezicht.'[110]

Maar ook hier verschilden Dicky's herinneringen. Juist omdat lichamelijk contact nieuw was voor haar, had de ervaring veel indruk op haar gemaakt. Op haar zeventigste durfde ze er nog niet over te praten, maar toen ze eenmaal 101 was, was ze de schaamte wel voorbij.[111]

Etty schreef er niets over, maar volgens Dicky begon het allemaal met een grap.

Spier zei lachend: 'Doen jullie eens allebei een hand omhoog, en laat hem dan vallen. Kijken waar ie neerkomt!'

Etty en Dicky staken beiden een hand in de lucht. Toen lieten ze hun handen vallen. Dicky liet haar hand op Spiers 'grote hart' neerkomen. Etty's hand landde op een 'voorspelbare plaats'. Dat was niet zo gek, vond Dicky. Etty was immers zijn vriendin en zou hem wel vaker op intieme plekken aangeraakt hebben.[112]

Op goed moment stond Spier op omdat hij iets uit de andere kamer wilde pakken. Dicky voelde dat Etty het jammer vond dat hij weg was. Ze stak daarom haar hand uit, trok Etty naar zich toe en omhelsde haar. Ze vond het gewoon zielig voor Etty. Dat gevoel had ze wel vaker. Etty wekte medelijden bij haar op. Omdat ze Joods was en bang moest zijn, en ze zo weinig steun kreeg van haar ouders. En ook omdat ze 'erfelijk belast' was door die broers van haar.[113]

Ze lagen nog in elkaars armen toen Spier terugkwam. Hij keek vertederd naar hen. Maar dat hij hen vervolgens overal zoende? Volgens Dicky had Etty dat verzonnen. Er waren geen kussen uitgewisseld. Als dat echt was gebeurd, zei ze, dan had zij het zich heus wel herinnerd, want ze snakte in die tijd naar een eerste, echte kus.

Etty was bovenal een schrijfster. Ze had veel fantasie en blonk uit door haar lenige taalgebruik. Dicky benijdde haar erom. Zelf zocht ze vaak naar woorden, maar Etty formuleerde altijd even vlot en moeiteloos, met een zachte, lichte stem. Maar dat wilde niet zeggen dat het altijd helemaal wáár was wat ze in fraaie bewoordingen zei.[114]

Dicky vond het altijd moeilijk om echt hoogte te krijgen van Etty. Ze was nogal mysterieus. Een vrouw met een 'elfachtig' gezicht en smalle, knokige handen; filosofische handen noemde Spier dat. Dicky vond haar erg Russisch. Ze had nog nooit een Rus ontmoet, maar ze las wel veel Russische literatuur en ze vond Etty sterk lijken op de personages in die boeken. Ook had Dicky de indruk dat Etty duidelijk Joods was. Als Etty tijdens de muziekmiddagen een keer meezong, klonk het haar enorm Jiddisch in de oren.[115]

Echte vriendinnen werden zij niet. Voor de nuchtere Dicky was het eenvoudig. Etty hoorde bij Spier, en daarom accepteerde zij haar. De mensen die bij Spier kwamen, vond ze bijna altijd interessant. Het waren mensen die 'dieper op de dingen doorgingen'. Etty was Spiers vriendin, en zij was een soort van dochter. En als vriendin en dochter waren ook zij weer verbonden.[116]

—

Na het innige samenzijn ging Dicky naar haar kamer, die een verdieping hoger lag. Etty praatte nog wat na met Spier. Hij vond haar mooi, zei hij, *leuchtend*, ze straalde, alsof ze licht gaf. Daarna fietste Etty naar huis, door een nacht die 'lauw was en betoverd'.[117]

Even leek ze haar depressie te hebben verjaagd. Twee weken lang was het niet nodig om in haar dagboek te schrijven. Ze leefde 'zeker en geregeld'. Totdat bleek dat dat evenwichtige leven tóch koorddansen boven een afgrond was. Ze moest blijven schrijven, of ze dat nu wilde of niet. Aan zichzelf werken, zich rekenschap geven. Als ze zomaar 'in de dag hinein leefde', liep het gegarandeerd spaak met haar. *Ruhen in sich*, noemde Spier dat; contact houden met de 'onderstroom' in haarzelf.[118]

De uitspatting met Dicky en Spier bleek achteraf niet meer te zijn geweest dan een klein lichtpuntje aan de vooravond van een verder donkere herfst.

'Levensangst over de hele linie.

Volledige inzinking. Gebrek aan zelfvertrouwen.

Afkeer. Angst.'[119]

Op 30 oktober 1941 had Etty 's ochtends slechts drie korte regels nodig om haar wanhoop uit te drukken.

Enkele uren later schold ze zichzelf op papier uit. Het moest afgelopen zijn met dat vluchten in boeken en dichtbundels, iets wat ze altijd deed wanneer ze somber was. Ze hing 'voor zichzelf weer eens het ontroerende verhaal op dat niemand haar begreep'. Dat ze zou willen dichten, en ze er zo onder leed dat ze het niet kon. Ze peinsde weer verheven over zelfmoord, wat pure gemakzucht en lafheid zou zijn. Ze was een groot mispunt.[120]

In haar meest gedeprimeerde tijden, schreef ze, las ze het meest, maar dat werkte dan niet verheffend, eerder degenererend. Het was een vlucht, een ontsnappingstruc die ze zichzelf al heel jong eigen had gemaakt, wanneer ze zich verstopte in de bibliotheek van haar vader in Deventer.

6
Die rarigheid in de familie

Ze wilde het kind redden door het te laten verdwijnen. Het mocht er niet zijn, het kon er niet zijn. Ze was niet geschikt voor het moederschap. En waarom zou ze de mensheid met nóg een ongelukkig creatuur vermeerderen? 'Ik zal je laten in de veilige ongeborenheid, wordend wezen en wees me maar dankbaar.'[1]

Op Sinterklaasavond, vrijdag 5 december 1941, liep pa Han te sjouwen met kommen heet water. 'Roerende pa Han,' schreef Etty, 'we moeten er samen door.' Ze slikte kininepillen en sprong een paar keer hard van de trap. Daarna ging ze de vrucht te lijf met 'griezelige instrumenten', het hete water en een fles cognac.

'Ik zal je geduldig en gestadig bestrijden, tot je weer in het niets bent opgelost en dan zal ik het gevoel hebben een goede daad te hebben verricht en verantwoordelijk te werk te zijn gegaan.'[2]

Niemand wist waar Etty mee bezig was, behalve pa Han dan en de Duitse huishoudster, Käthe de France-Bächle, die al meer dan een decennium in dienst was bij de familie Wegerif en ook Etty's vertrouwelinge was geworden. Pa Han, inmiddels 62 jaar oud, was stil die dagen. Hij maakte zich grote zorgen, al zou hij dat pas achteraf laten merken.

Bij Han en Willy Wegerif en hun vier kinderen werd Sinterklaasavond altijd groots gevierd. Precies tien jaar eerder, op 5 december 1931, stuurde Han's oudste dochter Ella vanuit Indië een kist met cadeautjes naar huis. Ze was pas getrouwd en gesetteld in de kolonie, maar had heimwee naar het gezin waarin ze was opgegroeid en miste de familietraditie. 'Wat heb je ons zalig verrast!' schreef moeder Willy per omkerende post naar Soerabaja.[3] De kist was 's middags al op de Gabriël Metsustraat aangekomen, maar pa Han had hem stiekem 'verdonkeremaand' en samen met huishoudster Käthe een grap uitgehaald. Willy kreeg op pakjesavond een cadeautje met daarin een beitel, hamer en nijptang. Ze begreep er niets van. 'Al verried vaders lichte glimlach het geheim ten dele.' Even later werd de grote kist naar binnen gesleept, en moest Willy deze met hamer en beitel zien open te krijgen. 'Het was alles zo prachtig,' vertelde ze haar dochter.[4]

Etty schreef niets over Sinterklaasavond. Ze had zich voorgenomen om, naast het 'edele mensenredderswerk', zo veel mogelijk vast te houden aan haar dagelijkse bezigheden. *De idioot* van Dostojevski doorwerken. Wandelen met Spier – aan wie ze niets vertelde. Russische les geven aan een zakenman uit Enkhuizen. In het weekeinde van 6 en 7 december ging ze zelfs met Spier en de 'harem' – zoals ze de vriendinnenclub inmiddels spottend noemde – naar Bilthoven, waar ze een vriendin van Spier bezochten. Erg lekker voelde ze zich niet, maar ze kon moeilijk zeggen wat er aan de hand was.

Op maandagochtend 8 december om zes uur werd het 'ongeboren kind geboren', precies tien dagen over tijd. Het was voor Käthe een belangrijker avontuur geweest dan voor haarzelf en Han, schreef Etty. Ze had geen moment getwijfeld. 'Ik zàl je de toegang tot dit leven versperren, en heus, daarover zul je geen klagen hebben.'[5]

Ze kon het kind niet genoeg kracht meegeven, daarvan was Etty overtuigd. Er was al genoeg geestelijk lijden in haar familie. De kans dat ook háár kind erfelijk belast zou zijn, was te groot. Ze had dat jaar gezien hoe Mischa met geweld moest worden afgevoerd naar een inrichting.[6] Hij was volkomen in de war. Etty stond erbij, in al het tumult, en keek ernaar. Op dat moment had ze gezworen dat ze nooit zou toelaten dat er zo een ongelukkig mens uit haar schoot zou komen.[7]

—

Het ging juist weer goed met Etty in die laatste twee maanden van 1941. Ze had de zware depressie achter zich weten te laten. Vaak zat ze al om tien uur 's ochtends in haar dagboek te schrijven, aan haar bureau met uitzicht op de nu kale takken van de bomen op het Museumplein. Ze pakte een ritme van geregeld werken op, onontbeerlijk voor iedere schrijver. Ook probeerde ze zich opnieuw los te maken van Spier. Het moest uit zijn met de dromerijen over het zich binden aan die ene man; het valse verlangen voor altijd vrouw-van te zijn. Ze had te aanvaarden dat ze er alleen voor stond. Alleen dan kon ze werkelijk innerlijk zelfstandig worden. 'Je wordt altijd weer teruggegooid op jezelf. Er is niets anders. De rest is fictie.'[8]

In de voorgaande maanden had Etty zich opgewerkt tot Spiers secretaresse en daarmee Adri Holm van die positie verdrongen. Ze was ambitieus, wilde vrouw nummer één zijn in de Spierclub, en zo veel mogelijk tijd met haar S. doorbrengen. Als secretaresse hielp Etty onder meer bij het uitwerken van analyses van patiënten. Om snel te kunnen schrijven, had ze zelfs leren stenograferen.

Het was vooral de psychologie die Etty interesseerde. Met de chirologie zelf had ze soms nog moeite, hoe interessant ze Spiers handanalyses ook vond. Niet voor niets had ze haar hardroze map met chirologische aantekeningen voorzien van een titel in het Russisch, zodat niet iedereen kon lezen waar zij zich mee bezighield. Voor de buitenwereld wilde ze nog niet weten dat ze 'zoiets geks deed als chirologie'.[9] Tegelijkertijd moest ze erkennen dat het handlezen inmiddels méér voor haar was dan een 'bizarre liefhebberij'. Als vaker, waren haar gevoelens tegenstrijdig.

Op een maandagochtend, het was 24 november, besloot ze impulsief dat ze helemaal niks meer met de chirologie te maken wilde hebben. 'En nou verdom ik het,' schreef ze. 'Dit is chronische zelfverkrachting. Ik doe geen Chirologie meer en daarmee uit.'

Zonder met Spier te overleggen, belde ze een patiënte van

hem af, bij wier analyse ze kennelijk zou assisteren. Spier was woedend. *Sie, heimtückisches Luder*, had hij haar toegeworpen door de telefoon. Achterbaks loeder! Maar ze kon niet anders. Ze moest een stuk van zichzelf terugveroveren.[10]

Nog steeds opstandig, fietste ze een paar dagen later naar Spier. Op de hoek van de Apollolaan en de Michelangelostraat kreeg ze een ingeving die ze per se moest opschrijven. Een zinsnede over 'dat er zoveel lijken in de literatuur verspreid liggen en hoe merkwaardig dat is'. Ze pakte haar blocnote uit haar tas en begon te krabbelen, met ijskoude vingers. Het werd niks, zoals zo vaak wanneer ze haar grootse gedachten wilde omzetten in woorden.[11]

Bij Spier thuis trof Etty ook Gera aan, een andere vriendin uit de Spierclub. Gera Bongers had Spier ontmoet via Tide, die ze kende van de christelijke kweekschool in Zetten. Ze werkte als onderwijzeres op een mulo in Bloemendaal, maar kwam geregeld naar Amsterdam. Gera probeerde Spier Nederlands te leren, maar dat bleek een hopeloze missie. Ze waren goed bevriend. In de zomer van 1941 was Spier met Gera meegegaan naar haar ouderlijk huis in Wageningen. Gera had nog een aantal zussen, en Spier had het prettig gevonden in het rommelige, christelijke gezin, waar iedereen welkom was.[12]

Etty smoesde eerst nog wat met Gera, Spier hoorde toch niks als je zo zacht praatte. En toen kwam het, ook voor haarzelf onverwacht. In een opwelling begon ze haar spullen door de kleine kamer te smijten. Haar jas, hoed, handschoenen, tas en blocnote – de bloempotten vlogen nog net niet van de vensterbank.

'Wat heb je nú weer?' vroegen Gera en Spier ontsteld.

'Ik heb geen zin meer, ik saboteer!' riep Etty.

Toen Gera vertrokken was, moest Spier het ook zelf ontgelden. Na een korte worsteling smeet Etty hem op de divan en 'moordde ze hem bijna uit'. Daarna was de lucht geklaard en konden ze aan het werk. Veel kwam er niet van terecht. Spier ging in zijn leunstoel zitten. Etty vlijde zich aan zijn voeten, zoals ze vaker deed. Ze raakten verwikkeld in een hartstochtelijk debat over het 'Joodse vraagstuk'.[13]

In de voorgaande maanden was Etty zo druk met zichzelf geweest, dat ze zich nauwelijks leek te bekommeren om de oorlog of het lot van de Joden. Tegen het einde van 1941 kwam daar geleidelijk verandering in. Niet alleen omdat de Joden in Nederland steeds meer in het nauw kwamen, maar vooral door de ontwikkelingen in het buitenland, waar de nazi's begonnen waren het 'Joodse vraagstuk' op hun eigen manier op te lossen.

In het najaar van 1941 sijpelden in Nederland de eerste berichten door over Duitse Joden die naar Polen werden gedeporteerd.[14] Ook Etty en Spier hoorden erover. Op een avond, een paar weken voordat Etty bij Spier met haar spullen begon te smijten, hadden ze voor het eerst samen over die geruchten gesproken. 'Als wij ook naar een kamp moeten, dan gaan we trouwen, zodat we tenminste bij elkaar kunnen blijven en nog iets goeds kunnen doen,' had Spier toen gezegd.[15]

Dat was typisch Spier. Geen verzet, het lot aanvaarden, mensen in nood willen helpen. Als Duitse Jood had hij in de jaren dertig met eigen ogen kunnen zien waartoe de nazi's in staat waren. Toch bleef hij, als altijd, optimistisch, en geloofde hij dat hij onder alle omstandigheden nog 'iets goeds' zou kunnen doen, zelfs in Polen.

Etty was een paar dagen vervuld van Spiers uitspraak over een mogelijk huwelijk, al begreep ze óók 'voor wat die woorden genomen moesten worden'. Toch duurde dat opgetogen gevoel niet lang. Ze had Spier verinnerlijkt, analyseerde ze. En met dat 'nieuwe bestanddeel in zichzelf' zou ze verdergaan – maar dan wel alleen.[16]

Of was dat slechts een stemming? Zoals altijd wanneer het over Spier ging, waren Etty's gevoelens paradoxaal. Ze werd voortdurend heen en weer geslingerd tussen droom en werkelijkheid; het intense verlangen samen te zijn en haar even grote hang naar onafhankelijkheid. Ze fantaseerde erover om met Spier samen 'iets goeds' te doen in Polen, en bereidde zich er tegelijkertijd innerlijk op voor dat ze op een dag alleen naar een werkkamp zou moeten vertrekken.

—

Dat zich in datzelfde oosten intussen gruwelijke taferelen afspeelden, was nog een goed bewaard geheim.

Nadat de nazi's op 22 juni 1941 onder de codenaam 'Operatie Barbarossa' de Sovjet-Unie waren binnengevallen, trok het Duitse leger aanvankelijk razendsnel op. Maar tegen de winter stokte de opmars en liepen Hitlers troepen zich voor Moskou vast in de modder. In het kielzog van de militaire troepen werden *Einsatzgruppen* ingezet, paramilitaire doodseskaders onder leiding van de SS die de opdracht hadden alle vijanden uit te schakelen, om te beginnen Joden. Ze vernietigden complete Joodse gemeenschappen, eerst door middel van massa-executies en later ook door vergassing in zogeheten 'gaswagens', waarbij de Joden in de laadruimtes van vrachtwagens werden gedreven en giftige uitlaatgassen naar binnen werd geblazen. Tegen het einde van 1941 waren een half miljoen Joden in Polen en de Sovjet-Unie op beestachtige wijze vermoord.

'Arm Moskou,' had Etty in september geschreven, 'hoe zou het er nu gaan?'[17]

Niemand had een idee.

De stad waar Etty's Russische familie woonde, inmiddels Stalino geheten, was op 28 oktober 1941 door de Duitsers bezet. Er werden meer dan zestigduizend mensen gedood, onder wie zeventienduizend Joden. De familie Bernstein had op tijd weten te ontkomen. Jacob, zijn vrouw Marie en hun jongste dochter Inna werden geëvacueerd naar Andzjero-Soedzjensk in Siberië, ruim drieduizend kilometer ten oosten van Moskou. Inna Bernstein speelde piano, net als haar Nederlandse neef Mischa. Tijdens de evacuatie trad ze onder het pseudoniem Inessa Kislaja vaak op in een club in Andzjero-Soedzjensk.[18]

Etty's nicht Rachel diende vanaf juli 1941 in het Rode Leger. Ze was arts en had zich aangemeld als vrijwilliger. Volgens de familieoverlevering deed ze dit omdat ze op zoek was naar haar man, Igor Poptsov, die als soldaat al eind juni 1941 vermist raakte.[19] Rachel had zich als zovelen volledig aangepast aan het Sovjetsysteem en werkte onder haar Russische naam Raïsa

Jakovlevna Poptsova in hospitaal 2525 van het zogenaamde Karelische Front, de legergroep die actief was ten noordoosten van Leningrad. Na de oorlog zou ze tot twee keer toe onderscheiden worden voor haar inzet en moed.[20]

Ook Etty's neef Misja Bernstein werkte als arts in het Rode Leger. Hij werd opgeroepen op 28 juni 1941, een week na de Duitse inval, en was volgens de familie gestationeerd in de noordelijke havenstad Archangelsk. In mei 1942 schreef hij een lief briefje naar zijn zusje Inna in Siberië: 'Ienka, ben je mijn zusje of niet? Waarom schrijf je niks? Ik ben in de oorlog en mag niet vaak schrijven. En jullie hebben behalve schrijven verder niks te doen. Schrijf alsjeblieft hoe het met iedereen gaat. Je bent waarschijnlijk al verliefd? Ienotsjka, mijn lief katje, schrijf me in detail over alles. Ik kus je stevig, Misja.'[21]

Een maand later raakte Misja vermist. Er zou nooit meer iets van hem worden vernomen. Riva's broer Jacob overleed in 1944 in Siberië, vermoedelijk als gevolg van ziekte. Hij was toen 62 jaar oud.

—

Er is geregeld gesuggereerd dat de gevoeligheid voor psychosen in de familie Hillesum bij Riva vandaan kwam. Een belangrijke bron van deze bewering was de Joodse classica en publiciste Henriëtte Boas, die meende te weten dat Etty's moeder 'uiterst onevenwichtig' was en daarom meer dan eens in een inrichting moest worden opgenomen.[22] Andere auteurs namen deze veronderstelling over.[23] Toch is er geen enkele concrete aanwijzing dat Riva last had van een psychische ziekte. Ze deed misschien wel gek, in de ogen van haar Hollandse kennissen, maar ze was het beslist niet.

Als er iets kenmerkend was voor de familie Bernstein, dan was het juist hun taaiheid en aanpassingsvermogen. Na de oorlog was Etty's nicht Rachel alles kwijt: haar huis, haar man, en vermoedelijk ook een nog jong kind. Ze sprak er nooit meer over en trouwde opnieuw. In 1954 werd haar dochter geboren, die ze Nadjezjda noemde, wat *hoop* betekent. Rachel was niet iemand die zich er gemakkelijk onder liet krijgen, zoals ook bleek toen zij nog op haar 81ste naar Israël emigreerde.[24]

Het 'geestelijk lijden' waar Etty haar ongeboren kind tegen wilde beschermen, was duidelijk verbonden met de familie van haar vader. Net als Louis' zuster Grietje, waren Etty's broers tijdens de adolescentie psychisch ziek geworden.

Jaap studeerde geneeskunde. Ogenschijnlijk zat alles hem mee. Hij was slim, ambitieus, en hij zag er goed uit, met zijn strak achterovergekamde, zwarte haar en donkere ogen achter ronde brillenglazen. Etty kon echter maar moeilijk contact maken met haar broer. Jaap was veel koeler, cynischer en rationeler dan zijzelf. 'We gooien elkaar af en toe eens fragmenten toe van onszelf, maar ik geloof niet, dat we elkaar begrijpen.'[25] Jaap kon geregeld een 'dodenmasker' opzetten, en werkte 'moordend' op haar met zijn ijskoude krampachtigheid, waarachter, zo vermoedde ze, veel onzekerheid schuilging. Vaak had Etty medelijden met hem, maar ze was niet in staat dat te uiten.[26] Zo raakten ze verstrikt in onmacht; doordat Etty gesloten was tegen Jaap, ging die juist nóg vijandiger doen.

Het is opvallend dat Etty in haar dagboek een aantal keren schrijft over Mischa's opnames, maar nooit verwijst naar Jaaps zware inzinkingen. Jaap had periodes waarin hij manisch werd en volgens vrienden enorm kon raaskallen. 'Hij begon dan een verhaal te vertellen en dat werd op den duur volkomen daas, onzin,' vertelde een studievriend van Etty die Jaap ook kende.[27]

Een ander herinnerde zich dat Jaap in niets maat kon houden. 'Alles was net te veel. Hij kon urenlang blijven zeuren, echt zeuren, hij bleef maar doorgaan. En als hij een vraag wilde stellen dan duurde het een kwartier en dan was hij nog niet tot de vraag gekomen.'[28]

Etty probeerde Jaap te helpen door hem mee te nemen naar Spier. 'Het was werkelijk roerend te zien, zoals Jaap z'n gezicht zich verzachtte, toen S. hem een paar dingen zei over hemzelf,' schreef ze na afloop van de sessie. Volgens Spier was Jaap nogal op zichzelf gericht. Zijn geslotenheid kwam voort uit onzekerheid. Hij was zachter en aardiger dan het leek.

'Ik bén helemaal niet zo aardig,' wierp Jaap nog tegen, maar Spier wilde daar niets van horen. Jaap moest klaar zien te komen met de 'oppositie' tegen zijn moeder en zijn angsten overwinnen. 'Waarom moeten anderen boeten voor je problemen? Machen Sie sich doch mal klar.'[29]

Jaap voelde zelf vaak goed aan wanneer hij het contact met de werkelijkheid dreigde kwijt te raken, en meldde zich dan vrijwillig bij een inrichting voor een tijdelijke opname. De manische periodes werden doorgaans gevolgd door depressies. In de tweede helft van de jaren dertig verbleef hij onder meer in de psychiatrische kliniek bij Santpoort, en in Endegeest in Oegstgeest.[30]

De ironie wil dat juist Jaap Etty verweet dat ze te veel in een fantasiewereld verkeerde. 'Jij leeft ook in een boek!' wierp hij haar in 1941 eens voor de voeten toen ze spraken over de toenemende dreiging om hen heen.[31] Jaap hechtte aan het gezond verstand, aan feiten, misschien juist omdat hij de werkelijkheid niet altijd even scherp had. Hij begreep niets van Etty's voortdurende hang naar het geestelijke.

Etty, op haar beurt, betreurde het dat haar broer niet eerlijker durfde uit te komen voor de 'irrationelere momenten' in zijn leven, en vond dat hij zijn persoonlijkheid verarmde door alleen de realiteit van 'die verzameling van armzalige feiten' te erkennen.[32] Voor Etty was het onmogelijk om zo naar de werkelijkheid te kijken.

Met de jongere Mischa voelde Etty zich veel sterker verbonden. Mischa was liever, emotioneler en veel hulpelozer dan Jaap. Vooral in het najaar van 1941, toen het na een langdurige opname weer relatief goed ging met Mischa en hij weer in Amsterdam woonde, maakte Etty zich voortdurend zorgen om haar broertje. 'Mischa, Mischa. Ik ben bang voor hem,' schreef ze op 21 oktober 1941.'[33]

In een poging haar broertje te helpen, had ze Spier gevraagd met hem te werken. Misschien konden Mischa's handen vertellen wat hij zelf niet kon zeggen? Spier belegde inderdaad een sessie met Mischa, en Etty werkte persoonlijk de analyse uit.[34] Ze durfde er niet op te vertrouwen dat Spier haar lievelings-

Etty Hillesum, circa 1940.

Riva Hillesum-Bernstein met babydochter Esther (Etty) op de arm, Middelburg, 1914.

De familie Hillesum in 1931. Met v.l.n.r.: Etty, Riva, Mischa, Jaap en Louis.

Trouwfoto van Oscar Lansberg en Marga Joosten, met Etty Hillesum (links) en haar vriendinnetje Liesje de Beer als bruidsmeisjes. Winschoten, 1 juli 1920.

Etty Hillesum met haar oude vriendin uit Winschoten, Rose Engers, tijdens een bezoek aan Groningen, 1931.

Het Stedelijk Gymnasium aan de Nieuwe Markt in Deventer.

Klassenfoto van de Graaf van Burenschool in Deventer met Etty op de voorste bank rechts. Naast haar zit haar vriendinnetje Betty, 1926.

De meisjes van klas 6A van het gymnasium in Deventer, v.l.n.r.: Etty Hillesum, Ina Mooy en Do ter Haar Romeney, 1933.

Riva's broer Jacob Bernstein en zijn verloofde Marie Mirkin in Warschau, met onbekende man, juli 1912.

Marie Mirkin, juli 1912.

Etty's Russische nicht Rachel Sarra Bernstein, zij was een paar maanden ouder dan Etty.

Inna Bernstein, de jongste Russische nicht van Etty.

Michael Bernstein, Etty's Russische neef, mei 1935.

Etty's nicht Rachel Sarra Bernstein in 1941, als arts in het Rode Leger.

broertje kon bereiken. Daarvoor was zijn geestelijke toestand te gecompliceerd. Toch verdiende hij het geholpen te worden. 'Zolang men door het kleinste gaatje toegang tot hem kan krijgen, moet men daarvan profiteren,' sprak ze zichzelf moed in.[35]

—

Mischa was nog geen elf jaar oud, toen Deventer op muzikaal gebied te klein voor hem was geworden. Louis en Riva besloten dat hij beter les kon krijgen aan het Amsterdamse conservatorium, waar hij onder de hoede kwam van pianodocent George van Renesse.[36] Tegelijkertijd bezocht Mischa het Vossius Gymnasium. Hij werd in juli 1931 als pleegkind ingeschreven bij de familie Horowitz op de Ruysdaelstraat 32-II, en verhuisde in oktober 1933 met dit gezin mee naar de Harmoniehof 35-huis.[37] Tot eind 1939 zou hij op nog vijf andere adressen in Amsterdam wonen, aanvankelijk als pleegkind en vanaf 1935 op een eigen gezinskaart.[38] Daarna werd hij weer ingeschreven bij zijn ouders in Deventer.

Al tijdens zijn opleiding aan het conservatorium kampte Mischa met psychosen. De muziekpedagoge Ima van Esso, die de familie Hillesum al langer kende, zou nooit die keer vergeten dat Mischa bij een schooluitvoering wankelend het podium op kwam. Mischa deed een paar kleine stappen, viel toen tegen de muur aan, en schuifelde verder in de richting van de piano, steeds houvast zoekend bij de muur. Bij de laatste oversteek moest een toegesnelde toneelknecht hem helpen. Zodra Mischa achter de piano zat, leek alles vergeten en speelde hij 'als een engel'. Zijn handen, hersens, de toetsen en de muziek: alles viel met elkaar samen. Maar daarna wist hij bij God niet hoe hij van het podium af moest komen. Hij was letterlijk de weg kwijt. Alsof hij buiten het podium in een diep, zwart gat zou vallen.[39]

Op 2 juli 1940 werd Mischa als nieuwe patiënt opgenomen in de Joodse psychiatrische instelling Het Apeldoornsche Bosch. Hij was toen negentien jaar oud. Op zijn patiëntkaart staat aangegeven dat hij voor de eerste keer 'krankzinnig' was.

‘Schizofrenie in katatone vorm’, luidde de diagnose.[40] Bij dit type schizofrenie heeft de patiënt tijdens een psychose last van bewegingsstoornissen, zoals fysieke verstarring. Bij Mischa was het laatste het geval.[41]

De vroege verschijnselen van Mischa’s psychose hadden zich al twee jaar eerder geopenbaard, toen hij zeventien was. In 1938 en 1939, zo vermeldde zijn patiëntkaart van Het Apeldoornsche Bosch, werd Mischa daarom behandeld in de Psychiatrisch-Neurologische kliniek van het Academisch Ziekenhuis te Utrecht. Deze kliniek, aan de Nicolaas Beetsstraat 24, was in 1913 gesticht door de bekende Duitse psychiater prof. dr. Karl Heilbronner. Het was de eerste moderne kliniek voor neurologie én psychiatrie in Nederland, opgericht vanuit het indertijd vernieuwende inzicht dat neurologie en psychiatrie nauw met elkaar verbonden zijn.[42]

Waaruit Mischa’s behandeling in de PN-kliniek precies bestond, is niet meer na te gaan. Zijn patiëntdossier uit Utrecht is helaas niet bewaard gebleven. In het uitgebreide archief van de kliniek ontbreken juist van de jaargangen 1938-1939 een aantal maanden.[43] Na de behandeling in Utrecht werd Mischa nog een tijdje verpleegd in de Valeriuskliniek in Amsterdam.[44]

Louis en Riva reisden in die jaren met Mischa van kosthuis naar kosthuis, dokter naar dokter, kliniek naar kliniek.[45] Die inrichtingen lagen altijd ver buiten Deventer, zodat de kans om bekenden uit de stad of van het gymnasium tegen te komen nihil was. In de patiëntenregistratie van het psychiatrisch ziekenhuis Brinkgreven in Deventer kwam Mischa’s naam bijvoorbeeld niet voor.[46]

De schaamte was overal, altijd.

‘We hebben ons laatste hemd ervoor over, als er maar iets aan hem gebeurt,’ verzuchtte Riva toen ze in dat najaar van 1941 bij Etty op bezoek was.[47]

Goed beschouwd stond iedereen machteloos. Ook Spier – al bleef die Mischa met niet-aflatend optimisme ontvangen en schreef hij hem trouw lange brieven, die hij aan Etty dicteerde.

‘Hij heeft nu eenmaal een defect,’ constateerde Jaap onverbiddelijk. Om daarna, nadat hij al zijn boekenwijsheid had geetaleerd, toch ook de hulpeloze vraag te stellen: 'Ja, maar *wie* moet hem dan helpen?'[48]

—

De indringendste beschrijving van Mischa's schizofrenie komt van een jonge zuster, Elly van Creveld. In de zomer van 1940 was zij net aan haar opleiding begonnen in Het Apeldoornsche Bosch. Een van de eerste patiënten die ze moest verzorgen, was Mischa. Hij lag die dag vastgebonden in bed. Een tengere jongen met een mooi, gaaf gezicht met zachte trekken. Elly van Creveld vond hem lief. Maar hoe moest ze deze jongen benaderen?

Mischa was totaal apathisch. Elly dacht dat hij een elektroshockbehandeling had ondergaan, een therapie waarbij de patiënt stroomschokken kreeg toegediend via elektroden op zijn hoofd. Deze behandeling was nog maar net in Nederland geïntroduceerd. Er werd veel van verwacht. Mischa had zich verzet. Hij wilde niet. Misschien was hij ook te verward geweest om te begrijpen wat er gebeurde. Daarom was hij vastgebonden.

Elly stelde zich voor en ging bij hem zitten. Ze moest hem eten geven en probeerde hem omhoog te sjorren, maar dat lukte niet goed. Het was belachelijk, vond ze. Hij was een jong mens, net als zij.

Ze zei: 'Ik weet niets van je af, ik wil graag je handen losmaken en blijf bij je zitten. Wil je zelf eten?'

Mischa keek haar aan en knikte.

Zo kregen ze contact. Ze spraken elkaar daarna nog vaak.

'Waarom ben je hier?' vroeg Elly op een dag. 'Welke ziekte heb je dat je zulke heftige kuren moet ondergaan?'

'Ik ben schizofreen,' zei hij.

'Wat is dat?' vroeg Elly. Ze had er wel iets over geleerd, maar nog nooit iemand ontmoet die er zelf over kon vertellen.

'Ik hoor wat mensen zeggen. Ik zie wat ze doen. Maar in mijn zieke fase ben ik niet in staat om daarop te reageren. Er komt iets heel anders uit dan ik zou willen.'

'Hoe verloopt de ziekte?' vroeg Elly.

'De periodes waarin ik niet kan communiceren, worden steeds groter. En de periodes waarin ik goed ben, worden steeds korter,' zei Mischa toen.[49]

In januari 1941 zat Mischa nog steeds, of alweer, in Het Apeldoornsche Bosch. Hij stuurde een briefje naar Etty om haar te feliciteren met haar verjaardag, op de 15de. 'Ik ga goed vooruit en hoop gauw van hier te vertrekken,' schreef hij.[50]

Maar twee maanden later – Etty was net aan haar dagboek begonnen – was hij nog altijd in Apeldoorn. Het ging toen wel al beter met hem, want op zondag 16 maart speelde hij piano voor het personeel. De jonge leerling-verpleegster Claartje van Aals was erbij, en raakte diep onder de indruk van zijn spel. Ze vertelde erover in een brief aan haar beste vriendin. Het concert was echt schitterend geweest. Maar daarna had ze wel last gehad van Mischa. Hij liep achter haar aan en wilde met alle geweld met haar dansen. Aan tafel wilde hij alleen naast háár zitten. Als Claartje vroeg of hij iets anders wilde spelen, deed hij dat direct. 'Maar als de anderen dat vroegen, verdomde hij het.'[51]

Jaap Spanjaard, die als psychiater in Het Apeldoornsche Bosch werkte, liet speciaal voor Mischa de piano van zijn eigen kamer naar de recreatiezaal verhuizen. Zelf speelde hij ook piano, maar nog liever luisterde hij naar het spel van Mischa. Hij had in Nederland nog niemand zo briljant horen spelen. Vreselijk moeilijke stukken van Liszt, het pianoconcert van Rachmaninov; hij draaide er zijn hand niet voor om. Mischa was wel een lastige jongen. Soms moest hij optreden en was hij ineens zoek, of weigerde hij te spelen. Jaap Spanjaard herinnerde zich hem als een bleke jongen die op een afstandelijke manier contact maakte, met een 'affectloos, licht spottend gezicht, wat je zo vaak bij schizoïden aantreft'.

Het was Spanjaard bekend dat 'die rarigheid' in de familie Hillesum zat, zei hij.[52] De toenmalige geneesheer-directeur van Het Apeldoornsche Bosch, Jacques Lobstein, was juist in dat erfelijkheidsaspect erg geïnteresseerd, en maakte hele stambomen van Joodse families waarin veel psychosen voorkwamen. Maar of de familie Hillesum daar ook bij zat, wist hij niet.

—

Dat Mischa in het najaar van 1941 weer in de stad was, maakte Etty onrustig.[53] Ze was bang dat hij haar toch al wankele evenwicht zou verstoren. En met Mischa, kwamen ook haar ouders weer veel naar Amsterdam. Mischa sleepte zijn 'bejaarde oudertjes' door het hele ijskoude land om zijn huisconcerten bij te wonen.

'Hij weigert eenvoudig te spelen, als ze niet komen. Heel roerend. Vroeger bezochten ze zenuwinrichtingen en dokters en nu bezoeken ze zijn concerten.'[54]

Ze was dankbaar dat Mischa weer zo goed was dat hij kon optreden, al was het heimelijk, bij vrienden thuis, uit het zicht van de nazi's. Tegelijkertijd was er altijd de angst voor 'overrompelende verrassingen', die vervelend waren voor haar eigen gemoedsrust.

Hoe begaan Louis en Riva waren met hun kwetsbare zoon, blijkt uit een ontroerend briefje van Louis aan Etty over de 'concerttournee' die ze met Mischa door het land maakten. Ook buiten Amsterdam waren Mischa's optredens een doorslaand succes, schreef Louis: 'Iedereen was opgetogen en dat wil wat zeggen voor een door en door burgerlijk gehoor in de provincie, waar het een pas beginnend jongmens betreft. Het was bewonderenswaardig wat Mischa uit een gewone, harde piano haalde; dat feit op zichzelf bewijst al een buitengewone begaafdheid. [...] Mischa zelf, en dat is de hoofdzaak, was voldaan en is erg prettig in de omgang. We kunnen niets anders dan ons verbazen over zijn miraculeuze vorderingen, muzikaal en maatschappelijk, in vergelijking tot zijn toestand van een jaar geleden. [...] We moeten maar rustig afwachten en hoop putten uit de omstandigheid, dat hij nu plezier in zijn bestaan heeft en serieus werkt, voor het ogenblik met nooit gedacht succes.'[55]

Opvallend in de brief van Louis was het vertrouwen dat hij in Spier stelde – die hij inmiddels ook persoonlijk bij een muziekavond had ontmoet. Hoewel Mischa aangaf niet langer door Spier behandeld te willen worden, leek het Louis goed wanneer Spier 'onder welk voorwendsel ook' met Mischa in gesprek zou blijven, zo schreef hij. Spier kon hem dan vast nog wat 'nuttige wenken' geven, al had dat dan niet het karakter van een psychologische behandeling. Mischa vond Spier in elk geval een 'aardige en sympathieke man', en Louis zelf deed hem alvast de hartelijke groeten.[56]

Op zaterdagavond 29 november gaf Mischa een concert in het riante huis van Mien Kuyper-Canté aan de Reinier Vinkeleskade. Mien Kuyper was zelf een getalenteerd pianiste, ze had een gerenommeerde muziekschool waar kinderen uit heel welgesteld Amsterdam-Zuid les kregen.[57] Geregeld hielp ze jonge pianisten bij hun carrière, onder wie Mischa Hillesum. Ze was dol op de broze jongen en was een relatie met hem begonnen, al was ze meer dan dertig jaar ouder dan hij.[58]

Mischa was min of meer bij Mien Kuyper ingetrokken. Etty zag het met lede ogen aan. Ze noemde Mien 'een strooblonde hysterische weduwe' en 'de martelares voor Mischa's talent'.[59] Tegelijkertijd had ze met Mien te doen: 'En dan het bed van Mischa en zijn beklagenswaardige offer. Ik heb de indruk dat Mischa de eigenaar van dat bed is en Mien dwaalt er om heen, heeft wisselende legerstedes door dat hele chaotische huis en kan niet meer slapen.'[60]

De illegale muziekavonden waren van een ongekende intensiteit. Er werd gemusiceerd en geleefd alsof het voor iedereen zijn laatste avond was. Liefdes en vriendschappen bloeiden razendsnel op, bedenktijd was er niet; later kon alles te laat zijn.

Dicky de Jonge, die geregeld bij de muziekavonden was, vertelde dat ze die intense sfeer van toen nooit meer in haar lange leven had teruggevonden. Ze zag ze nog staan, haar Joodse vrienden en kennissen. Dicht bij elkaar, pratend, rokend, soms met de armen over elkaars schouders geslagen. Het werd niet gezegd, maar Dicky voelde de vraag levensgroot in de lucht hangen: hoelang hebben we nog?[61]

Voor Etty waren de avonden vooral zenuwslopend. Ze vond het lastig haar vrienden en familie samen te brengen. Vonden ze elkaar wel aardig?

Ook tegen het concert van Mischa op zaterdagavond 29 november bij Mien Kuyper zag ze aanvankelijk enorm op. Haar vader ging mee, en was 's middags al naar haar toe gekomen. 'Mijn kleine papa, met z'n verwisselde paraplui en nieuwe geruite das en veel pakjes boterhammen, quasi hulpeloos.'[62]

Ze vond het ingewikkeld dat haar vader kwam. Wat moest ze met hem doen? Ze had natuurlijk kunnen denken: wat prettig dat die goeie man een paar dagen van z'n opgewonden echtgenote en uit z'n dooie provincieplaats vandaan is, laat ik het hem een beetje naar de zin maken. In plaats daarvan werd ze overspoeld door alle tegenstrijdige emoties die haar vader altijd bij haar opriep: liefde, medelijden, opgejaagdheid, krampachtigheid, chaos en verlamming. Ze kon, aanvankelijk, niets met hem. Crisis en 'Rückfall' als in de ergste tijden. Ze moest weer eens de hele middag in bed gaan liggen.

Pas later die dag zag ze ineens scherp waarom haar vader haar zo ontregelde. Hoe hij zijn eigen onzekerheden, lichamelijke minderwaardigheidscomplex en huwelijksmoeilijkheden verborg onder zijn filosofische allure; een houding die echt was, beminnelijk, vol humor en scherpzinnig, maar evengoed heel erg vaag. 'Onder de oppervlakte van die geresigneerde levensfilosofie, die zegt: ach ja, wie kan het weten, gaapt toch de chaos. En dat is dezelfde chaos die mij dreigt, waar ik uit móet, en waar ik iedere keer weer in terugval.'[63]

Nu ze begreep hoe het zat, kon Etty haar vader weer in 'liefde en genade aannemen'. Ze gingen samen naar het concert van Mischa, in het grote en artistieke huis van Mien Kuyper, waar de wanden oranje met zwart geschilderd waren en op de piano een afgietsel stond van de hand van Chopin, met dreigende, gespreide vingers.[64] Het vroor hard die avond. In huis was het druk en warm en bestormde Mischa de muziekhemel op een knalrood gelakte vleugel. Etty werd diep ontroerd door zijn spel. Ze was vaak bang geweest voor het 'masker' waarmee Mischa achter de piano zat. Omdat ze zo goed wist wat er in zijn hoofd omging, kon ze niet meer genieten van zijn muziek. Maar dat was nu anders.

Na het concert zat Etty nog wat met haar vader en een paar andere kennissen in een hoekje na te praten. Ze vond haar vader die avond op zijn best. 'Humor en ironie, doorstraald van goedmoedigheid. Iedere opmerking raak. Onzwaarwichtig. Anecdotisch. Fijnzinnig, gedisciplineerd. En vooral altijd weer: onzwaarwichtig.'[65]

Etty moest denken aan Spier en zijn kring, die er die avond niet bij waren. Plots vond ze hen allemaal wel erg zwaar op de hand en nadrukkelijk, met hun grote woorden over liefde en God en wat al niet.

Direct betrapte ze zichzelf op haar hang naar het absolute: óf het ene, óf het andere en anders niets. 'Mijn Hemel, waarom is er niet plaats voor alles in me?' Ze had nog niet 'de moed tot zichzelf', constateerde ze. Zo noemde Spier dat: 'de moed tot jezelf hebben'. Onder ogen zien wat er werkelijk speelde, in al z'n tegenstrijdigheden, niet laf weglopen. Waarom zou ze het ene deel van zichzelf verloochenen, zodra het andere gedeelte zich sterker deed gelden?[66] Ze zat 'aan de rand van een zekere gespletenheid', moest ze constateren.

Genadeloos ontleedde Etty zichzelf in haar dagboek. Wie was ze? Hoe zuiver waren haar motieven? Was ze zelf wel geestelijk gezond?

Die volstrekte openheid stond in schril contrast tot de geheimzinnigheid in haar dagelijks leven. Er was veel dat niemand van Etty wist, ook haar beste vrienden niet. Later, na het lezen van haar dagboek, vielen velen van hen de schellen van de ogen. Was dít de Etty die zij meenden te kennen?

Het was heel prettig om naar Etty te luisteren, herinnerde Dicky de Jonge zich. Ze sprak met zachte stem, duidelijk en geanimeerd.[67] Maar die welbespraaktheid was ook misleidend. Want hoe gemakkelijk Etty ook praatte, en hoe open ze daardoor ook leek: over zichzelf vertelde ze nauwelijks iets.

Een van de weinigen die dat scherp doorhadden, was Spier. 'Ja, weet u,' zei hij op een keer, 'dat is precies wat u zo interessant maakt voor anderen, dat u nooit iets zegt!' Zelf vond hij die karaktertrek van Etty maar stomvervelend trouwens. *Tótlangweilig.*[68]

Het is fascinerend je te realiseren hoeveel er in al het geroezemoes van de muziekavond bij Mien Kuyper níét werd uitgesproken. Dat Etty zwanger was van pa Han – om te beginnen. Dat ze al ruim vier jaar een intieme relatie met hem had. Dat ze vastbesloten was het kind te laten verdwijnen. Dat ze intussen ook een affaire had met Spier. Dat Spier wist wat ze met Han had, maar dat Han – vermoedelijk – niet wist wat ze met Spier had. Dat ze op Spiers aanraden elke dag een dagboek schreef, maar dat vrijwel niemand wist dát ze dat deed en hoe belangrijk het schrijven voor haar was geworden. Dat ze geregeld knielde en contact zocht met het goede in zichzelf dat zij 'God' was gaan noemen, terwijl de meeste van haar vrienden ervan uitgingen dat ze niet religieus was.

Etty bestond soms uit uitersten en ging gebukt onder een zekere gespletenheid. Ze was zich daar terdege van bewust. 'Zou dat zo zijn,' vroeg ze zich eens af, 'dat mijn hevige drang naar synthese een onbewuste angst is voor vermeende schizophrenie?'[69]

—

De kerstdagen van 1941 bracht Etty door bij haar ouders in Deventer. Het werden dagen van verzoening. Ze slaagde erin haar evenwicht te behouden en niet opnieuw terug te vallen in een depressie. Zelfs haar moeder ergerde haar niet meer. Als altijd was Riva druk in de weer met koken. Voorheen had Etty zich altijd vreselijk geïrriteerd aan haar moeders obsessie met eten. Maar nu zag ze in dat het alleen maar liefde was van haar lieve mama; liefde die bij het ontbijt werd omgezet in kippenpoten en hardgekookte eieren.[70]

Als er al irritatie opkwam bij Etty, dan werd die weggespoeld door 'een golf van medelijden'. Het leek of ze zich alle lessen van Spier eindelijk ter harte kon nemen. Keine Ansprüche an die Eltern – geen eisen stellen aan je ouders. Ze was in staat met een nieuwe mildheid naar haar moeder te kijken. Niet eerder gaf ze er blijk van oog te hebben voor alles wat Riva zélf dwarszat. Maar nu schreef ze vol mededogen: 'Misschien komt er een tijd, als je heel oud bent, dat ik een poos samen met je zijn zal en je dan zal uitleggen wat er allemaal in jou is en daardoor de onrust uit je wegnemen, want heel langzaamaan begin ik te begrijpen hoe het bij je in elkaar zit.'[71]

Op oudejaarsavond was Etty weer terug in Amsterdam. Ze was thuis op de Gabriël Metsustraat, samen met pa Han, zijn zus 'tante Hes', en Hans. De avond verliep rustig en harmonieus. Pa Han, in zijn vrije tijd een bevlogen amateurfotograaf, knutselde aan een fototoestel.[72] Tante Hes haakte een vestje. Etty schreef in haar dagboek en las in *Das Grundproblem der gegenwärtigen Psychologie* van Jung. Om elf uur 's avonds, vlak voordat het nieuwe jaar 1942 zonder champagne en vuurwerk zou beginnen, schreef ze nog een paar passages van Jung over, zoals ze altijd deed bij teksten die ze mooi vond. Ze had behoefte inspirerende woorden letterlijk via haar pen door haar handen te laten gaan, en zo te bewaren.[73]

Pas tegen halftwaalf legde ze de pen neer. 'Hans, jij klopt de room hè,' vroeg ze. Dan zou zij voor het geroosterde brood zorgen en kon tante Hes rustig bij de gashaard blijven zitten.

Ze voelde zich zo 'gewoon', schreef Etty eerder die avond, zo heel erg gewoon en prettig; zonder de haar zo bekende verschrikkelijk diepzinnige en kwellende gedachten en zware gevoelens. Het was de laatste avond van een jaar dat ze met recht het 'rijkste, en vruchtbaarste en ja, toch ook gelukkigste' mocht noemen van alle voorgaande jaren.[74]

Als er één woord was dat het afgelopen jaar zou kenschetsen, noteerde ze, dan zou dat 'bewustwording' zijn. Vanaf 3 februari, toen ze schuchter aan de bel trok in de Courbetstraat en een 'griezelige kerel met een antenne op z'n hoofd' naar haar handen keek, had ze een proces van grote bewustwording ondergaan, waardoor ze de beschikking had gekregen over onvermoede, diepere krachten in zichzelf.

Het was niet meer, zoals vroeger: ja, *eigenlijk* ben ik wel religieus. Ze had leren knielen, zelfs tijdens een winternacht in de kou voor haar bed. Ze had geleerd *in-sich-hineinzuhören*; zich niet langer te laten leiden door wat van buiten op haar afkwam, maar door wat vanbinnen in haar opsteeg.[75]

Het was nog maar een begin. Maar het was al heel veel. Ze was niet bang meer.

DEEL 2

7
Geduld is alles!

Amsterdam was veranderd in een poollandschap. Langs de straten lagen hoge sneeuwbergen en de pleinen glinsterden als ijsvlaktes. Het jaar 1942 was begonnen met een ongekende koudegolf. 's Nachts kon de temperatuur dalen tot min 20. De gastoevoer haperde en de huizen waren nauwelijks warm te krijgen. In de huiskamer van pa Han bevroor de karnemelk; de aardappels waren door de vorst zoet geworden.

De strenge winter hield lang aan. Op 12 maart lag er nog steeds een laagje ijs op de grachten in de stad, al werd de jeugd gewaarschuwd dat schaatsen inmiddels gevaarlijk was.[1] Etty had zich warm aangekleed toen ze die avond op weg ging naar Café de Paris in de Beethovenstraat, waar ze een bijzondere ontmoeting zou hebben. Ze had afgesproken met Max, haar eerste grote liefde. Het was lang geleden dat ze elkaar hadden gezien. Max had contact gezocht omdat hij ging trouwen en graag advies wilde. Etty vond het wel komisch: dat hij juist háár om goede raad vroeg. Zelf hadden ze elkaar als geliefden tot complete wanhoop gedreven.

Etty was negentien toen ze Max leerde kennen; een knappe, Joodse student.[2] Hun verhouding was even hartstochtelijk als desastreus geweest. 'We waren wel zwaar overspannen op het eind,' constateerden ze die avond nuchter.[3]

Na een kop koffie en een slechte sigaret, liep Etty nog een heel stuk mee met Max. Gearmd wandelden ze door de verduisterde, koude stad. De gevoelstemperatuur was min 8 en er stond een matige noordoostenwind. Toch nam Etty niet de kortste weg naar huis, maar maakte ze een lange omweg. Het werd voor hen beiden een intense ervaring. Je moest wel een Rus zijn, zeiden ze tegen elkaar, om alles zo 'wijd' te kunnen beleven.

'Het was het lichaam van de man, die vanavond zo broederlijk naast me liep, waaraan ik me toen in de menselijke wanhoop vastklampte,' schreef Etty nog diezelfde avond. 'En dat was ook ergens het verheugende; dat er toch nog dit overgebleven was, dit goede en vertrouwde uitwisselen van elkaars gedachten, dit even vertoeven in elkaars atmospheer, het ophalen van herinneringen, die niet meer kwelden, terwijl we ons vroeger toch letterlijk kapot geleefd hebben.'[4]

Ze zagen geen hand voor ogen. De straatlantaarns waren gedoofd; uit de verduisterde huizen kwam geen straaltje licht. Max moest er een zaklantaarn bij pakken toen hij op goed moment Etty's gezicht wilde zien. 'Ja, jij bent het,' lachte hij, en hun wangen gleden even langs elkaar, onhandig en vertrouwd. Etty was veranderd, vond hij. Haar mimiek was nog even beweeglijk en expressief als vroeger, maar er lag inmiddels een grote bezonkenheid achter. 'Ik geloof dat je nu een échte vrouw geworden bent.'[5]

Etty vond het 'onbeschrijfelijk mooi' om Max weer te ontmoeten. 'Dat er in deze verscheurde en bedreigde wereld toch nog zulke dingen mogelijk zijn.'[6] Misschien was het hun eerste samenzijn dat werkelijk goed was, hoe paradoxaal dat ook klonk.

Ze spraken veel over vroeger die avond.

'Ik was altijd zo eerzuchtig voor jou,' zei Max, 'ik heb dikke boeken van je verwacht.'

'Max, die komen nog,' zei Etty. 'Heb jij haast? Ik kán schrijven, en ik weet dat ik ook iets te zeggen zal hebben. Maar waarom zouden we geen geduld hebben?'

'Ik wéét dat je kunt schrijven,' zei Max. 'Ik lees af en toe nog eens de brieven die je me geschreven hebt.'

Had Etty in hun tijd geen andere verhoudingen gehad, wilde Max nog weten.

Etty stak twee vingers in de lucht. Echt niet. Ze zweerde het.

Onder het afdak van een café op de Ceintuurbaan namen ze uiteindelijk afscheid.

'Zul je geen gekke dingen doen?' vroeg Max bezorgd.

Etty had hem die avond verteld dat ze overwoog met een emigrant te trouwen om hem bij te staan als hij naar een kamp moest. Kennelijk was ze in de voorgaande maanden weer aan het twijfelen geslagen of ze niet tóch bij Spier moest blijven.

'Ik ben zo bang dat je nog eens stuk gaat,' zei Max terwijl hij wegliep.

'Ik ga nooit en nergens stuk,' bezwoer Etty. Ze wilde daar nog aan toevoegen dat 'als je innerlijk leefde er misschien niet eens zo veel verschil was binnen of buiten de muren van een kamp' – maar dat hoorde Max al niet meer.[7]

—

Wie was Max? Van vrijwel alle personen die Etty alleen bij hun voornaam noemde in haar dagboek kon later achterhaald worden wie zij waren. Maar de identiteit van Max bleef een mysterie. Geen van Etty's latere vrienden had hem persoonlijk gekend; niemand wist wat zijn achternaam was. Sommigen vermoedden dat het om de Joodse Max Knap ging, die net als Etty rechten studeerde. Maar die veronderstelling kon niet juist zijn, want Max Knap was in 1941 al getrouwd en had in maart 1942 dus geen huwelijksadvies meer nodig van zijn vermeende vriendinnetje Etty.[8]

Ook een nieuwe, intensieve zoektocht in de archieven leverde geen eenduidig antwoord op. Ja, Joodse 'Maxen' die begin jaren dertig in Amsterdam woonden en studeerden waren er genoeg. Er waren er zelfs die bíjna beantwoordden aan het nadere signalement dat Etty onbedoeld gaf in haar dagboek. Max zou immers ook een 'Rus' zijn, dus net als Etty een Russische achtergrond hebben, én hij was vermoedelijk in 1942 in het huwelijk getreden. Toch voldeed geen van de gevonden Maxen geheel aan Etty's beschrijving. Er was steeds wel iets wat niet paste; een overtuigende kandidaat viel niet aan te wijzen.[9]

We hebben het te doen met 'Max' – en de verhalen die gelukkig wel werden overgeleverd.

De ongelukkige liefdesgeschiedenis speelde zich af in 1933, Etty's eerste studiejaar aan de Universiteit van Amsterdam.[10] Ze woonde in die periode op de Ruysdaelstraat 32-I bij de Russisch-Joodse familie Horowitz, een al wat ouder echtpaar dat eerder haar broertje Mischa als pleegkind had opgenomen vanwege zijn studie aan het conservatorium. Zo bleef Etty als Amsterdamse studente nog voorlopig verbonden met haar familie. Mischa was pas dertien jaar oud en viel dus vanzelf ook weer onder háár hoede.

Paul Horowitz was tot 1914 diamanthandelaar in Antwerpen geweest. Toen de Eerste Wereldoorlog uitbrak, week hij met zijn vrouw en kinderen uit naar Amsterdam.[11] De Horowitzen kwamen oorspronkelijk uit Wit-Rusland, net als de ouders van Riva, maar hoe de families elkaar kenden, is onduidelijk. Wel is bekend dat het meestal Riva was die ervoor zorgde dat haar studerende kinderen in Amsterdam onderdak vonden, en dat zij daarbij handig gebruikmaakte van haar uitgebreide kennissennetwerk.[12] Mischa was Riva's lieveling, bij het zoeken van de juiste pleegouders voor haar toen nog maar elfjarige zoon zal ze niet over één nacht ijs zijn gegaan.

Veel privacy had Etty niet in de bovenwoning van de familie Horowitz. De krappe etage moest met vijf mensen worden gedeeld.[13] Ongetwijfeld speelden de gepassioneerde ontmoetingen met Max zich elders af. Etty beleefde met Max 'dolle nachten en ontzaggelijke liefdesscènes', vertelde de vriend die de opvolger werd van Max. 'Ze raakte niet uitgepraat over hem. Het was Max en Max was alles.'[14]

Bij het afscheid op de Ceintuurbaan had Max niet zomaar gezegd dat hij vreesde dat Etty nog eens stuk zou gaan. Ze wás bijna kapotgegaan aan hun hopeloze liefdesrelatie.

Al voordat Etty een weerzien had in Café de Paris, schreef ze over dat destructieve verlangen van vroeger. 'Mijn hartstocht in m'n verhouding met Max begin ik nu te onderkennen,' noteerde ze op 11 november 1941. 'Het was de vertwijfeling omdat je de ander in laatste instantie tòch als onbereikbaar voelde en dat zweepte je steeds meer op.'[15]

Max was een bloedmooie jongen. Gevaarlijk mooi, vertelde Etty tegen een vriendin. Hij was Etty niet trouw en dreef haar tot wanhoop. Hoe minder Max te hebben was, hoe hartstochtelijker ze hem begeerde. 'We hebben allemaal weleens een onbereikbare liefde gehad,' wist die vriendin, 'maar bij Etty ging alles vreselijk diep. Ze waarschuwde me dat ik nooit zo op mijn tenen moest gaan lopen in de liefde als zij had gedaan.'[16]

Etty kon diep lijden aan verlangen. Ze had een rijke fantasie en vond het moeilijk om bepaalde voorstellingen die zij zich van iets of iemand had gemaakt los te laten. Een zekere bezitsdrang was haar niet vreemd. Dat Max haar kennelijk afwees, maakte Etty als negentienjarige doodongelukkig. Als Max haar niet wilde, wilde zij zelf ook niet meer. Ze dacht in die tijd serieus aan zelfmoord.[17]

Twee latere vrienden van Etty vertelden dat zij zó overspannen was na de affaire met Max dat zij naar een 'rusthuis' was gegaan om weer tot zichzelf te komen. Er bestonden veel van die rusthuizen voor de betere klassen in het Holland van de jaren dertig, waar 'zenuwpatiënten en rustbehoevenden' in een groene omgeving tot zichzelf konden komen en ook wel psychotherapie kregen.[18]

Volgens de 'opvolger' van Max, Klaas Smelik sr., – over wie later meer – zat Etty enige tijd in een pension van ene dokter Koch in Leiden.[19] Maar dat kan niet kloppen, omdat de Amsterdamse arts Hendrik Koch pas in 1937 in Leiden ging wonen, dus zeker vier jaar na de 'affaire Max'. Klaas Smelik sr. verwarde Etty hier met haar broer Jaap, die in 1937/1938 wél enige tijd zijn toevlucht zocht bij de communistische dokter in Leiden, die in een villa aan de Rijnsburgerweg onderdak bood aan 'zieken, herstellenden en rustzoekenden'.[20] Evengoed was Smelik, met wie Etty niet lang na de affaire met Max een verhouding kreeg, stellig in zijn bewering dat Etty enige tijd opgenomen was. Hij dacht dat Louis en Riva daartoe het initiatief hadden genomen, omdat zij zagen in wat voor een 'krankzinnige liefdesverhouding' hun dochter was verwikkeld en zij haar hieruit wilden halen.[21]

Etty's latere vriendin Leonie Snatager – met wie Etty rond

1938 goed bevriend raakte en die we verderop zullen leren kennen – vertelde dat Etty in de jaren dertig 'diverse zenuwinzinkingen' had gehad.[22] 'Etty had een kant die ik niet deelde, een zwaarmoedige, Russische kant,' schreef Leonie eens aan een kennis. 'Soms sprak ze over haar familie, de problemen van de zo begaafde broers, die helaas telkens naar het Apeldoornsche Bosch moesten gaan. Zij zelf was, meen ik, ook eens naar een rusthuis geweest.'[23]

Al even intrigerend is het zinnetje dat Leonie in de jaren negentig noteerde op een blad met aantekeningen en ideeën voor een lezing. *Ettie in en uit rusthuizen,* staat er pontificaal, omcirkeld, midden op de pagina. Leonie nam vrijwel al haar aantekeningen op in de lezing die zij zou geven, maar besloot juist met dit gegeven uiteindelijk niets te doen.[24] Vond ze het te pijnlijk, of was ze toch niet zeker van haar zaak?

Of Etty daadwerkelijk ooit haar toevlucht zocht in een rusthuis, valt niet meer na te gaan. Ook na intensief onderzoek is er geen bewijs voor gevonden.[25] Toch is het opmerkelijk dat twee goede vrienden van Etty uit de jaren dertig spraken over een mogelijke opname in een 'rusthuis' – waarbij Klaas Smelik sr. zelfs het woord 'inrichting' gebruikte.[26]

De geruchten zeggen in elk geval iets over Etty's mentale gesteldheid tijdens haar studententijd. Ze balanceerde geregeld op de rand van wat zij zelf aanduidde als 'zware overspannenheid'. Haar jarenlange angst om over die rand heen te gaan en in een diep ravijn te vallen, werd niet alleen ingegeven door de terugkerende psychosen van haar broers, maar kwam ook voort uit haar eigen ervaringen tijdens haar studententijd, waarin ze periodes kende van gekmakend liefdesverdriet, zware spanning, lethargie en depressies.

—

Haar geliefde Spier kon Etty eveneens moeilijk loslaten, hoe vaak ze dat ook probeerde. Ze bleef naar hem verlangen en fantaseerde over een 'volledige overgave'. In een halfslachtige poging tot trouw, vreeën Etty en Spier zo'n beetje om de daad heen. Ze lagen meestal op de grond en niet in bed; het zachte matras was het domein van de 'stomvervelende juffrouw' in Londen.[27]

Maar juist dat uitstellen van de ultieme vereniging wakkerde Etty's verlangen alleen maar aan. Tot overmaat van ramp besloot Spier juist in die eerste koude maanden van 1942 om 'zuiverder' te worden en lichamelijk meer afstand van haar te nemen.

'Hij is bezig zich te ontwikkelen tot een halve heilige,' beklaagde Etty zich op 2 maart, 'en mijn verlangen is groeiende, het geeft me zo een catastrophaal en wanhopig gevoel.'[28]

Spiers nieuwe kuisheid had niet alleen te maken met de verloofde in Londen. Hij voelde zich bedreigd en geloofde dat als hij zélf goed zou doen, en hij zo zuiver en oprecht mogelijk zou leven, hij ook in de steeds grimmiger buitenwereld positieve krachten over zichzelf kon afroepen.[29] Of zoals Etty het formuleerde: 'Om, als het ware, kinderlijk gezegd, zelf niets dan goedheid en reinheid uit te stralen en daardoor de goede geesten in de kosmos op zich te concentreren.'[30]

Eind 1941 hadden de nazi's verordend dat alle Duitse en stateloze Joden in Nederland zich moesten melden voor verplichte emigratie, de zogeheten *Auswanderung*. Ook Spier kreeg een oproep om zich te laten registreren. Op 7 januari 1942 was hij samen met Etty naar de afdeling emigratie van de Joodse Raad geweest om lange lijsten in te vullen over zijn burgerlijke staat, woonadres, vermogen, bezittingen en zo meer. Een aantal weken later volgde een bezoek aan de *Zentralstelle für jüdische Auswanderung*, door Etty abusievelijk aangeduid als 'Gestapo'.[31]

Vanaf dat moment hing de dreiging boven Spiers hoofd dat hij elk moment een oproep zou kunnen ontvangen voor emigratie. Wat de bestemming zou zijn, kon alleen maar worden geraden. De Joodse Raad had daar eind november 1941 nog beleefd, maar vergeefs naar geïnformeerd. 'Onszelf ook nog onduidelijk,' was het officiële antwoord van de Duitsers. Het ging in elk geval niet om deportatie naar Polen, zo werd verzekerd, 'het doel der emigratie lag overzee'.[32]

Spier was bang, biechtte hij op aan Tide, die dat 'groot

en lief' van hem vond.[33] Wat kwam er allemaal op hem af? Hij mocht geloven dat hij positieve krachten in de kosmos kon mobiliseren, helemaal vertrouwen deed hij het niet. Uit de gesprekken met Etty bleek dat Spier terdege rekening hield met deportatie naar Polen, zoals al met veel van zijn Joodse landgenoten in Duitsland was gebeurd. Hoe moest hij zichzelf redden, alleen?

Als het op praktische zaken aankwam, was de 54-jarige Spier, zoals veel mannen van zijn stand en generatie, nogal verwend en weinig zelfstandig. 's Avonds ging hij liefst eten in het vegetarische huiskamerrestaurant van het Zwitserse echtpaar Geiger, waar er goed voor hem werd gezorgd.[34] Spiers onzekerheid werd nog versterkt doordat hij voelde dat zijn krachten afnamen. Hij had last van gezondheidsklachten en was op oudejaarsdag 1941 met Etty naar een 'longenman' geweest, al had die vooralsnog geen diagnose kunnen stellen.

Etty wilde Spier steunen en overwoog opnieuw om met hem te trouwen, zoals ze Max had verteld, ingeval hij zou moeten vertrekken. Erg standvastig was ze niet in dit voornemen. Zoals vaker werd ze heen en weer geslingerd tussen uitersten. Het ene moment schreef ze, vrij naar Nietzsche, dat hun huwelijk 'jenseits des Liebens und Hassens' zou moeten zijn. Even later noteerde ze dat ze liever géén verbintenis aanging. 'Ik geloof, dat ik toch alleen zal moeten blijven. Ik moet nog in m'n eentje de hele wereld door, niet vertraagd in m'n bewegingen door een substantiële echtgenoot, maar wel bezield en gestuwd door een herinnering, die nu nog iedere dag werkelijkheid is.'[35]

Bang was Etty zelf niet, opmerkelijk genoeg. Ze had altijd veel angsten gekend. De angst om een geliefde te moeten loslaten. De angst om door te draaien, net als haar broers. De angst om nooit iets van betekenis te zullen schrijven. Maar nu er een wel heel concrete dreiging op haar afkwam – de verplichte Auswanderung van de Duitse Joden beloofde weinig goeds voor wat de Nederlandse Joden te wachten stond – leek het haar niet te raken.

Soms vroeg ze zich af of dat kwam doordat ze niet in de werkelijkheid leefde. 'De realiteit is voor mij eigenlijk helemaal niet reëel en daarom kan ik niet tot daden komen, omdat ik daar het gewicht en de portée nooit van snap.'[36] Of was ze gewoon onverantwoordelijk bezig?

Etty geloofde van niet. Ze wíst dat ze als Joden in de greep van een groot en dreigend lot waren.[37] Ze voorvoelde dat het leven hard zou worden, en zij zich innerlijk steeds meer moest voorbereiden. Evengoed durfde ze erop te vertrouwen dat ze aan dat toenemende gevaar geestelijk weerstand zou kunnen bieden en dat er, ondanks de voortdurende inperking van haar vrijheden, binnen in haar een ruimte groeide waar ze altijd en onder alle omstandigheden een toevlucht zou kunnen vinden, als in een stille, onverwoestbare kathedraal. Er was geen ander antwoord op de terreur, hield zij zichzelf voor, dan de weg naar binnen te volgen, en de haat uit te roeien waar deze begon: in de harten van de mensen, om te beginnen bij jezelf.

'Dat diepste en beste in zichzelf' durfde Etty steeds openlijker God te noemen. God was het innerlijke centrum van waaruit zij steeds krachtiger werd geregeerd.[38] Haar geloof was groeiende, en ze was God er dankbaar voor: 'Ik dank je ervoor, dat ik zo vol wijdheid mag zijn soms, die wijdheid is toch niets anders dan een vervuld zijn van jou.'[39]

Etty kende een heel persoonlijk godsbeeld. Ze liet zich inspireren door haar joodse achtergrond en het christendom, maar werd niet belemmerd door religieuze dogma's. Soms sprak zij direct tot God, als een goede vriend, en riep ze, als alle gelovigen, Zijn steun en hulp in: 'God, laat me geen kracht, geen snippertje kracht verliezen aan haat.'[40] Toch was haar God geen macht die buiten haarzelf gesteld was, zoals de God van Tide; geen God uit het Oude Testament die gaf en nam en aan wiens grillen en gunsten je was overgeleverd. Etty richtte haar blik ook niet naar de hemel als zij bad, maar boog haar hoofd en verborg haar gezicht in haar handen, om God diep in zichzelf te kunnen zoeken.[41] Tekenend is een zinnetje als: 'Ik heb God weer gedankt, niet voor het warme bed en voor de erwtensoep, maar daarvoor, dat hij weer in me wonen wilde.'[42] God was voor Etty een diep gesprek met zichzelf, waarin ze steeds opnieuw zocht naar wat het goede was.

Onder invloed van Spier ging Etty de Bijbel lezen, en dan vooral het Nieuwe Testament. Spier, op zijn beurt, was daarin geïnspireerd door de vrome Tide, die achteraf blij was dat ze haar vriend 'de weg naar Christus had mogen wijzen'.[43] Helemaal waar was dat trouwens niet. De liberaal-joodse Spier was al veel eerder vertrouwd geraakt met het christelijke gedachtegoed, onder meer door zijn huwelijk met de lutherse Hedel Rocco. Spier en Rocco waren niet bijzonder gelovig, maar hechtten evengoed waarde aan religie en spiritualiteit. Zij lieten hun kinderen protestants dopen en verdiepten zich in alternatieve stromingen als de antroposofie en de astrologie.[44]

Wel had Spier door Tide de Bijbel herontdekt, en was hij er veelvuldig in gaan lezen. 'Mijn bijbellezende vriend', noemde Etty hem. Spier bewonderde Tide om haar onwankelbare toewijding aan God, en op Etty had Tides godsvertrouwen eveneens een belangrijke invloed.[45] Al kon Etty zich aanvankelijk ook ergeren aan Tides naïviteit en de aard van haar geloof, dat ze 'kinderlijk en eenvoudig' noemde.[46]

Etty werd in die eerste maanden van 1942 vooral gegrepen door de tekst van Korintiërs 1: 13, die ze geregeld citeerde: 'Al ware het dat ik de talen der menschen en der Engelen sprak, en de liefde niet had, zo ware ik een klinkend metaal of een luidende schel geworden. En al ware het dat ik de gave der profetie had, en wist alle de verborgenheden en al de wetenschap, en al ware het dat ik al het geloof had, zodat ik bergen verzette, en de liefde niet had, zo ware ik niets.'[47]

Ook op de ochtend dat Spier zich moest melden bij de Zentralstelle für jüdische Auswanderung pakte Etty de Bijbel erbij. Ze sloeg het boek op een willekeurige plaats open – maar vond die dag geen antwoorden. Het gaf niet, schreef ze. Echte vragen had ze niet. Ze voelde vooral vertrouwen en dankbaarheid, juist op de dag dat ze samen met S. naar het hol van de leeuw zou gaan. En was dat niet het allerbelangrijkste?

'Een mens schept z'n lot van binnen uit,' noteerde ze.[48] Pas een paar dagen later, toen ze op het bezoek terugkeek, legde ze uit wat ze daarmee bedoelde. Het ging er niet om wie of wat je was, of hoe je leven eruitzag: het ging erom hoe je je innerlijk verhield tot de gebeurtenissen in dat leven; dát bepaalde je lot.[49]

In het drukbezochte lokaal van de *Zentralstelle* viel Etty een jonge Duitse beambte op. Hij maakte een gejaagde en gekwelde indruk, en zocht steeds naar een voorwendsel om 'de ongelukkige Joden' aan te schreeuwen.

'Wat vindt u zo lachwekkend hier?' brulde hij naar Etty toen zij zich met Spier bij zijn lessenaar meldde. 'U staat voortdurend te lachen!'

'Daar ben ik me helemaal niet van bewust,' antwoordde Etty schaapachtig.

'Doe niet zo onzinnig, gaat u alstublieft *rrraus,* naar buiten,' riep de jonge Duitser.[50]

Het werd een 'historische' ervaring voor Etty. Ze merkte dat ze niet bang was voor de schreeuwende jongeman, die toch haar vijand was, maar eerder medelijden voor hem voelde. Heb je zo'n ongelukkige jeugd gehad, wilde ze hem vragen. Of heeft je meisje je bedrogen? Liefst was ze, geheel in de geest van Spier, direct een 'psychologische behandeling' begonnen. Tegelijkertijd was ze zich ervan bewust dat jongens als hij beklagenswaardig waren zolang zij geen kwaad konden doen, maar levensgevaarlijk werden zodra ze op de mensheid werden losgelaten. Naïef was Etty niet. Maar, zei ze: misdadig was alleen het *systeem* dat deze kerels gebruikte. Het angstaanjagende systeem dat boven de mensen uitgroeide en hen in een satanische greep hield; zowel de ontwerpers als de slachtoffers ervan. Voor de mensen zelf kon zij geen haat voelen. Bij haar overheerste toch altijd het gevoel dat ze iedere uiting zou proberen te begrijpen, ondanks al het leed en onrecht dat er geschiedde.[51]

Bij een eerder bezoek aan de Joodse Raad hadden Spier en Etty nog samen de hand gelezen van een beambte, die een kennis bleek te zijn van Spier. 'Het werk dat u hier doet, doet u goed, maar het gaat tegen uw eigenlijke aard in,' wist Spier bij die onverwachte en ook wel grappige 'séance' te vertellen.[52] Waaraan Etty als 'brave leerlinge' nog wist toe te voegen dat de goede man 'iets gevoeligs en vrouwelijks' had. Zo dol maakten ze het bij de Duitse Zentralstelle niet. In een keurig verwarmde kamer werden zij ontvangen door correcte Duitse heren met insignes op hun uniform. Beleefd werden hun de papieren – die mogelijk een doodvonnis betekenden – toegeschoven, die Spier al even beleefd ondertekende.

In een kleine analyse van de haat wist Etty het gebeuren van die ochtend scherp om te draaien. 'We zeggen: die kerels daar, die lenen zich er toch maar voor, ook al zijn ze het er allen niet mee eens, doodvonnissen te tekenen. Maar wij, wij lenen ons er ook voor onze eigen vonnissen te tekenen met een vriendelijk gezicht. En dàt gevoel had ik heel sterk die ochtend: men kan de haat niet op enkele mensen afreageren, niemand heeft schuld, een systeem functioneert over onze hoofden heen.'[53]

Wanneer Etty worstelde met haar verlangen, zei Spier, moest ze proberen dat verlangen om te zetten in liefde voor álle mensen.[54]

Ze deed haar best. Zo lang was ze vooral op zichzelf gericht geweest. Nu oefende ze zich erin haar medemens met meer liefde en mededogen te bekijken. Wat minder 'Ich-haft', zoals Spier het formuleerde; minder zelfzuchtig en egoïstisch.

Gemakkelijk was dat niet.

'Het is zo moeilijk het verlangen groot en zuiver en onvertroebeld in zich te bewaren,' vertrouwde ze Spier toe. 'Zonder anderen onrechtvaardig te behandelen, omdat je zelf zo lijdt. Er zijn momenten dat alles te veel is, dan kùn je niet meer.'[55]

Op sommige dagen verlangde Etty lichamelijk zó sterk naar Spier, dat ze haar toevlucht zocht bij pa Han. Ze vond dat infantiel en onrechtvaardig van zichzelf, maar kon de verleiding niet weerstaan.

Etty had het vaak te doen met pa Han in die koude wintermaanden. Hij hoestte veel en ze zag hoe hij snel verouderde. Op een avond lag ze in pa Han's bed, terwijl hij nog aan z'n bureau zat. Ze verlangde zo sterk naar S. dat ze blij was dat Han pas laat in bed kwam en ze kon veinzen al te slapen. Maar toen ze voelde hoe de overbekende leden zich tegen haar aan vlijden, 'begonnen de lichamen hun spel volgens eigen wetten' en gaf Etty zich er vol genot aan over. Later, toen Han gelukkig en tevreden naast haar lag, moest ze stilletjes in zijn oksel schreien van verlangen naar die ándere man. En ook de volgende ochtend was het verlangen tot haar ontsteltenis niet geweken.[56]

—

De ontmoeting met Max bracht Etty terug naar de jaren dertig en haar eerste studentenjaren in Amsterdam. Ze moest niet alleen veel aan Max denken, maar ook aan een andere liefde uit die tijd. 'Adpana' noemde ze hem. Een ongewone, vermoedelijk door Etty zelf gegeven naam, die al helemaal niet te traceren valt.[57] Op 27 maart 1942 liet ze Spier op de Gabriël Metsustraat een aantal brieven inzien van Adpana.

'Een heel stuk verleden kwam daar weer om de hoek, uit 1933. Ik kan me nauwelijks voorstellen, dat ik dat allemaal heb meegemaakt, of eigenlijk kan ik het me heel goed voorstellen.'[58]

Een dag later had Etty ook met pa Han een gesprek over de correspondentie met Adpana. Pa Han kon jaloers zijn op haar vroegere geliefden. Ze spraken erover 'dat het toch zo vreemd was, dat iets wat van mij allang was afgevallen, hem nog zo hinderde'.[59]

De affaire met Adpana speelde zich volgens Etty ook af in 1933, dus vermoedelijk nog vóór Max. Het lijkt erop dat hij geen Nederlandse man was, want de ene keer dat Etty hem citeert, spreekt hij Duits.[60]

Etty beschreef in die passage hoe ze in haar eerste studentenjaren vaak 's avonds met gebalde vuisten in haar zakken door de straten van Amsterdam liep, haar hoofd diep weggedoken in haar kraag, terwijl ze tegen zichzelf bleef zeggen: ik zal werken, ik zal werken, ik zal werken. Als ze dan thuiskwam, was ze zo uitgeput door het *willen* werken, dat ze geen kracht meer had om werkelijk iets te doen. 'En zo is het jaren geweest.' Adpana zwaaide haar op het station een keer uit toen ze met de trein naar Deventer ging en riep haar toe: 'Arbeiten sollst Du, kleines, arbeiten, immer arbeiten?' Ze hoorde het terug in het ritme van de wielen van de trein: werken, werken, werken. Ze schreef Adpana er nog een roerende brief over. Maar gewerkt had ze ook dat jaar niet, schreef ze. Omdat ze het niet kón.[61]

Etty's studententijd verliep allerminst vlekkeloos. Ze deed langer over haar studie rechtsgeleerdheid dan het gros van haar medestudenten, en haar resultaten waren benedengemiddeld. Het kostte haar drie jaar om haar kandidaats te halen, terwijl de meeste rechtenstudenten daar niet langer dan twee tot tweeenhalf jaar over deden.[62] Ze slaagde voor haar kandidaats, op 6 juni 1935, met één 'ruim voldoende' en drie keer 'vrijwel voldoende' – waarmee ze slechter scoorde dan de meeste studenten.[63] Voor haar doctoraal ging Etty verder in de publiekrechtelijke richting. Het merendeel van haar medestudenten deed binnen drieënhalf tot zesenhalf jaar doctoraalexamen. Maar Etty behoorde tot het kleine clubje van nog geen tien studenten dat er in totaal zeven jaar over deed. Bovendien zakte zij op 16 januari 1939 voor het eerste deel van dat examen, op strafrecht en strafprocesrecht ('niet voldoende'). Pas een halfjaar later, op 23 juni 1939, slaagde ze alsnog voor haar doctoraal, met het predicaat 'geen bezwaar maar ook geen enkel bezwaar', en kon zij zichzelf meester in de rechten noemen.[64]

Etty miste discipline. Ze worstelde met zichzelf, haar lichamelijke kwalen, haar rusteloze liefdesleven. Ze kwam eenvoudigweg niet tot werken, hoe slim ze ook was. Althans: tot het soort van werken dat noodzakelijk was om tentamens te halen. Ze las ontzettend veel; haar intellectuele nieuwsgierigheid en leeshonger waren onverzadigbaar. Maar ze liet zich daarbij liefst leiden door wat zij zelf op dat moment mooi of interessant vond.

Ook tijdens colleges zat ze vaak te dromen en luisterde ze maar half. Ze dacht dan: ach, later bestudeer ik nog weleens wat die docent allemaal zegt, maar nu zit ik net zo lekker te fantaseren.[65]

—

De rechtenfaculteit bevond zich in de Oudemanhuispoort; een zeventiende-eeuws voormalig bejaardenhuis in het historische centrum van de stad.[66] Als Etty naar college ging, moest ze eerst door een grote, klassieke poort op de Kloveniersburgwal. Ze kwam dan in een overdekte passage, met aan de rechterhand een hele rij winkelkasten waar tweedehands boeken werden verkocht. Etty snuffelde er vaak rond, op zoek naar koopjes, want als student had ze nooit genoeg geld.[67] In het midden van de passage bevond zich de toegang naar de binnenplaats van het universiteitsgebouw. Er was een plantsoen, studenten rookten er een sigaret of zaten op een bankje in de zon te praten. Rondom de binnenplaats bevond zich het universiteitscomplex, dat naast de collegezalen een grote aula herbergde.

In september 1932, het jaar dat Etty begon met studeren, had de Universiteit van Amsterdam 641 nieuwe studenten verwelkomd, een record, van wie 98 zich inschreven voor rechtsgeleerdheid. De vrouwelijke studenten waren op de hele universiteit nog sterk in de minderheid; bij rechten was dat slechts 21 procent.[68] Bijna de helft van de studenten was afkomstig uit de betere kringen en dan ook nog vaak uit Amsterdam, gevolgd door een grote groep uit de middenklasse en een miniem aantal studenten wier vader kon worden aangemerkt als arbeider.[69] Studeren was duur, beurzen werden nauwelijks verstrekt. Louis Hillesum betaalde voor Etty jaarlijks een collegegeld van 300 gulden – dat was voor de meeste arbeiders nagenoeg een maandloon.[70] Toen Jaap ook aan de Universiteit van Amsterdam ging studeren, was dit bedrag verlaagd naar 250 gulden.[71]

Voor een goed verdienende rector als Louis Hillesum was het evengoed kostbaar om drie studerende kinderen in Amsterdam te hebben. Om te besparen op het collegegeld, stond Etty niet alle jaren dat zij rechten studeerde ingeschreven aan de Universiteit van Amsterdam, maar alleen in de studiejaren 1932-1933, 1935-1936 en 1936-1937.[72] Ze deed in de andere jaren wel tentamens en examens, maar volgde geen college. Er waren wel meer studenten die hier om financiële redenen voor kozen, en het betekende niet dat Etty in de jaren dat ze niet stond ingeschreven, ook niks uitvoerde.[73] Zolang er wel examengeld werd betaald, kon Etty bijvoorbeeld in juni 1939 gewoon haar doctoraal behalen – terwijl zij in dat studiejaar niet stond ingeschreven en geen collegegeld had voldaan.[74]

Etty kreeg les van een aantal bijzondere hoogleraren. Een van hen was de legendarische criminoloog en socioloog Willem Adriaan Bonger, grondlegger van de marxistische criminologie. Bij het onderzoeken van crimineel gedrag, stelde Bonger, moest je niet zozeer kijken naar het morele karakter van misdadigers, maar veel meer naar hun sociaaleconomische positie in de maatschappij, en de negatieve invloed van het kapitalisme op hun handelen. Etty koos criminologie als bijvak en deed tot drie keer toe tentamen bij Bonger. De eerste keer werd ze afgewezen, negen maanden later behaalde ze een 'goed'. Evengoed moest ze hetzelfde tentamen twee jaar later nog eens overdoen, vermoedelijk omdat door studievertraging het resultaat inmiddels verlopen was.[75] De invloed van Bonger klonk door in Etty's latere observatie dat allereerst het *systeem* van de nazi's misdadig was, en de uitvoerders van dat systeem zelf geen schuld hadden.

Bonger was een bevlogen sociaaldemocraat en trad in 1936 toe tot het Comité van Waakzaamheid, een groep van invloedrijke Nederlandse intellectuelen die waarschuwden tegen de gevaren van het opkomende fascisme in Duitsland en Europa. Hij keerde zich fel tegen elke vorm van totalitair denken, en was daarom bijzonder kritisch op de Sovjet-Unie. Etty volgde een jaar lang college bij hem en Bonger maakte als docent én als mens diepe indruk op haar, zoals later nog zou blijken.

Er was in die jaren overigens nog een grote afstand tussen hoogleraren en studenten. Over persoonlijke zaken of politiek werd tijdens colleges doorgaans niet gesproken. De Universiteit van Amsterdam werd traditioneel beschouwd als een 'stille wijkplaats', waar onbaatzuchtig wetenschap moest worden bedreven.[76]

De opkomst van het nationaalsocialisme in Duitsland zorgde er echter voor dat ook binnen de universiteitsmuren steeds duidelijker politiek stelling werd genomen. Naast Bonger, spraken hoogleraren van Etty als H.R. Hoetink (Romeins privaatrecht), J.H.W. Verzijl (Volkenrecht en koloniaal bestuursrecht) en de enige vrouwelijke hoogleraar D. Hazewinkel-Suringa (Strafrecht en strafprocesrecht) zich eind jaren dertig publiekelijk uit tegen het fascisme en de ontwikkelingen in Hitler-

Duitsland. Ze moesten die stellingname tijdens de bezetting vaak met vervolging en internering bekopen.

—

Direct bij aanvang van haar eerste studiejaar in 1932 gaf Etty zich op voor de cursus 'Russisch voor beginners' van de Russische hoogleraar Bruno Becker. Haar naam prijkte bijna boven aan de intekenlijst waarop studenten zelf hun naam konden schrijven.[77] Etty deed de cursus als bijvak – slavistiek als hoofdvak kon op dat moment alleen nog in Leiden worden gestudeerd – maar het was wel duidelijk waar haar belangstelling daadwerkelijk naar uitging.

Na vier jaar lang trouw te hebben deelgenomen aan de lessen voor beginners, volgde Etty vanaf 1936 bij Becker cursussen voor 'meergevorderden' en later ook 'vergevorderden'. Daarnaast ging ze in de periode tussen 1937 en 1942 naar colleges van Becker over uiteenlopende onderwerpen als 'De geschiedenis van Rusland', 'Katarina II en haar tijd', '*Egyptische Nachten* van Poesjkin', 'Rusland ten tijde van tsaar Nicolaas II' en 'Rusland en Europa'.[78]

Bruno Oscar Becker was in 1885 geboren in Sint-Petersburg, als zoon van Duits-Russische ouders. Hij was oorspronkelijk geen slavist maar historicus, en belandde in Amsterdam vanwege zijn onderzoek naar de zestiende-eeuwse humanist en geleerde Dirck Volkertsz. Coornhert. In 1930 werd hij aan de Universiteit van Amsterdam benoemd tot bijzonder hoogleraar in de Oost-Europese cultuurgeschiedenis, maar hij doceerde dus ook Russische taal en letterkunde.

Er bestond een hechte samenwerking met de Universiteit van Leiden, waar onder leiding van professor Nicolaas van Wijk, de eerste Nederlandse hoogleraar Balto-Slavische talen, het centrum van de slavistiek in Nederland gegrondvest was. Omdat Becker niet bevoegd was tot het afnemen van het taalkundige deel van de examens, kwam Van Wijk geregeld over naar Amsterdam om te assisteren.[79]

Becker sprak een bijna onverstaanbaar en archaïsch soort van

Nederlands, dat hij zichzelf had geleerd door zijn studie van Coornhert. Bij gebrek aan studieboeken had hij een geheel eigen methode ontwikkeld om Russisch te doceren. Zo leerde hij Etty en haar medestudenten het cyrillische alfabet met behulp van ABC-boekjes uit de Sovjet-Unie. Bij elke letter stonden een plaatje en een versje, dat de studenten uit hun hoofd moesten leren en tijdens het college opzeggen.[80] Becker was vreselijk streng. Als je een klemtoon verkeerd legde, werd je ten overstaan van iedereen direct afgekapt en gecorrigeerd. Veel studenten trokken dat niet en haakten af. Maar wie doorzette, verdiende Beckers onvoorwaardelijke hulp en steun.

Jeanne Liedmeier, een van Etty's medestudenten, herinnerde zich later hoe Becker hen soms Nederlandse literaire teksten liet vertalen, een vaardigheid die zij nog lang niet beheersten. Op een dag bogen ze zich in de koffiekamer over een vertaling van Bordewijk. Ze bakten er niks van, ook Etty niet. Het enige – en steeds terugkerende – zinnetje dat ze wisten te produceren was: 'Kakaja zjara!', oftewel: 'Wat is het heet!'[81]

Etty was bij zulke gelegenheden 'de ziel van het gezelschap', vertelde Jeanne Liedmeier. Ze had veel humor en wist iedereen aan het lachen te maken.[82]

—

Na het behalen van haar doctoraal rechten ging Etty in het studiejaar 1939-1940 verder met Russische taal en letterkunde aan de Universiteit van Amsterdam. Eindelijk kon ze zich volledig toeleggen op het vak waarin zij haar toekomst zag; van enige ambitie om zich nog met rechten bezig te houden of een baan te zoeken heeft ze nooit blijk gegeven.

Etty volgde verschillende collegeseries bij professor Becker, maar leek niet erg hard te studeren, want ze deed dat hele jaar geen tentamens.[83] Het jaar erop stapte ze over naar de Universiteit van Leiden, waar ze bij de vakgroep Slavistiek van professor Van Wijk onder meer de colleges Kerkslavisch kon gaan volgen, een verplicht onderdeel voor het kandidaatsexamen Russisch.[84] Etty schreef zich op 10 november 1940 officieel in bij de Leidse universiteit. Nu zij haar doctoraal binnen had, hoefde zij geen collegegeld meer te betalen en was het voor een tientje geregeld.[85] Tegelijkertijd bleef ze in Amsterdam colleges volgen bij Becker, onder meer over 'Leven en werken van Lermontov'.[86]

Als zoveel Nederlandse Joden, hoopte Etty haar gewone leven zo veel mogelijk voort te kunnen zetten. Maar ruim twee weken na haar inschrijving in Leiden werden alle Joodse docenten en hoogleraren door de Duitsers ontslagen, en brak er een opstand uit op de universiteit. De decaan van de Leidse rechtenfaculteit, professor Rudolph Cleveringa, had krachtig geprotesteerd tegen het verplichte ontslag van zijn Joodse collega's en een vlammende rede gehouden. Hij was direct opgepakt door de *Sicherheitspolizei* en gevangengezet in Scheveningen. Veel Leidse studenten waren woedend en hadden een wilde staking uitgeroepen.

De Duitsers traden hard op tegen het bolwerk van verzet en sloten de Universiteit van Leiden. De deuren zouden de hele oorlog niet meer opengaan. Etty kon vanaf dat moment officieel geen colleges meer volgen bij hoogleraar Nicolaas van Wijk. De laatste keer dat zij hem zag, was tijdens de chaotische stakingsdagen, toen hij aan het kleine groepje studenten lesgaf bij hem thuis.[87]

Toch bleef het voor de Leidse studenten nog ongeveer een jaar lang mogelijk om bij hun hoogleraren tentamens of examens af te leggen.[88] Dit was de reden dat Etty op 24 maart 1941 persoonlijk een brief schreef naar het Departement van Onderwijs, Wetenschap en Cultuurbescherming met het verzoek zich voor de cursus 1941-1942 opnieuw te mogen inschrijven voor Slavische talen en letterkunde.[89] Voor Joodse studenten bestond er inmiddels een numerus clausus. In februari 1941 hadden de Duitsers 'Verordening 28/41' uitgevaardigd, waarin was bepaald dat Joodse studenten zich alleen nog aan een Nederlandse universiteit konden inschrijven wanneer ze daarvoor speciale toestemming hadden van de secretaris-generaal van het departement.[90] Naast de brief moest Etty een aantal formulieren insturen, waarin onder meer werd gevraagd naar haar kerkgenootschap ('geen'), aantal grootouders van 'Joodschen bloede' ('alle'), en 'nadere gegevens die gij voor de beoordeling van belang acht' ('studie is van zuiver wetenschappelijk-theoretische aard').[91]

Etty worstelde op dat moment nogal met haar studie. Ze moest in het voorjaar van 1941 werken aan het tentamen Kerkslavisch, maar kon zich daar al maandenlang niet toe zetten.[92] Elke keer wanneer ze zich voornam iets te gaan doen, kreeg ze last van een prop in haar keel en hartkloppingen. En waar die enorme weerzin vandaan kwam? Ze hield zichzelf steeds zoet met de belofte dat ze 'echt morgen' zou beginnen.

'Ga maar gauw weer eens naar Van Wijk toe,' had haar vader haar op 24 maart 1941 geschreven; dezelfde dag dat Etty haar brief naar het ministerie de deur uit deed.[93] 'Je moet niet zo bedeesd zijn,' probeerde hij haar aan te moedigen, 'Van Wijk is minstens even bedeesd als jij.'[94]

Professor Nicolaas van Wijk nodigde het kleine clubje studenten Slavische talen geregeld uit bij hem thuis in Leiden. Ook na de sluiting van de universiteit was hij daarmee doorgegaan. Kennelijk aarzelde Etty hem te bezoeken. Ze kende Van Wijk nog niet zo goed, had niet meer dan drie maanden college van hem gehad. Desondanks had ze groot respect gekregen voor de veelzijdige geleerde.

Nicolaas van Wijk was in 1902 gepromoveerd op de Indo-Europese talen, maar had daarna veel gereisd, onder meer naar Moskou, en zichzelf niet alleen het Russisch maar ook een aantal andere Slavische talen eigen gemaakt. Hij werkte dag en nacht en had honderden wetenschappelijke artikelen op zijn naam staan, over allerlei aspecten van de taalkunde. Een zachte, allervriendelijkste man, die zijn huis geregeld openstelde voor Russische vluchtelingen en emigranten.

De enkele keer dat Etty bij Van Wijk op bezoek was geweest, was ze diep onder de indruk geraakt van zijn persoonlijkheid en de ambiance in zijn huis. Het 'belachelijk kleine bureautje' met de stapels boeken en papieren; zijn imposante bibliotheek langs de muren in de gang; het bescheiden schoolbord, waar hij altijd vóór ging staan, zodat ze niets konden lezen van de geheimzinnige tekens die hij opschreef; de oude bomen in de tuin waarop zij uitkeken; de vertrouwde koppen van Tolstoj en Dostojevski.

'Een aparte wereld met een volkomen eigen sfeer,' schreef Etty, 'een kleine oase van rust en koelte en eerbied voor de wetenschap en toegenegenheid voor deze merkwaardige, eenzame, zeer beminnelijke en toch ergens niet te doorgronden figuur, omdat hij zo volkomen uniek was.'[95]

Etty zou Van Wijk niet meer terugzien. Een dag nadat ze haar verzoek om een hernieuwde inschrijving in Leiden had verstuurd, op 25 maart 1941, stierf de hoogleraar, volkomen onverwacht. Hij was pas zestig jaar oud en slechts een paar dagen ziek geweest. Etty was er kapot van en rende 'in een soort verdoofde toestand' door Amsterdam naar Becker, die het ook niet kon geloven.

'Onze Slavische studie is de voornaamste, eigenlijk de enigste, steunpilaar kwijt,' schreef ze nog dezelfde avond. 'Er is een wereld van wetenschap zomaar, plotseling, geruisloos in elkaar gezakt.'[96]

Het verlies van Van Wijk, liet ze haar ouders weten, maakte meer indruk op haar dan 'de hele oorlog bij elkaar'.[97] Er waren natuurlijk nog de boeken, en de eigen vorsende geest, maar te vervangen was deze man nooit. Ze kon zich nog nauwelijks realiseren hoe 'verarmd en eenzaam' zij als jongeren achterbleven.

Op 3 oktober 1941 werd het verzoek van Esther Hillesum om zich opnieuw in te schrijven voor Slavische talen in Leiden door het ministerie afgewezen.[98] Etty behoorde tot de groep van 31 Joodse studenten van de Leidse faculteit der Letteren en Wijsbegeerte die op grond van 'Verordening v28' geen toestemming kregen om verder te studeren.[99] Vanaf dat moment kon Etty alleen nog clandestien college volgen – officieel tentamens of examens doen zat er niet meer in.

Etty ging evengoed nog af en toe naar Leiden, waar professor Van Wijk was opgevolgd door professor F.B.J. Kuiper. Ze was gesteld geraakt op het kleine groepje studenten slavistiek, onder wie de latere slavist en schrijver Aimé van Santen.[100] Ook bleef ze tot in 1942 illegaal colleges volgen bij Becker in Amsterdam. Ze was vastbesloten door te gaan, schreef ze, en haar uitsluiting als Joodse studente niet aan te grijpen als een excuus om dan maar helemaal niets meer te doen.[101]

Eenvoudig was dat niet. Meer dan ooit moest Etty de motivatie uit zichzelf halen. In het voorjaar van 1942 verzuimde ze vaak college. Becker behandelde dat semester de roman *Jevgeni Onegin* van Poesjkin. Op de presentielijst werd ze van de vijftien lessen slechts drie keer als aanwezig genoteerd, terwijl medestudenten als de later bekende slavisten Aleida Schot en Karel van het Reve geen enkele keer absent waren.[102]

De verplichting viel weg. Het perspectief ontbrak. En thuis, achter haar 'lieve' bureau, was er nog zoveel te doen. Meer en meer trok Etty zich terug in haar eigen wereld, haar wereld van de geest, die in elk geval géén beperkingen kende.

Eind 1941 had Spier zijn twee boekenkasten met ruim elfhonderd boeken laten overbrengen naar de Gabriël Metsustraat. Eén kast kwam in Etty's eigen, kleine kamertje te staan. Ze hoefde haar hand maar uit te steken om een schat aan wereldliteratuur te ontdekken. '*Das Stundenbuch* van Rilke!' noteerde ze opgetogen.[103] Elke dag werkte ze aan een eigen programma. Bij het ontbijt en de lunch een studie van Paul Stefan over Mahler.[104] Een stuk van Jung overschrijven. Haar in het Russisch vertaalde Bordewijk repeteren.[105] *De idioot* van Dostojevski bestuderen. Russische grammatica herhalen. En Rainer Maria Rilke lezen.

Vooral Rilkes *Brieven aan een jonge dichter* kreeg in die eerste maanden van 1942 bijzondere betekenis voor Etty. Rilke schreef deze correspondentie toen hij 28 was, net zo oud als Etty. In tien brieven aan de onbekende cadet Franz Xaver Kappus – die hem enkele van zijn gedichten had gestuurd en om advies had gevraagd – zette Rilke zijn opvattingen uiteen over poëzie, de liefde, het belang van eenzaamheid, kunstkritiek en de bronnen van het ware kunstenaarschap. Voor Etty waren Rilkes epistels niet minder dan een openbaring. 'Men vindt in deze brieven z'n hele levensprogramma terug en er staan woorden in die je eigenlijk een heel leven lang niet meer verlaten mogen.'[106]

Keer op keer citeerde ze de passage waarin Rilke de jonge dichter aanmoedigde vooral geduld te betrachten:

Alles moet eerst tot wasdom komen en pas daarna worden gebaard. Iedere indruk en iedere kiem van een gevoel helemaal in zichzelf, in het duister, in het onverwoordbare, onbewuste, voor het eigen verstand onbereikbare zich laten voltooien, en vol deemoed en geduld het geboorte-uur afwachten van een nieuwe klaarheid: alleen dat betekent als kunstenaar leven, zowel begrijpend als creatief.

Dan wordt niet in tijd gemeten, een jaar doet er niet toe, en tien jaar zijn niets. Kunstenaar zijn betekent: niet rekenen en tellen, rijpen als de boom die zijn sappen niet opstuwt en die rustig in de voorjaarsstormen staat zonder bang te zijn dat er geen zomer zal volgen. De zomer komt toch. Maar alleen voor de geduldigen die leven alsof de eeuwigheid voor hen ligt, zo onbezorgd stil en ver. Ik leer dat iedere dag, leer dat ten koste van pijnen waarvoor ik dankbaar ben: *geduld* is alles![107]

Troostender had Rilke het voor Etty niet kunnen verwoorden. Al zo lang worstelde ze met haar verlangen om te schrijven. Maar net zoals ze steeds sterker in God durfde te geloven, durfde ze er meer en meer op te vertrouwen dat de juiste woorden op een dag vanzelf zouden komen. Ze moest alles laten rusten en rijpen, geduldig zijn, en tegelijkertijd door gestaag en hard werken de voorwaarden scheppen voor de uiteindelijke verwerkelijking van haar ambities.

'Laat ik toch tenminste de moed hebben, af en toe een enkel woord op te schrijven, misschien worden dat later de evenzovele gebrekkige kapstokken, waaraan ik dan de gerijpte gedachten kan ophangen.'[108]

In januari 1942 had Etty zichzelf de opdracht gegeven een lange brief aan Spier te schrijven. Ze wilde hem op 3 februari, precies een jaar na hun eerste ontmoeting, een 'Jahresbeichte' geven, waarin zij de belangrijkste momenten uit hun vriendschap zou memoreren. Vijftien blocnotevelletjes werden het, 'met bloed en tranen neergekalligrafeerd'.[109] De eerste proeve van een schrijfster in wording, die net als Rilke de brief zou gaan ontdekken als een krachtige literaire vorm om zich uit te drukken.

Helaas is Etty's *Jahresbeichte* niet bewaard gebleven. Ze had de brief in een gele enveloppe gestopt en op 3 februari in alle vroegte bij Spier stiekem op zijn ontbijttafel gelegd. Al om half-negen 's ochtends ploegde ze met haar fiets door de sneeuw, de enveloppe in haar tas en een bos gele en rode tulpen in haar hand.

—

De enkele keer dat Etty nog wel naar college ging, was het alsof ze in een ander universum terechtkwam. Achter haar bureau leefde Etty in een 'verbeelde gedachtenwereld, een herschapen realiteit'.[110] De zaken waarmee zij zich bezighield, verschilden nogal van waar haar medestudenten zich druk om maakten.

Op donderdagochtend 19 februari 1942 kwam Etty in een smalle gang van de Oudemanhuispoort haar studiegenoot Jan Bool tegen, met wie zij samen college had gevolgd bij professor Van Wijk in Leiden, en die zij ook al jarenlang ontmoette bij de lessen van Bruno Becker. Jan Bool kwam uit een welgestelde familie; zijn ouders bewoonden een kapitale villa in het Gooi. Zwarte krullen, een keurige tongval, sigaartje of een pijp in de mondhoek. Ondanks zijn goede komaf was Jan Bool, die oorspronkelijk Johan heette, als student gegrepen door het communisme. Hij werd lid van de CPN, schreef artikelen voor het illegale blad *De Vrije Katheder*, en raakte betrokken bij het studentenverzet.[111]

Jan Bool vertelde Etty in de smalle gang van de Oudemanhuispoort dat een kennis van hem was doodgemarteld.

'De beesten,' zei Jan Bool, 'ze hebben hem kapot gemaakt.'[112]

Etty kende de 'zachtzinnige jongen' over wie Jan sprak wel, hij werkte in boekhandel Cultura. Hij speelde mandoline, had een aardig meisje en er was ook al een kind.[113]

In de koffiekamer volgde meer troosteloos nieuws. Verschillende 'breekbare oudere proffen', onder wie de historicus

Jan Romein, waren gevangengezet in tochtige barakken, 'op dezelfde Veluwe waar ze vroeger hun zomervacanties in een vriendelijk pension doorbrachten'. Ze mochten niet eens een eigen pyjama hebben, werd gebriest. De verontwaardiging in het clubje fel anti-Duitse studenten was groot.[114]

Na afloop van het college liep Etty met Jan Bool mee naar de tram. De stad was nog bedekt met een dik pak sneeuw. Etty was onder de indruk van Jans grote, paarse winterhanden.

'Wat is dat toch in de mensen om anderen kapot te willen maken?' vroeg Jan.

'De mensen,' zei Etty, 'dat zijn wij zelf toch ook? Die rottigheid van de anderen zit ook in onszelf.'

De bokkige, norse Jan kon niet anders dan dat toegeven.

'Ik zie werkelijk geen andere oplossing dan in je eigen centrum te keren en daar al die rotheid uit te roeien,' ging Etty verder. 'Ik geloof er niet meer aan dat we in de buitenwereld iets verbeteren kunnen, wat we niet eerst in ons zelf moeten verbeteren.'[115]

Jan was het zowaar met haar eens. De keiharde, sociale theorieën van vroeger liet hij voor even onbesproken.

'Het is ook zo goedkoop, die wraakgevoelens,' zei hij. 'Daar moeten we het toch ook niet van hebben.'[116]

Etty noemde het gesprek het lichtpunt van de dag. Het was haar gelukt ook een van haar meest linkse en activistische kennissen van vroeger te overtuigen van haar nieuwe waarheid: dat haat en wraak niet de oplossing waren.

Enkele dagen eerder had Etty zich nog erg opgewonden omdat Spier weleens de handen las van Duitse nazi's. 'Wild en treurig' was ze geworden toen ze dacht aan de soldatenpetten aan de kapstok bij 'Frau Stahl', een Duitse leerlinge van Spier.[117]

'Je prostitueert je vak voor die nazi's, als je je leven ermee wil redden,' had ze Spier toegeworpen. 'Weet je wel dat er honderden Hollanders in de gevangenis zitten, omdat ze weigeren een woord te onderhandelen met die Duitsers?'[118]

Spier was geraakt. Hij probeerde het haar uit te leggen. Een van zijn nieuwe patiënten was Jo van Ammers-Küller, een pro-Duitse Nederlandse schrijfster. Hij had haar persoonlijk erg geholpen met zijn analyse. En wat was daar mis mee? 'Als een mens me interesseert, gaat het aan me voorbij of die Duits-vriendelijk is of niet,' zei Spier. 'Waar zou het heen moeten als we ons allemaal zo voor elkaar opsloten? En als ik zo'n vrouw help, kan dat politiek toch weer nuttig werken?'[119]

Etty kon niet anders dan hem gelijk geven. Ze schaamde zich voor haar kwade en kleine gedachten.

Er was geen andere weg dan die van de liefde.

8
Geen partijmens

Een dag na Etty's ontmoeting met Max, op vrijdagmiddag 13 maart 1942, belde onverwacht zijn opvolger.

'Met Smelik.'

Etty herkende de kalme stem van Klaas Smelik direct, ook al had ze haar oude vriend al bijna twee jaar niet meer gesproken.

'Wat prettig, dat je er weer eens bent,' zei Etty.

'Weet jij waar Johanna is?' vroeg Klaas. 'Is ze misschien bij jou?'

'Zo, is het weer zover,' antwoordde Etty, 'moorden jullie elkaar nog steeds uit?'[1]

Johanna was de oudste dochter van Klaas. In de jaren dertig was zij ook een heel goede vriendin van Etty geworden. 'Jopie' noemde Etty haar altijd. Ze gaf haar vrienden graag eigen namen – al vond Johanna zelf dat 'Jopie' meer een naam was voor iemand uit de onderwereld.[2] Klaas en Johanna hadden een ingewikkelde relatie en maakten vaak ruzie. Als er hommeles was, werd ook Etty daar geregeld in betrokken.

'Jopie is naar tante To in Vlaardingen gevlucht,' wist Etty te vertellen.

Terwijl ze bijpraatten, kwamen Klaas en Etty spontaan op het idee om samen met de trein naar Vlaardingen te gaan om Johanna tot rede te brengen. Ze zouden elkaar later die middag ontmoeten op het Centraal Station van Amsterdam.

Was het niet typisch, vroeg Etty zich af, dat binnen twee dagen 'haar hele verleden' op haar afkwam?[3]

Etty had Klaas Smelik ontmoet in de zomer van 1935.[4] Ze was direct gecharmeerd van de voormalige zeeman, die als scheepswerktuigkundige vijftien jaar lang over de hele wereld had gevaren.[5] Hij was een type man dat zij nog niet kende. Stoer, wars van autoriteit en onconventioneel. De taal van het gymnasium sprak hij niet, maar sterke verhalen vertellen en vloeken kon hij als de beste. Waar Klaas ging, was 'een sfeer van avontuur'.[6] Nadat hij zich in 1931 aan wal vestigde, had hij zich ontwikkeld tot journalist en schrijver van romans en toneelstukken. Ook maakte hij hoorspelen en reportages voor de socialistische VARA-radio.

'Mijn grootste aantrekkelijkheid voor Etty was dat ik schrijver was,' verklaarde hij later wat mismoedig.[7] Etty kende verder geen schrijvers, en juist van Klaas hoopte zij te leren hoe dat dan moest: een echte schrijver worden.

Het 'liefdesfeest' tussen Klaas en Etty had een halfjaar geduurd. Op initiatief van Etty was de relatie beëindigd, maar ze waren altijd vrienden gebleven.

Johanna was twee jaar jonger dan Etty. Haar vader had het gezin verlaten toen zij en haar zusje nog klein waren. Hij ging ervandoor met de blonde Hermine Bender, door iedereen Mien genoemd, die op haar beurt víér kinderen achterliet. Hoe manhaftig hij ook leek, met zijn onafscheidelijke vliegenierspet: Klaas Smelik liet zich snel meeslepen door emoties en vrouwen kon hij zelden weerstaan. Machteloos had hij moeten toezien hoe Mien zichzelf tot twee keer toe aan boord wist te smokkelen van het schip waarop hij was aangemonsterd. Ze had zich verstopt in de kledingkast van zijn hut, onwillig zich van haar man te laten scheiden. De geur van haar parfum had haar ten slotte verraden. Ze was ontdekt door de bemanning; Smelik had moeten kiezen voor zijn huwelijk met Mien in plaats van het bestaan als zeeman.[8]

Groots en meeslepend allemaal – maar voor Johanna betekende het dat zij haar vader jarenlang niet had gezien of gesproken. Totdat ze zoveel conflicten kreeg met haar moeder, dat die haar op haar zeventiende afleverde bij Klaas, met een briefje in haar tas: 'Johanna heeft jarenlang mijn leven verpest, nu is het jouw beurt.'[9]

Klaas was nog steeds getrouwd met Mien Bender toen hij

een relatie met Etty begon. Hij had zijn dochter nodig als smoes om naar Amsterdam te gaan, en Johanna was haar overspelige vader graag van dienst. Ze had zoveel vaderliefde in te halen, dat zij liefst niet van Klaas' zijde week. Bovendien had ze een pesthekel aan de bezitterige Mien – die zij 'Lellebellien' noemde – en fungeerde zij daarom maar al te graag als trait d'union tussen haar vader en Etty.[10]

Het gebeurde geregeld dat Klaas en Etty samen bleven logeren bij tante Piet in Amsterdam, een zuster van Klaas die eveneens ruzie had met Mien en graag betrokken werd in het complot. Johanna kwam dan meestal ook. 's Ochtends bracht zij haar vader en Etty ontbijt op bed. *Enig* vond ze dat; de wettige vrouw van haar vader kon niet genoeg dwars worden gezeten.[11] Klaas zelf zag dat iets anders. Zijn dochter had zijn nieuwe vriendin al snel 'helemaal ingepikt', klaagde hij later. 'Die twee waren ineens hartsvriendinnen en zijn altijd samengebleven.'[12]

Klaas Smelik was in 1942 inmiddels 45 jaar oud. Hij was weinig veranderd, constateerde Etty toen ze de grote man met de woeste haardos die vrijdagmiddag op het Centraal Station van Amsterdam trof. 'Dezelfde soepele gang en zwarte pelsmuts en felblauwe, kleine zeemansogen, die jonger blijven dan het gezicht.'[13]

'Ik ben je zó dankbaar dat je met me meegaat,' zei Klaas terwijl ze naar de trein liepen.

'Ik verwacht anders een héél grote tegendienst van je,' zei Etty.

Klaas keek even verbaasd.

'Je móet me je zakdoek lenen, ik weet me geen raad, ik ben de mijne vergeten!'[14]

Ze lachten. Het was alsof ze elkaar gisteren nog hadden gezien en alles was weer 'gezellig en vertrouwd'. Ze vonden een coupé voor zichzelf. Al snel trok Klaas Etty op schoot en kuste hij haar als vroeger.

'Weet je nog dat ik je altijd m'n Zonnekindje noemde?' vroeg hij.[15] 'En Geschenk Gods?'

Klaas Smelik was een onverbeterlijke vrouwenversierder. Kennelijk hoopte hij dat Etty zich bij deze hernieuwde kennismaking weer net zo gemakkelijk aan hem zou geven als zij had gedaan toen zij elkaar de allereerste keer ontmoetten. Dat was bij de schipbrug over de IJssel in Deventer geweest, in die zomer van 1935. Klaas Smelik vertelde het romantische verhaal nadien vele keren – in evenzovele versies.[16]

Voor zijn radioreportages reisde Klaas in een grote Amerikaanse auto, een Auburn, door Nederland. Hij werd vergezeld door Ida Last en haar kindertoneelgezelschap de Vrolijke Brigade. Ida Last was de vrouw van Smeliks vriend Jef Last, de communistische schrijver met wie hij in 1932 het revolutionaire schrijverscollectief Links Richten had opgericht. In de zomer van 1935 zat Jef Last in Parijs en had Ida zich met haar theatergezelschap – dat was geïnspireerd op het kindertoneel in de Sovjet-Unie – bij de reizende Smelik aangesloten.[17] Veel van de Amsterdamse kinderen met wie zij werkte, kwamen uit straatarme, communistische milieus, en gingen zelden of nooit op vakantie. Wat was er verheffender voor de kinderen dan een reis maken, het eigen land leren kennen, en onderweg oefenen op voorstellingen en circuskunstjes?[18] Voor de kinderen hing achter de Auburn van Smelik een woonwagen.

Etty en Jaap stonden die dag óók te wachten bij de schipbrug over de IJssel, die eindeloos open kon staan. Ze hadden vakantie, logeerden bij hun ouders in Deventer, en waren samen gaan fietsen. De lawaaiige kinderkaravaan trok hun aandacht, en Etty en Klaas raakten verwikkeld in een geanimeerd gesprek. Over wat zich vervolgens afspeelde, vertelde Klaas Smelik later nogal uiteenlopende verhalen, maar de slotscène was steeds hetzelfde. Na een picknick met gebakken riviervis, wisten Klaas en Etty zich af te zonderen in de woonwagen. Ze keken elkaar eens aan en Etty knoopte zonder aarzelen haar blouse los. Ze had een 'zeer welvoorziene buste', zou Smelik zich een leven lang herinneren. 'En toen was het feest.'[19]

Op weg naar Johanna in Vlaardingen, in de lege treincoupé, was Etty minder gediend van Klaas z'n avances. 'Hoe houd ik die Pa van m'n lijf?!'[20] Ze hield nog altijd van zijn jonge, blauwe zeemansogen en de fijne ironische trek om zijn brede mond. Het vleide haar dat de 'grote, verzworven kerel' direct weer voor haar viel. Maar als man stond Klaas haar inmiddels tegen. 'O mannen, mannen! Met jullie kleine bezitsinstincten.'[21] Het lag ook aan haarzelf, realiseerde Etty zich. Ze moest leren dat ze vroeger 'te onverantwoordelijk had gespeeld met mannen'.[22]

Door een vergissing kwamen Etty en Klaas aanvankelijk niet in Vlaardingen terecht, maar in het centrum van Rotterdam. Ze moesten een stuk door de stad lopen. Ook een aantal dagen later was Etty nog niet in staat het 'bizarre oorlogslandschap' te beschrijven, noteerde ze in haar dagboek. Om Nederland te dwingen tot capitulatie, hadden de Duitsers op 14 mei 1940 Rotterdam gebombardeerd. Er waren 24.000 woningen in de as gelegd; de branden hadden dagenlang aangehouden. Het voorheen zo fraaie historische stadscentrum was veranderd in een eindeloze steenvlakte, slechts onderbroken door een eenzame kerk of brug, die als door een godswonder overeind waren blijven staan. Etty en Klaas liepen langs ruïnes en hoge bergen puin; nog overal waren arbeiders bezig het steen af te voeren. Binnen de kortste keren waren hun schoenen grijs van het stof.

'O, maar wat vind ik dát *leuheuk*,' klonk de zangerige stem van Johanna toen Etty en Klaas binnenstapten bij tante To in Vlaardingen.[23] Johanna had uiterlijk veel weg van haar vader. Hetzelfde dikke, golvende haar, en brede gezicht met kleine, blauwe ogen. Ze was slim en belezen, maar ook wat verloren in het leven; zonder werkelijk doel of plan. De studie rechten waaraan ze was begonnen, had ze moeten staken omdat ze nooit een hbs-diploma had gehaald.[24] Sindsdien had Johanna het vooral erg druk met wat haar vader bezighield; een ongezonde symbiose die mede de bron vormde van hun vele conflicten.

'Ik ben zó wanhopig geweest, dat ik bijna een fles somnifeen had leeggedronken,' zei Johanna. 'En ik dacht toen: nou, dan moeten vader en Etty samen op de begrafenis komen.'

'Jammer,' grapte Etty, 'dat we dan nu geen lijk hebben, we zijn net zo mooi bij elkaar.'[25]

De Smeliks hadden veel gevoel voor drama. Vlak na de capitulatie was Etty betrokken geweest bij een andere 'onderwereld moordscène' tussen vader en dochter.[26] Klaas Smelik had toen aan Johanna gevraagd of ze vergif voor hem wilde meenemen, zodat hij zelfmoord kon plegen. Als overtuigd trotskist en antifascist vreesde hij voor represaillemaatregelen door de nazi's. In de jaren dertig had Klaas vaak clandestien onderdak geboden aan gevluchte Duitse schrijvers, dus hij wist wat hem te wachten kon staan.[27] Maar Johanna weigerde hem het vergif te bezorgen, naar eigen zeggen omdat ze hoopte dat haar vader ook in de oorlog onderduikers zou blijven opnemen.[28] De ruzie was toen zo hoog opgelopen, dat Klaas zijn dochter volgens Etty halfdood had geslagen.[29]

Een ander, voortdurend terugkerend conflict tussen Klaas en Johanna ging over zijn werk als dramaturg bij de radio. In maart 1941 waren de bestaande omroepen door de bezetter opgeheven. Klaas Smelik raakte zijn baan bij de VARA kwijt, maar kwam als freelancer niet in aanmerking voor een financiële vertrekregeling. Na lang aarzelen besloot hij een baan te aanvaarden bij de gelijkgeschakelde, met de nazi's collaborerende Nederlandse Omroep, waar hij aan de slag kon als hoofd van de sectie drama. Klaas Smelik zag geen andere mogelijkheid. Hij moest zijn eerste en tweede vrouw én Johanna onderhouden. En de NSB-leiding had hem, opvallend genoeg, beloofd dat hij zijn communistische overtuiging niet hoefde op te geven: de Nederlandse Omroep wilde graag uitstralen dat hij er voor álle Nederlanders was. Dat hij op deze manier gebruikt werd als 'excuus-Truus', had Klaas zelf niet goed in de gaten.[30] Bovendien had Johanna veel druk op hem uitgeoefend. 'Ik heb mijn vader gedwongen te blijven werken,' vertelde ze later. Als haar vader een vast inkomen had, konden ze immers gemakkelijker onderduikers helpen. Daarnaast was hij als medewerker van de Nederlandse Omroep minder snel verdacht.[31]

Voor Klaas, links-revolutionair in hart en nieren, was zijn werk voor de Nederlandse Omroep een zware opgave. Hij werd, zonder dat hij daarvoor expliciet toestemming had gegeven, lid gemaakt van de gehate Kultuurkamer. Hoe kon hij dat voor zichzelf verantwoorden? Uit ongenoegen provoceerde hij zijn nationaalsocialistische collega's en liep hij als dramaturg de kantjes ervan af.

'In het diepst van m'n hart ben ik wanhopig,' bekende hij Etty eens, die 'haar oude en verbeten klassenstrijder' overigens niets verweet.[32] 'Er is iets niet in orde in mijn leven, ik sleep er mee rond en kom er niet mee klaar. Dat ik niet die kerel van formaat geweest ben, die ik had moeten zijn en waarvoor ik me altijd gehouden heb.'[33]

Maar steeds wanneer hij het bijltje erbij neer wilde gooien, kreeg hij ruzie met Johanna, die absoluut niet wilde dat haar vader zijn baan bij de Nederlandse Omroep opgaf.

Op de avond voor Johanna's overspannen vlucht naar Rotterdam, waren de Smeliks doorgezakt met de actrice Leonie Reiman, die tijdelijk bij hen inwoonde. Klaas en Leonie maakten samen plannen om gecodeerde boodschappen naar Engeland te zenden, verstopt in zijn hoorspelen voor de radio.[34] Een woest avontuur waar Klaas wel oren naar had, gezien de onvrede over zijn werk bij de omroep. Maar de avond eindigde in onmin en dronkenschap. Leonie wilde met Klaas naar bed, maar Klaas weigerde dat omdat zij te dronken was. Daarop verliet Leonie hogelijk beledigd het huis en kwam niet meer terug. Jopie was erg bang dat Leonie hen zou verraden en raakte in paniek. Met een fles slaapmiddel op zak vertrok ze naar haar tante. Anders dan Johanna aan Etty vertelde, had zij die fles somnifeen in Rotterdam niet bíjna, maar wel degelijk helemaal leeggedronken. Haar tante had het op tijd ontdekt en haar naar het ziekenhuis gebracht, waar haar maag was leeggepompt.[35]

Het is onduidelijk wat Johanna wist of vermoedde, maar er was zeker reden om Leonie Reiman te wantrouwen. De oorspronkelijke Duitse Leonie Reiman – zij werd geboren als Gertrud Franziska Pütz, Leonie Reiman was haar artiestennaam – was een dubbelspionne en werkte in de oorlog zowel voor de Nederlandse als voor de Duitse geheime diensten. Haar levensverhaal was een onontwarbaar web van intriges en leugens. Aan welke kant zij werkelijk stond, werd nooit helemaal opgehelderd.[36]

Etty vond het allemaal wel vermakelijk – voor zover zij iets kon begrijpen van de chaotische verhalen die Klaas en Johanna haar vertelden. 'De verhalen van Klaas met de grote gebaren, over die dronken actrice, die losgebroken politieke hartstocht, enfin, ieder ogenblik onverwachts en avontuurlijk.'[37]

Met de nodige humor wist zij vader en dochter Smelik weer met elkaar te verzoenen. Het was al laat op de avond, toen zij met z'n drieën in een verduisterde trein terug naar Amsterdam reisden. Klaas drong erop aan om samen een hotel te nemen, maar Etty was zo verstandig naar huis te gaan. Ze werd er opgewacht door Han – 'bleek, verbeten, afwijzend, hoestend'.[38] Voor de tweede avond op rij was Han zijn Etty kwijt geweest aan een geliefde uit het verleden. Zelfs voor een ruimhartige en vrijdenkende man als hij was dat te veel.

'Het is goed dat je teruggekeerd bent, anders had ik onze verhouding geliquideerd!' dreigde hij.

Etty maakte het goed door de volgende dag bij hem in bed te kruipen.

'Je bent een onbeschaamde vrouw,' zei Han lachend. 'Eerst ga je met je vroegere verleider op stap, en nu verleid je mij weer.'[39]

—

Johanna Smelik werd Etty's eerste echte vriendin in Amsterdam. In Jopie vond zij iemand die net als zij veel hield van literatuur en filosofie, en met wie zij eindeloze gesprekken kon voeren over Nietzsche of Schopenhauer. De vriendinnen zaten middagenlang samen te lezen. Ze zetten een pot thee en installeerden zich bij de gashaard. 'Lettervreters' waren ze; altijd gulzig en hongerig naar meer.[40] Etty hield in de jaren dertig vooral van het werk van Menno ter Braak, Eddy du Perron, Jan Slauerhoff en Hendrik Marsman.[41] Wanneer een bepaalde passage de vriendinnen aansprak, lazen ze die aan elkaar voor. Verder was er niets anders dan de stilte, het suizen van de haard, en de vraag: 'Schenk jij nog eens in?'[42]

Etty zou later vriendinnen krijgen met wie zij een intensere band had, en die intellectueel gezien misschien ook meer aan haar gewaagd waren, maar Johanna was zo iemand die gewoon altijd in de buurt was, bijna tien jaar lang, als een zusje.[43] 'Jopie', zoals Etty haar als enige bleef noemen, ging op stap met broers Jaap en Mischa, vergezelde Etty wanneer zij haar ouders bezocht, was kind aan huis bij pa Han, en kende bijna alle andere vriendinnen en vrienden van Etty in de jaren dertig. Vrijwel wekelijks schreven Johanna en Etty elkaar brieven – ook wanneer ze elkaar net gezien hadden – waarin ze passages citeerden uit de boeken die ze lazen, of alvast de essentie van een werk voor elkaar samenvatten.[44]

Zodra Etty en Johanna wat geld hadden, fietsten ze naar de Oudemanhuispoort om een nieuwe lading tweedehands boeken in te slaan.

'En nu duizend jaar slapen,' zei Etty dan wanneer ze met hun zware boekentas thuiskwamen.

'Ja, en dan wakker worden met de formule!'

Dat was typisch een uitspraak van hen. Ze hadden hem ontleend aan de zeventiende-eeuwse astronoom en geleerde Edmond Halley, die ooit veronderstelde dat wanneer het menselijk brein eenmaal voldoende ontwikkeld zou zijn, het hele universum misschien in één formule te vangen was. Juist naar die formule waren zij als jonge vrouwen op zoek. Een alles overkoepelende verklaring; een antwoord op de vele zware kwesties waarover zij zich het hoofd braken.[45]

'Meisjes, meisjes,' kon pa Han verzuchten, 'wat zijn jullie toch altijd met de dood bezig.'[46]

Toen Johanna Etty leerde kennen, woonde zij nog bij de familie Hess op de Keizersgracht 612. Officieel stond Etty sinds september 1934 weer ingeschreven bij haar ouders in Deventer, maar kennelijk was dat alleen formeel en verbleef ze meestal bij de Joodse familie Hess in Amsterdam, bij wie ook Jaap en Mischa inwoonden.[47] Johanna herinnerde zich dat Etty er een 'pijpenla' had.[48] Veel privacy genoot ze er wederom niet. Mevrouw Ida Hess-Lutomirski was van dezelfde leeftijd als Riva en had vermoedelijk ook een Russische achtergrond.[49] Volgens Johanna moest Ida Hess van Riva een beetje op Etty letten, en kon Etty ook daarom niet anders dan naar tante Piet uitwijken als ze Klaas Smelik wilde ontmoeten. Riva wist van de verhouding met Klaas, en was er absoluut niet over te spreken. Allereerst natuurlijk omdat hij zoveel ouder en getrouwd was, maar ook omdat hij een *goj* was – een niet-Jood.[50]

Etty had in die tijd 'nog geen cent om een zak zuurtjes te kopen', vertelde Klaas Smelik.[51] De toelage van haar vader was minimaal en het duurde tot 1937 voordat zij als studente een eerste baantje vond; ze tikte analyses uit voor het Instituut voor Psychotechniek van Taco Kuiper, wiens zus Hannie een kennis van haar was.[52] Slechts één keer in haar hele studententijd kon Etty een nieuwe winterjas aanschaffen. Een zwarte jas van astrakan lamsbont, waarbij ze jarenlang dezelfde, maffe kozakkenmuts droeg. Etty kleedde zich hoe dan ook erg eenvoudig. Voor een belangrijk deel uit chronisch geldgebrek, maar ook uit desinteresse. 'Ze droeg nooit behoorlijke jurken, het waren *zakken*,' zei een vriendin.[53] Als ze een ceintuur miste, bond ze een pakketkoord om haar middel.

Nu wás er natuurlijk heel weinig werk in die crisisjaren. Rond 1935 telde Amsterdam ruim zestigduizend werklozen, naar schatting een vijfde tot zelfs een kwart van de werkende bevolking.[54] De Nederlandse premier, de oerconservatieve ARP-politicus Hendrik Colijn, hield lang vast aan een harde gulden en voerde een strenge bezuinigingspolitiek, waardoor de economische situatie in Nederland nog benarder was dan in omringende landen. Vrouwen kwamen al helemaal niet aan de bak.

Bij Etty speelde daarbij mee dat ze ook nog eens doodverlegen en onzeker was, en daarom niet snel een baantje durfde te zoeken of aan te nemen. Toen Johanna eens een goede klus had gekregen – als dochter van een schrijver kreeg zij soms vertaalwerk toegespeeld, in het vertrouwen dat haar vader de fouten er wel uit zou halen – vroeg ze of Etty haar daarbij wilde helpen, zodat zij meer zou opschieten en ook Etty wat kon verdienen. 'Ben je gek, dat kan ik helemaal niet!' was Etty's antwoord. 'Dat is toch veel te moeilijk!' Etty keek hoog tegen Johanna op omdat zij zich, in het kielzog van haar vader, zo gemakkelijk bewoog in een milieu van schrijvers en kunstenaars.[55]

Op een dag zouden de vriendinnen samen op bezoek gaan

bij Jef Last, die juist naam had gemaakt met zijn baanbrekende boek *Zuiderzee.* Ze belden aan bij zijn huis in de Jordaan; Johanna ging voor de smalle trap op. Etty liet Johanna liefst *altijd* voorgaan – anders durfde ze al helemaal niet. Ze klommen naar boven en hoorden de stem van Jef Last. Hij las een kinderboek voor aan zijn nog jonge dochters. '*Halohoo*,' zei Johanna. Ineens hoorde ze geroffel op de treden. Het was Etty, die razendsnel weer naar beneden rende. Voordat Johanna precies in de gaten had wat er gebeurde, was Etty 'm al gesmeerd.[56]

—

Johanna vertelde dat Etty zich als kind vaak machteloos had gevoeld tegenover haar drukke, overheersende moeder.[57] Ze kon niet tegen Riva op, voelde zich niet gezien, gehoord en gekend.

Volgens Johanna maakte die vroege ervaring van hulpeloosheid dat Etty zich later gemakkelijk kon identificeren met de verdrukten en de verschoppelingen. Het was de belangrijkste reden dat zij rechten was gaan studeren. Etty wilde als rechter kinderen helpen; kinderen die net als zijzelf vroeger geen stem hadden.

In de jaren dertig vertaalde die sociale bewogenheid zich bij Etty in een sterk politiek engagement. Als gevolg van de economische crisis en de oplopende politieke spanningen in Europa raakten grote groepen in de samenleving in de verdrukking. In Amsterdam gingen in de zomer van 1934 hordes woedende en wanhopige werklozen de straat op omdat ze de zoveelste steunverlaging van de regering-Colijn niet pikten. Ze wierpen barricades op, zwaaiden met Sovjetvlaggen en gooiden straatstenen naar de politie en het leger. Hoe moesten ze hun kinderen te eten geven? De opstand, die de geschiedenis in ging als het Jordaanoproer, werd hard neergeslagen; er vielen vijf doden en 56 zwaargewonden.

Het waren jaren waarin de confessionele partijen in het sterk verzuilde Nederland nog alle macht hadden, en het overgrote deel van de bevolking zich tamelijk volgzaam voegde naar de mores van hun protestantse, rooms-katholieke, liberale of socialistische gemeenschap – en de politici, kranten, radiozenders en verenigingen die daaraan verbonden waren. Nederland was een oerconservatief, sterk verzuild land, dat ook in een snel veranderend Europa bleef vasthouden aan zijn neutraliteit, zoals het dat eerder, en met succes, tijdens de Eerste Wereldoorlog had gedaan. Hitler was officieel een 'bevriend staatshoofd' en op belediging van dat staatshoofd stond gevangenisstraf.

Maar dat betekende niet dat de hele samenleving was ingedut, zoals na de oorlog lang het overheersende beeld was, met verwijzing naar de uitspraak van Colijn uit 1936 dat 'iedereen rustig kon gaan slapen'. Op veel plaatsen in de wat suffige, brave Nederlandse provincie gistte en broeide het, en werd door allerlei mensen wel degelijk de urgentie gevoeld van bijvoorbeeld de gevaarlijke ontwikkelingen in Duitsland.[58]

In januari 1933 was Hitler benoemd tot rijkskanselier en vanaf dat moment hadden de nazi's alle macht naar zich toe getrokken. Communisten en andere politieke tegenstanders werden vervolgd of opgesloten in concentratiekampen; de Duitse Joden werden geboycot en steeds meer uitgesloten. Er kwam uit Duitsland een gestage stroom van Joodse en politieke vluchtelingen naar Nederland op gang – die allesbehalve warm werden onthaald. De toenmalige, katholieke minister van Justitie Van Schaik mocht zich in 1933 hardop afvragen of de 'Joodse invasie, die op blijvende vestiging dreigt uit te lopen', wel gewenst was op grond van 'ras, economische en sociale overwegingen'.[59]

Precies dát was wat Etty's moeder had ervaren. En wat Etty met de jonge zionisten in Deventer zo vaak had besproken. Als het erop aankwam, waren Joden nergens veilig.

Tegen deze achtergrond voelde Etty zich aangetrokken tot communistisch en socialistisch georiënteerde groeperingen die wél opkwamen voor de verdrukten, om te beginnen de verarmde arbeiders en werklozen, maar ook de vele Joodse en politieke vluchtelingen uit Duitsland.

Hoe gemakkelijk je als studente zo'n protestbeweging binnenrolde, vertelde de eveneens Joodse Eva Tas, die een jaar jonger was dan Etty en geschiedenis studeerde aan de Universiteit van Amsterdam. Op een dag, eind 1933, zag zij op een mededelingenbord in de Oudemanhuispoort een aankondiging hangen van de 'Studentengroep van den Strijdbond tegen Oorlog en Fascisme'. De Amsterdamse groep studenten – die deel uitmaakte van de 'Internationale Strijdbond tegen Oorlog en Fascisme' – organiseerde een drietal lezingen van de communistische voorman Alex de Leeuw. Eva Tas ging erheen en vond het geweldig. 'Hij had het over de onrust in Europa, het aan de macht komen van de fascisten, de grote crisis en de werkloosheid en het Britse imperium overzee dat nu zijn ondergang tegemoet ging.' Ze besloot direct lid te worden van de Studentengroep.[60]

Op bijeenkomsten en vergaderingen van de Studentengroep van den Strijdbond tegen Oorlog en Fascisme kwam Eva Tas geregeld Etty Hillesum tegen. Ze had geen duidelijke functie en speelde zeker geen opvallende rol. Etty was vooral geïnteresseerd, vertelde Tas.[61] Ze luisterde en hield zich wat op de achtergrond, maar ze wilde er wél graag bij zijn.

Net als Etty, las Eva Tas graag. Juist op de dag dat ze de aankondiging van de Studentengroep zag, kocht ze via het prikbord ook een vierdelige uitgave met werk van de negentiende-eeuwse Duitse dichter Heinrich Heine. Dat de nazi's in mei 1933 in Berlijn tienduizenden boeken van zogenaamde *entartete* – lees Joodse, communistische of socialistische – schrijvers op de brandstapel hadden gegooid, onder wie haar geliefde Heine, had haar diep geschokt.[62] 'Waar men boeken verbrandt, verbrandt men uiteindelijk ook mensen,' zei Heine al in 1823.

'Ik vond het verschrikkelijk dat de nazi's de literatuur verbrandden waar wij groot mee waren geworden,' herinnerde Eva Tas zich later. 'Zij wilden met wortel en al uitroeien wat voor ons de levensboom was.'[63]

Het hadden Etty's woorden kunnen zijn.

Via de Studentengroep maakte Etty nieuwe vrienden. Een van hen was de student economie Gerard van der Meij. Hij vond Etty een 'leuke, vrolijke meid', hartelijk en uitbundig, van wie hij niettemin de indruk kreeg dat ze altijd op de toppen van haar zenuwen leefde. Ze had veel last van eczeem, een typisch psychosomatische kwaal in de ogen van Gerard. Hij vond haar armen er altijd maar 'viezig' uitzien, doordat ze die voortdurend moest inzwachtelen met zalf, en wanneer ze de zwachtels er dan had afgehaald bleven haar plakkerige armen vuil en stof aantrekken. Etty had volgens Gerard geen bijzondere functie in de Studentengroep. 'Als ik mij vergaderingen voor de geest haal, was zij meer degene die voor een kopje koffie zorgde en voor een plezierige ambiance dan voor het politieke.'[64]

'Red Thälmann!' riep Gerard van der Meij bij lezingen in de Oudemanhuispoort. 'Thälmann vrij!' De leider van de Kommunistische Partei Deutschlands, Ernst Thälmann, was in maart 1933 door de nazi's gevangengezet, tot grote verontwaardiging van de Studentengroep. De hele club was sterk communistisch georiënteerd. Een van de leidende figuren was Joseph J. van Weezel, een jonge chemicus die zeer actief was in wat toen nog de CPH heette, de Communistische Partij Holland, en daarnaast als redacteur werkte voor het communistische dagblad *De Tribune*. Gerard van der Meij ging geregeld naar bijeenkomsten bij Van Weezel thuis, op het toenmalige Pretoriusplein 3-II in de Afrikaanderbuurt.[65] Met een man of tien, onder wie Etty, debatteerden ze over het opkomende fascisme in Duitsland en ook Italië, waar Mussolini inmiddels de absolute macht had.[66]

Om meer aanhang te verwerven, verspreidde de Studentengroep op de universiteit een gestencild blaadje dat *Links af!* heette. Het secretariaat van *Links af!* was gevestigd op het adres van Van Weezel en de jonge *Tribune*-redacteur bemoeide zich intensief met het studentenblad. Hoewel de naam van de Communistische Partij Holland in de kolommen angstvallig werd vermeden, was wel duidelijk uit welke ideologische hoek de wind waaide: 'Slechts een juiste, konsekwent gevoerde, revolutionaire politiek, die zich niet door frases van demokratie en grondwettelijke waarborgen laat verwarren, maar die zijn doel ziet in de dictatuur van het proletariaat, kan een einde maken aan het fascisme, het laatste middel waartoe het kapitalisme in zijn ondergangsperiode kan grijpen.'[67]

Joseph J. van Weezel had een Joodse achtergrond en riep de Joodse studenten op de universiteit nadrukkelijk op zich aan te sluiten bij de Studentengroep. De NSB had in Nederland op dat moment, begin 1934, zo'n eenentwintigduizend leden, maar de aanhang groeide snel. Van NSB-leider Mussert had de Joodse student even weinig goeds te verwachten als hun 'Duitsche rasgenooten' van Hitler, waarschuwde *Links af!* 'Joodsche studenten! Uw plaats is bij ons!!! [...] Dat is de enige weg waarlangs gij kunt strijden tegen het fascisme en zijn antisemitisme!'

Zoals meer jonge, idealistische studenten van haar generatie, zag Etty in het communisme een oplossing voor de ellendige situatie waarin veel arbeiders verkeerden. Nog in 1937 hing het portret van een jonge Stalin prominent boven haar bureau – naast dat van de Russische schrijver Ilja Ehrenburg en de communist Jef Last. Typerend voor Etty's houding in die tijd is haar reactie op een vraag die ze bij een beroepskeuzetest kreeg voorgelegd, die werd afgenomen op het Instituut voor Psychotechniek van haar kennis Taco Kuiper. Het ging om de casus van een arm, kinderrijk gezin in de Jordaan, dat zeer krap behuisd was. Een van de kinderen had tuberculose en moest, met oog op het besmettingsgevaar, apart verpleegd worden. Hoe kon het huis het beste worden ingericht? Er zat een plattegrond bij de vraag. Het was de bedoeling dat Etty liet zien of ze enig organisatietalent had. Maar Etty bedacht helemaal geen praktische oplossing. In plaats daarvan schreef ze een vlammend betoog over hoe schandalig het was dat een groot gezin in zo'n klein en rottig huis moest bivakkeren. Een toonbeeld van kapitalistische uitbuiting was het![68]

Hoewel het duidelijk was waar haar sympathie lag, sloot Etty zich volgens haar vrienden nooit aan bij de Communistische Partij. Ze was absoluut 'geen partijmens', vertelde Johanna Smelik, en het ging tegen haar aard in om bij een club te horen die andere overtuigingen uitsloot.[69] Daarvoor was Etty te veel een genuanceerd denker en een individualist.

Over het marxisme had Etty haar eigen opvattingen. Ze vond het jammer dat Marx had gezegd dat godsdienst opium voor het volk was, zei ze weleens. Want waarom zou de godsdienst an sich radicaal moeten worden afgewezen? Etty kon zich daarin niet vinden. De uitspraak was alleen maar koren op de molen van christenen overal ter wereld, vertelde ze tegen Johanna, omdat die nu konden zeggen: zie je wel, die communisten zijn allemaal godsloochenaars, een gevaar voor alle gelovigen. Zo ging aan hen voorbij dat het economische stelsel van Marx juist heel menselijk was; gebaseerd op een eerlijkere verdeling van macht, geld en goederen. Marx had moeten zeggen: 'Godsdienst wordt *gebruikt* als opium voor het volk,' vond Etty.[70]

Er is herhaaldelijk gesuggereerd dat ook Etty's vader neigde naar het communisme – en zij het dus niet van een vreemde had. Louis Hillesum zou zelfs lid zijn geweest van de Vereniging Vrienden van de Sovjet-Unie (VVSU), die door de Nederlandse inlichtingendienst werd gezien als een communistische mantelorganisatie.[71] Deze bewering is gebaseerd op één bron, een uitspraak van *Waarheid*-journalist Joop Morriën in zijn boek *De leiding van de illegale CPN 1940-1943. Het driemanschap Paul de Groot, Lou Jansen en Jan Dieters in de IJsselstreek en Veluwezoom* uit 2001. Morriën noemde in dat boek de CPN'er Rita Versteeg-van Leeuwen uit Eerbeek, dertig kilometer van Deventer, die ook lid was van de VVSU en 'onder meer omging met de rector van het stedelijk gymnasium dr. L. Hillesum'.[72] Helaas zei Morriën niet waar hij die informatie vandaan had.[73] Morriën was van 1928, en moet er dus ver na de oorlog in CPN-kringen over gehoord hebben, maar van wie, en hoe betrouwbaar was die informatie toen nog? Louis Hillesum zelf heeft in elk geval publiekelijk nooit blijk gegeven van communistische ideeën. Net als zijn dochter, hield hij niet van denken in vastomlijnde kaders en wilde hij zichzelf, noch anderen, vastpinnen op een politieke of religieuze overtuiging.[74]

Gerard van der Meij had de indruk dat Etty hoe dan ook 'politiek gezien niet geweldig geïnteresseerd was'. Vrienden van hem, die ook bevriend raakten met Etty, kregen eenzelfde indruk.[75] 'Menselijke waardigheid, mededogen, dát waren belangrijke zaken voor haar,' zei een van hen. Etty werd vooral gedreven door haar grote betrokkenheid bij mensen die het minder hadden, die in de verdrukking zaten en alleen kwamen te staan. Hen wilde ze helpen; de behoeftige individuen.

Het schijnt dat Etty zich het lot van één politieke vluchteling uit Polen of Duitsland in het bijzonder had aangetrokken en zij ook een liefdesrelatie met deze man kreeg – maar die affaire was met de grootste omzichtigheid omkleed en Etty's vrienden kregen er daarom geen hoogte van.[76] Communisten werden door de Nederlandse inlichtingendienst goed in de gaten gehouden; iedereen leerde op zijn hoede te zijn. Mogelijk was deze man de eerdergenoemde 'Adpana', en had hij om die reden een zelfbedachte naam gekregen van Etty.

Het grote probleem met de politiek was, zo analyseerde Etty zelf in haar dagboek, dat de waarheid al te vaak ondergeschikt werd gemaakt aan grotere politieke doelen, en dat de massa daarom bewust onwetend werd gehouden. De communisten hadden daarvoor misschien ooit goede redenen gehad, 'er moest een nieuwe wereld uit de grond gestampt worden en de aandacht mocht niet afgeleid worden van diepere dingen'. Maar *im Grunde* ging al die politiek toch uit van eenzelfde minachting voor de massa, die men niet aan zichzelf over durfde te laten en die niet zelf mocht kiezen tussen goed en kwaad.[77] Terwijl het juist het allerbelangrijkste was, vond ze, dat elk individu de kans kreeg zelf rekenschap af te leggen, en elk barbarisme *innerlijk* af te wijzen, omdat de wereld anders geen stap verder zou komen uit de modder.[78]

Etty was eerder een humanist dan een communist, concludeerde een vriend uit die tijd. 'Ze was altijd iemand die heel menselijk was.'[79] Haar 'communistisch *angehaucht* zijn' stak niet heel diep, concludeerde ook Gerard van der Meij. 'Ze vond het uiteindelijk allemaal vrij extreem, en Etty was tegen extreme, dogmatische opvattingen.'[80] Van der Meij keerde zich na verloop van tijd eveneens van de Studentengroep af. 'De beweging werd steeds meer een communistische cel binnen de universiteit. Je werd in het keurslijf van het communisme gedrongen.'[81]

Evengoed werden Etty's studentenjaren overheerst door politiek activisme en idealisme. Vrijwel alle vrienden van Etty in die tijd waren links, van overtuigd partijcommunist tot sociaaldemocraat. Ze kwamen veelal uit gegoede milieus, met vaders die dominee waren, concertmeester, zakenman, rector of bankdirecteur. Binnen de starre en verzuilde Nederlandse samenleving vormden ze een vrijgevochten, bohemienachtige subcultuur. Ze waren opgegroeid met witte servetten, maar zetten zelf een wc-rol op tafel, als een ludiek protest tegen hun burgerlijke afkomst. De hele sfeer was sterk antibourgeois; veel meisjes waren opvallend geëmancipeerd. Etty's losse seksuele moraal was in deze kringen zeker niet uniek, al ging ze hierin vaak nog een stapje verder dan anderen. De groep linkse, politiek actieve studenten in Amsterdam was niet groot. Ze kwamen elkaar voortdurend tegen bij debatten in kleine, rokerige zaaltjes, manifestaties, en allerhande acties om te colporteren voor de goede zaak. Er werd gesjanst en vreemdgegaan bij de vleet.[82]

Etty en Johanna gingen vaak naar lezingen van schrijvers en intellectuelen, onder wie in elk geval Menno ter Braak. Volgens Johanna waren Etty en zij er altijd als eersten en zaten zij liefst vooraan.[83] Ze waren er, bijvoorbeeld, als de kippen bij toen in april 1937 de Duitse theatermaker Erwin Piscator naar Nederland kwam en in het Amsterdamse Leidschepleintheater een voordracht gaf.[84] Piscator behoorde, samen met Bertolt Brecht, in de Weimarrepubliek tot de avant-garde van het politieke theater. Verguisd door de nazi's, was hij in ballingschap gegaan en voor Johanna en Etty was het een uitgelezen kans om hun idool te horen spreken.

De lezing begon pas om halftwaalf 's avonds, zodat ook de acteurs die die avond speelden erbij konden zijn. Piscator betoogde in het Leidschepleintheater dat het werkelijk progressieve toneel 'levend' moest zijn, waarmee hij bedoelde dat de bezoekers er hun eigen bestaan en problemen in moesten kunnen herkennen. Hij sprak vol bewondering over de Nederlandse avant-gardefilm *De ballade van den hoogen hoed* die hij net had gezien; een korte, poëtische film van Max de Haas, met een hoge herenhoed in de hoofdrol.[85]

Het is opmerkelijk dat Etty nergens in haar dagboek naar films verwijst, al noemt ze een enkele keer een filmster als Marlene Dietrich of Conrad Veidt. Ook haar vrienden vertelden later niets over bioscoopbezoek. De enige aanwijzing dat Etty wel degelijk veel hield van cinema, is te vinden in een onbeholpen briefje van Mischa van januari 1941, waarin hij zijn zus feliciteert met haar verjaardag en haar 'nog vele plezierige jaren met veel bioscoopuitgangen' wenst.[86]

Nu draaiden er tijdens de oorlog vrijwel louter Duitse propagandafilms, maar in de jaren dertig was er voor Etty natuurlijk wél veel boeiends te zien geweest. Door de opkomst van de geluidsfilm maakte de cinema in die jaren een razendsnelle ontwikkeling door. Het kan bijna niet anders of Etty was geïnteresseerd in de Russische avant-garde; een vertoning van Eisensteins *Pantserkruiser Potemkin* zal ze niet hebben gemist. Ook werd in haar vriendenkring ongetwijfeld gepraat over een film als *De Spaanse aarde* van de communistische cineast Joris Ivens, uit 1937, met beelden van de Spaanse burgeroorlog.

Alles draaide om politiek in die jaren. Het woord 'God' had Johanna nog nooit uit Etty's mond gehoord.

De enige keer dat Etty aan haar geloof refereerde, was toen Johanna Etty eens aanspoorde om een beetje vlugger te lopen.

'Kom op, Etty, wat loop je toch altijd traag,' zei Johanna.

Waarop Etty antwoordde: 'Ja, kind, maar jouw voorouders hebben niet veertig jaar door de woestijn hoeven zwoegen.'[87]

—

'Ze is me toch wel heel dierbaar,' schreef Etty in haar dagboek over Johanna, enkele dagen na haar Rotterdamse avontuur. 'Ik begin een beetje te begrijpen, hoe het bij haar in elkaar zit, misschien kan ik iets doen.'[88]

Etty was behoorlijk tevreden over hoe ze de reis met Klaas en alle verwikkelingen met de Smeliks had doorstaan. De hele dag had haar maar vier aspirines gekost, vermeldde ze trots. Voorheen – in het tijdperk vóór Spier – liep ze na intensieve episodes wekenlang rond met 'sensationeel onverwerkt materiaal', waardoor ze tot niets anders kwam. Nu lukte het haar de ervaringen al snel een plek te geven – *einordnen* noemde Spier dat – waardoor ze ruimte kreeg om verder te gaan.[89]

Terwijl ze pas om twee uur 's nachts in bed lag, was ze al de volgende ochtend om halfacht opgestaan om op tijd klaar te zijn voor haar Russische les aan 'de zaadhandelaar'. Elke week kwam Douwe J. Vis, directeur van de zaadhandel gebroeders Vis N.V. uit Enkhuizen, in zijn nette pak vanuit Noord-Holland naar Amsterdam om van Etty Russisch te leren.[90] Sinds een aantal jaren gaf Etty geregeld les, aanvankelijk aan de Volksuniversiteit in Amsterdam, later vooral vanuit huis. Ze was een goede docente, vertelden haar leerlingen, die helder kon uitleggen en hun de grappige versjes liet opzeggen die zij zelf eerder van Bruno Becker had geleerd.[91] Voor Etty was het een ideaal bijbaantje. Ze vond het leuk om te doen en verdiende er nét dat extra zakgeld mee dat ze nodig had.

Aan het einde van de Russische les zei Douwe J. Vis: 'Als het gevaarlijk voor u hier wordt als Jodin, als u eens moet verdwijnen of zo, komt u maar naar ons toe.'[92]

Etty vermeldde het terloops in haar dagboek. Terwijl het aanbod op zijn minst opmerkelijk was te noemen. Op dat moment, in maart 1942, dreigde er nog niet direct gevaar voor de Nederlandse Joden. Zeker, hun vrijheden werden met de dag meer ingeperkt. 'We mogen niet meer op de Wandelweg wandelen en ieder ongelukkig groepje van 2 en 3 bomen is tot bos verklaard en daar is dan een bordje opgeprikt: voor Joden verboden,' schreef Etty die maand.[93] Maar van deportatie was nog geen sprake. Toch voorzag de 45-jarige Douwe J. Vis, gemeenteraadslid van de ARP en actief in de kerk, dat Etty wel eens hulp nodig zou kunnen hebben. Hij runde in Enkhuizen een groot bedrijf, met verschillende opslagloodsen. Deze zouden later herhaaldelijk gebruikt worden als al dan niet tijdelijke onderduikplek, voornamelijk voor verzetsmensen, onder wie de bekende schrijver K. Norel, die een vriend was van Vis.[94]

Het was de eerste keer dat iemand tegen Etty begon over de mogelijkheid om onder te duiken. Ze noemde het, maar wijdde er verder geen woorden aan.

'En zo met ieder mens een eigen contact en een eigen uitgesproken verhouding,' schreef Etty erover – meer niet.[95]

Haar dagen waren in dat voorjaar van 1942 voller dan ooit.

Bezoekjes aan Spier en andere vrienden en vriendinnen, huisconcerten met de Spierclub, vele uren in haar dagboek schrijven, vaak meerdere keren per dag, Käthe helpen, de huishoudster van pa Han, als secretaresse protocollen en brieven voor Spier uitwerken, studeren, lezen, lesgeven. Het leek of ze ergens voorvoelde dat ze niet veel tijd meer had en alles *nu* moest gebeuren en doorleefd worden, voordat het te laat was. Haar vriendschappen verdiepten zich in een duizelingwekkend tempo; alles moest worden doorvorst en naar de oppervlakte gebracht, niets kon toegedekt blijven. Het zachte lenteweer gaf haar vleugels en deed een 'groot en vriendelijk voorjaarsverlangen' in haar ontwaken.[96]

Eind maart ontving Etty thuis een nieuwe leerlinge, Swiep van Wermeskerken, van wie zij direct onder de indruk was. 'Ik zeg tegen mezelf: rustig toch alsjeblieft kind, waarom laat je je zo emotioneren door een juffrouw met een glad jongenshoofd, een broek aan en doordringende blauwe ogen, die Russisch bij je leren wil?'[97] Etty en Swiep zouden goede vriendinnen worden. Ze grepen het wekelijkse lesuurtje aan om lange, intense gesprekken met elkaar te voeren. 'Over die anderhalf uur met Van Wermeskerken met haar gladde jongenskop en grote uitdagende ogen zou ik ook een heel boek kunnen schrijven.'[98]

De 35-jarige Swiep was een opvallende, mannelijke verschijning, met uitgesproken, geëmancipeerde opvattingen. Ze had lange tijd in Berlijn gewerkt voor een filmmaatschappij, maar was na de Kristallnacht teruggekeerd naar Amsterdam, een 'uit de kluiten gewassen provinciestad' vergeleken bij het wereldse Berlijn, waar alles mogelijk was geweest wat God verboden had. Het leren van de Russische taal zag Swiep allereerst als een welkome afleiding in politiek onzekere tijden. Etty kon enorm goed lesgeven, vond Swiep. 'Ze legde de grammatica uit zoals één en één twee is, heel duidelijk en scherp.'[99]

Al snel werd Swiep uitgenodigd voor de huisconcerten bij Wegerif thuis en leerde zij de vrienden van Etty kennen. Pa Han was volgens Swiep een stille, maar charmante en heel goed uitziende man, met een aangenaam gezicht. Voor Spier had zij echter geen goed woord over. Ze wist dat hij een grote liefde was van Etty, maar begreep daar niets van. Misschien kwam het doordat ze zelf zo lang in Berlijn had gewoond en Duitse mannen als hij snel doorhad, maar hoe kon Etty erin trappen?

'Ik vond die man zo onsmakelijk om te zien, hij had een vreselijk lichaam en een vreselijke mond. Maar hij kon babbelen! Brugman was er niets bij. Een intellectuele flierefluiter. Hij zat daar als een pasja, met heel veel buik, en dan zat er een hele krans op de grond van wat ik maar de christelijke maagden noem. Die zat hij dan te betoveren met zijn babbel. Ze hadden allemaal complexen natuurlijk, durfden over seks niet eens te denken, laat staan erover te praten of er iets aan te doen. Er werd zo tegen hem op gekeken! En dan maar rollebollen over de grond. Ik heb hem nooit serieus genomen, en dat heb ik hem ook gezegd.'

'Bubi, u bent eigenlijk een zwijn,' zei Swiep meer dan eens tegen Spier.[100]

Spier kon daar hartelijk om lachen, maar ontkende het volgens Van Wermeskerken niet.

Het is opvallend dat Etty tegen Swiep kennelijk nogal open was over haar verhouding met zowel Wegerif als Spier – iets waarover ze tegen anderen zelden sprak. Na de Russische les hadden ze het geregeld over de liefdesperikelen.

'Wat zie je in godsnaam in Spier?' vroeg Swiep dan. 'Je hebt toch al een heel aardige man in huis?'

Volgens Swiep erkende Etty dat het soms lastig was om, zoals Swiep het formuleerde, ''s avonds na een bezoek aan Spier bij Wegerif de koffer in te duiken'. Innerlijk was dat allemaal niet eenvoudig. Om de problemen te vergeten, vertelde Swiep, had Etty nog een *derde* minnaar, ook een oudere man. Maar de naam van deze mijnheer wilde Swiep 'uit discretie' niet prijsgeven.

Swiep van Wermeskerken was niet de enige die vertelde dat Etty meer relaties had dan bekend was. Ook andere vriendinnen suggereerden dat vriendschap en erotiek voor Etty vaak dicht bij elkaar lagen.

'Ze ging niet met elke man naar bed, maar wel met elke tweede man,' lachte een van hen.[101]

'Etty was een gevaarlijke vrouw,' meende een ander te weten.[102]

Maar namen en voorbeelden noemden ook zij niet, zodat onduidelijk bleef wat waarheid was en wat mythe; beeldvorming achteraf, ingekleurd door de conventies van toen.

—

Na weken van zelf opgelegde kuisheid, leek Spier in de loop van dat voorjaar van 1942 eindelijk weer vatbaar te worden voor toenadering. 'Mijn verlangen rijpt langzaam maar zeker naar z'n vervulling,' dacht Etty op een dag onder het afwassen. Die vervulling was dat lichaam en ziel één zouden worden, dat het lichaam alleen nog de uitdrukking was van de ziel en men niet 'om zichzelfs wille' genoot. 'Soms is die afstand tussen lichaam en ziel nog maar heel gering bij ons, lijkt het me soms en misschien groeit men toch naar die eenheid?'[103]

Uiterst behoedzaam bleven Etty en Spier om elkaar heen draaien, bang dat een explosie van lichamelijke driften de tere, puur geestelijke band die zij hadden opgebouwd zou verwoesten. Het leek of Etty er zelfs niet over durfde te schrijven, alsof alleen al het benoemen van hun fysieke contact iets kapot zou kunnen maken. Op 29 april 1942 gaf ze een zeldzaam inkijkje in hun relatie, toen ze noteerde dat Spier voor het eerst, sinds vijftien maanden, zijn warme hand op haar naakte lichaam had gelegd, als een warmte- en krachtgeleider. Ze vond het mooi, zei ze, dit 'heel langzame groeien naar een vervulling', juist bij mensen als zijzelf en Spier, die zo geroutineerd waren en in lichamelijke dingen meestal snel en zeker op een bepaald doel afgingen.[104]

Precies in die dagen vreesde Etty even dat ze opnieuw zwanger was van pa Han.

'Wat vinden jullie ervan als ik een kind kreeg?' zei ze plompverloren bij de koffie tegen pa Han en Käthe.

Ze had een 'rare buik', voelde zich van onderen zwaar en gespannen, en in haar hoofd licht en duizelig. Het 'gedonderjaag van hete voetbaden en kininepillen' zou toch niet opnieuw beginnen? Het leek haar nauwelijks mogelijk, na één nacht met Han.

'Ik krijg beslist een kind,' herhaalde ze.

Er was een wonderlijke vertrouwdheid gegroeid tussen de huisbaas, zijn huishoudster en de jonge minnares. Käthe begon prompt hardop te fantaseren over hoe ze het kind samen zouden grootbrengen. 'Als het op Etty lijkt, wordt het later een geweldige hulp in de huishouding!' zei ze ironisch.

Pa Han zweeg, quasi-onnozel.[105]

In de voorgaande weken had Etty geworsteld met haar relatie met pa Han. Hoe moest ze met hem omgaan, nu ze ook met Spier een steeds intiemere band opbouwde? Het gebeurde dat ze 's avonds aan de telefoon met Spier geanimeerd zat te praten en te lachen, terwijl ze intussen met haar hand over Han's kalende hoofd streelde. Zou hem dat nu hinderen, zo'n gesprek, vroeg ze zich vervolgens af. Han luisterde naar hen met toenemende verbazing. Hij kon zich oprecht niet voorstellen dat je altijd zóveel met elkaar te bespreken had.[106]

Ze moest haar verhouding met Han innerlijk herzien, had ze zich voorgenomen. Hem liefhebben, maar niet uit schuldgevoel. Liefhebben uit een eerlijke genegenheid en op basis van al het goede dat er was. En evengoed haar eigen leven leiden, op haar eigen manier, zonder het gevoel te hebben zichzelf of een ander verantwoording schuldig te zijn. 'Hem liefhebben ter wille van hem en niet meer ter wille van mij.' Ze moest geen verwachtingen meer koesteren, geen eisen stellen, uit compassie Han helpen het verouderingsproces te verlichten. 'Ik wil hem 's nachts ook wel warmen en vertroetelen met mijn lichaam, zonder voor mijzelf een bevrediging te verlangen.'[107]

Nog met een raar en zwanger gevoel, ging ze op woensdagavond 29 april naar Spier. Misschien konden zijn 'magnetiserende handen' haar helpen en de duizeligheid laten verdwijnen.

'Komt u al met uw gele ster?' had Spier met wat nerveuze stem gevraagd aan de telefoon.

Juist die dag hadden de Duitsers verordend dat alle Joden ouder dan zes jaar voortaan buiten een gele ster moesten dragen. De zespuntige, gele ster van stof met het woord 'Jood' erop moest 'ter linkerzijde op de borst worden gedragen, óók op binnenplaatsen, in tuinen, voortuinen en aan huis- en straatdeuren.'[108]

Etty was er niet van onder de indruk. Eerder had zij zich soms afgevraagd of ze niet 'wereldvreemd' was omdat de uiterlijke, politieke dingen haar zo weinig raakten. Maar nu, schreef ze, waren er innerlijk zoveel krachten in haar verzameld, dat ze werkelijk het gevoel had alles te kunnen dragen en erdoor te komen.[109]

Ze was blij dat Spier Jood was, en zij Jodin. Ze wilde er samen met hem doorkomen. En dat zou ze hem ook zeggen die avond: 'Ik ben eigenlijk nergens bang voor.' Ze voelde zich sterk. Of de grond waarop ze sliep wat harder was, of ze maar door een paar straten mocht lopen of overal kon gaan: het was allemaal zo onbeduidend, uiteindelijk, tegenover de oneindige rijkdommen en mogelijkheden die mensen innerlijk met zich meedroegen. 'Laten we die behoeden en verzorgen en laten we daaraan trouw blijven en ons geloof daaraan bewaren.'[110]

Soms, als Etty na een lange dag 's avonds in haar kleine kamertje kwam, voelde ze een onbedwingbare behoefte om te knielen. Het was dan donker. De gordijnen waren nog open. Ze zag de contouren van de vertrouwde boom voor het huis; het Rijksmuseum met z'n torens in de verte. Tussen Spiers grote, zware boekenkast en haar smalle monnikenbed was nog net genoeg ruimte om te knielen; haar hoofd diep gebogen, haar handen voor het gezicht.

Nu ze haar aanvankelijke schaamte enigszins had overwonnen – ze had willen schrijven over 'het meisje dat niet knielen kon' – was het neerhurken een gebaar geworden dat in haar lichaam zat en soms, in momenten van grote dankbaarheid, verwezenlijkt wilde worden. Hoe moest ze het uitleggen? Er bleef toch een zekere gêne, schuchterheid. Nog meer dan wanneer ze over haar liefdesleven zou schrijven. Was er iets zo intiem, als 's mensen verhouding tot God?[111]

Op een frisse lentedag in april kwam Etty op straat Loet Zimmerman tegen, een oude vriend uit haar studententijd. Een lange man met grote, wat afstaande oren, een scherpe neus en een vastberaden trek om zijn mond. Loet droeg een zwarte, stijve hoed en een witte, zijden das, als een echte Engelsman. Erg mooi, vond Etty, maar ook vervreemdend. Ze spraken even met elkaar. Loet was inmiddels getrouwd en in Den Haag gaan wonen, waar hij werkte bij het Centraal Bureau voor de Statistiek.

'Wat zijn we toch allemaal een andere kant opgegroeid!' constateerde Etty.[112]

Louis Zimmerman of Loet ('Lout', schreef Etty) was de zoon van de concertmeester van het Concertgebouw. Begin jaren dertig was Etty vreselijk verliefd op hem geweest, maar dat was niets geworden.[113] Loet studeerde economie en was ook goed bevriend met Gerard van der Meij en Frans van Steenhoven, een andere vriend van Etty. Ze hadden zich jarenlang samen druk gemaakt over politiek. 'Voor mij was dát het typische van Etty, haar grote sociale en maatschappelijke bewogenheid,' vertelde Louis Zimmerman.[114] Het was Loet tegen wie Etty het hele verhaal over de beroepskeuzetest op het Instituut voor Psychotechniek had verteld, met de conclusie dat het arme, grote gezin in de Jordaan slachtoffer was van kapitalistische uitbuiting.

Bij de ontmoeting op straat spraken Etty en Loet af elkaar kort daarna wat langer te zien, zodat ze beter konden bijpraten. Etty kwam er in haar dagboek niet op terug, maar Louis Zimmerman zou zich nadien goed herinneren hoezeer hij Etty bij die gelegenheid veranderd vond. Ze was in de ban geraakt van 'die mijnheer Spier' en van het geloof. Nee, tegen hem begon Etty niet over God, ze wist dat hij daar niet de juiste figuur voor was, maar uit het dagboek was hem later duidelijk geworden wat hij toen al zag: hoe zij zich 'vastklampte aan Spier en in het geloof zocht naar een houvast'. Hij kon zich dat overigens heel goed voorstellen. 'Etty leefde natuurlijk in verschrikkelijk grote onzekerheid, al bleek dat niet direct uit haar geschriften. Het was allemaal triest en troosteloos en zonder enige vooruitzichten – en dan is het grijpen naar godsdienst de mensen schijnbaar aangeboren.'[115]

De Etty uit het dagboek, zei hij, was niet de Etty die hij in de jaren dertig had gekend. 'Ze was een heel andere figuur geworden.' Hij miste haar humor, haar politieke bevlogenheid. Misschien had hij het mis, en was hij als ongelovige sociaaldemocraat bevooroordeeld. Het zou kunnen dat er in de oorlog werkelijk diepe en blijvende veranderingen in Etty plaatsvonden. Een wezenlijke omwenteling, die hij niet kon peilen, noch begrijpen. Maar hij was nogal nuchter aangelegd. Hij dacht: dat religieuze, dat was meer een verschijnsel van de *tijd*, dan dat het typisch voor Etty was. Je zag dat toch veel meer. Tijdens de oorlog waren de kerken volgestroomd. Maar daarna liepen ze ook snel weer leeg.[116]

9
Laat mij maar schuilen bij pa Han

In de zomer van 1936 was Etty met haar familie op vakantie in de Belgische kustplaats Knokke. Op een ochtend liep ze de lange boulevard af, langs statige hotels en caféterrassen waar de eerste badgasten een plekje zochten in de zon. Zoals vaker was ze al vroeg de deur uit gegaan. Ze wilde alleen zijn, ver weg van haar ouders en broers.

Erg warm was het nog niet. Het zomerweer viel tegen, ook al was het al eind juli. Toch deed Etty haar schoenen uit en liep ze het strand op. Ze ging op het nog koele zand zitten. Voor haar lag de zee; krijsende meeuwen doken in het water. Uit haar handtas pakte ze een blok met lijntjespapier en een vulpen. Er zat al dagenlang een brief in haar hoofd die per se geschreven moest worden. Een brief aan haar beste vriendin Petra Eldering, door vrienden 'Pim' genoemd.

'Lieve Pimpernel,' noteerde ze met blauwe inkt, in een priegelig handschrift dat nog lastiger te lezen was dan gewoonlijk. 'Het is 's morgens tien uur. Eerst heb ik met m'n wereldberoemde kamelengang de boulevard afgehobbeld en nu lig ik op een zonnig plekje ergens midden op het strand (vandaar het rotpootje). Zo langzamerhand ben ik hier, wat men zo noemt, geacclimatiseerd. In 't begin heb ik me hier beslist niet op m'n gemak gevoeld, ik deug niet voor het beroep van flanerend badgast, en vond Knocke net zo'n soort prullenmand in een hoek van de huiskamer Europa. Bovendien vond ik eerst de zee te klein, zo badgasterig onbenullig en ik voelde me beledigd in m'n hoogste illusie, maar naarmate ik meer uitgeslapen raakte, werd ze iedere dag groter en nu is ze net zowat ze zijn moet.'[1]

Etty schreef in de jaren dertig wel vaker aan haar vrienden. Toch bleef er verder geen enkele brief van haar hand uit deze periode bewaard; de vroegst bekende brief is van 8 maart 1941.[2] Ook dit schrijven uit 1936 was bijna onopgemerkt gebleven. Decennialang lag het op zolder bij Elderings zoon Peter Polak, tussen andere papieren uit de nalatenschap, zonder dat hij zich bewust was van de schat die hij bewaarde.[3]

De lange brief van Etty geeft een nieuw en verrassend beeld van haar leven vóór de oorlog. Voor het eerst klinkt haar stem als 22-jarige. De stem van een jonge vrouw die nog vrij is, naar het strand kan gaan, onwetend van het onheil dat op haar afkomt. Ze viert vakantie in Knokke, staart over zee en woelt met haar blote voeten in het zand. Haar toon is laconiek en vol van droge humor – de toon die haar vrienden zich later zo goed zouden herinneren.

'Wat mijn hele familie betreft,' ging ze verder, 'stuk voor stuk zijn we geloof ik wel beste mensen, maar alles bij elkaar is het bij tijden je reinste vuurwerk. Meestal trek ik er in m'n eentje op uit of met Jaap en zit urenlang met m'n tenen in het zand te spelen, met dezelfde blijmoedigheid als ik dat als driejarige in m'n babybox gedaan heb. Voorwaar een zeer kalmerende bezigheid. En als de onrust me te pakken krijgt dan ren ik de kust af van Heyst en Duinbergen naar Zeebrugge.'

Pim Eldering was ruim vier jaar ouder dan Etty en studeerde ook rechten in Amsterdam. Etty kende haar vermoedelijk uit de antifascistische studentenbeweging, waarbinnen Pim heel actief was. De vriendinnen waren een mooi stel samen; uiterlijk in alles elkaars tegengestelde. Pim blond, lang, slank en sportief, een 'klassieke Germaanse schoonheid' volgens haar latere echtgenoot.[4] Etty donker, klein, mollig en verre van atletisch. Jarenlang waren ze onafscheidelijk.

De vriendinnen deelden hun linkse engagement. Maar ze konden ook eindeloos praten en roddelen over de liefde. Net als Etty leidde Pim een gepassioneerd liefdesleven. Ze had verschillende minnaars en worstelde lang met haar trouw.[5] Etty herkende die vrije seksuele moraal; een zeldzaam goed onder vrouwen van haar generatie. Pim inspireerde haar. Zij was in alles net iets verder dan Etty en durfde haar hartstocht te volgen, alle maatschappelijke conventies en innerlijke conflicten ten spijt.

Het politiek activisme had Pim van haar vader, een remonstrantse, socialistische dominee uit Rotterdam die onder invloed van de gruwelen van de Eerste Wereldoorlog een uitgesproken antimilitarist was geworden. Dominee Eldering sympathiseerde openlijk met de dienstweigeringsbeweging en zocht daarmee de grenzen van de toenmalige wet op. Erg gezagsgetrouw was hij toch al niet. Wanneer hij ergens een bordje 'verboden toegang' zag staan, draaide hij het om en liep hij door. Hij zong altijd luid als hij wandelde, trok zich van niemand wat aan, maar hield zijn zeven kinderen – van wie Pim de oudste was – wél voor dat zij altijd, en bij alles wat ze deden, moesten proberen het algemeen belang te dienen.[6]

Al tijdens haar gymnasiumtijd sloot Pim zich aan bij de Jongeren Vredes Actie (JVA), een radicaal-pacifistische jongerenorganisatie die leeftijdgenoten ervan probeerde te overtuigen dat zij zich moesten inzetten voor de vrede. Elke zaterdag stond ze op de markt om antioorlogspamfletten aan de man te brengen.[7] Ze begon een piano-opleiding aan het Rotterdamse conservatorium, maar vond zichzelf niet getalenteerd genoeg; bovendien miste ze de intellectuele uitdaging. In 1929 ging Pim rechten studeren, aanvankelijk in Leiden, daarna in Amsterdam. Net als Etty rolde ze als vanzelf in de antifascistische studentenbeweging. Maar anders dan haar immer twijfelende en schuchtere vriendin, wist Pim zich in dat gezelschap een stevige positie te verwerven. Ze was vriendelijk, goedlachs, beschaafd, maar ook duidelijk en uitgesproken. Pim kon weloverwogen haar standpunten beargumenteren en wist ook op papier haar visie helder te verwoorden.

Vanaf eind 1935 was ze redacteur van *De Sleutel,* het orgaan van het Antifascistische Studenten Comité. De studenten die het gestencilde blaadje volschreven, bleven omwille van hun veiligheid en reputatie veelal anoniem, of schreven onder een schuilnaam. Linkse 'antifascisten' werden er door tegenstanders al snel van beschuldigd te behoren tot een communistische mantelorganisatie en zo'n predicaat kwam je loopbaan in de jaren dertig niet ten goede.[8] Evengoed wisten Pim en haar mederedacteuren de steun te verkrijgen van een aantal belangrijke Nederlandse schrijvers en intellectuelen, die sympathiseerden met de jonge 'antifa's' en belangeloos een bijdrage leverden. Onder hen waren Edgar du Perron, Simon Vestdijk, Jan Greshoff en Jan Romein.[9]

De schrijver Menno ter Braak toonde zich eveneens loyaal. Voor het eerste nummer schreef hij een vlammend betoog, waarin hij de Nederlandse studenten opriep om hun gebruikelijke afkeer van een 'politieke houding' op te geven: 'De onpolitieke student is ontzaglijk veel verschuldigd aan de democratie en daarom is hij voor alles geroepen om haar tot het uiterste te verdedigen. [...] Nu de fascistische aanval gewaagd wordt op de waarden der democratie zelf, [...] hebben de studenten te beseffen dat de democratie de eenige mogelijkheid van cultuur vertegenwoordigt en het antifascisme betekent: opkomen voor het eerste privilege van student zijn.'[10]

Er bestaat een mooie foto van Pim en Etty uit deze tijd. Ze zitten aan een ronde tafel en kijken naar een opengeslagen, geïllustreerd tijdschrift dat voor hen ligt – misschien *De Sleutel*? Etty jong nog, met zachte, wat timide trekken; Pim fermer, haar armen over elkaar geslagen. Het is avond, de gordijnen achter hen zijn gesloten, boven de tafel brandt een lamp die hen beiden in het licht zet. De sfeer is intiem. Je hóórt ze bijna praten, giechelen, roddelen, liefdesperikelen delen en de wereldpolitiek doornemen.

'De laatste dagen loop ik met maagpijn rond vanwege Spanje,' vervolgde Etty haar brief op het strand van Knokke. 'Hoe zal dat aflopen en hoe zal het überhaupt aflopen.'

Etty zette geen datum op haar brief, maar een kleine reconstructie leert dat ze hem op donderdag 30 juli 1936 geschreven moet hebben, dus niet lang na het begin van de Spaanse burgeroorlog.[11] Op 17 juli had een groep rechts-nationalisten onder leiding van generaal Franco een staatsgreep gepleegd tegen de wettig gekozen republikeinse regering. In de dagen en weken daarna nam het geweld in Spanje hand over hand toe. Zo gebeurde precies waar de linkse vrienden van Etty altijd voor hadden gewaarschuwd. De fascisten waren uit op oorlog en zouden niet rusten voordat zij overal de macht in handen hadden. In Duitsland had Hitler in maart van dat jaar het gedemilitariseerde Rijnland bezet. Mussolini was al eerder ongestraft Abessinië binnengevallen, het huidige Ethiopië, en had in mei 1936 de overwinning uitgeroepen.

Lang stond Etty niet stil bij de zorgelijke internationale ontwikkelingen. 'Maar nu ter zake,' ging ze verder. Ze had op het liefdesfront groot nieuws te melden – dat Pim ongetwijfeld zou interesseren.

'Maandag rond half 1 liepen Jaap en ik een beetje te gapen langs de geveltjes van Brugge en Jaap zei: ik wou dat we een dronken pastoor tegenkwamen of een andere grote gek, met wie we een reuze herrie konden maken. En nauwelijks had hij deze woorden geuit of er ging een winkeldeur open en we botsten ongeveer aan tegen Gerrit Kastein en Ria, die zojuist uit Leningrad kwamen. Hun boot lag in Gent en van die gelegenheid hadden zij gebruik gemaakt om Brugge even te bezoeken (ze zullen nu wel weer in Leiden zijn). Ik vond het meer dan eigenaardig, die ontmoeting in het Middeleeuwse straatje. We hebben tot ongeveer half 5 de dag samen doorgebracht. Ik zal eens proberen een zo natuurgetrouw beeld van Gerrit op te hangen.'

Natuurlijk moest Etty haar beste vriendin per ommegaande uitgebreid verslag uitbrengen van de ontmoeting. Gerrit Kastein, een communistische arts en neuroloog, was Pims minnaar. De relatie was behoorlijk gecompliceerd, omdat zowel Pim als Gerrit gebonden was. Pim was in maart 1935 getrouwd met haar jeugdliefde Joop Landré, die als journalist voor *De Telegraaf* werkte en later zou klagen dat zijn huwelijk onder druk kwam te staan door de 'uiterst linkse' vrienden met wie zijn vrouw zich omringde.[12] Gerrit trad datzelfde jaar in het huwelijk met de Duitse Ria Sachse, en had juist in februari 1936 een kind gekregen.

Etty kende de toen 26-jarige Gerrit Kastein persoonlijk. Samen met haar vriendin Johanna Smelik zocht ze hem weleens op in zijn woonplaats Leiden.[13] Hij was een sterke persoonlijkheid; een man om wie je niet snel heen kon. Lang en slank, met donker, naar achteren gekamd haar dat zijn al beginnende kaalheid moest verhullen, een scherpe, wat gekromde neus, en volle lippen. Als overtuigd communist en lid van de CPN had hij zich uitvoerig verdiept in het marxisme, en hij was een veelgevraagd spreker op politieke bijeenkomsten. Ook publiceerde hij regelmatig artikelen in onder meer *De Sleutel* en andere linkse bladen. Een intellectuele dokter, sterk overtuigd van zijn eigen gelijk en voor niemand bang – tijdens de oorlog zou hij uitgroeien tot een van Nederlands moedigste en ook koelbloedigste verzetsmensen.

Kasteins liefde voor Pim Eldering was een goed bewaard geheim. Hij wilde zijn huwelijk niet opgeven, maar kon ook Pim niet loslaten. Nog in maart 1936, twee weken na de geboorte van zijn dochter, schreef hij haar: 'En nu zijn de feiten zo, dat van mijn kant jij degene bent, die voor zover ik nu weet, en dat is vrij ver, voor mij in aanmerking komt. Alleen ben ik nu getrouwd en heb ik een kind, moet ik dus voor die twee, voor Ria en voor de kleine, zorgen, dat ze ook zonder mij behoorlijk kunnen leven. Daarom is een samengaan van ons nu nog niet mogelijk, moet er eerst een zekere financiële basis zijn. Intussen is iedere tijd met jou een positieven winst voor mij.'[14]

Als vriendin en vertrouwelinge van Pim, raakte Etty direct betrokken bij de affaire. Wanneer de twee geliefden elkaar wilden zien, spraken ze geregeld af bij haar thuis.

'Zou je maandag om half zeven bij Etty kunnen zijn, dan kan ik daar ook komen,' stelde Gerrit voor in een brief aan Pim van eind februari 1936, op een toon die verraadde dat dat bepaald niet de eerste keer was. 'Ik zou je toch wel heel graag even willen spreken.'[15]

Etty woonde in 1936 nog steeds officieel in Deventer, maar verbleef meestal bij het gezin Hess op de Amsterdamse Keizersgracht, waar ze een kleine kamer had. Was Etty erbij, toen de geliefden elkaar daar ontmoetten op die bewuste maandag en vreselijke ruzie kregen? Pim had haar hart gelucht en Gerrit tal van verwijten voor de voeten geworpen.[16] Hoe verstandig en redelijk ze ook was: wanneer ze zich tekortgedaan voelde in de liefde, kon ze enorm tekeergaan.[17]

Kastein voelde zich er bezwaard over. 'Pim, ik heb geknoeid en geprutst met jou en mezelf. Een fair chance heb ik je niet gegeven. En toen ik hem rationeel wilde geven, ging het niet.'

Hij kon haar slechts één, nogal verstandelijk advies geven: *Don't take wooden money*. Waarmee hij zoveel wilde zeggen als: 'Stel je nooit iets voor, dat je niet zeker weet aanwezig te zijn; stel je op de bodem van de feiten.'[18] Ze moest zich vooral niet te veel in haar hoofd halen.

Etty wist hoezeer Pim leed onder haar hopeloze liefde voor Gerrit Kastein. Het is tegen deze achtergrond dat we de soms vileine toon van haar verdere brief moeten begrijpen. Ze keek naar Gerrit Kastein met de blik van haar teleurgestelde vriendin, die kennelijk níét aarzelde haar huwelijk voor deze liefde op te geven.

'Hij had een maand vacantie en is toen met Ria per Intourist naar Rusland gegaan, op een andere manier is het überhaupt onmogelijk nu erin te komen. Ze hebben zich laten inschrijven voor, ik geloof, ± 8 dagen, want het is beestachtig duur, maar door allerlei manipulaties en ook doordat de boot later terugging, hebben ze het verblijf weten te rekken tot ± 3 weken. Een poosje in Leningrad, een poosje in Moskou en een week op het platteland. Ik vroeg hem of hij enthousiast teruggekomen was en hij antwoordde op z'n gewone domme en cynische wijze: je weet wel, dat ik nooit enthousiast ben. Maar in ieder geval, "hij was tevreden".

De jonge generatie is bruin verbrand en behoorlijk gevoed, de mensen dragen toonbare kleren aan hun lichaam, er wordt gewerkt, enfin, het gewone leventje. Ze schijnen daar op hun eentje rondgelopen te hebben en Ria schijnt meer gezien te hebben dan hij. Ria schijnt meer in fabrieken en crèches geweest te zijn, terwijl Gerrit meer mensen schijnt afgelopen te hebben in ziekenhuizen en boekhandels. Zo over het algemeen heb ik niet zo'n opgewekte en gezellige indruk gekregen, niet van Rusland en niet van het echtpaar Kastein. En wanneer je dan bedenkt, dat men, wanneer men samen een maand op reis is, toch wel hoogtepunten van harmonie en gezelligheid bereikt, dan kan ik me levendig voorstellen, hoe de stemming in Leiden zal zijn.'

Het was wel duidelijk dat Etty geen vanzelfsprekend enthousiasme meer kon opbrengen voor het communistische experiment in de Sovjet-Unie. Mogelijk had ook zij de berichten vernomen over de eerste 'zuiveringen' die Stalin vanaf eind 1935 doorvoerde in de partij; de opmaat tot de periode van Grote Terreur waarin honderdduizenden vermeende tegenstanders van Stalins regime in werkkampen belandden, of erger. Of had ze, uit antipathie, op dat moment gewoon niet zoveel zin om Kastein te geloven? Gerrit Kastein was erg onder de indruk van de verworvenheden van de Russische revolutie. Door zijn reis naar de Sovjet-Unie was hij ervan overtuigd geraakt, zo schreef hij later, dat 'met de sociaaleconomische veranderingen in de U.d.S.S.R. de nationale vraagstukken verregaand waren opgelost'.[19]

'Op een gegeven moment wou Gerrit naar de bioscoop,' ging Etty verder, 'terwijl hij nog nauwelijks iets van Brugge gezien had, maar Ria protesteerde met temperament en beklaagde zich er over dat Gerrit altijd in iedere stad waar hij kwam, naar de bioscoop ging, en dat ze zo langzamerhand begon te geloven dat ze hem ook in de bioscoop had leren kennen. De conversatie tussen hen verliep ook meestal als volgt, dat Gerrit met veel bravoure iets begon te vertellen en Ria met veel ongelovige en bij-de-hande opmerkingen zijn relaas tot bescheiden proporties trachtte terug te voeren.'

De brief over de ontmoeting met Kastein was de enige van Etty die Pim een leven lang zou bewaren. Er waren er ongetwijfeld meer geweest, maar alleen deze borg ze goed op, tussen haar andere papieren. Het was misschien pijnlijk voor haar geweest om te lezen hoe spottend Etty de man portretteerde van wie zij hield. Of kon Pim er juist wel om lachen? Het was bekend dat Kastein en zijn Duitse vrouw – die secretaresse was geweest in een kliniek in Heidelberg waar hij werkte – veel van elkaar verschilden, ook wat hun politieke standpunten betrof.[20] Etty dikte dat verhaal nog wat aan, gretig en vol jeugdige overdrijving. Hoopte zij dat Pim hierdoor meer afstand zou nemen van Kastein? Als dat al haar wens was, dan mislukte zij in elk geval in die opzet. Het zou nog drie jaar duren voordat de verhouding tussen Pim Eldering en Gerrit Kastein definitief tot een einde kwam.[21]

'Pim, ik smeer 'm en zal thuis straks verder schrijven.'

Abrupt besloot Etty haar schrijven te onderbreken. Ze liep de lange boulevard weer af, terug naar het hotel of vakantiehuis waar de Hillesums verbleven.

Het was niet de eerste keer dat ze met haar ouders en broers op vakantie was in het buitenland. Al in de zomer van 1929, Etty was vijftien, trokken de Hillesums met de Joodse familie Wolff naar de Zwitserse Alpen, waar Louis' oude vriend Julius, de wiskundeleraar uit Middelburg, een chalet had. Er is een foto bewaard gebleven van Etty, Jaap, meneer Wolff en dochter Lenie boven op een hoge bergtop, waar ze na een lange klimtocht geëindigd waren.[22]

Riva en Louis gingen ook geregeld op bezoek bij Louis' schoonzus in Parijs. Zijn broer Mozes Hillesum was in 1921 overleden aan de gevolgen van het letsel dat hij had opgelopen als legionair in de Eerste Wereldoorlog, maar de band met diens vrouw Ribca van Swede en ook hun zoon Joseph met zijn gezin bleef bestaan.[23]

Over de familievakantie in Knokke hing een schaduw. Een jaar eerder, in augustus 1935, had Louis enkele weken in zijn eentje in de badplaats gebivakkeerd. Hij was zwaar overspannen geweest en had zijn werk als rector moeten neerleggen. Om geroddel en ongemakkelijke ontmoetingen te voorkomen, was hij Deventer ontvlucht en naar België uitgeweken. Het gymnasium had enkel bekendgemaakt dat de rector wegens 'ongesteldheid' in het buitenland verbleef.[24] Louis had er duidelijk goed doorheen gezeten. Het had maanden geduurd voordat hij hersteld was; pas op 1 november had hij zijn werk weer opgepakt. Hij had tijd nodig gehad om 'op verhaal te komen', zo schreef hij zelf.[25]

Het werk als rector was een beproeving voor Louis. Hij liep voortdurend op zijn tenen en de spanning was hem te veel geworden. Na enkele weken in Knokke te hebben verbleven, vertrok Louis naar het statige instituut Longchamp in Ukkel, nabij Brussel, waarna hij doorreisde naar een niet nader genoemde plaats in 'het Zuiden'.[26]

Bezocht Louis Hillesum die zomer van 1936 in Knokke zijn behandelend arts? Ging het wel weer goed met hem? Het was voor Etty een schok geweest te ontdekken dat ook haar ogenschijnlijk zo onverstoorbare vader gebukt kon gaan onder psychische problemen. Het was of er steeds een nieuw poppetje in de familie Hillesum omviel, als dominostenen op een rij. Eerst haar vaders zus en enkele van zijn nichten en een neef. Toen Jaap, die inmiddels twintig was en kampte met 'manisch-depressieve psychosen'.[27] Daarna haar vader. De problemen met Mischa begonnen volgens zijn patiëntkaart pas in 1937, maar hoe ging het met hem het jaar ervoor, als vijftienjarige, hoogbegaafde maar hypersensitieve jongen in Knokke?

Mischa had niet lang daarvoor zijn debuut gemaakt in de Deventer Schouwburg, waar hij voor een stampvolle zaal werken van Schubert, Beethoven en Strauss had gespeeld. De criticus van het *Deventer Dagblad* was enthousiast geweest over het technisch knappe pianospel van de 'flinken, aardigen jongen', die geen blijk gaf van wonderkind-allures of zelfingenomenheid. 'Een zeer opmerkelijk pianistisch talent dat zeer veel voor de toekomst belooft.'[28] Een kind was Mischa nog, gekoesterd door zijn moeder. Maar wel een kind van wie veel werd verwacht.

Tijdens de vakantie liepen de spanningen soms zo sterk op dat het 'je reinste vuurwerk' werd, schreef Etty aan Pim, zonder precies te vertellen wat er aan de hand was. Uit zelfbescherming vermeed ze haar familie zoveel mogelijk. Urenlang liep ze langs zee. Ze rende de kust af van 'Heyst en Duinbergen naar Zeebrugge', wat pittige afstanden waren voor de onsportieve Etty. Van Heyst – tegenwoordig gespeld als Heist – naar Duinbergen was het 20 minuten lopen, en de andere kant op, naar Zeebrugge, bijna een uur. Kennelijk deerde het haar niet.

Eenmaal terug op haar vakantieadres in Knokke, besloot Etty de brief aan Pim direct af te maken.

'Wat een rotpootje en wat een rotstijl, ontdek ik opeens. Maar men kan zich op het strand zo moeilijk concentreren. Net komt er een brief van Kees, waarin staat dat hij morgen, vrijdag, naar Bilthoven gaat, waar jij ook bent. Ik zal dit direct posten, misschien komt het dan nog bijtijds aan.'

Met 'Kees' moet Etty Kees de Groot bedoeld hebben, een goede vriend van haar in die tijd. Kennelijk wilde ze ook tijdens haar vakantie contact houden, en had zij hem haar adres in Knokke gegeven. Kees was een jaar ouder dan Etty en studeerde net als zij rechten in Amsterdam. Een lange, blonde jongen, afkomstig uit een liberaal, hervormd en gegoed milieu; zijn vader was chirurg. Hij groeide op in Groningen. Na de machtsovername door Hitler was hij betrokken geraakt bij de opvang van politieke en Joodse vluchtelingen, die niet ver van zijn woonplaats de grens overstaken.

In weerwil van zijn keurige afkomst werd Kees politiek actief in radicaal linkse bewegingen, aanvankelijk in de OSP, de Onafhankelijke Socialistische Partij, en later binnen de BRS, de Bond van Revolutionaire Socialisten.[29] Kees kon goed schrijven en publiceerde geregeld in bladen als *Rood Kader* – elke linkse splinterbeweging had in die jaren haar eigen lijfblad. Hij sprak de taal van de ware revolutionair. De strijd tegen het fascisme was niet in de eerste plaats een strijd tegen 'een Hitler, een Mussolini of een Mussert', vond hij, maar een strijd tegen de bourgeoisie, en dan met name het 'meest reactionaire deel van de bourgeoisie'.

'Wanneer de arbeiders de strijd tegen het fascisme gewonnen hebben,' schreef hij in januari 1936, 'is pas de eerste stap van de strijd tegen de bourgeoisie gewonnen: direct daarna komt de socialistische revolutie aan de orde van de dag; de socialistische partijen moeten na de overwinning op het fascisme de opstand verder drijven in de richting van een vernietiging van het hele kapitalistische systeem.'[30]

Dít was de taal die Etty's vrienden spraken; de sfeer waarin zij tijdens hun vele bijeenkomsten en verhitte discussies werd ondergedompeld. Er werd steevast gedacht in termen van tegenstellingen en klassenstrijd. Politiek was veel meer dan een persoonlijke keuze voor een bepaalde partij; het was een idealistische levensinstelling waarvan veel, zo niet alles afhing.

Mannen als Kees de Groot en Gerrit Kastein voelden zich als zieners in een land van blinden. Juist op 1 augustus 1936 begonnen in Berlijn de Olympische Spelen, waar Hitler onbelemmerd propaganda kon maken voor het nazisme. Sommige Nederlandse atleten hadden deelname geweigerd, maar het Nationaal Olympisch Comité stelde zich neutraal op en besloot de Spelen niet te boycotten. Onbegrijpelijk, vonden de vrienden van Etty. Zágen de mensen dan niet waar het fascisme toe leidde, en wat er allemaal op hen afkwam?

De Groot en Kastein werden nauwlettend door de Nederlandse inlichtingendienst in de gaten gehouden en figureerden op de lijst van 'links extremistische personen' die eind jaren dertig werd opgesteld.[31] Terwijl zij, achteraf gezien, scherper dan menig ander in de gaten hadden waar de werkelijke dreiging vandaan kwam. Al in 1938 analyseerde Kastein treffend hoe de nazi's hun rassenideologie – 'De Jood als het *Grundübel*, als de oorzaak van alle kwaad' – gebruikten als legitimering van hun overheersing van het Duitse volk en andere volkeren.[32]

Etty was erg gesteld op Kees en had ook enige tijd een relatie met hem.[33] Kees was vrolijk, eerlijk, betrouwbaar en bevlogen, vertelden zijn kinderen later.[34] Een revolutionair met het gezicht van een sympathieke, Hollandse kwajongen. Nadat de relatie beëindigd werd – Etty zou volgens Johanna Smelik tot de slotsom zijn gekomen dat jonge mannen haar au fond niet genoeg konden boeien – bleef Etty met hem bevriend.[35]

In haar dagboek beschreef ze een ontmoeting met Kees, waaruit duidelijk haar genegenheid bleek. Ze hadden in de zonnige serre een paar uur lang gesproken over 'de vele zaken des levens', politiek, filosofie en henzelf. 'En aan het eind dat plotseling vertederde gebaar van een schuchtere liefkozing van hem en zijn nauwelijks voltooide woorden: Ik ben toch altijd zo graag bij je.'[36]

Pim kende Kees kennelijk ook. Ze zouden elkaar zien in

Bilthoven, schreef Etty, mogelijk bij een politieke bijeenkomst. Etty hoopt dat haar schrijven ook hém tijdig zou bereiken.

'Pimpernel,' ging ze verder, 'is het misschien niet verstandig geweest om je dit trieste relaas over Gerrit te schrijven, misschien word je weer opgeschrikt uit een juist verworven evenwicht? I don't know. Als je een uurtje de tijd hebt, wil je me dan heel uitvoerig schrijven, hoe het met je gaat, hoe het is tussen jou en Joop, wat werk je en hoe gaat het met *Afweerfront*. [...] Ik ben wel laat met schrijven, maar een mens is in de vakantie zo laks. Schrijf je me dus uitvoerig over je doen en laten en over je "gemoedsgesteldheid" en ook over de anderen? Ik wens je niets dan goeie en prettige dingen en laat gauwer wat horen, dan ik dit gedaan heb.'[37]

Naast haar redactiewerk voor *De Sleutel* zette Pim zich in voor het pas opgerichte blad *Afweerfront*. Dit was het orgaan van de Internationale Rode Hulp (IRH), een aan de communistische Internationale verbonden hulporganisatie. De IRH organiseerde campagnes voor communistische gevangenen en vluchtelingen, maar zette ook andere hulpacties op touw. Al direct na het begin van de Spaanse burgeroorlog begon ze met het inzamelen van geld en medicamenten: 'Snelt de slachtoffers van het Spaanse fascisme te hulp!'[38]

Etty volgde Pims activiteiten als redacteur op de voet. Ze bewonderde haar vriendin om het gemak waarmee zij opinies verwoordde. Pim had haar eenvoudig toegang kunnen geven tot verschillende redacties. Een bevlogen artikel in een gestencild blad kon een laagdrempelig, uitstekend begin van een schrijverscarrière zijn. Maar Etty durfde de pen niet op te pakken. Nog niet. Ze aarzelde, ze draalde, en verschool zich achter haar luiheid.

—

De Spaanse burgeroorlog luidde een nieuwe fase van politiek activisme in voor Etty en haar vrienden. Zij kozen onvoorwaardelijk partij voor het Links Volksfront van republikeinen, socialisten en communisten, dat het moest opnemen tegen de door

Hitler en Mussolini gesteunde legers van generaal Franco. Een strijd die van meet af aan ongelijk was, ook al werd het Links Volksfront bijgestaan door zo'n veertigduizend buitenlandse vrijwilligers van de zogeheten Internationale Brigades.

'Hier staat een ijlings gemobiliseerd, slecht uitgerust, vrijwel ongeoefend leger van gelegenheidssoldaten tegenover perfect uitgeruste vechtmachines van Franco,' noteerde de Nederlandse schrijver Albert Helman.[39]

Zo'n zevenhonderd Nederlanders vochten mee aan republikeinse zijde, of steunden de strijd ter plekke als arts of verpleegster. Een van hen was Gerrit Kastein. Twee maanden na de ontmoeting met Etty in Brugge vertrok hij als ambulancearts naar het front, waar hij werkte in verschillende noodhospitalen. Kastein zag dat het Links Volksfront aan alles gebrek had, van verband en medicijnen tot aan wapens.[40]

Heel links Nederland leefde mee toen Franco in november 1936 de aanval begon op Madrid en de kranten schokkende foto's publiceerden van kinderen die slachtoffer waren geworden van de bombardementen.[41] 'Hitler begint de oorlog!' schreef Etty's vriend Kees de Groot. Hij bivakkeerde eind 1936 enkele maanden als oorlogscorrespondent in het revolutionaire Barcelona en wist nadien zeker: 'Dit is allang geen intern conflict meer; in feite is het een Europese oorlog geworden. Hier, in Spanje, is de strijd tegen Europa begonnen. De oorlog is al bezig!'[42]

Via Pim Eldering en Kees de Groot raakte ook Etty betrokken bij actiecomités die zich inzetten voor Spanje, waaronder de Internationale Rode Hulp. Opnieuw trok zij zich het lot aan van de onderdrukten, met name onschuldige kinderen. Ze werd in haar activisme aangemoedigd door haar lievelingsprofessor, de Rus Bruno Becker, die lid was van de commissie Hulp aan Spanje. Deze commissie maakte propaganda voor de republikeinse zaak, hielp bij de opvang van Spaanse kinderen en colporteerde voor levensmiddelen, kleding en medicijnen.[43]

Wat doet gij voor Spanje? was de veelzeggende titel van een van hun brochures. Op het omslag was een wanhopige vrouw te zien die een kind tegen zich aandrukte, terwijl de bommenwerpers over haar hoofd vlogen. Etty en haar vrienden gingen ermee de straat op en brachten het voor zevenenhalve cent aan de man.

Ze had het eind jaren dertig zó druk gehad met 'inzamelingen voor Spaanse kindertjes', schreef Etty later, dat ze niet eens in de gaten had gehad dat in dezelfde tijd steeds meer Duits-Joodse vluchtelingen door de Nederlandse regering werden ondergebracht in een kamp op de verlaten hei bij het plaatsje Westerbork.[44]

—

In Knokke rende Etty langs de kust om tot rust te komen, van 'Heist en Duinbergen naar Zeebrugge'. Flink de pas erin, kamelengang of niet; de onafscheidelijke tas met boeken en schrijfpapier om haar schouder. Lopen om het lopen, met geen ander doel dan de weg terug te vinden naar haarzelf.

Het beeld is exemplarisch voor de onrust die Etty deze jaren in haar greep hield. Ze verhuisde van kamer naar kamer, reisde voortdurend op en neer tussen Deventer en Amsterdam. Bij haar ouders en broers, zelf gespannen en onmachtig in het leven, kon ze geen houvast vinden. Ze had verschillende minnaars, maar ontbeerde een vaste verkering met sterke armen om in weg te kruipen als ze gedeprimeerd was of bang.

Er waren genoeg vrienden, daar niet van. De verlegenheid van de eerste Amsterdamse jaren met Johanna Smelik schudde Etty geleidelijk van zich af. In gezelschap was ze vrolijk, humoristisch. Ze had een zachte stem maar wist desondanks gemakkelijk de aandacht te trekken. Levendig, intens; vol belangstelling voor haar vrienden en alles wat er besproken werd tijdens de vele bijeenkomsten die ze bezocht, de filmvertoningen en de politieke manifestaties.

Maar ze miste een ankerpunt.

Etty kon niet kiezen voor één politieke beweging, zoals Pim, die zich later aansloot bij de Communistische Partij Nederland. Ze vlinderde door de stad, deed overal aan mee, zonder zich ooit volledig met een bepaalde groep of beweging te kunnen verenigen. Als het erop aankwam, was Etty nergens thuis – ook niet bij zichzelf. Naast periodes van intens en bijna geëxalteerd leven, kende ze tijden van diepe somberheid, waarin ze bang was dat haar geestelijke krachten het zouden begeven, net zoals dat herhaaldelijk bij haar broers gebeurde.

Het is tegen deze achtergrond dat we het grote belang van pa Han voor Etty moeten begrijpen. Een klein halfjaar na de vakantie in Knokke, in maart 1937, verhuisde Etty officieel naar de Gabriël Metsustraat. Ze ging Jaap achterna, die al een halfjaar eerder een kamer had gevonden bij Wegerif. Na bemiddeling van moeder Riva was er daarna ook voor Etty een plek geregeld. In ruil voor het doen van licht huishoudelijk werk, zou Etty gratis kost en inwoning krijgen. De familie Wegerif bewoonde een zeer ruim, driedubbel bovenhuis, dat boven een garage lag. Wanneer Etty twee trappen op rende, kwam ze bij haar kamertje met uitzicht op het Museumplein, waar zij ongestoord kon dromen, lezen en werken.

Voor het eerst van haar leven vond Etty een thuis; een plek waar zij zichzelf kon zijn. 'Wanneer ik een poosje aan dit bureau zit, m'n rommelige werkplaats, de witte wand van de muur loodrecht voor me opstijgend, de kamer in m'n rug en daarachter de hele wereld, dan ga ik me weer zo rustig en zo prettig voelen, zo helemaal "thuis".'[45]

Maar niet alleen het huis bood haar rust. Ook bij Han Wegerif zelf vond Etty geborgenheid.

'Laat mij maar schuilen bij pa Han,' zei ze tegen Johanna.[46]

Schuilen. Het was precies het woord dat aangaf wat zij had gezocht. Een toevluchtsoord, een man bij wie zij beschut en veilig was.

Op een foto die gemaakt werd in de zomer van 1937 is goed te zien hoe snel Etty en pa Han vertrouwd werden met elkaar. Ze gingen die dag zeilen op de Loosdrechtse plassen met Bernard Meijlink, een student chemie die ook bij Wegerif op kamers woonde. Bernard bezat een klein zeilbootje, *het zeepkissie* geheten, dat in Loosdrecht lag. Ze fietsten er samen vanuit Amsterdam naartoe. De jongste zoon van Han, Hans, ging ook mee. Bernard was een fanatiek amateurfotograaf, en had zijn camera bij zich. Midden op de plas ging hij staan en zette hij zijn gezelschap op de foto.

Het is een zeldzame, documentaire opname; een van de weinige waarop Etty níét nadrukkelijk poseert en zelfs lacht.[47] We zien Etty en pa Han achter in het bootje zitten, dicht tegen elkaar aan. Pa Han heeft de bovenste drie knoopjes van zijn blouse losgeknoopt. Zijn hand houdt hij achter Etty's rug, zijn lange, slanke benen liggen dicht tegen de hare aan. Etty's stevige, ontblote, witte kuiten steken onder haar donkere rok uit. Veel ruimte is er natuurlijk niet voor alle ledematen in het kleine bootje. Toch krijg je de indruk dat de intimiteit tussen pa Han en Etty niet alleen door de omstandigheden is afgedwongen. Ze zitten nadrukkelijk naar elkaar toe gedraaid. Pa Han bedient het roer met zijn elleboog, zodat hij zijn hand achter Etty's rug kan schuiven. Etty's hand rust op pa Han's arm en zoekt geen uitweg op bijvoorbeeld een fokkentouw.

In april 1942 schreef Etty dat ze met pa Han 'een huwelijksleven van 5 jaar' achter de rug had. Dit zou betekenen dat hun liefdesrelatie inderdaad al direct in het voorjaar van 1937 opbloeide. 'Ook daardoor is in me dat grote bezinksel van rust gekomen,' zei Etty, verwijzend naar haar 'huwelijksleven'.[48]

In de eerste periode had Etty ook andere minnaars, onder wie in elk geval Kees de Groot. Volgens vriendin Johanna had de verhouding met Han een 'aanloopperiode van een paar jaar', wat kan verklaren dat Etty in haar dagboek een aantal keren verwijst naar de 'jaloezie' van pa Han op geliefden uit haar verleden. Maar dat nam niet weg dat zij vanaf haar 23ste kon groeien binnen een stabiele, zij het voor velen verborgen gehouden relatie.

Etty's kamertje bevond zich op de tweede etage. Aan de achterkant van die verdieping, naast de badkamer, was de slaapkamer van pa Han. De 'brede wijkplaats der liefde', noemde Etty zijn bed. Jarenlang waren 'Han's strelende handen' steeds om haar heen. Er was daardoor een zekere verzadigdheid in haar lichaam gekomen, analyseerde Etty later. 'Er is heel veel úitgeleefd.'[49] Alleen daarom al had pa Han een belangrijke rol in haar leven gespeeld. Ze had hem zeer lief, al gaf ze haar lichaam inmiddels soms meer uit een oude genegenheid dan dat zij nog werkelijk zelf naar hem verlangde.[50]

Han Wegerif verouderde snel in het voorjaar van 1942. 'Wuivende grijze haren over een broos gezicht. [...] En zo beleeft men het in z'n jonge leven, dat men een vurige en verliefde minnaar langzamerhand tot een oud man ziet worden.'[51] Het maakte de relatie tussen Etty en pa Han er niet minder hecht om. Er waren avonden dat zij samen voor de geopende serrevensters zaten, in vrede en vriendschap, met een krant, een pijp, een boek en een kopje chocola, en het leek of zij wel vijfentwintig jaar getrouwd waren.[52]

De grote vraag is waarom juist pa Han vanaf 1937 zo'n cruciale rol zou gaan spelen in het leven van Etty. Wat trok haar zo aan in de man, die vijfendertig jaar ouder was dan zij? Uit de beschrijvingen die Etty zelf van hem geeft, wordt dat niet altijd duidelijk. In haar dagboek figureert pa Han meestal als de goedmoedige, rustige en verstandige man op de achtergrond, bij wie zij altijd kan thuiskomen of warm in bed kruipen. Treffend is een observatie als deze: 'Han zit daar en rookt 'n pijp en rolt met geduld een touwtje in elkaar, één van de 31 touwtjes van de 31 pakketten en ik zeg net tegen hem: Vati, jij bent altijd even evenwichtig hè? Jij kan nooit zo ver van huis wegraken als ik. En ik merk, dat ik haast jaloers op hem ben.'[53]

Een vaderfiguur, zoals Spier dat in zekere zin eveneens was.

Het viel Etty zelf ook op. 'Mijn twee grijze vrienden. Wat is dat toch bij mij?'[54]

Het ligt voor de hand te veronderstellen dat Etty oudere, vaderlijke vrienden zocht omdat zij zelf een stabiele, sterke vaderfiguur in haar leven had gemist. Maar die verklaring is te gemakkelijk, en zou bovendien pa Han tekortdoen. Han Wegerif was namelijk helemaal niet zo'n burgerlijke en saaie man als Etty het vaak deed voorkomen. Met het ouder worden mocht zijn leven in rustiger vaarwater terecht zijn gekomen, in zijn jonge jaren was hij een bevlogen sociaaldemocraat geweest, die onvermoeibaar opkwam voor uitgebuite arbeiders en onderdrukte vrouwen. Etty noemde het nergens, maar in het huis waar zij woonde, had haar pa Han jarenlang samengeleefd met twee strijdbare feministes van het eerste uur – van wie er één zijn eigen vrouw was geweest.

Han Wegerif werd in 1879 geboren in Utrecht, als zoon van een onderwijzer. Hij was van remonstrantse huize. Zijn jongere broer Wim werd een gerespecteerd dominee. Zelf ging Han Wegerif naar de Handelsschool, waarna hij zich specialiseerde in het toen nog jonge beroep van accountant. In een interview met *Het Leven* in 1914 vertelde hij hoe snel zijn beroep zich had ontwikkeld, doordat 'toonaangevende zakenmenschen tot de erkenning waren gekomen dat het toezicht op en de inrichting van het administratief beheer speciale kennis vorderde'. Wegerif zette zich echter vooral in voor de maatschappelijke zaak: hij werkte als accountant veelvuldig voor de vakbeweging en woningbouwverenigingen. In 1921 schreef hij er een gedegen brochure over: *Financieele en administratieve controle bij vakbonden*. Daarnaast was Han Wegerif jarenlang lid van de controlecommissie van de partijkas van de SDAP, de Sociaal-Democratische Arbeiders Partij.[55]

In 1904 trouwde Han met zijn verre achternicht Willy, vanaf dat moment Willy Wegerif-Wegerif. Een vrouw met lang, opgestoken haar, een zacht gezicht en lieve, wat loensende ogen, die verborgen gingen achter een rond brilletje. Zij werkte als onderwijzeres en gaf die baan niet op toen er kinderen kwamen – een unicum in die tijd. De Wegerifs kregen er vier: Ella (1905), Wim (1907), Lenie (1913) en het nakomertje Hans (1919). Ondanks haar drukke gezin, zou Willy Wegerif gestaag carrière maken; uiteindelijk schopte zij het tot hoofdinspectrice van de gemeentelijke woningdienst.

Als socialiste én feministe was Willy bijzonder actief in de vrouwenbeweging van de SDAP. Zij was lid van de Amsterdamse afdeling van de Sociaal-Democratische Vrouwenpropagandaclub, die onder meer streed voor financiële zelfstandigheid voor vrouwen en seksuele autonomie. Willy sprak geregeld op partijbijeenkomsten, en leidde een vergadering op de Eerste Internationale Vrouwendag in 1912.[56]

Han Wegerif gaf zijn vrouw alle ruimte en steunde haar waar hij kon. Hij verschilde daarmee van veel andere SDAP'ers, die volgens vrouwelijke partijprominenten als Mathilde Wibaut 'het socialisme aan de kapstok hingen' wanneer zij thuiskwamen. Uit een bewaard gebleven dagboek van Willy uit 1908 blijkt hoe het echtpaar op volstrekt gelijkwaardige voet met elkaar omging, ook bij de opvoeding van hun kinderen. Ze overlegden veelvuldig. Was het wel goed om de kleintjes een tik te geven als ze niet wilden luisteren en ze zo 'door grote strengheid lief te maken'? Moest Ella wantjes aan in bed omdat ze steeds 'op haar pootjes liep te kluiven'?[57] In haar dagboek roept Willy het beeld op van een echtgenoot die in alles haar kameraad is.

Han en Willy Wegerif zetten zich in de jaren tien en twintig ook sámen veel in voor de SDAP. Het waren jaren waarin door de socialisten nog werd gevochten voor de meest elementaire rechten, zoals het kiesrecht voor mannen én vrouwen (verkregen in 1917 en 1919), het staatspensioen, de achturige werkdag en socialezekerheidswetten tegen ziekte en werkloosheid. Han en Willy waren beiden lid van de Sociaal-Democratische Studieclub, die wetenschappelijk onderzoek liet doen en rapporten publiceerde over onderwerpen als 'Landarbeiders, hun arbeidsduur en arbeidsverhoudingen', en 'Arbeidersbudgets: jaarbudgets van zeventig arbeidersgezinnen in Nederland'.[58] Alles ter verheffing van de arbeider, tot wie zij zelf, als gegoede burgerij in Amsterdam-Zuid, in feite grote afstand hadden.

Via de Sociaal-Democratische Studieclub raakten Han en Willy bevriend met Heleen Ankersmit, een overtuigd feministe en later landelijk bekend activiste. Ankersmit kwam uit een fabrikantengezin in Deventer, waar zij als eerste vrouw toetrad tot de lokale SDAP-afdeling en in de leer ging bij voorman Frank van der Goes. Na haar verhuizing naar Amsterdam, eind 1908, trok ze vrijwel direct in bij haar nieuwe vrienden: Han en Willy Wegerif. Heleen Ankersmit, die zich door vrienden 'tante Lee' liet noemen, was ongehuwd en zou meer dan 25 jaar lang hun huisgenote blijven. Steeds wanneer de Wegerifs verhuisden, trok zij met hen mee.[59] In 1913 gingen ze samen op de Gabriël Metsustraat wonen, met de toen nog twee kleine kinderen van Han en Willy. Ze vormden een hecht driemanschap. 'Tante Lee' was zeer betrokken bij de kinderen Wegerif, als een tweede moeder bijna.[60] In het enige fotoalbum van het gezin Wegerif stond ze op vrijwel alle foto's. Als je niet beter wist, dacht je dat ze de huishoudster was, met haar donkere, hooggesloten jurk en strak achterovergekamde, al grijzende haar. Maar ze was de huisvriendin, van Willy én van Han. Ook Etty zou later kennis met haar maken.[61]

Het was een opmerkelijke vriendschap, die veel zei over de non-conformistische levensinstelling van de Wegerifs. Tante Lee vond warmte op de Gabriël Metsustraat; een ankerplaats in haar hectische bestaan. Ankersmit was een veelgevraagd spreekster en reisde het hele land af om politieke lezingen te geven. Ook bezocht ze geregeld internationale conferenties, onder meer in Moskou in 1921, waar zij de vrouw van Lenin leerde kennen. Ze had toen al afstand genomen van de SDAP en de overstap gemaakt naar het communisme. In 1930 publiceerde Ankersmit een enthousiaste brochure over het schoolsysteem in de Sovjet-Unie. Ze schreef het betoog bij de Wegerifs thuis, aan de Gabriël Metsustraat.

'Ik vind het erg prettig dat ik weer een paar maanden op het gezellige nest terug mag komen,' schreef ze in een brief aan oudste dochter Ella Wegerif op 12 oktober 1930, 'om alles wat ik meemaakte in de Sovjet-staat te gebruiken, om het begrip te verhelderen over den geweldige poging de samenleving te verheffen op hooger en beter peil.'[62]

Het was Han Wegerif die tante Lee de ruimte gaf om haar idealen te verwezenlijken en in alle rust te schrijven – precies zoals hij later bij Etty zou doen.

Het grote huis aan de Gabriël Metsustraat was met vier kinderen altijd vol leven en lawaai geweest. De Wegerifs waren erg betrokken bij elkaar. Toen in 1928 bleek dat de negenjarige Hans aan tuberculose leed en hij moest kuren in het Duitse Oberstdorf, was het hele huis in rep en roer. 'Zoo'n klein joch en dan helemaal alleen zo ver weg,' schreef oudste dochter Ella vol mededogen. 'En vader tobt toch al zo de laatste tijd.'[63] Pa Han deed alles voor zijn kinderen. Zijn oudste zoon Wim had op goed moment problemen in het Duitse Jena, waar hij studeerde. Direct sprong Han op de trein om de 'overspannen'

Wim bij te staan. Hij regelde dat de jongen onder doktersbehandeling kwam en 'praatte alles weer recht'.[64]

De Wegerifs gingen elk jaar samen op vakantie naar het Zwitserse Wengen, waar zij lange wandelingen maakten in de Alpen. Ze bezochten geregeld een muziekuitvoering in het Concertgebouw, bij hen om de hoek. De kinderen kregen de kans zich breed te ontwikkelen; dochter Ella studeerde biologie en was een fanatiek roeister bij de club Nereus.

'Moeder sjouwt de hele dag, alleen om ons al de prettige dingen te kunnen laten doen, die we nu kunnen doen,' schreef Ella.[65] 'Ze is werkelijk de liefste.' Ella zou later vol warmte terugkijken op het gezinsleven: 'Het is zoo heerlijk om zoo'n mooie, goede jeugd in herinnering te hebben, zoo iets wat altijd mooi blijft.'[66]

Vanaf begin jaren dertig werd het huis aan het Museumplein steeds leger. Han's lievelingsdochter Ella trouwde met de marineman Gé Quint, met wie zij naar Indië vertrok. Als principiële antimilitaristen waren Han en Willy Wegerif niet enthousiast geweest over de keuze van hun oudste dochter voor een man die van oorlog zijn beroep had gemaakt. Evengoed – zo schreef Han in een brief aan Gé – hadden zij besloten 'om Ella de vrijheid te laten om desnoods tegen onze overtuiging in te handelen'. ''t Zou mij spijten,' schreef Han, 'maar gewetensdrang wil ik niet opleggen.'[67]

Het tekende de ruimdenkendheid en innerlijke beschaving van de man die later over Etty's handelen nooit zou oordelen – óók niet wanneer dat hem zelf onaangenaam trof.

Zoon Wim en dochter Lenie waren in mei 1936 ook al uitgevlogen, toen Willy Wegerif plots doodziek werd. Ze had trombose en moest worden opgenomen in de Boerhaave-kliniek in Amsterdam.[68] Haar toestand was 'zorgvol', schreef pa Han. 'De bezoekers op het bezoekuur hebben den indruk dat 't toch niet zoó erg is. Dat is te verklaren omdat onze lieve patiënte dan al haar krachten inspant om gedurende de 6 of 7 minuten die zij naast het bed zitten belangstellend naar allerlei bijzonderheden te informeren. Maar daarna is zij volkomen uitgeput.'[69]

De toegewijde pa Han ging altijd al vóór het bezoekuur kijken bij zijn vrouw of ze wel wakker was. Vlak na haar opname was dat meestal het geval. Maar hoe langer zij ziek was, hoe vaker hij haar moest wekken, schreef hij bezorgd.

Op 5 juni 1936 sliep Willy voorgoed in, na een ziekbed van drie weken. Ze was pas zestig jaar oud, en was meer dan dertig jaar lang Han's beste kameraad geweest.

In het grote huis werd het stil. Nog geen jaar later betrok Etty haar kamertje op de tweede etage.

Hans Wegerif, de jongste zoon van pa Han, was pas zeventien toen Etty haar intrede deed als *femme d'honneur*.

'Mijn moeder was net overleden en ik woonde als enige nog thuis,' herinnerde hij zich later, 'samen met mijn vader in dat lege huis met al die kamers. Mijn vader voelde zich vreselijk eenzaam en ik kon wel begrijpen dat hij behoefte had aan een vrolijk jong ding om zich heen. Ik was in die tijd zo introvert, had nauwelijks contact met hem. Maar toen Etty kwam, had ik onmiddellijk de pest aan haar. Ik dacht: je windt mijn vader om je vinger en dringt je in de plaats van mijn moeder, bah rotmeid.'[70]

Etty, op haar beurt, wist zich evenmin raad met Han's kinderen. De verhouding met zoon Hans, die een kamer had op de derde verdieping, bleef altijd gespannen. Ze vond hem een 'stomvervelende, trage en zwaar op de hande jongen', al zou ze later, toen ze in therapie was gegaan bij Spier, wel meer haar best doen om aardig tegen hem te zijn.[71]

Wanneer pa Han jarig was en zijn dochters Ella en Lenie op visite kwamen, vroeg Etty altijd of Johanna óók kwam. 'Ik doe de vaat wel,' zei ze dan, 'wil jij alsjeblieft de conversatie gaande houden?'[72]

'Het is ons huis niet meer,' klaagden de dochters op zo'n verjaardag tegen Jopie.

Waarop Johanna antwoordde: 'Maar wat willen jullie dan, dat pa Han verzuurt?'

Volgens Johanna was het voor pa Han en de huishoudster

Käthe juist een zegen dat Etty in huis kwam. 'Ze leefden helemaal op,' vertelde ze.[73] Plots klonk de lach van een jonge vrouw in het verder door tamelijk serieuze mannen gedomineerde huishouden.

De lange, helblonde Bernard Meijlink woonde al sinds eind 1935 bij de Wegerifs in huis. Hij was drie jaar ouder dan Etty en zou tot 1942 haar huisgenoot blijven. Bernard huurde de grote voorkamer met erker die pal naast Etty's kleine kamertje lag op de tweede verdieping. Soms hoorde Etty hem naar klassieke muziek luisteren; Bernard was een groot liefhebber van met name Bach en bezat meer dan tweehonderd grammofoonplaten. Als amateurfotograaf maakte hij een aantal sfeervolle opnames van zijn eigen kamer, dat een zitje had in de erker en uitzicht bood op het Concertgebouw en het Rijksmuseum. In de hoek van de kamer stond een bureau waaraan Etty ook weleens zat te werken en dat ze 'Bernards groene bureautje' noemde omdat het een groen, vilten schrijfblad had.

Het lijkt erop dat de overige huisgenoten soms ook gebruikmaakten van Bernards kamer. Op een andere foto zien we Etty, Han Wegerif en huishoudster Käthe in de erker zitten, op hetzelfde zitje dat Bernard meermaals fotografeerde wanneer hij het uitzicht vanuit zijn kamer wilde vastleggen. De bewoners van de Gabriël Metsustraat leefden als in een familie met elkaar samen. Pal achter Bernards kamer lag de slaapkamer van Han Wegerif, die grensde aan de zonnige serre. De badkamer op deze tweede verdieping werd door iedereen gedeeld. Op de eerste etage bevonden zich de keuken en de huiskamer, waar elke avond gezamenlijk werd gegeten.

In de familie van Bernard werd later verteld dat Bernard een oogje op Etty had en zelfs droomde over een huwelijk.[74] Wat daarvan waar is, is niet meer te achterhalen, maar zeker is dat Bernard goed naar Etty kon kijken. Hij maakte in de jaren dertig een aantal prachtige foto's van haar, waaronder het indringende portret van een rokende Etty die recht in de camera kijkt – met Stalin, Jef Last en Ilja Ehrenburg boven haar aan de muur.

Etty zelf gaf in haar dagboek nergens blijk van bijzondere

belangstelling voor Bernard. Ze noemde hem wat denigrerend een *Spiessbürger*, 'echter met een zuiver sentiment en behoorlijk begrip, maar begrensd door het "Spiessbürgertum" waaraan hij ontsproten is'.[75] De karakterisering zou Bernards zoon later heel wat hoofdbrekens bezorgen, want wat bedoelde Etty er toch mee? Bernard kwam weliswaar uit de gegoede burgerij, met twee dominees als grootvader, maar echt *kleinburgerlijk*, in de zin van bekrompen en benepen, kon je hem onmogelijk noemen.

Nadat Jaap in september 1937 naar Leiden verhuisde, woonde Etty voor het eerst in een huis zonder familieleden. Ze had er een ander soort van gezinsleven voor teruggekregen. Heel hecht was de alternatieve familie – die bestond uit wel heel uiteenlopende karakters – overigens niet. 'Je kunt de anderen niet echt huisgenoten noemen,' vertelde Etty weleens tegen Johanna. 'Ik zie hen meer als medebewoners. We eten met elkaar en dat is alles.'[76]

Huishoudster Käthe was de spil van dit bijzondere huishouden. Etty was zeer op haar gesteld en noemde haar een lieve, 'verduiveld flinke en reële vrouw'.[77] Käthe was van 1899 en dus 38 jaar oud in 1937. Ze kwam oorspronkelijk uit Zainingen, een klein bergdorp in de Zuid-Duitse deelstaat Baden-Württemberg. Begin jaren twintig, toen de economie in de jonge, onstabiele Weimarrepubliek kapotging aan hyperinflatie, was zij naar Nederland getrokken, op zoek naar werk en perspectief. Vanaf 1931 ging ze aan de slag bij de familie Wegerif, vrijwel dagelijks van negen tot zes. Een echte boerendochter, met brede heupen en zachte, altijd rode wangen.[78] Ze kon goed koken, was snel en handig; op-en-top Duitse *Gründlichkeit*. In 1932 was ze getrouwd met de Nederlandse 'huisknecht' en kelner Carl de France, maar dat huwelijk bleef kinderloos. Moederen deed Käthe in huize Wegerif.

'Etty, jij *mußt* nu echt in bad!' kon ze uitroepen.

Waarop Etty steevast lachend antwoordde: 'Eén keer per jaar, nodig of niet!'[79]

Heel veel had Etty niet te doen als femme d'honneur. 's Ochtends zette zij het ontbijt klaar voor iedereen en maakte zij de bedden op – ook al moest Han haar 'voor de 5 keer 365ste keer' uitleggen hoe je dat fatsoenlijk deed.[80] Een vriendin noemde Etty ooit 'totaal vergeestelijkt'. 'Het was voor haar echt een enorme opgave om zoiets eenvoudigs te doen als de tafel dekken of een kous stoppen.'[81] 's Avonds deed Etty de afwas en zorgde zij ervoor dat de keuken weer schoon was voordat Käthe de volgende ochtend zou komen.[82]

Pa Han was erg gastvrij. Johanna kwam bijna dagelijks langs en bleef geregeld slapen in de logeerkamer, het kleine kamertje pal onder Etty's kamer op de eerste verdieping. 'Papa Han' zei ze tegen Wegerif – naar eigen zeggen omdat ze nog altijd een echte vader miste. Etty was bij pa Han en in het grote, rustige huis op haar plek, zag Johanna.[83] Ze wist dat pa Han en Etty ook een relatie hadden, maar ze keek daar verder niet van op. Door het gedrag van haar eigen vader was ze wel wat gewend.

Ook Pim Eldering kon het goed vinden met pa Han, de oude antimilitarist en sociaaldemocraat. Soms gingen zij met z'n drieën op stap. Er bestaat een foto van Pim, pa Han en Etty die gemaakt werd in Harderwijk. Ze zitten met z'n drieën op een dijkje langs het IJsselmeer en gieren het uit. Het ziet er zó vrolijk uit, dat je graag zou willen weten waarom ze zo lachten.

—

Pim Eldering wordt door Etty in haar dagboek slechts één keer zijdelings genoemd, wanneer zij een droom beschrijft waarin Pims babyzoontje figureert.[84] De vriendschap tussen de vriendinnen bekoelde eind jaren dertig. Ze kozen andere wegen en spraken steeds minder dezelfde taal.

Pim was in 1937 gescheiden van de *Telegraaf*-journalist Joop Landré – in de echtscheidingspapieren stond als reden vermeld dat 'de vrouw in de echtelijke sponde was aangetroffen met iemand anders dan haar echtgenoot'.[85] Niet veel later kreeg Pim een relatie met de Joodse, communistische arts Ben Polak, met wie zij in 1940 trouwde. In datzelfde jaar werd hun eerste kind geboren, Peter. Terwijl Etty als eeuwige studente nog alle tijd aan zichzelf had, was Pim druk met haar jonge gezin en haar politieke werk. Ben Polak was een echte partijcommunist, die zich al jaren op allerlei manieren inzette voor de CPN en de antifascistische beweging. Klein van stuk, maar met een groot charisma; een onvermoeibare rokkenjager en overtuigd pleitbezorger van de communistische zaak.

Pim en Ben gingen in de zomer van 1940 op de Rivierenlaan wonen, en later zou Ben zich herinneren dat Etty ook daar nog weleens bij hen langskwam. Hij vond haar een 'lief meissie', een warme en open persoonlijkheid. Maar zeker nadat Etty in therapie was gegaan bij Spier, kon Pim haar vroegere vriendin steeds minder goed volgen.

'Etty kreeg langzamerhand een gedrag dat ook mijn vrouw irriteerde,' vertelde Ben Polak later. 'Ze kreeg dat zweverige idealisme. "Wat doet ze vreemd," zeiden wij tegen elkaar, "wat is er met haar? Wat zijn dat voor rare opvattingen?" Eerst was Etty altijd vrij nuchter, maar toen kreeg ze van die ideeën en filosofietjes die ons op geen enkele wijze lagen. Ze vervreemdde van ons. Achteraf denk ik dat dat door de omgang met die rare vent kwam, die Spier. Een man die ik overigens nooit gezien heb en over wiens eigenschappen ik dan ook geen oordeel heb.'[86]

Tijdens de oorlog raakten Ben en Pim actief betrokken bij het verzet. Hun huis aan de Rivierenlaan 6-III veranderde in een commandopost, waar onder meer de CPN bijeenkwam, de top van de Raad van Verzet en de redactie van het illegale blad *De Vrije Katheder*. Pim en Ben deden levensgevaarlijk werk. Op goed moment moest Ben onderduiken, ook omdat hij Joods was, en nam Pim alles over. Ze was, volgens Ben, ontzettend handig.[87] Op de Rivierenlaan werden bonkaarten verdeeld en belangrijke verzetsmensen verstopt. Pim en Ben werkten geregeld samen met de verzetsgroep CS6, vernoemd naar het adres Corellistraat 6, waar de groep bij elkaar kwam, en Gerrit Kastein – die al veel langer óók een goede vriend was van Ben.

'Illegaaltechnisch gezien' was het nogal onverstandig allemaal, erkende Polak nadien, maar ze waren enorm gedreven en leefden alsof hun niets kon overkomen.[88] Pim fietste met *De Vrije Katheder* in haar fietstas – slechts verborgen onder wat oude jassen – twee uur langs de Vecht naar Utrecht om het illegale blad ook daar te verspreiden. 'Ik ga kleren brengen naar een tante,' zei ze tegen de agent die haar aanhield – en haar liet gaan.[89] Slechts één keer werd het Ben Polak te veel. Dat was toen Gerrit Kastein het huis aan de Rivierenlaan kwam binnenstormen en zei: 'Gauw naar het café op de hoek. Daar heeft een Duitser zijn revolver aan de kapstok gehangen. Die ga ik even halen.' Ben Polak kon hem nog net tegenhouden. 'Je laat het!' riep hij. 'Ik heb geen zin vanwege een stomme revolver dit adres te verpesten.'[90]

Idealistisch waren de oude vriendinnen allebei nog steeds. Maar in de manier waarop zij daaraan uiting gaven, waren zij lijnrecht tegenover elkaar komen te staan.

Vermoedelijk probeerde Etty nog Pim te overtuigen van haar nieuwe inzichten. Etty trachtte ál haar vrienden en vriendinnen mee naar Spier te krijgen voor een consult. Nu ze zelf had gezien hoe heilzaam Spiers analyse van hand en ziel kon werken, gunde ze iedereen zo'n verrijkende en spirituele ervaring. Maar bij Pim zal ze geen gehoor hebben gevonden. Voor Pim was het handengedoe hocus pocus. En van de God van haar vader had zij zich allang afgewend. De oorlog vroeg om een daadkrachtiger antwoord. Alleen door actief verzet kon er iets van recht worden gedaan. Hoe kon je mensen redden door in jezelf af te dalen?[91]

—

Etty leefde in een andere realiteit. Voor haar was haar binnenwereld even echt als de wereld die haar omringde. In het beste geval liep het allemaal in elkaar over, als in Rilkes *Weltinnenraum* – een begrip dat juist in die oorlogsdagen grote betekenis voor haar kreeg en zich nog het beste laat vertalen als 'ruimte inwendig', of zoals Etty schrijft: 'de hemelen in mij'.[92] Etty citeerde herhaaldelijk het gedicht (of de enkele regel) van Rilke waarin dat woord Weltinnenraum voorkwam. Het waren de mooiste woorden die zij kende, schreef ze, omdat zij 'in hun afgerondheid en volmaaktheid' precies dat weergaven, wat zij zelf steeds sterker beleefde.[93]

Door allen reikt één ruimte wereldwijd:
Ruimte inwendig. Vogels vliegen stil
Recht door ons heen. O, nu ik groeien wil,
Zie ik ginds de boom die hoog in mij gedijt.[94]

Etty kón het eenvoudig niet: handelen vanuit zuiver praktische motieven, geïnitieerd door de gebeurtenissen in de wereld om haar heen. Alles moest eerst in haar overdacht, uitgewerkt en tot elkaar gebracht worden. De binnenwereld had, net als de buitenwereld, immers óók zijn landschappen, contouren, mogelijkheden en onbegrensde gebieden. Zelf was men niet meer dan 'het kleine centrum', waar binnen- en buitenwereld elkaar ontmoetten. De beide werelden werden door elkaar gevoed, men mocht de ene niet verwaarlozen ten gunste van de andere, vond ze, de ene niet belangrijker vinden dan de andere. Anders verarmde men de eigen persoonlijkheid.[95]

Of anders gezegd: 'Dit is de enige plek, waar men beginnen kan, bij zichzelf, in zichzelf, ik zie geen andere weg, en die weg tekent zich steeds duidelijker voor me af.'[96]

Zo schiep Etty mede haar eigen lot. Waar Pim ervoor koos om het goede en rechtvaardige te dóén, actief op te staan tegen de bezetter, was het voor Etty het allerbelangrijkst om het goede te vinden in het diepst van haar gedachten – en God en zichzelf trouw te blijven.

Als het haar dood werd, die keuze voor het innerlijke pad, dan moest dat zo zijn. Etty was bereid dat te aanvaarden. De dood hoorde immers onlosmakelijk bij het leven, zoals alles voor haar één was. Ze was bereid haar ondergang, haar 'waarschijnlijk ellendige ondergang' in de ogen te kijken en 'een plaats te geven in haar levensgevoel'.

Het klonk bijna paradoxaal, vond ze, maar door de dood buiten zijn leven te sluiten, kon men niet volledig leven. Door de dood binnen zijn leven op te nemen, verruimde en verrijkte men dat juist.[97]

10

Haar magische toverstaf

Op 18 mei 1942 kon Etty de architect van haar eigen ondergang recht in het gezicht kijken. De hoogste baas van de SS, Heinrich Himmler, was in Nederland en inspecteerde die dag op het Museumplein het nieuwe politiebataljon van Amsterdam. In een driedubbele, lange rij stonden de politiemannen strak in het gelid. Ze waren in het zwart gekleed en droegen een staalhelm, sabel en geweer. Himmler paradeerde erlangs, vergezeld door höhere SS- und Polizeiführer Hanns Albin Rauter, de leider van de SS in Nederland, en Willy Lages, die de scepter zwaaide over de Zentralstelle für jüdische Auswanderung.[1] Als Etty uit het raam keek, zag ze *Reichsführer* Himmler recht op haar aflopen, zijn arm gestrekt in de Hitlergroet.[2]

Er waaide marsmuziek over het veld. Het muziekkorps van de *Grüne Polizei* uit Den Haag zorgde voor de muzikale opluistering, zo stond nadien in de krant. 'De manschappen, die het geweer presenteerden, maakten een buitengewoon goeden indruk.'[3] Na een defilé op de Stadhouderskade voor het Rijksmuseum, waarbij Himmler vanaf een wat knullig, met bloemen versierd verhoginkje toekeek, begaf het hele gezelschap zich naar het IJsclubterrein, vlak voor Etty's kamer. Staand in een open wagen sprak de Reichsführer de politiemannen toe. De meeste kwamen net van de opleiding in Schalkhaar, waar ze waren gedrild in het nationaalsocialisme. Himmler begroette hen als 'vrienden' en beloofde hun voor de toekomst een belangrijke rol in het Nederlandse politieapparaat.[4]

Het waren deze mannen, die later als de beruchte Schalkhaarders of 'zwarte politie' in Amsterdam veelvuldig deelnamen aan razzia's en Joden uit hun huizen haalden.[5]

Op het Museumplein bevond zich een aantal belangrijke Duitse hoofdkwartieren. Vanuit haar raam keek Etty uit op de villa waar Hans Böhmcker kantoor hield, de vertegenwoordiger van het Duitse Rijk voor Amsterdam. Het is een vreemde gedachte dat op nog geen honderd meter van de plek waar Etty zich vrij schreef, alle onderdrukkende maatregelen tegen de Amsterdamse Joden werden uitgevaardigd. Het imposante pand fungeerde al sinds 1938 als Duits consulaat, en het was na de bezetting voor de nazi's daarom vanzelfsprekend geweest om het Museumplein aan te wijzen als een belangrijk centrum van hun macht.[6] In de villa's naast die van Böhmcker zetelden de leiding van het Duitse leger en de politie.[7] Het was een uitgelezen plaats voor Himmler om zich te presenteren. De rechterhand van Hitler werd op het Museumplein ontvangen door onder anderen de 'Generaal der Duitsche politie Schumann', de collaborerende burgemeester van Amsterdam E.J. Voûte en de zeer pro-Duitse commissaris van politie S. Tulp.[8]

Officieel was Himmler een paar dagen in Nederland om in Den Haag de Nederlandse SS te beëdigen en werkoverleg te hebben met een aantal nazikopstukken, onder wie Rauter en NSB-leider Anton Mussert. In werkelijkheid kwam hij vooral kijken hoe het stond met de voorbereidingen van de deportatie van de Nederlandse Joden, die in de zomer van 1942 zou moeten beginnen en nog met de grootste schimmigheid was omhuld.

Al eind 1941 hadden Himmler en Hitler in een aantal geheime besprekingen de aanzet gegeven tot de zogeheten *Endlösung*. 'Joodse vraagstuk – *ausrotten* (uitroeien)', noteerde Himmler op 18 december in zijn agenda.[9] Op dat moment waren al honderdduizenden Joden in Polen en de Sovjet-Unie doodgeschoten door SS-Einszatsgruppen. Nadat Himmler op 15 augustus 1941 in een bos bij Minsk zelf getuige was geweest van zo'n gruwelijke massa-executie – 'schiet op en vermoord ze!' zou hij uitgeroepen hebben toen twee vrouwen niet direct stierven – was hij op zoek gegaan naar moordmethoden die

In de Zwitserse bergen met de familie Wolff, 1929.
Met v.l.n.r.: Ernst, Lenie en Julius Wolff, Etty en Jaap Hillesum.

Louis Hillesum, circa 1925.

Mischa Hillesum achter de piano, circa 1935.

Jaap en Etty in de tuin in Deventer, circa 1930.

Mischa en Etty achter de piano, circa 1935.

Afscheidsfoto van Louis Hillesum als rector van het Stedelijk Gymnasium in Deventer, december 1940. Louis Hillesum zit op de tweede rij, in het midden. Rechts naast hem zit Christine van Nooten.

Han Wegerif, circa 1940, en zijn huishoudster Käthe de France-Bächle.

Ansicht van de Gabriël Metsustraat, circa 1938.

Etty op haar kamer met aan de wand portretten van onder anderen de Russische schrijver Ilja Ehrenburg en de jonge Stalin (met geruite sjaal), 1937.

Huisgenoot Bernard Meijlink en Etty in een zeilbootje op de Loosdrechtse Plassen, 1937.

Interieurfoto van Bernards kamer in huize Wegerif, met links in de hoek het 'groene bureautje' waaraan Etty soms werkte, 1937.

Etty in haar kamertje aan haar bureau, 'de liefste plek op aarde'. Amsterdam, 1937.

Louis ('Loet') Zimmerman, circa 1938/1939.

Etty's studievriend Jan Bool in zijn bootje Letzi, circa 1937/1938, gefotografeerd door Emmy Andriesse.

psychisch minder belastend waren voor zijn SS-mannen, en bovendien sneller en goedkoper konden worden uitgevoerd.

Op 8 december 1941 was in Polen het eerste vernietigingskamp Chełmno geopend, waar Joden en Roma werden vermoord in zogeheten 'gaswagens', waarvan de uitlaat was gekoppeld aan de afgesloten laadruimte. Tegelijkertijd werd er in Auschwitz – waar nog voornamelijk Poolse politieke gevangenen en Russische krijgsgevangenen werden vastgehouden – geëxperimenteerd met vergassing door Zyklon B, een verdelgingsmiddel voor ongedierte. De resultaten hiervan waren voor de nazi's zo bemoedigend, dat zij haast durfden te maken met hun voornemen om de Joodse 'Untermensch' uit Europa te laten verdwijnen. Bovendien was na de Japanse aanval op Pearl Harbor op 7 december 1941 ook Amerika betrokken geraakt bij de oorlog – wat het gevoel van urgentie voor de nazi's nog versterkte.

Himmler was zelf niet aanwezig geweest bij de Wannseeconferentie op 20 januari 1942, waar in een luxueuze villa de hoogste functionarissen van het naziregime op de hoogte werden gebracht van de wijze waarop de Endlösung zou worden georganiseerd. Hij liet zich vertegenwoordigen door *Obergruppenführer* Reinhard Heydrich, die voorzitter was van de bijeenkomst. Adolf Eichmann, hoofd van het *Judenreferat* IV B4 van het Berlijnse *Reichssicherheitshauptamt*, had hard gewerkt om al het cijfermateriaal op tafel te krijgen. '*Niederlande – 160.800*' stond op het overzichtslijstje van het aantal Joden dat per land in Europa 'geëvacueerd' zou moeten worden; een eufemisme dat alle vijftien aanwezigen uitstekend wisten te interpreteren.[10] De sfeer onder de relatief jonge, hoogopgeleide nazi's was beschaafd en gedecideerd; na afloop werd er bij de open haard een sigaar opgestoken en cognac gedronken. Binnen twee uur was men overeengekomen dat op zo kort mogelijke termijn 'über 11 million' Europese Joden door vergassing zouden worden 'geëlimineerd'.[11]

Half april 1942 had Eichmann een kort bezoek aan Nederland gebracht om in het grootste geheim te praten met Rijkscommissaris Seyss-Inquart en andere belangrijke SS'ers in Den

Haag over deportatie van de Nederlandse Joden naar de vernietigingskampen in het oosten. Zijn opdracht was duidelijk. Voor het einde van het jaar moesten zeker vijftienduizend Joden in Nederland worden opgeroepen voor de *Arbeitseinsatz*, om te beginnen de Duits-Joodse vluchtelingen. Dit aantal werd overigens al snel aangepast. Omdat Frankrijk in gebreke bleef, werd het quotum door Eichmann een paar maanden later verhoogd naar in totaal veertigduizend te 'evacueren' Nederlandse Joden in het jaar 1942.[12]

Etty voorvoelde wel dat het bezoek van Himmler weinig goeds voorspelde. 'De bedreigingen van buiten steeds groter, de terreur stijgt met de dag,' schreef ze die maandag 18 mei in haar dagboek, zonder verder iets te zeggen over de machtsvertoning van de nazi's voor haar deur. Ze had besloten zich er niet door te laten intimideren: 'Ik trek het gebed om me heen als een donkere beschuttende muur, in het gebed trek ik me terug als in een kloostercel en treed dan weer naar buiten, "gesammelter" en sterker en weer bijeengeraapt. Zich terugtrekken binnen de gesloten cel van het gebed, dit wordt voor mij een steeds grotere realiteit en ook noodzakelijkheid.'[13]

Juist op 18 mei was Etty aan een nieuw dagboekschrift begonnen, haar achtste cahier alweer. In de voorgaande tweeënhalve week had ze in een recordtempo haar zevende schrift volgeschreven – tot dan kon ze ten minste vier weken toe met één cahier en meestal nog langer. Kennelijk was er veel dat haar bezighield. Maar wat dat was, zullen we helaas nooit weten, want juist dit zevende schrift is na de oorlog verloren gegaan. Het lag jarenlang 'als een bijbel' op het nachtkastje van Johanna Smelik, die er graag in las omdat er 'dierbare dingen' in stonden en Etty 'zo lief' over haar schreef. Door slordigheid raakte het vervolgens zoek.[14] Onuitstaanbaar, want juist aan het einde van cahier zes zadelde Etty de lezer op met een enorme cliffhanger, toen ze schreef dat ze voor het eerst naakt in Spiers armen had gelegen en hij had gefluisterd: *wie zart Du*, hoe teder jij.[15] Zouden Spier en Etty hun laatste terughoudendheid op lichamelijk gebied dan toch opgeven?

Gelukkig was er in die eerste weken van mei nóg een discipel van Spier die een dagboek bijhield: Etty's 'opgewonden en roodharige' vriendin Leonie Snatager.[16] Op aanraden van Etty was de Joodse Leonie in februari 1942 ook in therapie gegaan bij Spier. Leonie zat nogal met zichzelf in de knoop, en intelligent en gretig als zij was, had zij zich vol overgave in de behandeling gestort. Zij ging bijna wekelijks naar Spier om met hem te praten en te worstelen, en in korte tijd was Spier als therapeut én vriend heel belangrijk voor haar geworden. Op 22 april besloot ook Leonie, op advies van Spier, haar gedachten 'Tagebuchartig' op te schrijven. Ze deed dat op een typemachine, soms in het Duits, meestal in het Nederlands. 'En daar begin ik nu al,' schreef ze die 22ste april, 'het is nog geen acht uur, en ik ben pas om vijf uur bij u weggegaan! Maar het enige, waar ik nu naar verlang, is me helemaal uit te schrijven.'[17]

Het 'therapiedagboek' van Leonie Snatager lag decennialang in de gangkast van haar oude huis in het Amerikaanse Greenbelt, naast de shampooflessen. Door de ontdekking ervan, tijdens onderzoek voor dit boek, werd een unieke, nieuwe bron van informatie aangeboord. Leonie schreef bijna dagelijks in haar dagboek; van 22 april tot 10 juli 1942 tikte zij precies 284 kantjes vol. Vaak richtte zij zich daarbij direct tot Spier, aan wie zij haar ontboezemingen in het kader van de therapie steeds liet lezen. In het dagboek schreef Leonie echter óók veel over Etty, die vier jaar ouder was en op wie zij, zoals ze zelf zei, 'een sterke projectie' had. Leonies aantekeningen bieden daarom een verrassend nieuw perspectief op Etty's gemoedstoestand in dat allesbeslissende voorjaar van 1942, inclusief de eerste weken van mei, waarover we van Etty zelf geen dagboekaantekeningen hebben.

Etty, Spier en Leonie werden als Joden steeds openlijker bedreigd. Tegelijkertijd raakten zij verwikkeld in een gecompliceerde en gespannen driehoeksverhouding, waarin hun verschillende rollen nog nauwelijks te ontwarren waren. Als secretaresse van Spier werd Etty nauw betrokken bij de behandeling van haar vriendin. Vriendschap, erotiek en therapie: het liep al snel allemaal door elkaar heen.[18] Met als essentiële, steeds dringender wordende vraag: hoe te reageren op de terreur en de dreiging van deportatie? Hoe innerlijk weerbaar te blijven? Wat was de beste verdediging?

Leonie ging lang mee op de weg die Etty voor zichzelf zou kiezen. Ze raakte sterk door haar vriendin en ook Spier beïnvloed. Totdat ze op een cruciaal moment een radicaal andere keuze maakte.

'Etty was, achteraf gezien, heel gevaarlijk,' zou Leonie na de oorlog zeggen. 'Ik zou hier niet zitten, als ik me niet van haar had losgemaakt.'[19]

—

Het begon allemaal als een sprookje, eind jaren dertig.

'Mijn Amsterdamse tijd was een intens romantische periode,' schreef Leonie later in een lange brief aan Johanna Smelik, 'die culmineerde in mijn vriendschap met Etty. Ik slokte het leven op, na alle Haagse burgerlijkheid uit mijn jeugd, levende in een soort Parijs' Montmartre, tussen studenten en artiesten in een oud-Amsterdamse hoertjesbuurt. Reynders, op het Leidseplein, was ons stamcafé. De fotografe Emmy Andriesse kwam er, tekenaar Lex Metz, de ontwerper en latere fotograaf en filmer Jan van Keulen. Elke zondagochtend ontbeten we samen aan een grote, ronde tafel, met in het midden een glazen koffiepercolator – heel avant-garde in 1938. We aten Galle brood uit de Jodenbuurt of vers krentenbrood, en spraken intussen over het politieke en artistieke leven. We wisten zo goed hoe we de wereld moesten verbeteren, als eerst maar iedereen naar ons zou luisteren! De schrijvers Ilja Ehrenburg, Kafka, Tucholsky, Kästner en Brecht (de *Driestuiversopera*) waren favoriet. Marx en Hegel werden bestudeerd. Het was een bruisend leven, geleefd door jonge, intelligente mensen, die uit nette en respectabele gezinnen kwamen.

Etty was voor mij de figuur die uiteindelijk het *epitome*, de belichaming was van deze intense, golvende, zoekende, jubelende jaren. Bij Etty kristalliseerden de indrukken, de gebeurtenissen, de emoties. We hingen eindeloos aan de telefoon of we gingen naar boven, naar de kamer van haar en pa Han. Ze draaide het gashaardje aan, we namen ieder een stoel, en we praatten, analyseerden, vergeleken, begrepen; we schiepen orde in de chaos. We lachten, we zagen het dwaze van veel situaties in, en voelden ons toch wel superieur – "hoger roddelen" noemde Etty ons eindeloze geklets over anderen. Maar wel altijd met medegevoel. Eén van Etty's uitspraken die bij mij altijd is blijven hangen, is: "Wat me altijd het meeste treft, is de hulpeloosheid van de mens tegenover zichzelf en anderen." Pa Han zat vaak stil op de achtergrond, zijn pijp rokende en genietende van al dat jeugdige gekwebbel. Van hem ging een rustgevende kracht uit, een gevoel van zekerheid en dat het allemaal toch zo erg niet was.'[20]

Leonie was opgegroeid in Den Haag, in een welgesteld, liberaal-joods milieu. Haar vader werkte bij een verzekeringsmaatschappij. Ze was enig kind; haar ouders waren al op leeftijd toen zij trouwden en dachten lang dat zij geen kinderen meer konden krijgen. Op haar 41ste werd Leonies Duitse moeder Olga onverwacht toch zwanger – haar vader Bernard was toen al 47.

Als kind zat de roodharige Leonie vaak in de verdrukking. Ze was uitermate slim, maar ook erg onzeker, en werd geregeld door andere kinderen gepest. In de ogen van haar strenge moeder, die veel waarde hechtte aan geld en goede manieren, kon zij weinig goed doen. Jarenlang ging het aan tafel over niets anders dan het vermeende smakken van Leonie. De energieke, praatgrage Leonie was volgens haar oer-Duitse, in alles beheerste moeder te onstuimig, te impulsief, en bepaald niet netjes genoeg.

'Als je niet mijn kind was, zou ik mijn dochter verbieden omgang met je te hebben,' zei Olga Snatager.[21]

In haar therapiedagboek ging Leonie veel concreter in op haar jeugd en haar dagelijks leven dan Etty dat in haar geschriften deed. Waar Etty vooral de essentie van haar ervaringen en emoties in woorden probeerde te vangen, en vaak niet het geduld had om de gebeurtenissen van de dag na te vertellen – 'Ik moet er maar van afzien op te schrijven wat ik allemaal beleef, mijn realiteit is ergens anders'[22] – schreef Leonie vaak wel gedetailleerd over bepaalde jeugdherinneringen, ontmoetingen of gesprekken.

'Leer als eerste je ouders begrijpen en accepteren,' was een van de vroegste lessen van Spier.[23] Leonie moest onderkennen dat haar moeder haar had overladen met negatieve kritiek en haar 'elk liefdevol begrijpen' had onthouden. Ze was daardoor zo bang geworden voor commentaar, dat ze zelden zichzelf durfde te zijn en vaak gespannen was. 'Ik zei de dingen anders dan ik ze ten diepste voelde, en zou willen zeggen, omdat de kritiek dan tenminste niet het aller-teerste zou raken.'[24]

De kern van haar probleem was, analyseerde Leonie, dat ze vierentwintig jaar 'buiten zichzelf' had geleefd en zich eenzaam en onbegrepen had gevoeld. 'Je wist maar al te goed, hoe onmogelijk je was, en dat de mensen je ráár vonden, en dat je gék deed en dat de mensen niet van je hielden. En je wist niet, hoe je ánders moest zijn, en uit angst deed je nog gekker.'[25]

Het grote belang van Spier was voor Leonie dat hij haar níét raar vond. 'En nu ineens is er een man in je leven gekomen die het allemaal zo doodgewoon vindt, wat er in je is, zo vanzelfsprekend. Die je vertelt, dat je helemaal niet gek bent, die je vertelt, dat je veel waardevols in je hebt zitten, en die je helpt om dát zelf te gaan leven. Voor het eerst kom je nu bij iemand die je volkomen, van alle kanten opvangt.'[26]

Leonies eigen vader – met wie zij wel een goede band had – was in 1935 onverwacht overleden aan een hartaanval. Ze was pas zeventien, had net eindexamen hbs gedaan. Haar moeder wilde haar naar Schoevers sturen ('Wat anders zou ik als dochter doen dan snel trouwen?'), maar het werd een studie economie: aanvankelijk aan de Handelshogeschool Rotterdam, waar zij haar kandidaats haalde, en daarna in Amsterdam. Hoe Leonie Etty ontmoette, ergens eind 1938, wist ze later niet meer precies, maar het moest via een van hun gemeenschappelijke vrienden zijn geweest, vermoedelijk Loet Zimmerman, die ook economie studeerde. Uit Den Haag kende Leonie bovendien Ben Polak, de latere echtgenoot van Etty's vriendin Pim Eldering.

In december 1939 ging Leonie samen met Ben en Pim op

de Zwanenburgwal 64 wonen, driehoog, in het vroegere appartement van de communistische schrijver Theun de Vries, aan de rand van de rosse buurt. Ook de latere verzetsstrijdster Mien Harmsen woonde bij hen in. Daar, in dat appartement aan een Amsterdamse gracht, met 'moderne, witgekalkte muren', zat Leonie urenlang aan de telefoon met Etty. Pim en Etty groeiden in die periode uit elkaar en volgens Leonie 'vulde zij zo'n beetje het vacuüm in dat door Pim was achtergelaten'.[27]

'I was free as a bird,' vertelde Leonie later.[28]

Totdat ze op 10 mei 1940 wakker werd van het geluid van vliegtuigen boven haar hoofd en er 'een einde kwam aan een tijdperk', al besefte zij dat toen nog niet.[29]

—

Leonie vluchtte naar Etty en pa Han, in die vroege ochtend van 10 mei 1940. Ze was kort daarvoor 22 geworden en was totaal in paniek. Net als de meeste andere Nederlanders had zij in het geheel niet verwacht dat de Duitsers het neutrale Nederland zouden binnenvallen. De luchthaven Schiphol werd vanaf vier uur 's nachts gebombardeerd; Leonie zag in de verte rookpluimen in de lucht. De angst gierde door haar lijf. En direct ook het besef: waar bleef ze nou, met al haar idealistische praatjes van voorheen? Zij, de economiestudente die zo nodig de wereld wilde verbeteren door het economische systeem rechtvaardiger te maken? Haar eigen hachje, dat was het enige dat nog telde.[30] Leonie pakte gehaast wat spullen en sprong op de fiets. Het was pa Han die haar uiteindelijk wist te kalmeren.

Ze bleven vooral binnen die eerste dagen, wachtend op wat komen ging. Om de haverklap klonk het luchtalarm.

'Ik ben bang,' vertrouwde Leonie toe aan pa Han. Ze stonden samen voor het raam. Pa Han rookte zijn pijp en staarde de tuin in. Op 11 mei was er een Duitse bom gevallen op de Blauwburgwal, waarbij tientallen mensen waren omgekomen en nog meer gewond geraakt.[31]

'Lopen wij niet ook gevaar?' vroeg Leonie.

'Maar Leonie,' zei pa Han, terwijl hij nog een trek van zijn pijp nam. 'Jij hebt toch statistiek gestudeerd, je kent toch de waarschijnlijkheidsrekening. De kans om zelf door een bom getroffen te worden is toch wel heel erg klein.'[32]

Als het luchtalarm afging, schuilden pa Han, Etty en Leonie samen in een grote gangkast onder de trap. Toevallig lag die kast pal boven de garage van de Amsterdamsche Rijtuigenmaatschappij op de begane grond, waar, zo wisten ze, de benzinevoorraad nét helemaal aangevuld was.

'Nou,' zei Etty dan laconiek, 'er is luchtalarm en wij zitten boven op een tank met honderd liter benzine. Dat is ook niet echt veilig.'[33]

Etty leek geen angst te kennen. Althans: ze liet dat niet merken. Ook later, toen het allemaal nog veel grimmiger werd, zou Leonie zich daar nog vaak over verbazen. Angst kon wel degelijk ook een goede raadgever zijn, ervoer ze zelf: 'Als er gevaar dreigt, verdedig je je of je loopt weg. *Fight or flight*. Zo blijft een mens in leven.'[34] Maar voor Etty ging dat niet op. Zij liet zich door andere, veel minder basale overwegingen leiden.

Tijdens de eerste oorlogsdagen op de Gabriël Metsustraat ontdekte Leonie dat pa Han en Etty een verhouding hadden. Ze was geshockeerd. Twee jaar kende ze Etty nu al. Ze spraken over alle mogelijke onderwerpen, namen de levens van anderen tot in detail door. Maar over haar persoonlijke wederwaardigheden had Etty het nooit.[35] Hoe goed kende ze haar vriendin eigenlijk?

Leonie wist het niet, maar Etty was zich terdege bewust van haar geslotenheid. Alleen tegen Spier had ze – later – alles leren vertellen. Spier begreep ook niet waarom Etty tegen anderen alleen over zaken wilde praten die 'klaar' voor haar waren. Ze moest juist de moed hebben zichzelf in haar ontwikkeling te tonen, zei hij, ook wanneer zaken nog niet uitgekristalliseerd waren. Maar Etty vond dat moeilijk. Er was een grote discrepantie in haar, schreef ze, tussen haar temperament, spontaniteit, vlotheid naar buiten en vlugheid van begrip, en de trage, langzame en diepe wijze waarop haar innerlijke processen zich voltrokken. Als ze iets persoonlijks over zichzelf vertelde, voelde ze zich al snel versplinterd – en altijd treurig achteraf. Het had haar geleerd om haar mond te houden.[36]

In haar dagboek beschreef Etty zelf één herinnering aan die eerste oorlogsdagen. Het is een indrukwekkende passage, waarin ze memoreerde hoe ze op 14 mei 1940 's avonds haar oude hoogleraar Willem Adriaan Bonger over het Museumplein zag schuifelen.

'En plotseling de zware, logge, dadelijk herkenbare gestalte van Bonger, die daar langs de IJsclub schoof, een blauwe bril op en de zware, originele kop terzijde, gericht op de rookwolken, die daar vanuit de verte boven de stad heersten en afkomstig waren van de in brand gestoken petroleumhaven.'[37]

In een opwelling rende Etty naar buiten, haalde hem in en liep even met hem op, hoewel Bonger geen idee meer had wie zij was.

'Gelooft u dat de democratie zal winnen?' had Etty hem gevraagd, daar op het Museumplein.

'Die zal zeker winnen, maar het zal ten koste gaan van enige generaties,' was zijn antwoord.

'Vindt u dat het zin heeft om te vluchten?'

'Nee, de jeugd moet hier blijven.'

De felle socialist Bonger, de bullebak van college, was die namiddag 'zo weerloos als een kind', schreef Etty; alle hartstocht en felheid waren uitgeblust.

'Tot genoegen!' zei hij bij het afscheid.[38]

Het was toen rond zeven uur 's avonds. Om Nederland op de knieën te dwingen, was de historische binnenstad van Rotterdam die middag door vierenvijftig Duitse bommenwerpers geheel in de as gelegd. Op de radio maakte generaal Winkelman bekend dat het Nederlandse leger zou capituleren.

Een uur later schoot Willem Adriaan Bonger een kogel door zijn hoofd. 'Ik zie voor mij geen toekomst meer, en ik kan niet buigen voor dat tuig, dat nu gaat heersen,' schreef hij in zijn afscheidsbrief.[39]

Etty was een van de laatsten geweest die de markante hoogleraar hadden gezien.

Een dag na de capitulatie, op 15 mei, trok een eindeloze stoet van Duitse legervoertuigen via de Berlagebrug Amsterdam binnen. Op sommige plekken werden zij verwelkomd door pro-Duitse Amsterdammers die de Hitlergroet brachten of snoepjes uitdeelden aan de soldaten.

Leonie ging weer bij haar moeder en haar tante in Den Haag wonen, zodat zij de oude dames tot steun kon zijn. Onzeker over wat de toekomst haar als Joodse vrouw zou brengen, besloot ze zo snel mogelijk haar studie te voltooien en keihard te studeren. In november 1940 behaalde zij haar doctoraal. Ze was een van de laatsten die afstudeerden bij hoogleraar Herman Frijda, die kort daarna vanwege zijn Joodse achtergrond uit zijn functie werd ontheven. Leonie behoorde daarmee tot het zeer selecte gezelschap van in totaal slechts vijftien vrouwen die er voor de oorlog aan de Universiteit van Amsterdam in slaagden drs. in de economie te worden.[40]

—

Etty was aanvankelijk enthousiast dat Leonie besloot in therapie te gaan bij Spier. Ze zag wel hoe verkrampt haar vriendin kon zijn, en gunde haar de innerlijke rust die zij zelf door de behandeling van Spier had verworven. 'En Leonie, die er gisteren uitzag als een pril Engels kostschoolmeisje, in haar bruine rokje, het roodbruine korte jasje en de beige grote vilthoed op de koperrode haren,' schreef Etty op 17 maart 1942 bijna vertederd. 'En die zo dapper bezig is de weg naar zichzelf te vinden. Als ik haar vandaag schreef, zou ik schrijven: kleintje, ik ben trots op je!'[41]

Sommige van Etty's kennissen waren gillend weggerend na een eerste consult bij Spier. Een van hen zou later zeggen dat ze zich niet minder dan 'fysiek aangevallen' voelde toen het op worstelen aankwam. Zij hield een akelige herinnering over aan 'die griezelige man'.[42] Maar bij Leonie, die ook op seksueel gebied last had van geremdheid, pakte de combinatie van een psychologische en een fysieke aanpak juist bijzonder goed uit. 'Leonie, psychologiserend en almaar willende *ringen*,' schreef Etty wat afgunstig – de gedachte dat haar goede vriendin graag met haar minnaar worstelde, was niet altijd goed te verdragen.[43] Tegelijkertijd vond ze dat ze niet jaloers mocht zijn en voor alles rechtvaardig moest blijven; werkelijk volwassen 'en een beetje bóven de dingen staande'.[44]

Al in de begindagen van Leonies therapie vroeg Spier aan Etty om bepaalde passages van haar vriendin uit te werken of voor hem te vertalen. Zo snelde Etty op zaterdagavond 21 maart naar restaurant Geiger in de Nicolaas Maesstraat om 'even die aantekeningen van Leonie te halen'. Leonie was nog niet aan haar dagboek begonnen, maar schreef sinds juli 1941 – toen Spier in het bijzijn van Etty en andere cursisten van de Spierclub haar hand had gelezen – wel regelmatig haar dromen op. Kennelijk had Spier, die bekend was met de jungiaanse droomanalyse, haar daarin aangemoedigd. Leonie had opvallend heldere dromen, als afgeronde verhalen, die zij zich de volgende dag nog precies wist te herinneren.

Op zondagochtend 22 maart onderbrak Etty abrupt het schrijven in haar dagboek. 'Dit komt me plotseling op in m'n hoofd, die ene droom van Leonie van 20 Maart overschrijven, het is een heel stuk, vooruit maar, nee, ik tik het liever:------'[45]

Het uitgetikte velletje van Etty ging verloren, maar Leonie zelf bewaarde wél een doorslag van hetgeen ze op 20 maart 1942 opschreef.[46] Het bleek onder meer om een droom te gaan waarin Etty figureerde – op tamelijk aangrijpende wijze.

Etty ging achter haar schrijfmachine zitten en tikte Leonies woorden letterlijk over: 'Ik was bij mijnheer Wegerif op de kamer. Etty was er ook. Toen Etty weg was, vertelde mijnheer mij zachtjes: "Weet je al dat zij zelfmoord heeft geprobeerd te plegen met de gaskraan?"'[47]

Hier voegde Leonie een terzijde toe, om te verklaren waar dit droombeeld vandaan kwam. Ze deed dat vaker wanneer ze haar dromen uitschreef. Ze schreef dan wat er 'in werkelijkheid' was gebeurd. Die gaskraan, noteerde Leonie, dook op in haar droom omdat ze de voorgaande avond bij kennissen in Den Haag was geweest, die haar hadden verteld over 'enkele gevallen van gasverstikking'.

In het voorjaar van 1942 waren er in Nederland veelvuldig

dodelijke ongelukken door gasverstikking. Als gevolg van de bezetting waren er problemen met de energievoorziening. Alle huishoudens werden daarom twee keer per dag een bepaald aantal uren afgesloten van het gas. Wanneer mensen dan vergaten de gaskraantjes van bijvoorbeeld hun geiser of kooktoestel uit te draaien, gebeurde het dat de (waak)vlammen vanzelf doofden, en de leidingen vervolgens gas lekten. Bijna dagelijks stonden er berichten in de krant over tragische gevallen van 'gasverstikking'.[48]

'Ik schrók enorm,' ging Leonie verder, 'het ging helemaal door me heen.

"Wat zegt u, is dat al lang geleden?"

"Veertien dagen."

Ik werd treurig, en dacht bij mezelf, dat al het positieve wat Etty me gezegd had van haar behandeling door Spier, nu ook weer mínder waarde had. Tóch zou ik er zelf mee dóór blijven gaan.'

Tussen haakjes volgde opnieuw een terzijde. Dat de behandeling van Etty niet het gewenste effect had, was een associatie die bij Leonie opkwam omdat mijnheer Wegerif haar onlangs had verteld dat Etty misschien wel dácht dat het goed met haar ging, maar dat hij zelf zag dat ze nog vaak last had van maag- en hoofdpijn, en ook veel sliep. 'Maar dat wil Etty niet weten,' had pa Han haar toen gezegd, 'het móét goed gaan.'

Leonie ging verder met het beschrijven van haar droom. Ze was zo droevig door wat pa Han over Etty vertelde, dat ze hem vroeg bij haar op de divan te komen liggen. Hij drukte haar tegen zich aan en ze werd rustig. Daarna vertelde pa Han verder. Hij had geruis in de badkamer gehoord, en daar Etty gevonden. Ze keek hem met grote ogen aan. Hij had haar meegenomen en op bed gelegd. 'Etty lag nog lang bewusteloos op bed: in haar slaap kreunde ze, en bewoog zich heen en weer: ze had véél gas naar binnen gekregen. Ik werd eindelijk wakker, terwijl ze zo bewusteloos was.'

Einde droom.

Hoe las Etty deze woorden? Wat dacht ze? Sprak ze erover met Leonie? In haar dagboek kwam ze er niet op terug.

Leonie droomde vaker over Etty. Ze was in dat voorjaar intens met haar vriendin bezig. Vaak keek zij hoog tegen haar op. Etty was ouder, wijzer, seksueel veel rijper, en ook door de behandeling van Spier al zoveel verder in haar ontwikkeling dan zijzelf. 'Bij jou kom ik in de voorhof der tempel,' zei ze tegen Etty, 'en bij S. kom ik dan in het heilige van het heilige zelf.'[49]

Tegelijkertijd vond Leonie het moeilijk dat ze zo weinig grip kreeg op Etty. Ze was verbijsterd toen ze tijdens de therapie ontdekte dat Etty niet alleen met pa Han – op wie zij erg gesteld was – maar ook met Spier intiem was. Hoe kón ze dat doen? Waarom wist niemand daar iets van? Leonie vond het moeilijk te accepteren. In de wereld waarin zij was opgegroeid, was seks voor het huwelijk taboe en tijdens het huwelijk heilig. Door haar omgang met linkse activisten en artiesten in Amsterdam was ze gewend geraakt aan lossere zeden. Maar een relatie met twee mannen tegelijk: dat lag buiten de geaccepteerde normen, ook in hun vriendengroep.[50]

Jong en impulsief als ze nog was, praatte Leonie haar mond voorbij.

'Hoe vindt u nu die verhouding tussen Etty en Spier? Die is toch heus niet zo platonisch?' vroeg ze aan pa Han, nieuwsgierig naar wat hij er eigenlijk van wist.

Pas toen ze pa Han's verbaasde gezicht zag, en zich realiseerde dat die werkelijk geen idee had, krabbelde ze snel terug en probeerde zich eruit te praten.

Kort daarna was Leonie samen met Etty bij Spier. 'Ik geloof dat ik me heel stom gedragen heb,' zei ze, 'zou ik je kunnen spreken?'

'Kletsen jullie maar, ik verdwijn wel tien minuten,' zei Spier.

Met een schuldbewust gezicht biechtte Leonie haar ondoordachte geroddel op.

'Maar Leonie,' zei Etty, 'waarom zou je een oude man belasten met dingen, die hij tòch niet verwerken kan? Waarom zou ik hem dingen vertellen, die voor hem iets essentieels zijn en voor mij niet? Eerlijkheid bestaat toch niet in het alles aan elkaar vertellen. Als je innerlijk maar tegenover de ander kunt verantwoorden wat je doet. En je eigen leven leven en de ander daar niet mee belasten, zwaarder dan nodig is.'[51]

Etty was verbolgen. Ze had het al heel vervelend gevonden toen Leonie haar kort daarvoor had gevraagd naar de ware aard van haar relatie met pa Han – iets waar zij sinds haar ontdekking in de meidagen van 1940 niet over had durven beginnen.

'Leonie is bezig in mijn privéleven rond te wroeten,' schreef Etty verontwaardigd. 'Eigenlijk heel onbehoorlijk. Intuïtief heeft ze wel al jaren gevoeld, dat er "iets is" tussen Han en mij, maar haar intuïtie is toch niet zó ver gegaan, dat ze het af kon ook zònder mij concrete dingen te vragen. Ze wil zo graag mijn leven kennen, maar hoe zal ik haar uitleggen, dat als ze mijn leven wil kennen, de realiteiten, die het uitmaken, heel ergens anders liggen. Het is waar: ik heb vannacht geslapen in de armen van pa Han, maar de werkelijke belevenis van vandaag was toch die magnolia in de hoek van Tide's kamer, die me bijna bang heeft gemaakt met haar geheimzinnige schoonheid. Ik heb bijna 5 minuten als aan de grond genageld gestaan met open mond, als kon ik niet geloven dat er zóveel schoons mogelijk was en als kon ik het allemaal niet zo gauw verwerken en ik kon me haast niet losrukken van die bloemen en heb met m'n vingers heel voorzichtig over de bladeren gestreeld en had bijna aan Tide gevraagd: mag ik alsjeblieft iedere dag even een bezoek aan je magnolia brengen? En ik zou me kunnen voorstellen, dat ik er naar ging verlangen als naar een levend wezen. En dat was nog een veel grotere realiteit voor me, dan die man en dat bed, waar die ongelukkige Leonie zo graag alles precies van zou willen weten.'[52]

De botsing tussen de vriendinnen zei veel over Etty's belevingswereld. Het was niet voor niets dat zij er al zo lang en zo intens naar verlangde om schrijver te worden. Etty bezag de wereld om zich heen met de verbeeldingskracht van een verteller. In alles herkende zij treffende beelden, literaire sferen, een verháál dat door haar in woorden gevangen wilde worden. Werkelijkheid en verbeelding liepen voortdurend door elkaar heen en waren van evenveel waarde. In de wereld herkende zij boeken en in boeken zag zij de wereld.

Het verlangen naar het schrijverschap was mede daarom een kwelling voor Etty: zij kon nog geen vorm vinden om uiting te geven aan de rijke beelden, ideeën en invallen die haar gedachtewereld beheersten. Het bleef een onvervuld, smachtend verlangen. Ze was te ongedurig, wilde te veel tegelijk zeggen, begreep nog niet dat goed literair schrijven óók en vooral een scherp, en gedetailleerd observeren van de werkelijkheid betekende, zoals de door haar bewonderde Russische schrijvers als Tolstoj en Dostojevski dat zo goed konden. Van jongs af aan had zij zichzelf geleerd weg te rennen van de vaak pijnlijke realiteit en te vluchten in boeken en fantasieën. Ze zou pas echt schrijver worden toen de werkelijkheid zich zo onontkoombaar aan haar opdrong, dat zij er letterlijk niet meer omheen kon, en zij haar blik wel moest gaan richten op de gruwelijke oorlogstaferelen die zich vlak voor haar neus afspeelden.

Leonie, die zoveel nuchterder was aangelegd, kon er met de pet niet bij. In haar beleving verkeerde Etty voortdurend in 'hogere regionen'.[53] Ze bewonderde Etty erom, zou zelf liever ook meer 'in de geest leven', maar botste ook met Etty's fantasierijke wereldbeeld. Etty was als een fee, schreef Leonie: alles wat zij met haar toverstaf aanraakte, werd 'opgeheven uit de dagelijkse sleur en in een fascinerende Etty-wereld gebracht'. Het gebeurde Leonie herhaaldelijk dat zij zich, op grond van Etty's beschrijvingen, een bepaalde voorstelling van iets of iemand had gemaakt en dat de werkelijkheid vervolgens een stuk minder romantisch bleek. Hoe Etty alleen al de huishoudster Käthe beschreef! Käthe was beslist een beste, ijverige vrouw, maar als Etty over haar sprak, dan werd ze iets heel bijzonders, een personage uit een Russische roman. Zoals ook het beeld dat Etty eens opriep van een reis met Klaas Smelik over de Afsluitdijk bij Leonie altijd zou beklijven. In gedachten had zij een halve zigeunerwagen voor zich gezien, met een bed met weelderige kussens, en ze was behoorlijk teleurgesteld toen dat feeërieke vervoersmiddel nadien niet meer bleek te zijn geweest dan een doorsnee autootje.[54]

Ook wat Spier betreft worstelde Leonie met Etty's betoverde blik op de wereld. 'Er bestaan voor mij twéé Spiers,' schreef ze in haar dagboek. De ene was de Spier van de wekelijkse therapiesessie. Ze werkten daar zo geconcentreerd samen, dat de realiteit het onherroepelijk won. Van projectie of fantasie kon geen sprake zijn. Maar zodra de les was afgelopen, de concentratie afnam, begon de onzekerheid. Dan dook de door Etty betoverde Spier weer op. En hoe was dat, als iemand door Etty aangeraakt en betoverd was? Er spreidde zich voor Leonie een waas van geheimzinnigheid uit over de betreffende persoon. Hij of zij kreeg iets lokkends, werd spannend, onbegrijpelijk. Al het andere verloor zijn glans en werd teleurstellend gewoon.[55]

Leonie probeerde uit alle macht deel te worden van Etty's fantastische, magische wereld. Ze wilde erbij horen, vond haar eigen, onttoverde wereld van minder allure en niet goed genoeg. Ook daarom deed ze hard haar best op de therapie. Als ze zelf sterker zou worden, door het werken met Spier, dan zou het haar eveneens lukken om toe te treden tot de wondere, lokkende wereld van Etty en haar bijzondere vrienden, van wie Leonie er een aantal kende, maar andere nog niet.

Of werd ze daardoor slachtoffer van dezelfde illusies als die Etty koesterde?

In haar dagboek hield Leonie zichzelf genadeloos een spiegel voor. De vele onderstrepingen, accenten en uitroeptekens weerspiegelden haar vaak hevige emoties. Waar was ze eigenlijk mee bezig? Waarom wilde ze Etty's betoverde wereldbeeld delen? Was dat niet de verkeerde weg, in de gevaarlijke tijd waarin ze leefden?

Leonie realiseerde zich dat zij haar psychoanalyse in dienst stelde van een onjuist streven: 'Ik wilde eigenlijk alleen de realiteit leven, om daardoor toegang tot de irrealiteit te verkrijgen! Bewustwording, met als doel: onbewust te leven! In plaats van te zien, dat mijn strijd in de eerste plaats gericht moet zijn op de verníetiging van deze fataal-lokkende irrealiteit. [...] Altijd is de realiteit beter, werkelijker, intenser, echter dan de mooiste fantasie! <u>Altijd is de werkelijkheid te verkiezen boven de schoonste schijnwereld!</u>'[56]

Realisme versus een intens beleefd, filosofisch idealisme. Door de bedreigende wereld waarin ze leefden, behelsde het conflict tussen Leonie en Etty zoveel meer dan een karakterbotsing alleen. In vredestijd hadden zij er heerlijk bakvisachtig over kunnen ruziën, zonder consequenties, maar nu ging het om niets minder dan een overlevingsstrategie: wat was werkelijk belangrijk, wanneer je leven op het spel stond? Koos je ervoor om met beide benen op de grond te blijven staan, fight or flight? Of volgde je je geloof en je idealen, in de rotsvaste overtuiging dat het allerbelangrijkste – je geestelijke vrijheid en verbeeldingskracht – je uiteindelijk door niemand ontnomen kon worden?

'Het zal in latere jaren onze trots en onze overwinning zijn, dat iedere vernietigende slag, die men ons heeft willen toebrengen, in zijn tegendeel is omgeslagen en onze kracht en onze ontwikkeling slechts bevorderd heeft,' schreef Etty in een brief aan Leonie.[57]

Leonie nam het citaat over in haar dagboek – dáár was ze het wel mee eens. 'Het gaat altijd om je verhouding tot de dingen en nooit om de dingen zelf,' zei Spier ook altijd. En zo was het! Ze herhaalde de zin verschillende keren in haar dagboek, als een mantra. *Es geht immer nur um die Einstellung zu den Dingen und nie um den Dingen selber.*

Al tijdens de eerste sessie hadden Spier en Leonie hierover gesproken. 'Zie je die kast daar?' vroeg Spier. De kast was veel zwaarder dan zijzelf, legde hij uit. Als ze zich eraan zou ergeren en hem weg wilde hebben, kon ze duwen wat ze wilde: het enige resultaat zou zijn dat zij doodmoe werd en die kast bleef staan. Het ging erom te leren de kast te accepteren als een objectief gegeven uit de realiteit, waaraan je niets kon veranderen. Pas als je die waarheid volledig omarmde, geen eisen meer stelde aan de buitenwereld, kon je al je energie gebruiken voor je innerlijke ontwikkeling, die van veel wezenlijker belang was.[58]

Leonie had zich deze les zeer ter harte genomen. Zelfs voor het 'Joodse probleem' bood deze benadering een goede oplossing, meende ze. Wanneer ze er immers in zou slagen de *Anspruche* of eisen die ze aan de dingen stelde naar binnen te verleggen, en het haar lukte 'uit eigen kracht en bron van liefde te gaan leven', dan zou ze op een bepaalde manier *unverwund-*

bar worden, zoals Spier dat noemde, onkwetsbaar. En dan zou de Jodenhaat haar niet meer persoonlijk kunnen treffen.[59]

Dus ja, als Etty schreef dat elke vernietigende slag van de nazi's haar innerlijke kracht slechts kon bevorderen, dan wilde Leonie dat graag aannemen.

Maar vaker wist zij zich geen raad met de hooggestemde gedachten van haar vriendin. 'Etty schrijft me dat ze vreselijk veel aan me denkt, maar over wat ze dan gevoeld en gedacht heeft, zegt ze niets,' klaagde ze in haar dagboek. 'Terwijl er in die brief wel een enorm verhaal staat over een vrouw, die ik nog nooit gezien heb, en met wie ik zou moeten meeleven.'[60]

Ook Etty voelde de spanning. Ze sprak erover met Spier. Ze kwamen tot de conclusie dat Leonie 'waanzinnig jaloers' was op Etty, een rivale in haar zag, net zo zou willen zijn als zij, en haar evengoed heel lief had. Etty moest Leonie helpen meer los van haar te komen. Meer de 'dragende, opnemende' partij worden in de vriendschap, en minder zaken delen die Leonie zouden kunnen verontrusten of belasten. Etty's literaire en plastische manier van vertellen kon ze voortaan ook maar beter achterwege laten.

'Is het misschien überhaupt verkeerd de dingen zo plastisch en verhaaltjesachtig te vertellen als ik het doe?' had Etty gevraagd.

Spier vond van niet. Maar ze moest wel weten bij wíé ze het deed. Zelf amuseerde hij zich kostelijk met haar verhalen en nam hij ze altijd met een korreltje zout.[61]

'Een heel moeilijk geval,' concludeerde Etty over haar vriendin, die ook wel een beetje in behandeling bij háár was. Etty nam zich voor haar eigen verworven wijsheden voortaan wat minder te etaleren. Ze moest leren zichzelf weg te cijferen, ze praatte nog te veel voor haar eigen genot. Leonie was nog zo jong; het was niet eerlijk haar een gevoel van machteloze jaloezie te bezorgen over 'die verworven rust en vrede', die zij zelf nog niet bezat.[62]

Het was een nobel voornemen van Etty. Maar de praktijk bleek weerbarstiger.

Op 7 mei 1942, 's morgens om halfvijf, zat Leonie 'met trillende handen' achter haar typemachine. 'Gisteren gehoord: binnen enkele dagen moeten alle Joden uit Den Haag emigreren naar Drenthe????' tikte ze. De vier vraagtekens gaven haar onzekerheid aan. Wat was er waar van het gerucht? In alle vroegte was ze gewekt door het luide gezang van Duitse soldaten op straat. Slapen lukte niet meer. Ineens wist ze het zeker: 'Het is heel erg goed mogelijk dat alle Joden uit deze kuststad wég moeten: de Duitsers hebben immers ruimte nodig!'

Leonies angst bleek prematuur. De deportatie van de Haagse Joden zou pas in augustus 1942 op gang komen. Toch was haar bezorgdheid niet ongegrond. Een week eerder, op 1 mei, hadden de Duitsers de hele Nederlandse kust tot *Sperrgebiet* verklaard. Uit angst voor een geallieerde aanval, werd gewerkt aan de *Atlantikwall,* een stelsel van verdedigingswerken dat liep van Noorwegen tot aan Zuid-Frankrijk. In Scheveningen, vlak aan zee, hadden sommige bewoners al de opdracht gekregen te vertrekken – een voorbode van de evacuatie die een groot deel van de Haagse bevolking later nog te wachten stond.

Binnen de Joodse gemeenschap, die onder grote spanning leefde, verspreidden geruchten zich razendsnel. Als de kustbewoners geëvacueerd moesten worden, zouden de Joden wel als eersten moeten vertrekken, zo werd geroddeld en gefluisterd. Overál in Nederland waren Joodse gemeenschappen immers al gedwongen te verhuizen. Het was begonnen in januari 1942 met de Joden van Zaandam, die binnen een paar dagen hun koffers moesten pakken en in Amsterdam een onderkomen zoeken. Daarna werden tal van andere Joodse inwoners van provincieplaatsen gedwongen te verkassen naar de hoofdstad, waar zij veelal introkken bij andere Joodse gezinnen, in afwachting van – ja van wat eigenlijk?

Over deportatie naar Drenthe werd ook al langer gespeculeerd. Het was alom bekend dat een groot aantal Duits-Joodse vluchtelingen sinds eind 1939 opgevangen werd in een kamp bij Westerbork, midden op de verlaten hei. De Nederlandse regering had lang geworsteld met de in totaal bijna tienduizend Joodse vluchtelingen die sinds de machtsovername van Hitler naar Nederland waren uitgeweken. Zij werden allesbehalve warm onthaald en liefst doorgeschoven naar andere landen. Op kosten van de Joodse gemeenschap zélf was ten slotte een barakkenkamp in Drenthe gebouwd, ver van de bewoonde wereld. De Duitse Joden die daar woonden, zagen in het voorjaar van 1942 dat er in hoog tempo nieuwe barakken werden opgetrokken. Kennelijk verwachtte men een grote toeloop – maar van wie?

Achter haar typemachine haalde Leonie diep adem. Ze was nu in elk geval beter voorbereid dan toen de oorlog uitbrak, schreef ze. 'Laat ik dankbaar zijn, voor hetgeen in deze twee jaar nog met mij gebeurd is, en voor de kracht die het werken sinds februari in Amsterdam mij gegeven heeft! Gebed: hier ín mij is het. Niemand kan mij dat afnemen. Het Is er. Dát blijft bij mij: als krachtbron en leider. Rust en kalmte!! Zeker in de onzekerheid!!!'[63]

Leonie deed de gymnastiek- en ademhalingsoefeningen die Spier haar had geleerd. Daarna waste zij zichzelf van top tot teen. 'Schön so mit kaltem Wasser!' schreef ze trots aan Spier.

Tijdens het baden had ze zich afgevraagd of het niet *rücksichtslos* van haar was dat ze tijdens de gesprekken met Spier graag gezellig tegen hem aan lag. Ze dacht dan immers helemaal niet aan hém, aan wat haar lichamelijke aanwezigheid mogelijk bij hem zou oproepen. Ze vond het gewoon zelf heel prettig.

Langzaam kalmeerde ze.

Die dag ging Leonie een paar keer kijken of er in de brievenbus al een evacuatiebevel lag. Elke keer wanneer er werd aangebeld ging er 'een klein schrikje' door haar heen: het zou toch niet? Maar er kwam geen oproep. Nog niet.

—

De vraag kwam van Etty, in opdracht van Spier. Zou Leonie hun een doorslag kunnen sturen van haar dagboekaantekeningen?

'Het gaat ons om alles wat van objectieve waarde is voor de analyse,' schreef Etty in een brief naar Den Haag.[64]

Leonie zat met het verzoek in haar maag. Ze had echt geen tijd om alle 'objectieve' stukjes over te tikken en te scheiden van de meer persoonlijke passages. Het was alles sturen, of niets. Maar dan zou Etty óók lezen hoe haar verhouding tot Spier zich ontwikkelde. Wat moest ze antwoorden?

Tijdens een consult bij Spier, op dinsdagmiddag 12 mei 1942, wist ze het ineens. Ze was na binnenkomst direct tegen Spier aan gaan liggen. Hij was wel even verbaasd geweest.

'Ik had me uw reactie anders voorgesteld,' zei Spier. 'Ik was bang dat u zich te sterk aan mij zou binden, en ben het consult daarom altijd begonnen met práten.'

'Maar dan had ik niet geluisterd,' antwoordde Leonie, 'want dat was voor mij even niet belangrijk.'[65]

Op dat moment begreep ze hoe het zat. Spier was iemand die zijn kracht niet alleen doorgaf met woorden, maar ook via zijn grote lichaam en warme handen. Soms voelde zij zich als een 'wezen met zuignapjes', dat gulzig dronk van alles wat haar via hem toevloeide. Het bijzondere van Spier was dat hij dat intense, geestelijke én lichamelijke contact met meerdere vrouwen tegelijk kon hebben. Dus waarom zou ze daarover terughoudend zijn tegen Etty? De relatie van Spier met de een, zou zijn betrekking tot de ander slechts voller en rijker maken.[66]

Na de therapeutische sessie had Leonie een afspraak met Etty. Ze zouden elkaar zien bij Liesl en Werner Levie, een Duits-Joods echtpaar met wie Etty in de voorgaande periode zeer goed bevriend was geraakt. De Levies woonden in de Watteaustraat 3-III, ook in Amsterdam-Zuid en om de hoek bij Spier. Opgetogen liep Leonie ernaartoe. Ze popelde van verlangen om Etty in haar nieuwe inzicht te laten delen. Spier was geen man voor één vrouw! Het was daarom niet nodig om de 'objectieve' passages uit haar dagboek te filteren. Ze zou Etty een doorslag van haar hele dagboek sturen – inclusief alle passages over Spier.[67]

Het was een vrij frisse, maar zonnige voorjaarsdag. Liesl stelde voor om met z'n drieën op het dak te gaan zitten, waar ligstoelen stonden. Ze was een frêle, gracieuze verschijning, met halflang, donkerblond haar, smalle lippen en een lange neus. In mei 1939 was zij met haar twee nog jonge dochtertjes Mirjam en Renate naar Nederland gevlucht. Haar man Werner, die in Berlijn secretaris was geweest van *Der Jüdische Kulturbund*, de bond voor Joodse artiesten, kwam haar later achterna.

Liesl kende Julius Spier nog uit Berlijn en was in de oorlogsjaren een van zijn beste leerlingen geworden. Ze had een sterke intuïtie en veel aanleg voor het handlezen. Omdat Spier in zijn kamertjes op de Courbetstraat weinig ruimte had, vonden de bijeenkomsten van de Spierclub, waarbij de vrouwen rondom Spier het handlezen oefenden, vaak plaats bij Liesl en Werner thuis. Etty kende Liesl dus al langer, maar pas in het voorjaar van 1942 waren zij in korte tijd heel goede vriendinnen geworden. Ook de Levies waren door Etty 'betoverd', vond Leonie. Etty sprak zó mooi over hen, dat het echtpaar voor haar een mysterieuze aantrekkingskracht had gekregen.

Helemaal op haar gemak was Leonie dus niet, toen ze daar met Etty en Liesl op het dak zat, in hun luie ligstoelen. Hoe moest ze beginnen over Spier die geen man was voor één vrouw?

Lang hoefde ze er niet over na te denken. Etty nam namelijk het woord en sloeg haar 'stuk voor stuk alle zekerheden uit de hand'.

'Er werd gesproken van een geheim huwelijk met Spier, van Polen,' schreef Leonie, nog nauwelijks bekomen van de emoties, een dag later in haar dagboek. 'Dat het gaan naar Polen vrijwel zeker móest komen, want een dergelijke energie kon toch niet zóó maar opgezameld worden, alleen maar daarvoor dat het direct weer vrede werd en alles gewóón zijn gang zou gaan! Er werd gesproken van Spier, die een onafscheidelijk stuk van háár leven was.'[68]

Onder druk van de toenemende dreiging, was Etty opnieuw gaan geloven in het idee dat ze met Spier zou trouwen om hem te kunnen ondersteunen in een arbeidskamp. Juist omdat ze zich in de voorgaande maanden steeds vrijer was gaan voelen in hun relatie, durfde ze een schijnhuwelijk met hem aan te gaan, uit vriendschap en liefde, maar 'uit een andere liefde dan die voor een huwelijk nodig is'. Ze droomde erover samen door de grote nood heen te komen, de moeilijke jaren te overleven, en Spier vervolgens heelhuids aan de 'Freundin' over te leveren en weer haar eigen weg te gaan. Op 29 april had ze er een lang gesprek over gehad met Spier, die ontroerd was geraakt door haar onbaatzuchtige voornemen. 'Hoe is dat toch gegroeid bij jou?' vroeg hij. *Du bist ein phantastisches Mädchen.*[69]

Na Etty's confessie op het zonnige dak was de spanning om te snijden. Leonie wist niets meer te zeggen. Terwijl zij zich druk had gemaakt over het delen van aantekeningen, bleken Etty en Spier huwelijksplannen te maken om samen naar Polen te kunnen gaan. Wie had zoiets kunnen verwachten? En het ergste was nog: Liesl leek Etty wél uitstekend te begrijpen. Ze hadden het over een gedeeld lot. Een gedeeld Joods lot.

's Avonds gingen Etty en Leonie met Spier eten bij Geiger, zijn favoriete vegetarische huiskamerrestaurant. Ze wandelden er samen naartoe. Onderweg dacht Leonie even dat het weer goed was. Maar dat bleek schijn. De sfeer aan tafel was allesbehalve ontspannen. Etty zat erbij met een afwezige en gekwelde blik, zag Leonie, alsof ze worstelde met enórme problemen.

'Het is toch alles niet zo eenvoudig,' stamelde Leonie na afloop, toen ze met Etty buiten stond.

'Waarom zeg je dat nu opeens?' vroeg Etty.

'Nou, jouw gezicht aan tafel...' probeerde Leonie.

Etty werd boos. 'Je móét iemand helemaal vrijlaten!' zei ze.

Daar ging het niet om, dacht Leonie. Het ging erom dat ze haar zekerheid kwijt was, haar innerlijke zekerheid. En door die angst had ze nog meer het gevoel dat ze Spier nodig had en dicht bij hem wilde zijn.

Het was of Etty haar gedachten raadde.

'Spier kán nu eenmaal niet met al zijn patiënten een binding hebben,' zei Etty. 'Nu ja, goed, met míj. Maar dat is ook een uitzondering.'

Leonie verzette zich fel. 'Je kúnt toch van tevoren niet zeggen hoe een verhouding zich zal ontwikkelen!'

Hoe ruimdenkend Etty ook wilde zijn: als het over Spier ging, kon ze zich in de vriendinnenclub behoorlijk bezitterig en jaloers opstellen. De zoon van het echtpaar Nethe, bij wie Spier in huis woonde, vond de dames van de Spierclub soms net kleine kinderen, zó afgunstig konden zij naar elkaar zijn. Etty was volgens hem het meest jaloers van hen allemaal. 'Ze had menige ruzie met mijnheer Spier als ze dacht dat hij anderen weer te veel aandacht had gegeven,' vertelde Hans Werner Nethe later. 'Dat heb ik met eigen oren gehoord.'[70]

De kamer en suite van de familie Nethe bevond zich op dezelfde verdieping als de twee kamertjes van Spier. Als zeventienjarige jongen keek Hans Werner met veel belangstelling naar de vriendinnen van Spier die hem bezochten en om zijn aandacht dongen. Mooi vond hij hen niet. Etty was maar een 'schichtig wezentje' toen ze met de therapie begon. Ze liep wat voorover, en maakte de indruk dat ze het liefst in een hoekje zou wegduiken. Hans Werner zag hoe Etty in de loop van de tijd van patiënte uitgroeide tot een soort van 'directiesecretaresse', die een belangrijke invloed had in de therapiepraktijk van Spier. 'Etty sprak heel rap. Ze kon erg hard zijn in haar uitingen, en dan weer heel teruggetrokken.'[71]

De confrontatie tussen Leonie en Etty werd die avond niet opgelost. Leonie sloeg dicht en moest de volgende dag vele pagina's van haar dagboek volschrijven om weer met zichzelf in het reine te komen. Etty overschatte haar, concludeerde Leonie. Ze zei immers: 'Ik heb jou vroeger zoveel verteld omdat ik dacht: Jij bent intelligent genoeg, jij verwérkt het wel.' Maar slim of niet, dat wilde nog niet zeggen dat ze ook al goed gebruik kon maken van alle intellectuele mogelijkheden die ze in zich had, bedacht Leonie. Haar gevoel, haar *Seelenkraft* of zielskracht zoals Spier dat zo mooi zei, schoot nog tekort.

Ze moest daarbij denken aan een moeilijk gesprek dat ze onlangs met een vriend had gehad, en waarvan ze behoorlijk van de kaart was geweest.

'Nou ja,' zei Spier toen ze hem erover vertelde, 'het is al geweldig dat het je maar één dag gekost heeft, om het te overwinnen.'

Maar Etty had gezegd: 'Nou, het is in jou toch nog wel héél zwak, dat je zo meteen omvergeworpen werd.'[72]

Leonie werd er 'helemaal beroerd en moe' van dat haar vriendschap met Etty zo ingewikkeld was geworden. Van louter balorigheid zat ze een ons kaas op te vreten achter haar typemachine. Als ze vroeger in een beroerde bui was, schreef ze, zocht ze altijd troost in snoep, sigaretten en bioscoopfilms. Maar nu snoep en sigaretten op de bon waren en de bioscopen voor haar gesloten, werd ze gedwongen tot een andere 'probleemaanpak' en kon ze haar ongenoegen alleen op het laatste portie kaas in huis botvieren.

'Het werken met Spier zal je nog veel lijden bezorgen,' had Etty voorspeld.

De opmerking had Leonie geïrriteerd. Waarom stelde Etty toch altijd het Lijden voorop, met een grote L? Zolang je je innerlijke weg volgde, en contact had met je diepste zelf, kon er toch geen sprake zijn van Lijden? Dat gaf toch alleen maar kracht?[73]

'Alles bij Etty draait om het lijden, en alles bij haar is altijd zo erg! Ik wou dat ik daar los van kwam!'[74]

Pa Han had na het etentje met Spier bij Geiger een foto gemaakt van Etty en Leonie. Etty had een arm om haar heen geslagen. Twee vriendinnen, ogenschijnlijk innig met elkaar verbonden. Maar de afstand tussen hen kon op dat moment niet groter zijn.[75]

—

Etty moest Spier delen. Hij had een Freundin in Londen, ging intensief om met andere vriendinnen van de Spierclub als Tide en Dicky, en was bijzonder toegewijd aan zijn meest vrouwelijke patiënten, met wie hij vaak ook een vriendschappelijke relatie ontwikkelde, onder wie Leonie. Etty wist het. Ze begreep dat hij zoveel anderen kon en moest helpen. Maar tegelijkertijd wilde ze Spier vaak liefst voor zichzelf houden. Het was een conflict waar ze hevig onder kon lijden en dat in haar dagboek steeds opnieuw opdook. Dan verdrong Spier alle andere onderwerpen, en móést ze zich op papier weer uitgebreid tot hem verhouden, in een poging grip te krijgen op hun gecompliceerde relatie. Ook in mei 1942 was ze weer intens met haar geliefde S. bezig. Het voornemen om een schijnhuwelijk aan te gaan, maakte allerlei gevoelens in haar los over een échte verbintenis. Bovendien bleven Spier en zij elkaar op erotisch gebied tarten door elkaar voortdurend te verleiden, maar tegelijkertijd te proberen Spiers trouw aan de Freundin te eerbiedigen.

Met bewondering kon Etty naar de vrome Tide kijken, die heimelijk veel hield van Spier maar werd gered door haar geloof en zo parmantig kon beweren dat ze dagelijks bad voor Hertha in Londen en hoopte dat die twee spoedig samen zouden komen. 'Liefst in Holland,' schreef Etty over Tides nobele wensen, 'en in de "Spier-club" en dan maar leuk verder Spier-club houden. Nee, echt, dat kan ik nog niet.'[76]

De belofte van een ware liefdesnacht met Spier leek in de eerste weken van mei niet ingelost te zijn, want Etty bleef ook in de daaropvolgende periode hartstochtelijk verlangen naar 'volledige lichamelijke overgave'.[77] Tegelijkertijd wist ze dat het 'gevaarlijk' was om daarover te fantaseren. Ze had toch nog van die 'donkere herinneringen' aan die éne keer?[78]

Die ene keer? Etty kon behoorlijk cryptisch zijn in haar beschrijvingen als het over haar lichamelijke relatie met Spier ging. Alsof ze ook in haar eigen dagboek aarzelde opening van zaken te geven. Iets duidelijker werd ze toen ze schreef dat de 'subjectieve' grens voor Spier lag bij 'een gemeenschappelijke liefdesnacht in een gemeenschappelijk bed'. Een grens die ze te respecteren had, al had Etty zelf sterk het gevoel dat in Spiers opstelling zelfbedrog school en struisvogelpolitiek.[79]

Etty's gevoelens waren vaak behoorlijk tegenstrijdig. Waar ze het ene moment erkende dat ze Spiers vrouw zou willen zijn, ernaar verlangde 'zich volledig tot iemand te bekennen', sprak ze zichzelf het volgende moment alweer vermanend toe en vond ze dat ze veel te weinig rekening hield met het meisje in Londen. 'Ik wil te veel zijn verhouding met míj als het middelpunt van zijn leven zien en misschien zit hier bij mij nog een stuk onverdraagzaamheid en misschien ook nog gekwetste ijdelheid.'[80] Spier had zich nu eenmaal voorgenomen zijn vrouw in Londen trouw te zijn en dat moest ze aanvaarden. Wanneer

Spier een volledige verhouding met haar zou aangaan, zou hij in zulke innerlijke conflicten komen met zichzelf, dat dat ook hún verhouding zou schaden. Dus wat wilde ze nu helemaal?[81]

Ze kwelde zichzelf ook met iets denkbeeldigs, hield Etty zichzelf voor, door te lijden onder de gedachte dat Spier 'later' een meisje in Londen tot zijn vrouw zou maken. Want later: wat wisten ze eigenlijk nog van later? 'Mijn God. Welk een zonnig optimisme nog in onze phantasieën. De toekomst? Een barak in Drenthe, met 36 families in één barak? Honger, moord of verbanning?'[82]

Etty schreef deze woorden op 23 mei 1942. Het was de eerste keer dat ze in haar dagboek Drenthe noemde als mogelijk verbanningsoord. De geruchten over deportatie naar de hei waren ook tot de Gabriël Metsustraat doorgedrongen. Aan alle kanten leek het net voor de Joden zich te sluiten. Juist twee dagen eerder was de zogeheten Tweede LiRo-verordening door de Duitsers afgekondigd, waardoor de Nederlandse Joden van hun laatste bezittingen werden beroofd. Joodse gezinnen mochten over niet meer dan 250 gulden per maand beschikken. Ook moesten zij al hun draagbare spullen van waarde inleveren bij de roofbank Lippmann-Rosenthal aan de Sarphatistraat, zoals antiek, kunstwerken, edelstenen, goud, kostbare boeken, munten en postzegelverzamelingen. Alleen trouwringen, zilveren horloges, één zilveren bestek per persoon alsmede 'gebitsvullingen van edele metalen' mocht men – vooralsnog – zelf houden.[83] Zo werden de Joden alsmaar verder in het nauw gedrongen. Etty begon er ernstig rekening mee te houden dat ze haar geliefde kamer op een dag zou moeten verlaten. Een kleine week later, op 29 mei, had ze het over 'de Drentse hei waar je verhongeren kunt, en Polen, waar je diphteritis schijnt te kunnen krijgen'.[84]

Alle maatregelen die de Duitsers vanaf dat moment namen, waren erop gericht de Joden zo veel mogelijk in één plaats, in één wijk en in hun eigen huis te houden. Dat was, met het oog op de verwachte deportaties, wel zo efficiënt.

Op 5 juni 1942 werd voor Joden een algeheel reisverbod van kracht. Etty schreef er opmerkelijk genoeg niets over, maar het betekende dat zij niet langer haar ouders in Deventer kon opzoeken. Louis, Riva en Mischa – met rafelige gele ster en grote koffer – kwamen vlak voordat het verbod inging wel nog snel bij háár op bezoek.

Voor Leonie had het reisverbod eveneens grote gevolgen. Ze zat opgesloten in Den Haag en kon Spier en Etty niet meer zien. Kennelijk wist ze het slechte nieuws op een waardige manier te verwerken, want ze kreeg de complimenten van Spier: 'De manier waarop u op het aangekondigde reisverbod reageert, laat zien dat u alweer een stuk verder gekomen bent; meer bewust van uw gevoelens en in het bezit van uw krachten,' schreef hij haar op 2 juni.[85]

Spier stelde voor om de therapie per brief voort te zetten. Leonie kon hem haar aantekeningen blijven sturen, en in de twee uur dat hij haar gewoonlijk persoonlijk ontmoette, zou hij nu zijn antwoorden en opmerkingen aan Etty dicteren – mits Leonie daarmee instemde natuurlijk. Zelf zag Spier geen bezwaar: 'U weet dat Etty voor dit werk heel begeesterd en ook geschikt is, zodat de samenwerking voor ons alle drie productief zal worden.'[86]

Etty probeerde haar vriendin aan te moedigen – al hun moeilijkheden ten spijt. Wanneer zij Spiers epistels naar Leonie stuurde, voegde zij er vaak ook een briefje van haarzelf bij. 'Hoeveel treurige en eenzame ogenblikken het [reisverbod] je misschien ook bezorgen mag,' schreef Etty op 2 juni, 'wie weet hoe zegenrijk deze tijdelijke isolatie voor je zal kunnen zijn en wat voor vruchtbaar schriftelijk contact daaruit zal kunnen voortvloeien. En voor de rest? [...] Houd je taai, kleintje en tot de volgende keer.'[87]

Etty schreef de woorden over in haar dagboek. 'Uit een brief aan Leonie, die niet meer reizen mag,' zette ze erboven – alsof dat verbod niet ook voor haarzelf gold.

—

Het was niet dat ze niet zag wat er in de buitenwereld gebeurde. Naarmate de dreiging toenam, leek Etty de oorlog meer en meer toe te laten in haar gedachtewereld. Ze sprak daar nauwelijks over, en het was een verandering die vriendinnen als Leonie daarom ontging. Maar vanaf mei 1942 zocht Etty in haar dagboek duidelijk naar een manier om zich te verhouden tot de hele reeks van anti-Joodse maatregelen die op haar afkwam en die nu ook haar persoonlijk leven meer en meer ging beperken.

'God, ik blijf alles onder ogen zien en wil voor niets weglopen en van de ergste misdaden tracht ik iets te begrijpen en te doorgronden en ik tracht altijd weer de naakte, kleine mens op te sporen, die dikwijls niet terug te vinden is midden in de monstrueuze ruïnes van zijn zinneloze daden,' schreef Etty op 29 mei. Ze zat heus niet in een rustige kamer zwelgend in dichters en denkers haar God te prijzen. Dat zou geen kunst zijn. En zo wereldvreemd was ze ook niet, al beweerden haar goede vrienden vertederd van wel. Ze was geen 'verdroomde phantaste'. 'Ik zit oog in oog met jouw wereld God en ontvlucht de realiteit niet in schone dromen – ik meen, dat er plaats is voor schone dromen naast de wreedste realiteit – en ik blijf je schepping prijzen, God – ondanks alles!'[88]

Etty kreeg meer oog voor de terreur om haar heen, en probeerde die vaak angstaanjagende werkelijkheid een plaats te geven naast al het goede waarin ze vast wilde blijven geloven. Ze weigerde eenvoudigweg zich dat te laten ontnemen wat haar het allerliefste was: haar vermogen de schoonheid van de dingen te zien onder alle omstandigheden, hoe ellendig ook. Als er iets was wat Spier haar had geleerd in de voorgaande jaren, dan was het dat zij van het leven hield en er niet meer bang voor was. Ze had door hem de weg naar zichzelf gevonden, in een gruwelijk ontspoorde tijd. Er was geloof en liefde in haar. Een groter cadeau had hij haar niet kunnen geven, en ze was niet van plan dat ooit nog van zich af te laten pakken.

Op een avond, eind mei, was Etty al vroeg naar bed gegaan, in haar eigen kamertje, en keek ze door het open venster naar buiten. Het was stil op het plein voor haar huis. Ze had het gevoel dat ze 'in de naakte armen van het Leven lag' en voelde zich wonderlijk veilig en beschut. Merkwaardig was dat, schreef ze. Het was oorlog. Er waren concentratiekampen.

Kleine wreedheden stapelden zich op kleine wreedheden. Als ze door de stad liep, wist ze precies: daar was een zoon in de gevangenis en daar was een vader gijzelaar en daar hadden ze het doodvonnis van een achttienjarige zoon te dragen. Ze wist van de vervolging en de onderdrukking en willekeur en de machteloze haat en het sadisme. En toch had ze het gevoel dat ze in warme, zachte armen lag en de hartenklop van het leven kon hóren; langzaam, maar regelmatig, zacht en trouw, als 'nooit meer zullende ophouden en ook zo goed en zo barmhartig'.[89]

Nog geen twee weken eerder paradeerde Himmler voor haar raam, de arm gestrekt in de Hitlergroet. Nu bood datzelfde raam uitzicht op de nacht en haar troostrijke wereld, die een afspiegeling was van alles wat er ten diepste in haar omging.

'Dit is nu eenmaal mijn levensgevoel,' schreef ze de volgende ochtend, 'en ik geloof, dat geen oorlog en welke zinneloze menselijke wreedheden ook, daar verandering in kunnen brengen.'[90]

Het was zaterdagochtend 30 mei 1942. Etty had vroeg de wekker gezet, zodat ze voor het ontbijt de heilige Augustinus kon bestuderen. Er was nog zoveel te lezen. Op haar bureau lagen de Bijbel, Rilke en *De idioot* van Dostojevski, wiens vorst Mysjkin ze al te lang aan zijn lot had overgelaten.[91]

Nóg stonden de muren van haar kamer beschermend om haar heen.

11

Het gaat om onze vernietiging

Etty ontwaakte met een gevoel van onrust en gejaagdheid. Het was zeven uur 's ochtends, woensdag 1 juli 1942. Op het plein voor haar huis was alles nog stil. De vorige dag was een groot aantal nieuwe verordeningen tegen Joden afgekondigd. Kennelijk was ze daarvan meer onder de indruk dan ze had gedacht, want zodra haar wekker was afgegaan, werd ze zich de spanning in haar lijf gewaar. Ze voelde zich geradbraakt en had overal pijn. Alsof haar lichaam nog moest verwerken wat haar geest al dacht doorgrond te hebben. Pas na ruim een uur had ze haar rust en 'vroomheid' hervonden. Het was niet erg, hield zij zichzelf voor. Zo kon ze tenminste iets van de angst van de anderen navoelen; een angst die haarzelf in de voorgaande maanden juist steeds vreemder was geworden.[1]

Het bericht van SS-leider Rauter had op 30 juni op de voorpagina van alle kranten gestaan, óók van het gelijkgeschakelde *Algemeen Handelsblad* dat bij Wegerif in de bus viel. 'Tweede Beschikking van de Commissaris-Generaal voor de openbare veiligheid over het optreden van Joden in het openbaar' stond er in vette letters boven, alsof het hier om wettige regelgeving ging. In een groot aantal bepalingen werd uiteengezet wat Joden vanaf die dag allemaal niet meer mochten – en dat was schrikbarend veel. Waar de bezetter eerder steeds kleine duwtjes had gegeven, met de bedoeling de Nederlandse Joden geleidelijk te isoleren en in een hoek te drijven, werd nu in één keer een laatste, allesbeslissende klap uitgedeeld.

Joden moesten van acht uur 's avonds tot zes uur 's ochtends thuisblijven.

Joden mochten niet meer in de huizen van niet-Joden komen – behalve wanneer dat op grond van een bestaande huur- of arbeidsovereenkomst noodzakelijk was.

Joden konden alleen nog boodschappen doen in niet-Joodse winkels tussen 15 en 17 uur.

Joden mochten niet meer autorijden of fietsen, en ook niet meer met de tram of de trein reizen (behalve met 'een reisvergunning van de Sicherheitspolizei voor de Spoorwegen').

Joden mochten alleen nog naar Joodse kappers of 'andere paramedische instellingen'.

Joden mochten geen gebruik meer maken van openbare telefooninstallaties.[2]

Etty had wel een vermoeden waartoe de nieuwe maatregelen dienden. 'Het laatste bericht is, dat alle Joden uit Holland weggetransporteerd zullen worden, via Drenthe naar Polen,' schreef ze een dag eerder, op 29 juni 1942.[3] Ook had ze via de 'Engelse zender' gehoord dat in Duitsland en de bezette gebieden al 700.000 Joden waren omgekomen. Dit eerste officiële bericht over het systematisch doden van Joden was op 26 juni door de BBC uitgezonden, naar aanleiding van een rapport van de Poolse regering in ballingschap.[4] 'In Polen schijnt de uitmoordpartij in volle gang te zijn,' noteerde Etty enkele dagen daarna.[5]

Het moet direct worden gezegd: wát er precies gebeurde in de kampen in het oosten wist Etty op dat moment niet, evenmin als vrijwel al haar lotgenoten.[6] Ze verwachtte dat de Joden naar 'arbeidskampen' zouden worden gestuurd. De omstandigheden waren daar ongetwijfeld barbaars en of ze het zou overleven viel te betwijfelen, allereerst omdat ze als 'verwekelijkt cultuurdier' weinig vertrouwen had in haar conditie. Vanaf het moment dat zij niet meer mocht fietsen of met de tram reizen, en dus veel moest lopen, werd Etty er pijnlijk mee geconfronteerd dat zij haar dagen vooral zittend achter een bureau doorbracht.

'Je deugt niet, zus,' moest ze al op 4 juli constateren. 'Je body is volkomen ongetraineerd en weerstandsloos en in een arbeidskamp zul je het in drie dagen begeven, alle geestkracht ter wereld zal je hier niet kunnen redden, wanneer je al na een gezellige wandeling van nog geen twee uur, met alle comfort op de achtergrond, reageert met zùlke hoofdpijnen en zùlke vermoeidheid.'[7]

Maar hoe ellendig het ook zou worden: in alle scenario's die zich die dagen in Etty's hoofd afspeelden, gaf ze zichzelf nog wel een kans in het arbeidskamp. Ze verwachtte te worden opgevreten door luizen en honger, of met blote voeten door de kou te moeten. Maar ze fantaseerde er tegelijkertijd over om met Spier samen nog goed psychologisch werk te kunnen doen voor de geïnterneerde medemens. Het feit dat het overgrote deel van de Joden al direct na aankomst in Auschwitz of andere vernietigingskampen werd vergast, was iets wat Etty in juli 1942, net als vrijwel alle andere Nederlanders, eenvoudigweg niet kon bevroeden.[8]

Er zijn bibliotheken volgeschreven over de vraag wat men in het Westen wist van de Holocaust – of wat men had kúnnen weten en gewoon niet wilde weten, uit opportunisme of onverschilligheid. Een bijzonder complexe discussie, ook omdat deze altijd direct gekoppeld wordt aan de schuldvraag.[9] Want als men er meer van had geweten, had er dan niet ook veel meer gedaan moeten worden om de Joden te redden?

Zeker is dat de nazi's er al vrij snel niet meer in slaagden hun gruwelijke geheim volledig verborgen te houden, alle geraffineerde pogingen tot misleiding ten spijt. Al begin december 1942 wist de Poolse koerier Jan Karski Londen te bereiken met onthullende berichten. Na eigen onderzoek in Polen durfde hij te stellen dat Himmler van plan was voor het einde van dat jaar de helft van de Pools-Joodse bevolking te vermoorden.[10]

Op grond van deze en andere getuigenissen publiceerden de geallieerde mogendheden op 17 december 1942 een gezamenlijke verklaring, waarin zij hun afschuw uitspraken over de 'bestiale politiek van uitroeiing' door de nazi's. In deze verklaring, die verschillende malen werd uitgezonden door de BBC, werd bekendgemaakt dat alle Joden 'systematisch' werden weggevoerd uit de getto's in de Poolse steden, met uitzondering van voor de oorlogsindustrie geschoolde arbeiders, en dat daarna ‘taal noch teken van hen werd vernomen’. ‘De krachtigen onder hen worden langzamerhand doodgewerkt in arbeidskampen. De zwakken laat men sterven van koude of honger, of zij worden bewust door massa-executies afgeslacht.’ Het aantal slachtoffers werd geschat op ‘vele honderdduizenden’.[11]

Het was een eerste onthulling van de Holocaust – maar wel eentje die achterliep op de feiten. Over gaskamers werd met geen woord gerept. Tevens werd het werkelijke aantal vermoorde Joden zwaar onderschat, want dat waren er op dat moment al drie miljoen.[12] Het overheersende beeld was eind 1942 nog dat de Joden naar arbeidskampen werden gestuurd, precies zoals Etty en haar lotgenoten eerder dat jaar veronderstelden. Terwijl de gaskamers van Auschwitz, Chełmno, Bełżec en Sobibór al volop in gebruik waren, werd door de geallieerde autoriteiten en media níét uitgedragen dat deportatie naar Polen meestal een onmiddellijke vergassingsdood betekende.

Geruchten waren er daarentegen des te meer. ‘De Joden hier vertellen elkaar aardige dingen: dat ze in D.land worden ingemetseld of met gifgassen uitgeroeid,’ schreef Etty op 11 juli 1942.[13] Echt geloven deed ze het niet. En wie wel, op dat moment? Anne Frank schreef pas in mei 1944, in het door haarzelf herschreven dagboek, dat de bewoners van het Achterhuis veronderstelden dat de Joden in het oosten vermoord zouden worden en dat de BBC berichtte over vergassing, ‘misschien wel de vlugste methode’.[14] Een massamoord op industriële schaal was lange tijd onvoorstelbaar – en is dat misschien nog steeds wel.

Zoals velen werd Etty die zomer van 1942 voortdurend heen en weer geslingerd tussen hoop en vrees. Op dezelfde dag dat ze schreef over gifgassen, vroeg ze zich af of ze niet een paar ‘gemakkelijke sandalen’ moest meenemen naar het werkkamp, zodat ze die kon afwisselen met haar zwaardere schoenen.[15]

Evengoed vormde de 30ste juni een keerpunt. Tot dan toe had Etty zich bij Wegerif thuis relatief veilig en goed verzorgd geweten. Maar die tijd was voorgoed voorbij. De nieuwe anti-Joodse maatregelen zouden nu ook voor haarzelf grote gevolgen hebben. Het was ‘grotesk en nauwelijks te realiseren’, schreef ze, maar alles wat voordien zo vanzelfsprekend was geweest, was nu onmogelijk geworden.[16] De vertrouwde weg naar Spier fietsen. Tide of andere niet-Joodse vrienden bezoeken. Met de tram gaan wanneer het regende of als zij aan de andere kant van de stad moest zijn. Lange telefoongesprekken voeren met Spier.

En hoelang zou zij als Joodse nog bij Wegerif mogen blijven wonen? Het verbod op 'buitenechtelijke geslachtelijke omgang' tussen Joden en niet-Joden van maart 1942 hadden ze nog kunnen negeren. Maar als Joodse officieel *inwonen* in een niet-Joods huis? Met een 'arbeidscontract' was dat nu nog toegestaan. En ze wás per slot van rekening officieel Wegerifs hulp in de huishouding. Maar dat 'gaatje in de verordeningen' zou wel spoedig ontdekt worden, verwachtte ze.[17]

Etty moest er ernstig rekening mee gaan houden dat ze haar thuis – een plek die sinds 1937 zoveel betekenis voor haar had gekregen – zou gaan verliezen.

'Het is waar, ik zit nog aan het zelfde bureau, maar het is me, of ik een streep onder al het vorige zetten moet en op een nieuwe toon verder gaan,' noteerde ze op 3 juli 1942. 'Men moet een nieuwe zekerheid in zijn leven een onderdak geven, men moet er even een plaats voor vinden: het gaat om onze ondergang en onze vernietiging, daarover hoeft men zich geen enkele illusie meer te maken.'[18]

Voor het eerst, schreef ze, werd ze geconfronteerd met de dood. Ze had nog nooit een dode gezien. Achtentwintig was ze, en de wereld was bezaaid met miljoenen lijken, maar tegenover de dood stond zij nog 'maagdelijk'. Ook die tijd was voorbij. De dood was groot, eenvoudig, vanzelfsprekend en geluidloos in haar leven gekomen. 'Hij heeft er nu een plaats en ik weet nu, dat hij bij het leven hoort.'[19]

Aanvaarding, daar ging het om. De omstandigheden waren niet doorslaggevend, nooit. Was dat niet de belangrijkste les die ze van Spier had geleerd? Er zouden altijd goede en slechte omstandigheden zijn en die had men te aanvaarden – al kon men zijn leven eraan wijden de slechte te verbeteren. 'Maar men moet weten, uit welke motieven men die strijd voert en men moet beginnen bij zichzelf, iedere dag opnieuw bij zichzelf.'[20]

De rigoureuze omwentelingen in de buitenwereld zouden in de daaropvolgende weken een even diepgaande verandering in Etty zelf bewerkstelligen. Geconfronteerd met mogelijke deportatie en het verlies van alles wat haar dierbaar was, kwamen er nieuwe, onvermoede krachten en inzichten in haar vrij.

'Alles groeit, nog steeds, ook al lijkt alles zinneloos.'[21]

—

Was het nog maar een maand geleden dat ze een gele ster moest gaan dragen? Díé ingrijpende maatregel had Etty niet als bedreigend ervaren, integendeel. Ze was 's avonds op bezoek gegaan bij haar vrienden Liesl en Werner Levie. Toen ze binnenviel, zat Werner net in de smalle, Amsterdamse keuken bonenkoffie te malen. De koffie was hem aangeboden op de zwarte markt, schreef Etty, 'het salaris van een hele week zal daar minstens in gezeten hebben'.[22]

Voor Etty werd het een magische, bijna feestelijke gebeurtenis. 'Kinderen, het is zo zindelijk en ordelijk bij jullie!' zei ze terwijl ze op het aanrecht zat en al bijna dronken werd van de geur van echte koffie. Het contrast tussen de opgeruimde keuken en het 'stel bohémiens' dat Werner en Liesl in de ogen van Etty waren, gaf volgens haar een 'fascinerende atmospheer'. Ze genoten van hun koffie in luie fauteuils in de voorkamer. Werner rookte er een kostbare sigaret bij. Het gesprek ging over de gele ster, de middeleeuwen en psychologie. Was het niet fascinerend, zei Etty, dat kinderen in de toekomst zouden leren over gele sterren en getto's en terreur, maar dat parallel aan die schoolboekengeschiedenis ook een ánder verhaal te vertellen viel? Over hoe goed zij drieën het samen hadden, bijvoorbeeld, juist op de avond dat de ster op moest?

'Ik vind het leven tóch mooi en levenswaard,' zei Etty, nippend van haar koffie.

Werner begon toen 'bedenkelijk te kijken', noteerde ze later.[23]

Wat Etty niet wist, of niet opschreef, was dat Werner de twee pond koffie clandestien had verkregen in ruil voor zijn spiksplinternieuwe smoking.[24] Hij had het galakostuum meegenomen bij zijn vlucht uit Duitsland in 1939. Joden mochten maar een beperkt bedrag aan geld uitvoeren en Liesl en Werner hadden hun vermogen zo veel mogelijk omgezet in waardevolle goederen, waaronder de peperdure smoking.

Het glanzende, donkerblauwe avondkostuum was niet zomaar een kledingstuk. De smoking vertegenwoordigde een droom. Werner Levie was sinds zijn jeugd een bezield zionist en was al jaren bezig met emigratie van zijn familie naar Palestina. Hoewel hij was afgestudeerd als econoom, ging zijn ware liefde uit naar theater en muziek, en hij had grote plannen om in Palestina het allereerste operahuis van het land te stichten. Samen met Liesl was hij in de jaren dertig tot twee keer toe in Palestina geweest om zijn ambitieuze project voor te bereiden. Hij had onder meer de steun verworven van de Italiaanse componist en dirigent Toscanini, die veel sympathie had voor de zionistische zaak en had toegezegd de eerste operavoorstelling te dirigeren.[25]

De Levies waren in 1939 naar Nederland uitgeweken omdat zij, dankzij Werners Nederlandse vader, de Nederlandse nationaliteit bezaten en het dus relatief eenvoudig voor hen was om zich in Amsterdam te vestigen, waar zij voorlopig veilig dachten te zijn. Maar zij zagen hun verblijf nadrukkelijk als een tussenstop. Het was de bedoeling dat zij met hun nog jonge dochters Renate en Mirjam zo snel mogelijk zouden doorreizen naar Palestina – de smoking van Werner in de koffer. Werner wilde het chique galakostuum dragen bij de feestelijke openingspremière van zijn operahuis in Tel Aviv.

De familie Levie had tickets voor een schip dat op 26 mei 1940 naar Palestina zou gaan; hun goederen stonden al in containers in de Rotterdamse haven opgeslagen.[26] Maar de oorlog haalde hen in. Bij het bombardement op Rotterdam van 14 mei gingen al hun spullen verloren. De Levies zaten vast en moesten toezien hoe ook de Nederlandse Joden geleidelijk hun rechten verloren, precies zoals zij dat in Duitsland al hadden meegemaakt.

Op de dag dat het dragen van de gele ster verplicht werd gesteld, wist Werner Levie genoeg. Nu de Joden gebrandmerkt werden, kon er maar één stap volgen: hen bijeendrijven als opgejaagd vee en deporteren. Hij zou zijn smoking niet meer nodig hebben. Op de zwarte markt ruilde hij zijn premièrekostuum voor twee pond zeldzame bonenkoffie – een symbolische daad van verzet. Die koffie konden ze hem in elk geval níét meer afnemen.

Werner Levie, die ruim tien jaar ouder was dan Etty, maakte zich geen enkele illusie over de intenties van de nazi's. Na de machtsovername door Hitler in 1933 had hij in Berlijn aan de basis gestaan van de Joodse *Kulturbund*: een organisatie die het Joodse culturele leven probeerde te redden door Joodse artiesten te laten optreden voor een Joods publiek. Hij werkte zich op tot landelijk secretaris van de Kulturbund en moest in die hoedanigheid bijna maandelijks onderhandelen met de hooggeplaatste nazi Hans Hinkel, die op het ministerie van Propaganda van Joseph Goebbels onder meer de *Entjüdung* van het culturele leven tot taak had.

Op het kantoor van Hinkel en consorten in Berlijn had Werner zijn tegenstander goed leren doorgronden. Hij kende de geslepen strategie van de nazi's, hun starre denkwijzen. Moest operaheldin Carmen van Hinkel Joods worden, omdat Joden geen niet-Joods repertoire mochten spelen? Dan wérd Carmen Joods, hoe hilarisch dat ook was.[27] Alles om 'zijn' musici en artiesten te laten doorspelen en te behoeden voor werkloosheid, armoede of opsluiting in een concentratiekamp.

Als zionist geloofde Werner sterk in een Joodse lotsverbondenheid. De Joden waren één bedreigd volk, dat alleen in Palestina een veilige toekomst kon vinden en in tijden van nood naast elkaar moest blijven staan. Om de topmusici en acteurs van de Joodse Kulturbund definitief in veiligheid te brengen, onderhandelde hij zelfs met de nazi's over een vrijgeleide naar Palestina, als Mozes die zijn volk naar het beloofde land wilde leiden. Hinkel bleek uiteindelijk bereid de Joden te laten gaan, maar hun kostbare instrumenten niet.[28] Eindeloos moest Werner marchanderen – totdat de oorlog aan alle dromen abrupt een einde maakte.

De echte koffie, hoe smakelijk ook na het slappe oorlogssurrogaat, zal Werner bitter hebben gesmaakt. Het is de vraag hoezeer Etty zich hiervan bewust was. Zij vierde die avond allereerst de vriendschap, zag vooral de bijzondere waarde van het samenzijn. 'Een kop koffie, een paar goede vrienden, atmospheer en een beetje gephilosopheer.'[29]

Het had even geduurd voordat Etty de frêle Liesl goed had leren begrijpen. Liesl stotterde en maakte een onzekere indruk. Bij hun eerste kennismaking, al in 1941, noemde Etty haar 'dat breekbare vrouwtje met haar ziekelijke gezichtje'. Evengoed werd ze direct geboeid door de jonge vrouw, die vier jaar ouder was dan zij en tot haar verbazing al moeder van twee kinderen bleek te zijn.[30] Op aandringen van Spier, die Liesl goed kende als leerling én als patiënt, begonnen Etty en Liesl elkaar in het voorjaar van 1942 vaker te zien. Spier voorvoelde dat de vrouwen het goed met elkaar zouden kunnen vinden en dat bleek hij juist te hebben ingeschat.

'Eigenlijk is zij [Liesl] mijn enige vrouwelijke vriendin,' schreef Etty al een paar maanden later.[31] Etty bleef geregeld logeren bij de Levies en zat dan meestal tot diep in de nacht met Liesl te praten. Achter de 'broze, opgeschrikte elf' met haar wuivende haren bleek een krachtige en eigenzinnige persoonlijkheid schuil te gaan, tot wie Etty zich sterk aangetrokken voelde, op het erotische af soms.[32]

Liesl kwam uit een rijke familie van bankiers; haar moeder groeide op in een huis met veertig kamers en vier dienstmeisjes.[33] Tegen de zin van haar familie had ze een huwelijk met Werner doorgezet, die maar een arme sloeber was in de ogen van haar vader.[34] Als zoon van een alleenstaande, Russische moeder – zijn vader was na zijn geboorte met de noorderzon naar Amerika vertrokken – was Werner een typische selfmade man; een handige organisator die alles in het leven op eigen kracht had moeten bereiken. Liesl hield erg veel van de charismatische, donkere en knappe man – volgens Etty had hij een 'zigeunerhoofd' – al konden de koppige echtelieden elkaar ook flink dwarszitten.[35]

'Ik geloof, dat het met deze mensen een vriendschap voor het leven wordt,' schreef Etty in maart 1942.[36] Kort daarvoor had ze koffiegedronken met Werner en Liesl in Café de Paris aan de Beethovenstraat; een van de weinige plekken waar Joden elkaar nog mochten ontmoeten. De Berlijnse tekstschrijver Herbert Nelson en diens verloofde, de befaamde Weense actrice Silvia Grohs, waren er eveneens bij geweest.[37] Het was Werner, samen met gevluchte artiesten die hij nog uit Berlijn kende, ook in Amsterdam gelukt een theater van de grond te krijgen waar Joden speelden voor Joden, vergelijkbaar met de Joodse Kulturbund. Hoewel de Nederlandse organisatie anders in elkaar zat, was de intentie hetzelfde: Joodse artiesten helpen overleven en de moraal en solidariteit hooghouden.[38]

Als zakelijk leider van het Joodsche Kleinkunst-Ensemble, dat optrad in de Joodsche Schouwburg aan de Plantage Middenlaan, bracht Werner vanaf eind 1941 tal van Duitse en Nederlandse topartiesten samen op de planken. Hij werkte vaak samen met zijn grote vriend Max Ehrlich, die in Berlijn faam had verworven als acteur en regisseur. Andere bekende Duitse namen waren de componist en cabaretier Rudolf Nelson en de tekstdichter Willy Rosen. Wat betreft de Nederlandse artiesten stal vooral de populaire variétéartieste Heintje Davids de show; een vrouw van nog geen anderhalve meter lang met korte, dikke beentjes, misvormde voeten en een groot komisch talent.[39]

Het viel voor Werner bepaald niet mee om de Nederlandse en Duitse artiesten te laten samenwerken. Er bestond onderling veel wantrouwen en animositeit.[40] Bovendien vonden de Duitsers de kwaliteit van het Nederlandse toneel en cabaret een stuk minder dan zij in Berlijn gewend waren. 'Hollanders kunnen beter bruggen bouwen dan theater maken,' verzuchtte Werner vaak thuis, als niemand hem hoorde.[41]

Etty vond het interessant om met beroemde mensen koffie te drinken in Café de Paris, maar nam zichzelf ook voortdurend de maat. Liet ze zich er niet te veel op voorstaan dat ze *Du* mocht zeggen tegen theaterdirecteur Levie? Opgelucht constateerde ze dat zij haar 'laatste restje snobisme' had verloren, en alleen 'het menselijke' nog telde, 'zonder maskerade'.[42] In het voorjaar van 1942 ging ze geregeld naar voorstellingen in de Joodsche Schouwburg. Zo was ze op 18 april samen met Spier bij de première van *De Czardasvorstin,* een operette in drie bedrijven waaraan, met het oog op hun bescherming, liefst zeventig mensen meewerkten.[43] Etty was vaak kritisch op het niveau – na een voorstelling van het Willy Rosen Ensemble moest ze 'de vieze smaak van de revue weg spoelen' – maar soms zat ze ook zo hard te lachen dat de tranen in beekjes van haar wangen liepen.[44]

In korte tijd waren de Levies en hun theaterkring vanzelfsprekend deel gaan uitmaken van Etty's wereld. 'Het is zó'n geschenk dat wij elkaar hebben leren kennen,' zei Liesl.[45] De Levies zagen Etty graag komen, vertelde Liesl later. Ze stapte altijd binnen met een grote lach op haar gezicht en door háár vrolijkheid en sprookjesachtige verhalen werden ze zelf ook weer een beetje vrolijker. Liesl en Werner hadden veel verantwoordelijkheden en immense zorgen, mede vanwege hun nog jonge dochters. Anders dan Etty, die bij Wegerif goed verzorgd werd door Käthe, moest Liesl dagelijks uren in de rij staan voor groente of brood – om maar iets te noemen. Maar als Etty kwam, maakten ze samen grappen en voelden ze zich weer voor even jong en dwaas als vroeger.[46] Op een avond pakte Etty een zoveelste sigaret van Werner af omdat ze vond dat hij te veel rookte. Werner sprong daarop als een 'dolgeworden, kleine zwarte Zigeuner' op haar af, waarna een wilde worstelpartij volgde en Etty Werner wist te vloeren, tot grote hilariteit van hen allemaal en woede van de buren.[47]

Dát was de vriendschap die Etty vierde met een kop echte koffie, op de dag dat ze een gele ster moesten gaan dragen.

Etty was die avond niet lang bij de Levies. Na het bezoek 'aan haar twee bohémiens' huppelde ze door naar Spier. Om halfelf belde ze vanuit de kamer van S. nog even naar Werner.

'Kun jij me een goede advocaat aanraden?' vroeg ze. 'Wanneer ik nu trouw met een Duitse emigrant – dus met een statenloze – wat voor consequenties zal dat dan hebben? Zal ik zijn lot kunnen delen, bijvoorbeeld wanneer hij naar Polen gestuurd wordt?'

Kennelijk hadden Etty en Spier het opnieuw over hun trouwplannen gehad. Het was een onderwerp dat steeds terugkeerde in hun gesprekken, echter zonder dat een van beiden aanstalten maakte het voornemen daadwerkelijk uit te voeren.

Werner was verbijsterd. 'Maar dat zijn toch geen kleinigheden,' zei hij met ernstige stem.

'Jaha, dat weet ik,' antwoordde Etty. 'Dan heeft men alleen nog een lot te dragen, in plaats van een leven te leven.'[48]

De volgende dag, toen ze de avond beschreef in haar dagboek, hadden deze laatste woorden haar 'trots en heel ernstig' gemaakt. 'In plaats van voor een toevallig leven voel je je, zo in alle stilte, gerijpt voor een "Schicksal".'[49] Ze was rijp om het lot, het noodlot zo men wilde, op zich te nemen en te kunnen dragen.[50] Was dat niet de grootse verandering die Spier in haar had bewerkstelligd het voorgaande jaar? Niet langer draaide alles om haar gedachten en het peuteren in haar eigen leven. Ze was klaar om te aanvaarden wat op haar weg kwam en als dat betekende dat ze met Spier zou worden afgevoerd naar een arbeidskamp, dan was dat zo.

Althans: zo zag Etty dat eind april.

Ze kon toen niet voorzien hoe snel de dreiging van deportatie werkelijkheid zou worden.

—

Een paar dagen voor de afkondiging van de reeks nieuwe maatregelen, op vrijdag 26 juni 1942, was David Cohen, voorzitter van de Joodse Raad, plotseling op kantoor ontboden bij *ss-Hauptsturmführer* Ferdinand Aus der Fünten. De sjabbat was net begonnen. Cohen had sterk het gevoel dat er 'iets vreselijks' te gebeuren stond. Terwijl hij met enkele andere Joodse Raad-leden naar de Zentralstelle für jüdische Auswanderung wandelde, probeerde hij troost te putten uit het gezang van de vele vogels. Het was een prachtige zomeravond. Waar zouden de Duitsers hen mee overvallen?[51]

Aus der Fünten had een 'gewichtige mededeling', zei hij. De Zentralstelle zou beginnen met het oproepen van Joden tussen de zestien en veertig jaar voor de *polizeilicher Arbeitseinsatz*; verplichte tewerkstelling in Duitsland onder politietoezicht.

'Maar dat gaat in tegen de bepalingen van het Volkenrecht,' stamelde een geschrokken Cohen.

'Wij bepalen het Volkenrecht,' antwoordde Aus der Fünten kalm. 'Wij zijn de overwinnaars.'[52]

Als de Joodse Raad meewerkte, zou zij een rol krijgen bij de registratie van de 'evacués' en de praktische formaliteiten tot aan het vertrek. Bovendien mocht de Joodse Raad dan zelf mensen aanwijzen die vrijgesteld werden van deportatie en een zogeheten *Sperre* kregen, bijvoorbeeld omdat zij onmisbaar waren voor de eigen organisatie. Het ging daarbij om een groot aantal mensen dat voorlopig gered kon worden, zo werd direct duidelijk. Asscher en Cohen zetten in op 35.000 Sperren – waarvan na veel getouwtrek uiteindelijk de helft door de Duitsers werd toegewezen.[53]

Voor de zoveelste keer sinds hun aantreden in maart 1941 stonden Cohen en zijn medevoorzitter, de diamantair Abraham Asscher, voor een duivels dilemma. De Joodse Raad opheffen en weigeren nog langer de Duitse bevelen uit te voeren? Of meewerken en zo proberen 'erger te voorkomen', zoals het adagium van de gezagsgetrouwe classicus Cohen vanaf de oprichting van de Raad was geweest? Rekken, vertragen, wachten op de geallieerde bevrijders en intussen 'redden wat er te redden viel'?

Na hevig overleg besloot de Joodse Raad tot medewerking, in de overtuiging dat de gehele Arbeitseinsatz aan de Duitsers overlaten nóg erger was. Bovendien hoopte Cohen op deze manier bepaalde personen te sparen die van belang waren voor de Joodse gemeenschap en de wederopbouw van het Joodse leven na de bevrijding.[54]

Aus der Fünten kon in z'n handen knijpen. Door de belofte van controle en zeggenschap had hij de Joodse leiders opnieuw weten te misleiden en voor zijn karretje gespannen.

Op zondag 5 juli 1942 vielen bij de eerste 350 Joden in Amsterdam oproepen in de bus, vrijwel allemaal bij Duitse emigranten.[55] Een van hen was Margot Frank, de zestienjarige zus van Anne. Zij moest zich al op 8 juli melden bij de Zentralstelle für jüdische Auswanderung. Haar vader, Otto Frank, was op dat moment een van de weinige Joden in Amsterdam die met vooruitziende blik al een onderduikplaats hadden ingericht. Een dag later, in alle vroegte, vertrok de familie Frank lopend naar het Achterhuis aan de Prinsengracht.

—

Het nieuws over de oproepen verspreidde zich razendsnel door de stad. 'Er gaan ook meisjes van 16 jaar naar de arbeidskampen,' schreef Etty. 'Wij ouderen zullen ze onder onze hoede moeten nemen, als het met ons Hollandse meisjes later ook zo het geval zal zijn.'[56]

De dreigende deportaties waren het gesprek van de dag. Op zaterdagavond 4 juli had Etty het erover met Liesl en Werner Levie. Hoelang zouden ze het volhouden in zo'n arbeidskamp? Etty en Werner zeiden zich weinig illusies te maken.

'Ik weet dat ik in drie dagen dood ben,' verklaarde Etty.

Alleen Liesl, fragiel of niet, koesterde hoop. 'Ik heb een gevoel dat ik er tóch door zal komen.'[57]

Liesl had alle voorbereidingen voor een plotseling vertrek al getroffen. Hoe 'bohémien' en romantisch Etty haar vrienden ook mocht vinden, haar Duitse vriendin was een goed georganiseerde huisvrouw en een strenge moeder.[58] Op een bureau in de kamer stonden, verborgen onder een mooi tafelkleed, twee grote en één kleine kinderrugzak klaar, zorgvuldig en netjes ingepakt. Voor haar dochters had Liesl van oude dekens wollen pakken uit één stuk genaaid, die hen ook bij de strengste kou in Oost-Europa warm zouden houden.[59]

De Levies leefden nu bijna tien jaar met de dreiging van vervolging en hadden hun standpunt reeds lang bepaald. Ze wilden solidair zijn met hun Joodse broeders, óók degenen die geen geld of middelen hadden om zich in veiligheid te brengen, en hadden besloten hun lot te delen.[60] Onderduiken was niet aan de orde. Vooral voor de zionist Werner was de Joodse lotsverbondenheid een diep gevoelde, idealistische overtuiging. In tijden van nood kon hij zijn Joodse geestverwanten niet in de steek laten.

Voor Liesl speelden bij de beslissing ook andere overwegingen mee. Ze wist dat het vrijwel onmogelijk zou worden om samen met hun dochters op één adres te schuilen, maar kon het niet over haar hart verkrijgen haar kinderen alleen te laten. De meisjes zouden op hun onderduikplek nooit de liefde krijgen die zij in extreem moeilijke tijden zo nodig hadden. En wat als zij als ouders het zouden overleven en de kinderen niet? Dat zouden zij zichzelf nooit vergeven. Of andersom: dat de kinderen hén zouden verliezen?[61] Ze moesten, voor alles, bij elkaar zien te blijven. Bovendien wilden de Levies niet dat anderen door hen in gevaar werden gebracht. Nederlanders die onderduikers hielpen, werden door de nazi's genadeloos hard gestraft, met deportatie naar een concentratiekamp of erger. Wat als zij ontdekt of verraden zouden worden? Werner en Liesl wilden die verantwoordelijkheid niet op zich nemen.[62]

Etty kwam bijna dagelijks bij de Levies over de vloer. Naarmate de dreiging van deportatie toenam, spraken zij vaker over hun dilemma's: wat te doen?[63] Vooral Werner, die een natuurlijke autoriteit bezat, kon zijn opvattingen gloedvol uiteenzetten. Etty luisterde altijd oplettend. Ze raakte onder de indruk van Werners onwankelbare geloof in de Joodse lotsverbondenheid en zijn wil om minder bevoorrechte geloofsgenoten te helpen.[64] Net als Spier, dacht Werner bij alles wat hij deed na over wat hij voor ánderen kon betekenen. Zijn idealisme en compassie spraken haar aan – en waren haar ook vertrouwd. Als student in linkse kringen had Etty niet anders gedaan dan zich inzetten voor de minderbedeelden en vervolgden in de maatschappij.

De gedachte dat het Joodse volk een eenheid is, waarbij iedereen verantwoordelijk is voor de ander, is een belangrijk principe in het Jodendom. *Kol jisrael arawiem zè la-zè* luidt een Hebreeuws gezegde, heel Israël staat borg voor elkaar.[65] Of Etty deze uitspraak kende, weten we niet, maar zij sprak – en dat is opvallend – op 3 juli 1942 wel ineens over 'ons Joden', waarbij zij zich nadrukkelijk profileerde als deel uitmakend van het tot ondergang gedoemde volk.

'Dat is een zekerheid in me. [...] Dat men onze vernietiging wil. Ook dat aanvaard ik. Ik wéét het nu. Ik zal anderen niet met mijn angsten lastig vallen, ik zal niet verbitterd zijn, als anderen niet begrijpen, waar het bij ons Joden om gaat.'[66]

In de eerste weken van juli 1942 werd Etty in een duizelingwekkend tempo teruggeslingerd naar waar zij vandaan kwam: de Joodse wereld van haar jeugd. Onder druk van de dreigende deportaties, ging zij zich verbonden voelen met alle anderen die eenzelfde lot wachtte; het Joodse volk dat in zijn lange geschiedenis keer op keer was verdreven en waarvan zij nog altijd deel uitmaakte.[67] Ze zaten allemaal in hetzelfde, zinkende schuitje: de Joodse notarissen en de advocaten, de dokters en de kleine lompenhandelaren en de sjacheraars. In de jaren dertig was Etty's Joods-zijn steeds minder relevant voor haar geworden. Ze had zich losgezongen van haar achtergrond en zocht haar eigen, individuele weg, niet gedicteerd door welke religie of welk politiek dogma dan ook. Maar onder druk van de nazivervolging móést zij zich wel weer opnieuw tot 'haar volk' gaan verhouden en hervond zij haar Joodse identiteit.

Volgens Liesl was het idee van een 'Joodse lotsverbondenheid' tamelijk nieuw voor Etty en duurde het even voordat zij zich deze overtuiging eigen had gemaakt.[68] Of liet Etty zich hier gewoon niet over uit, zoals zij over veel zaken niet sprak, zelfs niet tegen haar allerbeste vrienden? Zo vertelde zij Liesl en Werner – die zelf niet bijzonder religieus waren – nooit dat zij in God geloofde en welke grote betekenis het geloof voor haar had gekregen.[69]

De vanzelfsprekendheid waarmee Etty plotseling over 'ons Joden' sprak, doet ook anders vermoeden. Het kostte Etty waarschijnlijk niet veel moeite het Joodse meisje van vroeger in zichzelf op te graven. Ze wás tenslotte opgegroeid in een door en door Joodse sfeer, met ouders die diep waren geworteld in de Joodse gemeenschap: haar moeder in het Russische sjtetl en haar vader in de Amsterdamse Joodse buurt. Ze had een liberale, maar wel typisch Joodse opvoeding genoten, waarin lezen en *lernen* van het grootste belang waren en de bar mitswa van haar broers feestelijk werd gevierd. Tot haar tiende was ze zelden vriendschappelijk omgegaan met iemand die níét Joods was; alle kennissen van haar ouders en al haar vriendinnetjes verkeerden in eenzelfde, Joodse wereld, die haar alleen daarom al een leven lang vertrouwd zou blijven. Van haar uit Rusland gevluchte moeder had zij de 'oer-instincten van Jood, bedreigd met ondergang' geërfd. Van haar vader leerde zij alles over het zionisme en de noodzaak van een eigen land waarin de Joden veilig zouden zijn. De huiskamergesprekken met de zionistische jongeren in Deventer was ze zeker nog niet vergeten. Etty had zo lang deel uitgemaakt van de Joodse gemeenschap dat ze vrij gemakkelijk de weg ernaar terugvond. *Ons Joden*. De woorden leken met het grootste gemak uit haar pen te komen.

Het delen van eenzelfde lot was één ding. Maar hoe om te gaan met deze zware opdracht? In de gesprekken die Etty en Liesl hierover voerden, kwam het woord *dragen* opvallend vaak voor. 'Het is toch een genade dat wij dit alles dragen kunnen?' zei Liesl op goed moment.[70] Ze bedoelde daarmee dat ze het bijna een voorrecht vond om te ervaren wat alle Joden te doorstaan hadden. Waarom zou zij beter zijn dan een ander? Ze zou zich schuldig voelen wanneer zij zich aan hun gedeelde lot zou onttrekken en niet bij de andere Joden was die wél moesten lijden.[71] Bang was Liesl niet. Het zou allemaal wel gaan. Etty herkende dit gevoel. Ze noemde Liesl om haar uitspraken 'een grote vrouw, een werkelijk grote vrouw'.[72]

In hun overtuiging dat zij alles dragen konden, klonk de echo door van Spiers levenslessen. Mede onder zijn invloed waren Liesl en Etty ervan doordrongen geraakt dat werkelijke weerbaarheid was gelegen in aanvaarding, van zowel het 'ik' als de omstandigheden. Het had geen zin om zich tegen het Lijden te verzetten, omdat het Lijden onlosmakelijk met het leven was verbonden. Alleen wie erin slaagde minder 'Ich-haft' te zijn en zijn zogeheten *Ansprüche an die Außenwelt* op te geven, kon innerlijke rust vinden. Voor zowel Etty als Liesl waren dat bijzonder vruchtbare inzichten gebleken, die hen in staat hadden gesteld evenwichtiger in het leven te staan. De confrontatie met de dreiging van vervolging en deportatie was voor hen daarom óók en vooral een geestelijke beproeving: zouden zij in staat zijn om ook onder de grootste druk hun innerlijke kalmte te bewaren?

'Het gaat er in laatste instantie om, hoe men het lijden, dat toch essentieel aan dit leven is, draagt en verdraagt en verwerkt en dat men een stukje van z'n ziel ongeschonden bewaren kan door alles heen.'[73]

De vriendinnen leken elkaar te versterken in hun overtuiging dat zij geestelijk in staat moesten zijn alles te verwerken – op het overmoedige af soms. Op een zomermiddag zaten Liesl en Etty samen een ijsje te eten, in een ijssalon 'tjokvol gele sterren'.

'Als we maar niet te zelfgenoegzaam worden,' zei Etty toen. 'Daar moeten we voor oppassen, wij, die onze innerlijke werkelijkheid gevonden hebben.'[74]

—

Elk samenzijn was nu ook een afscheid geworden. Op zaterdagavond 4 juli bleef Etty bij Spier logeren – al was het niet in zijn bed. Dicky was niet thuis en Etty mocht een nachtje van haar zolderkamer gebruikmaken. Voor het eerst was ze bijna een heel weekeinde in Spiers directe nabijheid.

Het was al na middernacht toen Spier Dicky's bed voor Etty opmaakte, met 'roerende en zorgzame' gebaren. Bij het goedenacht wensen, legde hij heel even zijn mond tegen de hare. Daarna ging hij naar zijn eigen kamer en bleef Etty alleen achter. Ze voelde zich als een 'hulpeloos verlegen kostmeisje' in een vreemde kamer en kon nog net haar tranen inhouden. Had ze dan toch nog 'begerende en smakeloze' verwachtingen van de avond gehad? Ze moest eerlijk zijn, schreef Etty aan Dicky's kleine tafeltje. Ze was veel te moe om hem lief te hebben. En Spier begon eveneens tekenen van afmatting te vertonen. Het was ook niet belangrijk meer. Het besef dat haar comfortabele Amsterdamse leven elk moment afgelopen kon zijn, had voor grote, innerlijke 'accentverschuivingen' gezorgd. Ze moest het uiteindelijk alleen doen, begreep ze, droevig of niet. 'De treurigheid is nu afgeleid van het man-vrouw-bedprobleem.' Was dat misschien niet haar grootste kracht? Dat ze uiteindelijk met alles alleen klaar kon komen? Met de lasten van het lichaam en die van de ziel?[75]

Zo vaak hadden Etty en Spier gesproken over een mogelijk huwelijk, zodat zij bij elkaar zouden kunnen blijven. Maar nu er werkelijk deportatie dreigde voor hen beiden, kwam het onderwerp niet meer ter sprake. Althans: Etty schreef er dat weekeinde niets over. Misschien was dat wel typisch Etty. Ze kon zich vastbijten in wat zij begeerde, diep verzinken in haar fantasieën, maar als het erop aankwam, liet zij zo'n droom weer net zo gemakkelijk los. Alsof het allemaal toch vooral een spel van de geest was geweest, een romantisch en voor haarzelf al bijna echt verhaal waarin zij hartstochtelijk wilde geloven. Nu de realiteit zich opdrong, hard en onontkoombaar, zag zij de onbereikbaarheid van haar dromerijen in en werd zij teruggeworpen op zichzelf. 'In mij is de hele wereld, en al ben ik moe of al ben ik treurig of angstig, in mij is toch nog steeds de hele wereld.' Ze moest Spier loslaten, ze wist het, al durfde ze het nog niet hardop te zeggen. Ze was bang dat hij zou worden weggehaald. Dat mocht niet. Hij moest gezond en behouden blijven. Maar als hij ging, dan zou zij tóch verder moeten leven. Ze zou in zijn geest doorgaan, nam zij zich voor, en dag en nacht voor hem bidden.[76]

Etty werd op zondagochtend al vroeg wakker in Dicky's kamertje. Ze waste zich, deed 'zo'n beetje' haar gymnastiek en wachtte onder de dekens op Spier. Hij kwam binnen in een lichtblauwe pyjama, verlegen en hoestend, en ging op de rand van haar bed zitten. Even liet hij zijn hoofd rusten op haar blote arm. Ze praatten wat. Daarna ging hij weg. Etty vond het roerend. Geen van twee hadden ze aandrang gehad om de gemakkelijke situatie uit te buiten. Ze hadden beiden een 'wild en ongebonden leven in vele vreemde bedden' achter de rug, maar konden nog steeds schuchter samen zijn.[77] Spier zei dat hij een uur nodig had voor zijn ochtendritueel – wassen, turnen en lezen – en vertrok weer naar beneden. Opnieuw voelde Etty zich verlaten. Zij had hem zo ontzettend lief.[78]

Ze hadden grote plannen gehad voor het weekeinde. Spier wilde graag samen met Etty naar de Joodse buurt gaan om wanhopige families nog wat psychologische ondersteuning te geven. Maar hij voelde zich er niet goed genoeg voor. Hij hoestte erg veel en was uitgeput. En ook Etty kon de lange wandeling niet opbrengen. Van hun voorgenomen etentje bij Adri Holm zagen ze eveneens af. Ze bleven thuis en schuilden bij elkaar, in het besef dat niemand wist hoelang zij nog samen konden zijn. Etty had haar ontbijt in een papiertje meegenomen. Adri wilde het avondeten komen brengen, hoe gevaarlijk dat ook was omdat zij als niet-Joodse niet meer bij Joden thuis mocht komen. Hun enige uitje zou een bezoek aan Spiers huisarts worden.

Na Spiers ochtendritueel ging Etty in een fleurige ochtendjas naar beneden. Ze lazen samen in het Oude Testament. Eigenlijk een oerspannend boek, vond Etty. Prachtkerels leefden erin.[79] Terug op haar zolder, schreef Etty verder in haar dagboek. Ze was al vertrouwd geraakt met Dicky's kamer. Zou het hun Joden – opnieuw verbond Etty zich ook in de taal met haar lotgenoten – vergund zijn later nog eens zo'n stille, mooie kamer te hebben? Voor nu was het over. 'Wij Joden worden in steeds kleinere ruimtes tezamen geperst.'[80] Maar daarna, als ze alles overleefd en doorstaan hadden, eerlijk en zonder iets uit de weg te willen gaan en zonder het beter te willen hebben dan anderen in deze tijd? Misschien zouden er dan toch weer stille kamers voor hen zijn, met een beetje comfort en het gevoel dat ze het verdiend hadden. En als dat niet kwam? Dan was die rustige kamer altijd aanwezig in een hoekje van hun wezen. Een plek die ze altijd konden betreden en die niemand hun kon afnemen. 'Een jaar lang bouw ik nu al aan die stilte in mij en ze is tot een zaal geworden, grijpbaar aanwezig.'[81]

Het was een schone paradox. Al zo lang hunkerde Etty ernaar dichter bij Spier te zijn. Maar nu ze daadwerkelijk voor langere tijd in zijn nabijheid was, bleek ze juist afstand te kunnen nemen en de rust en liefde in zichzelf te vinden. Ruhen in sich, noemde Spier dat. Al veel eerder had hij Etty aangeraden om haar liefde voor hem om te zetten in liefde voor alle mensen. Het had Etty lange tijd onmogelijk geleken. Maar nu zij elkaar wel los móésten laten, lukte het haar steeds beter.

Er was in hen allebei geen haat, geen verbittering. Al eerder had Etty geconstateerd hoe vreemd dat eigenlijk was, gezien de omstandigheden. 'Men kan dit niet meer zo openlijk zeggen en we zullen wel ontstellend alleen zijn in onze gezindheid.'[82] Juist nu het kwaad overal om zich heen greep, bleven zij samen meer dan ooit in het goede geloven.

'Eén ding is wel zeker,' schreef Etty dat weekeinde in Dicky's kamertje, 'men moet de voorraad liefde op deze aarde helpen vergroten. Ieder beetje haat dat men al aan het veel te vele haten toevoegt, maakte deze wereld onherbergzamer en onbewoonbaarder.'[83]

De nazi's mochten uit zijn op haar ondergang, om te vernederen waren er altijd nog twee nodig: degene die vernedert en degene die men wil vernederen, en vooral: die zich láát vernederen. Wanneer je immuun was voor vernedering, deze geen vat op je kreeg, dan verdampten de vernederingen in de lucht. Wat er dan nog overbleef, waren alleen lastige en vervelende maatregelen, die het dagelijks leven drastisch veranderden, maar geen vernederingen en verdrukkingen die de ziel beklemden.[84] 'Men moet de Joden daartoe opvoeden.'[85]

De gedachten waren vrij, altijd. Er konden overal bordjes 'Voor Joden verboden' staan, dan nóg kon niemand haar belemmeren de frisse, ongerantsoeneerde lucht in te ademen en te genieten van de wijde hemel. 'Men kan ons niets doen, men kan ons werkelijk niets doen.'[86]

Op zondagavond ging Etty weer terug naar huis. Bij het afscheid leunde ze even tegen Spier aan.

'Ik zou toch nog zo lang mogelijk met je samen willen zijn,' zei ze.

'Ja, zo zal iedereen nog wel zijn eigen wensen hebben,' antwoordde Spier.

Spier stond tegen de muur van Dicky's kamer. Etty leunde zachtjes en licht tegen hem aan. Ze had het gevoel in een oneindige ruimte te staan, doortrokken van dreigingen maar ook van eeuwigheden. De grote verschuiving in hun samenzijn leek nu echt voltrokken.

'Ik moet mijn vriendin vanavond schrijven,' zei Spier toen ineens wat mismoedig. 'Ze is bijna jarig. Maar wat moet ik schrijven? De lust en inspiratie ontbreken me.'

'Je moet nu al beginnen haar te verzoenen met de gedachte dat ze je nooit meer zien zal,' zei Etty. 'Je moet haar houvasten meegeven voor haar verdere leven.'[87]

Het verbaasde haar later zelf ook een beetje. Zo praatten ze dus nu al met elkaar. Het was niet eens vreemd. Ze waren een nieuwe werkelijkheid binnengetreden en alles had andere kleuren gekregen.

Terug op de Gabriël Metsustraat had Etty 's avonds een lang gesprek met Han, terwijl zij samen voor het open raam van de serre zaten. Ze spraken over de 'laatste en zwaarste dingen' waar het nu om ging. Etty keek in Han's vertrokken gezicht. Ze dacht: vanavond zullen we in elkaars armen liggen en huilen.

Inderdaad lagen ze in elkaars armen. Maar ze huilden niet. Wel steeg er 'een vloedgolf' van verdriet in Etty omhoog toen Han's lichaam 'in de laatste extase' boven het hare lag. Gewoon, menselijk verdriet, en medelijden met haarzelf en met iedereen en daarmee, dat het alles zo moest zijn als het was.

In het donker verborg Etty haar hoofd tussen Han's schouders. Haar tranen zag hij niet.[88]

—

De Joden die vanaf 5 juli een oproep hadden ontvangen, moesten zich op woensdag 8 juli melden bij de Zentralstelle für jüdische Auswanderung. In lange rijen stonden zij voor tafels in de gymnastiekzaal van de voormalige school aan het Adama van Scheltemaplein, waar nog tal van formulieren moesten worden ingevuld. Er waren door de Zentralstelle in deze eerste fase in totaal vierduizend Joden opgeroepen, die tussen 14 en 17 juli met verschillende treinen vanaf het Centraal Station van Amsterdam naar kamp Westerbork in Drenthe zouden worden gebracht.[89]

Een van hen was de Duitse journalist José Weil, die Etty via de Levies had leren kennen. Etty had zeer te doen met de kwetsbare man, 'met z'n intellectuele waterhoofd en ondervoede ziel en hongerige ogen, net een rillend aapje'. Spier had eerder zijn handen gelezen en hem nog een beetje kunnen helpen.

So ein armer Kerl! Nu moest hij een rugzak inpakken. De laatste keer dat Weil de Levies bezocht, was Etty er toevallig ook. Weil had treurig naar zijn magere benen gekeken. Hij had nog twee lange onderbroeken nodig, zei hij. Maar hoe kwam hij daar zo snel nog aan?[90]

Van de opgeroepen Joden kwamen er aanvankelijk veel niet opdagen. De Duitsers besloten daarom een duidelijke waarschuwing af te geven. In de avond van 8 juli trokken Duitse politieagenten en hun Nederlandse collega's van het Bureau Joodse Zaken de stad in om alle Joden die zich niet gemeld hadden met geweld uit hun huizen te halen.

'Een zware dag, een heel zware dag,' schreef Etty op 10 juli. 'Een "Massenschicksal", dat men moet gaan leren mee te dragen, met uitschakeling van alle persoonlijke kinderachtigheden. En ieder, die zichzelf nog wil redden, en die toch wel weten kan, dat, wanneer hij niet gaat, daarvoor een ander in de plaats moet gaan. En of het er veel toe doet of ìk het ben of een ander of die of die. Het is nu een "Massenschicksal" geworden en dat moet men weten.'[91]

Vluchten of verstoppen had geen zin. Etty zag de deportaties als een massaal noodlot dat álle Joden trof – en dat zij ook gezamenlijk moesten dragen. Het was in haar ogen moreel niet juist om je als Jood aan dat lot te onttrekken, want de Duitsers hadden vooraf precies bepaald hoeveel Joden ze wilden deporteren. Als iemand onderdook, moest in zijn plaats dus iemand anders vertrekken, redeneerde zij. En hoe solidair was dat? Er was geen ontkomen aan, het enige antwoord was 'meegaan en proberen voor anderen nog te zijn, wat we kunnen'.[92]

Het was voor het eerst dat Etty het woord *Massenschicksal* gebruikte in verband met de deportaties. Een Duits woord, dat vermoedelijk naar boven kwam in de gesprekken die Etty had met de Levies en Spier over hun gedeelde lot.[93] Eén keer verwees Etty hier direct naar, toen ze schreef dat ze nodig weer met Spier moest praten over 'ons lot en onze instelling'.[94]

Hoe Spier zich precies verhield tot de Joodse lotsverbondenheid is moeilijk te zeggen. Hij heeft zich er in correspondentie niet over uitgelaten en ook Etty schrijft er niets over. Leonie

Snatager zou na de oorlog tegenstrijdige uitspraken doen over Spier en het Massenschicksal. 'Ik verbond Spier met het *Jüdisches Schicksal* en erg bezig zijn met onze Lieve Heer en heiligheid,' zei ze aanvankelijk onomwonden. Maar in hetzelfde gesprek ontkende Leonie die bewering en stelde zij: 'Dat ik naar kamp Westerbork zou gaan en het Jüdisches Schicksal zou ondergaan, had wat mij betreft niets met Spier te maken.' In een laatste uitspraak leek zij weer te twijfelen: 'Etty, en Spier meen ik ook, was helemaal met onze Lieve Heer en dat was zo heilig; dat leidde tot het Jüdisches Schicksal.'[95]

Zeker is dat Spier zich, anders dan Werner Levie, nooit sterk met het Jodendom verbonden had gevoeld.[96] Zijn motieven om niet onder te duiken – als hij die mogelijkheid al had – lagen vermoedelijk op een ander vlak. Spier zag het als zijn plicht om nog zo veel mogelijk mensen te helpen, zoals hij altijd in zijn leven had gedaan. Wanneer hij zich ergens verstopte, zou hij niemand meer kunnen bijstaan en zijn levenstaak dus verzaken. Berusting, aanvaarding, niet-verzetten en niet-haten: dat waren de lessen die hij zijn patiënten leerde en die hij zelf dagelijks in praktijk probeerde te brengen. Spier vond daarbij veel steun in de Bijbel. 'Liebes, ich will weiter beten!' schreef hij Etty half juli 1942, op een moment dat hun hele perspectief kantelde.[97] Liefste, ik wil verder bidden! Vanuit die grondhouding was het evidenter om je naar het lot te voegen, om het zo waardig mogelijk te dragen, dan ertegen in verzet te komen of het te ontvluchten.

Geheel in de geest van haar allerbeste vrienden omarmde Etty het Massenschicksal en groeide haar overtuiging dat zij 'het lot van haar volk' wilde delen. In de eerste twee weken van juli wist zij zich razendsnel te verzoenen met deze gedachte en raakte zij, zoals zij zelf schreef, 'in alle kleinigheden ingesteld op een arbeidskamp'. Ze had zorgen over haar onbruikbare voeten en hoopte dat haar blaas tijdig 'gerestaureerd' zou worden, want anders was ze 'voor de nauwopeengepakte gemeenschap van de toekomst beslist een lastige figuur'. Ze moest nog naar de tandarts. Haar lades en bureau opruimen. Excerpten van boeken maken had geen zin meer, dat kostte te veel tijd en al het papier kon ze toch niet meeslepen. En hoe stopte ze voedsel voor drie dagen en dekens in één rugzak en konden de Bijbel, het *Stundenbuch* van Rilke en *Brieven aan een jonge dichter* dan nog wel mee? En haar twee kleine Russische woordenboekjes en *De idioot*? Was daar nog een hoekje voor?[98]

De straten waren anders geworden. De luchten hingen er laag en dreigend boven, als onweersluchten, ook bij stralende zon. 'Men leeft nu zij aan zij met het Noodlot, of hoe je het noemen wilt, men vindt er ook dagelijkse omgangsgebaren mee en het is alles heel anders, dan we het vroeger in alle boeken konden lezen.'[99]

—

Wat dacht pa Han, intussen? Het is opmerkelijk dat Etty in haar dagboek niets schreef over de reactie van haar oudste en trouwste vriend op haar voornemen om het lot van haar volk te willen delen. Ze zullen er samen zeker over gesproken hebben. Pa Han was erg dol op Etty en wilde haar niet verliezen. Als oude antimilitarist en sociaaldemocraat vond hij het ongetwijfeld moeilijk dat Etty zich zonder slag of stoot uitleverde aan 'de beulen', zoals hij de nazi's later noemde.[100]

In de rechtgeaarde, remonstrantse familie Wegerif zat een aantal mensen in het verzet. Pa Han's eigen broer, dominee Willem Jan Wegerif, hielp Joden aan een remonstrants doopbewijs en zou zo meerdere levens redden.[101] Etty kende de dominee persoonlijk; de broers stonden op zeer goede voet met elkaar en 'Ds. Wegerif' kwam geregeld bij pa Han over de vloer.[102] Een zoon van dominee Wegerif, Cornelis, was lid van de Rotterdamse spionagegroep OD, die in de eerste oorlogsjaren onder meer strategische militaire informatie doorzond naar Engeland.[103]

Etty's leerlinge Russisch Swiep van Wermeskerken vertelde dat Han Wegerif zelf óók bij het verzet betrokken was. 'Mijnheer Wegerif zat in illegale toestanden. Dat wist je en je wist het eigenlijk niet want je praatte nooit over die dingen. Daar werd het alleen maar gevaarlijker door. Zover ik weet hebben ze een keer een begrafenis georganiseerd met een graf waarin niemand lag. Ze hebben iemand op papier laten overlijden. Ik weet er het fijne niet van. Je vroeg er niet naar en men praatte er niet over. Van die begrafenis heb ik ook via via gehoord. Niet daar in huis. Ik was er zeer verbaasd over dat erover gesproken is maar dat mijnheer Wegerif aan zoiets had meegeholpen geloofde ik zonder meer. Etty stond helemaal buiten die dingen. Het gevaar van illegale zaken was dat je je mond voorbijpraatte. Je moest potdicht zijn. Men was er ook niet zo duidelijk over wie daar 's nachts was. Er werd daar onderdak verleend.'[104]

Behalve Swiep waren er geen andere vrienden van Etty die later iets wisten te vertellen over het vermeende verzetswerk van Han Wegerif. Wel is bekend dat Wegerifs compagnon, de accountant J. Leguijt, zich met ondergrondse zaken bezighield, waaronder hulp bij onderduiken. Hij zou onder anderen Leonie Snatager helpen. En in de familie Wegerif ging het verhaal rond dat in elk geval zoon Hans betrokken was bij het verzet, al bleef zijn precieze rol onduidelijk.[105]

Het was in de wereld van pa Han in elk geval absoluut niet vanzelfsprekend om je te voegen naar het lot dat 'de moffen' voor je bedacht hadden. Etty schreef, tekenend allicht, over Han's 'vertrokken gezicht' toen ze die 5de juli met hem sprak over 'de laatste en zwaarste dingen waar het nu om gaat'. Had pa Han geprobeerd Etty op andere gedachten te brengen? Wilde hij helpen haar in veiligheid te brengen? En was hij verdrietig dat zij er niet over piekerde te vluchten en geen steun aanvaardde, noch van hemzelf, noch van zijn familie of anderen? Etty schreef er niets over. Mogelijk vond ze dat te link. Etty was zich ervan bewust dat haar dagboek in verkeerde handen kon vallen. Ze noemde nooit illegale zaken of namen waardoor haar vrienden in problemen konden komen.

Etty moest zich in die eerste julidagen vaak verdedigen vanwege haar standpunten. Het kostte haar aanvankelijk moeite om de juiste woorden te vinden. Ze praatte nog te veel op een 'philosophische boekentoon', vond zij zelf. Alsof zij een 'troostrijke theorie' had uitgedacht om het leven wat mee te veraangenamen, terwijl het haar om zoveel méér ging.[106]

—

Op zaterdagochtend 11 juli was het geen weer om naar buiten te gaan. Het regende onophoudelijk en het werd niet warmer dan 12 graden. De sfeer in de stad was gespannen. Hoofdcommissaris Tulp had zijn agenten opgedragen streng op te treden tegen 'samenscholingen van Joden'. Er waren overal ongeregeldheden en opstootjes. Passanten namen een dreigende houding aan wanneer Joden werden opgepakt die een van de vele verboden zouden hebben overtreden; politieagenten losten waarschuwingsschoten.[107]

Etty ging achter haar bureau zitten, met uitzicht op het haar zo vertrouwde Museumplein. Bij de Duitse hoofdkwartieren tegenover haar huis reden de legervoertuigen af en aan. Het was elf uur. Tot de lunch zou Etty aan één stuk door in haar dagboek schrijven. In gedachten richtte zij zich tot al die vrienden en bekenden die in de voorgaande dagen bezwaren hadden gemaakt tegen haar keuze, onder wie pa Han. Eindelijk vond zij de woorden om ze te antwoorden – en ook zichzelf nogmaals te overtuigen van de juistheid van haar voornemen.

'Velen verwijten mij onverschilligheid en passiviteit en zeggen, dat ik me zo maar overgeef,' schreef Etty. 'En zeggen: ieder, die uit hun klauwen kan blijven, moet dat proberen en is dat verplicht. En ik moet iets dóen voor mezelf. Dit is een sommetje, dat niet op gaat. Iedereén is op het ogenblik n.l. bezig iets voor zichzelf te doen om er onder uit te komen en er moet immers toch een aantal, een zeer groot aantal zelfs, gaan? En het gekke is: ik voel me niet in hun klauwen. Niet als ik blijf en niet als ik weggetransporteerd word. Ik vind dat alles zo cliché-achtig en primitief, ik kan die redenering helemaal niet meer volgen, ik voel me in niemands klauwen, ik voel me alleen maar in God's armen, om het nu eens beeldschoon te zeggen en of dat nu hier aan dit verschrikkelijk dierbare en vertrouwde bureau is, of over een maand in een kale kamer in de Jodenbuurt of misschien in een arbeidskamp onder s.s.-bewaking, in Gods armen zal ik me geloof ik altijd voelen. En men zal mij lichamelijk misschien te gronde kunnen richten, maar verder ook niet.

En ik zal misschien aan wanhoop ten prooi vallen en aan ontberingen, die ik me zelfs tot in m'n vruchtbaarste phantasieën niet had kunnen voorstellen. En toch is dit alles zeer gering, gemeten aan die onmetelijke wijdheid van godsvertrouwen en innerlijke belevingsmogelijkheid.'[108]

Haar aanvaarden was geen resignatie of willoosheid, benadrukte Etty. Er was nog altijd plaats in haar voor elementaire zedelijke verontwaardiging over een regime dat zó met mensen omsprong. Maar de dingen kwamen zo groot en demonisch over hen dat men er niet langer met persoonlijke wrok of verbittering op kon reageren. Dat kwam haar kinderachtig voor en niet aangepast aan het noodlottige gebeuren.

'Men windt zich dikwijls op, wanneer ik zeg: het is toch niet essentieel of ik ga of een ander, hoofdzaak is toch, dàt er zoveel duizenden gaan moeten? En het is niet zo, dat ik regelrecht m'n ondergang in de armen zou willen lopen met een gelaten glimlach, dat is het ook niet. Het is een gevoel van het onafwendbare en een aanvaarden van het onafwendbare en daarbij weten, dat ons in laatste instantie niets ontnomen kan worden. Ik wil niet uit een soort masochisme beslist mee gaan en afgerukt worden van m'n bestaansbasis der laatste jaren, maar ik weet nog niet eens of ik me prettig zou voelen, als ik verschoond bleef van datgene, wat zovelen moeten ondergaan. Men zegt tegen me: iemand als jij, is verplicht zich in veiligheid te stellen, je moet nog zoveel doen in het leven later, je hebt nog zoveel te geven. Wat ik allemaal al of niet te geven zal hebben, dat zal ik kunnen geven, wáár ik ook ben, hier in een vriendenkringetje of ergens anders in een concentratiekamp. En het is een zeldzame zelfoverschatting, om zichzelf te waardevol te vinden, om een "Massenschicksal" samen mee te ondergaan. En als God vindt, dat ik nog veel te doen zal hebben, welnu, dan zal ik dat ook wel doen, na alles doorgemaakt te hebben, wat anderen ook door kunnen maken. En of ik een waardevol mens ben, dat zal pas blijken uit hoe ik me onder de veranderde omstandigheden gedragen zal. En ook als ik het niet zal overleven, dan zal de wijze, waarop ik sterf, doorslaggevend zijn om te weten, wie ik ben. Het gaat er niet meer om om zichzelf coûte-que-coûte úit een bepaalde situatie te houden, maar daarom hoe men zich, in wèlke situatie dan ook, gedraagt en verder leeft.'[109]

Het was gezegd. Het was goed. Etty sloeg haar schrift dicht en ging de tafel dekken voor de lunch.

Maar drie dagen later solliciteerde zij naar een baan als typiste bij de Joodse Raad, waardoor zij voorlopig een Sperre kreeg en niet zou worden opgeroepen voor deportatie.

DEEL 3

12
Dat merkwaardige bemiddelingsorgaan

Het was Jaap die ermee kwam. Jaap nota bene, de broer met wie Etty altijd moeilijk contact kon krijgen. Ze moest solliciteren bij de Joodse Raad, drong Jaap aan. Hij had er goede connecties en wilde haar helpen. Het was op een zaterdag dat hij haar sprak, 11 juli 1942. De eerste treinen naar Westerbork zouden een paar dagen later uit Amsterdam vertrekken. Kon Etty zo snel mogelijk een sollicitatiebrief schrijven?

Nu de deportaties begonnen, moest de Joodse Raad in rap tempo uitbreiden. De Raad werd overstelpt door wanhopige verzoeken om informatie, vrijstellingen en praktische of materiële ondersteuning. Er was daarom onder meer dringend behoefte aan stenotypistes, die post konden beantwoorden en formulieren uittikken.[1] Bij uitstek werk dat Etty kon doen, hield Jaap haar voor; ze beheerste immers steno en typte als secretaresse van Spier geregeld zijn correspondentie uit. Als zij vandaag nog een sollicitatiebrief zou schrijven, dan had ze vermoedelijk binnen een paar dagen een baantje én een felbegeerde Sperre: een voorlopige vrijstelling van transport.

Voor een goed begrip van de Joodse Raad, is het belangrijk te beseffen dat de Duitsers de Joodse bevolking volkomen afhankelijk hadden gemaakt van hun eigen, Joodse leiders en ambtenaren. Het waren vanzelfsprekend de nazi's die de vele anti-Joodse verordeningen uitvaardigden, maar het was aan de Joodse Raad om daarover te communiceren met de achterban – met name via het eigen *Joodsche Weekblad* – en ervoor te zorgen dat de maatregelen konden worden uitgevoerd. Elke verbinding met het Nederlandse overheidsapparaat was door de

Duitsers opzettelijk verbroken, met de bedoeling de Joodse gemeenschap geheel te isoleren.

De Joodse Raad vormde in feite een 'staat in de staat'.[2] Een eigen, Joodse overheid die moest bemiddelen in de talloze kwesties die rezen tussen de bezetter en de Joodse bevolking. Het was nadrukkelijk níét de bedoeling dat een Jood zich persoonlijk tot Duitse instanties zou wenden – wie dat toch deed, riskeerde een fikse straf of zelfs deportatie.[3] De Joodse Raad gaf informatie over de Duitse verordeningen, regelde de bijkomende administratie en registratie, en coördineerde bovendien alle Joodse maatschappelijke voorzieningen, zoals de zorg voor zuigelingen, zieken en bejaarden, het onderwijs aan Joodse leerlingen en de voedseldistributie.[4]

Om aan zijn vele taken te kunnen voldoen, had de Raad in korte tijd een groot aantal bestuurs- en ondersteuningsinstanties opgericht, die alleen al in Amsterdam de scepter zwaaiden over meer dan honderd verschillende kantoren.[5] Wrang genoeg moest de Joodse gemeenschap zélf de kosten van dit Joodse overheidsapparaat opbrengen. Wie gebruik wilde maken van de onontbeerlijke diensten van de Joodse Raad, diende een 'grijze kaart' te hebben: een bewijs dat er een speciale, Joodse belastingheffing was betaald. Zo financierde de Joodse gemeenschap in zekere zin haar eigen ondergang. Zelfs de inrichting en verzorging van kamp Westerbork werd door de Nederlandse Joden zelf betaald – met middelen die zij verplicht hadden afgedragen of die van hen waren geroofd.[6]

Toen half juli 1942 de deportaties op gang kwamen, kreeg de Joodse Raad er een aanzienlijke opdracht bij. De Duitse Zentralstelle für jüdische Auswanderung bepaalde wie op transport moest naar Westerbork en verstuurde de oproepen. Maar de Joodse Raad werd geacht te zorgen voor de administratieve en materiële ondersteuning. In allerijl werden nieuwe bureaus opgericht, zoals de afdeling Hulp aan Vertrekkenden, die tot taak had 'degenen die naar Duitsland vertrokken met raad en daad bij te staan'.[7]

De leiders van de Joodse Raad hadden begin juli bij de Zentralstelle bedongen dat zij meer personeel mochten aannemen om alle extra werkzaamheden uit te voeren. Asscher en Cohen kregen uiteindelijk toestemming voor 17.500 vrijstellingen voor Joodse Raad-medewerkers. *Gesperrt bis auf weiteres*, heette dat dan – garanties werden uiteraard niet gegeven. Deze bevoorrechte werknemers van de Joodse Raad deden vaak hun stinkende best om hun minder gelukkige lotgenoten te helpen, maar even zo vaak prevaleerden eigenbelang en vriendjespolitiek.[8] Wilde je overleven, dan had je als Jood absoluut 'vitamine R' nodig, zoals de gevleugelde uitdrukking luidde, waarbij de 'R' stond voor de onontbeerlijke Relaties.[9]

Wat het gevolg was van dit beleid, laat zich raden. Vanaf half juli ontstond er een ware run op baantjes bij de Joodse Raad en andere Sperren. De latere historicus Jacques Presser maakte het als jonge, Joodse docent in Amsterdam allemaal van nabij mee en beschreef de wanhopige pogingen om zichzelf te redden op indringende wijze: 'De Joodse gemeenschap had wel uit heiligen moeten bestaan, indien toen de corruptie, het nepotisme, het kruiwagensysteem met alle begeleidende verschijnselen niet waren uitgebarsten – dat is wel het woord. Men joeg op papieren, op *Ausweise*, men bedelde om één week uitstel, men verschafte "bewijzen", doktersvoorschriften, men was gedoopt, gewond, invalide. Vooral op het hoofdkantoor op de Nieuwe Keizersgracht – Nieuwe Martelaarsgracht, zei men – was de hel losgebroken. De portiers wisten zich geen raad; allerlei trucjes, vriendjes hielpen om maar alvast binnen te komen; binnen werd gesmeekt en gebedeld, gevleid en gevraagd. Anderen schreeuwden en eisten. Men stond uren in rijen, niet zelden zichzelf vonnissend en niettemin meedoend.'[10]

Er moest politie te paard aan te pas komen om de menigte buiten in bedwang te houden, zag Mirjam Levie, die als secretaresse bij de Joodse Raad werkte. 'De radeloze blik in de ogen van de mensen, de verbetenheid hun doel te bereiken, ten koste van alles en iedereen, met het onder de voet lopen van alle scrupules en alle gevoel voor anderen, kan ik toch niet beschrijven.'[11] Eenmaal binnen, was de chaos bijkans nog groter. 'Alles had zenuwtoevallen,' schreef Levie, 'het personeel en de mensen die weg moesten en kwamen vragen of voor hen nog iets te doen was. [...] Iedereen vocht voor zijn leven, met gevolg dat opnieuw de mensen met relaties aan de oproep ontkwamen.'[12]

Etty had aanvankelijk weinig zin zich in dit wespennest te begeven. 'Men beveelt mij ook aan nog een schijn-baantje bij de Joodsche Raad te krijgen,' schreef ze over Jaaps advies. 'Die hebben met permissie 180 mensen aangenomen de laatste week en nu verdringen zich er de radelozen in drommen.'[13] Alsof zij zich na een schipbreuk met z'n allen vastklampten aan een stuk drijfhout. Het leek Etty allemaal nogal 'zinneloos en onlogisch'. Wat moest zij doen bij dat 'merkwaardige bemiddelingsorgaan', waar heel wat gekonkeld werd en dat zich steeds gehater maakte onder de Joodse bevolking? Bovendien: de leden van de Joodse Raad zouden vroeg of laat zelf aan de beurt zijn voor deportatie, daar maakte zij zich geen enkele illusie over.[14]

Toch lag Etty die nacht van 11 op 12 juli lang wakker, met brandende ogen, terwijl er vele beelden van menselijk lijden door haar hoofd spookten. Wat moest ze doen? Ze sprak in het donker direct tot God, als Abraham in zijn meest beproefde momenten, en kwam tot een even opmerkelijke als briljante omkering. God kon haar niet helpen. De mensen moesten Gód helpen. Alleen zo konden zij ook zichzelf helpen. Het was het enige wat zij in deze tijd konden redden en ook het enige waar het op aankwam: ze moesten een stukje van God in zichzelf bewaren. En misschien konden zij er dan ook aan meewerken om God op te graven in de geteisterde harten van anderen. 'Ja, mijn God, aan de omstandigheden schijn jij niet al te veel te kunnen doen, ze horen nu eenmaal ook bij dit leven. Ik roep je er ook niet voor ter verantwoording, jij mag daar later ons voor ter verantwoording roepen.'[15]

Veel mensen probeerden op het laatste ogenblik stofzuigers of zilveren bestek in veiligheid te brengen. Ze dachten er alleen aan hun spullen en hun lichamen te redden, die behuizingen voor duizend angsten en verbitteringen. 'Mij zullen ze niet in hun klauwen krijgen,' zeiden ze. Maar ze vergaten dat ze in niemands klauwen waren, zolang men in Gods armen was.[16]

Etty's godsvertrouwen was sterk gegroeid in de voorgaande

maanden en hielp haar nu in de donkerste momenten. Net als Spier, die voor zijn stoel knielde om te bidden voor de 'van angst vervulde, innerlijk onvoorbereide mensen' die nu van huis en haard verdreven werden, vond Etty veel steun in het gebed. Ze had die bemoediging hard nodig, want in de daaropvolgende dagen zouden de gebeurtenissen zich in een angstaanjagend tempo opvolgen. 'Iedere dag bestaat uit honderd dagen en ieder van die dagen wordt men 10 jaar ouder, reken nou zelf maar uit.'[17]

In de nacht van 14 op 15 juli moesten vanaf het Centraal Station van Amsterdam de eerste treinen naar Westerbork vertrekken. Maar bij de Duitse Zentralstelle für jüdische Auswanderung waren ze er niet gerust op: er hadden zich te weinig Joden gemeld, de weerstand was groot, en de treinen zouden lang niet vol zitten. Een blamage tegenover Berlijn, die snel moest worden rechtgezet.

Op dinsdagochtend 14 juli, om acht uur 's ochtends, reden overvalwagens naar de Joodse buurt en Amsterdam-Zuid. Ze stopten in straten waarvan bekend was dat er veel Joden woonden. Duitse politiemannen in groene uniformen, de zogeheten *Grünen*, sprongen eruit. Ze zetten de straten af en begonnen een klopjacht. Elke toevallige passant met een gele ster werd gearresteerd. Vervolgens zochten de agenten naar Joodse naambordjes op de huizen. Bij bewoners die niet opendeden, werd de deur ingetrapt. Onwillige arrestanten werden naar buiten gesleept. Jonge kerels vluchtten over de daken; mannen werden van hun vrouwen gescheiden, huilende kinderen van hun moeder. Sommigen, vooral vrouwen en meisjes, sprongen in paniek in de gracht. Burgers die hen probeerden te redden, werden door Grünen met een vuurwapen bedreigd.[18]

Niet eerder vonden er in Amsterdam zulke massale razzia's plaats en gingen zij gepaard met zoveel geweld.

De arrestanten uit de Jodenhoek werden in grote groepen naar het Koloniaal Instituut in Amsterdam-Oost gedirigeerd. Vandaar ging het in een lange stoet naar het gebouw van de Zentralstelle für jüdische Auswanderung aan de Euterpestraat, een mars van zo'n drie kwartier. Het was voor de Amsterdammers een schok om hun stadgenoten op klaarlichte dag afgevoerd te zien worden. Een getuige herinnerde het zich jaren later nog precies: 'Over de brug kwamen ze aan, mij tegemoet, onzeker lopend, als waren ze licht beschonken; een groep mensen, zomaar bijeengeraapt van straat en huis. [...] Ik hield mijn pas en adem in en zag de bleek-vertrokken en verstarde gezichten van meisjes, vrouwen, en ook mannen.'[19]

De Zentralstelle aan de Euterpestraat was gevestigd in het oude gebouw van de meisjes-hbs. Alle Joodse gevangenen, zo'n zevenhonderd in totaal, werden samengedreven op het voormalige, ommuurde schoolplein. Wie zijn ster niet netjes op zijn jas had genaaid, werd bestempeld als 'strafgeval' en apart opgesloten. De Duitse bewakers dwongen de mannen urenlang om de vrouwen heen te marcheren; een zinloze en vernederende exercitie. Een van hen was Jacques Presser, die samen met zijn vrouw was opgepakt. Terwijl hij zijn rondjes liep, zag hij medewerksters van de Duitsers uit het raam hangen, die kiekjes maakten voor de *Heimat* en zich blijkens hun geschreeuw en gelach kostelijk amuseerden.[20]

's Middags kwamen de gealarmeerde voorzitters van de Joodse Raad bij de Zentralstelle kijken. Asscher protesteerde luid tegen het onterende marcheren, wat hem op een reprimande kwam te staan. Cohen kreeg gedaan dat alle gearresteerde medewerkers van de Joodse Raad, zo'n dertig mensen, direct werden vrijgelaten.[21]

De leiders van de Joodse Raad werden vervolgens voor het blok gezet: als er niet snel voor werd gezorgd dat de vierduizend opgeroepen Joden zich meldden voor de Arbeitseinsatz, zouden deze zevenhonderd willekeurige gijzelaars naar concentratiekamp Mauthausen worden afgevoerd. *Mauthausen* – alleen al die naam bezorgde velen de rillingen. De Joodse mannen die na de Februaristaking van 1941 waren opgepakt, waren ook naar dit concentratiekamp in Oostenrijk gestuurd. Van hen was nooit meer iets vernomen; familieleden hadden louter doodsberichten ontvangen.

Nog dezelfde dag verscheen er een extra editie van het *Joodsche Weekblad*, waarin de voorzitters van de Joodse Raad de

Duitse eisen overbrachten. Aan alle opgeroepenen werd bovendien een circulaire gestuurd, met de aankondiging uit het *Joodsche Weekblad* en een extra zinsnede waaruit onmiskenbaar aansporing sprak om vooral te gehoorzamen: 'Wij voelen ons verplicht U te wijzen op de ernst dezer waarschuwing. Overweegt haar goed. Zij betreft het lot van 700 Uwer mede-Joden.'[22]

Het nieuws verspreidde zich razendsnel door de stad. Joden waren nu echt aangeschoten wild geworden en konden elk moment op straat of thuis worden opgepakt, met honderden tegelijk. Etty stuurde meteen een briefje naar haar ouders in Deventer om hen gerust te stellen: 'Even een groet van Jaap en mij en de mededeling, dat we de dag van vandaag overleefd hebben, wat je wel een bof kunt noemen.'[23] Haar ouders hoefden zich geen zorgen te maken, schreef ze. Er was zoveel godsvertrouwen in haar. Ze voelde zich opgewassen tegen iedere situatie.

Voor Jaap vormden de arrestaties aanleiding om nogmaals druk op Etty uit te oefenen. Op de dag van de razzia zocht hij opnieuw contact met haar. Mateloos en drammerig als hij kon zijn, blééf hij op Etty inpraten. Zag ze nu hoe gevaarlijk het werd in de stad? En dat een positie bij de Joodse Raad wel degelijk beschermde? Dié arrestanten waren immers weer vrij. Ze moest echt die sollicitatiebrief schrijven, en wel zo snel mogelijk.

De rationele Jaap begreep weinig van het lotsdenken van zijn oudere zuster. Hij was het er niet mee eens dat Etty mee wilde gaan met 'haar volk' naar Westerbork en verder.[24] Zelf voelde Jaap zich niet bedreigd omdat hij inmiddels als coassistent werkte in het Nederlands Israëlitisch Ziekenhuis (NIZ) op de Nieuwe Keizersgracht; een baantje dat hij na zijn eerste artsexamen net op tijd had weten te bemachtigen.[25] Jaap ging ervan uit dat de Duitsers geen doodzieke patiënten naar de kampen zouden sturen om te werken – en hun behandelend artsen dus ook niet. Maar om zijn familie maakte Jaap zich wel grote zorgen. Hij was in die bedreigende zomer van 1942 intens met zijn verwanten bezig, zag Sara Oudkerk, een collega in het ziekenhuis. De goedhartige Sara was even oud als Jaap en sprak vaak met hem. Ze wist dat hij regelmatig moest worden opgenomen en had met hem te doen. Jaap was een begaafde, maar vaak ook zeer verwarde jongeman, vond ze, die ontzettend kon doordraven en zeuren. Ook de toewijding aan zijn familie vond Sara vaak overdreven: 'Hij was echt dól op zijn ouders, en ook idolaat van zijn broer en zuster.'[26]

Na lang aandringen van Jaap, besloot Etty de sollicitatiebrief aan de Joodse Raad tóch te schrijven. Ze deed dat in de loop van 14 juli; de dag dat er meer dan zevenhonderd Joden van straat werden gehaald. Waarom Etty uiteindelijk toegaf, vermeldde zij niet in haar dagboek. Ook over de razzia van die ochtend zei zij niets. Het schrijven van de brief had haar wel even uit haar blijmoedige evenwicht gebracht, noteerde ze. Alsof het een onwaardige handeling was geweest. 'Dat zich verdringen om dat éne stukje drijfhout op die eindeloze Oceaan na de schipbreuk. En dan maar redden wat er te redden valt en elkaar wegduwen en de verdrinkingsdood injagen, zo onwaardig alles en van dat gedrang houd ik ook niet.' Ze zou wel tot de mensen behoren die liever nog even op hun rug op de oceaan bleven drijven, alvorens met een devoot gebaar te verzinken. Ze kon niet anders. Haar gevechten werden gestreden op innerlijk terrein, met haar eigen demonen. Vechten te midden van duizenden angstige mensen tegen wild geworden en tegelijk ijzig koude fanatici die haar ondergang wilden: nee, dat lag haar niet.[27]

Ze had geen angst. Ze voelde zich rustig. 'Dit stuk geschiedenis, zoals wij het nu beleven, kan ik ook helemaal dragen, zonder te bezwijken.'[28]

Maar nog geen dag later zou dat vertrouwen ernstig op de proef worden gesteld.

—

Volkomen onverwacht lag de brief op de mat. Op woensdagmiddag 15 juli ontving Etty een oproep voor 'werkverruiming' in Duitsland. Door een onnavolgbare wending van het lot was bij de Zentralstelle juist háár naam uit de kaartenbak gehaald. Etty Hillesum hoorde bij een van de eerste groepen Joodse Amsterdammers die voor deportatie werden opgeroepen.

Een paar dagen eerder had Etty zich nog afgevraagd hoe ze zou reageren wanneer zij haar oproep zou ontvangen. Ze had toen gefantaseerd over hoe ze zich een jongenskapsel zou laten knippen, haar lippenstift zou weggooien, een lange broek en werkjasje zou laten naaien, en nog een troostrijk gesprek zou voeren met haar ouders.[29] Maar nu ze de oproep daadwerkelijk in haar hand hield, was alles anders dan zij zich had voorgesteld. Ze voelde wanhoop en verdriet; doodgewoon diep verdriet bij de gedachte dat zij Spier alleen zou moeten laten en zij naar hém zou verlangen en hij naar háár. Alles 'drukte nog veel nader' op haar lijf dan het al gedaan had. Het was heel zwaar.[30]

'OPROEPING!' stond met kapitalen boven aan de brief. 'U wordt hiermede bevolen aan den onder politietoezicht staande werkverruiming in Duitschland deel te nemen.' Ze moest zich al een paar dagen later 's nachts rond één uur op het Centraal Station melden – de nazi's hadden liefst zo min mogelijk pottenkijkers bij hun vuile werk. Er volgde een overzicht van de bagage die ze mocht meenemen:

1 koffer of rugzak
1 paar werklaarzen
2 paar sokken
2 onderbroeken
2 hemden
1 werkpak
2 wollen dekens
2 stel beddengoed (overtrek met laken)
1 eetnap
1 drinkbeker
1 lepel en
1 pullover

Ook moest ze voorzien in 'marschproviand' voor drie dagen en de voor die tijd geldige distributiekaarten. Het was niet toegestaan waardepapieren, deviezen, spaarbankboekjes of waardevoorwerpen van allerlei soort (goud, zilver, platina) mee te nemen, met uitzondering van trouwringen. 'Levend huisraad' als honden en katten moesten eveneens thuisblijven.

De oproep eindigde met een dreigement: 'Wanneer u aan deze oproeping geen gevolg geeft, wordt u met maatregelen van de Sicherheitspolizei gestraft.' De brief gold tevens als reisvergunning en gaf het recht 'de genoemde trein kosteloos te benutten'.[31] De prijs van het enkeltje Amsterdam Centraal-Westerbork, precies 4,90 gulden, werd overigens aan de Nederlandse Spoorwegen betaald door de SS, met geroofd Joods geld, dus gratis was het vervoer zeker niet.[32]

Had Etty echt gedroomd over het theatraal weggooien van een lippenstift? Nu ze de oproep in haar hand hield, sloegen alle fantasieën stuk op de werkelijkheid, als blauwe golven op een rotskust. Ze moest écht weg. Alles, alles zou ze moeten achterlaten. Haar bureau, de dierbare boeken, haar twee grijze mannen en de vrienden die zij zo liefhad; heel haar vertrouwde leven. Wat restte, was een rugzak met het hoogstnodige en een treinreis met duistere bestemming.

'Ik was je even ontrouw, God,' schreef Etty. 'Alles was even in me uitgeblust van vertwijfeling en vele samenhangen waren zoek en zo een verschrikkelijk groot verdriet.'[33] Ze vertelde niet hoe pa Han reageerde op de brief, of zij steun bij hem had gezocht. En wat zei Käthe, de huishoudster die zo dol op haar was? Spier kon ze niet bellen. De telefoonverbinding van de Joodse familie Nethe was een dag eerder afgesloten – precies zoals de Duitsers op 30 juni hadden aangekondigd.

Het lukte Etty ten slotte zelf de wanhoop te boven te komen. Wat dat betreft was ze in de voorgaande anderhalf jaar werkelijk sterker geworden. 's Avonds kon ze alweer rustig werken aan haar bureau. 'Ik weet, dat ik nog dikwijls kapot en vernietigd tegen Gods aarde gesmeten zal liggen. Ik geloof ook, dat ik heel taai ben en altijd weer op zal kunnen staan.'[34]

Kort na de onheilstijding die middag had Etty haar alleroudste vriendin gebeld, Johanna Smelik. Ze vond het altijd moeilijk om mensen om bepaalde gunsten te vragen. Maar tegen Jopie, die ze al zo lang kende, durfde ze alles te zeggen. Jopie was als haar zusje.[35]

‘Wil je me alsjeblieft die twee delen met brieven van Rilke brengen?’ vroeg Etty, nadat ze had verteld over haar oproep. ‘Die wil ik nog zo graag uitlezen voordat ik vertrek.’

Typisch Etty. Er was zoveel dat zij nu nodig had. Goede schoenen voor haar gemaltraiteerde voeten bijvoorbeeld, of dikke, warme dekens. Maar ze dacht het eerst aan Rilke; meer dan wat dan ook waren zijn woorden voor haar onontbeerlijk.

Johanna Smelik kwam direct met de gevraagde boeken naar de Gabriël Metsustraat. Ze was geschokt en verdrietig, maar ook een beetje kwaad. Johanna vond dat Etty moest onderduiken.[36] Ze deelde die opvatting met haar vader, Etty’s oude zeemansvriend Klaas. De Smeliks waren er pertinent op tegen dat Etty haar lotgenoten naar een kamp zou volgen. Ze kon zich toch niet zomaar uitleveren aan die rotmoffen? Meer dan eens had Johanna aan Etty gevraagd of ze niet bij hén wilde onderduiken. De Smeliks woonden in een grote villa aan de Domeinweg 2 in Hilversum, waar zij meer dan voldoende ruimte hadden om Etty te verstoppen. Maar Etty had het aanbod steeds resoluut afgeslagen.

In die dagen dacht Johanna nog dat Spier de oorzaak was van Etty’s onwelwillendheid. Als Etty zou onderduiken, zou ze Spier immers niet meer kunnen zien. Johanna moest toch al weinig van Spier en zijn handlezerij hebben. ‘Ga toch met hem op de kermis staan!’ had ze weleens uitgeroepen, want als ‘zusje’ hoefde ze Etty niet te sparen. Ze kon niet begrijpen dat Etty idolaat was van zo’n ‘charlatan’ – ja, dat woord had ze gebruikt. ‘Ben je gek om je leven te wagen voor een handlezer!’[37]

Slechts na heel lang aandringen van Etty had Johanna er ooit in toegestemd dat Spier ook een keer háár handen zou lezen. ‘Een afgesloten jeugd,’ had Spier bij die gelegenheid geconcludeerd. Dat klopte wel, dat moest zij Spier nageven. Maar verder moest Johanna er niets van hebben. Ze had er ook geen enkele behoefte aan om bij de Spierclub te horen.[38] Goed beschouwd was ze Etty een beetje kwijtgeraakt aan haar grote liefde Spier, het handlezen en alle nieuwe Spiervriendinnen.

Toch bleef Johanna haar vriendin trouw. ‘En haar trui van zuivere schapewol, die beschermt tegen regen en kou, rukte ze zich van het lichaam als een tweede Sint Maarten,' schreef Etty die avond dankbaar. 'Dat is alvast één kledingstuk voor de reis.'[39]

Zo was het niet echt gegaan. Om te beginnen voelde Johanna zich zeker geen barmhartige vriendin, want ze had behoorlijk de pest in. Bovendien had ze de trui niet uit zichzelf gegeven: Etty had erom gevráágd. Toen Johanna de trui uittrok en aan Etty overhandigde, had ze weemoedig gedacht: 'God, kind toch. Wat staat je nog te wachten.'[40]

In de gang lag die dag toevallig een rugzak van Hans. 's Middags, toen niemand keek, probeerde Etty stilletjes hoe het was om zo'n rugzak te dragen. Er zat niet veel in. Toch woog dat ding haar nu al te zwaar.

Ze moest iets onthouden voor haar moeilijkste ogenblikken, schreef ze 's avonds laat: dat Dostojevski wel vier jaar in het 'bagno' in Siberië had gezeten, met als enige lectuur een bijbel. 'Hij mocht ook nooit alleen zijn en de hygiëne was er ook niet zo geweldig.'[41]

Etty had die dag ook met Werner en Liesl gesproken. De realistische Werner probeerde Etty's verwachtingen bij te stellen. Ze moest niet denken dat ze in zo'n kamp ook maar enige 'seelische Vorteile' zou genieten, waarschuwde hij. Op zielsniveau viel er in een kamp helemaal niets te winnen. Ze zou een hard schild om haar ziel krijgen – dat was het enige.[42]

Etty wilde het niet geloven. Een hard schild: dat paste helemaal niet bij haar. Ze zou weerloos en open blijven voor alles. 'Mijn God, hoe zal het met me gaan. [...] Ik hoop er samen met je doorheen te komen.'[43]

—

Maar ze ging niet. Nóg niet. Slechts een dag later was Etty's wereldbeeld opnieuw gekanteld. Op donderdag 16 juli werd ze aangenomen bij de Joodse Raad. 'Heb je dan toch andere plannen met me God? Kan ik dit aannemen?' schreef ze 's avonds. 'Ik blijf toch verder bereid.'[44]

Het was al laat, Etty was moe, haar dagboekaantekeningen waren summier. Was ze uitgenodigd voor een gesprek naar aanleiding van haar sollicitatiebrief van 14 juli? Of had Jaap haar die dag gewoon meegesleept naar het hoofdkantoor van de Joodse Raad op de Nieuwe Keizersgracht? Zeker is dat Jaaps connecties bij de Joodse Raad uitstekend waren. Etty en Jaap werden op het kantoor ontvangen door de 'oude vriend' Bernard Loopuit, die hoofd personeelszaken was.[45] De 47-jarige Loopuit, oorspronkelijk boekhouder en leraar MO handelswetenschappen, was bij de Joodse Raad onder meer verantwoordelijk voor de legitimatiepapieren van Joodse Raad-medewerkers.[46] Door zijn hoge positie als personeelschef kon hij veel gedaan krijgen.

'Ik sta toch zeker niet toe dat Etty Hillesum naar Duitsland gesleept wordt,' zei Loopuit, waarmee hij onbedoeld onderstreepte dat sommige mensen voor de Joodse Raad belangrijker waren dan andere.[47]

Etty en Jaap werden op het kantoor van de Joodse Raad ook geholpen door hun kennis Leo de Wolff, die op de afdeling Voorlichting van de *Expositur* werkte: een bureau dat een sleutelrol vervulde als intermediair tussen de Joodse Raad en de Duitse Zentralstelle.[48] Dankzij Leo – zoon van de bekende marxistische econoom Sam de Wolff – werden Etty en Jaap al snel uit de rij gehaald en hoefden ze veel minder lang te wachten dan hun lotgenoten.

Hoe de Hillesums deze invloedrijke medewerkers van de Joodse Raad kenden, is niet meer na te gaan. Wel is duidelijk dat de voorzitter van de Joodse Raad, David Cohen, geen onbekende voor hen was. David Cohen was de oudste van de broers Cohen uit Deventer, die zich al sinds het begin van de eeuw inzetten voor Joodse vluchtelingen en de zionistische zaak. Als jonge man stond David met zijn broers op het station van Deventer de treinen met Joodse ontheemden uit Rusland op te wachten, die zij verwelkomden met thee en een bemoedigend woord. Etty en Jaap kenden vooral Davids jongere broer Ru goed, vanwege zijn betrokkenheid bij de Palestinapioniers en de zionistische jongerenbeweging in Deventer, waarbij ook Etty en Jaap enige tijd waren aangesloten.

De verbinding tussen beide families werd onbedoeld nog bevestigd door de geheime relatie die Jaap had met de veel oudere Trude Cohen, die was getrouwd met een broer van David. De 42-jarige Trude woonde in Deventer, waar haar man Jacques Cohen een meubelzaak runde in de Lange Bisschopstraat. Ze had een zoon, Ernst, die zich had aangesloten bij de Palestina-pioniers van zijn oom Ru en die slechts vier jaar jonger was dan Jaap. Trude was een knappe, donkere vrouw, met geprononceerde lippen en opmerkelijke, wat afhangende ogen. Kennelijk kon ze haar passie in haar huwelijk niet goed kwijt, want Jaap gaf altijd hoog op over de amoureuze avonturen met zijn minnares. Etty kende Trude ook persoonlijk; Jaap bracht haar soms mee wanneer hij op bezoek kwam. 'Het gesprek met Trude en Jaap was weer overgemeubileerd met bedden,' schreef ze eens ironisch na een visite van de geliefden.[49] Via de overspelige Trude bleef Jaap uitstekend op de hoogte van de ontwikkelingen in de familie Cohen. Trude stond eveneens op goede voet met Riva en Louis, bij wie zij in Deventer soms over de vloer kwam.[50]

De Cohens: dat waren voor de familie Hillesum mensen die uit dezelfde Joodse wereld in Deventer kwamen als zijzelf, en van wie bekend was dat zij zich altijd met hart en ziel hadden ingezet voor hun gemeenschap. In die zin was een sollicitatie bij de Joodse Raad voor Etty geen grote stap; zij kende een aantal mensen die er de dienst uitmaakten persoonlijk. Bovendien was zij vertrouwd met het gegoede, vaak intellectuele milieu waaruit veel Joodse Raad-medewerkers afkomstig waren. David Cohen was bijna even oud als haar vader, en net als Louis classicus.

Evengoed voelde Etty zich niet erg prettig bij de voorkeursbehandeling die zij en Jaap genoten bij de Joodse Raad. 'Ik zal later heel veel goede dingen moeten doen voor andere mensen, om dit alles weer goed te maken,' zei ze tegen Jaap. 'Het is niet in de haak met onze samenleving, het is niet rechtvaardig.'[51]

In het gedrang op de gang was het haar gelukt een paar brieven van Rilke te lezen. Ze moest maar proberen door te gaan op haar eigen manier, nam zij zich voor. Intussen werd ze bijna onder de voet gelopen. 'En de doodsangst op die gezichten. Al die gezichten, mijn God, die gezichten.'[52]

Etty vertelde niet waarom ze uiteindelijk met Jaap was meegegaan naar de Joodse Raad, ondanks al haar twijfels. Vermoedelijk kon ze het zelf allemaal ook nog niet volledig bevatten. 'Ik kon die oproep niet eens goed tot me laten doordringen, na een paar uur was ik hem al weer kwijt ook. Hoe is dat toch zo gauw gegaan?'[53]

Met een positie bij de Joodse Raad won Etty tijd. De oproep voor deportatie had haar compleet overvallen. Ze was er nog niet klaar voor om te gaan. Ze wilde erbij blijven, nog van betekenis zijn, ook voor haar lotgenoten. Nog steeds was zij die schipbreukeling op de oceaan over wie ze eerder schreef. Bereid met een devoot gebaar te verzinken als het moest. Maar nu was haar een reddingsboei toegeworpen en had ze die gegrepen – uit de even instinctieve als begrijpelijke impuls te overleven.

Er was een wonder gebeurd, schreef Etty op die 16de juli. 'Ze zijn zeer ondoorgrondelijk, jouw wegen, mijn God.'[54]

—

Ook in Deventer werd opgelucht ademgehaald. Etty was voorlopig veilig. Voor Riva en Louis waren het toch al zenuwslopende weken geweest. Mischa was opgeroepen voor de 'werkverruiming' in Nederland: verplichte landarbeid voor Joodse werklozen in een werkkamp in het noorden of oosten van het land. Goddank was hij begin juli afgekeurd, ongetwijfeld op psychische gronden.[55] Hij was nu thuis, bij zijn ouders, die nog altijd in het herenhuis op de Geert Grootestraat woonden.

Het was een pak van hun hart dat ze de labiele Mischa bij zich konden houden, had Louis Hillesum op 7 juli aan Etty geschreven. Met zijn typische gevoel voor understatement voegde hij daaraan toe dat hij van verschillende kanten had gehoord dat de stemming in Amsterdam 'aan de lage kant was'. Ze moesten de onheilstijdingen maar met stoïcijnse *ataraxia* of onverstoorbaarheid tegemoet treden, meende hij. Louis liet zich graag inspireren door het stoïcisme. Je kon maar beter ongevoelig blijven voor alles in de wereld waarop je tóch geen invloed kon uitoefenen.[56]

‘Hoe het ook gaat, we moeten *aequo animo* alles verdragen wat ons opgelegd wordt,’ drukte hij Etty op het hart. ‘Dat is onder alle omstandigheden de enige manier om er het beste van te maken.’[57]

Humor was Louis’ beste wapen. ‘Welk een voorrecht!’ schreef hij Etty vlak nadat bekend was geworden dat Joden niet meer mochten fietsen. ‘We behoeven nu niet meer in angst te zitten, dat onze fietsen gestolen worden. Voor onze zenuwen is dat stellig een voordeel. In de woestijn hebben we het indertijd ook veertig jaar zonder fietsen moeten doen.’[58]

Het contrast met moeder Riva kon niet groter zijn. Riva maakte zich om álles druk, bleek uit datzelfde briefje aan Etty van 7 juli. Ze klaagde dat zij geen fruit kon krijgen, te veel bezoek had gehad, erg moe was, alles in huis zelf moest doen en ‘slechts vier uur per week’ een werkster had. Het waren om die redenen ‘zeer nare’ dagen geweest. Het enige lichtpuntje was de voorlopige redding van de psychisch nog altijd zeer kwetsbare Mischa. Haar zoon was gelukkig weer ‘rustiger’ nu de werkverruiming van de baan was, schreef ze. Het enige wat hij wilde, was dicht bij zijn ouders blijven.

Bij Riva was van enige acceptatie of gelatenheid geen sprake, integendeel. Zij was de overlever van de familie. De vrouw die in 1907 in soldatenkleding op de trein naar Amsterdam was gestapt, op zoek naar een veilige en betere toekomst. Hoe zou ze kunnen toestaan dat haar gezin nu alsnog door Jodenhaat te gronde zou worden gericht? Net als Jaap, haar grote medestander in het gezin, zocht Riva voortdurend naar manieren om haar familie in veiligheid te brengen. Voor Louis en haarzelf waren alvast attesten opgemaakt, waarin door hun behandelend artsen werd gesteld dat zij beiden op medische gronden niet in staat waren te reizen of lichamelijke arbeid te verrichten. De geneeskundige verklaringen waren bekend bij de Joodse Raad in Deventer en boden hopelijk enige bescherming – voor zolang als het duurde.[59]

Nu hun levens op het spel stonden, werden de vijf Hillesums als vanzelf weer in elkaars armen gedreven. Het was hun nooit gelukt een hecht en harmonieus gezin te vormen. Ze zaten elkaar voortdurend in de weg, met hun hypergevoelige naturen, kwetsbare geesten en onoverbrugbare karaktertegenstellingen. Toch hadden zij zich, ondanks of juist dankzij de vaak hevig oplopende emoties, ook altijd intens verbonden gevoeld met elkaar. Ze waren misschien anders dan veel andere families, ze waren wel sámen anders. In tijden van grote nood konden zij teruggrijpen op die aloude verbondenheid. Vanaf juli 1942 zochten de Hillesums elkaar op en hielden zij elkaar vast. Zelfs Jaap, met zijn 'gezicht als een dodenmasker', bleek nu in staat te zijn Etty te helpen. Ze liet het gebeuren. Ze kón het laten gebeuren – paradoxaal genoeg juist omdat zij er in de voorgaande anderhalf jaar in was geslaagd zich los te maken van haar familie.

Door de therapeutische gesprekken met Spier had Etty geleerd te aanvaarden dat haar ouders en broers hun eigen, afgeronde Schicksal hadden en zij moest ophouden ongelukkig te zijn door hun gedrag. Het was niet eenvoudig voor haar geweest om zich uit de ingewikkelde kluwen van verstikkende familierelaties te bevrijden. De angst om net als Jaap en Mischa gevoelig te zijn voor een geestesziekte had haar lang beheerst. Eind december 1941 was ten slotte de ommekeer gekomen. Zelfs de kerstdagen thuis had ze wonderwel goed overleefd. In de eerste helft van 1942 schreef Etty nog opvallend weinig over haar ouders en broers. Ze leek werkelijk innerlijk afstand te hebben genomen en voelde zich ook daardoor beter dan ooit tevoren.

Ergens in april van dat jaar had haar 'kleine vadertje' Etty 's avonds een bezoek gebracht, en zich beklaagd dat Riva en hij 'als een koe' leefden in Deventer: 'alleen maar dat gevreet en we zijn de slaaf van dat grote huis'. Eerder die dag had haar moeder Etty toevertrouwd dat zij zich 'een dood mens' voelde in haar eigen huis: ze had voor niets anders kracht dan het huishouden. 'Zo leven ze daar,' moest Etty constateren, maar die wetenschap was niet langer belastend voor haar. 'Ik ga niet meer kapot aan een zelfverterend medelijden, gepaard met schuldgevoelens, als ik m'n ouders zie of aan ze denk. Ik zie hun leven onder het oog en het is hùn leven, zo gegroeid door de jaren, ik kan daar niet veel aan veranderen, ik kan ze alleen maar liefhebben en verder m'n eigen leven leven. Er is wel heel veel veranderd in mijn innerlijke verhouding tot m'n ouders, veel knellende banden weg en daardoor meer krachten vrij om ze werkelijk lief te hebben.'[60]

Het was net op tijd. Ze hadden elkaar nodig, meer dan ooit.

'Iedere dag, dat de zon schijnt en men nog niet gevangen zit, moet een mens tevreden zijn,' zei Louis Hillesum laconiek.[61]

—

Etty kreeg een aanstelling op het kantoor van de Joodse Raad aan de Lijnbaansgracht 366, op ruim twintig minuten lopen van haar huis.[62] In dit grote kantoor aan een van Amsterdams grachten waren de afdelingen Centrale Voorlichting en Emigratie gevestigd. In de loop van juli kwam daar het Centraal Bureau van de afdeling Hulp aan Vertrekkenden nog bij.[63] In de typekamer van het kantoor werkten zo'n honderd typistes, die dagelijks van 10.00 tot 19.00 uur voor de verschillende afdelingen allerhande documenten en formulieren moesten uittikken.[64]

Op vrijdagochtend 17 juli 1942 kreeg ook Etty in de overvolle typekamer een tafel en stoel toegewezen. Er klonk een oorverdovend lawaai van ratelende typemachines en de stemmen van tientallen 'tikjuffrouwen' die op luide toon door elkaar heen praatten. Van haar stille kamer met uitzicht was Etty beland in een wereld die, in haar woorden, 'het midden hield tussen de hel en een gekkenhuis'.[65]

Overal dromden mensen samen, zelfs op de gangen. Etty kreeg geen moment rust; de stapel papier op haar bureau werd gedurende de dag enkel groter. Wel 'duizend requesten' moest ze uittikken; stuk voor stuk wanhopige verzoeken van mensen die het Joodse lot níét wilden delen. 'Ich bitte ergebenst um Freistellung vom Arbeitsdienst in Deutschland, omdat ik hier al zo hard voor de weermacht werk en onmisbaar voor jullie ben.'[66] Het hele bedrijf was in haar ogen troosteloos, onwaardig en zonder enig perspectief. Ze vond haar werk stompzinnig en zinloos.[67]

Om zichzelf niet te verliezen, probeerde Etty zo veel mogelijk vast te houden aan haar eigen, dierbare gewoonten. Als het even kon, nam ze een pauze en ging ze in een hoekje zitten lezen. 'Ik blijf mezelf helemaal trouw en zal niet resigneren of murw worden.'[68] Op een ochtend moest de hele typekamer plotseling intern verhuizen, vermoedelijk omdat er ruimte moest worden gemaakt voor de nieuwe afdeling Hulp aan Vertrekkenden.[69] Tafels en stoelen werden weggetrokken, onbekende mensen dromden het vertrek binnen, iedereen gaf orders en tegenorders. Etty ging op de vuile grond zitten, tussen haar schrijfmachine en pakje boterhammen, en verstopte zich in de brieven van Rilke.[70] Geregeld spijbelde ze en ging ze eerder naar huis.

'Ik zorg daar voor m'n eigen sociale wetgeving en ga en kom, wanneer ik meen, dat dat goed is. Door al die chaos en ellende heen leef ik zó zeer op een eigen rhythme en kan me, zo ieder ogenblik, tussen het tikken van 100 brieven door, verdiepen in de dingen, die voor mij belangrijk zijn.'[71]

Erg collegiaal was ze niet, vond Etty zelf ook. Ze had, goed beschouwd, een 'verkeerde instelling' en moest niet vergeten dat ze dankzij haar baantje in Amsterdam kon blijven bij degenen die haar dierbaar waren.[72] Evengoed viel het haar moeilijk samen te werken met de 'ietwat primitieve en ijdele kantoorjuffrouwen met organisatiewoede' die haar collega's waren. 'God, behoed me voor één ding: laat me nooit in één kamp komen met de mensen, met wie ik nu dagelijks werk.'[73]

Haar houding werd Etty niet bepaald in dank afgenomen. Toen zij op een dag om vijf uur 's middags stilletjes de benen wilde nemen, werd ze tegengehouden door een 'ietwat vulgaire en de baas willende spelen tikjuffrouw', die haar oncollegiaal gedrag verweet en Etty opdroeg de leidraad waar ze aan werkte nog dezelfde dag in tienvoud af te leveren. 'En omdat er maar 5 doorslagen in m'n machientje willen en we 10 exemplaren van die leidraad nodig hebben, moest ik dus alles twee keer tikken.'[74]

Soms raakte ze zo moedeloos dat ze liefst haar hoofd op haar schrijfmachine wilde laten zakken. 'Dat is het deprimerendste:

dat je merkt, hoe er haast bij niemand van degenen, met wie ik werk, de innerlijke horizon verruimd wordt door het lijden van deze tijd.'[75]

Een stenotypiste verdiende bij de Joodse Raad in principe 65 gulden per maand.[76] Er werkten echter heel wat mensen voor de Joodse Raad zonder betaald te krijgen, dus of Etty dat bedrag daadwerkelijk ontving, is niet zeker. Iedere werknemer van de Joodse Raad begon met een proeftijd.[77] Pas daarna volgde een vaste aanstelling en kreeg de employé een officiële legitimatie. Etty was in die eerste weken dus nog niet zeker van haar positie. Dat bleek wel toen zij op 28 juli onverwacht een 'wit drukwerk' in de bus vond: even was zij bang dat ze tóch nog een oproep voor deportatie zou krijgen. Met trillende knieën had ze de brief opengemaakt. Het bleek om een 'invulformulier' van de Joodse Raad te gaan, waardoor haar aanstelling definitief kon worden gemaakt en ook zij een felbegeerde legitimatie als Joodse Raad-medewerker en een Sperre verkreeg.[78]

Scherp zag Etty hoe de Joodse gemeenschap door de nazi's, middels de Joodse Raad, uit elkaar werd gespeeld. 'Het is natuurlijk nooit meer goed te maken,' meende ze, 'dat één gedeelte der Joden meehelpt om de overgrote rest weg te transporteren. De geschiedenis zal hier later haar oordeel nog over moeten vellen.'[79]

Er was geen andere oplossing dan zelf het goede te blijven zoeken. Steeds vaker voerde Etty lange gesprekken met God, die ze in haar dagboek nu aansprak als haar beste, meest intieme vriend. Alleen door God niet te verliezen, kon zij zichzelf behouden: 'Toch ben ik er dankbaar voor, dat je me niet aan dit rustige bureau hebt laten zitten, maar me midden in het lijden en in de zorgen van deze tijd hebt gesteld. Het zou geen kunst zijn om een idylle met jou te hebben in een beschutte studeerkamer, maar nu gaat het erom, dat ik je onbeschadigd met me meedraag en dat ik je door alles heen trouw blijf, zoals ik je altijd beloofd heb.'[80]

Etty weigerde bitter te worden of haar geloof in de mens te verliezen. Er zou een nieuw tijdperk komen, na de oorlog, dat wél humanistisch zou zijn. Ze wilde graag blijven leven om 'dat onverwoestbare' in haarzelf behouden over te dragen naar die betere, toekomstige wereld.[81]

Op een avond wandelde Etty na haar werk door de regen naar huis. Ze had een blaar onder haar voet van het vele lopen. Toch ging ze nog een straatje om. Ze wilde per se langs een bloemenkar. Met een grote bos rozen in haar armen kwam ze thuis. Ze zette de bloemen in een vaas. Daar stonden ze, in haar kamertje. De rozen waren van een ontroerende pracht en net zo werkelijk als alle ellende die ze die dag had meegemaakt.[82]

—

Voorvoelden Etty en Spier dat ze niet veel tijd meer hadden? In die laatste juliweken van 1942 bleef Etty een aantal keren op de Courbetstraat slapen. De logeerpartijen hadden voor de buitenwereld een praktische reden: sinds de verordeningen van 30 juni mocht Etty na acht uur 's avonds immers niet meer op straat komen. Maar Spier en Etty wilden ook nog zo veel mogelijk samen zijn. Officieel sliep Etty in Dicky's kamer op zolder, die tijdelijk vrij was. Daar kwam ze echter meestal pas ver na middernacht aan. Spiers bed was geen verboden terrein meer voor haar. Eindelijk mocht ze onder de gebloemde deken liggen. Het was of er nooit iets anders was geweest dat haar had toegedekt, schreef Etty. De 'ring van hun verhouding' had zich ten slotte gesloten, eenvoudig en vanzelfsprekend. 'Hij ademt net zoals hij loopt. En ik zei, onder de deken: laten we samen bidden. Nee, ik kan er niet over praten, over alles wat er was.'[83]

Spier bleef hopen dat hij met Etty kon samenblijven. Eind juli deed hij haar een opmerkelijk voorstel. Als Etty nu halfarisch zou worden? En als hij dan vervolgens met haar trouwde? Zou dat hun beiden geen bescherming kunnen bieden?[84] Hoewel Spier, net als Etty, zijn lot leek te hebben aanvaard, zocht ook hij nog naar uitwegen. Hij wist dat het sommige Joden lukte om hun stamboom aan te laten passen, waardoor zij voor de nazi's half-arisch werden. De onduidelijke Russische achtergrond van Riva bood wat dat betreft misschien mogelijkheden, veronderstelde hij.

Half-arisch worden? Etty moest er even over nadenken toen Spier onverwacht met zijn voorstel kwam. Ze waren samen op Spiers kamer. Spier lag in bed, onder de gebloemde deken, hij voelde zich niet goed. Etty zat tegenover hem, op de grond, en schreef in haar dagboek.

Het was misschien nog te proberen, noteerde ze, met 'die verdwenen ouders van mijn Russische moeder'.[85] Ook voor Etty zelf vertoonde haar familiegeschiedenis flinke gaten, die vanuit nazi-perspectief bezien gunstig zouden kunnen worden ingevuld. Maar dat zei ze niet.

'Wil je dan met me trouwen?' vroeg Etty.

'Ja,' zei Spier. 'Niet om echt te trouwen, alleen om samen te blijven. Ik wil geen jonge vrouw aan me binden. Ook Hertha zou uiteindelijk niet met me moeten trouwen.'

Etty ontweek het voorstel. 'Ach, het doet er toch allemaal niet toe,' zei ze. 'We kunnen toch samenblijven.'

Ze zei het. Maar diep in haar hart wilde ze dat niet. Of beter gezegd: niet meer. Na alle wilde fantasieën die ze had gehad over een mogelijk huwelijk met Spier, moest Etty nog diezelfde avond 'heel nuchter en zakelijk' constateren dat ze liever alleen bleef. Het leeftijdsverschil was eenvoudigweg te groot. Ze hád al een man zien verouderen: haar pa Han. En nu zag ze ook Spier snel aftakelen. Hij was een oude man die ze liefhad, eindeloos liefhad en met wie zij altijd verbonden zou zijn. 'Maar "trouwen", wat de brave burger noemt trouwen, laat ik me eindelijk nu eens heel nuchter en eerlijk zeggen, dat ik dat niet zou willen. En het geeft me juist zo een gevoel van kracht, dat ik mijn weg alleen zou moeten gaan.'[86]

Etty was bang om Spier te zien lijden. Hij zag er al langer slecht uit. Ze zou het niet aankunnen om hem in een kamp te zien verkommeren. Liever wilde ze uit de verte voor hem bidden.[87]

Steeds sterker voorvoelde Etty dat haar een andere taak wachtte dan de verzorgende vrouw-van te zijn. Ze wilde zich 'met de grote stroom' laten meevoeren en de kroniekschrijfster worden van de Joodse lotgevallen. Ze zou in het kamp een nieuwe taal vinden en in zich bewaren, wanneer ze niet de gelegenheid kreeg te schrijven. Ze zou afstompen, neervallen, weer opstaan, en dan, heel veel later, een rustige, stille ruimte vinden waar de woorden weer tot leven zouden komen. Woorden die getuigden van datgene, waarvan hoe dan ook getuigd zou moeten worden.[88]

In de voorgaande dagen had Etty haar oude dagboeken overgelezen. Ze had zich gegeneerd voor de 'bakvisachtige nonsens' die erin stond en even overwogen alle schriften te verscheuren. Er was maar één reden dat ze dat uiteindelijk niet deed. Ze kon de schriften nog wel eens nodig hebben, later, als zij de oorlog en het kamp overleefd had. De woorden zouden haar helpen zich te herinneren wie zij was.[89]

—

Leonie was verbijsterd toen zij hoorde dat Etty voor de Joodse Raad was gaan werken. Op 20 juli 1942 schreef ze een brief naar Spier, met wie zij in het kader van haar schriftelijke therapie nog geregeld correspondeerde.

'Zoals u in mijn aantekeningen hebt kunnen lezen, was ik vastbesloten niet te vluchten en mee naar Duitsland te gaan,' schreef Leonie. 'Maar toen kwam het telefoongesprek met Etty en hoorde ik van haar aanstelling bij de Joodse Raad. En al mijn zekerheid was zoek.'[90]

Onder invloed van Etty, tegen wie zij ondanks de spanningen in de vriendschap nog altijd hoog opkeek, was Leonie geleidelijk tot de overtuiging gekomen dat zij zelf ook het lot van het Joodse volk wilde delen. 'Ik ging daar uiteindelijk helemaal in mee,' vertelde Leonie later. 'Ik dacht niet aan onderduiken. Dat was zó beneden je waardigheid.'[91]

In haar therapiedagboek – dat door Spier werd meegelezen – had Leonie op 12 juli 1942 een gesprek beschreven met een Joodse vriend over de vraag of zij al dan niet zouden vluchten. Opvallend was dat Leonie deze zaak terugbracht tot een therapeutische kwestie, waarin de psychologische lessen van Spier sterk weerklonken. Als je wegliep voor deportatie naar Polen, vluchtte je in zekere zin ook voor jezelf, vond ze. Het verlangen je aan het Joodse lot te onttrekken, kwam immers voort uit angst?[92] Als je dat wist en begreep, kon je je daartegen ook teweerstellen, had Leonie in een eerdere brief aan Spier over 'de kwestie Polen' al betoogd: *Angst kann nur durch Glauben überwunden werden*. 'Om de angst te overwinnen, de oerangst, de angst voor jezelf, voor al het onbekende: daarvoor is nodig het geloof, het vertrouwen.'[93]

De passage zegt veel over de sfeer waarin Etty, Leonie en Spier in die bange dagen verkeerden. Het kwam allemaal aan op geestkracht; de omstandigheden waren van ondergeschikt belang.

En nu liet Etty, die Leonie er juist zo om bewonderde dat zij voortdurend in 'hogere geestelijke regionen' leefde, zich door precies die banale angst leiden en had zij zich aangemeld bij de Joodse Raad! Ze begreep er niets van. Leonie was ervan op de hoogte dat Spier zich ziek voelde en wilde hem eigenlijk niet lastigvallen met haar gevoelens. Maar ze kon het op 20 juli toch niet laten haar verontwaardiging in een brief uit te spreken.

Wat moest ze nu zelf doen? Leonie wist het niet meer. Misschien zou zij zich ook nuttig kunnen maken bij de Joodse Raad. Maar vooralsnog bleef zij dat zien als een 'vluchtpoging'. *Das kann ich nicht*, schreef Leonie beslist. Ze was er nog niet aan toe haar overtuiging opzij te zetten. 'Het is me nu onmogelijk om naar de Joodse Raad te gaan en te vragen of ze me nodig hebben.'

Het schrijven hielp Leonie. 'Lieve mijnheer Spier, ik word alweer rustiger,' besloot zij haar brief.

Als gevolg van het reisverbod voor Joden was Leonie sinds begin juni niet meer in Amsterdam geweest. Ze had vreselijk haar best gedaan op de schriftelijke therapie. Haar dagboek bestond inmiddels uit 284 getypte vellen, waarin zij op volstrekt eerlijke wijze haar gevoelsleven probeerde te analyseren. Telkens had zij delen daarvan naar Amsterdam gestuurd, waarna Spier per brief commentaar gaf op de psychische moeilijkheden die hij bespeurde. Veel van die – lange – brieven waren door Etty uitgetikt. Wanneer zij de brieven van Spier op de bus deed, voegde zij er vaak nog een krabbeltje van haar eigen hand bij.

Het was voor Leonie niet altijd gemakkelijk geweest om door Spier en ook Etty op papier terechtgewezen te worden. Haar leermeesters in Amsterdam waren niet snel tevreden en ze had zelf behoorlijk wat psychische obstakels te overwinnen.

'Het kernprobleem bij u is de discrepantie tussen uw grote verstandsbewustzijn en uw geringe gevoelsbewustzijn. Wanneer u zich slecht voelt kunt u beter mensen vermijden, omdat u dan het gevaar loopt te veel te praten en indiscreet te zijn.'[94]

Soms was niet duidelijk van wie de adviezen nu precies kwamen: werd Leonie hier toegesproken door haar therapeut of door haar vriendin, die door Leonies eerdere loslippigheid tegenover pa Han nogal teleurgesteld in haar was geraakt? Af en toe kwam Leonie in opstand en schreef ze een boze brief naar Amsterdam. 'Weet je, Spier, hoe ik je nu aanvoel? Als een kanon! En dat kanon schiet eens per week kristalheldere waarheid na kristalheldere waarheid op mij af, koud als ijs.'[95]

Toch had zij dankzij de therapie ook belangrijke vorderingen gemaakt, zag Leonie zelf. Ze had zich beter leren beheersen en meer innerlijke rust gevonden. Ook Spier leek tevreden. In zijn laatste brief, geschreven op 9 juli, prees hij Leonie omdat ze in relatief korte tijd had geleerd de 'gewonnen inzichten' toe te passen in haar dagelijks leven. Ze zou vast nog weleens een terugval hebben, voorspelde hij, maar dan kwam het erop aan die terugval te accepteren als een onvermijdelijk deel van het geestelijke groeiproces.

Leonie leerde snel. Ze deelde haar emoties over Etty's aanstelling bij de Joodse Raad met Spier. Maar ze hoedde zich ervoor iemand te kwetsen en onthield zich van de impulsieve acties die haar in het verleden soms parten hadden gespeeld.

'Voorlopig onderneem ik niets,' eindigde ze haar brief aan Spier.

Ze ondertekende met de hartelijke groeten. 'Ook aan Etty.'

'Werner was zestig uur niet uit de kleren,' schreef Etty op donderdagavond 23 juli – zonder te vertellen waarom. 'Er zijn wel heel vreemde dingen in ons leven gebeurd.'[96]

Op 20 juli 1942 was de Joodsche Schouwburg aan de Plantage Middenlaan door de Zentralstelle für jüdische Auswanderung gevorderd als verzamelplaats voor de deportaties. Omdat er niet voldoende Joden uit zichzelf naar het Centraal Station gingen, leek het de nazi's handiger een plek in Amsterdam te hebben waar iedereen voor vertrek kon worden opgesloten. Van de ene op de andere dag veranderde Werners zo geliefde theater in een smerig, stinkend kampement, waar honderden Joden vaak dagenlang op de stoelen hingen, in afwachting van hun verdere transport. Het toneel werd gebruikt als opslagplaats voor rugzakken; de vele Joodse artiesten en productiemedewerkers waren subiet hun huis en hun bescherming kwijt. Opnieuw voelde Werner zich geroepen om voor zijn lotgenoten in de bres te springen. Kon het personeel van de Joodsche Schouwburg niet helpen bij de opvang van de vele gevangenen? Ze zouden dan medewerkers van de Joodse Raad kunnen worden – en zo alsnog bescherming krijgen.[97]

Zestig uur niet uit de kleren. Werner Levie werkte zich een slag in de rondte om er nog zo veel mogelijk uit te slepen voor 'zijn' mensen. Intussen twijfelde hij wat hij zelf moest doen. Zijn positie als theaterdirecteur was hij kwijt. Hoe kon hij zijn gezin en zichzelf behoeden voor deportatie? Moest hij zich nu ook aanmelden bij die verschrikkelijke Joodse Raad?

Werner Levie had geen hoge dunk van de leiders van de Joodse Raad. Al vlak na de Duitse bezetting had hij contact gezocht met Asscher en Cohen. Hij verwachtte dat de Nederlandse Joden spoedig op eenzelfde manier zouden worden vervolgd als hun lotgenoten in Duitsland en hij wilde de voormannen van de Joodse gemeenschap waarschuwen. Ze moesten zich organiseren, tegenkrachten in beweging zetten. Maar hij was weggehoond. 'Meneer Levie, u bent een nazi geworden,' zeiden ze. In Holland zou het allemaal zo'n vaart niet lopen.

Sindsdien wilde Werner in principe niets meer met de Joodse Raad te maken hebben.[98] 'Dat waren vreselijke lieden,' vertelde Liesl later, 'dat wist mijn man heel goed.'[99]

De Levies probeerden volgens Etty aanvankelijk te voorzien in hun inkomsten door thuis tasjes voor een fabriek te naaien, voor 35 cent per stuk. De 'dappere kleine Liesl' zat vaak tot 's nachts drie uur door te werken, schreef ze.[100] Maar lang kan dit baantje niet geduurd hebben, want de toen bijna tienjarige dochter Renate zou zich later niets herinneren van een huis vol stoffen en tasjes. Wél stond haar vaag bij dat haar vader vanaf de zomer van 1942 elke ochtend, gekleed in pak, naar 'kantoor' vertrok – al begreep zij toen nog niet dat het ging om werk bij de Joodse Raad.

Werner was uiteindelijk overstag gegaan. De Levies wilden per se bij elkaar blijven. Onderduiken was uitgesloten. Wat kon hij anders doen om zijn gezin te redden? Volgens zijn Joodse Raad-kaart werkte Werner Levie op het algemeen secretariaat van de Joodse Raad aan de Nieuwe Keizersgracht, waar hij leiding gaf aan de afdeling 'tewerkstellingen Duitsland'. Hij moet deze aanstelling met terugwerkende kracht hebben verkregen, want als ingangsdatum werd 17 juli 1942 aangehouden – een dag dat hij nog volop bezig was in de Joodsche Schouwburg. De Sperre gold voor hemzelf en zijn gezin.[101]

Het lijkt erop dat Etty zich voor de bescherming van de Levies had ingezet. 'Ik móet iets voor Liesl en Werner doen, het moet. Niet overijld. Bedacht en geconcentreerd, maar vlug Loopuit een brief in zijn zak stoppen,' schreef ze op 16 juli. Ruim een week later zat ze bij de Joodse Raad anderhalf uur in een nauwe gang, overvol met mensen, 'op Werner te wachten' – zonder te zeggen waarom. Daarna kwam zij nog één keer terug op haar missie: 'En nu moet ik Werners legitimatie veroveren. Ik zal me daar in dat kleine kamertje boven met dezelfde vriendelijke onwrikbaarheid opstellen als gisteren voor mijzelf.'[102]

Liesl Levie zou zich na de oorlog negatief uitlaten over de Joodse Raad. Dat haar eigen man bij de Raad had gewerkt, noemde zij nergens. En ook de dochters herinnerden zich alleen de kritiek die hun vader altijd op de Joodse Raad had gehad – van zijn latere positie als medewerker van de Raad wisten zij niets.[103]

Over Etty's keuze om voor de Joodse Raad te gaan werken, was Liesl later fel: 'Wij vonden het merkwaardig, zeker voor iemand die zo'n menselijke instelling had, dat ze met die vreselijke mensen van de Joodse Raad omging,' vertelde zij. 'Het paste helemaal niet bij Etty dat ze daar zat waar de een de ander heeft weggestuurd.'[104]

Na de oorlog had de Joodse Raad een slechte naam. Het was begrijpelijk dat Liesl zichzelf en haar gezin daar niet mee wilde associëren. Maar even begrijpelijk was het dat Werner ín de oorlog alles had gedaan om zijn gezin in veiligheid te brengen.

Het waren verwarrende tijden, erkende Liesl. De Joden leefden onder immense spanning. Ieder moment kon je opgehaald worden. Niemand was nog helemaal normaal. Liesl zei het mooi: 'Etty heeft in dat nergens gezweefd waarin we allemaal gezweefd hebben.'[105]

Op een dag beklaagde Etty zich bij Liesl over haar lastige positie. Het was toch allemaal niet rechtvaardig?

Ach, zei Liesl toen om Etty te troosten, *dann bist Du eben das Opfer der Protektion.*[106]

Elke bescherming vroeg om een offer.

—

Op maandag 27 juli was er een grote bijeenkomst in het kantoor van de Joodse Raad op de Lijnbaansgracht. Zo'n vijftig medewerkers werden er toegesproken door Abraham de Hoop, de dagelijks leider van de afdeling Lijnbaansgracht, en Max Bolle, secretaris bij de Raad.

Er moest dringend een afdeling van de Joodse Raad in Westerbork zelf worden opgericht, was de boodschap. Nu er steeds meer Joden in het Drentse kamp arriveerden en de eerste treinen met werkplichtigen al naar het oosten waren vertrokken, was er behoefte aan Joodse Raad-medewerkers die zich ter plaatse zouden bezighouden met de registratie, administratie en sociale verzorging van alle 'doortrekkenden', zoals de gedeporteerden met een fantastisch eufemisme werden genoemd.

De dependance in Westerbork zou, net als in Amsterdam, de voorschriften van de Duitsers moeten uitvoeren; de Joodse Raad-medewerkers waren gedwongen handlangers die moesten helpen bij het organiseren van de deportaties. Tegelijkertijd konden de medewerkers proberen zo veel mogelijk voor elkaar te krijgen voor de 'doortrekkenden' en hun ellendige omstandigheden hopelijk nog wat te verzachten.

Het zou een zware opdracht worden, werd het gehoor voorgehouden, maar wel een die zeer noodzakelijk was.[107]

Etty was ook bij deze bijeenkomst aanwezig. Niet toevallig op maandagavond 27 juli begon zij er voor het eerst ernstig rekening mee te houden dat zij spoedig naar Westerbork zou vertrekken, al leek een en ander nog met onzekerheden omgeven. 'Ik zal nu voor m'n Rucksack gaan zorgen,' schreef ze die maandag nog om halfelf 's avonds. 'Zuversichtlich und bereit sein.' Optimistisch en bereid zijn, sprak ze zichzelf moed in.[108] Ze had al een vriendin gebeld om te vragen of die een rugzak kon bezorgen. De tandarts kon ook geen dag langer meer wachten.

Het lijkt erop dat Etty al eerder voor zichzelf had besloten dat ze naar Westerbork wilde worden overgeplaatst, waar een nieuwe Sociale Afdeling zou worden opgericht, ter ondersteuning van de gedeporteerden. Ze had een heel moeilijke dag, die maandag de 27ste, het naderend afscheid hing zwaar in de lucht. 's Middags had ze met Spier gesproken over haar voorgenomen vertrek. 'Zijn bewogen en lijdende gezicht bij de gedachte, dat ik toch misschien gauw van hem weg zou moeten, zijn heftige en wilde gebaar: Sie dürfen mir nicht wegkommen, Sie müssen bei mir bleiben.'[109]

Spier begon steeds zieker te worden – en daardoor afhankelijker van haar. De volgende dag hield hij het bed; er werd even gevreesd voor een longontsteking. 'Du darfst nicht weg,' herhaalde hij, ze mocht niet weggaan. Maar Etty's besluit stond vast. Het zou haar lot worden alleen te gaan, niet in een laatste radeloosheid gekoppeld aan een ander.[110] Ze was 'zo bereid als het maar enigszins kon'. Al hoopte ze wel dat God haar niet liet gaan zolang Spier nog ziek was.[111]

Johanna Smelik was eind juli opnieuw bij Etty. Ze schrok toen Etty vertelde dat zij zich had opgegeven voor de nieuwe afdeling van de Joodse Raad in Westerbork.

'Waarom?' vroeg Johanna.

'Ik kan het gesnauw van die omhooggevallen juffrouwen tegen de woordarme Joden niet langer verdragen,' antwoordde Etty.

Ze wilde daar zijn waar ze het 'grondwerk' kon doen en echt iets voor mensen kon betekenen.

Johanna dacht razendsnel na. Kon ze nog iets verzinnen om haar tegen te houden?

'En Spier dan?' vroeg Johanna. Ze vond dat niet helemaal eerlijk van zichzelf. Ze was altijd bang geweest dat Etty niet onderdook omdat ze bij Spier wilde blijven. En nu gebruikte ze Spier zélf als argument om Etty in Amsterdam te houden.

Etty zweeg even en staarde voor zich uit. 'Wat het zwaarste is, moet het zwaarste wegen,' zei ze toen.

Er viel niets tegen in te brengen, zag Johanna, helemaal niets.[112]

—

Op donderdag 30 juli vertrok Etty met een groep van zo'n veertig medewerkers van de Joodse Raad naar Westerbork. Het lijkt erop dat ze vrij overhaast moest vertrekken. Een dag eerder vroeg zij zich nog af of het druk zou worden op kantoor en was van een reis naar Drenthe nog geen sprake.[113] 'Men weet nooit wat een dag brengt, het doet er ook niet toe, men is er niet meer afhankelijk van, wat een dag brengt, zelfs in deze tijd niet.'[114]

Hoelang Etty in het kamp zou blijven, was op voorhand ook nog niet zeker. Het was een chaos bij de Joodse Raad; tal van beslissingen werden ad hoc genomen.

Op 2 augustus stuurde dr. M. Frenkel van het Voorlichtingsbureau Oost van de Joodse Raad een briefje naar de heer Diamand van het Centraal Voorlichtingsbureau met een aantal mededelingen over personeelszaken. In dat briefje werd Etty ook genoemd, als 'juffrouw Mr. Hillesum'. Binnen de Joodse Raad liet Etty zich aanspreken met haar juridische titel van meester in de rechten.

'Wat juffrouw Mr. Hillesum betreft zou zij vrijwillig daar [in Westerbork] gebleven zijn als estafette,' schreef Frenkel over Etty, die toen net een paar dagen in het kamp was.

Het begrip 'estafette' werd binnen de Joodse Raad gebruikt voor medewerkers die tussen Westerbork en Amsterdam op en neer reisden. Kennelijk werd niet verwacht dat Etty lang in Westerbork zou blijven. Haar oponthoud werd gepresenteerd als een vrijwillige keuze.

'Ik weet niet wat de reden was voor Mr. Hillesum om daar te blijven en laat het aan u over nog informatie van hen in te winnen,' schreef dr. M. Frenkel.[115]

—

Pa Han liet Etty met pijn in het hart gaan. Het viel hem niet gemakkelijk zich te verzoenen met haar keuze. Maar hij kon niet anders dan haar loslaten, uit liefde en respect voor wie zij was.

Kort na Etty's vertrek naar Westerbork schreef pa Han een briefje naar Leonie om haar in te lichten. Pa Han's woorden maakten 'in al hun helderheid en eenvoud' zoveel indruk op Leonie, dat zij deze citeerde in een brief die zij op 2 augustus naar Spier stuurde.

'Ik geef er geen commentaar bij,' schreef pa Han, 'alleen dit: haar houding was bewonderenswaardig! Met zichzelf had ze zich al weken tevoren "abgefunden". Innerlijk sterk, ja zelfs blijmoedig heeft ze zich aan het noodlot overgegeven, in de vaste overtuiging, dat ze, waar ook geplaatst, lotgenoten kan steunen door haar innerlijke kracht. Verstand en gemoed zijn bij haar in zeldzame harmonie ontwikkeld. Werkelijk een reuzemeid!'[116]

13
Het denkende hart van de barak

De trein stopte in het Drentse gehucht Hooghalen, op een verlaten station dat door het reguliere treinverkeer al een paar jaar niet meer werd gebruikt. Etty zag een wit stationsgebouw, een paar huizen in de verte, velden en weilanden. In haar coupé zaten alleen nog medewerkers van de Joodse Raad, herkenbaar aan de brede, witte band om hun mouw met in zwarte letters 'JR' erop. Ook Etty droeg de verplichte armband, die direct duidelijk maakte waarom zij als geel besterde Jodin wel vrij mocht reizen.[1] Ze pakte haar te zware rugzak en sjorde hem op haar rug. Verder dan Hooghalen reed de trein niet. De laatste vijf kilometer naar kamp Westerbork zouden zij en haar ongeveer veertig collega's lopend moeten afleggen.

De avond viel al; vogels floten hun laatste lied. De hele dag had de zon volop geschenen, met twintig graden was het aangenaam zomerweer geweest, maar door de noordenwind begon het nu snel af te koelen. Ze liepen het dorp uit en passeerden een paar boeren die na het werk nog wat met elkaar stonden te praten. Het gesprek viel direct stil. Vanonder hun platte petten staarden de dorpelingen hen verbaasd aan; ze groetten nauwelijks en durfden niets te zeggen. 'Voor het eerst voelde ik hoe er een muur was opgetrokken tussen mij en andere vaderlanders,' herinnerde zich een Joodse Raad-medewerker die op die 30ste juli 1942 deel uitmaakte van Etty's gezelschap.[2]

Terwijl ze over de uitgestrekte heidevlakte marcheerden, hadden ze uitzicht op een 'goddelijke' zonsondergang.[3] De spanning was duidelijk voelbaar in de groep. Wat zouden ze aantreffen? Wat stond hun te wachten? Toch was de sfeer niet bedrukt, eerder uitgelaten. Door het reisverbod zat iedereen al maandenlang opgesloten in Amsterdam, waar elk park of stukje groen tot voor Joden verboden gebied was verklaard. Nu wandelden ze opeens in ogenschijnlijke vrijheid over de Drentse heide; snoven zij voor even een geur op die herinnerde aan vroeger en lange, onbezorgde zomeravonden in de natuur. De meeste collega's van Etty waren net als zijzelf tamelijk jong en goed opgeleid. Ze praatten, deelden sigaretten uit en lachten, al viel achter die vrolijke façade onmiskenbaar nervositeit te bespeuren.

Etty nam alle nieuwe indrukken intens in zich op. Ook zij voelde zich op een merkwaardige manier opgetogen. Ze had zich ontworsteld aan de tikjuffrouwen op kantoor. Eindelijk kon ze gaan ervaren wat het betekende om 'het lot van haar lotgenoten te delen'. Nu zij haar keuze had gemaakt, was zij bereid te aanvaarden wat komen ging, met een gerust gemoed en groot vertrouwen.

'Ik was er zelf verbaasd en verrukt over, zoals ik daar voorttrok langs jouw [Gods] onbekende wegen met een rugzak op m'n ongeoefende rug. Het was voor mij zo een groot wonder. Er waren opeens uitvalspoorten voor me ontstaan in "de wereld", waarvan ik had gedacht, dat er voor mij geen toegang was. En hoezeer was er toegang voor mij.'[4]

Na ongeveer een uur lopen, doemde de prikkeldraadomheining van Westerbork op. Door een nauw uitgespaard poortje werden de Joodse Raad-medewerkers het kamp binnengelaten. Het hek achter hen sloot zich. Ze zaten nu vast, opgesloten op de hei, ver van de bewoonde wereld.

'Het was de eerste keer ergens te zijn waar men niet meer weg kon zonder toestemming van een ander,' schreef Etty's collega, 'een beklemmend en weinig zeker gevoel.'[5]

—

Kamp Westerbork was oorspronkelijk door de Nederlandse regering gebouwd als Centraal Vluchtelingenkamp, bedoeld om de vele Duits-Joodse vluchtelingen op te vangen. Aanvankelijk zou het kamp op de Veluwe worden gevestigd, maar na protest van omwonenden en met name koningin Wilhelmina, die geen vluchtelingen duldde in de achtertuin van Paleis het Loo, werd in de zomer van 1939 uitgeweken naar Drenthe, waar bij de gemeente Westerbork nog een flink stuk onontgonnen heidegrond lag. De Joodse gemeenschap in Nederland, die de vluchtelingenopvang nota bene zélf moest financieren, was verbijsterd geweest over de keuze voor deze uithoek in Nederlands armste, noordelijke provincie. 'Ouden van dagen en kinderen kan men daar niet onderbrengen,' protesteerde professor David Cohen vergeefs, toen nog voorzitter van het Vluchtelingencomité.

Het kampterrein, dat precies 500 bij 500 meter groot was, lag op een uitloper van de Hondsrug, net iets hoger dan het omliggende land, onbeschermd tegen de elementen. 'Het stormde er bijna altijd,' verklaarde een bewoner van het eerste uur. De Joodse vluchtelingen werden door de Nederlandse autoriteiten gehuisvest in spartaanse, houten barakken, waarin met behulp van tussenschotten privéhuisjes waren getimmerd, die veelal bestonden uit twee kleine kamers en een toilet. De vluchtelingen deden hun best; sommige hingen geblokte gordijntjes op of plantten geraniums in omheinde tuintjes. Maar comfortabel was het leven in het kamp allerminst. Opwaaiend zand van de heidevlakte drong door zelfs de kleinste kieren heen; alles was bedekt met een grijze laag stof. Veel mensen kampten met oogontstekingen en droegen uit voorzorg stofbrillen. Verharde wegen of paden waren er vrijwel niet en bij regen veranderde het kamp in één grote modderpoel. Je hoefde maar een kwartier te lopen, vertelde de oud-bewoner, en je had al het gevoel in een ander land te zijn, met groen, bomen en bossen. 'Hier waaide de wind ook niet meer zo over je heen of door je heen. [...] Het was daar ook warmer.'[6]

Tot juli 1942 werd kamp Westerbork geleid door de Nederlandse reservekapitein Jacques Schol. Hij probeerde met militaire hand de orde te handhaven en zette een strakke kamporganisatie op. De verschillende werkzaamheden – bijvoorbeeld in de keuken, bij de technische dienst, de administratie of in verschillende werkplaatsen – waren onderverdeeld

Etty leest de krant in de eetkamer van huize Wegerif, circa 1938.

Uitzicht vanuit Bernard Meijlinks kamer op het Museumplein en het Concertgebouw, 1937.

Uitzicht vanuit Bernards kamer op het donkere Museumplein, waar zich dan nog de ijsbaan bevindt, 1937.

Etty's vriendin Pim Eldering met haar zoontje Peter,
gefotografeerd door Emmy Andriesse. Amsterdam, 1940.

Etty met pa Han en Pim Eldering in Harderwijk, 1938.

Pim en Etty gebogen over een publicatie, circa 1938.

Etty's vriend Kees de Groot, eind jaren dertig.

Klaas Smelik sr., circa 1940.

De psychochiroloog Julius Spier, circa 1930.

De dagboeken van Etty Hillesum.

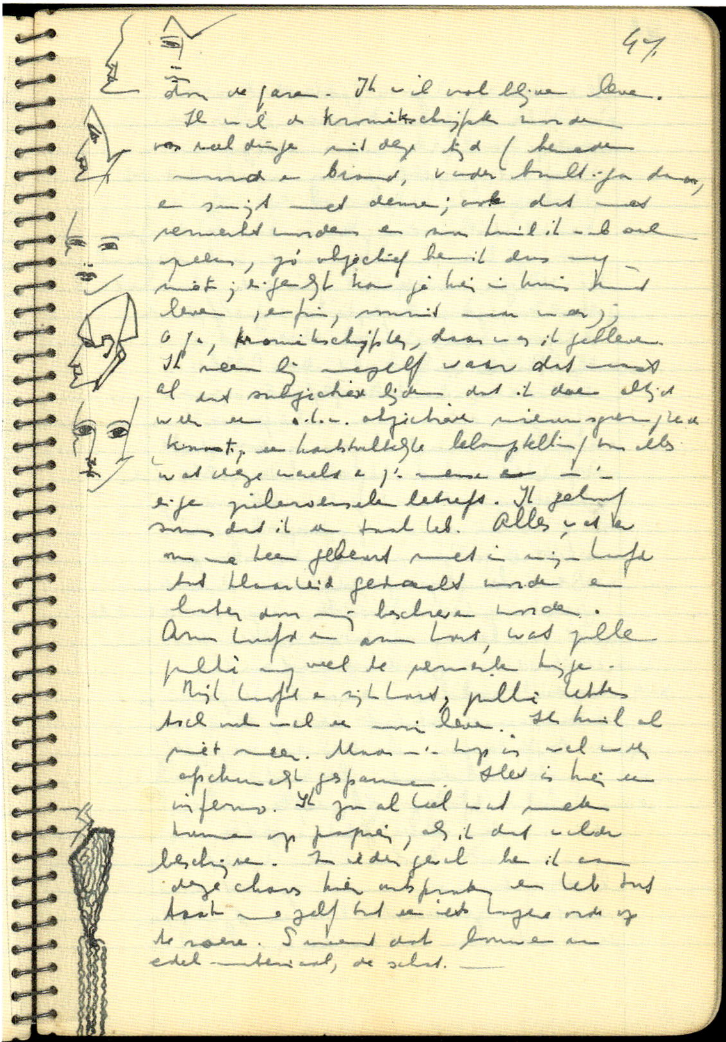

'Ik wil de Kroniekschrijfster worden van heel veel dingen uit deze tijd.' Bladzijde uit het dagboek van Etty Hillesum met tekeningetjes in de kantlijn, 13 augustus 1941.

Julius Spier leest de handen van Henny Tideman terwijl Adri Holm en Etty Hillesum toekijken, circa 1941/1942.

in *Dienstzweige*, die elk onder leiding stonden van een *Dienstleiter*. De vluchtelingen waren officieel niet opgesloten, met toestemming mochten ze het kamp uit, maar in feite leefden ze als gevangenen in een verbanningsoord. Ze stonden twee keer per dag op appèl, moesten hard werken voor weinig zakgeld, hadden nauwelijks vertier (waar moesten ze heen, op de hei?) en kregen vaak slecht en te weinig te eten.[7] De rancune onder de Duitse Joden tegenover de ongastvrije Nederlanders was dan ook groot. 'De Hollanders hebben ons hier laten verrekken,' was een veelgehoord verwijt onder de *Alte Kampinsassen*.[8]

Het is belangrijk deze achtergrond te kennen, omdat de bijzondere geschiedenis bepalend zou blijken voor de situatie in het kamp zoals Etty die in juli 1942 aantrof.

Op 1 juli was Westerbork overgenomen door de *Befehlshaber der Sicherheitspolizei und des SD* en tot *Polizeiliches Durchgangslager* gemaakt. Er woonden toen nog zo'n duizend Duits-Joodse vluchtelingen, die in grote onzekerheid verkeerden. Zij hadden in de voorgaande maanden gezien hoe het kamp snel was uitgebreid met liefst vierentwintig nieuwe, grote barakken – velen hadden bij de bouw ervan moeten meehelpen. Bovendien was er een prikkeldraadversperring gebouwd en waren er wachttorens opgericht. Het was gedaan met hun laatste restje vrijheid, zoveel was duidelijk, maar wat waren de nazi's van plan?

De nieuwe Duitse commandant, Erich Deppner, werd de baas van een al redelijk goed functionerend, Duitssprekend barakkendorp, en besloot de bestaande organisatie grotendeels te handhaven. Zo kon het gebeuren dat de Duitse Joden onverwacht werden gepromoveerd tot Alte Kampinsassen, die als 'onmisbare medewerkers' werden ingezet bij de nieuwe kamporganisatie van het *Durchgangslager* én bij het coördineren van de transporten naar het oosten, die vanaf 15 juli op gang zouden komen. Vooral de voormalige Dienstleiter en andere hooggeplaatsen onder de Alte Kampinsassen konden zo uitgroeien tot wat Presser later de 'kampadel' noemde: een bevoorrechte klasse die de beste baantjes in het kamp had en soms aanzienlijke bevoegdheden en privileges kreeg.[9]

In feite had de SS zelf nog nauwelijks personeel nodig in Westerbork; daarvoor hadden ze hun perfect Duitssprekende, Joodse helpers, die het kamp en de omgeving na jaren van ploeteren beter kenden dan zijzelf. Handig gebruikmakend van de verbittering onder de Duitse Joden, wisten de nazi's een kleine bovenklasse van deze gemeenschap tot hun trouwe handlangers te maken. Zelfs het samenstellen van de wekelijkse transportlijst werd door de Duitse Joden gedaan. De kampcommandant controleerde de lijst slechts, of voegde er op het laatst eigenhandig nog wat willekeurige namen aan toe, grabbelend met zijn gehandschoende hand in de kaartenbak.[10]

Natuurlijk waren er onder de Alte Kampinsassen genoeg mensen die hun lotgenoten nog zo veel mogelijk probeerden te helpen, of zelfs in verzet kwamen tegen de Duitse overheersers. De meesten van hen waren Duitsland al in de jaren dertig ontvlucht en moesten niets hebben van de nazi's. Maar onder de Duitse kampadel waren ook lieden die gedreven werden door eigenbelang, en nauw samenwerkten met hun superieuren in de hoop zelf gevrijwaard te blijven van transport. Het maakte de Alte Kampinsassen gehaat onder de Nederlandse Joden, die in het kamp in hoge mate van hen afhankelijk waren.

De plotselinge komst, eind juli, van een grote delegatie Joodse Raad-medewerkers uit Amsterdam, onder wie Etty, werd door de Alte Kampinsassen met de grootste argwaan bekeken. Kwamen deze Nederlanders met een Sperre hun baantjes inpikken? En zouden zij dan zelf hun bescherming verliezen en ook op transport moeten? De schrik zat er goed in bij de Duitse kampbewoners, nadat zij op 14 juli onverwacht zelf waren onderworpen aan een medische keuring. 'Ook uw arbeidskracht hebben wij nodig voor onze overwinning,' had commandant Deppner hun voorgehouden.[11] Meer dan tweehonderd fit bevonden kampbewoners werden als 'transportklaar' aangewezen.[12] De rest bleef in grote onzekerheid verkeren. Mocht de 'opbrengst' van het eerste transport uit Amsterdam, dat de volgende dag werd verwacht, tegenvallen, dan zouden de vaste Westerborkbewoners als 'reservoir' dienen om het door Berlijn vereiste aantal gedeporteerden aan te vullen.[13]

De Alte Kampinsassen waren geschokt geweest toen zij op 15 juli in alle vroegte de eerste achthonderd Joden uit Amsterdam hun kamp zagen binnenkomen. Mannen, vrouwen en soms ook kinderen, meestal te voet. Al een paar uur later, nadat iedereen was geregistreerd, werden zij teruggejaagd naar Hooghalen, waar zij allemaal in goederenwagons werden gestouwd, met bestemming Auschwitz – al wist niemand nog waar die naam voor stond.

Geraakt door het immense leed dat aan hen voorbijtrok, hadden de Duitse kampbewoners een inzameling gehouden om kleding en levensmiddelen mee te geven aan hun lotgenoten. Ze hadden zelfs geld bijeengebracht, dat met veel moeite bij een bank in Assen voor Duitse marken was gewisseld, nog in de volle overtuiging dat de gedeporteerden een toekomst hadden als arbeiders in een 'werkkamp' in Duitsland. Medeleven was er zeker. Maar even sterk was, begrijpelijkerwijs, de overlevingsdrang: liever de Hollanders dan wij.

—

Etty arriveerde in kamp Westerbork op een moment dat er veel onrust en angst heersten.[14] Het kamp moest razendsnel transformeren van een weliswaar onbarmhartig, maar relatief veilig vluchtelingenoord, tot een doorgangskamp dat grote aantallen Joden moest huisvesten én wekelijks doorsturen naar het oosten. De nieuwe, grote barakken, elk 84 meter lang en 10 meter breed, waren provisorisch ingericht met lange rijen wankele stapelbedden van driehoog. Door het haastwerk ontbrak het vaak aan de meest elementaire zaken: van matrassen en dekens tot schoon drinkwater en deugdelijke verlichting. De kamporganisatie was nog niet goed ingesteld op de vele nieuwe taken die er op haar afkwamen, waaronder de registratie van de vele honderden 'doortrekkenden', hun verzorging en voedselvoorziening. Het was vaak een chaos. Bovendien had commandant Deppner zich bij het allereerste transport, op 15 juli, direct van zijn meest meedogenloze kant laten zien, waardoor de schrik er bij velen goed in zat. Deppner had 51 kinderen uit het weeshuis van Westerbork met het eerste transport mee laten gaan, om geen andere reden dan dat hij anders niet kon voldoen aan het met Berlijn afgesproken aantal gedeporteerden. De kinderen waren zonder begeleiders op de trein gezet, al had een enkeling zich opgeworpen als vrijwilliger.

Dat de spanning inmiddels hoog was opgelopen, zou Etty al direct ervaren. De groep Joodse Raad-medewerkers werd op die avond van 30 juli ontvangen door Duits-Joodse ordebewakers – er was geen SS-man te zien – en die waren 'weinig vriendelijk'.

'Het is goed dat jullie gekomen zijn,' schamperden de ordebewakers. 'Morgen gaat er weer een transport en dan kan er mooi uit jullie rijen worden gekozen als er niet genoeg slachtoffers zijn.'[15]

De schrik in de groep was groot, schreef de collega van Etty. 'Dat onze stemming, na al deze mededelingen, die wij geloofden, omdat ons deze functionarissen de werkelijke heer en meesters toeschenen, neerslachtig was, hoeft geen betoog.'[16]

Maar de *Lagerführer* had andere plannen, bleek toen Etty en haar collega's de volgende dag werden toegesproken. De Joodse Raad-medewerkers zouden worden ingezet bij de administratie. Ze moesten op kaarten de personalia noteren van alle mensen die net waren aangekomen. Ook werd verwacht dat zij zouden assisteren bij de vermogensregistratie van de in het kamp gevestigde bank Lippmann, Rosenthal & Co, waar de Joodse gevangenen van hun allerlaatste bezittingen werden beroofd.[17]

Op de Joodse Raad-kaart van Etty staat dat zij vanaf 30 juli in Westerbork werkte bij de afdeling 'Sociale Verzorging Doortrekkenden' – in eufemismen deed de Joodse Raad niet onder voor de nazi's.[18] Officieel stuurde de Joodse Raad alleen een delegatie 'schrijvers' naar het kamp, ter ondersteuning van de administratie. Maar men hoopte ter plaatse ook zo veel mogelijk praktische en geestelijke ondersteuning te kunnen bieden aan de gedeporteerden.[19] Etty was betrokken bij de oprichting van deze nieuwe sociale afdeling. Zij werkte er samen met onder anderen Ies Spetter, een 21-jarige, bevlogen student met wie zij al snel bevriend raakte. Volgens Spetter, die na de oorlog een verslag schreef over zijn ervaringen, wilden ze 'zoveel mogelijk helpen zonder één vinger voor de SD-administratie uit te steken'.[20]

Al op de eerste ochtend dat Etty in Westerbork was, vrijdag 31 juli, moest zij assisteren bij de afhandeling van twee grote transporten. Er vertrok die dag vanuit Hooghalen een transport naar Auschwitz, met 1007 mensen. In alle vroegte kwam er tevens een grote groep nieuwe gevangenen in het kamp aan. Het ging om de allereerste Joden uit Rotterdam. Zij hadden pas op 29 juli een oproep gekregen en moesten zich al een dag later melden in een afgelegen loods op een haventerrein in Rotterdam-Zuid. Vandaar waren zij dezelfde nacht nog naar Hooghalen gedeporteerd. Meer dan duizend mannen, vrouwen en kinderen liepen in de vroege ochtend van 31 juli het kamp binnen.

Etty was net gearriveerd; de aanblik van al deze hulpeloze, uitgeputte mensen maakte diepe indruk op haar.

Veel van de Rotterdamse Joden waren geheel overvallen door de oproep en het spoedige vertrek. Ze hadden in allerijl hun rugzak moeten inpakken en hun huis moeten afsluiten; de meesten hadden twee nachten nauwelijks geslapen. Wat Etty's precieze taak was bij de ontvangst van deze groep ontredderde mensen is niet duidelijk. Zelf schreef ze dat dit transport 'door onze handen' was gegaan, waarbij 'onze' verwees naar de medewerkers van de Joodse Raad. Moest ze aanvankelijk assisteren bij de registratie? Of kwam er al zo snel iets van sociale hulp op gang?

Voor Etty werd het een schokkende ervaring, zo beschreef ze in haar later beroemd geworden, eerste lange Westerborkbrief. Een indringend verslag van haar ervaringen in het kamp – waarover later meer. 'Toen het eerste transport door onze handen ging,' schreef ze, 'kwam er één moment, waarop men meende, dat men nu nooit meer zou kunnen lachen en vrolijk zijn, dat men veranderd was in een ander, plotseling verouderd mens, vervreemd van alle vroegere vrienden.'[21]

In die eerste maanden van de deportaties vanuit Westerbork waren er meestal twee transporten per week, op maandag en op vrijdag. De Rotterdamse Joden werden op maandag 3 augustus 'doorgestuurd', zoals dat heette. Ook op 7 en 10 augustus stond Etty lotgenoten bij die vanuit Hooghalen naar Auschwitz werden gedeporteerd, een bestemming in Polen die bij de achterblijvers nog met de grootste geheimzinnigheid was omgeven. Tegelijkertijd arriveerden er steeds meer treinen met 'doortrekkenden' uit het achterland. Het werd overvol in de grote, houten barakken, waar Joden uit alle lagen van de samenleving opeengepakt moesten zien samen te leven.

'Types zoals ik ze alleen op het Waterlooplein gezien heb, bevolken nu ons kamp,' schreef een Alte Kampinsasse enigszins verwonderd in een brief aan zijn vrouw.[22] De nieuwe bewoners brachten luizen mee – al snel moesten er vele worden kaalgeschoren. En diefstal, voorheen een relatief onbekend fenomeen in het kamp, was nu aan de orde van de dag.[23] Etty verkeerde onverwachts tussen mensen met wie zij nog zelden in haar leven was omgegaan. 'Er kwam het proletariaat uit de grote steden en het stalde z'n armoede en verwaarlozing ten toon in de kale barakken en velen stonden met open mond en vroegen zich af: hoe zat dat toch eigenlijk met die democratie indertijd...'[24]

Zelf sliep Etty in een van de vrouwenbarakken die inderhaast waren ingericht. 's Nachts lag ze op haar brits tussen snurkende, woelende en huilende vrouwen en meisjes, onder een muf ruikende hemel van drogend wasgoed. Laat mij maar 'het denkende hart van de barak' zijn, dacht ze dan.[25] Het lukte Etty wonderwel om te midden van al het lawaai – alleen al het geluid van honderden schoenen op de plankenvloer van de barak maakte een hels kabaal – haar innerlijke kalmte te bewaren. Ze kon in gedachten afstand nemen, liet zich niet meeslepen door de emoties, hoe ellendig de omstandigheden ook waren en hoezeer zij ook op de proef werd gesteld. 'Onder de hemel is men thuis. Op iedere plek van deze aarde is men "thuis", wanneer men alles in zich draagt.'[26]

Het waren niet alleen mooie woorden die Etty op een avond op de hei uitsprak tegen een vriend. Ze voelde het oprecht zo. Door het werken met Spier had ze zoveel kracht en (Gods)vertrouwen in zich verzameld, dat zij werkelijk het gevoel had alles te kunnen *dragen* – een woord dat zij al eerder graag en veel gebruikte om uiting te geven aan haar nieuwe levensinstelling. 'Ik heb me dikwijls gevoeld en ik voel me nog als een schip, dat een kostbare lading binnenboord gehaald heeft; de touwen worden afgesneden en nu vaart het schip, zo vrij en door alle landen en alle kostbare lading voert het met zich mee. – Men moet zichzelf tot vaderland zijn.'[27]

Toch werd Etty geregeld door de misère van Westerbork overvallen. Zoals die ochtend in de zomer dat ze op een man stuitte die mompelde: 'Wat ze ons in 's hemelsnaam nóú voor arbeidskrachten voor Duitsland gestuurd hebben!'

Etty liep snel naar de ingang van het kamp, waar ze nog net zag hoe 'vele oudjes' van wrakke vrachtauto's werden afgeladen op de hei. 'En daar stonden we, nogal sprakeloos. [...] Dit leek ons toch werkelijk wel wat ver gaan,' schreef Etty later met het haar zo kenmerkende gevoel voor ironie. 'Maar na enige tijd wisten we al niet beter en vroegen elkaar bij elk binnenkomend transport: "En – waren er dit keer veel ouden en invaliden bij?"'[28]

In de loop van augustus kwamen er steeds vaker mensen aan zonder bagage of enige persoonlijke bezittingen. Op 6 en 9 augustus hadden de Duitsers grote razzia's gehouden in Amsterdam-Zuid. Nu er geen enkel geruststellend briefje kwam uit de werkkampen in het oosten, waren steeds minder Joden bereid gehoor te geven aan hun oproep. De Grüne Polizei, geassisteerd door in het zwart geklede NSB-politie, pakte daarom alleen al op 'zwarte donderdag' 6 augustus in de Rivierenbuurt lukraak meer dan tweeduizend mensen op.[29]

'Het maakte groot verschil uit of men voorbereid kwam met goed gepakte rugzak of dat men onverwachts uit de huizen gesleurd was of weggemaaid van de straten. Op den duur beleefden we alleen nog maar het laatste. Bij de eerste razziatransporten, toen er mensen kwamen op pantoffels en in onderkleren, kleedde heel Westerbork, in één enkel ontzet en heroïek gebaar, zich uit tot op het hemd. En men heeft, in hier en daar grootse samenwerking met het achterland, getracht de vertrekkenden zo toegerust mogelijk te laten gaan. Maar als men denkt aan die velen, die ongekleed de winter in Oost-Europa tegemoet zijn gegaan en als men denkt aan die éne dunne deken, die we soms maar uit konden delen in de nacht, enkele uren voor het vertrek...'[30]

Vaak stond Etty machteloos. Hier was ze, om haar lotgenoten te helpen. Maar wat kon ze doen? Ze ging op zoek naar schoenen voor de oude vrouw die alleen pantoffels aanhad. Ze praatte met mensen, ze troostte. Vaak trof zij vrouwen huilend aan bij de registratietafels van de Joodse Raad. Dan liep ze erheen en ging ze achter de snikkende vrouw staan, beschermend, met haar armen gekruist over de borst. Ze glimlachte en zei in zichzelf tegen het ineengedoken en ontredderd stukje mens: het is toch allemaal niet zo erg, het is heus niet zo erg. Ze bleef maar staan en wás: iets anders kon ze toch niet doen?

So kommt alles und kommt, und man hat nur mit dem ganzen Herzen dazusein, schreef Rilke in een van zijn brieven, die Etty in die periode intensief las.[31] Met heel je hart aanwezig zijn. Dat was alles wat ze kon geven. Soms ging ze naast iemand zitten, legde ze een arm om een schouder. Ze zei niet veel en keek in de gezichten. Er was haar niets vreemd, merkwaardig genoeg, geen enkele uiting van verdriet. Alles kwam haar zo bekend voor, alsof ze het allemaal al wist en al eens eerder had meegemaakt.[32]

'Je hebt wel stalen zenuwen, dat je daartegen kunt,' zeiden mensen tegen haar.

Dat was niet waar. Ze had eerder heel gevoelige zenuwen. Maar 'ertegen kunnen' kon ze toch, dacht ze. 'Ik durf ieder lijden recht in de ogen te zien, ik ben er niet bang voor.'[33]

—

Etty bleef twee weken in Westerbork. Op vrijdag 14 augustus was zij weer terug in Amsterdam.[34] Alle medewerkers van de Joodse Raad in Westerbork hadden op papier het recht om na een 'dienst' van twee weken voor één week met verlof te gaan.[35] Geheel volgens de werkvoorschriften, reisde Etty op vrijdag 21 augustus weer terug naar het kamp. Onderweg bezocht ze haar ouders in Deventer; het was haar met veel moeite gelukt daarvoor een reisvergunning te krijgen. Ze hadden elkaar al maanden niet kunnen zien en haar ouders verlangden zeer naar haar.[36]

Opnieuw bleef Etty ongeveer twee weken in Westerbork, tot in elk geval vrijdag 4 september en vermoedelijk nog een paar dagen langer. Het was spannend geweest of ze weer met verlof mocht. Op 1 september was er een nieuwe kampcommandant aangetreden, *Obersturmführer* Josef Hugo Dischner. Een onbehouwen SS'er die vrijwel voortdurend dronken was.[37] In een poging zijn gezag te vestigen, dreigde Dischner per direct alle verloven van de Joodse Raad-medewerkers in Westerbork in te trekken, omdat sommigen eerder niet van hun verlof waren teruggekeerd.[38]

De communicatie tussen de leiding van de Joodse Raad in Amsterdam en de Duitse autoriteiten te Westerbork verliep bijzonder moeizaam, en niet alleen omdat het op dat moment vrijwel onmogelijk was om naar Westerbork te bellen of te telegraferen.[39] 'Gisteren weer verslechtering in de toch al moeilijke omstandigheden van de medewerkers van de JR in Westerbork,' schreef voorzitter David Cohen op donderdag 3 september aan de Zentralstelle. Kampcommandant Dischner had drie medewerkers laten weten dat ze de volgende dag op transport zouden worden gezet. Een represailleactie in verband met de niet teruggekeerde Joodse Raad-leden – die maar net kon worden verijdeld. Pas op het laatste moment werd toegezegd dat alle employés onbeperkte bewegingsvrijheid behielden, net als de leden van de Joodse Raad in Amsterdam.[40]

Etty zal opgelucht adem hebben gehaald. Er was tijdens haar tweede verblijf in Westerbork ontzettend gesold met de Joodse Raad-medewerkers ter plaatse. Op goed moment moesten ze hun identiteitspapieren inleveren en verhuizen naar een nieuwe barak waarin alleen wat bedden stonden en het nog ontbrak aan tafels, stoelen, toiletten en elektrisch licht. 'Van mensen zo ondergebracht kun je niet verlangen de zeer aangrijpende werkzaamheden te verrichten,' protesteerde een leidinggevende in Amsterdam.[41] De paniek onder de medewerkers was groot geweest. Hoeveel was hun beschermde functie eigenlijk waard?

Dreigde voor hen nu ook transport?

Etty had eveneens getwijfeld aan haar veilige positie, bleek uit een kort briefje dat ze vanuit het kamp naar Tide stuurde. Misschien moest ze tóch weg, schreef ze, en zou ze niet meer terugkomen naar Amsterdam.[42]

De onzekerheid was tekenend voor de chaotische situatie in het Durchgangslager in deze beginperiode, waarin onberekenbare kampcommandanten elkaar aflosten en de Joodse Raad in Westerbork voortdurend zijn status moest bevechten.

Uitgeput keerde Etty rond 5 september terug in Amsterdam. Ze voelde zich zwak, duizelig en had last van haar maag. 'Misschien is het alles bij elkaar toch wel wat veel geweest, mijn God. [...] Ik heb gedacht, dat mijn geest en mijn hart alles wel alleen konden dragen, maar nu meldt zich mijn lichaam en zegt: halt.'[43]

—

Zes weken lang had Etty niet in haar dagboek geschreven. De ervaringen in Westerbork hadden haar volledig opgeslokt; ze had geleefd met een bijna 'demonische en extatische intensiteit'.[44] Pas op 15 september 1942 pakte zij de pen weer op. Het werd tijd 'de oude beproefde methode' te volgen en af en toe met haarzelf en God te praten op de blauwe lijntjes van haar schrift. Wat dat betreft was het wel goed dat ze ziek was geworden en rust moest nemen. Ze had zó hevig geleefd dat ze de voorraad voor een heel leven had verbruikt. 'Misschien ben ik te roekeloos geweest in mijn innerlijk leven, dat buiten alle oevers ging?'[45]

Het was voor Etty altijd moeilijk geweest haar lichaam en geest in balans te houden. Wanneer zij te veel van zichzelf vroeg, betaalde ze daarvoor onherroepelijk een prijs, met hoofdpijn, maagpijn en andere lichamelijke malaise tot gevolg.

'U leeft niet genoeg in de realiteit,' hield de geraadpleegde dokter haar voor. 'U leeft te zeer geestelijk, u leeft zich niet genoeg uit, u leeft niet de elementaire dingen van het leven.'[46]

Etty had bijna gevraagd: 'Moet ik soms hier met u op de divan gaan liggen?'

De dokter maakte een 'indrukwekkend attest' op, zodat zij voorlopig met permissie thuis kon blijven. 'Patiënte moet een rustig leven leiden,' luidde het advies. Ook moest Etty rijst eten en honing en 'meer van die sprookjesachtige dingen'.[47]

In gedachten was ze nog vaak in Westerbork. 'Ik wilde, dat ik alles in woorden kon bewältigen, die twee maanden tussen dat prikkeldraad, die de intensiefste en rijkste maanden uit mijn leven waren en die zulk een bevestiging waren voor de laatste en hoogste waarden uit mijn leven. Ik heb het zo liefgekregen dat Westerbork en ik heb er Heimweh naar.'[48]

Etty had zich innerlijk zo sterk met Westerbork verbonden, dat het haar in september voorkwam alsof ze er de hele zomer was geweest, terwijl het in werkelijkheid toch ging om niet langer dan twee keer zo'n veertien dagen. Het is goed mogelijk dat die afzonderlijke periodes in haar hoofd samenvloeiden tot één, lang verblijf, dat een overweldigende indruk op haar had gemaakt. Tekenend is dat Etty in de terugblikken in haar dagboek nergens onderscheid maakte tussen de twee verschillende episodes. Veel belangrijker dan de gebeurtenissen op zichzelf, was voor Etty wat die ervaringen voor haar betekend hadden. Als altijd zocht zij naar de essentie.

'Ik zou met m'n vingertoppen de contouren van deze tijd willen aftasten,' had ze eens in haar dagboek geschreven. Dat was in een periode dat ze vooral aan haar bureau zat en niet wist hoe ze tot dat echte leven kon doordringen. Ze moest daarvoor eerst nog het leven in zichzélf ontdekken. Maar nu was ze, door haar verblijf in Westerbork, plotseling 'in een brandpunt van menselijk lijden' geslingerd. Ze had oog in oog gestaan met het 'naakte staketsel van het leven', ontdaan van alle schijn en franje. 'En daar beleefde ik plotseling dit: uit de gezichten van de mensen, uit duizenden van gebaren, kleine uitingen, levensgeschiedenissen, begon ik deze tijd – en veel meer dan deze tijd alleen – bijeen te lezen.'[49]

Het leek werkelijk alsof ze met haar vingertoppen langs de contouren van de tijd en het leven had kunnen tasten. Alsof ze toegang had gekregen tot een dieper begrip van de wereld, en zaken die voorheen voor haar abstract of onduidelijk waren gebleven zich nu in volle helderheid hadden geopenbaard. Etty was er zelf ook verbaasd over. Hoe kon het toch, schreef ze, dat dat met prikkeldraad omrasterde stukje heidegrond, waar zoveel mensenlot en -lijden áán en dóórspoelde, als bijna lieflijk in haar herinnering was achtergebleven? En dat haar geest niet verduisterd was geraakt, maar eerder verlicht en verhelderd?[50]

Terug in Amsterdam, verlangde Etty naar Westerbork. Ze was in korte tijd vergroeid geraakt met de plaats en zijn bewoners, schreef ze aan een vriend die er was achtergebleven. Ze voelde zich sterk naar de heide toe getrokken, 'waar zoveel menselijk noodlot was samen gesmeten'.[51]

Er zullen weinig Joodse lotgenoten zijn geweest die dat gevoel met haar deelden.

Het was maar wat je zag, of wilde zien. Wie je was, of wilde zijn. Het was meer dan begrijpelijk dat velen in het kamp juist cynisch of sarcastisch werden. 'Is er een ander middel om je staande te houden tegen de ellende en ontaarding, het egoïsme, de degeneratie, kortom tegen de opeenstapeling van alle menselijke ondeugden?' vroeg een briefschrijver uit Westerbork zich af die van een vriend uit het achterland het verwijt had gekregen afgestompt en bitter te zijn geworden. 'Zou jij anders zijn, als je de mensen elkaar zag begappen en beroven, elkaar in het ongeluk stortten om zijn eigen leven te redden, elkaar zag bedriegen en bekladden en dan nog in een voortdurende angstpsychose leven; zou jij anders zijn, als je de mensen met honderden opgeperst zag in houten barakken, slapend in ijzeren bedden, zonder behoorlijke matrassen, vaak zonder behoorlijke dekking? Zou jij anders zijn als je een voortdurende stroom van mensen zag binnenkomen, oud, blind, invalide, vaak getrapt en geslagen, uitgeput, losgerukt van alles wat ze liefhadden?'[52]

Etty sloot haar ogen niet voor de verdorvenheid en het lijden. Maar anders dan veel anderen, weigerde ze te aanvaarden dat dat de enige werkelijkheid was. Zelfs in de onvrijheid en barbaarsheid van het kamp had de mens een keuze. De keuze om de schoonheid te blijven zien van een heideveld met bloeiende, gele lupines. De keuze om met een aardig gebaar of woord het lijden van een ander te verlichten. De keuze om een mens te blijven, ook onder wolven, en te blijven geloven in God en al het goede dat de mensheid, ondanks alles, vermocht.

De gedachten waren vrij, altijd. Die kon niemand van je afpakken.

Wat dat betreft was er voor Etty geen verschil tussen haar leven in Amsterdam en dat in Westerbork. 'Tussen m'n schrijvers en dichters en bloemen aan dit bureau heb ik het leven zo lief gehad. En daar tussen de barakken, vol opgejaagde en vervolgde mensen, heb ik de bevestiging gevonden van mijn liefde voor dit leven. Het leven in die tochtige barakken stond in geen enkele tegenstelling tot het leven in deze beschutte, rustige kamer. Ik ben geen moment afgesneden geweest van een leven, dat zogenaamd voorbij was, er was één grote, zinrijke continuïteit.'[53]

—

Iedereen in Amsterdam vroeg haar hoe het was geweest. Wat gebeurde er toch allemaal in Drenthe? Maar veel vertelde Etty niet tegen haar vrienden. 'Dat deed ze niet,' vertelde Etty's vriendin Hanneke Starreveld-Stolte later. Etty kon als geen ander volledig opgaan in het moment. 'Als ze hier was, dan was ze hier, en als ze daar was, dan was ze daar.' Het enige dat Etty kwijt wilde, was: 'Ik ben daar nodig.'

Ze moest helpen, doen wat ze kon. Hanneke zag in die wens een uiting van Etty's nieuwe religiositeit. Onder invloed van Spier was zij een diepgelovig mens geworden. 'Etty ging naar Westerbork vanuit de religieuze gedachte dat je iemand kunt oprichten en kracht geven wanneer je dat zelf uitstraalt en meedeelt.'[54]

Hanneke en haar man, de beeldhouwer Pieter Starreveld, kenden Etty al sinds 1936, via hun gemeenschappelijke kennis Mien Kuyper. Het contact met Etty verwaterde, maar werd hersteld toen de Starrevelds haar in maart 1942 op straat toevallig tegen het lijf liepen. Etty begon meteen over haar nieuwe vriend Spier. 'Julie móéten een keer bij hem op consult gaan,' zei ze tegen de Starrevelds.[55]

Zowel Hanneke als Pieter was zeer onder de indruk van Spiers handlezing. 'Alles klopte, het leek wel of die man helderziend was,' vertelde Pieter later.[56] De Starrevelds raakten bevriend met Spier, bezochten zijn muziekmiddagen, en werden door Etty geïntroduceerd bij haar andere vrienden. Vooral met Liesl en Werner, net als zijzelf ouders van jonge kinderen, klikte het goed. De Starrevelds woonden toevallig óók in Zuid, op de Parnassusweg, om de hoek bij de Levies en Spier. Al snel begonnen zij Liesl, Werner, Etty en Spier uit te nodigen voor een zondagmiddagvisite, waar zij druk met elkaar discussieerden over psychologie, literatuur en kunst.

Etty hield veel van het figuratieve beeldhouwwerk van Pieter Starreveld, en rende steevast eerst naar zijn atelier om daar zijn imposante vrouwennaakten, kinderkopjes, portretten en dierfiguren te bewonderen. Met de welbespraakte Hanneke, die net als zij gymnasium had gedaan en daarna had gestudeerd voor onderwijzeres, deelde ze haar liefde voor literatuur en vooral Rilke. De zondagmiddaggesprekken verliepen steevast geanimeerd. Surrogaatkoffie, klassieke muziek op de platenspeler, op de achtergrond de stemmen van de spelende kinderen. Maar naarmate in de loop van 1942 de dreiging van deportatie toenam, werden de discussies feller, en kwamen de vrienden meer tegenover elkaar te staan.

'Waarom verzetten jullie Joden je niet meer?' kon Pieter vertwijfeld uitroepen. 'Jullie zijn veel te passief! Het lijkt wel of het in jullie aard ligt om het slachtofferschap te accepteren, na zoveel eeuwen van vervloeking en vervolging. Hoe zit dat toch?'

Pieter Starreveld was na Hitlers machtsovername in 1933 betrokken geraakt bij het antifascistische verzet. Hij werd jarenlang achtervolgd door de Nederlandse recherche omdat hij op een eigen drukmachine antinazipamfletten vervaardigde om in Duitsland te verspreiden, wat gezien werd als een 'illegale actie tegen een bevriend staatshoofd'. Ook vingen Hanneke en Pieter in het grootste geheim politieke vluchtelingen uit Duitsland op. Tijdens de oorlog had Pieter zijn verzetsactiviteiten voortgezet. Hij raakte bijzonder gesteld op zijn nieuwe Joodse vrienden, maar vooral Etty's, in zijn ogen lankmoedige houding kon hij niet begrijpen.

'Pieter, het is mijn eigen keuze,' probeerde Etty hem steeds opnieuw duidelijk te maken. 'Ik wíl me niet onttrekken aan ons Joodse lot, ook als dat betekent dat ik naar Westerbork moet. Begrijp dat toch.'

Maar Pieter Starreveld begreep er niets van.

'Je moet onderduiken,' hield hij Etty voor. 'Zo intelligent en getalenteerd als je bent. Je moet jezelf redden, dat ben je aan jezelf en de maatschappij verplicht. Wij kunnen het zo voor je regelen.'[57]

'Ik zal nooit onderduiken, Pieter,' zei Etty dan fel. 'Het heeft geen zin. Als wij ons onttrekken, in verzet komen, dan wordt dat gewroken op andere Joden en wordt het allemaal nog veel erger.'[58]

'We komen er heus wel door,' probeerde Liesl de boel te sussen, gespannen en stotterend.

Maar daarvan waren de Starrevelds niet overtuigd, integendeel. Door alle verhalen die ze hadden gehoord van vluchtelingen uit Duitsland, koesterden ze weinig illusies over het ware karakter van de werkkampen. 'Wij wisten zeker dat Etty niet in leven zou blijven wanneer ze naar Westerbork zou gaan en verder naar Polen,' vertelde Hanneke later. 'Het ging om de vernietiging van de Joden, dat was voor ons duidelijk. We wisten alleen niet hoe die vernietiging plaatsvond.'[59]

Pieter probeerde vergeefs ook Liesl en Werner tot onderduiken te bewegen.

'Breng dan in elk geval jullie kínderen in veiligheid,' drong hij aan tijdens hun gezamenlijke zondagmiddagen. 'Die hebben al helemaal geen schijn van kans in een kamp.'

De Starrevelds wilden de dochters van Liesl en Werner, die inmiddels tien en vijf jaar oud waren, graag bij henzelf laten onderduiken, maar Liesl was niet te vermurwen.

'Ik laat mijn kinderen nooit alleen,' zei Liesl beslist.

Vooral Pieter was razend over de koppige houding van zijn Joodse vrienden. Hij had het gevoel dat Etty's diepe religiositeit haar zicht op de werkelijkheid vertroebelde, en kon felle debatten met haar hebben over het 'verzinsel' dat God in zijn ogen was.

'Ik geloof er niks van dat die meneer over water gewandeld heeft, die goeie Jezus van jou,' kon Pieter Etty uit haar tent lokken.

'Je bent een atheïst, Pieter,' zei Etty dan.[60]

Het ging Pieter oprecht aan zijn hart te zien in welke volle overtuiging Etty zich aan haar vernietiging wilde overgeven. 'Ze had twee mannen voor haar lichaam, maar God was haar vriend!' zei hij later, op een toon waarin nog steeds verwondering en ook wanhoop doorklonk, omdat hij haar niet had kunnen beschermen.[61]

Hanneke, zachtmoediger van aard dan haar man, had meer begrip voor Etty's keuze. Als Etty bij hen was ondergedoken, was ze volledig ten onder gegaan, dacht Hanneke. 'Dat had ze niet gekund, want dan was ze voor zichzelf enorm tekortgeschoten. Een keuze uit angst paste niet bij haar. Als gevolg van haar omgang met Spier en alles wat er met het Joodse volk gebeurde, was het enige dat zij kon doen: onder het Joodse volk blijven en zich voor hen inzetten. Ze wilde ondergaan wat het Joodse volk te verwerken had. De arme sterveling kon immers ook niet onderduiken.'[62]

Dat Etty voor de Joodse Raad was gaan werken, wilde Hanneke niet veroordelen. Pieter daarentegen was teleurgesteld. Hij vond dat Etty bij de Joodse Raad niets te zoeken had. Hij geloofde wel dat ze het baantje niet voor zichzelf had aangenomen. Dat ze oprecht wilde helpen en dat met hart en ziel deed. Maar wat kon ze daadwerkelijk betekenen voor die arme mensen in Westerbork? Wat deed de Joodse Raad anders dan zichzelf redden en de grote rest helpen wegvoeren?

'Misschien kan ik het lijden nog een beetje verlichten?' vroeg Etty dan retorisch.

Domineeswerk – vond Pieter. 'Je spreekt een paar laatste woorden met iemand die toch de dood in gaat.'

'Ja,' zei Etty dan berustend, 'dat is heel droevig.'[63]

Hun zondagmiddaggesprekken werden gevoerd op het scherpst van de snede, maar altijd in vriendschap en met respect. Als Spier erbij was, zei hij meestal niet zoveel. Hij luisterde, sprak geen oordeel uit, liet iedereen vrij in zijn keuze. Soms, als de toon feller werd, sloeg hij zich lachend op z'n knieën en riep uit: 'Oho, daar gaan we weer!'

Het zwijgen van Spier was opvallend. Pieter had er later vaak over nagedacht. Hij vermoedde dat Spier meer wist dan hij vertelde. Wat had hij gezien in alle Joodse handen die hij had gelezen? Stond het massale sterven niet in hun handpalmen gegrift? Het leek Pieter heel goed mogelijk dat Spier wist dat Etty niet oud zou worden. Zoals hij ook over zijn eigen lot vast een bepaalde, paranormale wetenschap had. Want was het niet ongelooflijk, hoe het uiteindelijk met Spier was afgelopen?[64]

—

In de loop van augustus 1942 was Spier snel zieker geworden. Hij had veel pijn in zijn longen. De dokter dacht aanvankelijk dat het om een pleuritis ging, een longvliesontsteking, maar begin september gaf een röntgenfoto uitsluitsel: Spier had longkanker in een vergevorderd stadium. Hij zou niet lang meer te leven hebben.

Tide, nog altijd trouw aan de man die heimelijk de liefde van haar leven was, besloot Spier het slechte nieuws zelf te vertellen, al was het indertijd niet gebruikelijk om patiënten te laten weten dat ze kanker hadden en was Spiers hospita, mevrouw Nethe, daar fel op tegen.

'Dan verloopt de ziekte nog sneller!' riep mevrouw Nethe geschokt.

'Is dat erg dan, in dit geval?' vroeg Tide daarop.[65]

Spier reageerde kalm op de aanzegging van zijn dood. 'Laat me maar even alleen,' zei hij, 'om het te verwerken.'

Tide stuurde ook direct een briefje naar Westerbork om Etty in te lichten.[66] Nadat Etty het droeve nieuws had ontvangen, was ze 's avonds de hei op gelopen, waar ze in stilte, onder de talloze sterren, voor zichzelf afscheid had genomen van de man die ze intens liefhad en die haar leven zo'n bepalende wending had gegeven.[67]

Terug uit Drenthe en zelf nog nauwelijks op de been, bracht Etty op vrijdagochtend 11 september een bezoek aan Spier. Ze schrok enorm en kwam 'kapot' bij hem vandaan, schreef Tide die dag in haar dagboek. Spier was sterk vermagerd, erg verzwakt, en leed aan verwardheid. Hij had Etty aanvankelijk niet herkend. Pas nadat ze even gepraat hadden, wist hij weer wie ze was. 'Je bent een vrouw en heel slim,' had hij gezegd. 's Middags was Etty nogmaals bij hem langsgegaan. Ze had hem wat druivensap gegeven. Verder viel er niets meer te doen of te zeggen.[68]

Na het bezoek aan Spier ging Etty naar Tide, al mocht deze haar als Joodse eigenlijk niet meer ontvangen. Nu hun grote vriend zou sterven, groeiden de twee vriendinnen snel naar elkaar toe. Altijd had Spier tussen hen in gestaan, de jaloezie lag steevast op de loer. Maar in het licht van het einde vielen deze gevoelens van afgunst en competitie weg en stonden zij aan Spiers sterfbed náást elkaar.

Thuis bij Tide schreef Etty een passage in Tides dagboek, waarin zij erkende hoe belangrijk Tide én Spier waren geweest bij het vinden van haar eigen religiositeit.

'Lieve grote Tidevrouw!' noteerde ze. 'Weet je, dat jij ook één van de kostbaarste geschenken in dit leven bent, die God mij gegeven heeft? Ik zeg het zo open en zo vanzelfsprekend: God. Door jou heb ik het zo leren uitspreken, zo ieder ogenblik van de dag en de nacht, door jou en door onze Vriend, [...] voor wie ik nu van ogenblik tot ogenblik bid, dat God dit laatste restje lijdend stoffelijk omhulsel tot zich neemt.'[69]

Zacht kwam de dood niet. Spier had veel pijn en was erg onrustig. Vaak wilde hij – vergeefs – opstaan, zijn hoed pakken en de deur uit gaan. 'Het beste en edelste stuk van mijn vriend, van de man, die jou in mij heeft wakker gemaakt, is nu al bij jou,' schreef Etty aan God in haar dagboek op dinsdagochtend 15 september, de dag dat ze het schrijven hervatte. 'Er is nog achtergebleven een kindse, uitgeteerde grijsaard, in die twee kleine kamers, waar ik de grootste en diepste vreugden van m'n leven beleefd heb.'[70]

'Ik wil weten wat jullie meisjes denken,' vroeg Spier onverwacht aan Etty op 13 september. 'Zal ik blijven leven of niet?'

'Wij zullen jou altijd door laten leven,' antwoordde Etty.[71]

Spier was bang dat hij bij een razzia doodziek uit bed gehaald zou worden.

'Moet ik dan nog naar het ziekenhuis? Het is zo onrustig in de stad.'[72]

Maar zover zou het niet komen. In de avond van 15 september overleed Julius Spier, met de naam van zijn geliefde in Londen op zijn lippen.

'Nu komt Hertha,' prevelde hij. 'Hopelijk.'

'Vader, kon het mooier?' schreef Tide in haar dagboek. 'Volkomen bereid, in de volle hoop op een weerzien.'

Nog dezelfde avond ging Tide naar Etty om haar op de hoogte te brengen. Ze zaten even in de keuken samen, dicht bij elkaar. Daarna nam Tide plaats achter de vleugel van Spier, die nog altijd bij Wegerif stond, en zong *Auf, auf! mein Herz mit Freuden* van Bach, terwijl pa Han op afstand toekeek.[73]

'Daar lig je dus nu in je twee kleine kamers, jij lieve, grote, goede,' schreef Etty nog diezelfde nacht. Ze voelde zich niet verslagen. Eerder dankbaar. Ze was precies op tijd teruggekomen uit Westerbork. Ze had nog Spiers 'verdorde, stervende mond' kunnen kussen. En welk lijden was Spier nu niet bespaard gebleven? 'Jij verwende, lieve man, je had het toch waarschijnlijk niet kunnen dragen?' Het was goed; het moest allemaal zo zijn. Ze had Spier nog duizend dingen willen vragen. Maar ze wist dat ze sterk genoeg was om alleen verder te gaan. 'Die krachten, die mij ter beschikking staan, heb jij in me vrijgemaakt. [...] Jij bent de bemiddelaar geweest tussen God en mij en nu ben jij, bemiddelaar weggegaan en nu gaat mijn weg regelrecht tot God, het is goed zo, dat voel ik. En ik zal zelf weer de bemiddelaarster zijn voor al die anderen, die ik bereiken kan.'[74]

Kort na Spiers dood werd er door Duitse agenten aangebeld bij de familie Nethe. Ze kwamen 'Herr Spier' ophalen, die zich moest melden voor deportatie. Kon hij in tien minuten zijn spullen pakken?

'Herr Spier is gestorven,' zei mevrouw Nethe.

De mannen geloofden haar niet.

Mevrouw Nethe nam de agenten mee naar Spiers kamer, waar hij lag opgebaard.

'Ziet u wel?'

Het was een wonder, schreef Tide. 'Nooit was ik zo blij geweest dat dit lijden precies op tijd, op Gods tijd, voleindigd was.'[75]

—

In een koets met zwarte gordijntjes reed Etty op vrijdag 18 september naar de algemene begraafplaats Zorgvlied. Het was een van de laatste mooie zomerdagen, de zon scheen. Er verzamelden zich zo'n veertig vrienden en bekenden rond Spiers kist, die bedolven was met de bloemen waar hij zo van hield. Vanwege de oorlogsomstandigheden konden Spiers Duitse familie en zijn zoon en dochter niet bij het afscheid aanwezig zijn. Tide had alles geregeld: van de rouwkaart tot de sprekers en de muziekkeuze. De Joodse Spier kreeg dankzij Tide een deugdelijke christelijke begrafenis.

Nog maar twee weken eerder was Etty in Westerbork, liep zij over stoffige paden naar overvolle, smerige barakken, waar ontredderde mensen op wankele bedden lagen, in drie lagen boven elkaar. Nu zat ze, netjes in het zwart gekleed, in de mooie aula van Zorgvlied, tussen glimmende, marmeren zuilen, en luisterde zij naar een cantate van Bach: *Doch weichet, ihr tollen, vergeblichen Sorgen! Mich rufet mein Jesus: wer sollte nicht gehn?*[76] Tide zong heel zuiver *Auf, auf! mein Herz mit Freuden.* Er werd gesproken door Leo Krijn, de zwager van Spier. Ook Tide hield een toespraak, die volledig in het teken van God en haar geloof stond. 'Er is geen dood voor hen, die in het toekomstige leven geloven.' De bescheiden Dicky nam de Bijbellezing voor haar rekening, en las met heldere, zachte stem voor uit Korintiërs 1: 13, de passage waar Etty ook zo van hield: 'De liefde is geduldig en vol goedheid. De liefde kent geen afgunst, geen ijdel vertoon en geen zelfgenoegzaamheid...' Daarna werd de baar van Spier langzaam de aula uit gereden, terwijl het slotkoor van Bachs Matthäus-Passion klonk, *Wir setzen uns mit Tränen nieder.*

Etty voegde zich bij de groep mensen die naar het graf liepen. De Levies waren gekomen, en alle vriendinnen van de Spierclub natuurlijk, onder wie Adri en Gera.

'Ik heb nog nooit zoveel weduwen gezien op een begrafenis,' grapte Werner Levie na afloop.[77]

Terwijl ze om de grafkuil stonden, las Tide Psalm 118, een psalm die Spier veel had gelezen in de voorgaande periode: 'In mijn nood heb ik geroepen: Heer! En de Heer antwoordde, hij gaf mij ruimte. Met de Heer aan mijn zijde heb ik niets te vrezen, wat kunnen mensen mij doen? Met de Heer, mijn helper, aan mijn zijde, kijk ik op mijn haters neer.'[78]

Toen moest Etty haar grote vriend in de aarde achterlaten.

Zelf had ze kennelijk geen behoefte iets te zeggen. Han Wegerif had wel een toespraak voorbereid, maar hij was om onbekende reden uiteindelijk niet aanwezig bij de begrafenis. Het was jammer dat zijn woorden niet werden uitgesproken, want pa Han had de betekenis van Julius Spier op rake wijze weten te typeren. Of hij nu vermoedde dat Etty en Spier ook geliefden waren of niet: in zijn afscheidswoord zette pa Han alle eventuele gevoelens van jaloezie opzij, uit respect voor de man die 'zijn' Etty zo tot steun was geweest.

'Velen kwamen tot hem, belast en beladen, en hij had de gave, bij zeer velen kommer weg te nemen, de plaat van ingebeelde waanvoorstellingen te doen wijken, neerdrukkende banden aan het voorgeslacht aan het licht te brengen en losser te maken. In al deze patiënten is iets veranderd, zij gedragen zich anders, hun leven zou op andere wijze verlopen zijn, als Spier daar niet op had ingewerkt.'[79]

Etty's oude vriendin Johanna Smelik was niet bij de begrafenis, maar wachtte Etty na afloop op, in huize Wegerif, samen met pa Han en Käthe. Ze waren nogal bezorgd geweest. Zou Etty niet instorten, nu zij haar grote vriend moest missen? Was ze niet vreselijk bedroefd?

Maar tot Johanna's grote verbazing stapte er een 'stralende' Etty binnen. Het afscheid was zo mooi geweest! Er was zo goed gesproken. En Tide had zo prachtig gezongen!

Johanna en pa Han keken elkaar aan. Dit was het laatste wat zij verwacht hadden. Maar ze waren tegelijkertijd opgelucht en blij. Ook zonder Spier was er leven voor Etty.[80]

Zo obsessief als Etty naar Spier bij leven kon verlangen, zo ogenschijnlijk gemakkelijk kon zij hem loslaten in de dood. In haar dagboek schreef Etty in de periode daarna nauwelijks over het verlies van haar vriend. Het was alsof zij al veel eerder afscheid van Spier had genomen, toen zij had besloten niet te trouwen en zonder hem naar Westerbork was vertrokken. Vanaf het moment dat Etty aanvaard had dat zij alleen verder zou moeten gaan, had zij innerlijk afstand van Spier genomen, in de wetenschap dat alles wat hun vriendschap zo waardevol had gemaakt toch zou blijven voortbestaan. Ze voelde geen leegte, eerder 'zo een volheid' door de herinnering aan alles wat was.[81]

Tide gaf haar een 'vies klein rose kammetje' van Spier, waarmee zij hem vaak zijn schaarse haren zag kammen. Etty stopte het kammetje in haar portefeuille, tussen haar belangrijke papieren, zodat zij het altijd bij zich zou hebben.[82]

Waar ze ook ging: Spier zou in alles met haar meegaan. Ze moest verder. Ze wilde terug naar de heide. 'Ik heb het gevoel, dat het nog niet àf is, m'n leven daar, nog geen afgerond geheel. Een boek, en wàt voor een boek, waarin ik midden in ben blijven steken. Ik wil zo graag verder lezen. Het is me op sommige momenten daar geweest, alsof m'n leven één grote voorbereiding is geweest op het leven in die gemeenschap – terwijl mijn leven toch eigenlijk altijd een leven in afzondering is geweest?'[83]

14
Vriendin van het kampverzet

Het kamertje van het Duitse echtpaar Mahler was niet groter dan twee bij drie meter. Toch hadden er zich op deze koude novemberavond zeker zeven mensen verzameld, onder wie Etty, die 'opgepropt in een hoekje' zat te schrijven. Joseph en Hedwig Mahler waren Alte Kampinsassen en woonden in Westerbork in een barakhuisje met centrale verwarming en een eigen kooktoestel. De bezoekers profiteerden graag van de gastvrijheid van de Mahlers; ondanks de geringe bewegingsvrijheid was het in hun kleine woning oneindig veel comfortabeler dan in de grote barakken verderop, waar duizenden mensen rillend op hun metalen britsen lagen, vaak zonder matras of deken. 's Nachts daalde de temperatuur tot rond het vriespunt en overdag regende het veel. Alles in het kamp was kil, klam en modderig.

Etty was sinds vrijdag 20 november 1942 terug in Westerbork. Ruim een week later, op zondagavond de 29ste, probeerde ze bij de Mahlers een brief te schrijven aan pa Han, huisgenoten en vrienden. Het viel haar niet mee de juiste woorden te vinden. 'Schrijven van hier is me onmogelijk, niet door tijdsgebrek, maar door te veel indrukken.' Westerbork had haar verzwolgen. Maandenlang had ze uitgekeken naar haar terugkeer in het kamp. Maar nu ze er eenmaal was, ging ze hard onderuit. Haar nog kwetsbare gezondheid liet haar opnieuw in de steek, ze leefde op 'pijnstillende poeiers'.[1] Hoe moest ze beschrijven in welke misère ze terecht was gekomen? Ze kon over één week wel een jaar vertellen. 'Men zal een heel stuk van z'n leven nodig hebben om dit alles te verwerken.'[2]

Strijdbaar bleef Etty zeggen dat ze blij was terug te zijn. Nergens twijfelde zij openlijk aan haar wens om lotgenoten te helpen. Maar het werd duidelijk lastiger om haar religieus geïnspireerde optimisme vast te houden. De rauwe werkelijkheid vroeg om een andere benadering, een andere toon ook. Soberder, concreter; meer met haar voeten in de blubber dan verwijlend in hogere regionen.

'Erg mooi is het hier niet,' schreef Etty die avond aan pa Han en haar vrienden. 'Zigeunerleven, verpaupering, modder. Vanmiddag was ik in een paar grote barakken, bij verschillende kinderen kreeg je het gevoel of ze voor je ogen wegstierven.'[3]

Het Westerbork zoals Etty dat in de zomer van 1942 had leren kennen, was in een paar maanden tijd sterk veranderd – en zeker niet alleen vanwege de weersomstandigheden. In augustus bivakkeerden er nog zo'n tweeduizend mensen op de hei. Maar begin oktober, na het leeghalen van de Joodse werkkampen en massale razzia's in het hele land, was de kampbevolking in een paar dagen toegenomen tot meer dan vijftienduizend personen, een aanwas die het kamp absoluut niet kon verwerken.[4] Op zaterdag 3 en zondag 4 oktober 1942 reden vanuit onder meer Amsterdam, Den Haag, Rotterdam en Arnhem maar liefst elf overvolle treinen richting Westerbork.[5] Het werd een complete chaos en aan alles was gebrek: slaapplaatsen, voedsel, dekens, kleding, voldoende toiletten, drinkwater.

'Men sliep, mannen, vrouwen, kinderen door elkaar, er werd hongergeleden, bagage kwam niet aan, kortom het was een janboel,' schreef de arts Sally de Jong, die in deze periode in het kamp werkte.[6]

Eind november 1942 was een deel van deze mensen inmiddels 'door', zoals het eufemistisch heette. Maar nog steeds was het kamp met bijna tienduizend mensen overbevolkt. Ook de meest kwetsbaren bleken inmiddels massaal opgeroepen voor de Arbeitseinsatz. Niet eerder zag Etty zoveel kinderen in Westerbork, zoveel invaliden en hoogbejaarden, die zonder uitzondering naar Polen werden doorgestuurd. In de zomer hadden de transporten zich nog ver van Etty's blikveld afgespeeld, op het station van Hooghalen. Maar inmiddels was het spoor doorgetrokken tot in het kamp zelf, en kon Etty met eigen ogen zien welke dramatische taferelen zich afspeelden wanneer de treinen hun ladingen mensen kwamen brengen of ophalen.

De gedeporteerden werden nog niet in veewagons vervoerd, zoals vanaf maart 1943 meestal gebeurde, maar in derdeklas personenrijtuigen. Toch maakte dat de omstandigheden niet veel menselijker. Er was altijd veel te weinig ruimte en iedereen vocht om een plekje. 'De massa is egoïstisch, men wil tenminste op reis onder elkaar zijn en tracht "indringers" uit de coupé weg te werken,' zag Sally de Jong. Er werden soms wel twintig mensen in één coupé geperst. De anderen stonden of hingen in de gangpaden. Voor patiënten die niet konden zitten, waren er honderdvijftig primitieve britsen getimmerd, twee boven elkaar. Daarop gelegen werden verlamden, blinden, tachtig- en negentigjarigen naar het onbekende oosten vervoerd. Onderweg was er geen hulp voor de behoeftigen en de trein kwam altijd smerig terug.[7]

'Men loopt met te veel tegenstrijdige gevoelens rond,' schreef Etty aan pa Han en de huisgenoten.[8] Haar verwarring was groot. Ze was naar Westerbork gekomen om lotgenoten te helpen die in arbeidskampen in Polen zouden gaan werken. Fitte krachten van zestien tot veertig jaar, hadden de Duitsers in juli nog beloofd, helemaal geschikt voor de Arbeitseinsatz. Tijdens Etty's tweede verblijf in Westerbork, eind augustus, was er al reden geweest om aan die belofte te gaan twijfelen. Maar wat zij nu meemaakte, tartte elke verbeelding.

'En wat ik hier eigenlijk doe? Ik manoeuvreer weer met die 5 ongelukkige bekertjes koffie tussen honderden mensen door. Af en toe loop ik weg van pure machteloosheid. Zoals laatst, toen er een oud vrouwtje bewusteloos in een hoek viel en er geen druppel water in het hele kamp te bekennen was, omdat de waterleiding afgesloten was.'[9]

In het kleine huisje van de Mahlers had Etty een rustpunt gevonden; een 'ware oase' in het verder barre kamplandschap. Het echtpaar zorgde geweldig voor haar, schreef ze die 29ste november.[10] Etty droeg de Mahlers beslist ook een warm hart toe, want het eigen kooktoestel, een waardevol bezit in de beroofde kampgemeenschap, had het echtpaar aan Etty te danken. Het fornuis was vroeger van 'tante Lee' geweest, oftewel Heleen Ankersmit, de socialistische huisvriendin van Han en Willy Wegerif. Via ingenieuze wegen was Etty erin geslaagd het 'vertrouwde' kooktoestel in Westerbork te laten bezorgen. Er werden heel wat goede zaken voor de gemeenschap op gebrouwen, schreef Etty aan pa Han, waaronder melkpap voor haarzelf, want veel kon haar maag nog niet verdragen.[11]

Joseph of 'Jupp' en Hedwig Mahler, beiden veertigers, waren in 1935 om politieke redenen vanuit Duitsland naar Nederland gevlucht. Ze begonnen een drukkerij in Venlo, maar werden twee jaar later als ongewenste vreemdelingen naar België uitgewezen. De politie beschuldigde het echtpaar van illegale, communistische activiteiten; bij een inval werden pamfletten en marxistische literatuur gevonden. Na enkele omzwervingen belandden de Mahlers in 1941 als stateloze burgers in Westerbork, waar zij hun ondergrondse verzet voortzetten. Joseph Mahler werkte op de postkamer en was een belangrijke verbindingsschakel voor de verzetsgroep Van Dien; een Amsterdamse groep van overwegend Duitse Joden die zich vooral bezighield met hulp aan onderduikers, maar vanaf de zomer van 1942 ook ontsnappingen uit Westerbork organiseerde. Wanneer leden van de groep Van Dien documenten of geld het kamp in wilden smokkelen, adresseerden zij de post aan 'Karel Merksma', een naam die niet bestond. In de postkamer zorgde Joseph Mahler ervoor dat deze brieven apart werden gehouden en vervolgens in het kamp bij de juiste persoon werden bezorgd.[12]

De Mahlers hadden in Westerbork een kleine kring van geestverwanten om zich heen verzameld; vrijwel allemaal Duitse communisten en antifascisten die al in de jaren dertig politiek actief waren en in Westerbork een eigen verzetsgroep vormden. Een van hen was Werner Stertzenbach, met wie Etty eveneens bevriend raakte. Op de avond dat Etty in het kleine kamertje van de Mahlers zat te schrijven, was Werner er ook. Een man met zwart, wat wild uitstaand haar, een scherpe blik en uitgesproken politieke opvattingen, die hij eloquent, maar zakelijk onder woorden bracht.

Werner zat brieven te schrijven en wilde hun later 'nog iets van z'n gevangeniservaringen vertellen', schreef Etty aan pa Han en haar vrienden.[13]

Het was een avond die Werner Stertzenbach zich later nog scherp kon herinneren. Hij had Etty over zijn leven verteld omdat hij haar graag duidelijk wilde maken hoe barbaars het fascisme was. In 1933 had hij in Duitsland enige tijd gevangengezeten vanwege zijn communistische politieke opvattingen. Zodra hij vrijkwam, was hij naar Nederland gevlucht, maar ook daar was hij voortdurend opgejaagd. Hij verbleef een poos in het Joodse werkkamp Wieringermeer, moest daar vertrekken omdat hij niet zionistisch genoeg was, werd de grens overgezet naar België, keerde illegaal terug, belandde in de gevangenis van Rotterdam, werd na de bezetting teruggestuurd naar Duitsland, en vandaar in 1941 naar Westerbork overgebracht.

In de bijna tien jaar dat Werner Stertzenbach inmiddels op de vlucht was, was hij er alleen maar sterker van overtuigd geraakt hoe gevaarlijk het nationaalsocialisme was. Maar de Nederlanders onderschatten die dreiging, was zijn ervaring. Ze dachten dat het allemaal wel zou loslopen. Hij vond daarom dat hij Etty bij de Mahlers moest vertellen over wat hij had meegemaakt in de kerkers van de nazi's. 'Etty had niet zo'n begrip van wat fascisme was,' herinnerde Werner zich, zonder te weten dat zij in de jaren dertig juist intensief in antifascistische kringen had verkeerd en wel degelijk wist wat er onder Hitler gaande was.[14]

Het was niet zo vreemd dat Werner de indruk had gekregen dat Etty 'wat naïef' was. In het kleine kamertje van de Mahlers werden vaak felle politieke discussies gevoerd. Etty luisterde dan geïnteresseerd. Maar ze maakte haar nieuwe vrienden ook duidelijk dat ze religieus was en sterk geloofde in een Joodse lotsbestemming, waartegen actief verzet geen zin had. En God en het geloof: dat was nu precies iets waar de communistische Werner Stertzenbach en diens kameraden helemaal niets mee konden.

'Die nonsens van het geloof dat der liebe Gott uns hilft!' riep een van Werners verzetsvrienden ooit wanhopig uit in een discussie met Etty. 'Wij kunnen alleen onszelf redden!'[15]

Werner Stertzenbach werkte voor de technische dienst in het kamp en had daarom een Ausweis waarmee hij ook buiten de omheining klussen kon uitvoeren, bijvoorbeeld bij de waterzuiveringsinstallatie of het crematorium. Tot aan zijn eigen vlucht, in september 1943, zou hij meer dan twintig gevangenen uit Westerbork helpen ontsnappen, via een verborgen gat in het prikkeldraad of andere, slinkse wegen.[16] De vluchtelingen werden op de hei door een houtvester opgevangen en met hulp van de groep Van Dien naar een onderduikadres gebracht. Levensgevaarlijk werk, direct onder het oog van de kampwachten. Maar in het kleine huisje van de Mahlers werd niet getwijfeld. Het was een broeinest van illegale plannen en verzet.[17]

De opstandige sfeer bij Jupp en Hedwig Mahler herinnerde Etty aan de dagen dat ze zelf een antifascistisch activiste was. Ze kende de taal, de politiek bevlogen stemming. Met dit verschil dat alles waar zij en haar kameraden in de jaren dertig louter voor waarschuwden, nu werkelijkheid was geworden. Ze voelde zich thuis in het hechte verzetsgroepje, waar een sterke solidariteit heerste en iedereen elkaar hielp. De mannen vertrouwden haar, ondanks haar afwijkende standpunten en wens om 'vrijwillig' in Westerbork te blijven en niet onder te duiken.

'Ik wil hier zijn om te helpen,' zei Etty vaak. 'Wie is er anders voor al die oude mensen en kinderen? Mijn taak is om nog te doen voor anderen wat ik kan.'

'Hoezo helpen?' vroeg Werner dan. 'Je kunt ze de trein in helpen, ja. En wat dan? Wat gebeurt er dan met al die mensen in Polen? Zieken, baby's... Je hebt het toch zelf gezien? Dat is toch geen Arbeitseinsatz?!'

'Ik wil er voor mijn volk zijn,' herhaalde Etty.

Werner vond het maar 'schwärmerisch' allemaal: aanstellerig en dweperig.

'Waarschijnlijk had haar vriend, die Spier, haar gek gemaakt met alle mogelijke dingen,' vermoedde hij. 'Ze zat in een soort van roes. Iedereen is natuurlijk beïnvloedbaar en ik denk dat wanneer Etty Hillesum in een andere omgeving had verkeerd, met mensen die niet van die onduidelijke godsdienstige ideeën hadden, zij een heel andere richting was uit gegaan en in het verzet terecht was gekomen. Maar dat is maar een vermoeden. Tegen ons bleef ze zeggen: "Ik moet de mensen in Westerbork helpen." We kwamen er niet doorheen.'[18]

Toch zou Etty het verzetsgroepje van Stertzenbach ook actief ondersteunen. Als medewerkster van de Joodse Raad kon zij ongecontroleerd pakketjes in en uit het kamp brengen.[19] Dat bood Werner en zijn vrienden een uitgelezen kans om haar als koerier in te zetten. Wanneer Etty met verlof naar Amsterdam ging – of daarvan terugkeerde – nam zij in het najaar van 1942 verschillende keren brieven en pakjes mee van en voor de verzetsgroep Van Dien.[20]

Wat er in die enveloppen zat, zal Etty niet hebben geweten. 'Onze koeriers van de Joodse Raad wisten beslist niet wat voor een documenten wij in mapjes met familiefoto's verborgen, of welke brisante vluchtinformatie verstopt zat in een ogenschijnlijk intieme liefdesbrief,' verklaarde een van de leiders van de groep Van Dien in een verzetsrapport uit 1975.[21]

Ongetwijfeld had Etty wel zo haar vermoedens. Maar ze was in de jaren dertig genoeg geschoold in het politieke verzet om daar niet naar te vragen.

Het lijkt tegenstrijdig. Etty vond onderduiken geen goed idee. Niet voor zichzelf en niet voor anderen. Tegelijkertijd was ze een aantal keren koerier voor een verzetsgroep die onderduikers hielp. Hoe kon ze die uitersten in zichzelf verenigen?

Toch is het maar zeer de vraag of Etty dit contrast zelf ook zo heeft ervaren. De keuze die zij voor zichzélf had gemaakt, wilde zij anderen niet opleggen. Het vervoeren van de pakketjes zag zij allereerst als een vriendendienst. De Mahlers en hun verzetsvrienden bekommerden zich lief om haar. Hoe kon zij weigeren een pakje voor hen mee te nemen? Dat zou wel heel bot zijn geweest. Gecontroleerd werd ze niet, als medewerkster van de Joodse Raad, het risico was klein. Bovendien: haar besluit om niet onder te duiken, niet te haten en allereerst haar lotgenoten te steunen, wilde nog niet zeggen dat ze geen 'elementaire zedelijke verontwaardiging' voelde over een regime dat zó met mensen omsprong.[22]

In het huisje van de Mahlers werd niet getwijfeld aan welke kant Etty stond. Werner Stertzenbach was er in het bovengenoemde verzetsrapport heel duidelijk over.

'Wij hadden met onze verzetsgroep nauw contact met Mr. Etty Hillesum. [...] Zij was één van de enkelen die we als employee van de Joodse Raad konden vertrouwen.'[23]

—

Het was bijna wonderbaarlijk, gezien de barre omstandigheden en haar wankele gezondheid, hoe snel Etty nieuwe vrienden maakte in Westerbork. Ze trok zich daarbij niets aan van de vijandigheid die er bestond tussen bepaalde groeperingen. Etty vond haar kompanen zowel onder leden van de Joodse Raad als onder de Duitssprekende Alte Kampinsassen. Wél waren haar nieuwe vrienden vrijwel allemaal man en hadden zij, net als Etty zelf, een beschermde positie in het kamp, waardoor zij zich onderscheidden van de andere gevangenen en vaak privileges genoten.

Etty was er altijd goed in geweest zich intens met mensen te verbinden. Vrienden roemden haar vrolijkheid, haar humor, het feit dat ze zo goed kon luisteren. Ze gaf mensen het gevoel dat ze gezien en gehoord werden.[24] Daarbij kwam nog dat in Westerbork vriendschappen en liefdes sneller opbloeiden dan waar dan ook – en niet alleen omdat je elkaar op die halve vierkante kilometer voortdurend tegenkwam. Iedereen stond onder immense druk, had het gevoel 'aan de rand te staan van het zijn', zoals een kampbewoner het ooit poëtisch uitdrukte.[25] Dat haalde het slechtste én het beste in mensen naar boven. In een wereld die was doordrenkt met het besef van eindigheid, was er als vanzelf minder ruimte voor oppervlakkigheden, getreuzel of uitstel. Er werd intens geleefd – en ook gevreeën bij de vleet.

Al tijdens haar eerste verblijf in Westerbork, begin augustus, maakte Etty kennis met de twee mannen die haar beste vrienden in het kamp zouden worden: de Joodse Raad-medewerker Jopie Vleeschhouwer en de Duitse Alte Kampinsasse Osias Kormann. Met beide – getrouwde – mannen zou ze een intieme relatie aangaan.[26] Voor Etty was er altijd een dunne scheidslijn geweest tussen vriendschap en erotiek en wat dat betreft zal zij de, volgens Presser, 'met buitengewoon zwoele erotiek geladen atmosfeer' in het kamp niet nodig gehad hebben om haar grenzen te verleggen.

'Etty kon met haar gevoelige intensiteit echt in levens binnendringen,' zei haar vriendin Hanneke Starreveld treffend, 'waardoor zij zich zó direct met de mens zelf verbond, dat deze op dat moment ook een geliefde kon zijn.'[27]

Sinds haar studententijd, toen Etty met Klaas Smelik in een woonwagen belandde en zonder gêne haar bloesje openknoopte, had zij zich gemakkelijk aan mannen gegeven, even zelfbewust als vrijgevochten. Ze wist goed wat ze zocht, uit erotische nieuwsgierigheid en verlangen. Ogenschijnlijk achteloos liet zij haar vrienden delen in wat zij met liefde te geven had; de zinnelijkheid was een manier om haar vriendschappen te bevestigen en te verdiepen. 'Ik heb mijn lichaam gebroken als brood en uitgedeeld onder de mannen. Waarom ook niet, ze waren immers hongerig en hadden al zo lang ontbeerd?'[28]

'Mijn wapenbroeder', noemde Etty haar Joodse Raad-vriend Jopie Vleeschhouwer, die negen jaar ouder was dan zijzelf. Ze vonden elkaar in hun streven om nog zo veel mogelijk goed werk te doen in Westerbork. Als chef financiën bij de Joodse Raad had Jopie comfortabel op kantoor in Amsterdam kunnen blijven, waar ook zijn gezin woonde. Toch ging hij steeds terug naar het kamp op de heide. 'Als een kleine, dappere soldaat wilde hij beslist naar het front,' schreef Etty bewonderend en ook een beetje schuldbewust toen zij in de herfst van 1942 zelf ziek in bed lag.[29]

Helaas zijn er geen foto's van Josef Isidoor Vleeschhouwer bewaard gebleven.[30] Volgens de gegevens op zijn Joodse Raadkaart was de voormalige bankemployé 'intelligent met organisatorische hoedanigheden' en viel zijn godsdienstigheid te duiden als 'liberaal-positief'. Etty was vooral onder de indruk van Jopies eerlijke, ernstige ogen. 'Ik keek zo graag in een paar ogen, 's avonds op de hei.'[31]

De twee werden in de zomer van 1942 razendsnel vertrouwd met elkaar. 's Nachts zaten zij samen vaak nog lang op de hei te praten, in het pikkedonker, onder een overweldigende sterrenhemel. Etty durfde Jopie te bekennen dat zij in God geloofde en soms knielde in het gebed – een gebaar dat voor haar 'het intiemste van het intiemste' betekende en waarover zij met vrijwel niemand sprak.

'En ik wilde het hem toch zo graag zeggen als om hem een geschenk te geven. Ja weet je, toen ben ik 's nachts m'n barak uitgelopen. Het was zo mooi weet je. En toen heb ik, toen heb ik, o, het was zo mooi. En een avond later pas kon ik het er uit brengen: toen heb ik geknield daar voor die grote hei. Hij was er helemaal ademloos en stil van en keek me aan en zei: Wat ben je toch mooi.'[32]

Wanneer Jopie met verlof was in Amsterdam, bezocht hij Etty wel op de Gabriël Metsustraat. Op de avond dat Tide kwam vertellen dat Spier was gestorven, was Jopie eveneens aanwezig. De gastvrije pa Han bleef openstaan voor nieuwe vrienden van Etty en had veel waardering voor Vleeschhouwer, al was hij vast niet op de hoogte van de ware aard van hun verhouding. Jopie toonde zich erg zorgzaam voor Etty toen zij in het najaar van 1942 voortdurend ziek op bed lag. Hij was het helemaal met haar dokter eens dat zij 'geestelijk te intensief leefde', wat slecht was voor haar gezondheid en haar fysiek niet kon dragen.[33] Als ze zo onverstandig doorging, waarschuwde Jopie haar vaderlijk, wist hij niet of het haar wel ernst was met beter worden.[34]

Het verbaasde Etty soms zelf ook, hoe gemakkelijk zij zich overgaf aan deze nieuwe verhouding, terwijl zij nog nauwelijks afscheid had genomen van Spier. 'Het is zo wonderlijk hoe die man daar plotseling, bijna geruisloos, levend en bezielend midden in mijn leven stond, terwijl de grote vriend, de geboortehelper van mijn ziel, met pijnen in bed lag en verkindste.'[35]

Etty's verhouding met Osias Kormann ontwikkelde zich meer geleidelijk. In haar dagboek noteerde zij dat Osias eveneens opmerkte dat zij 'te veel uit de geest leefde'. Waaraan zij toevoegde: 'Waarom Osias? Omdat ik m'n lichaam niet direct prijsgaf aan jouw begerige handen?'[36]

Etty had de 47-jarige Osias ontmoet in het schooltje van Westerbork. Een kleine man met zware, donkere wenkbrauwen, een grijze pet en een grote bril. Osias was in 1939 een van de allereerste bewoners van Westerbork geweest, en omdat Etty zo belangstellend was, had hij haar direct zijn hele, avontuurlijke geschiedenis verteld.

'U bent beslist geen Hollandse,' zei hij haar na afloop van het gesprek. 'U hebt zoveel warmte.'[37]

In Osias Kormann vond Etty op de Drentse heide een verwante, Russische ziel.

Osias, die oorspronkelijk Max heette, was in 1895 geboren in Lipsko, aan de westrand van het toenmalige Russische rijk. In 1918 werd de stad Pools, maar toen was Osias al uitgeweken naar Hamburg, op zoek naar geluk en fortuin. Hij wist carrière te maken als schoenenverkoper, trouwde, en kreeg twee zoons. In 1938 werd het stateloze gezin echter pardoes de grens naar Polen overgezet. Het lukte Kormanns vrouw Rosa om met de kinderen naar New York te ontkomen, maar Osias was een van de ongelukkigen die op het fameuze schip de St. Louis terechtkwamen. Dit Duitse schip met meer dan negenhonderd Joodse vluchtelingen aan boord vertrok in mei 1939 naar Cuba, maar werd aldaar door de Cubaanse autoriteiten geweigerd. Ook Amerika en Canada wilden de Joodse ontheemden niet opnemen. De kapitein kon vervolgens niets anders doen dan de ongewenste passagiers, zonnebadend in strandstoelen op het dek van het luxueuze schip, terug te brengen naar Europa, waar zij niet veel later meestal hun ondergang tegemoet gingen.

Osias Kormann kwam in Nederland terecht, als pionier in Westerbork. Hij hielp het vluchtelingenkamp opbouwen en kreeg als plaatsvervangend Dienstleiter van de Binnendienst – die onder meer over de huisvesting ging – een stevige positie in de kamporganisatie. Daarnaast speelde hij een prominente rol in het geestelijke en culturele leven van het kamp. Dat Etty hem in het schooltje ontmoette was niet toevallig, want Osias gaf daar geregeld les in Joodse geschiedenis en godsdienst.

'Een door en door integere man,' vertelde een vriendin van Etty over Osias, 'in tegenstelling tot de andere St. Louis-vorsten, die er alleen maar mee bezig waren dat zij zelf niet op transport werden gezet.'[38]

In de maanden dat Etty ziek in Amsterdam verbleef, had ze geregeld naar Osias geschreven. De toon van haar brieven was hartelijk en amicaal. Het leek of ze hem al jaren kende, zei ze. Na de massale transporten van 3 en 4 oktober, waarover Etty in Amsterdam hoorde, vroeg ze zich bezorgd af hoe het met hem ging. 'Wat een zware dagen zullen jullie hebben! [...] Ben je moe, werk je dag en nacht, heb je honger?'[39] Opvallend is dat Etty ook informeerde naar Osias' religieuze leven; de Joodse traditie waaraan zij zelf in haar dagboek zelden of nooit refereerde. 'Heb je goed gebeden en gevast?' vroeg ze de dag na Jom Kipoer (grote Verzoendag).[40]

Vanuit haar bed had Etty geprobeerd Alte Kampinsassen als Kormann te verzoenen met haar eigen collega's. 'Het zal wel niet eenvoudig zijn een brug te slaan tussen Kampinsassen en de Joodse Raad? Ik weet dat de Joodse Raad grote fouten heeft gemaakt en nog maakt, mensen met de mentaliteit van Vleeschhouwer zijn er nog te weinig bij ons. Maar we hébben ook goede elementen, hopelijk zullen die de weg naar jullie vinden en jullie naar hen.' Etty hoopte dat zo veel mogelijk 'slechte elementen' uit de Joodse Raad geweerd konden worden. 'We hebben nog te veel zakenmannen onder ons, die vroeger in tandpasta of zoiets gehandeld hebben en nu in Joden.'[41]

Etty introduceerde haar vrienden uit de verschillende groepen in het kamp ook bij elkáár. Zo raakte Werner Stertzenbach eveneens bevriend met Jopie Vleeschhouwer, die hij 'mijn vriend uit de Scheldestraat' noemde.[42] Op de koude novemberavond dat Etty een brief naar pa Han schreef in het overvolle huisje van de Mahlers, zat Jopie naast haar een boek te lezen.

Warm tegen haar nieuwe vriend aan gedrukt, probeerde Etty die 29ste november woorden te vinden voor haar ervaringen. In de ziekenbarak van Westerbork had zij 'in grenzeloze verbazing' aan het bed gezeten van de mensen uit Ellecom:

Joodse dwangarbeiders die bouwwerkzaamheden hadden moeten uitvoeren bij een opleidingsschool van de Nederlandse SS. Ze waren er uitgehongerd en zwaar mishandeld; sommige mannen wogen nog geen 35 kilo toen zij op 21 november 1942 uiteindelijk in Westerbork aankwamen.[43] 'Ik begrijp er nog steeds niets van, dat mensen elkaar zo toetakelen kunnen en dat men er dan nog iets van navertellen kan.'[44]

Terwijl Etty zat te schrijven, liep haar kennis Max Witmondt het huisje van de Mahlers binnen. Max had enige tijd in het beruchte strafkamp Amersfoort gevangengezeten. Hij kwam als een 'skelet' in Westerbork en was daar door de Mahlers 'zorgvuldig opgekweekt', aldus Etty. Die avond droeg hij een opvallend wijde cape.

'Allemachtig Max, hoe kom jij aan die prachtige cape?' brulden de aanwezigen in koor.

Waarop Max theatraal zei: 'Deze cape is nog bevlekt met het bloed uit Amersfoort.'

Etty keek eens goed. Het was waar. Er zaten donkerrode vlekken op. 'Wat een lugubere verhalen. Ik zit in een hoekje gedrongen en schrijf zo maar een beetje.'[45]

Had ze werkelijk terugverlangd naar Westerbork, al die maanden in Amsterdam? In haar dagboek had ze mooie woorden geschreven. 'Zoals die barak daar soms 's nachts lag onder die maan, gemaakt uit zilver en uit eeuwigheid: als een stukje speelgoed, ontgleden aan God's verstrooide hand.'[46]

Maar nu schoot de taal tekort en bleven haar daden steken in onmacht.

Zelfs haar 'kleine veldtocht' om een bibliotheek te openen was mislukt: ze kon in het overvolle kamp geen enkel vrij plekje vinden om de boeken uit te stallen.[47]

—

Het was in deze periode in Westerbork, van 20 november tot 5 december 1942, dat Etty tot een opmerkelijk daadkrachtig optreden kwam. Althans: dat beweerde Ies Spetter, de jonge medewerker van de Joodse Raad die Etty eind juli had leren kennen, toen zij met een grote groep collega's voor het eerst naar Westerbork vertrok. In een verslag over zijn kampervaringen, dat Spetter in november 1945 schreef voor het pas opgerichte Rijksinstituut voor Oorlogsdocumentatie (RIOD) nam hij het volgende, intrigerende zinnetje op:

> Samen met een vriendin Mr. Hillesum slaagde ik er in enkele kinderen ~~die~~ uit het kamp ~~naar Groningen gingen~~, te smokkelen. ✓ Mijn vrouw ging ze daar halen en bezorgde ze verder.
> ✓ *met een ziekenauto die naar Groningen ging*

De doorhalingen komen overeen met het oorspronkelijke typoscript van Ies Spetter. Tussen 'smokkelen' en 'Mijn vrouw' plaatste Spetter een vinkje; de opmerking over de ziekenauto schreef hij er met pen onder. Op een kopie van het verslag noteerde Loe de Jong, de toenmalige directeur van het RIOD, boven 'Mr.' de naam *Etty*, zodat er geen misverstand kon bestaan over wie het hier ging.[48]

Loe de Jong had Ies Spetter, die goed bevriend was geweest met zijn tweelingbroer, de hierboven geciteerde arts Sally, persoonlijk gevraagd om een verslag te schrijven over zijn verblijf in verschillende kampen, waaronder Westerbork en Auschwitz. Het was een officiële opdracht van het RIOD; Spetter werd ervoor betaald.[49] Loe de Jong was heel tevreden met het resultaat. 'Heel feitelijk, afstandelijk, geobjectiveerd relaas!' schreef hij met potlood boven het verslag.[50]

De ontdekking van Spetters opmerking over de kindersmokkel werd eind 2018 groot nieuws. 'Etty Hillesum smokkelde kinderen kamp Westerbork uit', kopten de kranten gretig.[51] Toch riep het zinnetje van Spetter nog veel vragen op. Want wanneer vond de vermeende kindersmokkel dan plaats? Hoe konden kinderen ongezien het kamp verlaten per ambulance? En wat was Etty's rol in de gedurfde illegale actie, die niet eenvoudig te organiseren moet zijn geweest?

Ies Spetter emigreerde na de oorlog naar Amerika, waar hij promoveerde in de politieke en sociale wetenschappen.[52] Hij werkte onder meer als docent vredesvraagstukken, was humanistisch leider van de Riverdale Yonkers Society for Ethical Culture en schreef verschillende non-fictieboeken, met filosofische titels als *The Courage to Stand Alone – Affirmations of Ethical Humanism*. In 1980 ontving hij het Verzetsherdenkingskruis. Spetter overleed in 2012 en zou publiekelijk nooit meer terugkomen op zijn vriendschap met Etty Hillesum of de kindersmokkel.

De enige Nederlandse journalist die Spetter ooit interviewde, Max Arian, was onder de indruk van zijn persoonlijkheid en noemt hem desgevraagd een aimabele, wijze man en een eerlijke verteller; een 'echte humanist'.[53] In het interview met Arian uit 1992 vertelde Spetter dat hij al vroeg in de oorlog betrokken was geraakt bij illegale activiteiten. Een kennis van zijn vader werkte op de Engelse ambassade en was na de bezetting in Nederland achtergebleven; Ies dacht dat hij voor de inlichtingendienst werkte. De man vroeg de jonge, avontuurlijk aangelegde Ies of hij – op de fiets – informatie wilde verzamelen over de positie van Duitse troepen en schepen langs de kust.

'Allemaal heel gebrekkig en amateuristisch,' volgens Spetter; in die tijd was er nauwelijks georganiseerd verzet.[54] Maar van het een kwam het ander en na verloop van tijd zat hij samen met zijn vrouw Suze diep in het illegale werk.[55] Spetter wilde aanvankelijk geen functie bij de Joodse Raad accepteren, schreef hij in zijn verslag voor het RIOD, omdat Suze en hij 'ieder handlangerschap, hoe gering ook, afwezen'. Hij nam uiteindelijk tóch een baantje aan omdat de Joodse Raad hem een ideale dekmantel kon bieden voor zijn verzetsactiviteiten. Bovendien had hij 'de lust erbij te willen zijn, bij het afwikkelen van de tragedie'.[56]

Ies Spetter werkte samen met Etty voor de sociale afdeling in kamp Westerbork, waar zij de gedeporteerden nog zo veel mogelijk probeerden te helpen. Evengoed voelde hij zich zo bezwaard over zijn uitzonderingspositie als Joodse Raad-medewerker, schreef hij, dat hij op 21 augustus weer naar Amsterdam vertrok – juist op de dag dat Etty voor de tweede keer naar het kamp reisde. In Amsterdam zette Spetter zijn illegale werk voort, nog steeds onder de bescherming van zijn functie bij de

Joodse Raad. Zijn vrouw en hij zouden die zomer 'enkele tientallen' kinderen helpen onderduiken, schreef Spetter in zijn verslag. Tot het moment dat zijn naam verraden werd en hij eind september spoorslags terugreisde naar Westerbork, waar de Duitsers hem niet achterna zouden komen omdat hij toch al 'erwischt' was. Hij dook toen min of meer onder in het kamp.

Etty en Ies ontmoetten elkaar in november 1942 dus voor de tweede keer in Westerbork. Na die tijd waren ze niet meer samen in het doorgangskamp.[57] De vermeende kindersmokkel kan daarom alleen tussen 20 november en 5 december 1942 hebben plaatsgevonden, de enige periode dat Etty en Ies nog allebei in het kamp waren – de pioniersweken in augustus niet meegerekend. In zijn verslag dateert Spetter de kindersmokkel niet precies, maar plaatst hij deze nadrukkelijk in de herfst van 1942, vlak ná de dramatische oktobertransporten waarvan hij getuige was.

Wat Etty van Spetter vond, is niet bekend: ze noemt hem nergens in haar dagboek of brieven. Wel komt Spetters naam terug in een brief van Jopie Vleeschhouwer aan Etty van 26 februari 1943, wanneer hij een kamproddel met haar deelt: 'Schrijf me nog eens wat over Ies Spetter. Iedereen zegt hier dat hij gaat scheiden, ik interesseer me wel wat ervoor, of dat waar is.'[58] Ies Spetter stond bekend als een charmeur en een rokkenjager.[59] Hij was in mei 1942 getrouwd met de eveneens Joodse, 21-jarige Suze Turksma, die op dat moment zwanger was. Zij beviel op 28 november in Amsterdam van een dochter, Santje genaamd.[60]

Die bevalling is een complicerende factor in het verhaal. Volgens Spetter haalde zijn Suze de gesmokkelde kinderen op in Groningen. 'Mijn vrouw ging ze daar halen en bezorgde ze verder,' schreef hij in zijn verslag. Maar hoe kon Suze dat doen, tussen 20 november en 5 december, wanneer zij precies in die tijd een kind kreeg? Reisde zij nog met haar dikke buik en een vals persoonsbewijs naar Groningen, vóór de 28ste november?

De geschetste ontsnappingsroute – met een ziekenauto naar Groningen – bood in elk geval wel mogelijkheden. Er reed in de herfst van 1942 vrijwel dagelijks een ambulancebusje met zieke gevangenen van Westerbork naar het Academisch Ziekenhuis in Groningen, waar de patiënten een onderzoek kregen, een specialist mochten bezoeken, of zelfs tijdelijk werden opgenomen.[61] Deze transporten werden begeleid door de Nederlandse marechaussee, die ook verantwoordelijk was voor de kampbewaking.[62]

De nieuwe commandant van Westerbork, de ogenschijnlijk onberispelijke gentleman-boef Albert Konrad Gemmeker, pakte het anders aan dan zijn onbehouwen voorganger Dischner. Hij had slechts één doel: zijn superieuren tevredenstellen en zo geruisloos mogelijk het door Berlijn gevraagde aantal Joden op transport zetten. En dat lukte alleen wanneer de illusie dat de Joden in Polen zouden gaan *werken* zo perfect mogelijk in stand werd gehouden en er geen onrust was in het kamp. Als geen ander had de geslepen Gemmeker begrepen dat hij moest handelen in hoop; dat onuitroeibare vertrouwen in de mens op een goede afloop. Die hoop kon hij alleen levend houden wanneer de gevangenen een zo normaal mogelijk leven leidden en hun angsten werden bezworen.

Het leven in de barakken was ellendig, maar in Westerbork werden de kampbewoners doorgaans niet mishandeld en hoefden zij geen onmenselijk zwaar werk te doen. De meeste gevangenen werkten in een van de vele werkplaatsen, waar zij onder meer meubels repareerden, vliegtuigonderdelen uit elkaar haalden, speelgoed fabriceerden of kleding maakten. Ook waren er ploegen die buiten het kamp werkten, op het land of de boerderij. Het Durchgangslager functioneerde als een zelfvoorzienend stadje, waar al het noodzakelijke aanwezig was, van een centrale keuken tot een badhuis, een kampwinkel, een telefoondienst, een ketelhuis en een bouwtechnische dienst. Iedereen mocht op gezette tijden post en extra voedselpakketten ontvangen. Gevangenen konden een voetbalwedstrijd spelen, religieuze bijeenkomsten organiseren, of een cabaretvoorstelling bezoeken met Joodse artiesten van topniveau. Er was zelfs een kleine afdeling waar dameskousen werden gerepareerd, zodat vrouwen niet met lelijke ladders in hun kousen op de trein naar Auschwitz hoefden te stappen.

Alles, alles om het bange gemoed te sussen.

De zieken werden verpleegd in een goed geoutilleerd barakkenziekenhuis, dat op zijn hoogtepunt 1725 bedden telde. Er werkten honderdtwintig uitstekende Joodse artsen. Een betere medische behandeling kon je op dat moment in Nederland nauwelijks vinden. Voor de specialistische hulp die onverhoopt níét geboden kon worden, mochten de patiënten worden doorgestuurd naar het Academisch Ziekenhuis in Groningen.

Het was allemaal van een ongelooflijke psychologische doortraptheid, waardoor vrijwel iedereen zich liet misleiden. Want wie lapte eerst patiënten helemaal op, met alle mogelijke middelen, om hen vervolgens de dood in te jagen? Wie regelde voor een te vroeg geboren baby een heuse couveuse – terwijl het helemaal niet de bedoeling was dat dat kind zou leven? Dat was toch niet voorstelbaar?

In de periode van 20 november tot 5 december 1942 waren er zeker twaalf ziekentransporten van kamp Westerbork naar het Academisch Ziekenhuis, met gemiddeld steeds vier à vijf patiënten. Heel precies werd genoteerd om wie het ging, in welke barak iemand woonde en wat het doel was van het bezoek, zoals een consult bij de oogarts, of opname op de afdeling chirurgie.[63]

Het is verleidelijk om in de bewaard gebleven transportaanvragen te speuren naar een scenario; een aanwijzing voor de kindersmokkel. Die twee zusters die op 3 december 1942 vier baby's moesten gaan hálen in Groningen, konden die op de heenweg in hun lege reiswiegen geen peuter of twee meesmokkelen?

Maar elke aanname berust op fantasie. Getuigen zijn er niet meer; geen enkele veronderstelling kan met feiten worden onderbouwd. Het is, nader beschouwd, ook onwaarschijnlijk dat de smokkel via een geregistreerd transport heeft plaatsgevonden. Er zaten immers vrijwel altijd meer patiënten in het ziekenbusje – die dan ongewild bij het complot betrokken werden. Aannemelijker is dat het om een illegaal, niet aangemeld ambulancetransport ging, waarbij Ies Spetter de medewerking had van ten minste één onverschrokken ambulancechauffeur en een 'goede' marechaussee, die op het juiste moment de andere kant op keek. Geen sinecure, al was het niet onmogelijk.[64]

Spetter was een sociale, handige jonge man, met genoeg bravoure en overtuigingskracht om handlangers te verzamelen in en buiten het kamp. De vraag is wel waar hij Etty dan voor nodig had. Moest Etty de kinderen ophalen? Als medewerkster van de Joodse Raad had zij toestemming om in het ziekenhuis te komen. Hielp zij de kinderen de ambulance in?

Vragen, vragen. En dan hebben we het nog niet eens gehad over Etty's motief om mee te werken. Spetter noemde Etty een 'vriendin', maar vond Etty hem een vriend? Zag ze deze hulp ook als een vriendendienst? Of wilde ze per se iets doen voor de kwetsbare kinderen, wier lot haar hoe dan ook aan het hart ging?

Anders dan bij het vervoeren van pakjes voor de verzetsgroep van de Mahlers, liep Etty bij deze illegale actie direct persoonlijk gevaar. Althans: wanneer ze er die prominente rol in speelde die Spetter haar toedichtte. Mocht Etty gepakt worden, dan zou ze haar beschermde status verliezen, als 'strafgeval' in de s-barak worden opgesloten en onherroepelijk op transport naar Auschwitz worden gezet. Nam ze dat risico? Bovendien bracht ze door de smokkelactie haar ouders in gevaar. Sinds Etty medewerkster was van de Joodse Raad in Westerbork, waren haar ouders via haar positie 'gesperrt' en op de 'Elternliste' geplaatst. Als zij gesnapt werd, waren ook haar ouders hun bescherming kwijt. Was dat het haar allemaal waard?

Daarbij kwam nog, dat de represaillemaatregelen bij ontvluchtingen uit Westerbork bijzonder hard waren. Commandant Gemmeker zette zonder pardon familieleden of barakgenoten van gevluchte personen direct op transport.[65] Of dat ook opging bij verdwenen kinderen, is niet duidelijk, maar de wrede represailleacties waren een van de belangrijkste redenen waarom er relatief zo weinig ontvluchtingen waren uit Westerbork. Van de in totaal meer dan honderdduizend gedeporteerden zouden er slechts ruim tweehonderd ontsnappen. Niemand wilde door zijn vlucht familieleden of barakgenoten in gevaar brengen.

Etty's voornaamste argument tegen onderduiken was dat 'als

jij niet ging, een ander in jouw plaats moest gaan'. Ze vond het niet solidair. Toch maakte ze voor deze kinderen kennelijk een uitzondering. Waren de kinderen misschien niet geregistreerd, of uit de administratie verwijderd, en 'telden' zij daarom misschien niet? Op de officiële lijst met ontvluchte personen uit Westerbork zijn zij wat betreft de periode 20 november tot 5 december 1942 in elk geval niet terug te vinden – maar dat zegt lang niet alles.[66] En waar waren de ouders eigenlijk? En hoe ging het verder, in Groningen?

De opmerking van Spetter laat vooral zien hoe diffuus de werkelijkheid was in Westerbork. Etty had voor zichzélf de keuze gemaakt om niet onder te duiken. Aan die overtuiging zou zij blijven vasthouden. Maar dat wilde niet zeggen dat ze een ander die keuze wilde onthouden.

In het najaar van 1942 was Etty compleet overdonderd door de misère in kamp Westerbork. Ze voelde zich niet fit en 'liep rond met tegenstrijdige gevoelens'. Vrienden die in het verzet zaten vroegen haar om hulp. Er was chaos, iedereen leefde onder hoogspanning. Ze aarzelde niet haar helpende hand toe te steken.

—

Etty was opgelucht dat ze op zaterdag 5 december, sinterklaasavond, met verlof mocht gaan. 'Wat een voorrecht om nog van hier weg te kunnen en jullie allemaal weer te zien,' had ze aan pa Han en haar vrienden geschreven.[67] Ze had het opnieuw precies twee weken volgehouden in Westerbork en was aan het eind van haar krachten.

Doodziek kwam Etty thuis. Ze moest direct vijf weken plat van haar arts. Ze kon nauwelijks iets doen. In een brief aan Osias Kormann van 26 december verontschuldigde ze zich dat zij zo lang niets van zich had laten horen. Haar geest wilde wel, maar haar vermoeide hand kon het niet opbrengen te schrijven. Ze leefde voornamelijk 'horizontaal', in gezelschap van een galsteen. Als die galsteen niet snel zou verdwijnen, schreef ze, moest-ie naar het ziekenhuis – en moest zij zelf mee.[68]

Toch zou deze periode van rust voor Etty uiterst vruchtbaar worden. Terwijl zij in bed lag, lukte het haar uiteindelijk de woorden te vinden voor alles wat zij in Westerbork had meegemaakt. In de sluimertoestand van haar ziekte, vond zij niet alleen zichzelf, maar ook haar taal terug; de juiste vorm en toon om het onzegbare tóch te zeggen.

Haar vrienden mochten geloven in het actieve verzet: zij zou haar pen ontdekken als belangrijkste wapen.

—

Etty was er al langer mee bezig om haar ervaringen in Westerbork te beschrijven voor een groter publiek. Op zondag 25 oktober 1942 organiseerden de vriendinnen van de Spierclub een muziekmiddag in huize Wegerif, zoals zij dat geregeld hadden gedaan toen Spier nog leefde. Tide was erbij, evenals Adri, Dicky en Gera Bongers.

'Een middag als vanouds,' schreef Gera de dag erna in haar dagboek. 'Goed van sfeer en stemming en met mooie muziek.'[69]

Tijdens deze kleine bijeenkomst hield Etty een voordracht over Westerbork, waarbij zij haar eerste, geschreven indrukken als het ware uittestte op een intiem lezerspubliek.

Volgens Gera gaf Etty die middag een beschrijving van de dag in Westerbork die ze als een 'hel' had beleefd; de dag dat de katholieke Joden in Westerbork aankwamen, toevalligerwijs samen met een grote groep mishandelde gevangenen.[70] Precies hierover schreef Etty later in haar eerste Westerborkbrief – op grond van aantekeningen dus die zij al veel eerder die herfst maakte.

'Een merkwaardige dag was het, toen er Joodse Katholieken of Katholieke Joden – zo men wil – met een transport meekwamen, de nonnen en priesters met de gele ster op hun kloosterkleren. [...] De kaalgeschorenen, geslagenen en mishandelden, die op die dag samen met de Katholieken bij ons binnengespoeld waren, tuimelden met nog onzekere bewegingen door de planken ruimte en strekten hun handen naar het brood, dat niet toereikend was.'[71]

Op 13 oktober 1942 had Etty de laatste woorden in haar dagboek geschreven. Ze moest erkennen dat ze een pauze nodig had. Ze was ziek en treurig en er stond haar niets anders te doen dan roerloos onder haar dekens te blijven liggen, net zo lang tot de moedeloosheid van haar af zou vallen. Vroeger ging ze in zo'n toestand gekke dingen doen, schreef ze. Drinken met vrienden of over zelfmoord nadenken of nachtenlang lezen in honderd boeken door elkaar. Maar nu kon ze aanvaarden dat een mens ook zijn 'unschöpferische' momenten had; dagen zonder inspiratie en zin. Ze moest de moed hebben tot een pauze. Hoe eerder zij dat onder ogen zag, hoe sneller de malaise weer voorbij zou gaan, had ze van Spier geleerd.[72]

Toch bleef Etty in deze 'niet-scheppende' periode dus wel degelijk bezig met het verwoorden van de vele indrukken die ze had opgedaan in het kamp, en die zich diep in haar ziel hadden gegrift. Eind december 1942 voltooide zij haar verslag, dat bekend zou worden als haar eerste lange Westerborkbrief. Een gloedvolle, literaire reportage in briefvorm, waarin zij een beeld schetste van het leven in Westerbork – een wereld waarvan de doorsnee Nederlander op dat moment geen enkel idee had.

De brief was gericht aan twee niet nader genoemde zusters in Den Haag, die Etty niet persoonlijk kende. Het was ene 'Dr K.' die haar verzocht had de dames iets over het leven in Westerbork te vertellen, schreef ze in de openingsregels van haar brief. Met 'Dr. K.' doelde Etty op haar kennis Herbert Kruskal, een Duitse Jood die tot zijn gedwongen vertrek naar Westerbork in Scheveningen had gewoond.[73] Kruskal had Etty 'meeslepend' verteld over de twee zusters in zijn stad, en ze waren het erover eens geworden dat het van belang was om contact te houden met het 'achterland'.

Het ging daarbij natuurlijk niet om de zusters. De twee vrouwen stonden voor alle Nederlanders die zouden moeten weten wat er in Westerbork gebeurde. Voor Etty was de brief aan de onbekende zusters de ideale vorm voor haar getuigenis. Zij kon zich direct richten tot de gewone lezer, die weinig tot niets wist van het doorgangskamp voor Joden en die zij dus uitgebreid en gedetailleerd verslag moest doen.

'Maar eerlijk gezegd: nu zit ik er mee, want wat moet ik U eigenlijk schrijven over het leven in Westerbork? In de zomer kwam ik er voor het eerst. Tot op dat ogenblik wist ik van Drenthe alleen, dat er veel hunnebedden waren, meer niet. En nu vond ik daar plotseling een houten barakkendorp, ingevat tussen hei en hemel, met een verschrikkelijk geel lupinenveld in het midden en prikkeldraad er rondomheen. En mensenlevens vond je daar voor het oprapen. [...] Ik ging daar die eerste dagen rond als door de bladzijden van een geschiedenisboek. Ik trof er mensen aan, die al in Buchenwalde en Dachau gezeten hadden in een tijd, toen dit voor ons nog verre en dreigende klanken waren.'[74]

Het kan niet anders, of Etty vond voor deze briefvorm inspiratie bij Rilke, wiens brieven zij in de voorafgaande periode had verslonden.[75] Als geen ander wist Rilke van brieven literatuur te maken. Zijn epistels waren even persoonlijk als filosofisch, beschrijvend én analytisch. Ook Etty buitte de vele mogelijkheden uit die de briefvorm haar gaf. Ze schakelde soepel heen en weer tussen reportageachtige passages, korte anekdotes, beschouwende stukken en persoonlijke ontboezemingen. Maar anders dan Rilke, wiens toon doorgaans ernstig en zwaar was, op het lyrische af, schuwde Etty de humor en de ironie niet. Sommige scènes leken regelrecht ontleend aan Dostojevski's *Aantekeningen uit het dodenhuis*. Net als haar grote Russische voorbeeld, maakte Etty graag gebruik van dialogen en wist ze haar karakters scherp en vaak tragikomisch te typeren.

'Een jonge Jood stond even bij ons stil, z'n jasje hing veel te wijd om hem heen, maar er brak een onverwoestbare grijns door z'n pikzwarte baardstoppels, toen hij zei: "Ze hebben geprobeerd met mijn kop de muur van de gevangenis kapot te krijgen, maar mijn kop was harder dan die muur!"'[76]

Typerend voor Etty's gevoel voor het absurde was ook de scène waarin ze beschreef hoe ze op een dag in de modder tussen twee grote barakken een meisje tegenkwam. Het meisje vertelde een droefgeestig verhaal over pakketjes die maar niet aan wilden komen en over een paar weggeraakte schoenen.

'Maar plotseling verhelderde zich haar gezicht, toen ze zei:

"Maar we hebben het gewèldig getroffen met de mensen, we zijn een echte élite-barak. Weet je, hoe ze onze barak noemen?", vervolgde ze vol trots. "De bocht van de Heerengracht!" Ik stond perplex, keek van haar kapotte schoenen naar haar geschminkte gezicht en wist niet of ik lachen of huilen moest...'[77]

Juist door de soms ogenschijnlijk luchtige toon, wist Etty de tragiek van Westerbork helder en op indringende wijze te beschrijven. Er stond geen woord te veel in haar brief; de beelden waren sterk en spraken voor zich. Ja, het was een groot gedrang in Westerbork, noteerde ze, zo ongeveer als om het laatste stuk drijfhout, waaraan veel te veel verdrinkenden zich vastklampten, nadat het schip gezonken was. 'Men blijft toch maar liever zij het ook in Holland's armoedigste provincie achter prikkeldraad overwinteren, dan versleept te worden, diep Europa in, naar onbekende gebieden en doeleinden, vanwaar totnogtoe slechts zeer schaarse en onduidelijke klanken tot de achtergeblevenen zijn doorgedrongen.'[78]

In sommige passages kwam Etty terug op de ideeën die zij eerder al in haar dagboek had uitgewerkt. Zo hoorde ze de mensen in het kamp vaak zeggen dat zij niet wilden denken of voelen en zo snel mogelijk wilden vergeten. Maar dat leek Etty geen oplossing en zelfs gevaarlijk. Het lijden – in wat voor een vorm het ook kwam – behoorde immers óók tot het menselijk bestaan?

'Wanneer wij uit de kampementen, waar ter wereld dan ook, alleen onze lichamen zullen redden en niets meer dan dat, dan zal dat te weinig zijn. Het gaat er toch immers niet om, dàt men ten koste van alles dit leven behoudt, maar hóe men het behoudt?'[79]

Wat dat betreft was haar verslag misschien 'eenzijdig', hield Etty haar twee zusters voor. Ze zou zich een relaas kunnen voorstellen dat meer vervuld was van haat en verbittering en opstandigheid. Maar ze kon dat nu eenmaal niet. Ze wilde niet kiezen voor de gemakkelijkste weg. 'Ik heb daar zo sterk ervaren, hoe iedere atoom haat, aan deze wereld toegevoegd, haar onherbergzamer maakt, dan zij al is.'[80]

Voor het eerst schreef Etty aan een niet nader gespecificeerde 'buitenwereld', al is niet duidelijk tot wie zij zich primair richtte. Er circuleerden verschillende kopieën van de eerste Westerborkbrief in haar vriendenkring. Ook naar Jopie Vleeschhouwer stuurde Etty een getypt afschrift, dat in totaal elf kantjes telde.[81] Uit zelfbescherming stond haar naam er niet onder – je wist nooit wie de brief in handen kreeg. Maar hoopte Etty daadwerkelijk anderen te bereiken? Onbekende lezers? Sprak ze al met mensen uit het verzet over een eventuele publicatie?

Etty had zich voorgenomen te getuigen waarvan getuigd moest worden. Liggend in bed, reisde ze terug naar Westerbork en nam ze de lezer mee naar de onvoorstelbare wereld waarvan zij deel was gaan uitmaken. Ze maakte literatuur van haar ervaringen en werd de schrijver die zij al zo ontzettend lang wilde worden.

—

Op zaterdag 12 december 1942 verliet het laatste transport van dat jaar kamp Westerbork, met bestemming Auschwitz. Er waren sinds half juli in totaal al bijna veertigduizend Joden uit Nederland weggevoerd. De nazi's waren tevreden. Toen Eichmann en Himmler in juni 1942 besloten het Nederlandse aandeel in de Europese deportaties te verhogen van vijftienduizend naar veertigduizend Joden, leek dat nog een onmogelijke opgave. Maar het was gelukt.

Dat succes was een feestje waard. Een week later, op zaterdag 19 december, nodigde commandant Gemmeker tal van nazikopstukken uit in zijn villa, die net buiten het kamp lag. Officieel vierden zij het 'Joel-feest', een van oorsprong Germaanse viering van de winterzonnewende. Maar de ware reden van de feestelijke uitspatting was voor niemand een geheim.

Het was een komen en gaan van zwarte limousines. Zelfs SS-baas Aus der Fünten was uit Amsterdam overgekomen naar de hei. Kampcommandant Gemmeker had groots uitgepakt. Loopjongens renden af en aan met kratten bier en schalen met aardappelsalade. Veertig speciaal geselecteerde Joodse meisjes, gekleed als serveersters, zorgden voor de bediening. Tussen de gangen door waren er optredens met zang en muziek. Het feestgedruis en het gebrul van de Duitse bierdrinkers was tot ver op de hei te horen.[82]

Van de veertigduizend succesvol gedeporteerde Joden was vrijwel niemand meer in leven.

'Het getal moet vol en zo ook de trein,' schreef Etty in haar Westerborkbrief. 'De trein, die met haast wiskundige regelmaat z'n lading komt halen en men kan niet iedereen achterhouden als zijnde onmisbaar voor het kamp of te ziek om vervoerd te worden, al probeert men het met velen. Men denkt soms weleens, dat het eenvoudiger zou zijn, zelf één keer "op transport" te gaan, dan steeds weer getuige te moeten zijn van de angsten en de wanhoop der duizenden, en nogmaals duizenden, mannen, vrouwen, kinderen, invaliden, zwakzinnigen, zuigelingen, zieken en ouden van dagen, die in een welhaast ononderbroken stoet langs onze helpende handen gaan.'[83]

15
Blijf toch hier, sufferd

Er lagen geen sneeuwbergen op het Museumplein op Etty's verjaardag, zoals in voorgaande jaren. De oorlogswinter van 1943 was barmhartig voor de Amsterdammers, die steeds meer worstelden met tekorten aan voedsel en brandstof. Negenentwintig werd Etty op de 15de januari. Ze vierde haar laatste verjaardag thuis, op de Gabriël Metsustraat. Ondanks haar nog wankele gezondheid had ze gasten uitgenodigd, onder wie enkele vrienden, de huisgenoten en haar broer Jaap. Louis, Riva en Mischa, die eind 1942 door de Duitsers gedwongen waren van Deventer naar Amsterdam te verhuizen, konden ook van de partij zijn.

Tide gaf Etty een stichtelijk boekje, getiteld *Levenskunst, gedachten van week tot week*. In het boekje waren voor elke week van het jaar korte, beschouwelijke teksten afgedrukt rondom bepaalde thema's. Op de lege pagina's ernaast konden eigen citaten worden genoteerd. 'Veel mooie woorden, geef ik je zonder woorden,' schreef Tide als opdracht voorin. Het noteren van inspirerende, wijsgerige citaten werd een dierbaar project van de twee vriendinnen, die op de lege pagina's hun aanhalingen onder elkaar schreven, bij thema's als 'liefde', 'het lijden' en 'ootmoed'. Etty viel daarbij vaak terug op de bronnen die zij ook in haar dagboek veelvuldig citeerde, zoals uitspraken van Spier en passages uit Rilke, Dostojevski en de Bijbel, met name uit Mattheüs. Daarnaast citeerde zij schrijvers die zij nooit eerder noemde, onder wie de Zweedse schrijfster Ebba Pauli, Frederik van Eeden, de psychiater Kees Schuurman en de *native American* Charles Eastman. Het liet opnieuw zien hoe belezen Etty was en hoe veelzijdig geïnteresseerd, waarbij zij in het geschreven woord voortdurend op zoek was naar de essentie van wat men inderdaad 'levenskunst' zou kunnen noemen.[1]

'Op den vijftienden was het hele gezin compleet in Huize Wegerif,' schreef Louis Hillesum enkele dagen na Etty's verjaardag aan Christine van Nooten, de lerares klassieke talen van het Deventer gymnasium met wie hij inmiddels innig bevriend was geraakt. 'Er waren ook veel kennissen van Etty. Het was werkelijk heel gezellig.'[2]

Nog altijd probeerden de Hillesums zo veel mogelijk vast te houden aan vertrouwde tradities, al kon elke bijeenkomst waarbij zij allemaal samen waren de laatste zijn. 'Omnia salva', begon Louis Hillesum zijn brieven aan Christine van Nooten in deze periode: alles in behouden toestand. 'Hiermee wordt voor nu en later aangeduid, dat mijn gezin in Amsterdam nog compleet is,' verduidelijkte Louis zijn aanhef.[3] Hij was zich er pijnlijk van bewust dat aan die 'behouden toestand' van zijn opgejaagde gezin elk moment een einde kon komen.

Op 14 december 1942 waren Louis en Riva plotseling door de Duitsers uit hun grote, fraaie huis aan de Geert Grootestraat in Deventer gezet. Ze kregen bevel nog dezelfde avond in te trekken bij de eveneens Joodse Hedwig Gotthelf-Strauss op de Papenstraat 45, in het centrum van de stad.[4] Hun ontreddering was groot. Binnen een paar uur moesten zij hun belangrijkste spullen inpakken. Louis bracht een aantal waardevolle zaken onder bij een collega van het gymnasium, de wiskundeleraar Jan van Kuik, waaronder een gouden vestzakhorloge. Het grote Perzische kleed dat in de huiskamer lag, werd in allerijl in bewaring gegeven bij de buurman, de zenuwarts dr. Bryan. Ook beloofde Bryan op een collectie kostbare Joodse boeken te passen, die hij uiteindelijk in een kist onder het prieel in zijn tuin zou begraven.[5]

Voor zichzelf konden Riva en Louis alleen het hoogstnodige meenemen. De huishoudster van de familie, Janka Dunnink, zou zich vele jaren later het abrupte en chaotische vertrek van de Hillesums nog goed herinneren. Louis stond hulpeloos op de stoep voor het huis, met twee grote, loodzware koffers waarin vrijwel alleen boeken zaten, het enige in het leven waar hij echt niet zonder kon.[6]

Lang duurde het verblijf op de koude zolder van de Papenstraat niet. Al eind december moesten Louis en Riva opnieuw verhuizen. Zoals zoveel Joden uit de provincie werden zij gedwongen naar Amsterdam te gaan, waar de nazi's alle Joden in bepaalde buurten concentreerden, met de bedoeling hen van daaruit te deporteren naar Westerbork en verder. Louis en Riva kwamen terecht in een benedenwoning aan de Retiefstraat 11 in de Transvaalbuurt in Amsterdam-Oost. De vorige Joodse bewoners waren ondergedoken en het huis stond al enige tijd leeg.[7]

Mischa volgde zijn ouders naar Amsterdam. Hij zou daardoor net op tijd ontsnappen aan een gruwelijk lot. Vanaf de zomer van 1942 was hij opnieuw opgenomen geweest in Het Apeldoornsche Bosch. Iedereen verwachtte toen nog dat de patiënten veilig waren in de 'Jodenhemel', zoals het gesticht ook wel werd genoemd, want wat moesten de nazi's in hun werkkampen beginnen met krankzinnigen?

Ondanks zijn kwetsbare geestelijke toestand, hield Mischa moed in deze periode en bleef hij hopen op een goede afloop. 'Zorg in ieder geval in godsnaam, dat je "buiten schot" blijft,' schreef hij Etty op 16 september 1942 vanuit Apeldoorn. 'Wie weet hoe kort alles nog duurt, en na de oorlog is het leven misschien dubbel zo mooi en de moeite waard.'[8]

Begin januari 1943 was Mischa voldoende opgeknapt om zich bij zijn ouders in Amsterdam te voegen. Dat betekende zijn voorlopige redding, want slechts een paar weken later, op 21 januari, werd Het Apeldoornsche Bosch op bevel van SS Hauptsturmführer Aus der Fünten in één nacht leeggehaald. De bijna 1200 patiënten werden op beestachtige wijze, soms met matras en al, boven op elkaar in vrachtwagens gesmeten, naar station Apeldoorn gebracht en vandaar, samen met hun Joodse verzorgers, rechtstreeks op transport gezet naar Auschwitz.

De Hillesums waren ontzet geweest toen zij het nieuws hoorden, en begrepen aan welk lot Mischa was ontkomen. Dat zelfs mensen die er zó slecht aan toe waren, nu ook werden gedeporteerd, was een 'gotspe', schreef Louis aan zijn Christine.[9]

Voor het eerst in vele jaren woonden de Hillesums weer allemaal in dezelfde stad; Jaap werkte nog altijd in het Nederlands Israëlitisch Ziekenhuis (NIZ) op de Nieuwe Keizersgracht. In hun kleine, donkere woning in de Retiefstraat probeerden Louis en Riva er het beste van te maken. Voor de onpraktische mensen die zij waren, gingen zij daarbij opvallend voortvarend te werk. Het uitgewoonde appartement werd flink opgeknapt. 'Hier in mijn huis is het nog een chaos,' schreef Louis aan Christine van Nooten. 'Schilder, stukadoor, timmerman en verduisteraar; ze maken er een strijd van om alles van onder tot boven overhoop te halen.'[10] Allicht tegen beter weten in, hoopten Louis en Riva dat zij nog wel even in Amsterdam konden blijven. Ze vertrouwden op de Sperre die zij hadden dankzij Etty's werk bij de Joodse Raad in Westerbork. Of waren het de gunstige berichten van het front die hun nieuwe hoop gaven?

Begin februari 1943 moest Hitlers Zesde Leger zich na een gruwelijke strijd bij Stalingrad overgeven. Er waren 750.000 Duitse soldaten omgekomen en 480.000 Russische; een onvoorstelbaar offer dat een keerpunt in de oorlog zou inluiden. Eindelijk werd Hitler in het defensief gedrongen. Niet alleen aan het Oostfront, maar ook in Noord-Afrika, waar op 23 januari Tripoli door de Britten was veroverd.

'Krieg verloren – dat zijn de woorden die men thans steeds veelvuldiger van Duitse lippen hoort,' durfde het illegale *Parool* al te stellen, onder de hoopvolle kop: 'Nog een harden strijd voor den boeg, maar de vrijheid is in aantocht.'[11]

Voor de Joden in Amsterdam bracht de ommekeer in de oorlog nog geen verlichting, integendeel. De nazi's maakten vanaf begin 1943 haast met hun voornemen de stad zo snel mogelijk *Judenrein* te maken. Er reden nu ook overdag overvalwagens door de Joodse buurten, meerdere keren per week. Niemand werd nog gespaard. 'Wrakken worden uit hun huizen gehaald op een brancard en in de wagen gezeuld,' schreef Joodse Raad-secretaresse Mirjam Levie. 'Soms worden ze eenvoudig uit het raam gehesen.' In een poging hun vervolgers te ontlopen, gingen veel Joden, ook de allerzwaksten, al vroeg in de ochtend de straat op, 'om maar niet thuis te zijn als de boeven om ze komen'. Maar veel respijt gaf dat meestal niet. Alleen degenen met een Sperre werden vooralsnog ontzien. 'Op het ogenblik is het werkelijk, of de hel is losgebroken,' noteerde Levie.[12]

Vanuit Amsterdam schreef Louis Hillesum tal van wanhopige, maar ook gepassioneerde brieven aan Christine van Nooten in Deventer. Nu hij zijn leven niet zeker was, had hij besloten toe te geven aan de verliefde gevoelens die hij al langer koesterde voor zijn 23 jaar jongere collega. 'Ik vind het heerlijk te weten dat ik nog voor iemand een voorwerp van liefderijk gedenken ben,' schreef de inmiddels 62-jarige Louis. Van de vele brieven aan zijn 'liefste geliefde', zijn 'licht en zijn redding', zijn er een tiental bewaard bleven.[13] Het zijn de epistels van een man die nog één keer hartstochtelijk wil liefhebben, voordat dat misschien nooit meer kan. 'En nu, mijn zeer geliefde Jeanne-Christine, kus ik je op je mond en je hele dierbare lijf.'[14]

De momenten dat de geliefden elkaar konden zien, waren bijzonder schaars. Soms, als Christine in Amsterdam moest zijn, stond Louis haar voor het Americain op te wachten, in de hoop nog een glimp van haar te kunnen opvangen. Ook de eeuwig vrijgezelle Christine koesterde haar heimelijke liefde. Ze had al jaren een zwak voor de rector, die ze een 'enorme goedertierenheid en wijsheid' toedichtte. Nadat Louis Hillesum door de nazi's uit zijn ambt was gezet, was hun relatie geleidelijk intiemer geworden.

'U zult in de brieven kunnen zien dat er een zeer sterke, zeer innige band tussen ons beiden bestaan heeft,' liet Christine van Nooten na de oorlog aan Loe de Jong weten, toen zij een selectie van Louis Hillesums brieven aan het RIOD doneerde. 'Een genegenheid, die voor iedereen verborgen moest blijven en dat tot op deze dag ook is, maar die hem tot onzegbare steun is geweest op zijn lijdenstocht. Ik heb het hem iets lichter kunnen maken, dat is het enige, dat voor mij telt.'[15]

Etty scheen overigens wél op de hoogte te zijn geweest van de buitenechtelijke verhouding van haar vader.[16] Wat ze daarvan vond, is niet bekend, maar het veranderde in elk geval niets aan de vriendschappelijke gevoelens die zij zelf koesterde voor haar vroegere lerares. Tot op het allerlaatste moment zou ook Etty brieven en kaarten aan haar blijven schrijven. Christine van Nooten zette zich in 1943 enorm in om het bedreigde gezin op alle mogelijke manieren te helpen, en dat werd ook door Etty bijzonder gewaardeerd.

De liefdesbrieven van Louis Hillesum aan Christine van Nooten zijn nog om een andere reden van belang. Er bleven geen dagboeken van Etty uit 1943 bewaard. Nadat zij op 13 oktober 1942 gestopt was met schrijven, begon zij in 1943 wel aan een nieuw dagboek, maar wanneer dat was, is niet meer na te gaan. Pas in augustus 1943 verwees Etty in een brief voor het eerst naar een dagboekschrift – dat helaas verloren ging.[17] Uit haar laatste levensjaar werd alleen een deel van Etty's correspondentie met vrienden en bekenden overgeleverd. De brieven van Louis Hillesum vormen een belangrijke aanvulling op wat Etty zelf schreef. Zijn notities geven een aangrijpend beeld van de ondergang van het gezin Hillesum in 1943 – en de laatste, wanhopige pogingen om zichzelf te redden.

Om zijn familie en geliefde te beschermen, bracht Louis alleen in omfloerste taal of in het Latijn verslag uit aan Christine van de Jodenjacht in zijn omgeving, de Transvaalbuurt, die al vóór de oorlog voor 80 procent uit Joodse inwoners bestond. 'De toestand is hier verre van goed,' schreef Louis op 13 januari. 'Aan alle kanten worden sterdragenden gedeporteerd. Zelfs op straat worden overal mensen aangehouden. [...] Op de dag die op jouw vertrek volgde, begonnen de slaven van de brute tiran huis te houden; boven mijn hoofd is zelfs het gejammer van een zwangere vrouw uitgebarsten, die ze lieten deporteren.' Louis citeerde uit Vergilius om uitdrukking te geven aan zijn gevoelens: 'Toen ervoer ik voor het eerst een gruwelijke angst overal om mij heen.'[18]

Het is een ontroerende gedachte dat Louis, Riva en Mischa twee dagen na deze beangstigende razzia, die zó dichtbij kwam, de moeite namen om Etty op haar verjaardag te bezoeken. Van de Retiefstraat naar de Gabriël Metsustraat was het voor hen een uur lopen, dwars door de stad. De gezondheidstoestand van vooral Riva hield niet over.[19] Maar ze gingen toch, even kwetsbaar als moedig, met gele sterren op hun wintermantels en een cadeautje voor Etty in de tas.

Op haar eigen Museumplein, met zijn vele NSB- en nazihoofdkwartieren, had Etty weinig last van razzia's. Ze woonde bovendien in een huis met een duidelijk niet-Joodse naam op de voordeur. De groene en zwarte politie zouden bij háár niet snel aanbellen en ongevraagd naar binnen stormen; een wreed katen-muisspel dat in de Joodse buurten inmiddels de dagelijkse gang van zaken was geworden. In huize Wegerif voelde Etty zich relatief veilig – al wist niemand hoelang dat nog zou duren. Het had Etty een 'kleine strijd' gekost om haar ziekteverlof bij de Joodse Raad opnieuw te verlengen en haar Sperre te behouden.[20]

'Voorlopig is het parool liggen, liggen en liggen,' schreef Etty op de dag na haar verjaardag aan Osias Kormann.

En enkele dagen later: 'Velen zeggen: jij ligt daar goed en beschermd, blijf rustig liggen.'

Maar zo ervaarde Etty dat niet. Ze wilde niet langer ziek zijn, verzorgd en beschermd. Ze wilde niet vluchten of zichzelf redden. Ze wilde bij haar mensen zijn, aan haar eigen front. Ze wilde terug naar Westerbork.

'Ik zou graag met elk gezond mens willen ruilen, ook als ik daardoor naar Polen moet.'[21]

—

Etty's 'roodharige en opgewonden' vriendin Leonie Snatager had lang vastgehouden aan de overtuiging dat ze net als Etty naar Westerbork zou gaan 'om het eeuwenoude lot van het vervolgde Joodse volk' te delen.

'Mijn grote vriendin was Etty Hillesum en ik "zweefde" zogezegd,' schreef Leonie later aan een oude vriend, Bernard Beran. 'We zouden opgewekt naar de kampen gaan om het Jüdisches Schicksal te delen. Erg romantisch – met de werkelijkheid had het niet veel te maken...'[22]

Maar op de dag van Etty's verjaardag werd Leonie in alle vroegte wakker in een villa in Noordwijk aan Zee, waar zij zich als kindermeisje 'Jane' verborgen hield voor de nazi's. Ze had zich afgekeerd van haar vriendin en uiteindelijk haar eigen weg gekozen.

De omslag was gekomen toen Leonie in augustus 1942 in Den Haag haar oproep voor Westerbork ontving. Net als bij Etty veroorzaakte de brief bij Leonie een grote schok. 'Sinds ik mijn oproep kreeg, is er een scherpe lijn gekomen in mijn geestelijk leven,' schreef ze aan Tide.[23] In navolging van Etty, regelde Leonie razendsnel een betrekking voor zichzelf bij de Joodse Raad, een functie die ze eerder nog had verworpen. Het bureau Rotterdam gaf haar een verklaring dat ze nodig was als docente bij de cursus economie die de Joodse Raad organiseerde. Haar aanstelling werd op 18 augustus 1942 bevestigd door de afdeling Amsterdam, die verklaarde dat zij wat betreft haar oproep nr. 30480 'voorlopig was vrijgesteld op de aangegeven termijn te verschijnen'.[24]

Toch was Leonie niet gerust geweest op de bescherming die de Joodse Raad haar bood. Op een zonnige dag in oktober 1942 wandelde zij van Scheveningen naar Den Haag en kwam zij onverwacht tot een inzicht dat uiteindelijk haar leven zou redden.

'Ik liep op een wandelpad, onder een dak van bladeren,' schreef ze vele jaren later aan haar oude vriend. 'De zon scheen er een beetje door. Ik liep lekker te mijmeren, zo ook over het gaan naar de kampen, want de razzia's waren al begonnen. De gedachte schoot door mijn hoofd dat in zo'n kamp je haar afgeknipt zou worden. Nu was mijn haar m'n trots: het was rood en het zette me apart. En opeens viel ik terug op aarde. Geen zweven meer, geen Jüdisches Schicksal volgen, maar vieze, koude kampen met veel modder... Opeens werd ik bang, schoot ik in een paniek.'[25]

Eenmaal thuis en nog steeds doodsbang, herinnerde Leonie zich plotseling het recente telefoontje van Loet Zimmerman. Een vroegere medestudent van haar, die ook bevriend was met Etty. 'Ik heb een hele mooie verzameling boeken thuis,' had Loet haar gezegd. 'Als je daar ooit naar wilt komen kijken, ben je altijd welkom.'

Toen pas begreep Leonie de verborgen boodschap. Loet had haar een aanbod gedaan om onder te duiken. Ze belde hem direct op. Kon ze die mooie boekenkast eens komen bekijken? Nog dezelfde dag werden Leonie én haar moeder en inwonende tante door Loet thuis opgehaald, want als Leonie zou onderduiken, moesten haar moeder en dier zuster ook in veiligheid gebracht worden.

'Draag maar iets zonder ster,' zei Loet nuchter. 'Dan breng ik jullie eerst lopend naar mijn huis.'

'Is dat niet gevaarlijk, op straat zonder ster?' vroeg de nerveuze Leonie.

'Ach,' zei Loet schamper, met zijn wat slepende stem, 'je moet het opsporingsvermogen van die Duitsers nu ook weer niet overschatten.'[26]

Het was begrijpelijk dat Leonie doodsbang was. Achteraf gezien was onderduiken voor Joden veruit de verstandigste keuze: een onderduiker had een vijftig keer grotere kans te overleven dan de grote massa van gedeporteerden die naar Auschwitz of Sobibór werden doorgestuurd. Maar op dat moment, in het najaar van 1942, was voor de meeste Joden volstrekt niet duidelijk wat nu gevaarlijker was: onderduiken of naar een werkkamp in Polen gaan. Nog in augustus 1942 waarschuwde het *Joodsche Weekblad* dat mensen die geen ster droegen of zonder vergunning verhuisden, naar het beruchte kamp Mauthausen werden gedeporteerd. Velen dachten dat op onderduiken de doodstraf stond. En de onderduikers die in Westerbork terechtkwamen, zo wist men, werden gezien als 'strafgevallen' en vielen onder een veel zwaarder regime dan de andere gevangenen.[27]

Leonie was zich ervan bewust dat ze een groot risico nam en moet zich verscheurd hebben gevoeld. Deed ze er wel goed aan onder te duiken? Was het niet veiliger om bij de Joodse Raad te blijven, net als Etty?

Na een nacht bij Loet en zijn vrouw te hebben gelogeerd, vertrok Leonie de volgende dag met de bus naar Noordwijk aan Zee. Ze had via het verzet een vals persoonsbewijs gekregen en een andere identiteit.[28] Ze was nu Jane Lamberts. Leonie

Snatager bestond niet meer. Ze was veranderd in een niet-Joodse vrouw, zonder 'J' in haar persoonsbewijs; een succesvolle metamorfose die ze mede te danken had aan haar rode haar en blauwe ogen. Jane Lamberts ging in Noordwijk aan Zee werken als kindermeisje, bij de econoom Dick Vriesman en zijn gezin. Ze hoefde zich niet te verstoppen, maar dook 'bovengronds' onder. Dick Vriesman was een oude studievriend van Loet. Alleen hij en zijn vrouw Thill wisten wie Leonie werkelijk was. Voor Leonies oude moeder en tante had Loet een onderduikadres in Amsterdam kunnen regelen.

'Ja, dat had hij allemaal voor elkaar gebokst,' zei Leonie later.[29] 'Ik heb mijn leven absoluut aan Loet te danken.'[30]

Loet Zimmerman had goede contacten in het verzet en had Etty eveneens willen helpen om onder te duiken. Maar het aanbod dat hij haar deed, had Etty afgewezen, hoezeer Loet ook aandrong.[31]

Leonie worstelde met 'enorme schuldgevoelens' ten opzichte van Etty. Het was alsof zij haar vriendin had verraden door opeens radicaal van koers te veranderen.

'Ik was door Etty bijna meegesleept naar Westerbork,' herinnerde zij zich later. 'Achteraf gezien heel gevaarlijk. Als ik naar haar had geluisterd, was ik er nu niet meer geweest. Net op tijd veranderde ik van inzicht. Etty's keuze voor het "Joodse noodlot" was mijn weg niet. Mijn weg was een heel andere. Ik werd bang. Angst kan soms positief zijn. Zonder angst kan een mens moeilijk overleven.'[32]

Zelfs vele jaren na de oorlog vond Leonie het nog lastig om erover te praten. Na haar 'onderduik' werd de afstand tussen haarzelf en Etty groter, wilde ze enkel beamen. Al had die verwijdering zich al eerder ingezet, benadrukte ze, in de periode dat zij in therapie was bij Spier en er een gespannen driehoeksverhouding tussen hen was ontstaan.

Uit het dagboek dat Leonie tijdens haar onderduikperiode bijhield, blijkt hoe sterk zij nog bezig was met haar vriendin, die zij zo bewonderde om haar geestelijke kracht.

'Problemen!' schreef ze drie dagen na Etty's verjaardag, op 18 januari 1943, pontificaal midden op een pagina. En daaronder:

Hoe is het verband
Hoe staan tot elkaar
a) Etty's sfeer van allesomvattende liefde
b) De afgebakende sfeer die men 'werkelijk' noemt.

Ik leef met mijn hoofd, niet met mijn hart! Hoe verschrikkelijk arm en kaal, hoe intens zielig en naakt, hoe jammerlijk is het met mijn hart-beleven gesteld![33]

Leonie had met haar verstand gekozen. Ze wilde de oorlog overleven. Ze was de niet-Joodse Jane geworden. Maar daarvoor betaalde ze wel een prijs. Ze moest Leonie vergeten. Heel haar geschiedenis en alles wat haar dierbaar was, werd uitgewist.

Ze had opnieuw haar toevlucht gezocht in een dagboek omdat ze bang was gek te worden. 'Ik had het gevoel dat mijn hoofd explodeerde en ik waanzinnig werd.'[34] Wie was ze nog? Hoe kon ze zichzelf blijven, als Jane? Als een kindermeisje dat zich voortdurend anders en dommer moest voordoen dan ze was? Wanneer Dick Vriesman aan tafel met vrienden discussieerde over ingewikkelde economische kwesties, moest Leonie op haar tong bijten om niets te zeggen.

Alleen in haar dagboek – dat zij goed moest verstoppen – kon ze nog zichzelf zijn. 'Heerlijk zo te schrijven. Zo domweg eerlijk op te schrijven wat je werkelijk denkt. Zo weer eens echt te spreken.'[35] In korte passages, soms niet meer dan hartenkreten, probeerde Leonie grip te houden op zichzelf en de wereld om haar heen.

'Bedwing je onrust in zoverre dat je ertoe komt je eigen ritme te horen.'

De invloed van Spier én van Etty weerklonk veelvuldig op de pagina's van haar eenvoudige schrift.

'Etty's levensleer was de weg naar het "alles te begrijpen", naar het Grote Medelijden. Op je standpunt staan. Maar mijn lieve mensen, ik hèb geen standpunt!'[36]

Onderduiken voelde voor Leonie als een capitulatie; een toegeven aan verstandelijke overwegingen ten koste van haar gevoel en hogere moraal. Terwijl ze toch eigenlijk precies deed wat Spier haar had geleerd. Werden der du bist. Worden wie je bent. Doen wat bij je past. Ze had haar eigen weg gekozen. Er bestond geen betere of slechtere keuze, zolang het maar je eigen keuze was, en je daarbij trouw was aan jezelf.

—

Etty bleef ziek en hield voornamelijk het bed. Op 21 januari schreef ze aan Osias Kormann dat haar arts een operatie overwoog, maar aarzelde omdat galsteenoperaties vaak mislukten.[37] Ze had veel pijn. 'Ik heb het gevoel dat ik een speldenkussen heb ingeslikt, of een verzameling scheermesjes.'[38]

In de eerste helft van februari kwam Etty in het Nederlands Israëlitisch Ziekenhuis op de Nieuwe Keizersgracht terecht, waar haar broer Jaap nog altijd werkte. 'Mijn arts heeft een opname aangevraagd omdat mijn raadselachtige organisme gefotografeerd moet worden,' liet ze Osias weten. 'Daarna zullen we wel weer verder zien.'[39]

Juist in die periode kreeg Osias verlof om naar Amsterdam te reizen. Hij kwam Etty opzoeken in het NIZ, waar ze op een zaal lag 'met een dozijn oude vrouwen' en de twee vrienden elkaar in korte tijd duizend dingen te vertellen hadden. Of Etty alleen voor onderzoek was opgenomen of dat zij toch geopereerd werd, is niet duidelijk. Op zondag 21 februari was ze in elk geval onverwacht snel weer thuis.

'Ik ben als het ware "gekidnapt" door mijn eigen moeder,' liet ze Osias weten. 'Terwijl het ernaar uitzag, dat ik door heel andere mensen gekidnapt zou worden.'[40]

Die 'andere mensen', dat waren Etty's vrienden Klaas en diens dochter Johanna Smelik. Ergens begin 1943 had Johanna een woest plan beraamd om Etty te ontvoeren en zo te dwingen onder te duiken. Ze kon nog altijd niet aanvaarden dat Etty weigerde zichzelf in veiligheid te brengen.

Op een dag had ze erover gesproken met 'papa Han', zoals zij Han Wegerif noemde.

'Als je er toch voor zou kunnen zorgen dat Etty wegkomt,' had pa Han gezegd.

Hij respecteerde Etty's keuze, maar bleef het tegelijkertijd verschrikkelijk vinden dat de jonge vrouw van wie hij zo was gaan houden in een kamp in Polen zou eindigen.

'Papa Han,' zei Johanna, 'ik denk aan niets anders.'[41]

Samen met haar vader bedacht Johanna een reddingsactie. Een allerlaatste poging om hun vriendin te behouden. Er werden nog steeds muziekmiddagen georganiseerd bij Wegerif. Op een van die middagen zou Klaas Smelik ook komen. Hij moest Etty overtuigen en meevoeren. Dat diende wel even besproken te worden met pa Han, die in Klaas een rivaal zag. Maar pa Han begreep het gelukkig. Klaas was sterk en 'gewend Etty aan te raken'. Hij maakte de meeste kans Etty te overreden.

De muzikale bijeenkomst verliep genoeglijk. Etty vermoedde nog niets, al vond ze het vast opmerkelijk dat Klaas erbij was, omdat hij bepaald niet van klassieke muziek hield. Aan het einde van de middag belde Johanna een taxi. Ze liep alvast naar beneden om de chauffeur op te wachten. Boven, in de huiskamer, probeerde Klaas Etty te overreden met hem mee te komen.[42]

'Je kunt bij ons onderduiken. Laat je toch niet afmaken door die rotmoffen!' zei hij met zijn luide, doordringende stem.

Klaas Smelik had van een Duitse officier, die hij via een vriendin had ontmoet, gehoord wat er met de Joden in Polen gebeurde. Niet het hele verhaal, maar voldoende om het allerergste te vrezen.[43] Hij had dat ook tegen Etty verteld.

'Jullie worden vergast,' had hij gezegd.

Maar Etty wilde hem niet geloven. 'Ach, van dat vergassen zal wel meevallen,' had ze geantwoord.

'Etty, kom toch bij ons!' drong Klaas Smelik aan. 'Wees nou niet zo koppig!'

'Het heeft geen zin, Klaas,' stribbelde Etty tegen, zonder haar zachte stem te verheffen.

De lange Klaas tilde Etty van achteren op. Johanna zag hen bij de trap verschijnen en snelde naar boven om te helpen. Ze pakte Etty bij haar voeten vast.

'Dit moeten jullie niet doen,' waarschuwde Etty, nog steeds met zachte stem.

Johanna had gehoopt Etty 'voor een voldongen feit te stellen'.[44] Ze had er niet op gerekend dat haar vriendin zich hevig zou verzetten. Etty was sterker dan ze dacht. Er ontstond een worsteling. Ze was bang dat ze met z'n drieën van de smalle trap zouden vallen.

'Hou maar op!' riep Johanna naar boven. 'We stoppen ermee!'

Het zou Johanna een leven lang spijten. Ze hadden Etty kunnen redden. Het huis van de Smeliks aan de Domeinweg in Hilversum was een uitstekende plaats om onder te duiken. De villa lag midden in Sperrgebiet, tegenover een Duits commandocentrum. Geen plek waar de nazi's snel gingen zoeken. Met een hele grote stapel boeken had Etty er in de verborgen ruimte onder de vloer rustig de oorlog kunnen uitzitten.

Ook Klaas Smelik kon het nooit verwerken. Hij begrééép Etty niet. 'Ik denk dat het wel zal gaan,' zei ze altijd. Etty was nooit stellig in haar bewoordingen. Behalve als het op onderduiken aankwam. Dan zei ze hem ineens zonder enige aarzeling dat Joden die onderdoken 'zich onttrokken aan een lot, dat ze gemeenschappelijk met anderen hadden moeten dragen'.[45]

'Blijf toch godverdomme hier,' probeerde Klaas Smelik het later nog één keer. De allerlaatste keer dat hij Etty zag. Hij had haar opnieuw stevig vastgepakt, vastbesloten tot haar door te dringen. Maar Etty maakte zich los. Ze ging op anderhalve meter van hem af staan en keek hem met een ietwat vreemde, verwilderde blik aan.

'Je begrijpt me niet,' zei ze.

'Nee, ik begrijp er geen godverdomme van. Blijf toch hier, sufferd.'

Waarna Etty heel rustig zei: 'Ik wil het lot van mijn volk delen.'

Toen wist Klaas Smelik dat alles verloren was. Etty zou nooit bij hen onderduiken. Hij was haar kwijt.

Etty stond geen twijfel toe. Onderduiken was eenvoudigweg geen optie. Het druiste in tegen alles waar zij voor stond en in geloofde. Ze kon niet anders dan aan haar overtuiging vasthouden en zichzelf trouw blijven. Hoe weinig er voor een Joodse vrouw als zijzelf op dat moment ook te kiezen viel: dit was haar keuze, háár geestelijke vrijheid om te doen wat zij voor zichzelf en haar lotgenoten moreel het meest zuiver vond.

Misschien werd die idealistische keuze voor het collectief haar dood. Etty wist het en aanvaardde het. Maar als ze zich aan haar lot zou onttrekken, zou er ook iets wezenlijks in haar sterven.

Vol vertrouwen gaf Etty zich over aan wat komen zou, onwankelbaar in haar geloof in God en al het goede dat uiteindelijk zou overwinnen.

'Niemand kon haar meer benaderen,' vertelde tante To, de zus van Klaas Smelik, die op een dag óók had geprobeerd Etty om te praten.

'Ze wilde het lot van haar volk delen en dat deed zij blijmoedig, ik kan niet anders zeggen, met een glimlach. Ik werd er niet goed van! Het was alsof zij boven de gewone mensen was uitgestegen. Zij was toen de Etty geworden die zij in wezen was.'[46]

—

Terwijl Etty elk uitzicht op redding afwees, deed haar moeder nog volop pogingen om haar gezin in veiligheid te brengen. Nu Riva in Amsterdam was, had ze daartoe meer mogelijkheden.[47] Het eerste wat ze probeerde, was om zichzelf te laten 'ariseren'. Ze zocht contact met de Amsterdamse advocaat Benno Stokvis, die een Russische moeder had en een goede bekende was van de familie Hillesum. Stokvis was het vaker gelukt om Joden volgens de rassenwetten van de nazi's officieel half-arisch te maken, door voldoende niet-Joodse voorouders op te duikelen in de familiestamboom. Zelf was hij van Jood inmiddels ook half-Jood geworden, waardoor hij zijn werk vrijwel ongestoord kon voortzetten.[48]

Stokvis beschikte over uitstekende Duitse contacten, onder meer op het kantoor van dr. Calmeyer, die in opdracht van de Rijkscommissaris onderzoek deed naar twijfelgevallen wat betreft het 'geheel of gedeeltelijk van joodschen bloede' zijn.[49] Om dr. Calmeyer te overtuigen, moest Stokvis met goede 'bewijzen' komen, waaronder vervalste afstammingspapieren of gunstige antropologische rapporten wat betreft de 'arische' uiterlijke kenmerken. Calmeyer was geen slecht mens, maar werd nauwlettend in de gaten gehouden door zijn superieuren.

Zoals Stokvis het later verwoordde: 'Hij eiste dat men hem deskundig bedroog, zó dat zijn ambtelijk geweten verantwoord was.'[50]

Het zou Stokvis op deze manier lukken om tientallen Joden te redden.[51]

Hoewel aan Riva's Joodse afkomst niet getwijfeld kon worden, had ze goede hoop dat haar Russische achtergrond mogelijkheden bood voor een aanpassing in haar stamboom. Bij gebrek aan een geboortebewijs had Riva in 1912 een 'akte van bekendheid' laten opmaken om te kunnen trouwen. In deze akte stond níét dat zij Joods was.[52] Misschien gaf dat hoop?

Stokvis zag absoluut kansen, verklaarde hij later: 'Het zou niet moeilijk zijn geweest haar [Etty] en haar ouders door "arisering" te redden. Er was in dit geval een onfeilbaar procedé. Haar moeder, een dochter van het Russische getto, kwam bij mij: zij was donkerblond met blauwe ogen; zelden zag ik een Germaanser vrouwentype!'[53]

Riva zal opgetogen thuisgekomen zijn. Stokvis kon het regelen, was dat geen kans? Maar Louis weigerde mee te werken.

'Etty's vader wilde niet,' schreef Stokvis later in zijn memoires. 'Hij wenste het lot dat hem was opgelegd, te dragen. En ook Etty wilde niet. [...] Zij ging in het democratisch inzicht niet beter, niet belangrijker, niet waardevoller te zijn dan haar honderdduizend ten dode gedoemde rasgenoten, die niet ontkomen konden.'[54]

De berustende houding van haar man en dochter maakte Riva radeloos. Het was inmiddels 35 jaar geleden dat zij na een gevaarlijke reis een veilig toevluchtsoord had gevonden in Amsterdam. Hoe kon ze aanvaarden dat ze nu alsnog op de trein *terug* naar het oosten zou worden gezet, waar zij vermoedelijk ten onder zou gaan? Ze had als Russin genoeg Jodenhaat ervaren in haar leven en maakte zich weinig illusies over wat haar te wachten stond.

Riva's wanhoop werd nog groter, toen ook haar oudtante Paulina Eidinow-Lewis werd weggevoerd. Op 1 maart 1943 had de inmiddels 78-jarige Paulina onverwacht voor de deur van de Hillesums gestaan op de Retiefstraat. Ze was in paniek. Het bejaardenhuis waar zij woonde, de Joodse Invalide op het Weesperplein, werd die dag door de Duitsers leeggehaald; meer dan tweehonderd bewoners en verzorgers werden op transport gezet. In het tumult dat was ontstaan, was het Paulina gelukt te ontsnappen en naar Riva en Louis te vluchten.

Maar ook daar was zij helaas niet lang veilig.

'De oude vrouw die naar ons was toe gevlucht, een verwante van mijn vrouw, is voor onze ogen door de beulen afgevoerd,' schreef Louis op 10 maart aan zijn 'liefste Christine'.[55]

Het moet een dramatisch afscheid zijn geweest. Riva had altijd een bijzondere band gehad met Paulina, die al met haar man Mendel in Amsterdam woonde toen zij daar zelf naartoe vluchtte. Paulina en Mendel hadden haar opgevangen in die eerste periode; bij Riva's huwelijk met Louis was Mendel Eidinow getuige geweest. Het contact met de Bernsteins mocht verloren zijn gegaan: Paulina was er voor Riva altijd geweest. Nu was zij haar enige Russische familielid in Amsterdam ook kwijt.

En hoelang zouden Louis en Riva zelf nog beschermd blijven?

'Algemeen gelooft men dat het nog maar kort zal duren, totdat er geen onderscheid meer gemaakt zal worden tussen gesperden en niet-gesperden,' schreef Louis.[56]

In haar vertwijfeling drong Riva er bij Louis op aan om dan in elk geval te proberen of zij als gezin via Mischa in aanmerking kwamen voor de zogeheten Barneveldgroep. Op initiatief van de secretaris-generaal van Binnenlandse Zaken, de heer Frederiks, en zijn collega professor Van Dam van het ministerie van Onderwijs, Kunsten en Wetenschappen, was een lijst opgesteld van prominente Joden – kunstenaars, wetenschappers, industriëlen – die voor Nederland behouden zouden moeten blijven. Zij werden voorlopig vrijgesteld van transport en ondergebracht in Barneveld, in onder meer kasteel de Schaffelaar.

Als bijzonder begaafd musicus, maakte Mischa zeker kans om tot deze bevoorrechte groep, die in totaal uit zo'n zevenhonderd geselecteerden bestond, te worden toegelaten.

Louis zwichtte. Op 6 april schreef hij aan Christine van Nooten dat hij een brief aan professor Van Dam had gestuurd met het verzoek om met zijn gezin tot Barneveld te worden toegelaten. Om zijn aanvraag te ondersteunen, had hij de directeur van het conservatorium, Willem Andriessen, om een aanbevelingsbrief gevraagd, die hem per omgaande werd toegestuurd.

'Deze jongeman werd door mij beschouwd als het grootste pianistische talent, dat aan onze leiding was toevertrouwd,' schreef Andriessen op 7 april 1943 over Mischa. Andriessen wilde het verzoek van dr. L. Hillesum om met zijn gezin opgenomen te worden in Barneveld daarom 'zo krachtig mogelijk ondersteunen'.[57]

Als het alleen om hemzelf zou gaan, zou hij in geen geval om de gunst gevraagd hebben, vertrouwde Louis Christine toe. 'Maar ik kon het Riva niet weigeren, temeer daar Mischa's veiligheid hiermee gediend is. Het is zeer wel mogelijk, dat de aanvraag te laat komt, maar ik heb dan in elk geval Riva haar zin gegeven. Ik hoop dat je me deze stap, die ik zeer *à contre cœur* deed, niet kwalijk zult nemen.'[58]

Op vrijdag 9 april kwam Etty haar ouders en Mischa bezoeken – ook voor haarzelf een vermoeiende wandeling van zeker een uur. Het ging gelukkig veel beter met zijn dochter, schreef Louis. Ze was zelfs van plan al op 13 april terug naar Westerbork te gaan. 'Natuurlijk is haar fysiek te zwak voor een verblijf aldaar, maar ze wil niet anders. We moeten dus maar eens zien hoe het gaan wil.'[59]

Tijdens Etty's bezoek zullen de Hillesums zeker gesproken hebben over Barneveld. Professor Van Dam had inmiddels geantwoord dat zijn departement bij beschikking van de Duitsers 'niet meer mocht interveniëren ten behoeve van personen van Joodschen bloede'. Louis wilde het nu proberen via de heer Frederiks, de secretaris-generaal van Binnenlandse Zaken en mede-initiatiefnemer van de Barneveldgroep.[60] Om zijn zaak nog sterker te maken, had Louis ook Willem Mengelberg om een aanbevelingsbrief gevraagd, de omstreden dirigent van het Concertgebouworkest. De oorspronkelijk Duitse, zeer populaire Mengelberg had na de bezetting doorgewerkt als dirigent, wat hem door velen zwaar werd aangerekend. Tegelijkertijd maakte Mengelberg zich sterk voor de Joodse leden van zijn orkest, die hij op verschillende manieren probeerde te helpen of te redden.

Ook voor Mischa zou Mengelberg zich inzetten. 'Het lijkt mij van belang dat het grote talent van deze jonge pianist voor het Nederlandse culturele leven behouden blijft,' schreef prof. dr. Mengelberg in een persoonlijke brief aan niemand minder dan Hanns Albin Rauter, de hoogste vertegenwoordiger van de SS in Nederland. 'Het zou mij bijzonder plezier doen wanneer u, hooggeachte luitenant-generaal, de jongen Hillesum als uitzonderingsgeval zou willen beschouwen en hem naar vermogen zou willen helpen.'[61]

Op een antwoord was het nog wachten.

Etty hoopte intussen fit genoeg te zijn om half april inderdaad terug te gaan naar Westerbork.

'Tot volgende week!' schreef ze op 8 april hoopvol aan haar vriend Osias.[62]

Echt in orde was ze nog niet, moest ze al eerder toegeven. 'Ik slik afwisselend bittere, zure, zoete, vaste en vloeiende zaken, maar ergens is het allemaal onzin, geloof ik, de balans zal op een natuurlijke wijze hersteld moeten worden.'[63]

Etty vertrok uiteindelijk niet naar Westerbork, precies zoals haar vader al had voorspeld. Ze was nog te zwak. Op 5 mei schreef ze aan Osias dat ze al vijf maanden niet in het kamp was geweest, wat precies klopte. Toch had ze het gevoel dat ze er vorige week nog was, of sterker nog: dat ze nooit was weggeweest. Ze droeg Westerbork in zich mee, waar ze ook ging.

'Zo kun je op verschillende plaatsen tegelijkertijd verder leven, geloof je ook niet?'[64]

—

De stoïcijn Louis Hillesum probeerde onder alle omstandigheden zijn kalmte te bewaren. Het belang van zijn berustende houding voor Etty moet niet worden onderschat. Ze voelde zich in haar keuze om niet te vluchten verbonden met haar vader, en zette zich als vanouds af tegen haar moeder, die juist wel wilde redden wat er nog te redden viel.

Etty's vader behoorde tot het slag mensen dat in moeilijke tijden onverwacht over een grote waardigheid blijkt te beschikken. Een oud-leerling van Louis, San van Drooge, herinnerde zich hoe er vlak na het uitbreken van de oorlog, in mei 1940, paniek ontstond onder alle notabelen van Deventer. Wat moesten ze doen? Maar toen al reageerde Louis Hillesum uiterst beheerst. Hij besloot het gymnasium zo snel mogelijk te heropenen. Juist in onzekere tijden hadden de leerlingen behoefte aan houvast, redeneerde hij, en hard werken was tegen álles de beste remedie.[65]

Eenzelfde bedaardheid had Louis laten zien toen hij in november 1940 door de nazi's was ontslagen. Een van zijn leerlingen, de latere huisarts Nico van Hasselt, had geregeld dat er nog een afscheidsfoto van de rector werd gemaakt, te midden van al zijn leerlingen en docenten. De zestienjarige Van Hasselt – die zich later zou aansluiten bij het verzet – was 'razend' dat zijn rector zomaar aan de kant werd gezet. In een opwelling was hij naar fotohandel Krooshof in de Lange Bisschopstraat gerend en had hij de fotograaf kunnen overtuigen direct met hem mee te gaan voor het vastleggen van een historisch moment.[66]

Op de foto zat Louis Hillesum in het midden, de handen rustig gevouwen, de blik in de camera; Christine van Nooten zat naast hem. Met haar handen vormde ze – toevallig of niet? – een hartje. Na het fotomoment hield Louis een toespraak, die op alle aanwezigen grote indruk maakte. Hij haalde daarbij een uitspraak aan van de Deventer theoloog Geert Groote, de middeleeuwse vader van de moderne devotie: 'Voor alle dingen dunkt mij goed, dat gij geestelijk blijde zijt, uw gebreken zullen u mishagen, maar niet beangsten noch bedrukken.'[67]

Louis Hillesum probeerde zijn angst te beheersen en in alles, in elk geval uiterlijk, zijn evenwicht te bewaren. Voor Etty zal zijn stoïcijnse houding een voorbeeld zijn geweest. Tegelijkertijd was Louis onder de indruk van Étty's instelling, zo ontdekte oud-leerling San van Drooge toen hij eind april 1943 de rector en zijn gezin opzocht in de Retiefstraat.[68]

San van Drooge was met zijn 26 jaar even oud als Jaap. Na het gymnasium had hij theologie gestudeerd, en hij was inmiddels beroepen als doopsgezind dominee in het Friese Makkum. Samen met zijn vrouw Eddy, die eveneens in Deventer op het gymnasium had gezeten, was hij actief in het verzet in Friesland; in hun huis woonden enkele Joodse onderduikers. Het idee om de familie Hillesum te helpen, was spontaan bij San van Drooge en zijn vrouw opgekomen.

'Dan kunnen we gezellig samen Homerus lezen,' had zijn vrouw gezegd.[69]

Via via kreeg Van Drooge contact met Louis Boissevain, die behoorde tot de befaamde Amsterdamse verzetsgroep CS6. Samen beraamden zij een plan. De mensen van CS6 zouden de Hillesums eerst begeleiden naar de Doopsgezinde Kerk aan de Singel, waar zij als Joden vrij naar binnen mochten lopen. 'Vanwege zijn Joodse uiterlijk kon de rector niet zonder ster de straat op,' verklaarde Van Drooge later. Vervolgens zouden de Hillesums 's nachts op de Singel aan boord gaan van een schip dat heen en weer voer tussen Amsterdam en Workum. Eenmaal in Friesland, kon San van Drooge de familie Hillesum opvangen en met behulp van het verzet verder helpen.

Dominee Van Drooge werd door Riva, Louis en Mischa hartelijk ontvangen in hun kleine woning aan de Retiefstraat. Al snel legde hij zijn plan voor. Riva had er direct oren naar. Ook Mischa stond open voor een ontsnapping naar Friesland. Maar Louis wees het voorstel vriendelijk maar beslist af.[70]

'We kunnen niet onderduiken vanwege Etty,' zei hij. 'Als wij verdwijnen, wordt Etty ter vergelding direct opgepakt. Ik wil haar niet in gevaar brengen. Zij zal nooit onderduiken.'

Het werd San van Drooge duidelijk dat Etty niet op andere gedachten te brengen zou zijn. En dat zijn vroegere rector volledig achter zijn dochter stond.

‘Je hebt Etty toch gekend?’ vroeg Louis. ‘Je weet hoe werelds, hoe wuft en speels ze was. Ze is nu anders geworden, zo ernstig en vergeestelijkt. Het ontroert me diep om te zien hoe zij zich helemaal in dienst stelt van de armsten en oudsten van ons volk.’[71]

San van Drooge luisterde. ‘Het is geen gemakkelijk bestaan voor u,’ zei hij ten slotte, om toch iets te zeggen.

‘Och, we hebben het hier naar omstandigheden niet slecht,’ antwoordde Hillesum, op de luide toon die hem eigen was omdat hij zo slecht hoorde. ‘Ik kan nog vrij op straat lopen, de zon schijnt.’

Het hadden Etty’s woorden kunnen zijn.

Louis Hillesum vertelde niet dat hij inmiddels ook weer aan het werk was. Op 15 april had hij een betrekking gekregen aan het Extranei-Lyceum voor jonge medewerkers van de Joodse Raad, waar hij negen uur per week klassieke talen doceerde. Het beviel Louis goed om weer les te geven over Caesar, Ovidius en de Odyssee, aan kleine groepen waarvoor hij geen ‘politiedienst hoefde te verrichten’.[72] Bovendien was hij door zijn functie nu ook op persoonlijke titel beschermd. ‘Gesperrt wegens: functie’, stond er op zijn kaart van de Joodse Raad.

‘Bent u niet bang voor de Duitsers?’ vroeg San van Drooge bij het afscheid.

‘Nee, die kunnen mij niets doen.’

‘Ik herinner me nog dat u wel bang bent voor honden.’

Louis begon te lachen. Zijn leerlingen hadden ooit een lelijke streek met hem uitgehaald door een keffend hondje in de school los te laten. Hij was direct een lokaal in gevlucht.

‘Ja, gek hè. Voor honden ben ik doodsbang, maar de Duitsers vrees ik niet.’

San van Drooge ging naar huis. Terwijl hij langs de Amstel liep, dacht hij aan zijn oude rector. Hij was ontroerd. En hij dacht: is dat nu dat kleine Jodenmannetje dat voor alles angst leek te hebben? Wat heeft díé man een moed.[73]

—

Etty wíst dat het moment zou komen.

Op vrijdag 21 mei 1943, een prachtige lentedag, gaven de Duitsers de Joodse Raad-voorzitters opdracht zevenduizend medewerkers aan te wijzen die als 'overtallig' konden worden beschouwd. Zij dienden zich de week erna te melden voor vertrek naar Westerbork.

'Nu ging dus de JR zelf eraan,' wist secretaresse Mirjam Levie direct.[74]

De ontzetting op de burelen van de Joodse Raad was groot. Moesten ze hieraan meewerken? Hun eigen collega's, ouders, vrienden selecteren voor deportatie? De transportlijsten waren altijd gemaakt door de Zentralstelle. Nu moesten de medewerkers van de Joodse Raad voor het eerst zelf lijsten met namen samenstellen.

Mirjam Levie was een zenuwinzinking nabij: 'Ik heb verschrikkelijk gehuild, omdat ik wist dat het mis met ons zou gaan en omdat ik het zo ontzettend vond dat de Joodse Raad zich weer voor dit beulswerk liet gebruiken, in plaats van te zeggen: het is nu toch afgelopen, stik maar verder.'[75]

De voorzitters van de Joodse Raad, Asscher en Cohen, hadden tot medewerking besloten omdat zij ervan overtuigd waren dat zij, indien ze weigerden, helemáál aan de grillen van de nazi's waren overgeleverd en niets meer voor hun lotgenoten konden doen. Wanneer de Joodse Raad de lijsten zelf samenstelde, kon er bovendien voor gezorgd worden dat 'zij die voor de organisatie onmisbaar waren, behouden konden worden', zoals David Cohen het later in zijn memoires verwoordde.[76]

'Natuurlijk moet men elk leven van evenveel waarde achten,' legde Cohen uit, 'maar een leven dat waarde heeft ook voor een ander, moet in tijden van oorlog meer beschermd blijven dan het leven van hen, dat alleen voor henzelf belangrijk is. Dit is een harde wet, die echter door hen die de oorlog veroorzaken is bepaald, niet door hen die op een post zijn gesteld waar zij alleen uitvoerders zijn.'[77]

In de praktijk betekende dit dat mensen als Mirjam Levie

‘alle privégevallen van de hoge heren van de (voorlopige) oproeplijst moest schrappen. [...] Ik kreeg gewoon een lijst van de vriendjes en moest onderzoeken of die opgeroepen zouden worden en zo ja, dan moesten ze geschrapt.’[78]

Ook Etty kreeg met dit gemarchandeer te maken. In eerste instantie hoorde ze bij de groep Joodse Raad-medewerkers die direct werden aangewezen voor deportatie. Op 24 mei kreeg zij een oproep dat zij zich een dag later moest melden voor transport naar Westerbork. Etty was al begonnen met inpakken, toen er een halve dag later een nieuw bericht kwam: de oproep was een ‘vergissing’ geweest.

‘Ik vond dat een merkwaardige uitdrukking,’ schreef Etty op 28 mei aan haar vriend Osias. ‘Een “vergissing”. Alsof het voor alle anderen dan geen vergissing was geweest.’[79]

Overigens was het de Joodse Raad bij lange na niet gelukt om de gevraagde zevenduizend medewerkers op te trommelen. Op 25 mei stonden er slechts zo’n zestienhonderd mensen met hun bagage klaar bij de verzamelplaats aan de Polderweg in Amsterdam-Oost. De Duitsers hielden daarom een dag later een grote razzia in de Joodse buurt. De hele wijk werd uitgekamd, straat voor straat, huis voor huis. Alle opgepakte Joden, zo’n drieëndertighonderd in totaal, werden met trams naar station Muiderpoort gebracht, vanwaar zij met verschillende treinen naar Westerbork werden gedeporteerd.

Steeds meer huizen in de vroegere Joodse wijken waren dichtgetimmerd – na eerst te zijn leeggehaald. Er ontstonden spookwijken, zonder leven of ziel; gele sterren zag je nog nauwelijks op straat.

Etty begreep dat ook haar tijd gekomen was. Op het Museumplein voor haar huis waren de Duitsers begonnen met het aanleggen van verdedigingswerken, nu hun leger aan de verliezende hand was. Er werden prikkeldraadversperringen opgeworpen en bunkers gebouwd.[80] De nazi’s groeven zich in en maakten haast met de Endlösung.

‘Ik denk dat we elkaar weer snel zien,’ schreef ze op 28 mei aan Osias. ‘De liquidatie van de Joodse rest voltrekt zich nu in snel tempo.’[81]

Ze had gehoord dat er vijftien 'vrijwilligers' voor Westerbork gevraagd werden omdat er vijftien collega's van de Joodse Raad met verlof naar Amsterdam kwamen. 'Vanzelfsprekend zal ik mezelf melden, en ik moet maar afwachten of men mij gebruiken kan, want ik vertegenwoordig een nogal vreemde, nihilistische branche.'[82]

Innerlijk was Etty zo bereid als ze maar kon zijn. In het boekje *Levenskunst*, dat ze van Tide voor haar verjaardag had gekregen, had zij bij het thema 'dienen' een treffend citaat uit Mattheüs opgenomen, het evangelie waaruit zij al veel citeerde in de laatste maanden dat zij een dagboek bijhield. Etty vond steun en vertrouwen in Mattheüs; de woorden sterkten haar in de overtuiging dat het, uiteindelijk, allemaal niet om haarzelf ging, om dat vermaledijde 'ik', maar altijd om het grotere geheel, waarmee zij zich onlosmakelijk verbonden voelde:

> Want zo wie zijn leven zal willen behouden, die
> zal het verliezen; maar zo wie zijn leven
> verliezen zal om mijnentwil, die zal het vinden.
>
> Want wat baat het een mens, zo hij de
> gehele wereld gewint, en lijdt schade zijner ziel?
> (Mattheüs 16: 25-26).[83]

—

Op zaterdagavond 5 juni liet Etty een gehaast briefje achter voor haar huisgenote Maria Tuinzing, die op dat moment bij haar ouders in Wageningen op bezoek was. De volgende dag zou Etty naar Westerbork vertrekken. Er kon niets meer tussenkomen. Haar rugzak stond al gepakt. Het was laat en ze was doodmoe. Maar Etty móést nog iets belangrijks kwijt aan Maria. Ze had geprobeerd haar op te bellen in Wageningen, maar dat was niet gelukt.

Maria Tuinzing huurde sinds een jaar een kamer bij Wegerif, en Etty was in die korte tijd zeer gesteld geraakt op de 35-jarige vrouw. Zij werkte als verpleegster in Amsterdam en had, volgens de mensen die haar hebben gekend, een zeldzaam aardig en betrouwbaar karakter. Of zoals haar pleegzoon het later verwoordde: 'Maria was lief, zorgzaam, opgewekt, kordaat; kortom een engel in menselijke gedaante.'[84]

Het was ongetwijfeld om deze reden dat Etty had besloten haar dagboek, dat inmiddels uit meer dan tien schriften bestond, aan Maria toe te vertrouwen. Ze was ervan overtuigd dat ze zou terugkomen, maar mocht dat onverhoopt toch níét het geval zijn, dan moest iemand zich over haar dagboek ontfermen. En wie anders in huis kon dat zijn dan Maria? Pa Han zou weleens aanstoot kunnen nemen aan alles wat zij geschreven had, allereerst over Spier. Maar Maria's naam had zij in haar dagboek slechts één keer, en dan nog terloops, genoemd. Bij Maria zou haar dagboek in goede handen zijn.

Etty en Maria hadden er al over gesproken, zo bleek uit Etty's briefje.

'Je vraagt om een dagboek – omdat jíj het bent, ik laat zo een onnozel schrift achter, er staat zoveel rommel in, indiscrete vrouw!'[85]

De afspraak was, vertelde Maria later, dat wanneer Etty niet zou terugkomen, zij de dagboeken aan Klaas Smelik zou geven, de enige schrijver die Etty kende. Klaas Smelik beschikte over contacten in de uitgeverijwereld en zou dan kunnen proberen de dagboeken te laten publiceren.[86]

Etty was doodmoe, schreef ze aan Maria. Sinds ze twee dagen eerder te horen had gekregen dat ze tóch vertrekken moest, had ze geen moment rust meer gehad. En helemaal gezond was ze nog steeds niet.

'Mijn oogjes vallen dicht en wat is er toch veel te doen aan zo een rugzak. Ik neem geen afscheid van je, we gaan immers niet echt van elkaar weg,' besloot Etty haar briefje.[87]

'Etty vertrouwde zeer positief op terugkeer,' wist Maria Tuinzing na de oorlog te vertellen.[88]

Op zondag 6 juni trok Etty voor de allerlaatste keer de deur van de Gabriël Metsustraat achter zich dicht. Ze reisde met een groepje collega's van de Joodse Raad met een gewone trein naar Assen. Vandaar zouden ze met een vrachtwagen verder worden gebracht naar Westerbork.

De trein maakte een tussenstop in Hilversum, waar de Smeliks woonden. Johanna wist dat Etty naar Westerbork ging en in welke trein zij zat. Samen met haar vader fietste ze naar het station, om Etty op het perron nog snel goeiendag te kunnen zeggen.

'Het was verschrikkelijk,' herinnerde Johanna zich. Het geluid van de trein, de stoom, de veel te zware rugzak, en Etty's bleke, vertrokken gezicht, duidelijk nog ziek.

Kom deze keer alsjeblieft niet terug, had Johanna gedacht. Nog een afscheid kan ik niet aan.[89]

16
Vitamine R

Het zeildoek van de vrachtwagen die Etty van Assen naar Westerbork bracht, was lek. De regen viel met bakken uit de hemel en ze kwam doornat aan in het kamp. Voor het eerst werd haar bagage gecontroleerd door de marechaussee, een teken dat de bevoorrechte positie van Joodse Raad-medewerkers onder toenemende druk stond. Etty's kleine rieten koffertje met daarin de Koran en de Talmoed moest ze openmaken, haar rugzak 'zo groot als een huis' werd ongemoeid gelaten.[1]

Doodmoe probeerde Etty 's avonds wat te slapen op een stapelbed dat haar werd toegewezen, in een barakhuisje voor Joodse Raad-medewerksters dat het midden hield tussen 'een klein pakhuis en een boudoir'. Er stonden bloemen op de vensterbank, employees schuifelden rond in lange, zijden peignoirs. Eén dame zette een spiegel tegen Etty's boterdoos en ging zich een halfuur met haar wenkbrauwen bezighouden. Allerwonderlijkst allemaal, vond Etty. Midden in de nacht bleek dat een collega aanspraak maakte op haar slaapplaats. Zo lag Etty plotseling in bed met 'een kippige juffrouw met een pikzwarte snor' op wie zij al nooit erg dol was. Lang duurde die 'piquante situatie' gelukkig niet, want al om vier uur moest ze weer opstaan. Nog nauwelijks zelf in Westerbork gearriveerd, kreeg Etty opdracht te assisteren bij de binnenkomst van een groot transport uit Vught.[2]

Het was maandagochtend, 7 juni 1943. Etty liep door plassen en modder naar het spoor dat het vierkantige kamp dwars doormidden sneed. Alles was nog donker en stil; de gevangenen moesten op dit tijdstip in hun barakken blijven. Precies om

4.22 uur kwam de transporttrein binnenrijden. Er zaten zo'n zestienhonderd mensen in de goederenwagons, vrijwel alleen vrouwen en kinderen, dicht op elkaar gepakt.[3] Ze waren een dag eerder volkomen onverwacht op transport gezet vanuit kamp Vught, het enige SS *Konzentrationslager* in Nederland.

Kamp Vught bestond pas sinds begin 1943, en was gebouwd voor de internering van zowel Joodse als politieke gevangenen. De SS-leiding wilde van *Konzentrationslager Herzogenbusch* uiteindelijk een modelwerkkamp maken, en de vele Joodse kinderen zaten die ambitie in de weg. Op zaterdag 5 juni werd daarom verordonneerd dat alle kinderen tot zestien jaar, zo'n duizend in totaal, het kamp direct moesten verlaten. Om te beginnen, op zondag, de kleintjes tot vier jaar met hun moeders, en een dag later alle andere kinderen met één ouder. Het was een totale chaos geworden. Gezinnen werden uit elkaar gerukt, moeders gilden van angst en ontzetting, vaders die buiten het kamp werkten, konden geen afscheid meer nemen van hun kroost.[4]

Etty werd die ochtend getuige van de grootste en misschien ook wel gruwelijkste deportatie in de geschiedenis van Westerbork: de Kindertransporten uit Vught.

'Van 4 tot 9 heb ik met kleine huilende kinderen gesjouwd en bagage gedragen voor uitgeputte vrouwen,' schreef Etty al een paar uur later in een rondzendbrief aan pa Han en andere vrienden. Alleen al haar bibberende handschrift verried welke indruk de misère op haar had gemaakt. De vrouwen en kinderen uit Vught, die vanwege de slechte omstandigheden in het SS-kamp vaak al ziek en ondervoed waren, hadden een reis van meer dan tien uur achter de rug in kale goederenwagons. Er was hun voorgehouden dat ze naar een speciaal 'kinderkamp' in Nederland zouden worden gebracht. Maar nu waren ze in Westerbork beland, het voorportaal van Polen, en kon niemand, ook Etty niet, hun vertellen hoe het verder zou gaan. De ontzetting onder de vrouwen was groot. 'Het was hard en hartverscheurend.'[5]

De volgende nacht kwam er weer een kindertransport aan uit Vught, en was Etty opnieuw vanaf vier uur bezig met het dragen van 'zuigelingen en bagage'. Kinderen huilden, wanhopige moeders spraken haar aan. Etty wees de vrouwen de weg naar de registratie en de barakken; een urenlange helletocht van steeds langer wordende rijen.

'Ik sprak vanmorgen 5 minuten een vrouw, die uit Vught kwam en die me in 3 minuten haar belevenissen van de laatste tijd vertelde. Wat kan er in een paar minuten toch veel gezegd worden. Toen ze bij een deur kwam, waardoor ik niet meer mee mocht, omhelsde ze me en zei: "Ik dank U voor de steun die U me gegeven hebt."'[6]

Etty had uitgekeken naar haar terugkeer in Westerbork, maar werd overweldigd door de 'grootscheepsche ellende'. Het kamp had haar binnen een dag compleet opgeslokt, schreef ze aan pa Han. 'Ik ben hier al weer honderd jaar.'[7]

Tijdens haar maandenlange afwezigheid waren er in Westerbork nóg meer barakken bijgebouwd. Een rustig stukje heide waar ze even kon zitten om tot zichzelf te komen, was nauwelijks meer te vinden. Toch was ze 'blij' dat ze er weer was. Ze had haar vriend Osias Kormann teruggevonden, die haar 'bijna uitmoordde van pleizier', en trof overal oude bekenden, ook van haar ouders. 'Hartelijke begroetingen, op bijna iedere stap in het kamp.'[8]

Wat Etty níét naar huis schreef, was dat ze na het opvangen van de vrouwen en kinderen uit Vught totaal van slag was geweest. De econoom Friedrich Weinreb was een bekende van Etty.[9] Tijdens de Kindertransporten lag hij in het ziekenhuis van Westerbork. In zijn memoires beschreef Weinreb hoe geschokt de kampbewoners die dag waren. En ook zijn nieuwe kennis Etty lieten de dramatische taferelen niet onberoerd:

'Toen kwam Etty Hillesum met haar telegrammentas – en die kon niets vertellen, alleen maar huilen. Zij zat op een stoel, tussen het bed van Weyl en het mijne en had haar gezicht in een zakdoek.

Loonstijn riep: "Juffrouw, hou nu op, we hebben al zorgen genoeg, we moeten geen klaagvrouwen hebben."

Het hielp een beetje, want Etty begon nu toch wat te vertellen. Zij vertelde, dat er ook redelijk gezonde mensen bij waren, die er niet zo slecht uitzagen.

"Die zijn dan zeker van de Joodse Raad of van de registratie dáár," wierp men tegen.

Maar zij vertelde, zeker om de tranen-entree wat te compenseren, dat er ook mensen bij waren die lachten, die hoop hadden nu ze uit Vught weg waren. Doch al gauw begon zij weer te huilen. We lieten het maar en het deed wel goed, dan hoefde je tenminste zelf niet te huilen.'[10]

Op dinsdagochtend 8 juni zag Etty hoe de 1350 vrouwen, 613 mannen en 1051 kinderen uit Vught verder werden gedeporteerd. Velen van hen waren pas een paar uur eerder in Westerbork aangekomen. Nog nooit was de trein zó lang geweest.

Etty had een rustig plekje gevonden in een uithoek van het kamp om te schrijven. Ze zat in de zon, onder een prachtig blauwe hemel, tussen wat laag struikgewas. De trein was al volgeladen, de deuren gingen dicht. Ze klom op een kist om het aantal wagons te tellen en kwam tot 35, maar ze vergiste zich. In werkelijkheid waren het er liefst 46; het grootste transport van Joden uit Nederland. Uit de openingen in de wagons staken handen, 'die zwaaiden, net als bij drenkelingen'. De bestemming was Sobibór in Oost-Polen – maar dat wisten ze nog niet.

'De locomotief geeft een vreselijke gil, het hele kamp houdt de adem in, er vertrekken weer 3000 Joden. [...] De lucht is vol vogels, de paarse lupinen staan daar zo vorstelijk en vredig, op die kist zijn twee oude, keuvelende vrouwtjes gaan zitten, de zon schijnt op m'n gezicht en vlak voor onze ogen geschiedt een massamoord, het is zo onbegrijpelijk alles.'[11]

Massamoord, schreef Etty. Alsof ze wíst dat niemand van de gedeporteerden het vernietigingskamp Sobibór zou overleven. Maar zo duidelijk was het voor Etty niet, óók niet in de zomer van 1943. Ze begreep wel dat de zwakkeren – zieke kinderen, bejaarden – weinig kans maakten de dagenlange treinreis of de ongetwijfeld barre omstandigheden in het 'werkkamp' te overleven. 'Verschillende babies met longontsteking liggen daar in de goederenwagens,' noteerde ze ontzet.[12] Maar dat er in het oosten wérkelijk een massamoord plaatsvond, een industriële vernietiging van mensenlevens, daarvan had ze geen idee.

Het verhaal dat Klaas Smelik haar had verteld over massale vergassing geloofde Etty niet. Ze hield er terdege rekening mee dat zijzelf de ontberingen van het werkkamp niet zou overleven, en was bereid de consequentie van haar keuze te aanvaarden. Maar tegelijkertijd gaf ze zichzelf nog wel een kans, hoopte zij nog te kunnen getuigen van alles wat zij in het oosten zou ervaren, en moest ze ook nog in 1943 erkennen dat ze eenvoudigweg niet wist wat haarzelf en haar lotgenoten te wachten stond. 'Reeds honderdduizend van onze rasgenoten uit Holland zwoegen onder een onbekende hemel of liggen te rotten in een onbekende aarde. Wij weten niets van hun lot.'[13]

Etty stond in die onwetendheid niet alleen, integendeel. Zelfs haar verzetsvrienden in het kamp, zoals Werner Stertzenbach, zouden later vertellen dat ze weliswaar het ergste vermoedden, en zeker niet geloofden in een Arbeitseinsatz voor baby's en bejaarden, maar dat zij evengoed geen idee hadden van wat er werkelijk gebeurde in Polen met de vele mensen die zij hadden zien vertrekken.

Het verzetsgroepje van Stertzenbach bezat een illegale radio, die ze verstopt hadden in het crematorium. Ze luisterden geregeld naar de BBC. Begin 1943 was er een uitzending waarin melding werd gemaakt van Joden die zouden zijn omgekomen door gifgas in de deportatietreinen.

'Dat kan niet, dat is propaganda,' hadden Stertzenbach en zijn vrienden tegen elkaar gezegd.

Sommigen twijfelden. Werd iedereen werkelijk direct en massaal de dood in gejaagd? Maar die zogenaamd vergiftigde treinen: die kwamen in elk geval elke keer weer gewoon terug. Dat konden zij zelf vaststellen. Soms vroegen ze gedeporteerden om briefjes in de trein achter te laten, op van tevoren afgesproken, verborgen plaatsen.

'We zijn gearriveerd!' stond erop. 'Alles goed!' Meer niet.[14]

Etty kreeg vier ziekenbarakken toegewezen om in te werken. Ze moest nagaan of er mensen lagen die levensmiddelen of bagage uit het achterland nodig hadden. 'Ik ben zielstevreden,' schreef ze aan Maria Tuinzing. Op eenvoudige wijze kon ze het de mensen wat lichter maken. Ze ging van bed naar bed, van *Fürsorge* naar postkamer en weer terug. Praten, luisteren, troosten, regelen, helpen. 'Het heerlijke is, dat ik nu vrije toegang heb tot het gehele complex der ziekenbarakken, op bijna ieder uur van de dag.'[15]

Etty liep dagelijks heel wat rondjes in het kamp, zoals eigenlijk iedereen op die halve vierkante kilometer voortdurend onderweg was, als mieren die hun eigen, ondoorgrondelijke wegen volgden. 's Avonds ging ze geregeld wandelen met de journalist Philip Mechanicus, met wie zij die zomer van 1943 in korte tijd goed bevriend raakte. Ze liepen dan liefst samen over een dorre, smalle strook land achter de strafbarakken, tussen het prikkeldraad dat die barakken omgaf en de kampgracht. Er kwamen weinig mensen in deze stille uithoek van het kamp, en ze konden er ver over de heide kijken.[16]

'Grote wandeling gemaakt langs de rand van het kamp samen met een jong, intelligent meisje dat uit vrije wil hier is,' schreef Mechanicus na zo'n ommetje met Etty in zijn dagboek. 'Genoten van het weidse uitzicht en de opgestapelde zomerwolken in de blauwe hemel.'[17]

De 54-jarige Philip Mechanicus was een energieke, aantrekkelijke man, met zwart, krullend haar, een lenig, lang lijf en een kwieke pas.[18] Voordat hij in 1941 vanwege zijn Joods-zijn werd ontslagen, had hij jarenlang gewerkt als verslaggever voor het *Algemeen Handelsblad.* Opgegroeid in een groot, arm Joods gezin, was hij een typische selfmade man, die zich van de administratie van het sociaaldemocratische dagblad *Het Volk* had opgewerkt tot een gerenommeerd journalist. Hij schreef enige tijd voor verschillende kranten in Nederlands-Indië en was vanaf 1920 buitenlandredacteur van het *Algemeen Handelsblad,* waar hij naam maakte met opzienbarende reportages uit onder meer

Rusland en Palestina. Voor zijn reizen naar de Sovjet-Unie had hij Russisch geleerd, wat Etty ongetwijfeld zal hebben aangesproken. Mechanicus was een scherp observator, die zich bij een groot lezerspubliek populair had gemaakt door zijn heldere analyses en commentaren. Als chef Buitenland publiceerde hij vanaf 1936 in het *Algemeen Handelsblad* dagelijks een 'dagoverzicht', waarin hij de politieke ontwikkelingen in Europa op de voet volgde.

In september 1942 was Mechanicus in de Amsterdamse Van Woustraat gearresteerd omdat hij geen gele ster droeg, nadat hij was verraden door twee passerende NSB'ers.[19] Hij belandde als strafgeval in het beruchte kamp Amersfoort, waar hij zware mishandelingen te verduren kreeg. Begin november 1942 werd hij 'in stukken en brokken' Westerbork binnengedragen, zoals Etty het formuleerde.[20] Mechanicus werd direct opgenomen in het ziekenhuis. Dankzij zijn reputatie en goede relaties, was het hem gelukt om zijn verblijf in de ziekenbarak voortdurend te verlengen – en zo voorlopig aan verdere deportatie te ontkomen.

In de eerste maanden van 1943 begon Mechanicus aan een dagboek, waarin hij bijzonder nauwgezet en met groot gevoel voor detail verslag deed van het leven in het kamp.[21] 'Ik heb het gevoel alsof ik als officieel reporter een schipbreuk versla,' schreef hij. 'Wij zitten samen in een cycloon, voelen langzaam het lekgeslagen schip zinken en trachten nog een haven te bereiken, maar deze haven lijkt ver weg.'[22]

Er zaten wel meer Joodse journalisten vast in Westerbork. Maar weinigen van hen konden de moed opbrengen om dagelijks de pen op te pakken en verslag te doen van de ellende waarin zij zich bevonden. Het kostte al genoeg energie om jezelf staande te houden in het kamp. 'De omstandigheden in Westerbork waren zó bizar, dat alle normale gevoelens op den duur verdreven werden door het oerinstinct om te overleven,' vertelde een van hen. 'Ik had in het kamp daarom nooit de drang om te schrijven.'[23]

Mechanicus beschikte over een bewonderenswaardig doorzettingsvermogen. Hij wilde per se blijven werken en getuigen.

Elke dag las hij aan Etty voor wat hij geschreven had. Voor Etty was het inspirerend om op te trekken met een man die het schrijven net zo serieus nam als zijzelf. De journalistieke manier van werken – Mechanicus ging geregeld met een notitieblok op onderzoek uit – was haar vreemd, maar ze onderkende al snel de waarde ervan. 'Hij registreert trouw en precies, bijna ambtenaarachtig het gebeuren hier.'[24]

Etty had lang gedacht dat goed schrijven bestond uit de kunst om in één kloeke zin de essentie van alles samen te vatten. Een ambitieuze, maar ook vrij onmogelijke opdracht, die vaak een verlammende uitwerking op haar had gehad. Van Mechanicus leerde ze dat documentair schrijven vooral een kwestie was van goed observeren; van gevoel voor het concrete detail en het zo nauwkeurig mogelijk, beeldend weergeven van wat zij zag en ervaarde.

Vaak zochten Philip en Etty samen een plek op om te schrijven. Bijvoorbeeld in de ziekenhuiskantine, met z'n 'klapperende, kleine vensters' en uitzicht op een zanderig landschap met lage heesters. 'Tegenover me aan de ruwhouten tafel kauwt Mechanicus op z'n vulpen: We kijken elkaar eens aan over onze volgekrabbelde velletjes. [...] "Het is te machtig," zegt hij opeens. "Ik kan heus wel een beetje schrijven, maar hier sta ik voor een afgrond – of voor een berg, het is te machtig."'[25]

Het werden dierbare en belangrijke momenten voor Etty. Voor het eerst had ze een vriend met wie ze kon delen wat zij het allerliefste deed: schrijven. Ze moedigden elkaar aan en hielden elkaar scherp. 'Men sluit hier vriendschappen, die toereikend zijn voor enige levens tegelijk.'[26]

—

Wanneer Etty aan het werk was, droeg zij de witte band van de Joodse Raad om haar arm. Zo kreeg zij toegang tot plekken waar anderen niet mochten komen, zoals het ziekenhuis, de strafbarak, of het gebied rond de trein ten tijde van een transport. Door haar witte band werd Etty vaak aangehouden. 'Iedereen klampt zich aan je vast en smeekt: "Ik hoef toch zeker niet mee op transport hè? Kunt u niks voor me doen?"'[27]

Negatieve reacties kreeg Etty ook. De medewerkers van de Joodse Raad waren niet geliefd in Westerbork. Veel gevangenen zagen hen als handlangers van de Duitsers, die meehielpen bij de deportaties en door hun Sperre allereerst zichzelf probeerden te redden. Etty schreef nooit iets over haatdragende opmerkingen. Maar haar collega Mirjam Levie verwoordde de diepgekoesterde wrok tegen de Joodse Raad heel duidelijk: 'Het is beroerd dat binnen de Joodse gemeenschap deze ontzettende haat heerst. Want het betreft allemaal mensen die in hun leven geraakt zijn, doordat familie weggehaald is, door toedoen van "die verraders", zoals zij zeggen.'[28]

Etty wist dat ze op een dag zelf naar Polen zou moeten gaan. Ze wilde in Westerbork blijven om nog zo veel mogelijk anderen te kunnen helpen. Die overtuiging hield haar op de been. Ze onttrok zich door haar werk voor de Joodse Raad niet aan haar lot, meende ze. Ze stelde het vertrek naar Polen alleen uit, omdat zij er nog zo lang mogelijk voor anderen wilde zijn.

Maar ook dat helpen werd niet door iedereen gewaardeerd.

De latere schrijver Gerhard Durlacher was veertien jaar oud in de zomer van 1943. Hij bivakkeerde met zijn ouders, Arthur en Erna, in barak 41, waar ook Etty een tijdlang woonde. Barak 41 was een wat oudere barak met verschillende huisjes; een oase van privacy vergeleken bij de grote barakken elders in het kamp. De Durlachers deelden hun huisje met Herbert Kruskal, die weer een goede kennis was van Etty. De jonge Gerhard zag Etty vaak bij Kruskal. Ze zat dan intensief met hem te praten. Wanneer Gerhard erlangs moest – hij kon alleen via het kamertje van Kruskal naar buiten – keek Etty wat geïrriteerd op, duidelijk gestoord in haar diepe gesprek.[29]

De Durlachers kenden Etty verder niet persoonlijk. Toch zou Gerhard later scherpe herinneringen aan haar bewaren, en niet alleen omdat hij haar als opgroeiende jongen 'een knap mens' vond. Gerhards vader had een uitgesproken mening over Etty, en deelde deze opvatting met zijn zoon. Arthur Durlacher werkte in de grote barakken. Vlak voor een transport zag hij Etty er vaak rondzwerven. Ze probeerde de mensen die weg moesten te troosten, nog een goed gesprek te voeren. Maar volgens vader Durlacher had het praten vaak een averechts effect.

De jonge Gerhard ervaarde dat zelf ook zo. 'Ik heb een keer gezien dat Etty een vrouw wilde troosten, maar die vrouw kreeg zo'n huilbui door al dat gepraat en getroost, dat ze in tranen op transport ging. De meesten van ons sloten zich af om te overleven, moet je begrijpen, en als dat verdedigingsschild dan door een emotioneel gesprek plotseling werd afgebroken, wist je je geen raad meer. Etty hielp, zeker, maar soms ook ontnam ze de mensen hun zelfbescherming. Ik weet niet of zij hen daarmee altijd een dienst heeft bewezen.'[30]

Gerhards vader had om die reden een bloedhekel aan Etty. 'Hij zei: "Ze maakt die mensen doodongelukkig en hysterisch van angst met haar gevoeligheid."'

Etty handelde uit 'de goedheid des harten'. Dat zag Gerhard Durlacher wel. Het was oprecht haar ideaal om zich met haar lotgenoten te identificeren en mee te gaan naar Polen. Je moest dat in het licht van de tijd zien, vond hij. Mensen dachten anders, meer vanuit het collectief. Etty was bovendien een romantica tot en met, ze was een beetje 'schwärmerisch', en zo kreeg ze die ideeën over opoffering en het lot delen.

Voor Durlacher had Etty's opstelling iets hysterisch en getuigde het van een 'koortsig mensbeeld'. Eén met God, één met al. 'Het kwam extatisch en opgewonden over.' Maar er was geen 'vervalsing' bij, benadrukte hij, geen hypocrisie. 'Zij had haar eigen, bijna mystieke bestemming.'[31]

—

Op zondagochtend 20 juni 1943 reden er in alle vroegte luidsprekerwagens door Amsterdam-Zuid en de Transvaalbuurt. Alle Joden werden opgeroepen hun bagage te pakken en zich te verzamelen; hele wijken werden hermetisch afgesloten. Er was geen ontkomen meer aan. De razzia van 20 juni werd de grootste ooit in Amsterdam gehouden. In één dag werden meer dan vijfduizend mensen opgepakt; de laatste grote groep Joden die zich nog in de hoofdstad bevond. Ook Louis, Riva en Mischa Hillesum werden nu uit hun huis gejaagd. Evenals Etty's goede vrienden Liesl en Werner Levie met hun twee dochters, Mirjam en Renate.

De kleine Mirjam Levie was pas vijf jaar oud, maar zou zich die dag later nog scherp herinneren. Het blikken geluid van de megafoons in de Watteaustraat; de ingehouden paniek in huis. Haar moeder had nog gehaast een knoop aan een jas gezet en liet daarna haar naaidoos open op tafel staan. Haar keurige moeder, die altijd alles opruimde! Ze kreeg een boterham met het laatste gebraden gehakt in haar handen gedrukt. 'Ga ook nog maar snel naar het toilet,' zei haar moeder. En zo belandde ze met haar boterham op het toilet – iets wat anders nóóit mocht. Ze trokken twee lagen kleding over elkaar aan, zodat zij zo veel mogelijk kleren konden meenemen. Hun rugzakken stonden al klaar.[32]

Vroeg in de ochtend vielen een Nederlandse en een Duitse politieman het appartement van de Levies binnen; het huis waar Etty zich altijd zo welkom had gevoeld en waar zij zo vaak had gelogeerd.

'*Raus, raus*!' riep de Nederlander.

Maar de Duitse politieman zei: 'Neemt u de boter ook maar mee, en die deken, want het wordt koud.'

In het trappenhuis stopte de Nederlandse politieman voor de deur van de familie Polak, die onder de Levies woonde.

'Hier wonen ook nog Joden.'

'Nee hoor, die zijn allang gehaald,' zei Liesl.

Zo redde ze nog vier mensenlevens.[33]

Bepakt en bezakt liepen ze naar het Olympiaplein, waar iedereen zich moest verzamelen.[34]

Het was een stralende zomerdag; de Levies kregen het snikheet in hun dikke winterkleren. Ze moesten vele uren wachten op het plein, dat onder meer dienstdeed als sportpark. De Joden waren er bijeengedreven op de atletiekbaan, waar zij op de tribunes in de volle zon zaten, terwijl er iets verderop door niet-Joodse Nederlanders werd gesport alsof het een zondag was als alle andere. David Cohen, de voorzitter van de Joodse Raad, kwam poolshoogte nemen, hij probeerde nog vrijstellingen te regelen, maar al zijn verzoeken werden afgewezen.[35]

Iedereen moest die dag mee. Oók degenen met een Sperre van de Joodse Raad, zoals de Levies, of mensen die een aanvraag hadden lopen, zoals de Hillesums, die nog altijd probeerden met Mischa in Barneveld geplaatst te worden. Het hielp allemaal niets meer; Amsterdam moest zo snel mogelijk Judenrein worden verklaard.

'Zeker was er uit Duitsland bevel gekomen om een grote groep naar het Oosten te zenden en men wilde blijkbaar niet het gevaar lopen dat door toegeeflijkheid deze te klein zou zijn,' schreef David Cohen in zijn memoires over de razzia van 20 juni. 'Er waren velen onder de gearresteerden die voor de Joodse gemeenschap onmisbaar moesten worden geacht.'[36]

Werner Levie zag Abraham Asscher over het Olympiaplein lopen, de andere voorzitter van de Joodse Raad.[37] Asscher herkende Werner en groette hem.

'Levie!' riep hij. 'We doen voor jullie wat we kunnen!'

'Ja,' riep Werner luid terug, 'en dat zal niet genoeg zijn!'

De tienjarige Renate schrok ervan. Hoe kon haar vader zo brutaal zijn tegen mijnheer Asscher, zo'n hooggeplaatste man? Maar haar moeder stelde haar gerust.

'Papa weet gerust wel wat hij zegt,' zei ze.[38]

Werner Levie was woedend. Alles wat hij al jaren eerder had voorspeld, was uitgekomen. Hij had de voormannen van Joodse Raad zo vaak gewaarschuwd. Maar ze hadden zich in de luren laten leggen door de nazi's. En nu was het te laat.

Het liep al tegen de namiddag, toen alle Joden die zich op het Olympiaplein verzameld hadden in trams moesten stappen, die hen naar het Muiderpoortstation zouden brengen. De Levies wisten een bankje te bemachtigen en trokken hun dochters op schoot.

'Hé, daar is Pieter!' riep Liesl ineens.

Pieter Starreveld, die er zo vaak op had aangedrongen dat de Levies zouden onderduiken, was bij het Olympiaplein zijn vrienden gaan zoeken in de menigte. Hij had niet gerust totdat hij hen vond. Via het raam probeerden zij vergeefs nog een paar woorden te wisselen. Toen reed de tram weg. Pieter zwaaide hen nog lang na.

Voor het Muiderpoortstation stond een enorme menigte. De Joden die die dag opgepakt waren, werden in groepjes toegelaten tot de stationshal, waar zij geregistreerd werden en bij NSB'ers hun sleutels moesten inleveren. Ook Louis, Riva en Mischa stonden die avond in het gedrang. De razzia had hen compleet overvallen. Ze hadden het huis aan de Retiefstraat overhaast moeten verlaten. Overal lagen nog spullen en de keuken was niet opgeruimd.[39] Ze waren naar een verzamelplaats aan de Polderweg in Amsterdam-Oost gedreven, en vandaar verder gebracht naar het Muiderpoortstation.

Na eindeloos wachten werden alle opgepakte Joden naar de perrons gejaagd, waar de treinen met goederenwagons al klaarstonden. Veel vrouwen hadden hun beste wintermantels aan en hun mooiste hoedjes op. Aarzelend gingen zij op de smerige, kale plankenvloer zitten.

'De vreselijkheid van de taferelen die zich afspeelden onder de wanhopigen die geen redding meer zagen, laat zich niet beschrijven,' noteerde David Cohen.[40]

—

De hele nacht stond Etty op de uitkijk. Het nieuws over de massale razzia in Amsterdam was al spoedig tot in Westerbork doorgedrongen. Zouden haar ouders in de trein zitten? Mischa, Jaap?

De Levies kwamen het eerst aan, midden in de nacht. Werner had de kleine Mirjam op zijn arm. Renate kon van vermoeidheid nauwelijks op haar benen staan. Etty hielp hen waar zij kon, en wees hun de weg naar de registratiebarak. Renate wilde graag gaan zitten, maar dat kon nergens; ze moesten achteraan in de lange rij aansluiten en kwamen tergend langzaam vooruit.[41]

's Ochtends stond Etty opnieuw langs het spoor. In alle vroegte kwam er weer een trein uit Amsterdam binnen. De wind was gedraaid, het was een stuk killer dan de dag ervoor en het regende. Etty probeerde door de smalle openingen in de goederenwagons te kijken. Plotseling zag ze haar moeders hoed, vaders bril en Mischa's smalle gezicht. Ze begon luid te roepen en haar ouders ontdekten haar. Jaap was er niet bij, zag Etty al snel. Als arts in het NIZ was het hem vooralsnog gelukt in Amsterdam te blijven.

Wéér moest Etty de 'lijdensweg' afleggen die zij eerder met de Levies was gegaan. De plotselinge toevloed van duizenden Joden uit Amsterdam had in het kamp een 'volledige catastrophe' veroorzaakt; de registratie duurde vele uren en in de grote, overvolle barakken was het een 'complete hel'. Er waren niet genoeg bedden voor iedereen, matrassen bij de mannen ontbraken, kinderen waren ontroostbaar.

Tot Etty's grote verbazing hielden haar ouders en ook Mischa zich bijzonder goed. 'Mijn drietal is bewonderenswaardig flink en opgewekt en heeft zelfs nog veel humor.'[42] Terwijl ze urenlang in de regen stonden te wachten, zwaaide haar vader onverwachts met zijn bijbel en las hij uit Jozua: 'Zijt sterk en heb goeden moed.'[43]

Etty nam zich voor haar familie er zo goed mogelijk doorheen te slepen. 'Ik voel me zelf heel krachtig en moedig,' schreef zij aan Christine van Nooten, 'hoewel het je soms helemaal zwart voor de ogen wordt en alles onbegrijpelijk is.'[44]

De komst van haar ouders en de kwetsbare Mischa veranderde alles voor Etty in Westerbork. Ze voelde zich meer dan verantwoordelijk voor hun welzijn en deed haar uiterste best goed voor hen te zorgen, met hulp van de vele mensen die zij inmiddels kende in het kamp.

'Mijn vrouw en Mischa houden zich goed en Etty is incomparable, zonder haar waren we hier verloren,' schreef Louis enkele dagen na zijn komst in Westerbork aan Christine van Nooten.[45]

Was het nog maar twee zomers geleden dat Etty de aanwezigheid van haar familie nauwelijks kon verdragen? Dat Mischa in overspannen toestand het ouderlijk huis in Deventer had verlaten, haar vader 'ga weg dan!' riep en haar moeder alleen maar kon klagen en zeuren over eten?

Paradoxaal genoeg haalde kamp Westerbork het beste in het gezin Hillesum naar boven. Alsof er, nu zij tezamen ten onder dreigden te gaan, eenvoudigweg geen ruimte meer was voor oude kift en irritatie, en zij konden laten zien wie zij óók, of misschien wel voor alles, waren. Begaafde, intelligente, originele mensen, die in het oog van de storm mentaal sterker bleken dan gedacht. De intense betrokkenheid die zij hadden bij elkaar, was lang vooral een belemmering geweest. Ze zaten elkaar snel in de weg, de sfeer werd nerveus en beladen. Maar nu hielp de hechte band hen de barre omstandigheden samen het hoofd te bieden.

Ongetwijfeld op voorspraak van Etty, werd Louis eind juni opgenomen in de ziekenbarak. Hij had nauwelijks willen eten en verzwakte snel. Meestal lag Louis op zijn bed te lezen, heel geconcentreerd, met zijn neus in zijn boek. Hij kreeg twee jonge leerlingen in het ziekenhuis, met wie hij doodgemoedereerd aan Homerus en Ovidius werkte, alsof hij nog altijd een gerespecteerd rector was aan het gymnasium, in plaats van een kampgevangene zonder bezittingen of rechten.

Etty keek met ongeloof toe. 'Hij [vader] leest veel, philosopheert met stokoude rabbijnen en oude studievrienden en kuiert af en toe met z'n dochter door het stuivende zand van het ziekenhuisterrein. [...] Van vader en moeder beleef ik veel plezier, ieder slaat er zich op de eigen manier doorheen, ik bewonder het heel erg.'[46]

Niet alleen zelf had Etty in de voorgaande jaren een enorme innerlijke groei doorgemaakt. Ook de relatie met haar ouders en broers was sterk veranderd. Ze kon nu in praktijk brengen wat Spier haar vanaf hun allereerste sessies had geleerd: haar ouders aanvaarden zoals zij waren, erkennen dat zij hun eigen, afgeronde Schicksal hadden; compassie tonen en liefhebben, in plaats van volharden in teleurstelling en wrok.

Zelfs haar moeder, tegen wie zij zich zo lang fel had afgezet, kon nu haar goedkeuring wegdragen. 'Moeder is bewonderenswaardig, het is haast onbegrijpelijk, ze loopt er net zo kwiek en verzorgd bij als overal, heeft vanochtend b.v. buiten de grote was gedaan in een emmer en aan een touwtje opgehangen.'[47]

Mischa week niet van de zijde van zijn ouders. Etty vond hem 'aandoenlijk' in zijn aanhankelijkheid – maar ook erg labiel. 'Met Mischa hebben we de grootste zorgen, we zijn bang dat het hem hier gauw over het hoofd zal groeien. Het is eigenlijk überhaupt onbegrijpelijk, dat niet iedereen hier stapel wordt.'[48]

Philip Mechanicus lag in de ziekenbarak in hetzelfde zaaltje als Louis. In zijn dagboek schetste hij een ontroerend beeld van de manier waarop de Hillesums met elkaar omgingen. Onbedoeld bood hij een volstrekt nieuw perspectief op het gezin, dat door Etty zelf meestal als onmachtig was gekarakteriseerd.

'Elke dag kust de vrouw haar man, kust de dochter haar vader vol tederheid, ter begroeting en ten afscheid. Elke dag strijkt de dochter met haar hand liefderijk over de grijze kruin van haar vader, strijkt zij de plooien glad in het gerimpelde gezicht van haar moeder. De zuster volgt bezorgd de gangen van de broeder. Een aandoenlijk voorbeeld van een gelukkig gezin; een voorbeeldige wederzijdse hartelijkheid, een geestelijk deelgenootschap, een aangeboren aristocratisch levensgevoel. Dit gezin is gegrepen door de orkaan van het antisemitisme, staat op het punt te worden verstrooid. De schaduw van de hopeloosheid der toekomst ligt in de blikken van de moeder, die uiterlijk rustig zich voorbereidt voor haar onbekende bestemming.'[49]

—

Mischa leek veilig. Op 25 juni 1943, dus al een paar dagen na zijn aankomst in Westerbork, had hij uiteindelijk toestemming gekregen om in Barneveld te worden geplaatst. Zijn naam stond op een lijst met 'personen die het blauwe z-stempel kregen': een bijzondere Sperre die alleen door de Duitse autoriteiten in Den Haag werd afgegeven.[50]

Er was maar één probleem. Mischa weigerde naar Barneveld te vertrekken zolang zijn ouders niet met hem mee mochten. Hij wilde zich onder geen beding van Louis en Riva laten scheiden. 'Mischa is aandoenlijk in z'n aanhankelijkheid aan z'n ouders,' schreef Etty aan Christine van Nooten. 'Hij leeft in de voortdurende angst, dat ze naar Polen zullen moeten en zegt, dat hij dan zeker meegaat.'[51]

Altijd had Mischa vertrouwd op zijn ouders. Ze hadden hem jarenlang van dokter naar dokter gebracht, van kliniek naar kliniek, van concert naar concert. Niemand kende zijn geestelijke dwalingen én zijn talenten beter dan zij. Mischa wilde graag gered worden. Maar wat moest hij in een kasteel in Barneveld zonder Louis en Riva? Hij zou zich geen raad weten. Hij was bang voor de spanning, die hij onmogelijk alleen kon dragen. Wat als hij opnieuw het contact met de werkelijkheid zou verliezen en zou gaan ronddolen in een verre waanwereld waarin niemand hem nog kon bereiken? Wie zorgde er dan voor hem? Als een klein kind klampte hij zich vast aan zijn ouders, vastbesloten pas los te laten wanneer het gevaar geweken was.

De situatie bezorgde ook Etty veel spanning. Haar ouders stonden voorlopig op de 'Elternliste' van medewerkers in Westerbork, maar die lijst stond bijzonder zwak en kon elk moment 'platzen', zoals dat in Westerborktermen heette, wat betekende dat een lijst van het ene op het andere moment ongeldig werd verklaard. Hoe kon ze haar familie beschermen? 'Het is te hopen, dat Mischa uit Westerbork wegkomt, het zou op den duur toch niet goed met hem gaan, maar zolang z'n ouders niet veilig zijn is er niets met hem te beginnen.'[52]

In Amsterdam zette vooral Milli Ortmann zich in voor de familie. Zij was een vriendin van de Hillesums en kende, ook vanwege haar Duitse achtergrond, de juiste wegen naar verschillende instanties. Op 29 juni 1943 vroeg Etty persoonlijk aan 'Millietje' of ze kon bewerkstelligen dat de Zentralstelle 'langs ambtelijke weg' de commandant zou informeren dat haar hele familie in Westerbork opgehouden moest worden. 'Anders helpt het alles niet.'[53]

Voor haarzelf had Etty aanvaard dat er een dag kon komen dat zij op transport moest. 'Je denkt eraan: ik niet!' schreef Etty aan Milli Ortmann toen ze haar vroeg werk te maken van Barneveld voor Mischa én haar ouders.[54] Etty had haar standpunt reeds lang geleden bepaald en kwam daar niet op terug. 'Met dat aanvaarden ben ik al heel lang geleden begonnen, maar men mag dat alleen voor zichzelf en niet voor anderen.'[55]

Haar familie hoopte Etty de lijdensweg naar het oosten te besparen. Ze wist dat Mischa geestelijk snel zou afglijden wanneer hij drie dagen lang klem zou zitten in een goederenwagon. En hoe kon hij, met zijn psychotische gevoeligheid, ooit standhouden in een werkkamp? Haar ouders zouden lijden om hem en hij zou lijden om zijn ouders. Onderduiken was voor hen niet aan de orde geweest. Maar Barneveld leek een uitkomst; een veilige plek die hun toekwam op grond van eigen verdiensten. Althans: wanneer Louis en Riva met Mischa mee zouden mogen gaan – en niet al vóór die tijd op de trein naar Polen waren gezet.

De Hillesums stonden onder immense spanning. 'Deze transportnacht hebben we overleefd,' schreef Etty op dinsdag 29 juni opgelucht aan Milli Ortmann, nadat er 's ochtends een trein met meer dan 2300 mensen naar Sobibór was vertrokken. Etty was de hele nacht op geweest. Eerst kwam er een transport uit Amsterdam aan. Ze was bang dat Jaap erbij was, van wie ze niet precies wist waar in Amsterdam hij zich bevond. Maar gelukkig zat Jaap niet in de trein – opnieuw was hij er kennelijk in geslaagd om als arts buiten schot te blijven. Om vijf uur was ze naar het ziekenhuis gegaan om te kijken of ze haar vader niet 'per ongeluk' meenamen. Daarna moest ze nog naar de grote barak om haar moeder gerust te stellen. Fysiek vroeg ze het uiterste van zichzelf – ze had absoluut niet de juiste conditie om dag en nacht in touw te zijn.

'Mijn ouders nemen de zaak groots op, ik ben heel trots op ze,' schreef Etty aan pa Han. 'Ik hoop ze hier te houden, maar niets is zeker. Men drijft hier in enkele dagen ver af van z'n oude basis en er varen nieuwe en grote krachten in een mens – ook om een eigen ondergang te accepteren heeft men innerlijke kracht nodig.'[56]

Etty bleef volharden in haar geloof in de kracht van de geest, ondanks alle spanningen en zorgen, de immense ellende van Westerbork en de vele tragische taferelen die zich vlak voor haar ogen afspeelden wanneer ze transporten zag komen en gaan.

'Verschillende zelfmoorden vannacht vóór het transport, met scheermesjes en zo.'[57]

Ze noemde het terloops. Typerender voor Etty's gemoedstoestand is de passage die direct op deze opmerking volgde: 'Vanochtend, terwijl ik me samen met een collega stond te wassen, zei ik uit het diepst van mijn hart ongeveer het volgende: "De gebieden van ziel en geest zijn zo groot en oneindig, dat dat beetje lichamelijk ongemak en lijden er toch eigenlijk niet zoveel toe doet, ik heb niet het gevoel, dat ik van m'n vrijheid beroofd ben en in wezen kan toch ook eigenlijk niemand me kwaad doen."'

—

Het kamp leefde op het ritme van de deportaties. Vlak voor het transport, op maandagavond, was de spanning om te snijden en hield iedereen de adem in. Wie was dit keer aan de beurt, wie ontsprong de dans? Midden in de nacht werd in de barakken de namen voorgelezen van degenen die voor de volgende ochtend op de transportlijst stonden. De ongelukkigen moesten gaan inpakken, er werd gehuild en gejammerd – terwijl de rest zichtbaar opgelucht ademhaalde.

Zodra de trein op dinsdagochtend was vertrokken, probeerde iedereen te vergeten en als het even kon te ontspannen. Het was niet voor niets dat commandant Gemmeker juist op dinsdagavond zijn beroemde cabaretavonden organiseerde, in dezelfde grote barak als waar de registratie plaatsvond. Het cabaret werkte als ventiel, alle opgepompte spanning kon eruit worden gelachen, de commandant zat zelf op de eerste rij en schaterde het hardst. Kosten noch moeite werden gespaard om producties op de planken te brengen van het allerhoogste niveau, met kostuums en decors waaraan veel aandacht was besteed. De commandant beschikte over de beste Joodse artiesten, die meestal gráág optraden, want zolang zij nodig waren voor de bühne, hoefden zij niet op transport.

Etty's vriend Werner Levie zag het met lede ogen aan. Als zakelijk directeur van de Joodsche Schouwburg was hij zo'n beetje de vader geworden van het Joodse oorlogscabaret. Maar in Westerbork weigerde hij nog langer zijn medewerking te verlenen. Hij wilde niet optreden voor nazi's die een paar uur eerder nog druk bezig waren met het deporteren van Joden naar Polen.

Het was een pijnlijke beslissing. Door zijn principiële keuze distantieerde Werner Levie zich van zijn collega's en vrienden die wél op het toneel stonden. Sommigen van hen kende hij nog uit Berlijn, zoals Kurt Gerron, Willy Rosen en zijn grote vriend Max Ehrlich.

'De Duitsers zullen veel plezier aan jullie beleven, maar als ze er straks genoeg van hebben, worden jullie alsnog op transport gezet,' voorspelde Werner Levie.

Maar dat wilden zijn oude vrienden niet geloven.

Het werd een 'heel dispuut', zag de toen tienjarige Renate Levie. 'Oom' Max Ehrlich was vroeger kind aan huis bij hen geweest. Maar nu praatte haar vader niet meer met hem en was oom Max vreselijk kwaad.[58]

'De Levies hebben het moeilijk,' schreef Etty op 3 juli in een rondzendbrief aan haar vrienden. 'Maar zij behoren ook tot het mensensoort, dat het redt en dat veel innerlijke reserve heeft, ondanks lichamelijk zwakke gezondheid. De kinderen zijn soms erg vuil, dat is hier het grootste probleem, het hygiënische.'[59]

Er waren in de zomer van 1942 periodes geweest dat Etty de Levies bijna dagelijks zag. Hun vriendschap was levendig en intens. Maar in Westerbork ontstond er afstand, herinnerden de dochters van Werner en Liesl zich later. Af en toe kwamen zij Etty met hun moeder tegen tussen de barakken en dan praatten ze wat.

'Och, wat ziet ze pips,' zei Etty eens over Renate.

Maar verder was het contact beperkt. In Westerbork werd iedereen teruggeworpen op zichzelf. Liesl moest de hele dag hard werken, ze hielp bij de verzorging van ouderen en kinderen. Wat Etty precies deed, wist Liesl niet, maar zij leek nergens bij ingedeeld, want als Liesl haar trof in het kamp was zij altijd alleen onderweg. Soms gingen Etty, Liesl en Werner 's nachts, als ze eindelijk rust hadden, nog met z'n drieën een rondje wandelen, als oude vrienden, maar met nieuwe zorgen en gedachten die zij niet langer goed konden delen.

Etty had Liesl en Werner voorgesteld aan haar vriend Osias Kormann. 'Hij zorgt wel voor jullie,' had ze gezegd. Vooral Liesl raakte zeer gesteld op de Alte Kampinsasse. Osias was bijzonder integer, vertelde zij, en een grote steun voor velen in het kamp, zonder dat hij zich belangrijk maakte. Kormann woonde ook in een 'huisje', met echte meubels, en Etty was vaak bij hem, zag Liesl. Zelf ging ze ook graag bij Kormann op visite, een van de weinigen in het kamp die soms nog aan echte koffie konden komen.[60] Etty en Osias hadden een 'volle liefdesrelatie', wist Liesl, maar hoe Etty die verhouding in de zomermaanden van 1943 beleefde, is niet duidelijk. In haar rondzendbrieven naar huis noemde zij de naam van Osias nauwelijks.

Soms ging Etty 's avonds wandelen met Jopie Vleeschhouwer, haar oude 'wapenbroeder'. Ze bleven goede vrienden, al ontstond er meer afstand nadat Jopies familie in Westerbork was gearriveerd. Jopies vrouw Cato, en zijn zoon en dochter waren eveneens bij de grote razzia van 20 juni in Amsterdam opgepakt. Cato was hoogzwanger van een nakomertje en Jopie had veel zorgen om zijn gezin.

Iedereen in het kamp had last van 'stempellitis', schreef Etty aan pa Han. Er waren rode, groene en blauwe stempels en je kon er wel 24 uur per dag over praten. 'Jopie is er helemaal ziek van geworden. Als hij het woord stempel hoort, moet hij overgeven.'[61]

Etty ging gebukt onder de toenemende spanning en vermoeidheid. Naast haar werk in de ziekenbarakken, deed ze dienst in de strafbarak, zodat ze dagelijks nóg meer rondjes door het kamp moest lopen. Haar gezondheid was nog steeds verre van optimaal. Af en toe viel ze flauw, midden in een grote, benauwde barak, overmand door uitputting en emoties. 'De ellende, die hier heerst, is werkelijk onbeschrijfelijk. In de grote barakken leeft men als ratten in een riool.'[62]

Johanna Smelik met een kat, circa 1939.

Christine van Nooten.

Adri Holm, circa 1940.

Gera Bongers, circa 1945.

Dicky de Jonge, circa 1940.

Henny Tideman, circa 1940.

Hanneke Starreveld, circa 1946.

Pieter Starreveld, 1947.

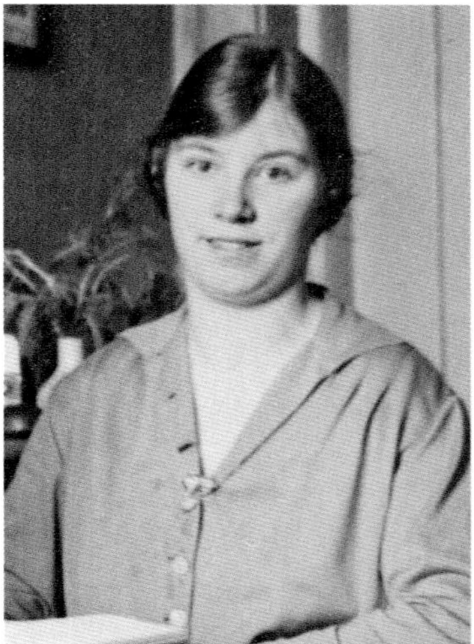

Maria Tuinzing, circa 1937/1938.

Swiep van Wermeskerken, op het Rokin.

Etty Hillesum en haar vriendin Leonie Snatager, circa 1939.

Het gezin Levie, circa 1940, met v.l.n.r. Renate, Liesl, Mirjam en Werner.

Osias Kormann, foto genomen tijdens de bevrijding van het kamp in 1945.

Werner Stertzenbach, vriend van Etty in Westerbork en betrokken bij het verzet in het kamp, 1945.

De journalist Philip Mechanicus, circa 1935.

Heinrich Himmler, de hoogste baas van de SS, inspecteert op het Museumplein, vlak voor Etty's huis, het nieuwe politiebataljon van Amsterdam, 18 mei 1942.

Vertrek van een van de eerste transporten van Joden in goederenwagons uit Hooghalen, op vijf kilometer van kamp Westerbork, juli 1942. Hierna werden lange tijd vooral derdeklas passagierscoupés ingezet door de Duitsers. Vanaf maart 1943 werden weer vaak goederenwagons gebruikt, met uitzondering van de transporten naar Theresienstadt en Bergen-Belsen.

De 'boulevard des misères' in kamp Westerbork.

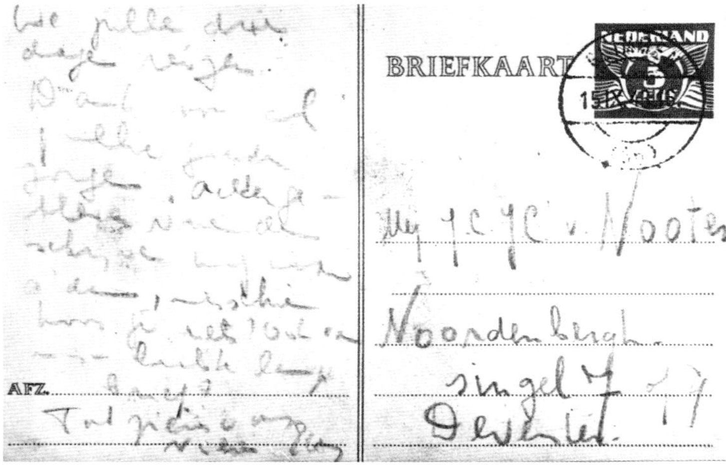

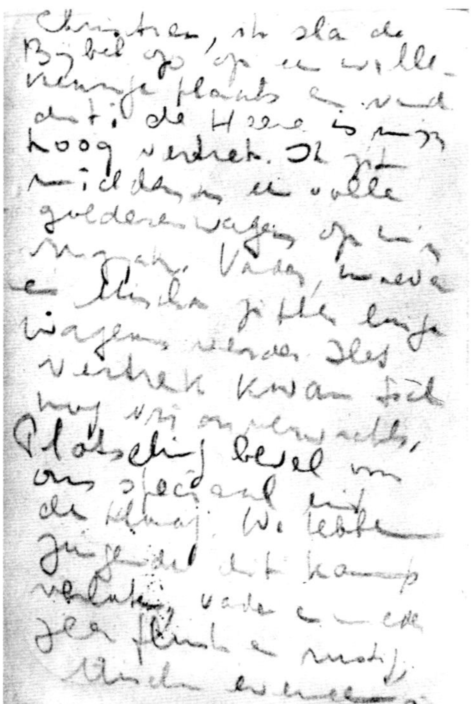

'We hebben zingende dit kamp verlaten.' Etty's laatste briefkaart, die ze bij Glimmen uit de trein gooide op 7 september 1943.

—

Begin juli kregen alle medewerkers van de Joodse Raad in Westerbork te horen dat hun beschermde positie zou worden opgeheven. 'Over een paar dagen word ik Kampinsassin,' schreef Etty aan Johanna en Klaas Smelik op 3 juli 1943.[63] Ze zou dan dezelfde status krijgen als oudgedienden in het kamp zoals Kormann, maar wel een deel van haar privileges verliezen, waaronder het voorrecht om onbeperkt post te versturen.[64]

Dat Etty haar bescherming van de Joodse Raad kwijtraakte, had direct gevolgen voor haar ouders, die nu niet langer op de *Elternliste* stonden en 'transportmateriaal' waren geworden. Op zondagavond 4 juli zat Etty nét gezellig met haar vader te praten, op de rand van zijn bed in de ziekenbarak, toen een kennis haar influisterde dat Louis Hillesum op de transportlijst stond voor dinsdag 6 juli. Officieel werden de namen pas maandagnacht bekendgemaakt, maar wie goede connecties had, kon anderen soms laten delen in voorkennis.

Etty vertelde haar vader nog niets en deed de dag erna alles om hem weer van de lijst te werken. Samen met Philip Mechanicus, die óók onverwacht op de transportlijst voor 6 juli was beland, maakte ze een lange ronde langs verschillende instanties in het kamp, waar de meest opmerkelijke types over onvermoede macht en invloed bleken te beschikken. 'Er is hier een soort "onderwereld",' schreef Etty naderhand, 'hoe het in elkaar zit begrijp ik niet, ik geloof niet dat het verkwikkelijk is.'[65]

Sleutelfiguur in het schimmenrijk van Westerbork bleek een 'seniel oud mannetje' te zijn dat Trottel heette, en bij wie Mechanicus was geïntroduceerd door een kampvriend.[66] De heer Trottel stond op goede voet met Kurt Schlesinger, een Duitse Jood die als rechterhand van commandant Gemmeker een bijna volledige macht had over de kampadministratie. 'Geweldige portie vitamine R,' noteerde Mechanicus in zijn dagboek over Trottel. Een betere relatie had hij zich inderdaad niet kunnen wensen. Dankzij Trottel kroop hij 'door het oog van de naald' en werd zijn naam op het laatste moment van de lijst gehaald.[67] Intussen had Etty van 'de leiding van de Joodse Raad' in Westerbork de verzekering gekregen dat haar vader dit keer de dans zou ontspringen – al durfde zij dat bijna niet te geloven.

De hele maandag 5 juli was Etty in touw voor haar vader en voor Mechanicus. 's Avonds kon ze niet meer op haar benen staan. Ze 'schakelde zichzelf uit voor het nachtwerk' en viel in een diepe slaap. 's Ochtends kwam Jopie vertellen dat haar vader en Philip Mechanicus inderdaad níét op transport waren gezet. Er was ook nog een trein uit Amsterdam aangekomen. Maar Jaap zat daar gelukkig weer niet bij. Wél had Jopie afscheid moeten nemen van zijn eigen broer, Juda Vleeschhouwer, die ook bij de razzia van 20 juni was opgepakt in Amsterdam en nu samen met zijn vrouw was doorgestuurd naar Polen.

'Men speelt een aardig spelletje met ons, maar wij láten dit spelletje ook met ons spelen en dit is onze onuitwisbare schande voor alle nageslachten.'[68]

—

De 'heks van Westerbork' werd zij later ook wel genoemd. Mejuffrouw Gertrud Slottke was een vlijtige, ambitieuze schrijftafelmoordenares. Zij werd door iedereen in Westerbork gevreesd.[69] 'Vandaag is juffrouw Slottke weer hier, dus er zal wel weer lekker in de blauwe stempels gehakt worden,' schreef Joodse Raad-secretaresse Mirjam Levie over de Duitse *Sachbearbeiterin*.[70]

Gertrud Slottke was op papier slechts administratief medewerker bij het Judenreferat IV B4 in Den Haag, de afdeling van de Sicherheitsdienst (SD) die verantwoordelijk was voor de deportatie van de Nederlandse Joden. Zij werkte onder de jurist Wilhelm Zöpf, en diens meerdere, de Befehlshaber der Sicherheitspolizei und des SD Wilhelm Harster. Als Sachbearbeiterin was zij belast met de 'terugstellingen', dat wil zeggen alle Joden die op grond van verschillende uitzonderingscategorieën in aanmerking kwamen voor vrijstelling van transport. Hoewel Slottke officieel geen bevoegdheid had om beslissingen te nemen, was haar rol voor de 'gesperrden' in Nederland van immens belang. Het was Slottke die in Den Haag de dossiers van bepaalde personen of families voorbereidde. Haar aanbevelingen werden vrijwel altijd klakkeloos overgenomen door Zöpf, die weinig op kantoor was. Voor haar werk reisde Gertrud Slottke regelmatig naar Westerbork, waar zij zich direct bemoeide met de 'Zurückstellungen' en daarom een grote invloed kon uitoefenen op de samenstelling van de transporten.[71]

Op 9 juli 1943 moest Riva Hillesum plotseling op kantoor komen bij Gertrud Slottke in Westerbork. Het onderhoud was kort. Mejuffrouw Slottke, een molenaarsdochter met een benig gezicht en dunne lippen, vertelde Riva dat de aanvraag voor Louis en haarzelf om samen met Mischa opgenomen te worden in Barneveld, was afgewezen. Louis en Riva Hillesum moesten er ernstig rekening mee houden dat zij spoedig op transport zouden worden gesteld.

Het was Slottkes opdracht om het aantal Joden met een vrijstelling zo snel mogelijk te verkleinen. Dat de begaafde pianist Mischa Hillesum samen met zijn ouders in een Barnevelds kasteel wenste te worden ondergebracht, waardoor één blauw stempel er drie moesten worden, paste niet in dit streven. 'Arme Milli,' schreef Etty direct op die 9de juli naar Milli Ortmann. 'Je hebt er zoveel voor gelopen en geploeterd.'[72]

Mischa behield zijn Sperre; zijn naam stond in Den Haag nog steeds op de lijst van blauw gestempelden.[73] Maar dat maakte voor hemzelf niets uit. Hij ging tóch niet naar Barneveld zonder zijn ouders. Het was erg moeilijk hem kalm te houden, schreef Etty. 'Hij zei: "Ik loop naar de commandant en zeg, dat hij een moordenaar is." We moeten oppassen, dat hij geen gevaarlijke dingen doet.'[74]

In allerijl werd geregeld dat Mischa piano mocht spelen in een aparte barak, een opslagplaats. Liesl Levie ontdekte hem daar eens, en stond lang bij de geopende deur te luisteren naar zijn spel. 'Je mag wel binnenkomen, hoor,' zei Mischa toen hij haar zag. Het tafereel greep Liesl erg aan. 'Mischa was zeer gestoord, en men was bang dat hij iets vreselijks zou doen, een Duitser aanvallen of zo. Dus hebben zij hem in een aparte barak rustig gehouden met zijn piano.'[75]

De Hillesums waren wanhopig. 'Wij staan voor onze laatste etappe,' schreef Riva in een noodkreet aan Christine van Nooten op 16 juli 1943. Of ze nu wist dat Christine de minnares van haar man was of niet, Riva aarzelde geen seconde Christine om een gunst te vragen. Er zou nog redding zijn, schreef ze, wanneer Louis en zijzelf tegen betaling op de zogeheten Puttkammer-lijst zouden kunnen komen. Misschien zou Christine naar de welgestelde mijnheer en mevrouw Couvert kunnen gaan in Deventer, goede vrienden van de familie? 'Mevrouw beschikt over veel diamanten. Misschien wil ze wat afstaan.'[76]

Erich Puttkammer werkte als procuratiehouder bij de Rotterdamsche Bankvereeniging. Het verhaal ging dat hij er bij het Duitse *Devisenschutzkommando* in slaagde om tegen betaling in goud, schilderijen of diamanten Sperren voor rijke Joden te bemachtigen. 'Mocht je er iets mee bereiken telegrafeer dan onmiddellijk aan het Joodsche Raad barak 34 via Westerbork voor de employee Mr. E. Hillesum,' liet Riva aan Christine weten, om in één adem door te vragen of zij misschien ook niet nog wat boter en zachte, luxebroodjes kon sturen.

Etty was woest. 'Ik heb me zeer geschaamd over die Puttkammergeschiedenis,' schreef ze aan Christine. 'Zoo zie je tot wat voor gekke bokkesprongen menschen in nood komen – maar ik vind dat er grenzen zijn. En zoo'n geldgeschiedenis ligt toch zeker niet in onze lijn.'[77]

Christine zal het erbij gelaten hebben. Maar kort daarna ontving zij wéér een emotionele oproep uit Westerbork, nu van haar geliefde Louis. Hij mocht dan zeggen zijn lot te hebben aanvaard, uit dit briefje, gedateerd 22 juli 1943, bleek dat ook Louis in paniek raakte toen hij zich realiseerde dat deportatie onafwendbaar was geworden. Vooral om Mischa maakte hij zich zorgen. Die was 'vorläufig' teruggesteld in Den Haag, maar hoelang was nog voorlopig? 'Mijn vrouw en ik hebben in het geheel geen Sperrung. Alleen het feit, dat Etty bij de Joodsche Raad werkt, heeft ons tot dit ogenblik hier doen blijven.'[78]

Kennelijk lukte het Etty, dankzij haar contacten bij de leiding van de Joodse Raad in Westerbork, steeds om haar ouders uit het transport te houden. Daardoor hadden zij op 13 en 20 juli aan deportatie naar Polen weten te ontkomen. Maar voor de toekomst zag Louis het somber in. Hij wilde Christine daarom om een uiterste gunst vragen. 'Laat al je afspraken en verplichtingen loopen, en wijd je zonder een oogenblik te verliezen aan de laatste poging ons, d.w.z. minstens mijn vrouw en mij en Mischa naar Barneveld te krijgen.'[79]

Het was een toon die Louis niet paste, maar die tekenend was voor zijn wanhoop. Christine moest persoonlijk naar Van Dam en Frederiks in Den Haag gaan, en alles in het werk stellen hen te overtuigen van zijn eigen belang voor het gymnasiaal onderwijs en Mischa's uitzonderlijke gaven. 'Zowel jij, als alle anderen, met wie je in contact zult komen, moeten ervan doordrongen zijn dat elk uitstel noodlottig kan zijn!'[80] Christine zou een deel van haar vakantie eraan opofferen en alle departementen bezoeken. Het leek allemaal vergeefs.

Evengoed kon de familie Hillesum de daaropvolgende weken op adem komen. Na 20 juli ging er wekenlang geen transport naar Sobibór of Auschwitz, en de stemming in het kamp was 'erg opgewekt', schreef Etty aan Maria Tuinzing. 'Het schijnt, dat ze ook niet meer zullen gaan.'[81] De frontberichten stemden eveneens optimistisch. Begin juli waren de geallieerden geland op Sicilië, en op 25 juli was Mussolini gearresteerd. Zouden ze de dans dan toch ontspringen?

Het werd in de eerste helft van augustus erg warm, de bewoners van Westerbork hielden het nauwelijks uit in hun benauwde barakken. Iedereen had veel last van de zandstormen en een ongekende vliegenplaag. Maar met elke week dat het transport uitbleef, groeide de hoop.

'Vanmorgen geen transport,' schreef Philip Mechanicus op dinsdag 3 augustus in zijn dagboek. 'Rust. De wereld schijnt goed en barmhartig. Kinderen danken God, dat hun ouders weer voor een week aan de beul ontsnapt zijn, ouders danken de hemel, dat zij hun kinderen voorlopig nog veilig weten. Iedere week is er een, en iedere week kan nu de laatste zijn. De oorlog zal misschien nog niet zo heel gauw uit zijn, maar, evenals in Italië, kan het regiem in Duitsland bezwijken, en dan zijn in ieder geval de Jodenvervolgingen uit. Elke week is thans dubbele, driedubbele winst. Nog altijd weet men van Polen zo goed als niets.'[82]

—

Nu Etty Kampinsasse was geworden, mocht zij officieel nog maar eens in de twee weken post versturen, net als haar kampgenoten, al lukte het haar soms wel om een brief illegaal weg te krijgen via het verzetsgroepje van Werner Stertzenbach. De brieven die Etty na half juli 1943 schreef, zijn daarom vaak wat zakelijk van toon en inhoud; zij moest haar vrienden allereerst informeren over de stand van zaken in het kamp wat betreft haarzelf en haar familie. Een werkelijk inzicht in Etty's binnenwereld in deze laatste maanden in Westerbork bieden de brieven helaas maar nauwelijks. Hoe stond het met haar religiositeit? Haar keuze voor het Joodse lot? De liefde voor Osias, en Jopie? We kunnen er grotendeels alleen maar naar gissen.

Om die reden is één passage uit een brief van Etty aan Tide, geschreven op 18 augustus, zo onthullend. Etty beschreef daarin dat zij op een middag op haar brits lag te schrijven in haar dagboek. Ze besloot om de betreffende passage voor Tide over te nemen. Uit de woorden bleek dat Etty's geloof in God zich in deze periode in Westerbork alleen nog maar verdiept had. Ondanks de immense druk waaronder zij leefde, al het leed waardoor zij werd omringd, slaagde zij erin nóg meer ruimte in zichzelf te vinden, nóg meer liefde en toewijding.

In het verloren gegane dagboek schreef Etty: 'Je hebt me zo rijk gemaakt, mijn God, laat me ook met volle handen uit mogen delen. Mijn leven is geworden tot één ononderbroken samenspraak met jou, mijn God, één grote samenspraak. Wanneer ik sta, in een hoekje van het kamp, mijn voeten geplant op jouw aarde, het gezicht verheven naar jouw hemel, dan lopen me soms de tranen over het gezicht, geboren uit een innerlijke bewogenheid en dankbaarheid, die zich een uitweg zoekt. [...] En al mijn scheppingskracht zet zich om in innerlijke samenspraken met jou, de golfslag van mijn hart is breder geworden hier en bewogener en rustiger tegelijkertijd en het is mij of m'n innerlijke rijkdom steeds groter wordt.'[83]

Haar familie mocht nog reddingspogingen willen doen, Etty had zich allang overgegeven. De mensen om haar heen wilden het niet erkennen, maar het enige wat zij nog konden doen in het kamp was 'zijn en aanvaarden', vond Etty, en tegenover alle pogingen van vooral haar moeder en Mischa om aan deportatie te ontkomen, voelde zij zich volkomen machteloos staan. 'Ik kan niets doen, ik heb nooit iets kunnen doen, ik kan alleen maar de dingen op me nemen en lijden. Daarin ligt m'n kracht en het is een grote kracht. Maar voor mezelf, niet voor anderen.'[84]

Mochten haar ouders onverwacht toch op transport moeten, dan was het misschien maar het beste wanneer Mischa mee zou gaan. 'Als hij z'n ouders vanhier zal zien vertrekken, raakt hij verbijsterd.' Maar zelf zou zij níét meegaan, had ze besloten. Ze rekende op de bescherming van de Joodse Raad in Westerbork – ook al telde die officieel niet meer. Ze deed goed werk. Ze was nog nodig. Ze stond haar lotgenoten bij. Vrijwillig zou ze niet met haar familie meegaan. Ze kón het eenvoudigweg niet. Het was gemakkelijker om uit de verte voor hen te bidden, dan hen naast haar te zien lijden. Ze had geen angst voor Polen, dat was het niet, maar angst om haar ouders en Mischa te zien lijden. Misschien was dat een 'laffere liefde', maar ze kon niet anders. 'Ik groei steeds meer naar het besef toe, dat de liefde tot iedere toevallige naaste, tot ieder evenbeeld God's, uit zou moeten stijgen boven de liefde der bloedverwantschap.'[85]

Het viel allemaal moeilijk uit te leggen, gaf ze toe in een brief aan pa Han. Maar in haar beleving was het heel eenvoudig. Het was iets tussen haarzelf en God.

17
We hebben zingende dit kamp verlaten

Precies vier weken rust kregen de bewoners van Westerbork. Voorzichtig durfden zij al te dromen van vrijheid, van een leven na de oorlog. De hoop stak tóch altijd weer de kop op, als de gele lupinen die bleven opbloeien op de verder kale, desolate hei.

'De geruchten als zou Westerbork op het bestaande niveau als Arbeitslager worden geconsolideerd, nemen vastere vormen aan,' schreef Philip Mechanicus met een voor hemzelf ongewoon optimisme.[1]

Maar op maandagavond 23 augustus 1943 reed er opnieuw een verveloze goederentrein het kamp in. De pauze in de transporten bleek niet meer te zijn geweest dan een logistiek oponthoud, verordonneerd door afdeling IV B4 in Berlijn, waar de moord op de Europese Joden met grote precisie werd georganiseerd.

Alle transporten waren treurig, maar dit transport was nog weer treuriger dan andere. Het 'transportmateriaal' bestond voornamelijk uit zieken, bejaarden en kaalgeschoren 's'-gevallen: gevangenen die in de strafbarak zaten, omringd door eigen prikkeldraad, omdat zij zich schuldig hadden gemaakt aan ernstig strafbare zaken als onderduiken. Bovendien werden er op het laatste moment nog lukraak vijftig extra personen aan het transport toegevoegd, als vergeldingsmaatregel omdat de avond ervoor drie Joden het hadden gewaagd te ontsnappen. Hoewel twee van hen al snel werden teruggevonden, was de commandant daar zó ontstemd over geweest, dat hij een voorbeeld had willen stellen en vijftig willekeurige mensen moesten boeten voor de vluchtpoging van hun kampgenoten.

In de nacht voorafgaand aan het transport had Etty degenen die moesten vertrekken bijgestaan. Ze had patiënten die ze kende in het ziekenhuis opgezocht, tomatensap geperst voor kleine kinderen, gepraat met wanhopige moeders die aan het inpakken waren. Tegen de ochtend was ze uitgeput. Toch ging ze niet slapen, maar glipte ze om zes uur een barak in die tegenover de trein lag en waarvandaan ze uitzicht had op het inladen van de mensen, waarmee altijd al vroeg in de ochtend werd begonnen. Ze vond daar ook haar vriend Philip Mechanicus, de journalist. Samen keken ze urenlang naar het sinistere schouwspel dat zich voor hun ogen afspeelde. Was Etty al van plan over de transportnacht te schrijven? Maakte ze aantekeningen, zoals zij Mechanicus zag doen?

'We hadden vroeger een commandant, die trapte de mensen naar Polen, deze lacht ze naar Polen,' schamperde iemand in de barak.

Zowel Etty als Philip Mechanicus noteerde deze opmerking in het verslag van de transportnacht dat beiden nog dezelfde dag, op dinsdag 24 augustus, schreven. Mechanicus in zijn dagboek, en Etty in een lange rondzendbrief aan pa Han en andere vrienden – die bekend zou worden als haar tweede 'Westerborkbrief'.[2]

Het moet een bijna bovenmenselijke inspanning van Etty hebben gevergd. Totaal oververmoeid, door slaapgebrek en emoties, wist ze nog dezelfde dag in meer dan vijfduizend woorden een aangrijpende, literaire reportage te schrijven, 'een stukje journalistiek', zoals ze het zelf noemde.[3] Waar Etty in haar eerste lange Westerborkbrief, over de toestand in het kamp in de zomer van 1942, nog vanuit Amsterdam terugblikte op de gebeurtenissen, beschreef zij haar ervaringen nu in Westerbork zelf, terwijl zij er letterlijk met haar neus bovenop stond.

Het werd het beste stuk proza dat Etty in haar veel te korte leven zou schrijven. Al haar talenten balden zich hier samen. Compassie, inlevingsvermogen en een fijnzinnig gevoel voor detail en stijl, gepaard aan de kunst om, ondanks alle verschrikkingen, een milde, licht-ironische toon te bewaren, waardoor elke pathetiek werd vermeden en het verslag nóg indringender werd.

Terwijl Etty er nog van droomde ooit een groot schrijver te worden, liet zij in deze brief zien dat zij dat in alles al wás.

Mechanicus excelleerde in feitelijkheid, hij kon veel zeggen in heel weinig woorden en precieze, maar altijd sobere beelden. Zijn toon was steevast zakelijk. Etty daarentegen nam de lezer ook mee in haar emoties en verbijstering; haar wanhopige poging om betekenis te geven aan de goed beschouwd volstrekt onbegrijpelijke, wrede gebeurtenissen waarvan zij getuige was. Zij bracht de duistere nacht van het transport hierdoor voor de lezer bijna tastbaar dichtbij.

'Na deze nacht heb ik één ogenblik in alle oprechtheid gemeend, dat het een zonde zou zijn, wanneer men in het vervolg nog lachte,' begon Etty haar lange brief. 'Maar later bedacht ik, dat er toch immers ook mensen lachende zijn weggegaan, hoewel dit keer: niet vele. En in Polen zal er misschien af en toe ook nog wel eens iemand lachen, hoewel van dit transport: niet vele, denk ik.'[4]

Hoewel Etty haar brief richtte aan pa Han, was het duidelijk dat zij een getuigenis de wereld in wilde sturen die voor een groter lezerspubliek was bedoeld. 'Dat woorden en beelden niet toereikend zijn voor nachten als deze, heb ik jullie al vaak genoeg verteld. Toch moet ik proberen iets voor jullie neer te schrijven, men voelt zich steeds oren en ogen van een stuk joodse geschiedenis, men heeft soms ook de behoefte een kleine stem te zijn. We moeten elkaar toch op de hoogte houden van wat er in de verschillende uithoeken van deze wereld gebeurt, ieder moet z'n steentje daartoe bijdragen, zodat na de oorlog het mozaïek over de hele wereld sluitende zal zijn.'[5]

Ze moest het gauw 'alles door elkaar schrijven', later zou ze het niet meer kunnen, omdat ze dan zou geloven dat het allemaal niet echt waar was geweest, als een visioen dat steeds verder van haar wegdreef.

In korte, tragikomische karakterschetsen beschreef Etty de mensen van wie zij die nacht afscheid had genomen.

Een gedeeltelijk verlamd meisje, dat nét weer een beetje had leren lopen, tussen twee verpleegsters in. Het had 'helemaal geen gezichtje meer, alleen maar ogen'. Het meisje zei: 'En zo jammer hè, dat nu alles, wat je in je leven geleerd hebt, nu voor niets is geweest.'[6]

Het 'vrouwtje' dat nog stond te wassen, maar vreesde haar wasgoed niet meer droog te krijgen. Haar kind had koorts, en geen goede slobbroek, want er was een te kleine gestuurd, ze werd er gek van.

Etty zag een hoopje kind met blonde krullen in een ruwhouten bedje liggen, met een gloeiend hoogrood gezichtje. 'Kunt u mijn kind niet voor me verstoppen?' vroeg de vrouw aan Etty. Een ziek kind namen ze haar straks immers af, die kreeg ze vast nooit meer terug?

De wassende vrouw werd getroost door een 'zware volksvrouw' met een goedmoedig, stomp gezicht, die zei: 'Jij bent toch ook maar net zo goed gewoon een jood, jij moet toch ook weg?'[7]

Ook ontmoette Etty het 'pittige ghettovrouwtje', dat verschrikkelijk kordaat en bezig ronddribbelde op haar te korte benen. Ze propte kleding in een juten zak voor haar zeven kinderen, die toch zulke schatten voor haar waren. Wat kon ze anders dan een 'flinke moeder' zijn, nu haar man en grote zonen al waren doorgestuurd?

Etty aarzelde niet haar eigen rol in twijfel te trekken. 'Maar ik ga vannacht alle babies aankleden en moeders kalmerend toespreken en dat noem ik dan "helpen", ik zou me hier bijna om kunnen vervloeken, we weten toch, dat we onze zieken en weerlozen gaan prijsgeven aan honger, aan hitte en kou en onbeschutheid en verdelging en we kleden ze zelf aan en geleiden ze naar de kale beestenwagens, als ze niet kunnen lopen, dan maar op brancards. Wat gebeurt er hier toch allemaal, wat zijn dat voor raadselachtigheden, in wat voor een noodlottig mechanisme zitten we verstrikt? We kunnen dit niet af doen met de woorden, dat we allemaal laf zijn. En zo slecht zijn we toch ook niet. We staan hier voor diepere vragen...'

Het werd drukker bij de trein. Etty zag de mannen van de 'Fliegende Kolonne' langslopen met kruiwagens vol bagage.

Onder hen waren enkele 'hofnarren van de commandant', zoals de komiek Max Ehrlich, de vroegere vriend van Werner Levie, en de schlagercomponist Willy Rosen, die eruitzag als 'de wandelende dood'. Willy Rosen had al op transport gestaan, maar de commandant, 'die veel verstand had van kunst', was zó onder de indruk geraakt van zijn liederen dat hij een huisje kreeg en voorlopig mocht blijven zingen.

De goederenwagons werden volgeladen met mensen. Er kon niemand meer bij, leek het, toch verscheen een nieuwe groep met bagage bij de trein. 'Allemachtig, moeten die er ook nog allemaal bij in.'

Pas nu, vlak voor het vertrek, liet de commandant zich bij de trein zien. Etty beschreef Gemmeker weergaloos: 'Hij verschijnt aan het begin van de asfaltweg, zoals de beroemde ster, die pas opkomt in de grote finale van een revue. Om deze commandant weeft men al bijna legendes. Hij heeft zoveel charme en hij meent het zo goed met de joden. [...] Misschien voelt hij zich wel een goedertieren vorst over vele deemoedige onderdanen. [...] Hij loopt langs de trein, in een militaire pas, een nog betrekkelijk jonge man, die een voorspoedige carrière gemaakt heeft, zo zou men het tenminste kunnen noemen. Hij is heer en meester over leven en dood van Hollandse en Duitse Joden op de Drentse hei; een jaar geleden zal hij nog niet geweten hebben, dat er zo een hei bestond. Ik trouwens ook niet. [...]

Zijn gezicht is op deze ochtend bijna ijzerkleurig. Het is een gezicht, dat ik nog lang niet ontcijferen kan, het komt me soms voor te zijn als een smal litteken, waarin verbetenheid, vreugdeloosheid en onoprechtheid met elkaar vergroeid zijn. [...] Hij inspecteert zijn troepen: zieken, zuigelingen, jonge moeders en kaalgeschoren mannen. Er worden nog enige zieken aangedragen op brancards, hij maakt een ongeduldig gebaar, het gaat niet vlug genoeg.'

Het schrijven van haar verslag, met pen op papier, moet Etty vele uren gekost hebben. Geregeld werd zij gestoord in haar concentratie en moest zij op zoek naar een ander, rustiger plekje in het kamp. Toch werkte ze koortsachtig door, niet lettend op de vliegen, de drukkende zomerwarmte, haar steeds lammer wordende hand. De wereld móést weten wat er op de Drentse hei gebeurde. Het was nu of nooit, want wie wist wanneer zij zelf in die trein moest stappen?

'Mijn hemel, gaan die deuren werkelijk allemaal dicht? Ja, dat gaan ze. De deuren worden gesloten over de opeengeperste, achteruitgedrongen mensenmassa's in de goederenwagens. Door de smalle openingen aan de bovenkant ziet men hoofden en handen, die later wuiven, wanneer de trein vertrekt. De commandant rijdt nog een keer op een fiets de hele trein langs. Dan maakt hij een kort gebaar met de hand, als een vorst uit een operette en een klein ordonnansje komt aangevlogen om hem eerbiedig de fiets af te nemen. De fluit slaakt een doordringende kreet, een trein met 1020 Joden verlaat Holland. De eis was dit keer niet eens groot: duizend Joden maar, die twintig zijn reserve voor onderweg, het is toch altijd mogelijk, dat er een paar sterven of doodgedrukt worden en zeker wel dit keer, nu er zoveel zieken meegaan zonder een enkele verpleegster.'

Het was ook haar toekomstig lot om te gaan, schreef Etty in de laatste alinea van haar lange brief. Daaraan twijfelde zij geen moment. Ze was moe en duizelig en moest een uurtje gaan slapen. Hoe dan ook was zij vast van plan om na enige omzwervingen weer bij haar vrienden terug te keren, bezwoer zij hun.

—

Etty mocht als 'Kampinsasse' officieel maar eens in de twee weken één brief versturen, of twee postkaarten. Toch slaagde zij erin om tussen 31 juli en 4 september 1943 zeker zestien brieven en postkaarten naar haar vrienden te zenden. Een groot deel van haar post werd illegaal verstuurd, waaronder in elk geval haar lange Westerborkbrief, die anders nooit door de censuur was gekomen.

Zij verzond de brief in twee delen, het eerste deel aan Han Wegerif en het tweede deel aan Maria Tuinzing.[8] Ook slaagde Etty erin nog een kopie van haar oorspronkelijke brief het kamp uit te smokkelen. Een tweede, nu complete versie van haar verslag, waarin zij zichzelf nog had verbeterd. Zo kortte zij sommige passages in, schrapte zij herhalingen, en probeerde zij duidelijk haar stijl te verfraaien.[9]

Het verzetsgroepje van Werner Stertzenbach was nog steeds actief in het kamp en had ook een man op de postkamer: Theo Pinkowitz. Etty's vriend Joseph Mahler, die aanvankelijk op de postkamer werkte, was in maart 1943 plotseling overgebracht naar Düsseldorf voor verhoor door de Gestapo – en niet meer teruggekeerd. De verzetsvrienden, die wisten dat Mahler op een zwarte lijst stond, hadden hun voorzorgsmaatregelen getroffen en ervoor gezorgd dat er een vervanger was ingewerkt. De van oorsprong Duitse Theo Pinkowitz, die in 1938 naar Nederland was gevlucht, zette Mahlers illegale werk op de postkamer voort. Hij wist documenten het kamp in te smokkelen voor mensen die wilden vluchten, en kon er ook voor zorgen dat uitgaande brieven aan de aandacht van de censuur ontsnapten.[10]

De rondzendbrieven van Etty kwamen zelfs bij Leonie terecht, en Leonie wist terug te schrijven. Het lijkt erop dat de vriendinnen zich uiteindelijk met elkaar wisten te verzoenen, hoe verschillend hun keuzes ook waren. 'Elletje,' schreef Etty op 22 augustus, 'je brief heeft me heel blij gemaakt en heeft me heel veel gezegd.'[11]

Etty kwam nog regelmatig in het huisje van Hedwig Mahler, de vrouw van Joseph, en hield contact met Werner Stertzenbach en diens vrienden. De brieven die zij na half juli 1943 illegaal verstuurde, wist zij via Theo Pinkowitz het kamp uit te krijgen.

Nu Etty haar bescherming van de Joodse Raad was kwijtgeraakt, en zij niet meer op verlof naar Amsterdam mocht, probeerde Werner Stertzenbach haar herhaaldelijk over te halen om te vluchten. Het verzetsgroepje kon niet iedereen helpen en maakte scherpe keuzes: wie kon buiten het kamp nog van betekenis zijn in de strijd tegen het fascisme? Etty was intelligent, kende veel mensen en kon goed schrijven. In de ogen van Stertzenbach en zijn vrienden kon zij zich in een ondergrondse positie veel nuttiger maken dan als hulpverlener binnen het prikkeldraad.

'Ik zei tegen haar: "Etty, wij brengen je buiten het kamp. Wij helpen je. Je hoeft niet tot last van je vrienden te zijn. Wij hebben een organisatie die zorgt voor onderduikadressen en valse papieren."'

Zijn woorden maakten indruk, zag Werner. Etty luisterde goed naar zijn argumenten. Maar lang twijfelde zij nooit.

'Ik kan niet gaan vanwege mijn ouders,' zei ze dan, 'ik moet ze helpen. En niet alleen hen, ook al die andere mensen.'

'Etty, voor nu help je die mensen, maar je verandert niets!' riep Werner dan uit. 'Het is zelfbedrog wat je doet. Als je wilt vechten tegen het fascisme, tegen het onrecht, moet je dat op een andere manier doen.'

Maar Etty wilde niet vluchten. Ze bleef.

'Etty had een soort van zelfopoffering; van iemand die lijdt voor anderen. Het is ons jammer genoeg niet gelukt haar over te halen. En op een goede dag was ze weg.'[12]

—

Etty voorvoelde dat haar ouders niet lang meer in Westerbork zouden kunnen blijven. 'Als er a.s. dinsdag weer een transport gaat, zijn de kansen heel klein om ze te houden,' schreef zij op donderdag 2 september aan Maria Tuinzing. 'Die spanningen vreten wel het ergste aan je, de spanningen om anderen wel te verstaan.'[13]

Riva was wanhopig. Al haar kansen op ontsnapping leken verkeken. Wat kon ze nog doen? Op een dag kwam Philip Mechanicus Riva tegen, ergens op een stoffig weggetje in het kamp. Zijn verslag van die ontmoeting laat zien dat Riva een sterkere vrouw was dan Etty het in haar dagboek vaak had doen voorkomen. Hoewel zij in momenten radeloos was, gaf zij niet op en blééf zij zoeken naar een uitweg.

'Mag ik u even aanhouden?' vroeg Riva aan Mechanicus.

Riva vertelde hem dat het gevaar dat ze spoedig op transport zouden moeten gaan, nog niet was geweken.

'Kunt u misschien nog iets doen om ons hier te houden?' vroeg ze.

Als het alleen om haarzelf ging, vertelde Riva, zou ze het nog niet zo erg vinden. Maar met haar man! Ze moest er niet aan denken om samen met hem op transport te gaan. Hij was een geleerde en stond volkomen verkeerd in het leven. Letterlijk alles werd van hem gestolen, pas nog zijn schoenen, zichzelf wassen kon hij ook niet. Nog nooit in haar leven had ze aan zelfmoord gedacht, maar nu dacht zij er wel aan. Wat moest ze? De ouderlijst waarop zij stonden, zou wel snel springen. En de Palestina-papieren waarop zij gehoopt had, waren niet geldig bevonden. Misschien kon ze nog een poging wagen haar Joods-zijn ongedaan te maken? Bij haar huwelijk had zij weliswaar verklaard dat zij Jodin was, maar er bevonden zich waarschijnlijk verschillende niet-Joden in haar familie. Misschien bood dat nog een kans? Of toch nog werken aan Barneveld, via Mischa?

'Met mijn man zal ik de reis nooit kunnen maken,' verzuchtte Riva nogmaals. 'Kunt u dit niet voor ons in orde brengen? Kunt u bij de grote heren niet naar voren brengen dat mijn man een groot taalkundige is en voor de taalwetenschap veel heeft gedaan? Bespreekt u dit geval eens met mijn dochter, als u wilt.'[14]

Het ging Mechanicus aan het hart. 'Het lijkt erop dat hun vonnis getekend is,' schreef hij in zijn dagboek. 'Goede, nobele mensen van beschaving, die in de klauwen van de Moloch zijn geraakt.'

Als beloofd, besprak Philip Mechanicus de zaak met Etty, die hij in zijn dagboek slechts aanduidde als 'de dochter', 'helder van verstand en een intuïtief denkster'.

'Mijn moeder is een allerliefste vrouw, zeer intelligent, maar ze is verschrikkelijk druk,' vertelde Etty aan Mechanicus. 'Ze gaat mijn vader op de zenuwen. Hij is een geleerde, een in zichzelf gekeerd man, die gesteld is op zijn rust. Hij is eigenlijk veel te trots om rond te leuren en bij Jan en Piet om gunsten te bedelen om hier te mogen blijven. Hij zegt: "Als het mijn lot is om in Polen op de mesthoop te worden geworpen, in Godsnaam, dan moet dat maar."'

Maar juist die gelatenheid werkte haar moeder op de zenuwen, legde Etty uit aan haar vriend Philip.

Ze stond machteloos. Zelfs nu was zij niet in staat om de enorme tegenstelling tussen haar ouders, een tweespalt waaronder zij lang had geleden en die zich diep in haarzelf had genesteld, te overbruggen.

'Ik wou dat ik in hun plaats naar Polen kon gaan, als zij moeten,' zei Etty tegen Mechanicus.[15]

—

Er gebeurde iets vreemds in Den Haag. Op 3 september 1943 werd het blauwe stempel van Mischa, dat hij al op 25 juni had verkregen op grond van zijn uitverkiezing voor Barneveld, nogmaals bevestigd. Zijn naam werd opnieuw opgenomen op een lijst van 61 mensen die het 'blauen z-Stempel' verkregen hadden. Geen van de andere uitverkorenen van 3 september werd eerder genoemd op de lijst met blauwe stempels van 25 juni. Waarom Mischa wel, waaraan had hij deze extra bekrachtiging te danken?

De lijst van de Barnevelders was juist kort daarvoor, op 28 augustus, op bevel van Berlijn 'geplatzt'. Het was de bedoeling dat er een einde kwam aan de uitzonderingspositie van deze onmisbaar geachte Joden, wier relatief luxueuze kasteelleven de nazi's al langer een doorn in het oog was. Ze zouden op korte termijn naar Westerbork moeten verhuizen. Dat was bij het Judenreferat IV B4 in Den Haag, waar over uitzonderingsgevallen werd beslist, begin september zeker al bekend. Dus vanwaar die tweede bevestiging op 3 september? De naam van Mischa Hillesum, *Musiker,* stond heel duidelijk als vijftiende op een lijst met de titel: 'Folgende Personen erhalten am 3.9.43 den blauen z-Stempel' – alsof het hier om een nieuwe toekenning ging.[16]

Nóg merkwaardiger werd het, toen de 'Zuruckstellung' van Mischa een paar dagen later, op maandag 6 september, plotseling en geheel onverwacht werd ingetrokken. Er werd vanuit Den Haag een bevel naar Westerbork gestuurd dat Mischa Hillesum en zijn familie direct de volgende dag, dinsdag 7 september, op transport moesten worden gesteld.

Wat ging er mis?

Advocaat Benno Stokvis, een bekende van de Hillesums die eerder had willen helpen bij het 'ariseren' van de familie, bracht na de oorlog het verhaal de wereld in dat Riva een onvergeeflijke fout had begaan. Zij zou persoonlijk een brief hebben geschreven naar Rauter, vermeldde Stokvis in zijn memoires, met het verzoek om 'wat bewegingsvrijheid'.

'Een brief van een Jodin aan Rauter! Het was "unvorstellbar"; een Jodin schreef aan de *ss-Gruppenführer und Generalleutnant der Polizei*; Rauter, de incarnatie van arisch heldendom, wiens vingers bezoedeld werden door de aanraking van dit papier. "Unvorstellbar." "Grauenhaft." "Ein Verbrechen." Sofort verschicken nach Osten.'

Het telegram arriveerde volgens Stokvis slechts enkele minuten vóór het vertrek van het transport uit Westerbork. 'Nog juist op tijd. Binnen het uur kon de kampcommandant de *Brigadeführer* "gehorsamst" melden: "Verschickt nach Osten."'

Wat zijn bron was, vermeldde Benno Stokvis helaas niet, maar het lijkt erop dat zijn informatie niet juist was, of zijn verbeelding met hem aan de haal is gegaan.[17] Het was Joden namelijk absoluut verboden om brieven of verzoekschriften naar Duitse instanties te sturen. Alleen de voorzitters van de Joodse Raad hadden die bevoegdheid. Wie het toch waagde persoonlijk een Duitse functionaris te benaderen, riskeerde een hoge straf, soms zelfs directe deportatie. De leiders van de Joodse Raad hadden hier herhaaldelijk voor gewaarschuwd, onder meer via het *Joodsche Weekblad*. Iedereen moest ervan doordrongen zijn, benadrukten Asscher en Cohen, dat er een 'uitdrukkelijk verbod' gold om zich 'buiten ons om tot Duitsche instanties te wenden'.[18]

Het is onwaarschijnlijk dat Riva van dit verbod niet op de hoogte was. Bovendien: ook zíj mocht maar één keer in de veertien dagen een brief sturen of twee postkaarten. Riva gebruikte die mogelijkheid voornamelijk om haar vrienden te vragen voedselpakketten te sturen. Nog op 24 augustus zond zij een briefkaart naar Christine van Nooten waarin zij vroeg om cervelaat, rookvlees en eieren. 'Mijn man is in gezondheid zeer achteruitgegaan,' schreef zij, om haar verzoek kracht bij te zetten. 'Hij kan geen vijf minuten lopen, hij voelt zich dadelijk uitgeput. [...] Wij hebben goede bijvoeding dringend nodig.'[19] Waarom zou zij haar kostbare post verspillen aan een bij voorbaat hopeloze brief aan Rauter?

Was de passage over Riva's brief al ongeloofwaardig, helemaal fout zat Stokvis toen hij vermeldde dat het bevel uit Den Haag 'enkele minuten voor het vertrek' arriveerde. Dit was niet de praktijk en bij de familie Hillesum zeker niet het geval. De Hillesums hoorden reeds maandagavond dat zij met z'n allen op transport moesten. Etty's vriend Jopie Vleeschhouwer vertelde dit in een brief aan pa Ha van 7 september. 'Het kwam ook wel laat op de Maandag, het bericht uit Den Haag dat de terugstelling van Mischa vervallen was en dat hij *met* zijn familieleden op 7 September op transport gesteld moest worden. Waarom? Ja, dat is meestal een niet te beantwoorden vraag.'[20]

Philip Mechanicus, die doorgaans goede bronnen had in het kamp, kwam met de meest plausibele verklaring. 'Wat de achtergrond is van de interventie in Den Haag is niet precies bekend,' schreef hij op 7 september in zijn dagboek, 'maar vermoedelijk heeft de musicus, zoals men hier zegt, zijn zaak "doodgewerkt", zoals menigeen, die zijn positie via Den Haag wilde versterken, vóór hem. Den Haag weet niet precies, wat zich in Westerbork afspeelt, maar grijpt graag positief in bepaalde gevallen in, waarvan het de lucht krijgt, of waarin het rechtstreeks gemengd wordt. Het is niet onwaarschijnlijk, dat de autoriteiten in Den Haag zich op hun teentjes getrapt voelden, omdat Mischa Hillesum de gratie van Barneveld had afgewezen.'[21]

Zeker is dat Gertrud Slottke, die bij het Judenreferat IV B4 in Den Haag over de terugstellingen ging, Riva al op 9 juli persoonlijk had laten weten dat zij en Louis wat haar betreft 'transportfähig' waren omdat zij niet in aanmerking kwamen voor Barneveld. Alleen Mischa mocht gaan. Maar die deed dat niet, omdat hij per se bij zijn ouders wilde blijven. En de ouders gingen maar niet op transport naar Polen, omdat zij kennelijk via hun dochter of de leiding van de Joodse Raad bescherming genoten binnen het kamp. Kortom: niets ging zoals de Duitse regels van afdeling IV B4 het voorschreven en Gertrud Slottke het wenste. En dat zinde haar absoluut niet.

Gertrud Slottke was geen vrouw met wie te marchanderen viel. Volgens advocaat Stokvis, die haar meermaals ontmoette in Den Haag, deed zij haar werk 'met de nuchtere zakelijkheid van een ambtenaar aan een Bureau voor Statistiek'. Dat werk bestond uit het nauwgezet administreren van de Joodse Arbeitseinsatz, het efficiënt en ordelijk naar de gaskamers dirigeren van tienduizenden Joodse Nederlanders. 'Ik heb nooit iets van haar kunnen gedaan krijgen voor de ongelukkigen die ik moest helpen redden. Zij was als een robot, die alle verantwoordelijkheid voor een beslissing afwees.'[22]

Het is aannemelijk dat Gertrud Slottke op maandag 6 september besloot dat het genoeg was geweest met de uitzonderingspositie van de familie Hillesum. Berlijn vroeg om een transport van ten minste duizend mensen voor 7 september, en nu het overgrote deel van de Nederlandse Joden al gedeporteerd was, werd het steeds lastiger de transportlijst vol te krijgen. Slottke vroeg haar superieuren daarom om er werk van te maken. Een bevel uit Den Haag voor de Hillesums kon kampcommandant Gemmeker onmogelijk naast zich neerleggen.[23]

'De commandant vatte het aldus op, dat de héle familie moest verdwijnen,' schreef Mechanicus. 'Er viel geen speld tussen te krijgen.'[24]

Etty had voorzien dat haar ouders en Mischa spoedig op transport zouden moeten gaan. Maar voor haarzelf had zij gerekend op haar bescherming als 'Kampinsasse', vanwege het toch goede werk dat zij nog deed in het kamp. Dat zij de volgende dag ook weg zou moeten, overviel haar volkomen.

'Voor Etty was het een zeer onvoorzien feit,' schreef Jopie Vleeschhouwer in zijn brief aan pa Han, 'daar zij niet met haar ouders wilde reizen en liever vrij van druk van familiebanden zich aan deze nieuwe ervaring wilde overgeven. Voor haar was het als het ware een klap op 't hoofd, die haar dan ook letterlijk even neervelde. Binnen het uur had zij zich echter hersteld en zij stelde zich op de nieuwe situatie met bewonderenswaardige snelheid in.'[25]

Het was iedereen duidelijk dat voor Louis, Riva en Mischa niets meer te bereiken was. Maar wat Etty betreft, leek er aanvankelijk nog een kans te bestaan om haar naam van de lijst te krijgen. Etty en haar vriend Jopie besloten daarom op maandagavond 6 september eerst in barak 62, waar de familie Hillesum was ondergebracht, te gaan helpen met inpakken.

Louis wilde niet laten merken dat hij nerveus was en maakte voortdurend humoristische opmerkingen. Dit tot woede van Mischa, die vond dat zijn vader de zaak niet serieus genoeg opnam. Mischa kon niet begrijpen waarom zijn terugstelling was vervallen. Wist Jopie er dan echt niets op te verzinnen? Had hij niet nog ergens een 'Beziehung'? Het viel Mischa vooral moeilijk zijn muziek achter te laten. Met moeite wist Jopie een viertal partituren in Mischa's rugzak te proppen.

Riva intussen legde een 'bewonderenswaardige rust' aan de dag, schreef Jopie, zij 'zorgde uitstekend voor al het nodige'. Terwijl Etty haar ouders en broer zo goed mogelijk hielp, zorgden vriendinnen uit haar eigen barak voor háár spullen – voor het geval het onverhoopt toch niet zou lukken om Etty uit de trein te houden.

's Nachts om drie uur gingen Jopie en Etty in barak 62 kijken hoe het ervoor stond. Iedereen sliep, gelukkig. Opnieuw informeerden zij naar Etty's positie. 'Tot onze verbazing merkten we toen eerst, dat de kansen zeer slecht stonden,' schreef Jopie. De leiding van de Joodse Raad in Westerbork had niets kunnen bereiken. Er werd besloten een brief te schrijven aan de 1e Dienstleiter, de almachtige Kurt Schlesinger, in de hoop dat hij persoonlijk nog kon interveniëren.

Wie de transportlijst van 7 september bekijkt, kan goed zien hoe er voorafgaand aan het transport nog gemarchandeerd werd. Op de oorspronkelijke lijst stonden duizend namen, maar daar werden in de loop van de nacht nog drieënzeventig namen van afgehaald, soms hele families in één keer, en later weer zestig namen aan toegevoegd. Het totale aantal gedeporteerden kwam daarmee op negenhonderdzevenentachtig. De familie Hillesum had de nummers 314 (Esther), 315 (Levie), 316 (Riva) en 317 (Michael).[26] *Judentransport aus den Niederlanden – Lager*

Westerbork am 7. September 1943, stond er boven de lijst. De naam van de bestemming, Auschwitz, werd angstvallig vermeden, al stond die sinds kort wel op een bordje op de trein: Westerbork-Auschwitz-Westerbork.[27]

Het werd ochtend. Blauwe lucht, zon, fluitende vogels; een schitterende septemberdag. Riva, Louis en Mischa gingen als eersten naar de trein. Etty volgde later, vergezeld door Jopie Vleeschhouwer, die een kruiwagen bij zich had met daarin Etty's welgevulde rugzak en een reismandje waaraan een eetnap en een drinkbeker bungelden.

'En daar betrad zij de transportboulevard,' schreef Jopie aan pa Han – duidelijk sterk onder de indruk van de jonge vrouw die hij heimelijk liefhad. Pas veertien dagen eerder had Etty die transportboulevard 'op de haar eigen onvergelijkelijke wijze beschreven'. Nu liep zij er zelf, 'vrolijk pratend, lachend, een aardig woord voor ieder, die op haar weg kwam, vol tintelende humor, misschien wel een tikje weemoedige humor, maar echt onze Etty, zooals jullie haar allemaal kennen.'

'Ik heb m'n dagboeken en m'n bijbeltjes en m'n Russische grammatica en Tolstoj bij me en ik weet helemaal niet, wat er allemaal in m'n bagage zit,' lachte Etty.[28]

Verloren zwierf Jopie nog een beetje rond. Hij probeerde iemand te vinden die er nog iets aan veranderen kon, maar alles mislukte. Louis, Riva en Mischa klommen in de eerste goederenwagon. Etty had besloten hen niet te vergezellen. Het was haar onmogelijk in dezelfde wagon te reizen als haar ouders en broer. Ze verdroeg het niet hen te zien lijden. Haar oude, broze vadertje; haar onverwacht dappere moeder; haar lieve, zachtaardige, maar gekke broertje, dat nu opnieuw zou worden opgesloten, maar dan in een volle goederenwagon. Ze hield te veel van hen. Als zij aan de reis bezweken, geestelijk of lichamelijk, had zij zelf ook geen kans.

Bij wagon 14 zag Etty onverwacht een kennis, Rosey Pool, die bevriend was met Werner Stertzenbach en verbonden aan de verzetsgroep Van Dien. Ze praatten even. Wagon 14 was al bijna vol. Etty ging op zoek naar een plek voor haarzelf en belandde in wagon 12. Ze had moeite met de hoge instap, klein en onhandig als zij was. Het werd snel vol in de wagon. Ze stonden en zaten met zo'n zesendertig mensen – mannen, vrouwen, jongeren en kinderen – op een oppervlakte van precies 21,3 vierkante meter. Dit viel nog mee trouwens, bij eerdere transporten werden geregeld wel zeventig mensen in één wagon gepropt. Er stonden een wc-tonnetje en een ton voor water op de planken vloer – verder niets. Aan het plafond hing een glaasje met een kaars erin om de ruimte 's nachts iets te verlichten.

Hoorde of zag Etty nog dat Rosey Pool weer *uit* de trein sprong? Vlak voordat een OD-man de deuren van wagon 14 wilde sluiten, wist Pool, die enige tijd in Berlijn woonde, hem er in haar beste Duits van te overtuigen dat zij zelf óók voor de OD aan het werk was en zij er dus heel snel uit moest.[29] Rosey Pool wist zo op het nippertje haar leven te redden – enkele minuten voor het vertrek van het transport.[30]

Jopie Vleeschhouwer zag de trein wegrijden.

'Een schrille fluit en de 1000 "transportfähigen" zetten zich in beweging. Nog een flits van Mischa die druk uit een spleet van goederenwagon no. 1 zwaait en dan bij 12 een vroolijk daaag van Etty en... weg zijn ze.'[31]

Het was een zware dag, besloot Jopie zijn brief. Voor hemzelf, Kormann, Mechanicus, en al die anderen die vaak contact hadden met Etty. Zelf was Etty wel een beetje blij geweest, dacht hij, dat ze nu 'alles en alles mee moest gaan beleven' wat er voor hen was weggelegd.

'Wij komen allen terug en menschen als Etty handhaven zich door de moeilijkste dingen heen.'[32]

—

De trein reed via Hooghalen en Assen in de richting van Haren. Net als veel anderen in haar wagon, schreef Etty snel een paar briefkaarten, onder anderen aan pa Han en Christine van Nooten, de vriendin die het hele gezin Hillesum zo nabij was geweest en die zich zo voor hen had ingezet.

Etty gooide de briefkaart aan Christine bij het dorp Glimmen naar buiten. Op dat punt stond de trein altijd even stil, wachtend op een groen sein om de bocht Haren-Waterhuizen te nemen en op het enkelspoor verder te gaan richting Nieuweschans.[33] Het was een goed moment om haar voorlopig laatste levensteken door een opening in de planken wand naar buiten te duwen. De kaart zou niet ver wegwaaien; hopelijk werd-ie door een welwillende voorbijganger langs het spoor gevonden en op de bus gedaan.

'Christien, ik sla de bijbel op op een willekeurige plaats en vind dit: de Heere is mijn hoog vertrek. Ik zit middenin een volle goederenwagen op m'n rugzak. Vader, moeder en Mischa zitten enige wagens verder. Het vertrek kwam toch nog vrij onverwachts. Plotseling bevel voor ons speciaal uit Den Haag. We hebben zingende dit kamp verlaten.'[34]

De briefkaart aan pa Han werd ook door een passant opgepakt en verstuurd, maar bleef helaas niet bewaard.

Het werd al snel benauwd in de wagon. De trein schokte en schommelde. Ze naderden de stad Assen. De mensen die daar langs het spoor woonden, wisten precies wanneer op dinsdag de trein met Joden langsreed. Ze hingen uit hun ramen en zwaaiden.[35] De trein reed verder via Hoogezand, Scheemda en Winschoten naar de Duitse grens bij Nieuweschans. Daar stonden ze enige tijd stil. SS'ers hielden de wacht, zodat niemand kon ontvluchten. De Nederlandse locomotief met machinist werd afgekoppeld, een klaarstaande locomotief van de *Deutsche Reichsbahn* nam het over.

In Duitsland konden ze door de smalle openingen in de houten wagonwanden sporen van platgebombardeerde steden zien – waar steeds verheugd op werd gereageerd. Soms stopte de trein onverwacht. De deuren gingen dan met veel lawaai open. Er stroomden licht en lucht naar binnen, heel even maar. Het overvolle WC-tonnetje kon worden geleegd. SS'ers liepen langs de trein. Ze gingen van de ene wagon naar de andere, op zoek naar goud, sieraden, sigaretten en vulpennen. Iedereen werd gedwongen zijn laatste kostbaarheden af te staan.[36]

De dag werd nacht, de nacht werd dag, de dag werd opnieuw nacht. Schreef Etty in haar dagboek? Voerde ze nog een goed gesprek? Maakte ze nieuwe vrienden?

De sfeer in de wagon raakte al snel geïrriteerd, vertelde een man die een week ná Etty op transport ging. Het was opvallend hoe weinig er gegeten werd, ook al was er voldoende proviand. De spanning was te groot. De schaamte en afkeer evenzeer. Het viel niet mee je behoefte op een tonnetje te doen, in het bijzijn van zoveel anderen.[37]

De bestemming lag in Polen, dat wisten ze, meer ook niet. Onderweg herkenden ze stationsnamen. Bremen, Hamburg, Berlijn, Breslau, Katowice. En verder weer, schuddend, bonkend, in een grauwe sluimer gesust door het monotone geluid van de wielen op de rails.

'We voelden ons volkomen aan ons lot overgelaten,' vertelde een man die dezelfde reis maakte.[38]

Onverwacht werd er geremd. Het was nacht. De trein leek op een donkere vlakte te staan; door de openingen in de wagon viel het licht van schijnwerpers. Ze hoorden Duitse stemmen. Het geblaf van honden. Dit moest het eindpunt zijn.

Pa Han was 'verpletterd' toen hij de briefkaart ontving die Etty uit de trein had gegooid. Het was het eerste bericht dat hij kreeg over haar plotselinge en onverwachte vertrek, dus nog vóórdat hij de brief van Jopie Vleeschhouwer ontving.

'Etty naar Polen, vér, vér weg, voor lang, heel lang buiten ons bereik, drie dagen en nachten reizen op den vloer van een goederenwagen,' schreef hij een aantal weken later aan Vleeschhouwer. "t Verging ons als 't haar verging toen zij 't over dat voorlaatste transport had en we meenden dat nu ons geen lach meer over de lippen zou kunnen komen.'[39]

Er ging geen dag, geen halve dag, zelfs geen uur voorbij dat zijn gedachten niet even bij háár waren, schreef pa Han.

In haar laatste brief had Etty gevraagd om een gebreide jurk en een blauwe, wollen ochtendjas. 'Het is soms behoorlijk koud hier en ook voor het geval ik onverwachts op transport moet.' Samen met Maria Tuinzing had pa Han snel een pakket gemaakt met warme kleding en naar Westerbork verstuurd.

In een van de zakken van de 'pyjamajas' had pa Han een lief briefje gestopt, als verrassing. Etty had het niet meer ontvangen.

18
Auschwitz

'In zo een kamp moet toch een dichter zijn,' had Etty geschreven.[1] Maar het eerste wat haar in Auschwitz werd ontnomen, waren pen en papier.

'Bagage laten liggen!' klonk het uit luidsprekers, zodra de deur van de wagon was opengeschoven en de eersten zich, stijf en stram, naar buiten lieten glijden. De koffers zouden later worden nagebracht, zo werd hun verzekerd.[2]

Het was vroeg in de ochtend en nog donker. Al snel stond het perron vol met mensen. Felle lampen, lawaai, kindergehuil, blaffende honden, SS'ers die bevelen schreeuwden. Wie niet snel genoeg uit de trein kwam, werd eruit geslagen. Voor de wagons vormde zich een wanordelijke rij koffers en tassen.

Eindeloos had Etty getwijfeld over wat ze mee moest nemen naar het kamp. Alleen stevige schoenen, of toch een paar sandalen erbij, zodat ze kon afwisselen?[3] Géén foto's van dierbaren, zo had ze besloten, want die gezichten zou ze zelf wel ophangen 'langs de uitgestrekte wanden' van haar innerlijke wezen.[4] Maar wél die trui van schapenwol van Johanna. Eén hemd aan, en één in de rugzak. En dan het belangrijkste: haar dagboeken, bijbeltjes, Russische grammatica en Tolstoj.[5]

Nu moest ook zij haar rugzak achterlaten.

Het perron lag op een verhoging tussen de nu zwarte velden. In films over Auschwitz is vaak te zien hoe de trein onder de hoofdpoort van Birkenau door rijdt en midden in het kamp stopt. Maar dat spoor kwam pas in mei 1944 gereed. In het najaar van 1943 eindigden alle transporten naar Auschwitz-Birkenau nog op de zogeheten 'Judenrampe', een zijspoor bij het station Oświęcim, op ongeveer achthonderd meter van de ingang van Auschwitz-Birkenau.

Wat Etty op dat perron kan hebben ervaren, is misschien nog wel het indringendst beschreven door Primo Levi, die een paar maanden na Etty aankwam op dezelfde *Judenrampe*.

'Plotseling kwam de ontknoping. De deuren werden met geweld opengegooid, door het duister klonken onverstaanbare bevelen en dat barbaarse geblaf van Duitsers die commanderen, dat lucht schijnt te geven aan een eeuwenoude razernij. We zagen een groot perron, verlicht door schijnwerpers. Iets verderop een rij vrachtwagens. Daarna zweeg alles weer. Iemand vertaalde: we moesten uitstappen, met onze bagage, en die langs de trein neerzetten. In een ogenblik tijds krioelde het perron van schimmen; maar we durfden die stilte niet te breken, allemaal hadden we het druk met onze bagage, we zochten en riepen elkaar, maar timide, gedempt.

Een tiental ss'ers keek toe, onverschillig, wijdbeens. Op een zeker ogenblik drongen ze tussen ons in en begonnen ons vragen te stellen, met toonloze stemmen en stenen gezichten, haastig, de een na de ander [...]. Ze vroegen niet iedereen, alleen maar hier en daar: "Hoe oud? Gezond of ziek?" En al naar gelang het antwoord stuurden ze ons twee verschillende kanten uit. Alles ging geluidloos, zoals in een aquarium of in sommige dromen. We hadden iets apocalyptisch verwacht; dit leken gewone ordebewakers. Het was onthutsend, ontwapenend. Iemand durfde te vragen wat er met de bagage zou gebeuren; ze antwoordden "Bagage straks"; een ander wilde niet van zijn vrouw gescheiden worden, ze zeiden: "Straks weer samen"; veel moeders wilden hun kinderen niet alleen laten, ze zeiden: "Goed, goed, bij kind blijven" [...]. In minder dan tien minuten waren wij gezonde mannen in een groep bij elkaar gedreven. Wat er met de anderen gebeurde, de vrouwen, de kinderen, de oude mensen, konden wij niet te weten komen, toen noch later; de nacht slokte hen op en dat was alles.'[6]

Er is altijd aangenomen dat Etty bij deze eerste selectie op het perron naar 'de goede kant' werd gedirigeerd, waardoor ze in het kamp terechtkwam en niet direct met een vrachtwagen naar de gaskamer werd afgevoerd. Het Nederlandse Rode Kruis, dat na de oorlog voor de immense taak stond om de vermoedelijke sterfdata van Joodse slachtoffers vast te stellen, ging daarbij uit van het volgende criterium: alle vrouwen van het transport van 7 september 1943 die tussen de 16 en 41 jaar oud waren en géén kinderen hadden, zouden – gezien de barbaarse omstandigheden in het kamp – geleefd kunnen hebben tot uiterlijk 30 november 1943. Etty hoorde bij die groep, en kreeg daarom als sterfdatum 30 november, net als alle andere niet-teruggekeerde vrouwen uit haar 'categorie'.

In de regel wás het ook zo dat fitte, jonge vrouwen door een *SS-Lagerarzt* en zijn helpers werden uitgekozen voor dwangarbeid, terwijl vrouwen met kinderen en zieken en bejaarden geen enkele kans maakten. Toch blijkt de werkelijkheid weerbarstiger. Wie zich verdiept in de naoorlogse verklaringen van Nederlandse gevangenen die Auschwitz overleefden – en daarvan bestaan er in de archieven van het Rode Kruis en het NIOD vele tientallen – ziet dat bij de selectie op het perron vaak een grote willekeur heerste.[7] Alles ging snel, de verwarring was groot, keuzes werden gemaakt in een fractie van een seconde.

Neem het verhaal van Gretha Bonewit-Kaufman. Zij zat in dezelfde trein als Etty en had met een paar kennissen afgesproken om op het perron vooral bij elkaar te blijven. Maar ineens stond er een SS-man voor haar, herinnerde ze zich later, die haar vroeg of het kind in hun groepje van haar was. Toen ze antwoordde dat ze geen kind had, zei de man: 'Mal schnell an die andere Seite.'[8] Zo werd haar lot beslist. Maar het had evengoed kunnen gebeuren dat ze wél met haar kennissen en het kind was meegelopen naar de vrachtwagens, die in een lange rij klaarstonden om alle moeders, kinderen, zieken, vermoeiden en ouden van dagen af te voeren naar een voor hen nog onbekende bestemming.

'Er gingen veel jonge mensen onnodig de dood in,' wist ene E.A. Cohen te vertellen, die een week na Etty in Auschwitz aankwam. Deze mensen wilden een moeder, tante of ander familielid helpen, en zorgden er daarom voor dat ze bij hen bleven.[9]

Dat was ook de ervaring van Nathan Engelsman, die net als de Hillesums op 7 september 1943 op transport ging. 'Op de wagens werden verschillende gezonde mensen geladen van beneden de veertig jaar,' verklaarde hij later stellig.[10]

De Nederlandse Debora Brandel werkte bijna twee jaar lang op de *Kartei*, een administratieve afdeling waar de registratie van de gevangenen werd bijgehouden. Door die positie kreeg ze een scherp inzicht in de selectiemethoden in het kamp. Ook zij wees in haar verklaring voor het Rode Kruis op de willekeur die overheerste bij de eerste schifting op het perron. Naar leeftijd werd vaak niet gevraagd, wist ze. Het ging meer om de gezondheid. Hoe fit zag iemand eruit? Maar dat zei eigenlijk nog niet veel, vertelde Debora. Het gebeurde immers herhaaldelijk dat gezonde vrouwen en meisjes *vrijwillig* naar de slechte kant gingen.[11]

Zo ging het ook bij Etty's transport. Tal van jonge mensen kwamen 'aan de verkeerde kant' terecht omdat ze eenvoudigweg verkozen bij hun dierbaren te blijven – als dat werd toegestaan – of omdat ze na de lange treinreis zo uitgeput waren dat een rit op de vrachtwagen hun te verkiezen leek boven een lange mars naar het kamp. De Duitsers moedigden deze 'zelfselectie' aan door rond te bazuinen dat het wel dertig of zelfs honderd kilometer lopen was.

Philip Wegloop, een jonge vader van twee kinderen, zag het allemaal gebeuren, op die vroege ochtend van 9 september 1943. Hoe eerst de vrouwen van de mannen werden gescheiden. En hoe daarna de moeders, kinderen, ouderen, en al degenen die ziek of zwak waren, naar de vrachtwagens werden gedreven. Wie geen honderd kilometer kon lopen, moest zich melden, riep een officier. 'De mensen hebben gevochten om op de wagens te komen,' herinnerde Philip Wegloop zich. 'Later heb ik gezien dat alle vrachtwagens die kwamen, meteen naar de gaskamers gingen.'[12]

Het liet de Duitsers onverschillig. Voordat elk transport binnenkwam, was door het Reichssicherheitshauptamt vastgesteld hoeveel Joden van dat transport vergast moesten worden, en hoeveel mensen er in het kamp opgenomen konden worden om nog een aantal maanden te werken, voordat ook zij door uitputting of vergassing om het leven zouden komen. De ss'ers op het perron moesten bij de selectie ongeveer op dat getal uitkomen. Hoe ze daartoe kwamen, was minder relevant.

Als je uitgaat van de criteria van het Nederlandse Rode Kruis – jonger dan 41 jaar, geen kinderen – zaten er in de trein van Etty ten minste 140 vrouwen die in principe geselecteerd hadden kunnen worden voor dwangarbeid.[13] Toch kregen maar 105 vrouwen van Etty's transport daadwerkelijk een kampnummer.[14] Dit betekent dat 35 vrouwen van het transport van 7 september na aankomst in Auschwitz niet zijn geregistreerd, wat erop wijst dat zij direct zijn omgebracht. Sinds maart 1943 hielden de Duitsers geen overzicht meer bij van Joden die in Auschwitz meteen werden vergast. Het waren er eenvoudigweg te veel geworden om administratief te verwerken. Van deze vele honderdduizenden mensen restte nadien niets – zelfs geen naam op papier.

Wat Etty's lot was, is dus in het geheel niet zeker – ook al wordt haar 'sterfdatum' van 30 november nog jaarlijks door velen herdacht.

Hoe kwam ze die nacht uit de trein, na twee nachten en twee dagen nauwelijks te hebben geslapen, gedronken en gegeten? Hoe weerbaar toonde ze zich, welke indruk zal ze hebben gemaakt? Erg sterk was Etty niet. Bovendien hadden de voorgaande maanden in Westerbork al veel van haar krachten gevergd; het was haar geregeld overkomen dat ze zomaar flauwviel. Het is niet ondenkbaar dat ze de mogelijkheid om met de vrachtwagen mee te gaan, met beide handen heeft aangegrepen.

In dat geval was Etty er een dag later niet meer; stierf ze de verstikkingsdood in de gaskamer van een van de vier crematoria in Auschwitz-Birkenau.

Het is moeilijk je voor te stellen dat Etty op zo'n afschuwelijke wijze aan haar einde is gekomen. Toch is het mogelijk zo gebeurd – en moet het verhaal daarom worden verteld. De enige manier om iets te zeggen over Etty's laatste dagen in Auschwitz, is door het beschrijven van verschillende scenario's. Wat er werkelijk heeft plaatsgevonden, zullen we nooit weten. Vanaf het moment dat Etty in Westerbork op de trein stapte, zijn we in feite het spoor bijster. Er zijn geen getuigen. Noch Etty, noch de andere Hillesums worden genoemd in verklaringen van Nederlandse Auschwitz-overlevenden.[15] En ook in het – overigens zeer incomplete – archief van Auschwitz zelf is niets over de familie Hillesum te vinden.[16] Etty, haar ouders en broer Mischa zijn – net als honderdduizenden lotgenoten – letterlijk van de aardbodem verdwenen. Wie nog iets wil kunnen navoelen van Etty's laatste dagen, kan enkel op zoek gaan naar mogelijke varianten van een hoe dan ook gruwelijk eindigend verhaal.

Dus stel dat Etty tot die vijfendertig vrouwen behoorde die, aanvankelijk vast tot hun opluchting, op een vrachtwagen terechtkwamen. Misschien – vanaf hier is alles een veronderstelling – heeft ze dan nog haar ouders gezien, van wie wel zeker is dat zij al direct op de Judenrampe voor de gaskamer werden geselecteerd. Mogelijk was zelfs Mischa erbij – want wie zegt dat niet ook híj hoorde bij degenen die 'vochten om een plek op de wagen'? Mischa wilde nergens gaan zonder zijn ouders. Bovendien zal de treinreis veel geëist hebben van zijn toch al wankele, geestelijke gestel. Het lijkt niet aannemelijk dat hij zich zonder protest van Riva en Louis liet scheiden. Al kan het óók gebeurd zijn dat hij weliswaar met zijn ouders mee wilde, dat hij tegenspartelde, maar vervolgens door een SS'er werd teruggeslagen in de rij van jonge, voor werk geschikte mannen – precies zoals de jeugdige vader Philip Wegloop die dag overkwam.[17]

De volgeladen vrachtwagens reden van de Judenrampe direct naar de gaskamers in Birkenau. De crematoria II, III, IV en V daar waren in het voorjaar van 1943 gereedgekomen. Ze stonden aan de rand van het uitgestrekte kamp, daar waar de zompige velden met eindeloze rijen barakken overgingen in een berkenbos. Aan de buitenkant onderscheidden de lage gebouwen van rode baksteen zich in weinig van de overige gebouwen in Birkenau – al waren de schoorstenen duidelijk groter en hoger. Het grote geheim lag binnenin verscholen; in de crematoria II en III zelfs ondergronds.

Elk crematorium ('Krema', zeiden de ss'ers in het kamp) bestond uit een langgerekt vertrek waarin de gevangenen zich moesten ontkleden, een gaskamer waarin zo'n vijftienhonderd mensen konden worden samengeperst, en een ruimte met verbrandingsovens. Alles zo efficiënt mogelijk bedacht en ingericht, opdat het grote moorden in hoog tempo kon geschieden.

Tot op het allerlaatste moment maakten de nazi's gebruik van de onuitroeibare hoop in mensen – en de goedgelovigheid die daarmee gepaard gaat. Bij binnenkomst in de ontkleedruimte werd de gevangenen op het hart gedrukt hun kleren goed bij elkaar te leggen en hun schoenen samen te binden, zodat ze na het douchen gemakkelijk hun spullen konden terugvinden. Vervolgens gingen eerst de vrouwen en kinderen de gaskamer in, en daarna de mannen. Vrijwel altijd gedwee; bang maar onwetend. Om de misleiding compleet te maken, waren in de gaskamers douchekoppen en waterleidingen aangelegd.

Wanneer de toegangsdeur vergrendeld was, gooiden ss'ers door dakluiken het giftige Zyklon B naar binnen, een middel dat oorspronkelijk was bedoeld om ongedierte te verdelgen. De Zyklon B zat in korrels in grote blikken; pas als het in aanraking kwam met lucht vormden zich spoedig de giftige gassen. Omdat deze dodelijke blauwzuurdampen vanaf de grond omhoogstegen, probeerden sommige mensen op elkaar te klimmen, in de hoop nog wat lucht te kunnen happen. De mensen die het dichtst bij de dakluiken stonden, stierven het eerst, vaak binnen een paar minuten. Voor de anderen kon de verstikkingsdood langer duren. Het geschreeuw was ook buiten te horen.

Na een halfuur was iedereen zeker dood, gingen de ventilatoren aan, en konden de mannen van het Joodse *Sonderkommando* met hun gruwelwerk beginnen. De doden werden naar buiten gesleept en ontdaan van alles wat voor de nazi's nog van nut kon zijn: hun haar – dat onder meer voor het maken van tapijt werd gebruikt – hun gouden tanden, brillen, en hun eventuele protheses. Daarna werden de lichamen verbrand in de ovens, als het kon met drie tegelijk.

Zo stierven in elk geval Riva Hillesum-Bernstein en Louis

Hillesum. Riva was 62 jaar oud, Louis 63 jaar. Het Rode Kruis bepaalde de sterfdatum van Etty's ouders op 10 september 1943 – in de wetenschap dat de nazi's er doorgaans niet langer dan een dag over deden om een transport te 'verwerken'.

En Etty? Moeten wij ook haar hier loslaten?

Het zou kunnen. Toch blijft de kans groter dat zij níét direct in de gaskamer terechtkwam. De kille cijfers vertellen het verhaal. Ze zat óf bij de groep van 35 die op de vrachtwagens verdwenen, óf bij de 105 die naar het kamp liepen. Dat betekent dat ze 75 procent kans had om wel voor dwangarbeid te worden geselecteerd.

We moeten daarom terug naar het perron – en het tweede, meer waarschijnlijke scenario onderzoeken.

—

Etty stond op de *Rampe* tussen de andere vrouwen. Het is onbekend of ze iemand van hen kende. Op de transportlijst komen in elk geval geen namen voor die Etty noemde in haar brieven of dagboeken. Maar dat zegt natuurlijk lang niet alles. In haar wagon kan ze nieuwe vriendschappen hebben gesloten. De transportgenoten hadden 48 uur op elkaar gepakt gezeten. Etty kennende, zal ze onderweg nog heel wat gesprekken hebben gevoerd.

Ongetwijfeld probeerde ze in de menigte op het perron haar ouders en Mischa te zoeken. Maar het lijkt onwaarschijnlijk dat ze hen nog heeft gezien. Etty zat in wagon nummer 12, ongeveer halverwege de lange trein, en Riva, Louis en Mischa zaten in wagon 1, helemaal aan het begin. Tussen hen in bevond zich een afstand van zo'n honderd meter.[18] Omdat het krioelde van de mensen, en het bovendien nog donker was, kon Etty onmogelijk onderscheiden wat zich op de kop van het perron afspeelde.

Er werd door de SS veel geslagen en geschreeuwd op het perron. Iedereen was bang en verward. Het ging er hier duidelijk héél anders aan toe dan in Westerbork. Etty werd naar de groep jonge vrouwen gedreven. Ten slotte zette de colonne zich in beweging. Ze moesten met z'n vijven naast elkaar lopen, op een onverharde weg door de velden. Het was een wandeling van nog geen vijftien minuten. Toen doemden de contouren op van het kamp Auschwitz-Birkenau. Prikkeldraad en wachttorens – zo ver als je kijken kon.

—

Auschwitz was niet gebouwd als vernietigingskamp. De oude Poolse legerkazerne in het plaatsje Oświęcim werd door de nazileiding aanvankelijk aangewezen als kamp voor Poolse politieke gevangenen en Russische krijgsgevangenen. Pas nadat in de zomer van 1942 de massale deportatie van de Joden uit Europa op gang kwam, groeide Auschwitz gestaag uit tot het vernietigingskamp zoals we dat nu kennen. Dat kamp bestond uit een *Stammlager*, de oude Poolse kazerne, ook wel Auschwitz I genoemd, en het nieuwe kamp dat vanaf oktober 1941 werd gebouwd bij het tweeënhalf kilometer verderop gelegen plaatsje Birkenau: Auschwitz-Birkenau of Auschwitz II. Later kwamen daar nog tientallen satellietkampen bij. Het werkkamp Monowitz-Buna, waar onder meer een fabriek voor synthetisch rubber stond, was aanvankelijk zo'n subkamp, maar groeide uit tot het uitgestrekte complex Auschwitz III.

Zo ontstond op deze moerasachtige vlakte in Zuid-Polen een gigantische slavenstad, waar alles was gericht op het zo efficiënt en goedkoop mogelijk plunderen, uitbuiten en vermoorden van *Untermenschen*.

Etty kwam terecht in het *Frauenkonzentrationslager* van Birkenau, in sector BIa, direct links van de hoofdpoort. In het najaar van 1943 bivakkeerden er meer dan dertigduizend vrouwen in dat vrouwenkamp, afkomstig uit alle hoeken van Europa. De nieuwe gevangenen werden eerst naar een zogeheten *Zugangsbarak* gebracht, waar zij werden geregistreerd. Soms moesten ze er uren wachten tot het ochtend was, zittend op een betonnen vloer, zonder eten of drinken. Vervolgens werden zij gedwongen hun laatste bezittingen af te geven – sieraden, handtassen, persoonlijke documenten die zij nog bij zich droegen – en moesten ze zich in alfabetische volgorde opstellen.

De registratie vormde een merkwaardig contrast met de chaos en het geweld die Etty kort daarvoor op het perron had ervaren. Daar, in het donker, bestond alleen de massa en leek het individu er niet toe te doen. Nu moest met Duitse precisie antwoord worden gegeven op tientallen vragen: naam, geboorteplaats, opleiding, eventuele veroordelingen, gezondheidstoestand. Ook de precieze vorm van neus, ogen en oren werd genoteerd. Boven aan het papier werd keurig 'de aard van de detentie' vermeld, waarop het antwoord eenvoudig was: *Jude*.[19] Etty kreeg een kampnummer toegewezen dat lag tussen de nummers 61247 en 61256.[20]

De gevangenen moesten vervolgens naar de 'sauna' lopen, oftewel een soort van badinrichting; een eenvoudig bakstenen gebouw aan de rand van sectie B1a. In de sauna werd Etty door een andere vrouwelijke gevangene kaalgeschoren en ontluisd. Het ging er ruw aan toe. Voordat ze er erg in had, lagen haar bruine krullen op de grond. Ook werd het kampnummer in haar linkeronderarm getatoeëerd; een pijnlijke ervaring.[21] Onder het nummer werd nog een driehoekje gezet, in feite een 'halve davidster' – wat aangaf dat ze een Joodse gevangene was.

Nog poedelnaakt werden de vrouwen naar buiten gejaagd. De douches bevonden zich in een andere sauna, ook een stenen gebouwtje, een flink eind lopen verderop. Het was koud en ze schaamden zich; bewakers keken toe, vol leedvermaak. Uit de douches kwam alleen ijskoud water. Een handdoek kreeg Etty niet. Rillend moest ze wachten tot ze droog was. Vervolgens werden haar lompen toegeworpen; schoenen of kampklompen kregen de vrouwen pas later. Kennelijk waren ook de karakteristieke, blauw-wit gestreepte 'pyjama's' op, want Etty en de andere Nederlandse vrouwen moesten het doen met een aftands Russisch krijgsgevangenenpak, afkomstig van een van de meer dan tienduizend Russen die inmiddels in Auschwitz het leven hadden gelaten.[22]

Ze moeten elkaar wat ongelovig hebben aangekeken, het clubje Nederlandse vrouwen. Met hun handen hun stoppels hebben bevoeld. Waren zíj dit, die kale wezens in die veel te grote pakken? Binnen een paar uur waren Etty en haar lotgenoten ontdaan van alles wat hun eigen en vertrouwd was. Ze kregen een stuk oud brood, en moesten in de sauna, zittend op de grond, wachten totdat ze afgehaald zouden worden om naar hun barak te worden gebracht. Ze waren nu nummers geworden, overgeleverd aan kwade krachten en machinaties die ze nog lang niet konden bevatten, als dat al mogelijk was.

Flora Schrijver was een van de vrouwen die met Etty op transport ging. In haar later verschenen memoires, *Het meisje met de accordeon*, beschrijft ze hoe ze er in de sauna achter kwam wat er met haar moeder was gebeurd.

'Een vrouw vroeg: "Zie je die rook?" Ik zag wel rook, maar dacht, dat zijn vijf fabrieken waar we tewerkgesteld worden. Ze zei: "Je transport wordt nu verbrand." Nou, daar zat toevallig wel mijn moeder in. Dus ik zei: "Ach mens, je bent gek."'[23]

Mogelijk realiseerde ook Etty zich in de sauna dat haar ouders niet meer leefden – en dat het lot van Mischa onzeker was. Ze begreep toen waar de allesoverheersende stank in Birkenau vandaan kwam; de indringende geur van verbrand vlees die onophoudelijk in grote zwarte wolken door de crematoria werd uitgestoten.

Tegen de avond werden de Nederlandse vrouwen naar hun barak gebracht, Block 7 in Bauabschnitt 1a.[24] In dit gedeelte van het kamp stonden zowel stenen als houten barakken, in eindeloos lange rijen op het zompige veld. Block 7 bleek een stenen barak te zijn. 'Het was niet meer dan een vieze stal,' herinnerde een van de vrouwen zich later.[25] De vloer bestond uit aangestampte aarde, en de twee kachels die er stonden waren bij lange na niet voldoende om de tochtige ruimte te verwarmen.

De vrouwen sliepen in kooien tussen slordig gemetselde muurtjes, in drie lagen boven elkaar. De architect die de barakken had ontworpen, had aanvankelijk bedacht dat er drie vrouwen in zo'n kooi pasten, en dat getal later opgehoogd naar vier.[26] Maar in de praktijk moesten soms wel zeven vrouwen zich erin wurmen, wat alleen kon wanneer ze als sardientjes om en om gingen liggen: de een met het hoofd naar boven, de volgende met de voeten. Degenen die een bovenste kooi wisten te bemachtigen, waren het beste af, want dan kon je rechtop zitten en had je geen last van zieke vrouwen die hun ontlasting of braaksel lieten lopen – wat geheid door de houten vlonders heen drupte. De onderste kooi was het slechtste, want dan lag je direct op de koude grond. In elke kooi lagen wat stro en een deken – daar moesten de vrouwen het mee doen. Een wc was er niet, daarvoor moest je naar de latrines, die in een apart gebouw waren gevestigd, honderd meter verderop. Als je 's nachts hoge nood had, moest je een emmer opzoeken en bidden dat die niet vol was.

Zo zal Etty haar eerste nacht in Auschwitz hebben doorgebracht. Liggend op vies stro in een veel te krappe kooi, dicht tegen een vrouw aan die ze misschien niet kende. Ze zal God hebben gezocht en ze zal haar bijbel, Tolstoj en dagboek hebben gemist. Ze moest het vanaf nu doen met de woorden in haar hoofd. De gedachten die zich opstapelden en, als je niet oppaste, alle kanten op tolden. Altijd was ze bang geweest voor de waanzin, de gekte die in haar familie verscholen lag. Ze was Spier voor altijd dankbaar omdat hij haar had geleerd op de kracht van haar geest te vertrouwen. Maar nu lag de waanzin buiten haar, in het kamp, waar normale menselijke regels en wetten niet langer golden en elke moraal ontbrak. Hoe moest ze zich daartoe verhouden?

Nieuwe gevangenen in Auschwitz werden eerst een aantal weken in quarantaine gehouden, wat betekende dat zij nog niet, of nog niet veel, hoefden te werken en zich leerden aan te passen aan het harde kampregime. Om vijf uur 's ochtends was het eerste appèl, waarbij de vrouwen zich in rijen van vijf voor hun barak moesten opstellen om geteld te worden. De rest van de dag hingen de vrouwen die in quarantaine waren vooral rond op de Wiese, een stuk weiland aan de rand van het kamp, tegen het prikkeldraad aan, waar zich de latrines bevonden.

'De hele dag slenterden we daar,' vertelde Flora Schrijver in haar memoires. 'Ik stond alleen maar over het prikkeldraad naar de vliegende vogeltjes te kijken. Daar hield ik me een beetje aan vast. Ik dacht, hoe kom ik hier weer uit?'[27]

In heel Birkenau was een groot gebrek aan schoon drinkwater. Het eten bestond uit waterige koolsoep, een miniem portie brood en niet meer dan twee keer per week wat boter of kaas. In de barakken wemelde het van het ongedierte. Na de kleinste regenbui veranderde het toch al drassige veld in één grote modderpoel en door het gebrek aan water en vooral zeep was het onmogelijk jezelf schoon te houden. Veel vrouwen verzwakten snel en werden ziek. Elk geïnfecteerd wondje kon je ondergang worden.

Wie Auschwitz wilde overleven, moest gaan denken als een dier, vertelde de Poolse Kitty Hart-Moxon later. 'Je moest zorgen dat je eten te pakken kreeg, het warm had, en uit de klauwen bleef van je vijanden.'[28] Als jonge vrouw zat zij in dezelfde periode als Etty in Birkenau. Ze leerde er dat 'niet denken' de beste strategie was. Alleen wie zich volledig kon richten op de meest elementaire zaken, had enige kans om erdoor te komen. En daarvoor moest je handig zijn, gehaaid en snel. Alles draaide in Auschwitz om het 'organiseren', wat kampjargon was voor ruilen, stelen en samenwerken. Vaak vormden de gevangenen kleine groepjes, waarbij de een bijvoorbeeld toegang had tot wat extra brood, en de ander een paar schoenen kon regelen, of kleren om te dragen. 'Als je onderling niet kon ruilen, kon je niet overleven.'[29]

Hoe Etty zich onder deze omstandigheden staande wist te houden, is de grote vraag. Het zal haar vast zijn gelukt om geestverwanten te vinden in haar barak, mensen bij wie ze steun kon vinden. Ze sprak verschillende talen – eveneens een belangrijke factor om te kunnen overleven. Maar of ze haar denken wist uit te schakelen, het intense denken dat juist zo essentieel voor haar was? Behendig en snel was ze evenmin. Haar halve leven had ze aan een bureau doorgebracht. Aan sport deed ze niet en fysiek zwaar werk had ze nog nooit gedaan. Ze was, vond ze zelf, een 'verwekelijkt cultuurdier'. Moest ze dan nu hardlopend aardappelschillen gaan stelen, zoals haar transportgenote Flora Schrijver deed? Flora deed alles om aan eten te komen, ze was 'zo brutaal geworden als de beul'. Er was een werkcommando dat buiten het kamp kwam en soms terugkeerde met bijvoorbeeld een ui. Flora ruilde dan een halve snee brood tegen een ui, omdat ze geloofde in de desinfecterende werking daarvan. En als een vrome vrouw geen bloedworst wilde, rende ze als een gek het kamp door om dat stukje worst in te wisselen voor een beker thee, waarna zij de worst mocht houden.[30]

Misschien heeft Etty gevochten om een stukje brood of bloedworst. Maar het is waarschijnlijker dat ze al snel inzag dat ze de strijd toch zou verliezen, en ze heeft geprobeerd haar einde zo waardig mogelijk tegemoet te treden, precies zoals ze zich in haar dagboek vaak had voorgenomen.

'En leven wij niet iedere dag een heel leven en doet het er veel toe of we enige dagen korter of langer leven?' schreef ze. 'Ik ben iedere dag in Polen, op de slag(cht)velden, zo kan men het noemen, er dringt zich soms een visioen van gifgroene slagvelden aan me op, ik ben bij de hongerenden, bij de mishandelden en bij de stervenden, iedere dag, maar ik ben ook bij de jasmijn en bij dat stuk hemel achter mijn venster, er is voor alles plaats in één leven. Voor een geloven aan God en voor een ellendige ondergang.'[31]

—

Na de quarantaineperiode, die een aantal weken had geduurd, moesten de vrouwen op een dag naakt op appèl staan. Het was bijna herfst, de dagen werden kouder. Toch duurde zo'n appèl eindeloos. Er vonden opnieuw selecties plaats. Een kamparts beoordeelde wie er geschikt was om eventueel doorgestuurd te worden naar het *Arbeitslager*, en wie naar de gaskamer moest. De vrouwen die werden afgekeurd, moesten hun nummer laten noteren en werden naar Block 25 gebracht. Deze barak lag niet ver van Block 7 en werd de 'Dodenbarak' genoemd. Block 25 was door twee manshoge muren verbonden met het daarnaast gelegen Block 26, waardoor een afgesloten binnenplaats was ontstaan. De ramen aan de buitenkant hadden tralies. De vrouwen die hier terechtkwamen, konden de barak niet meer uit. Ze kregen ook geen eten en drinken meer.

'Wij konden het blok zien waar die meisjes zaten,' vertelde Gretha Bonewit-Kaufman, die tegelijk met Etty op transport ging. 'De meisjes schenen erge dorst te hebben, want ze hielden een beker door de tralies heen en riepen naar ons om water. Wij hadden ze verschrikkelijk graag willen helpen, maar waren zelf zo bang, dat we het niet durfden.'[32]

Na een aantal dagen werden de vrouwen uit Block 25 naakt op een vrachtwagen gezet en naar de gaskamer gereden. De vrouwen gilden. Zij wisten nu wel wat hun te wachten stond.

Dat Etty werkelijk nog een paar maanden in Auschwitz heeft geleefd, lijkt niet waarschijnlijk. 'De meeste mensen leefden daar maar een week, hooguit twee en waren dan weg,' schreef Flora Schrijver in haar memoires.[33] Zelf was zij na een paar weken ook aan het einde van haar krachten. Ze werd gered doordat ze een plek als accordeonist in het kamporkest wist te bemachtigen.

Het transport van 7 september 1943 bestond uit 987 personen. Van hen hebben zes mensen Auschwitz overleefd: drie mannen en drie vrouwen. Deze vrouwen waren er alle drie in geslaagd een bevoorrechte positie te verwerven in het kamp; als muzikante, verpleegster in het Revier en schrijfster op de *Schreibstube*.[34]

Van alle anderen ontbreekt ieder spoor. Zij kregen een administratieve sterfdatum van 10 september of 30 november 1943; zelfs de dag van hun dood werd niet gekend.

—

Er is wel beweerd dat Etty Hillesum zo'n grote spirituele vrijheid had verworven dat geen enkele situatie nog vat op haar kon krijgen, 'zelfs niet in de gaskamer'. Ze zou zich hebben bevrijd van het narcisme en het ego, en aldus 'die plek in het hoofd hebben bereikt waar je van niets meer afhankelijk bent'.[35]

Het zou een troost zijn te weten dat Etty, ondanks het immense lijden in Auschwitz, haar dood rustig en innerlijk vrij in de ogen heeft kunnen zien. Dat zij haar God niet verloor, noch haar geloof in de mens en al het goede.

Maar we weten het niet. Het was haar niet gegeven de dichter van het kamp te worden. Een dichter 'die het leven daar, ook daar, beleeft als dichter en die ervan zal kunnen zingen'.[36]

Al bleef het de vraag, achteraf, of er wel woorden bestonden die het leven in Auschwitz op poëtische wijze konden beschrijven, laat staan bezingen.

—

Etty's rugzak met haar laatste dagboeken bleef op die vroege ochtend van 9 september 1943 op de Judenrampe staan. Daar zal de zware tas zijn opgepakt door een gevangene die bij het *Kommando* hoorde dat tot taak had de bagage naar 'Canada' te brengen, het deel van het kamp waar alle geconfisqueerde goederen werden verzameld en gesorteerd. De gevangenen noemden het 'Canada' omdat zij dat land associeerden met de rijkdom en overvloed die in de opslagplaatsen tentoon werden gespreid.

Er waren dagen dat de werknemers in Canada de toevloed nauwelijks aankonden, en de bergen met rugzakken en koffers zich hoog opstapelden. De pakhuizen puilden uit. Jassen bij jassen, broeken bij broeken, schoenen bij schoenen. Elke broek- of colbertnaad moest worden onderzocht, want juist daarin konden juwelen of geld verstopt zitten. Vervolgens werd de kleding in grote balen verpakt en met de trein naar het *Reich* gestuurd.

Zo zal ook Etty's rugzak zijn omgekiept, waarna haar wollen trui, de sandalen en dat ene reservehemd op de juiste stapels terechtkwamen. Haar dagboeken, bijbeltjes, Russische grammatica en het werk van Tolstoj kwamen niet in aanmerking voor hergebruik. De nazi's wantrouwden het woord. Elke gedrukte of geschreven tekst kon subversief zijn. Boeken en persoonlijke documenten werden daarom afgevoerd naar de crematoria.[37] De laatste dagboeken van Etty Hillesum, waarin ze schreef over haar laatste maanden in Westerbork en de treinreis naar Polen, werden kort na haar aankomst in Auschwitz verbrand.

—

Het lot van Mischa Hillesum bleef lang ongewis. Mien Kuyper-Canté, de pianodocente die zich in Amsterdam over Mischa had ontfermd, deed op 6 september 1946 navraag bij het Rode Kruis, waarbij zij opgaf zijn 'pleegmoeder' te zijn. Mien Kuyper had het gerucht vernomen dat Mischa zich in een hospitaal in het Russische Odessa zou bevinden, 'misschien ernstig krankzinnig'.[38]

Inderdaad was na de bevrijding van Auschwitz een groep Nederlanders overgebracht naar repatriëringskampen in Rusland, waaronder Odessa. Christine van Nooten koesterde in het voorjaar van 1946 eveneens hoop: 'Van mijnheer en mevrouw Hillesum is nooit iets vernomen; zij zijn stellig omgekomen. Er zijn geruchten als zouden Etty en Mischa in Rusland zijn.'[39]

Pas rond 1951 kwam er iets meer duidelijkheid over Mischa's mogelijke lot. Hij zou behoord hebben tot de grote groep Nederlandse mannen die op 6 oktober 1943 vanuit Auschwitz werden overgebracht naar het inmiddels verwoeste Joodse getto van Warschau. Ze moesten daar puinruimen. Ongelooflijk zwaar werk, onder gruwelijke omstandigheden. Van de twaalfhonderd Nederlanders die naar Warschau werden getransporteerd overleefden slechts vijfentwintig mannen de ontberingen.[40] Mischa zou volgens het Rode Kruis eveneens in het getto van Warschau de dood hebben gevonden. Wanneer bleef onduidelijk, maar in elk geval tussen 8 oktober 1943 en 31 maart 1944.[41]

Bij de reconstructie van Mischa's lot door het Rode Kruis, werd geen rekening gehouden met zijn mentale toestand. Hij zou het lot van de andere twaalfhonderd Nederlandse mannen hebben gedeeld. Maar wie iets meer weet van Mischa's bijzondere karakter en psychotische gevoeligheid, kan zich afvragen of hij ooit daadwerkelijk in Warschau is aangekomen.

Hoe kwam Mischa uit de trein, begin september 1943, na drie dagen opsluiting in een goederenwagon? Liet hij zich op het perron van Birkenau werkelijk scheiden van zijn ouders, zonder wie hij zich absoluut geen raad wist? Was hij vervolgens een maand lang in staat zich aan te passen aan de harde condities in het kamp, totdat hij op 6 oktober naar Warschau werd gedeporteerd? Een maand is erg lang voor een schizofrene jongeman in zware en gekmakende omstandigheden. Ging hij er niet al veel eerder geestelijk aan onderdoor?

Mischa's officiële sterfdatum werd 31 maart 1944 – de dag dat hij in elk geval niet meer leefde. Hij was Etty's liefste broertje geweest, en een groot, zij het getormenteerd musicus, met wie zij vaak medelijden had gehad. 'Heel arm jongetje!'[42]

—

Jaap hield het nog lang vol. Het was hem gelukt om de hele zomer van 1943 als arts in Amsterdam te blijven werken. Hij woonde min of meer in het Nederlands Israëlitisch Ziekenhuis (NIZ) op de Nieuwe Keizersgracht, maar logeerde ook geregeld bij zijn collega Sara Oudkerk en haar ouders op de Zuider Amstellaan.[43] Op 13 augustus 1943 werd het NIZ, waar op dat moment nog honderden patiënten verbleven, door de Duitsers ontruimd. Alle zieken werden doorgestuurd naar Westerbork, samen met hun behandelend artsen en verpleegsters, al wisten sommigen in de chaos te ontkomen.

Patiënten met besmettelijke ziekten werden naar de Joodse Invalide op het Weesperplein overgebracht. Jaap slaagde erin zich als arts bij deze laatste groep te voegen en zijn verblijf in Amsterdam zo nog een paar maanden te rekken.[44] Totdat zijn positie ook in de Joodse Invalide onhoudbaar werd. Volgens zijn Joodse Raad-kaart werd hij op 12 januari 1944 overgebracht naar Westerbork. Wist Jaap toen al dat zijn hele familie 'door' was, zoals dat heette?[45] Een maand later, op 15 februari, werd Jaap zelf op transport gezet. Niet naar Auschwitz, maar naar het in Duitsland gelegen concentratiekamp Bergen-Belsen.

De trein naar Bergen-Belsen had personenwagons, geen goederenwagons. Dat wekte vertrouwen, zou een transportgenoot later vertellen. Zouden zij beter af zijn? Jaap deelde een coupé met Jaap Meijer, zijn vrouw en baby Ischa, de latere journalist, die juist een dag eerder één jaar was geworden. Ze spraken lang met elkaar. Jaap Meijer kende de familie Hillesum uit Winschoten. 'Ze woonden vlak bij ons, in de Oranjestraat. [...] Dat gaf aanleiding tot zeer interessante gesprekken.'[46] Een andere reisgenoot in dezelfde coupé was de toen twintigjarige Cees Kroonenberg, zoon van de geneesheer-directeur van het NIZ, Salomon Kroonenberg. Cees zou na de oorlog vertellen dat hij samen met Jaap in het zogenaamde *Klärkommando* had gewerkt in Bergen-Belsen. Ze moesten zand afgraven. Jaap was er slecht aan toe geweest; hij was 'afgrijselijk bleek en sterk vermagerd'.[47]

Begin april 1945, toen de geallieerden in Duitsland snel oprukten, werden de gevangenen van Bergen-Belsen geëvacueerd naar het oosten, niemand wist waarheen. Jaap kwam op 10 april terecht in een van de 'dodentreinen' die tussen het geallieerde en Russische front heen en weer reden. Een spookreis in personen- en goederenwagons door het verwoeste Duitsland, onder erbarmelijke omstandigheden. Van de vijfentwintighonderd gevangenen van dit 'verloren transport' zouden zeker vijfhonderd de evacuatie niet overleven. Ze stierven door uitputting, honger of vlektyfus, zowel tijdens de treinreis als daarna.

Jaap bezweek op 17 april, een week voordat de trein bij het Oost-Duitse plaatsje Tröbitz door de Russen zou worden bevrijd. Hij werd volgens zijn Rode Kruis-dossier begraven op het traject Senftenberg-Schipkau, 'driehonderd meter voor de spoorbrug bij het dorp Schipkau aan de zuidkant van de spoorrails, ongeveer dertig meter van een wissel'.[48]

—

Wie in Auschwitz op de plek loopt waar zich de opslagloodsen van 'Canada' bevonden, kan op de grond nog altijd knopen vinden. De zompige aarde van het kamp heeft ze in het verleden opgeslokt, maar brengt de kleine herinneringen aan alles wat was, ook nog vele tientallen jaren later, weer aan de oppervlakte terug.

Het is een troostende gedachte dat de nazi's niet álles hebben kunnen uitwissen, hoezeer zij ook hun best deden in Auschwitz een geheel volk te laten verdwijnen. De kleine knoopjes, misschien ooit met liefde aan een kinderjurkje vastgezet, vertellen hun eigen verhaal, steeds opnieuw, in een eeuwige wederkeer van de dingen, onuitroeibaar.

Etty geloofde hartstochtelijk in het leven. Ze was niet bang voor de dood, omdat zij wist dat het leven ook zonder haar verder zou gaan en er betere tijden zouden komen, ooit. Het ging niet om háár. Het ging erom dat we met z'n allen wat verder uit de modder zouden komen, als een aardigere, liefdevoller mensensoort.

Ze schreef:

'Ik zou lang willen leven, om het later alles tòch nog eens te kunnen uitleggen en als me dat niet vergund is, welnu, dan zal een ander het doen en dan zal een ander mijn leven verder leven, daar waar het mijne is afgebroken en daarom moet ik het zo goed en zo volledig en zo overtuigd mogelijk leven tot de laatste ademtocht, zodat diegene, die na mij komt niet helemaal opnieuw hoeft te beginnen en het niet meer zo moeilijk heeft. Is dat ook niet iets doen voor het nageslacht?'[49]

EPILOOG

Terwijl Etty ten onder ging, kregen haar woorden een nieuw leven. In het vroege najaar van 1943 verscheen er een illegale uitgave van haar twee lange Westerborkbrieven. Pa Han had bij deze publicatie een belangrijke rol gespeeld. Hij had Etty's handgeschreven brieven aan haar oude vriendin Pim Eldering gegeven, ongetwijfeld in de wetenschap dat zij in het verzet zat. Pa Han en Pim hadden het in de jaren dertig goed met elkaar kunnen vinden en waren altijd bevriend gebleven.[1] Pim ging vervolgens met de handgeschreven brieven naar de Haarlemse David Koning. Deze pas 23-jarige, maar handige verzetsman was onder meer betrokken bij het illegale blad *De Patriot*. Koning beloofde Pim ervoor te zorgen dat Etty's brieven door het verzet zouden worden verspreid.[2]

Drie brieven stond er op het onopvallende, beige boekje dat gedrukt werd door de gebroeders Nooy in Purmerend op een illegale drukpers. Ook het titelblad was misleidend: 'Drie brieven van den kunstschilder Johannes Baptiste van der Pluym (1843-1912), uitgegeven en van een toelichting voorzien door mevr. A.C.G. Botterman-v.d. Pluym.' De camouflage was bedacht door David Koning, die hoopte dat het boekje beter zou kunnen worden verkocht wanneer het niet zou opvallen als verzetsliteratuur. De koper hoefde dan immers niet te vrezen dat bij een eventuele huiszoeking verboden drukwerk zou worden gevonden.[3] Voor de uitgave schreef Koning, die na de oorlog journalist en televisiemaker zou worden, zelf een fictieve, derde brief, waarin de vermeende dochter van kunstschilder Van der Pluym herinneringen ophaalde aan haar vader. Het boekje had een oplage van honderd exemplaren en werd verkocht voor het toen niet geringe bedrag van 10 gulden per stuk. De opbrengst kwam ten goede aan Joodse onderduikers.

In februari 1944 werd een ingekorte versie van Etty's tweede Westerborkbrief in het illegale *Parool* afgedrukt. 'Een transport vertrekt...' stond erboven, '... en een ooggetuige vertelt van lief en leed in en om Westerbork.'[4] Ongetwijfeld had Etty's vriend Kees de Groot, die sinds maart 1942 deel uitmaakte van de redactie van *Het Parool*, de hand gehad in deze publicatie.[5] Kees zat diep in het verzet en behoorde tot de leiding van wat vanaf 1943 de 'groep Gerretsen' zou heten; een verzetsgroep van revolutionaire socialisten die was verbonden aan *Het Parool* en zich voornamelijk bezighield met het vervalsen van persoonsbewijzen en voedselbonnen.

In de jaren dertig waren Pim en Kees belangrijke vrienden van Etty geweest. De oorlog had hen uit elkaar gedreven. Vooral Pim kon Etty's spirituele pad niet meer volgen. Toch herkende zowel Pim als Kees direct het grote belang van Etty's Westerborkbrieven, als indringende getuigenissen van de naziterreur waartegen zij zich met hand en tand verzetten. Door hun inspanningen maakten Pim Eldering en Kees de Groot hun oude vriendin tot een stem van het verzet.

Het clandestiene boekje *Drie brieven* werd tijdens de oorlog grif gelezen en doorgegeven in een kleine kring van geestverwanten. In de loop van 1944 bereikte het zelfs de latere geschiedschrijver Loe de Jong in Londen, die er erg van onder de indruk was. Hij nam sommige passages over in het kader van zijn studie naar de Tweede Wereldoorlog, waarvoor hij al in Londen de eerste aanzetten schreef.[6]

Dat Etty's getuigenis in verzetskringen bekendheid genoot, blijkt ook uit het feit dat *Drie brieven* werd opgenomen in de tentoonstelling *Het vrije boek in een onvrije tijd*, die eind juni 1945 werd geopend in het Stedelijk Museum in Amsterdam. Op de expositie waren tientallen voorbeelden te zien van tijdens de oorlog illegaal uitgegeven werken. *Drie brieven* was van al die publicaties misschien nog wel 'de meest clandestiene', schreef een recensent, omdat het helemaal geen brieven van een kunstschilder bevatte, maar daarentegen 'een in zijn eenvoud ontroerend beeld gaf van het leed, dat de Joden in Westerbork hadden moeten doorstaan'. Wie de eigenlijke auteur was van dat anonieme verslag, werd niet genoemd.[7]

—

Leonie Snatager vierde de bevrijding uitbundig, met chocola, sigaretten, en een 21-jarige Canadees. Ze was euforisch. Het was haar gelukt. Ze was er nog. Als Jane Lamberts had ze bijna twee jaar lang voortdurend van adres moeten wisselen. Nooit was ze haar leven zeker geweest. Nu mocht ze weer Leonie zijn en zeggen wie ze werkelijk was.

Leonie vertelde haar Canadees alles over haar vriendin Etty Hillesum, die in Westerbork zulke indrukwekkende brieven had geschreven. Enthousiast en verliefd als ze was, besloot ze Etty's lange Westerborkbrief van 24 augustus 1943 voor haar Canadees in het Engels te vertalen.

'Kunt u mij misschien Etty's lange brief sturen?' vroeg ze in september 1945 aan pa Han.

Pa Han woonde inmiddels bij zijn oudste dochter Ella in Heemstede. Hij had veel last van een oude breuk in zijn heup, waardoor hij nauwelijks kon lopen en verzorgd moest worden. Hij stuurde Leonie een door Etty zelf nog vervaardigde kopie van haar originele brief, met het verzoek hem na vertaling te retourneren.[8]

'Ja, jij hebt het maar makkelijk als je zo'n echte, gewone, eerlijke Canadian bij de hand hebt, van wie je hartje vol is en voor wie je Etty's brief wilt vertalen,' schreef pa Han in zijn begeleidende brief aan Leonie, op 1 oktober 1945. 'Daar zul je een hele kluif aan hebben, hartendiefje. Maar als 't je lukt, is 't de moeite waard. Ik heb hem nog eens overgelezen en ik raakte opnieuw onder de indruk, zowel om de inhoud als om de vorm. Kostelijk bijvoorbeeld de tekening van die commandant van Westerbork met zijn hofnarren Ehrlich en Rosen! En verder die sobere beschrijvingen van de mensen in die barakken. Geen woord te veel en geen sentimentaliteit en daardoor juist zo gevoelig werkend.'[9]

Leonie was vlak na de bevrijding voor een Joods-Amerikaanse organisatie gaan werken die onderzoek deed naar slachtoffers van de concentratiekampen. Het was haar taak de namen van vermiste of teruggekeerde personen op te nemen in een kaartsysteem, zodat families geïnformeerd of herenigd konden worden. Ze hoopte op die manier ook meer te weten te komen over het lot van de familie Snatager, van wie slechts zes neven en nichten de oorlog hadden overleefd. Haar eigen moeder en tante waren tijdens de onderduik in Amsterdam bij toeval door een Duitse politieman ontdekt en in september 1944 naar Auschwitz gedeporteerd.

Wanneer Leonie voor haar werk kampoverlevenden interviewde, vroeg ze altijd naar Etty. Je wist immers maar nooit. Maar niemand kon haar iets vertellen, elk spoor ontbrak.

'Wat jammer toch dat je van en over haar [Etty] niets hebt kunnen ontdekken onder haar transportgenoten,' schreef pa Han in zijn brief van 1 oktober 1945 aan Leonie. 'Ik geef me zelf geen enkele hoop meer op haar leven; ongetwijfeld is ze in Polen omgekomen. De beulen zullen haar niet gespaard hebben.'

Pa Han was intens verdrietig dat zijn Etty 'niet was teruggekomen', zoals dat toen nog heette. In het najaar van 1945 correspondeerde hij regelmatig met Leonie. In een van zijn brieven stuurde hij een foto van Etty mee.

'Het portret van Etty, dat ik bijsluit, zul je dadelijk al hebben gezien. Ik nam het toen ze een kopje koffie dronk op het terras van de lunchroom aan het Spui. Toen nog vrolijk en onbezorgd, de lieverd. En nu allang vergast en vernietigd.'[10]

Op 12 februari 1946 stuurde pa Han een laatste brief aan Leonie. Bijna twee maanden later, op 9 april, overleed hij onverwacht, door complicaties na een operatie, vermoedelijk aan de heup die hem zoveel last gaf. Hij was 66 jaar oud geworden.

In zijn laatste brief had hij Leonie nog vaderlijk streng toegesproken. Ze had het wilde plan opgevat om naar een kibboets in Palestina te vertrekken. Pa Han vond het helemaal niks. Ze had economie gestudeerd! En dan wilde ze nu 'landbouwwerk' gaan doen, in een land waar de Joden voortdurend werden bedreigd door de Arabieren, die er immers de baas waren? 'Zet het alsjeblieft uit je hoofd lieverd. Je bent ook zo verrekte ongedurig. Wat woelt er toch in je brein. Ík heb de leiding versta je, nu je goeie ouders er niet meer zijn om je tegen onbekooktheden te behoeden.'[11]

Leonie liet het idee varen. Ze ging bij de Nederlandsche Bank werken, zoals het een econome betaamde. In het kader van de Marshallhulp, een Amerikaans programma om het naoorlogse Europa economisch te ondersteunen, raakte Leonie betrokken bij leningen van de Wereldbank aan Nederland. Ze kreeg een baan aangeboden op het hoofdkantoor van de Wereldbank in Washington en vertrok in 1948 voorgoed naar de Verenigde Staten. In 1952 trouwde ze met de briljante wiskundige Walter Penney, die bij de CIA werkte. Samen kregen zij drie kinderen en elf kleinkinderen. Het gezin leefde in Greenbelt, bij Washington, in een voor Amerikaanse begrippen bescheiden, vrijstaande woning, met eekhoorntjes in de wilde bostuin.

Leonie bewaarde niet alleen het therapiedagboek dat ze voor Spier bijhield, maar ook veel andere correspondentie uit de oorlogsjaren en daarna. Ze bleef in gedachten veel met Etty bezig. Volgens haar therapeut in Greenbelt, de Joodse psycholoog Leopold Walder, voelde Leonie zich niet schuldig dat zij de oorlog had overleefd en Etty niet. Leonie was realistisch genoeg om te weten dat zij Etty niet had kunnen redden. Wel had Leonie last van psychische klachten als gevolg van de oorlog, vertelde Walder. Ze was zo succesvol geweest in overleven als 'Jane', dat ze niet meer wist hoe ze Leonie moest zijn.[12]

's Avonds kookte ze vrijwel nooit. In de keuken staan, dat was iets voor Jane, die zij niet langer wilde zijn. Leonie ging elke avond met haar gezin uit eten.[13]

Met Chanoeka zette Leonie ieder jaar een plastic kandelaar met nepvlammetjes in het raam.

'Waarom doe je dat?' vroeg haar zoon Bernard eens, 'we zijn toch niet religieus?'

'Ik wil laten zien dat hier een Jood woont!' zei zijn moeder toen triomfantelijk. *Hitler can eat his heart out!*

Leonie Penney-Snatager overleed in 2013 vredig in haar huis in Greenbelt, op 95-jarige leeftijd.

Na zijn moeders dood vond zoon Bernard onder haar bed een complete bibliotheek met boeken van en over Etty Hillesum, waarvan een groot aantal met onderstrepingen en aantekeningen van zijn moeder.

—

'Terug!' stond er op de Joodse Raad-kaart van Liesl Levie en haar twee dochters. Alsof de desbetreffende ambtenaar in 1945 persoonlijk opgelucht was geweest een keer goed nieuws te kunnen melden. Van de 107.000 Nederlandse Joden die tijdens de oorlog werden gedeporteerd, kwamen er 102.000 níét meer terug.

De familie Levie was op 11 januari 1944 vanuit Westerbork doorgestuurd naar Bergen-Belsen. Liesl en Werner hadden papieren voor Palestina en kwamen in Bergen-Belsen in het zogeheten *Sternlager* terecht; een gedeelte van het kamp voor Joden die de nazi's wilden uitwisselen tegen gevangengenomen Duitse staatsburgers in Palestina. De omstandigheden in het Sternlager waren aanvankelijk beter dan elders in het kamp, maar werden in de loop van 1944 snel slechter. Er was nauwelijks voedsel; de gevangenen stierven massaal door uitputting en ziekte.

De zevenjarige Mirjam Levie had gedacht dat ze in de verte, achter het prikkeldraad, grote stapels witte takken zag liggen.

'Wat is dat voor hout?' vroeg zij haar moeder Liesl en haar grote zus Renate.

'Dat zijn stapels dode mensen,' wilde Renate zeggen.

Maar Liesl legde snel een vinger op haar mond. Ja, het waren witte takken, die schitterden in het zonlicht.

Liesl sleepte haar dochters er met Duitse discipline doorheen. De meisjes mochten, ondanks de altijd knagende honger, niet over eten praten. Ze droegen de wollen pakken die Liesl uit dekens had gemaakt, wasten zich dagelijks met een beetje water of sneeuw, en hadden heel kort geknipt haar, als jongens, zodat

Liesl hen gemakkelijk twee keer per dag kon controleren op luizen of ziekmakende vlooien. De twaalfjarige Renate zorgde voor haar zusje en stond elke dag urenlang in de rij met haar gamel om waterige koolsoep voor de familie te halen. Werner werkte bij de administratie, Liesl moest oude soldatenschoenen uit elkaar halen.

De Levies zaten in dezelfde 'dodentrein' als Jaap Hillesum, die in de nacht van 9 op 10 april 1945 Bergen-Belsen met onbekende bestemming verliet en twee weken lang tussen de frontlinies ronddoolde.

'Kijk, dat zijn onze bevrijders,' zei Renate tegen haar zusje Mirjam toen de Russen de trein ten slotte hadden bevrijd. 'De bevrijders hebben geweren en de Duitsers hebben hun handen op hun rug.'

Mirjam begreep er niets van. Ze was twee jaar geweest toen de oorlog uitbrak. Ze had geen idee wat het woord 'vrijheid' betekende.

Ernstig vermagerd en verzwakt, werden de Levies ingekwartierd bij een Duitse familie in het Oost-Duitse plaatsje Tröbitz. Renate kreeg vlektyfus, maar wist als door een wonder te herstellen.

Op een dag besloten Liesl en Werner een bekende van hen te helpen; een oude, zieke man die in het geïmproviseerde ziekenhuis lag. Die medemenselijkheid zou Werner fataal worden. Hij liep in het hospitaal vlektyfus op en kwam de ziekte niet te boven. Op 26 mei 1945 overleed Werner Levie, 42 jaar oud. Hij werd begraven in Tröbitz.

Vlak voor zijn overlijden had Werner gehoord dat vrijwel alle artiesten van het cabaret uit Westerbork in 1944 via Theresienstadt naar Auschwitz waren gedeporteerd. Zijn vroegere vrienden Max Ehrlich, Kurt Gerron en Willy Rosen: ze waren allemaal dood.

'Och, wat vind ik dát erg, dat ik toch gelijk heb gehad,' zei Werner toen hij het bericht vernam.[14]

Liesl Levie had niets meer toen zij terugkwam in Amsterdam. Ze ging aan de slag in een naaiatelier, van 's ochtends vroeg tot 's avonds laat, en moest haar dochters tijdelijk in het

Joodse kinderhuis de Berg-Stichting in Laren onderbrengen. Het lukte haar uiteindelijk de oude droom van haar man en haarzelf waar te maken. In de jaren vijftig emigreerde Liesl met haar dochters naar een kibboets in Israël.

Over Etty werd nog nauwelijks gesproken. Ze was een van de vele dierbaren die de Levies hadden verloren.

De twee dochters van Liesl, inmiddels Hagar en Micky geheten, wonen nog steeds in een kibboets in het noorden van Israël, omringd door bomen, bloemen, kinderen en kleinkinderen. Ondanks hun hoge leeftijd gaan zij nog vaak naar muziekuitvoeringen in Tel Aviv; de opera die hun vader in de jaren dertig had willen stichten.

—

Etty's vriend Osias Kormann was nog in Westerbork, toen commandant Gemmeker en zijn staf op 11 april 1945 halsoverkop het kamp verlieten. De hele nacht zaten de 850 overgebleven Joodse gevangenen in spanning: zouden de Duitsers nog terugkomen, wraak nemen? Maar de volgende ochtend riep er ineens iemand: 'De Canadezen komen eraan!' en rende iedereen naar de ingang van het kamp.

Osias zag de Canadese tanks binnenrijden, vol met zwaaiende gevangenen die erop waren geklommen. Iedereen was uitzinnig. Het was voorbij. Ze lachten en huilden en omhelsden en kusten elkaar. Zes jaar eerder, in mei 1939, had Osias geprobeerd om met het schip de St. Louis naar Amerika te vluchten. Nu was hij weer een vrij man. In de grote barak van het kamp, waar zovelen wanhopig in lange rijen voor de registratie hadden gestaan, werd het Wilhelmus gezongen.[15]

Het duurde nog twee jaar voordat Osias herenigd zou worden met zijn vrouw en twee zoons in de Verenigde Staten. Hij overleed in 1962 op 67-jarige leeftijd. In zijn nalatenschap vond zijn zoon de brieven die Etty vanuit Amsterdam naar Osias had gestuurd, en waaruit bleek hoezeer zij gesteld was geweest op zijn vader.

Etty's grote vriend Jopie Vleeschhouwer werd in januari 1944 met zijn gezin vanuit Westerbork naar Bergen-Belsen gedeporteerd. De familie Vleeschhouwer wist het uit te houden tot april 1945 en zat in hetzelfde 'verloren transport' uit Bergen-Belsen als de familie Levie en Jaap Hillesum. Twee weken lang zwierven ook zij tussen de frontlinies, onder erbarmelijke omstandigheden. Jopie Vleeschhouwer overleed op de dag van de Russische bevrijding van de trein, op 23 april 1945, en werd begraven in een massagraf bij Tröbitz. Alleen zijn tienerzoon Hans zou de ontberingen overleven.[16]

Van Etty's verzetsvrienden in Westerbork hadden de meesten zichzelf kunnen redden. Werner Stertzenbach ontvluchtte het kamp eind september 1943, via de waterzuiveringsinstallatie, een route die hij eerder had gebruikt om anderen te laten ontsnappen. Kort daarvoor had hij moeten helpen bij de crematie van een tiental Drentse verzetsstrijders, die standrechtelijk door de nazi's waren geëxecuteerd. 'U mag hierover met niemand spreken,' had commandant Gemmeker, die bij de crematie aanwezig was, hem voorgehouden. Anders zou hij zelf worden doodgeschoten. Stertzenbach wist genoeg. Het was te gevaarlijk geworden om nog langer te blijven. Hij wist terug te keren in Amsterdam en zou zijn verzetswerk vanuit de onderduik voortzetten.[17]

Werner Stertzenbach bleef een leven lang communist en bijzonder strijdbaar. Na de oorlog besloot hij terug te gaan naar Duitsland; hij wilde de wederopbouw niet aan zijn vijanden overlaten. Als journalist publiceerde hij geregeld over het naziverleden van prominenten in de Duitse politiek of het bedrijfsleven. In de jaren zestig werd hij hoofdredacteur van *Die Tat*, een weekblad voor vervolgden van het naziregime. In die functie deed hij verslag van verschillende processen tegen oorlogsmisdadigers, waaronder dat van Adolf Eichmann in Jeruzalem.[18]

Uit Werners relatie met de Joodse Stella Pach, die ook deel uitmaakte van de verzetsgroep Van Dien, was in 1945 dochter Manja geboren. Stella wilde niet mee met Werner naar het land dat zoveel van haar familieleden had vermoord en Manja groeide op bij haar alleenstaande moeder. Evengoed ontwikkelde zij een goede band met haar vader in Duitsland. Hij vertelde haar veel over de oorlog en ook over Etty Hillesum, de jonge, gelovige vrouw die hij niet had kunnen redden.

Begin jaren zeventig nam Manja Pach het initiatief tot de oprichting van een herinneringscentrum in Westerbork. Na de oorlog had de Nederlandse regering het kamp gebruikt voor achtereenvolgens de internering van NSB'ers en de opvang van Indische en Molukse Nederlanders die uit de oude kolonie verdreven waren. Nadat de laatste Molukkers in 1971 waren vertrokken, werden de barakken gesloopt en dreigde er vrijwel niets over te blijven wat herinnerde aan de deportatie van Joden, Sinti en Roma tijdens de oorlog – op een monument van Ralph Prins na. Via Westerbork was driekwart van alle Nederlandse Joden weggevoerd – het hoogste percentage in Europa. Het Herinneringscentrum Kamp Westerbork werd in 1983 geopend en zou, tot ieders verbazing, elk jaar alleen maar meer bezoekers trekken.

Op het vroegere kampterrein van Westerbork groeien nog steeds lupinen in de zomer, al zijn ze nu paars in plaats van geel. Wie goed luistert, kan er Etty's woorden horen uit de luidsprekers die op verschillende plekken op de heide staan opgesteld. Op het terrein zelf is weinig meer te zien van het Durchgangslager dat er ooit was. Maar Etty's stem brengt de geschiedenis terug, in treffende beelden, eindeloos herhaald, om nooit te vergeten.

—

Op 6 november 1945 hield Etty's vriendin Pim Eldering een opzienbarende rede op de Nederlandse radio. Er was discussie in het land over wat er moest gebeuren met de gevangengenomen leiders van de NSB. De doodstraf was al vele jaren niet uitgesproken in Nederland. Moest deze nu voor mannen als Mussert opnieuw gaan gelden?

Ja, zonder enige twijfel, zei Pim in haar toespraak. 'Zij zijn geen misdadigers in de gewone betekenis van het woord. Zij hebben zich niet vergrepen aan het goed en het leven van een medemens: zij zijn schuldig aan het zwaarste vergrijp tegen het gehele volk. Zij hebben zich door dit vergrijp buiten onze volksgemeenschap geplaatst. En hier past slechts een maatregel: de liquidatie van deze elementen.'[19]

Pim sprak de taal van het gewapende verzet. Ze had zich gehard gedurende de bezettingsjaren. Het ging om niets minder dan 'een afrekening met deze figuren', hield zij het radiopubliek in hun keurige Hollandse huiskamers voor. En daarvoor bestond maar één oplossing: ze moesten geëxecuteerd worden.[20]

Volgens de zoon van Pim Eldering stond na de oorlog een gepantserde versie van zijn moeder op. Ze was nog steeds de charmante, hartelijke en gastvrije vrouw die ze altijd was geweest. Maar de oorlog had onmiskenbaar sporen nagelaten.[21] Pim had te veel meegemaakt. En ze had te veel vrienden en familie verloren.

Pims oude minnaar Gerrit Kastein was op 19 februari 1943 van tweehoog uit een raam op het Binnenhof in Den Haag gesprongen, nadat hij door de Sicherheitsdienst in een val was gelokt en voor verhoor was meegenomen. Kastein had kort daarvoor meegewerkt aan de liquidatie van twee hooggeplaatste NSB'ers. Als geen ander besefte hij dat elke verzetsman, hoe mentaal sterk ook, het gevaar liep door marteling en uitputting door te slaan. Hij zag geen andere uitweg dan het raam van de verhoorkamer in te trappen en zich geboeid en wel naar beneden te storten. Kort daarna overleed hij aan zijn verwondingen.

Etty's vriend Kees de Groot, die Pim eveneens goed kende, was op 8 maart 1945 geëxecuteerd in Amsterdam, bij een vergeldingsactie van de Duitsers naar aanleiding van de vergissingsaanslag op SS-leider Hanns Albin Rauter. Kees had de grote pech bij toeval opgepakt te worden bij een huiszoeking; hij had geen kant op gekund. Omdat hij gebruikmaakte van een vervalst persoonsbewijs, wisten de Duitsers niet met welke belangrijke verzetsman ze te maken hadden. Evengoed werd hij, samen met tweeënvijftig anderen die op dat moment in het huis van bewaring aan de Weteringschans zaten, bij Rozenoord aan de Amsteldijk gefusilleerd, twee maanden voordat Canadese troepen Amsterdam binnenreden.

Pims echtgenoot, de Joodse Ben Polak, kwam op 5 oktober 1943 als arrestant in de Joodsche Schouwburg terecht, voor een relatief klein vergrijp. Hoewel zijn zaak als gemengd gehuwde man niet direct hopeloos leek, besloot hij de uitkomst niet af te wachten. Bij een ontruiming van het gebouw, op 3 november, wist Ben Polak via een ingeslagen ruit de brandtrap te bereiken en op het dak van de Schouwburg te klimmen. Na een levensgevaarlijke klauterpartij kon hij via de ladder van een behulpzame schilder ontkomen. De rest van de oorlog dook Ben Polak onder. Intussen zette hij zijn verzetswerk voort, vaak in nauwe samenwerking met Pim.

Het lukte Pim om de hele oorlog uit handen van de Duitsers te blijven. Ook na de geboorte van haar tweede zoon, in 1942, ging zij door met haar illegale werk. Hoe moedig Pim was, bleek onder meer toen zij haar zwager Hans Polak uit Westerbork probeerde te bevrijden. Samen met verzetsman Kees Hos reed zij eind 1944 naar het kamp. Ze had goede papieren voor Hans en een overtuigend verhaal. Alles leek te lukken. Maar op het laatste moment wilde Hans Polak zélf niet mee, omdat hij zijn broer, die ook vastzat in het kamp, niet wilde achterlaten.[22]

Na de oorlog werkte Pim als redacteur voor linkse bladen als *De Vrije Katheder* en *Interlinks*. Daarnaast had ze een baan als juriste in de gezinsvoogdij. Soms nam ze zelf pleegkinderen in huis. Haar lidmaatschap van de CPN gaf ze na een conflict in 1950 op.

In 1962 werd Pim benaderd door uitgever Bert Bakker. Na een eerste presentatie van Etty's Westerborkbrieven in het literaire tijdschrift *Maatstaf*, twee jaar eerder, had Bakker een schrijven ontvangen dat was ondertekend door vijftig Joodse Nederlanders. Ze vroegen hem de brieven in boekvorm uit te geven. Bakker wilde graag gehoor geven aan dat verzoek. De vroegere verzetsman David Koning, die zich had ingezet voor de illegale uitgave van de brieven, had een inleiding bij de publicatie geschreven, waarvoor hij wat schaarse biografische gegevens van Etty Hillesum had verzameld. Bert Bakker was alleen nog op zoek naar een foto. Had Pim misschien een portret van haar oude vriendin?

Pim had er één: de foto waarop zij samen met Etty aan tafel zat, gebogen over een tijdschrift. Voor de uiteindelijke uitgave, onder de titel *Twee brieven uit Westerbork van Etty Hillesum*, werd deze foto gebruikt. Pim was van het beeld afgesneden.

'Ach,' had Pim gezegd, met spijt in haar stem, 'dat er zelfs helemaal geen foto's meer zijn van Etty.'[23]

Eind jaren zeventig begon Pim geestelijk af te takelen. Zij overleed in 1989, op tachtigjarige leeftijd, zonder ooit nog over Etty Hillesum te hebben gesproken.

'Het was een tragedie,' was het enige wat zij tegenover David Koning wilde loslaten.[24]

—

Bij de Smeliks thuis was opwinding ontstaan toen Etty's Westerborkbrieven door Bert Bakker werden uitgegeven. Waarom de brieven wel, en het dagboek niet? Etty's schriften lagen al bijna twintig jaar in het bureaukastje, geen enkele uitgever had toegehapt.

In 1965 deed Klaas Smelik sr. een laatste poging om Etty's schriften gepubliceerd te krijgen. Samen met zijn inmiddels vijftienjarige zoon Klaas jr. trok hij naar uitgeverij Andries Blitz, gevestigd in een mooi landhuis in Laren. Het was zomer, ze dronken thee in de weelderige tuin, de uitgever toonde zich zeer geïnteresseerd. Maar niet veel later kwamen de door Johanna uitgetypte dagboekpassages opnieuw retour in een grote enveloppe, begeleid door een beleefde afwijzing. Klaas Smelik sr. gaf het op.[25]

Het was zijn zoon Klaas die de stille belofte van de familie ten slotte zou inlossen.

Klaas Smelik jr. was theologie en Hebreeuws gaan studeren. De vraag waarom Etty niet was ondergedoken, had hem nooit losgelaten. Via de taal wilde hij het Joodse volk en zijn geschiedenis leren doorgronden. Wat kon er belangrijker zijn dan een mensenleven?

Voor zijn werk als studiesecretaris bij de overkoepelende organisatie van bibliotheken (NBLC) schreef Klaas Smelik jr.

geregeld artikelen ten behoeve van de bibliothecarissen. In dat kader bedacht hij een interviewserie met uitgevers over de religieuze aspecten in hun uitgeefbeleid. Hij vond het zelf een interessant onderwerp. Maar hij had ook een geheime agenda. Zijn vader had het kennelijk niet goed aangepakt met uitgevers. Misschien was het slimmer om op een andere manier met hen in gesprek te raken en terloops het dagboek van Etty Hillesum te noemen.

Het was al eind 1979, toen Klaas een interview had met uitgever Geurt Gaarlandt van uitgeverij De Haan. Ze kwamen te spreken over de oorlog. De oorlog die Klaas zelf niet had meegemaakt, maar die niettemin zijn leven had bepaald.

'Ik ben vooral geïnteresseerd in de menselijke kant van de oorlog,' zei Gaarlandt tijdens het gesprek, 'niet de onmenselijke.'

Klaas Smelik jr. wist genoeg.

'Dan heb ik nog iets heel interessants voor je,' zei hij.

De tijd was rijp. Eindelijk.[26]

—

Geurt Gaarlandt kreeg een stapel getypte velletjes thuisbezorgd, bijeengehouden door een verroeste paperclip. Hij had beroepsmatig ja gezegd op het verzoek van Klaas Smelik om naar het dagboek van een jonge, Joodse vrouw te kijken. Meestal was het niks, de manuscripten die hij ongevraagd ontving. Maar je wist het nooit.

Hij was het slordige stapeltje papier alweer bijna vergeten, toen hij het op een avond, weken later, toevallig zag liggen en zich herinnerde dat hij Klaas Smelik had beloofd 'spoedig' iets te lezen. De eerste zin greep hem direct. 'Vooruit dan maar! Dit wordt een pijnlijk en haast onoverkomelijk moment voor mij: het geremde gemoed prijs geven aan een onnozel stuk lijntjespapier.'

Was dit geschreven in 1941? Gaarlandt kon het nauwelijks geloven. Het klonk zo modern, alsof er helemaal geen tijd voorbij was gegaan. In één ruk las hij de volgende twintig kantjes uit. Hij vond het een sensatie. Dit was een oorlogsdagboek dat niet over de oorlog ging, althans: niet allereerst. Hij werd geraakt door Etty's onvoorwaardelijke openheid. Ze aarzelde, deelde haar diepste gevoelens en gedachten; juist het filosofische karakter van het werk sprak hem enorm aan.

Gaarlandt vroeg Smelik om meer, hij kreeg de schriften thuis, leerde Etty's handschrift ontcijferen. De woorden waren in één keer op papier gezet, verbluffend genoeg vrijwel zonder doorhalingen, als een eindeloze branding van letters. Etty Hillesum was een schrijfster. De literaire kracht van haar werk was groot.[27]

Hij liet de dagboeken transcriberen, trok zich wekenlang terug op zolder en stelde uit het omvangrijke materiaal het dagboek van Etty Hillesum 1941-1943 samen, dat werd gepubliceerd onder de titel *Het verstoorde leven*.[28]

De presentatie van *Het verstoorde leven* vond plaats op donderdag 1 oktober 1981 in het Concertgebouw in Amsterdam, op steenworp afstand van Etty's voormalige woonhuis aan de Gabriël Metsustraat. Het werd een bijzondere bijeenkomst, al om elf uur 's ochtends, die het karakter had van een reünie. Veel oude vrienden van Etty zagen elkaar na tientallen jaren voor het eerst weer terug. Nog wat onwennig zochten ze elkaar, spraken ze elkaar aan. Sommigen wisten dat Etty een dagboek had bijgehouden. Anderen hadden geen idee.

Klaas Smelik sr. was inmiddels 84 jaar oud. Evengoed stond hij daar, in het Concertgebouw. Intens tevreden dat Etty's geschriften nu tóch werden gepubliceerd, al was het niet integraal. Dankzij zijn 'geleerde zoon' Klaas was het uiteindelijk gelukt, bijna veertig jaar nadat op een dag Maria Tuinzing voor zijn deur had gestaan met Etty's schriften, die hij zelf nooit had kunnen ontcijferen.

Na de oorlog was Klaas Smelik hard gestraft voor zijn werk als dramaturg bij de collaborerende Nederlandse Omroep. Hij mocht vijf jaar lang geen boeken publiceren en tien jaar geen radio maken. Klaas Smelik had revanche genomen door na 1955 in een hoog tempo toneelstukken, hoor- en televisiespelen te schrijven, die ook internationaal aftrek vonden. Ter herinnering aan Etty had hij een van zijn toneelstukken naar haar vernoemd. *De Esther H.* heette het, en het verhaal ging over de strijd om het voortbestaan van Israël. De 'Esther H.' was de naam van een schip dat wapens vervoerde naar Egypte, tegen de zin van de kapitein, die een andere afloop bedacht.[29]

Johanna Smelik ontbrak uiteraard evenmin. De boekpresentatie was voor haar een droom die uitkwam. Ze was inmiddels 65. Slecht ter been, zwaar en onhandig, maar nog even koppig als vroeger. Na een rommelig begin van haar werkende leven, was Johanna uiteindelijk de verpleging in gegaan en had ze goede zaken gedaan met een eigen verpleeghuis, dat ze was begonnen in de oude villa van de familie Smelik in Hilversum. Een vriendin als Etty had zij nooit meer gevonden. Etty had haar geaccepteerd zoals zij was, ze waren als zusjes geweest. De herinnering aan de vriendschap riep steevast veel emotie op bij Johanna. Ze miste Etty nog steeds. Maar nu waren Etty's woorden in elk geval weer springlevend. Hoewel het haar kleine broertje Klaas was geweest die de publicatie van het dagboek voor elkaar had gekregen, voelde Johanna zich in alles de hoedster van Etty's nalatenschap – een rol die ze nog met verve zou spelen.

De boekpresentatie in het Concertgebouw zorgde voor een hereniging en wederopstanding van de Spierclub – met Tide als het altijd bedrijvige middelpunt. Tide was onderwijzeres gebleven en in 1953 getrouwd met de Zwitser Charles F. Neitzel. Het was geen gelukkig, ongewoon huwelijk geweest, waarin de echtelieden nimmer het bed hadden gedeeld. Na een paar jaar was Neitzel teruggekeerd naar Zwitserland en had hij de scheiding aangevraagd. Vanwege haar geloof – verbreken wat God had verbonden was onmogelijk – kon Tide hierin niet toestemmen. Zo bleef Tide tot Neitzels dood in 1964 op afstand getrouwd, alleenstaand, maar innig verbonden met God. 'Ze was niet geschikt voor de liefde, maar des te meer voor de vriendschap,' zou een goede vriendin later vertellen.[30] Tide correspondeerde met tientallen vrienden en kennissen en had daar bijna een dagtaak aan. De bijeenkomst in het Concertgebouw zou een nieuwe impuls geven aan die schrijverij, want door de publicatie van *Het verstoorde leven* ontstond tussen de vroegere vrienden van Etty al snel een uitvoerige correspondentie, gevolgd door visites en logeerpartijen over en weer, tot in de Verenigde Staten en Israël aan toe.

Dicky was eveneens aanwezig, op die eerste oktober 1981 in het Concertgebouw. *Die Kleine*, zoals Spier haar noemde, de jongste, en ook een van de meest nuchtere vriendinnen van Etty. Na de oorlog was Dicky naar de Antillen vertrokken om daar als onderwijzeres te werken. Ze trouwde er en kreeg twee dochters. Inmiddels was de 62-jarige Dicky terug in Nederland; ze woonde in Terneuzen. De lange reis naar Amsterdam had ze er graag voor overgehad.

De Starrevelds waren gekomen. Pieter was alweer zeventig; hij had als kunstenaar een bijzonder productief leven geleid en zijn beelden vielen in tal van steden en museumcollecties te bewonderen.

Swiep van Wermeskerken, als altijd een opvallende verschijning, had eveneens gezorgd dat ze erbij was.

Klaas Smelik jr., de aanstichter van dit alles, hield zich afzijdig van de 'oudjes', die hem als 29-jarige al helemaal niet zagen staan.

De zaal zat stampvol, toen de schrijfster Marga Minco ten slotte het woord nam. Marga Minco, zelf Joods, was beroemd geworden met de even sobere als aangrijpende oorlogsvertelling *Het bittere kruid*. Ze had de oorlog overleefd door onder te duiken; haar hele familie was weggevoerd en vermoord. Iedereen was zich bewust van het bijzondere van het moment. Wat zou juist Marga Minco over Etty's dagboek te vertellen hebben?

Minco zette persoonlijk in. Het was goed mogelijk dat haar leven en dat van Etty elkaar hadden gekruist, vertelde ze. In 1941 woonde ze schuin tegenover Spier in de Courbetstraat. Ze had de gewoonte, ook toen al, om vaak uit het raam te kijken. Misschien had ze Etty bij Spier naar binnen zien gaan. Of was ze haar tegengekomen op straat. Het speet haar dat ze Etty nooit werkelijk had ontmoet.

Ze had Etty's werk leren kennen in 1962, toen ze *Twee brie-*

ven uit Westerbork van Etty Hillesum had gelezen. 'Ze betekenden een openbaring voor me,' vertelde Minco het muisstille publiek. 'Op de vele lezingen die ik in die jaren hield, citeerde ik er altijd fragmenten uit. De heldere stijl, de scherpe observaties van mensen en toestanden in het kamp, en de bijna bovenmenselijke solidariteit met haar lotgenoten, in het bijzonder met het Joodse proletariaat, kwamen zo dwingend op mij over dat ik mijn ervaring wel móést doorgeven.'[31] Het had haar altijd verbaasd dat de brieven niet méér aandacht hadden gekregen. Ze waren maar één keer herdrukt, heel bescheiden, in een Bulkboek voor scholen.

Nu had Minco het dagboek gelezen. De notities van een 'hyperintelligente, erudiete vrouw met een chaotisch gevoelsleven; een gedreven persoonlijkheid die haar vooruitstrevende ideeën over menselijke relaties niet alleen onder woorden bracht, maar ook volledig omzette in daden'.

Marga Minco las een aantal passages voor die haar hadden geraakt. Voor het eerst klonken Etty's woorden in een zaal, voor publiek, symbolisch genoeg op de plek waar Rijkscommissaris Seyss-Inquart in 1941 had verklaard dat 'de rol van de Joden was uitgespeeld'.

We moesten dankbaar zijn dat het dagboek bewaard was gebleven, vertelde Minco, en dat iedereen er nu, bijna veertig jaar later, kennis van kon nemen. 'We hebben hier te maken met een egodocument dat in historisch, menselijk en literair opzicht van eminent belang is.'[32]

—

Na de boekpresentatie ging Klaas Smelik jr. met de trein terug naar zijn woonplaats Haarlem. Hij had een exemplaar van *Het verstoorde leven* in zijn tas. Nog altijd had hij geen idee wat er in Etty's dagboeken stond. Bij de voorbereiding van de publicatie had hij de transcripties of drukproeven kunnen lezen. Maar onbewust had hij zich daar verre van gehouden. Het ging hem allereerst om de uitgave, dacht hij. De wens van Etty waaraan gehoor moest worden gegeven.

Dat er nog iets anders meespeelde, realiseerde hij zich pas later. Het dagboek van Etty herinnerde hem aan de beklemming die hij vroeger had gevoeld. De angst van kleine Klaas voor de dood. In de Hilversumse villa waar hij opgroeide, was die dood veel te aanwezig geweest, in de verhalen over de oorlog en Etty aan tafel, de voortdurende verzuchting van zijn oude vader dat hij het 'vast niet lang zou maken, jongetje'. Hij had Etty's schriften in het bureaukastje van zijn vader nauwelijks durven aanraken.[33] Waarom was ze dood, terwijl ze had kunnen leven, veilig verborgen in de kruipruimte onder hun vloer?

Maar nu haalde hij *Het verstoorde leven* uit zijn tas. Zijn nieuwsgierigheid won het van zijn angst. Terwijl de trein door de weilanden reed en de eerste herfstregen tegen het raam tikte, sloeg Klaas het boek open en begon hij te lezen.

VERANTWOORDING EN DANKWOORD

Op een ochtend in de nazomer van 2012 ontving ik een e-mail van de mij nog onbekende uitgever Geurt Gaarlandt. Mede namens de Etty Hillesum Stichting, die de nalatenschap van Etty's werk beheert, wilde hij me iets vragen. Had ik, als auteur van literaire non-fictie, misschien belangstelling om de biografie van Etty Hillesum te schrijven?

Ik had het dagboek van Etty Hillesum gelezen als jonge twintiger, halverwege de jaren tachtig, en was daarvan toen erg onder de indruk geweest. Het stond nog steeds in mijn boekenkast, met gescheurde kaft en tal van ezelsoren. Herlezing bracht geen teleurstelling, integendeel. Waar ik me als twintiger vooral identificeerde met de liefdesperikelen van Etty, werd ik nu allereerst gegrepen door haar gedachtegoed; haar persoonlijke zoektocht naar innerlijke bevrijding in tijden van vervolging en haar keuze om 'het lot van haar volk te delen'. Net als de jonge Klaas Smelik vroeg ik me af: waarom in hemelsnaam?

Het verstoorde leven was na de eerste publicatie in 1981 een enorm succes geworden, niet alleen in Nederland, maar ook ver daarbuiten. Het boek werd in eenentwintig talen vertaald en er werden wereldwijd meer dan 1,5 miljoen exemplaren van verkocht.

'Etty Hillesum moet tot de helden gerekend worden,' verklaarde de recensent van de *New York Times Book Review*. De verschijning van *An interrupted life* werd voor de *New York Times* voorpaginanieuws.

'De heilige van het Museumplein,' kopte NRC *Handelsblad* boven een column van J.L. Heldring.

Etty's meedogenloos eerlijke zelfonderzoek wist velen diep te raken, als de confessies van een heel goede vriendin. Naar aanleiding van Etty's dagboeken werden essays en artikelen gepubliceerd, toneelstukken geschreven, documentaires gemaakt, retraites en discussiegroepen georganiseerd. Het werk van Etty Hillesum bleek inhoudelijk zo rijk, dat het aanleiding gaf tot beschouwingen vanuit tal van uiteenlopende perspectieven: filosofisch, theologisch, literair, psychologisch, historisch.

Naast veel waardering oogstten Etty's leven en werk ook kritiek. Was het niet merkwaardig, vroeg de Joodse publiciste Henriëtte Boas zich af, dat Etty Hillesum bewonderd werd omdat zij niet onderdook? Onderduiken werd in voorgaande jaren terecht als een daad van verzet tegen de Duitse bezetter voorgesteld, betoogde Boas. Moesten we onderduiken dan nu ineens gaan zien als 'egoïstisch' en Etty's keuze om het lot van de gedeporteerde Joden te delen als 'heilig' of werkelijk altruïstisch?[1]

De soms felle debatten rondom Etty's werk waren gebaseerd op *Het verstoorde leven*, een keuze uit de dagboekpassages. Geurt Gaarlandt had vooral uit de eerste schriften een scherpe selectie gemaakt, de laatste drie cahiers had hij vrijwel integraal overgenomen. Klaas Smelik jr. vond in alle tumult dat de lezers zélf een gefundeerd oordeel moesten kunnen vormen, en nam daarom het initiatief tot de uitgave van een volledige, wetenschappelijk verantwoorde editie van de dagboeken, die verscheen in 1986. Daarnaast richtte Smelik in 2006 het Etty Hillesum Onderzoekscentrum (EHOC) op, ter bevordering en ondersteuning van het wereldwijde onderzoek naar het werk en leven van Etty Hillesum.

Als biograaf ben ik schatplichtig aan al het onderzoek dat er al was gedaan. Ik heb dankbaar gebruikgemaakt van de publicaties van het EHOC en vele andere onderzoekers. Toch waren nog veel vragen over het leven van Etty Hillesum onbeantwoord. Het leek soms of in alle discussies over het werk, en de mogelijke interpretatie daarvan, het zicht op de persoon die Etty was geweest, vertroebeld was geraakt. In de loop van de jaren waren verkeerde aannames en veronderstellingen een eigen leven gaan leiden; heldenverering én verguizing belemmerden een onbevooroordeelde blik. Zo raakte de 'historische Etty' steeds meer uit beeld. Wie was zij eigenlijk echt? Welke sporen had haar leven nagelaten, in verhalen, herinneringen, archieven, op zolders, en wat zou daarvan, ook zoveel jaar na dato, nog te vinden zijn? Ik raakte enorm benieuwd welke Etty achter de mythe verscholen ging.

Een klassieke biografie kon mijn boek niet worden. Er was immers geen sprake van een echt 'werk', dat ook zo was bedoeld; een oeuvre waaraan was geschaafd en gewerkt met een zekere visie. Noch was er sprake van een voltooid leven, waarin duidelijke ontwikkelingslijnen vielen te ontwaren.

Alles was in de knop gebroken of vernietigd.

Er bestonden geen interviews met mijn hoofdpersoon, geen door haarzelf geschreven herinneringen aan haar jeugd, geen schoolopstellen, geen liefdesbrieven die zij als bakvis schreef – tot 1941 had Etty Hillesum letterlijk geen stem.

Ik besloot daarom het werk dat er wél was, dat verpletterende dagboek, centraal te stellen in mijn biografie. Ik was als schrijver nieuwsgierig wat er zou gebeuren als ik Etty's woorden uit haar 'modderschrift' in hun context zou plaatsen, waardoor de lezer ze voor het eerst kon gaan begrijpen tegen de achtergrond van de tijd, de oorlogsomstandigheden in Amsterdam en Westerbork, haar complexe familiegeschiedenis en haar uitgebreide vriendenkring. Misschien zou ik zo het verhaal kunnen oppakken waar Etty het had moeten afbreken.

Ik begon met het dagboek en volgde van daaruit het spoor ver terug. Het was soms verbazingwekkend hoeveel er over Etty, haar familiegeschiedenis en haar vrienden nog terug te vinden was. Het materiaal was fragmentarisch, en verre van volledig, maar liet zich evengoed aan elkaar puzzelen tot een nieuw, en niet eerder verteld verhaal.

Een belangrijke bron waren voor mij de interviews die de historicus Jan Willem Regenhardt in 1985 maakte met de vele vrienden en bekenden van Etty die toen nog in leven waren. Die gesprekken waren gehouden in opdracht van de Etty Hillesum Stichting, en allereerst bedoeld om achtergrondinformatie te vergaren voor de uitgave van de wetenschappelijke editie, die vergezeld ging van een uitgebreid notenapparaat. Maar gelukkig was Regenhardt nieuwsgierig genoeg geweest om zijn taak veel ruimer te interpreteren, en Etty's vrienden het hemd van het lijf te vragen. De goed geschreven verslagen van die gesprekken brachten Etty en haar vrienden voor mij op een bijzondere en voor mijn werk essentiële manier tot leven.

Herinneringen zijn echter niet altijd even betrouwbaar. Een andere en ook onmisbare pijler onder mijn research vormde het uitgebreide archief- en historische onderzoek dat historica Erika Prins deed voor deze biografie. De carrière van Louis Hillesum in het gymnasiale onderwijs, Etty's studietijd in Amsterdam en Leiden, haar periode bij de Joodse Raad en haar mogelijke lot in Auschwitz: ik had er nooit zo gefundeerd over kunnen schrijven zonder Erika's gedetailleerde en uitstekende onderzoek. Zij dook dieper in de archieven dan ik zelf ooit had kunnen doen, altijd kritisch en open van geest, en haalde tal van nieuwe feiten boven water die het gangbare beeld van Etty Hillesum op belangrijke punten hebben kunnen aanvullen of corrigeren. Daarnaast was zij een ongelooflijk fijne persoonlijkheid om mee te werken. Net als ikzelf wist Erika van geen ophouden, en stak zij belachelijk veel werk in de reconstructie van de ogenschijnlijk kleinste details.

Deze biografie had nooit geschreven kunnen worden zonder de hulp en toewijding van velen. Ik wil hier in het bijzonder Alexandra Nagel noemen, die in 2020 promoveerde op een boeiende studie naar de handleeskunst van Julius Spier. Alexandra had al jarenlang onderzoek gedaan naar zowel Spier als Etty toen ik haar in 2015 voor het eerst ontmoette. In de wetenschap dat mijn boek na haar promotie zou verschijnen, was zij zo genereus om haar research ruimhartig met mij te delen. Ik kon altijd bij Alexandra terecht met mijn vragen en onzekerheden, en naarmate ik mijn achterstand in kennis begon in te lopen, konden we steeds meer met elkaar delen. Alexandra behoedde me voor fouten, dacht met me mee, en introduceerde me bij de toen honderdjarige Dicky de Jonge, met wie zij goed bevriend was geraakt. Het was een plezier om met haar samen te werken en ik ben haar zeer dankbaar voor al haar inhoudelijke en morele steun.

Voor het onderzoek naar de Russische achtergrond van Etty's moeder benaderde ik Remco Reiding, die als journalist in Rusland had gewerkt en zich had onderscheiden door zijn genealogisch onderzoek naar Russische slachtoffers van de Tweede Wereldoorlog. Remco deed een eerste onderzoek naar de herkomst van Riva en betrok later John Stienen bij het project. John, in het dagelijks leven werkzaam bij het ministerie van Binnenlandse Zaken en Koninkrijksrelaties, noemt zichzelf een 'amateur-historicus', maar daarmee doet hij zichzelf ernstig tekort. Het was John die Paulina Eidinow-Lewis op het spoor kwam, Etty's oudtante, en die na lang zoeken de nazaten van Riva's verdwenen Russische familie wist terug te vinden in Israël. John weet als geen ander in archieven te speuren naar aanwijzingen die vele anderen over het hoofd zullen zien. De opgewonden correspondentie na zijn ontdekking zal ik niet snel vergeten. Razendsnel en altijd precies reconstrueerde John het verhaal; binnen een week na de ontdekking had ik het fotoalbum van de familie in mijn mailbox.

Guido Abuys, als conservator werkzaam in Herinneringscentrum Kamp Westerbork, was enorm behulpzaam; zonder zijn grote kennis van de geschiedenis van het kamp waren veel van mijn vragen onbeantwoord gebleven. Hij leidde me rond over het kampterrein, was steeds bereid de kleinste details voor me na te zoeken, deelde literatuur en archiefbronnen, en behoedde me voor fouten in het manuscript.

Behalve Dicky de Jonge was niemand van Etty's vroegere vrienden nog in leven. De kinderen van deze vrienden hebben me echter enorm geholpen. Vaak bleken zij net zo bijzonder als hun ouders dat waren geweest. Ze waren bereid met me te praten, op zoek te gaan naar correspondentie, hun zolders op te ruimen, mee te denken, te delen in mijn voortschrijdend inzicht. Ik ben hun allen dankbaar dat ik eindeloos mocht blijven doorzeuren over onopgeloste kwesties of losse eindjes.

Bernard Penney stelde in de zomer van 2016 zijn ouderlijk huis in Greenbelt voor me open, dat hij na de dood van zijn moeder Leonie in 2013 onaangetast had gelaten. We zochten samen kamer voor kamer na, kast voor kast. In Greenbelt vond ik Leonies therapiedagboek terug en haar briefwisseling met Spier. Pa Han's brieven uit 1945 lagen er zomaar in een la, evenals uitvoerige correspondentie van andere vrienden van Etty, met wie Leonie na de publicatie van het dagboek in 1981 opnieuw contact had gekregen.

In Israël mocht ik in 2018 bij de zussen Hagar (voorheen Renate) Rudnik en Micky (voorheen Mirjam) Yaron in de kibboets verblijven. Ze waren nog kind toen Etty de vriendin was van hun ouders, Liesl en Werner Levie, maar bleken beiden te beschikken over een fabelachtig geheugen. Dankzij hun verhalen en herinneringen kwam de Jodenvervolging in Amsterdam voor mij bijna tastbaar dichtbij. Ze vertelden me uitgebreid over de Duitse achtergrond van Liesl en Werner, en over hun oorlogservaringen in Amsterdam, Westerbork en Bergen-Belsen, als de laatste getuigen van een geschiedenis die steeds verder van ons wegdrijft en tegelijkertijd onnoemlijk actueel blijft.

Manja Pach en Frits Grimmelikhuizen leidden me rond in het Deventer van Etty's jeugd en vertelden me alles over Manja's vader Werner Stertzenbach en zijn vriendschap met Etty in Westerbork. Ook Manja mocht ik voortdurend lastigvallen met vragen, waarop zij altijd nauwkeurig en gewetensvol antwoordde.

Peter en Freek Polak verhaalden uitgebreid over hun bijzondere ouders, Pim Eldering en Ben Polak. Tijdens het tweede gesprek met Peter lagen er onverwacht nieuwe brieven op tafel, die hij had gevonden toen hij op zolder had gezocht naar correspondentie van Pim. Ik herkende het handschrift van Etty direct. De brief van Etty aan Pim uit 1936, geschreven in het Belgische Knokke, is vooralsnog het enige vooroorlogse schrijven van Etty dat is teruggevonden. Peter Polak had geen idee gehad dat hij zo'n waardevol document in huis had.

Hein Bogaert bleek op zolder een koffer vol met brieven van zijn schoonmoeder Ella Wegerif te bewaren, de oudste dochter van pa Han. Ik ben Hein en zijn dochter Jolanda dankbaar dat ik die koffer tijdelijk mocht verhuizen naar mijn werkkamer.

Hoewel de tientallen liefdesbrieven van Ella Wegerif aan haar verloofde, de marineman Gé Quint, op zichzelf niet relevant waren voor mijn onderzoek, bleek het de moeite waard ze vrijwel allemaal door te nemen. Ik ontdekte er tal van wetenswaardigheden in over pa Han's gezin en zijn persoonlijke verleden, waarover erg weinig bekend was. Ik kon daardoor een completer beeld schetsen van de man die van grote betekenis was in Etty's leven.

Graag wil ik hier ook noemen Monique Cillekens, dochter van Etty's vriend Loet Zimmerman; Maarten en Guite de Groot, kinderen van de verzetsman Kees de Groot; Paulien Beran, dochter van Etty's kennis Bernard Beran; en Peter Meijlink, zoon van Etty's huisgenoot Bernard Meijlink. Peter bleek, zonder dat hij dat wist, nog onbekende foto's van Etty en het interieur van Wegerif in huis te hebben, die in de jaren dertig door zijn vader waren gemaakt. De vrolijke opname van Etty en de Wegerifs in Bernards zeilbootje prijkt nu op de omslag van dit boek.

Met Klaas Smelik jr. sprak ik in zijn woonplaats Gent uitgebreid over zijn vader en halfzuster Johanna. Smelik jr. kan met recht de vader van het Etty Hillesum-onderzoek genoemd worden. Door zijn familiegeschiedenis is hij intens verbonden geraakt met Etty's leven en werk. Ik vond het bijzonder van Klaas Smelik jr. te horen dat hij door Etty's verhaal, dat in de Hilversumse villa van zijn jeugd nog zo sterk aanwezig was, Hebreeuws ging leren, en door die studie ten slotte besloot dat God wél bestaat, in tegenstelling tot alles wat zijn atheïstische vader hem een leven lang had willen doen geloven. De grootste verrassing bij zijn eerste lezing van *Het verstoorde leven* was wel dat ook Etty religieus bleek te zijn; daar hadden zijn vader en Johanna hem nooit iets over verteld! De persoonlijke verbondenheid van Klaas Smelik met Etty Hillesum verklaart zijn enorme gedrevenheid. Nog altijd is hij de voornaamste aanjager van het wereldwijde onderzoek naar haar werk en leven. Ik dank Klaas dat ik gebruik heb mogen maken van zijn grote kennis, inzicht en internationale netwerk. Op zijn levenswerk wordt nu voortgebouwd in Middelburg, waar in Etty's geboortehuis aan het Molenwater, nu 'Etty Hillesum Huis', tegenwoordig het Etty Hillesum Onderzoekscentrum (EHOC) gevestigd is.

Tijdens mijn research werd ik gevolgd door een cameraploeg van de NOS, voor een documentaire over Etty Hillesum en de wordingsgeschiedenis van de biografie. Het werd een uniek project, en ik ben regisseur Mélinde Kassens en eindredacteur Esmeralda Böhm dankbaar dat we in zo'n goede sfeer hebben kunnen samenwerken. We reisden met de hele crew naar de VS, Israël en Auschwitz, en hoewel zij letterlijk met hun neus op mijn onderzoek stonden, heb ik in alle vrijheid kunnen werken en in het volste vertrouwen mijn bevindingen kunnen delen. Schrijver zijn is vaak een eenzame arbeid; het gewicht van zo'n immens onderzoek drukt soms zwaar. Dankzij de samenwerking met Mélinde, Esmeralda en de NOS-crew werden mijn onderzoeksreizen een stuk lichter en ook ongelooflijk veel gezelliger. De documentaire *Etty Hillesum – zoektocht naar een schrijfster in oorlogstijd* werd uitgezonden op 4 mei 2021.

Voor de financiering van zo'n omvangrijk meerjarenproject als deze biografie moet je bijkans projectmanager zijn. Ik heb heel wat nachten wakker gelegen vanwege de onzekere financiele situatie: hoe kon ik mijn gezin blijven onderhouden tijdens het jarenlange onderzoek, en de lange periode van schrijven daarna? Hoewel het vaak spannend is geweest, bleken mijn zorgen uiteindelijk ongegrond. Ik had het grote geluk royaal ondersteund te worden door het bestuur van de Etty Hillesum Stichting, Edward van Voolen en Geert-Jan Lekkerkerker, en tal van andere fondsen die voor in dit boek worden genoemd. De schrijvers Jan Brokken en Ad van Liempt waren zo aardig en fideel mee te werken aan de oprichting van de Stichting Biografie Etty Hillesum, die we meermaals ten behoeve van de financiering hebben kunnen inzetten. Drie particuliere mecenassen bleken bereid een flinke donatie te doen. Twee van hen wensten anoniem te blijven, de derde, Jaap Rosen Jacobson, wil ik hier nadrukkelijk noemen en bedanken. Zonder de extra particuliere gelden had ik het einde van de biografie nooit gehaald.

In de zomer van 2012 had ik mijn eerste gesprek met Geurt Gaarlandt over de biografie. Ik was 45, hoogzwanger en werkte nog aan mijn autobiografische boek *Hemelvaart*. Die biografie van Etty Hillesum, ja die wilde ik graag schrijven. Heel graag zelfs. Maar voorlopig had ik helaas geen tijd. Evengoed schonk Geurt mij zijn vertrouwen.

Inmiddels zijn we tien jaar verder en ik kan niet anders dan Geurt bewonderen om zijn immense geduld en loyaliteit. De afgelopen jaren waren onstuimig. Meer dan eens moest ik mijn werk onderbreken vanwege de zorg voor zieke ouders of gezinsleden. In 2019 kreeg mijn moeder ALS en besloten mijn vader, zus, broer en ik haar thuis te verzorgen, tot het einde aan toe. Mijn allerliefste moeder Lia stierf op 20 september 2019. Een klein halfjaar later brak de coronacrisis uit, zat ik tijdens de lockdowns ineens met kinderen thuis en stond mijn werk opnieuw onder druk.

In tijden van verdriet of spanning gingen de woorden van Etty op een andere manier tot me spreken; het leek of ik haar nog weer beter kon doorgronden. Het werken aan de biografie en het intens bezig zijn met Etty's gedachtegoed heeft me ook persoonlijk veranderd en verrijkt.

Lang worstelde ik met het zoeken naar de juiste vorm van mijn boek. Het nam niet alleen veel tijd om Etty's leven bij elkaar te puzzelen en het omvangrijke materiaal te gaan beheersen, ook de structuur kostte me aanvankelijk heel wat hoofdbrekens. Hoe kon ik dit verhaal op een hopelijk aansprekende manier vertellen en tegelijkertijd Etty's levensverhaal recht doen en zo waarheidsgetrouw en verantwoord mogelijk weergeven? In die zoekende beginfase van het project heeft mijn redacteur Emile Brugman me tot twee keer toe behoed voor dwaalsporen en mij weer op het rechte pad gedwongen, waarvoor ik hem zeer dankbaar ben.

Geurt Gaarlandt liep de hele, lange weg met me mee, altijd enthousiast en bemoedigend, altijd ondersteunend en begripvol, nooit geïrriteerd over de zoveelste vertraging. Ook in mijn grootste momenten van twijfel bleef hij geloven in het boek en een goede afloop. Als auteur had ik mij geen betere uitgever kunnen wensen. Ik kreeg van Geurt de kans de tijd te nemen die dit boek nodig had – een groot geschenk voor een auteur. Etty en haar omvangrijke vriendenkring waren voor mij als een nieuw gezelschap in mijn leven, dat ik onmogelijk snel kon leren kennen. Elk detail dat ik ontdekte, bood weer stof tot nadenken: had ik mijn hoofdpersonen wel begrepen, hoe zat het allemaal werkelijk in elkaar? Dit boek was in vele opzichten een enorme uitdaging, maar zelden heb ik uiteindelijk met zoveel plezier en inspiratie een verhaal geschreven – met de bezwerende pianoklanken van Satie en Einaudi op mijn koptelefoon.

Dank ook aan het hele team van uitgeverij Balans – Plien van Albada, Henk van Renssen, Anneke Willemsen, Lennart Puijker, Michiel Boek, Sylvie Steffers en vormgever Irma Hornman – voor hun enthousiasme en toewijding aan de biografie.

Soms vluchtte ik naar het stille klooster van de zusters Karmelietessen in Vogelenzang, maar het grootste gedeelte van dit boek schreef ik thuis, in Amsterdam, te midden van mijn drukke gezin. Ik omhels mijn allerliefste kinderen Milan en Jana; ik hoop dat ze me zullen vergeven dat ik een moeder ben die zich bij tijden liefst opsluit in een klein kamertje en verdwijnt in een verhaal. Jana was een peuter toen ik aan dit boek begon, nu een vrolijk meisje van elastiek dat 's ochtends de badkamer bezet houdt. En ik kus, als altijd, mijn man en grote liefde Vuk Janic, zonder wie ik überhaupt niet kan schrijven. Vanaf mijn eerste boek, *Het zwijgen van Maria Zachea*, heeft Vuk me aangemoedigd, advies gegeven en meegedacht over de structuur. Onze lange gesprekken, 's middags aan de keukentafel of 's nachts met een cognacje, waren ook voor dit boek onontbeerlijk.

NOTEN

PROLOOG

1 Interview auteur met Klaas Smelik (2017).

2 Smelik, Klaas A.D. (2003), p. 22.

3 Over de manier waarop de dagboeken bij Klaas Smelik werden bezorgd, doen verschillende verhalen de ronde. Volgens de pleegzoon van Maria Tuinzing, Alfred Anhalt, reisde hij kort na de oorlog met zijn pleegmoeder en vader naar de Smeliks in Hilversum om de dagboeken te overhandigen, waarmee zijn moeder zich 'kweet van de belofte, aan Etty Hillesum gedaan'. (E-mail van Alfred Anhalt aan Alexandra Nagel, 16 november 2016.) Johanna Smelik beweerde echter dat zij de dagboeken al eerder zélf bij Maria Tuinzing in Amsterdam had opgehaald, en dat het bezoek van Maria en de Anhalts later slechts een 'tegenbezoek' was. De eerste drie schriften ontving Johanna van Maria in 1944 in het huis van Han Wegerif in de Gabriël Metsustraat. Maria zou zorgdragen voor de resterende schriften. (Interview Jan Willem Regenhardt met Johanna Smelik, 1985.) Toen Maria in 1944 terugkeerde naar haar ouderlijk huis in Wageningen, nam zij de schriften die zij nog in haar bezit had mee. In september 1944, na de luchtlandingen van de geallieerden en het vergissingsbombardement op Wageningen, vond zij het echter te gevaarlijk worden om het dagboek in haar ouderlijk huis aan de Lawickse Allee in het centrum te bewaren. Ze bracht het pakketje naar vrienden van haar ouders die aan de Dijkgraafseweg in Wageningen woonden, nogal achteraf in die dagen. De Spaanse Rafael Sabarte Belacortu beloofde Maria goed op het pakketje te passen, maar moest op 22 oktober 1944 zijn huis op last van de Duitsers verlaten: alle inwoners van de frontstad Wageningen werden geëvacueerd. Sabarte Belacortu liet het pakketje van Maria in zijn huis achter. Dat bestond zeker niet uit alle schriften, verklaarde zijn weduwe later: daarvoor was het te dun. Het huis van Sabarte Belacortu werd in beslag genomen door Duitse militairen – die de dagboeken ongemoeid lieten. In 1945 heeft Maria Tuinzing het pakketje weer opgehaald en uiteindelijk overgedragen aan de Smeliks. (Munters, Q.J., 1993.)

4 Smelik (2003), pp. 22, 24.

HOOFDSTUK 1

1 Etty Hillesum in een brief aan Gera Bongers, vrijdag 6 februari 1942. Het precieze citaat luidt: 'Precies een jaar geleden, op 3 februari 1941, ben ik namelijk ter wereld gebracht, door een griezel van een man met een groene pofbroek aan en een

antenne op zijn hoofd en door een kroesharig, jongensachtig meisje, dat later Adri Holm bleek te heten.' Etty Hillesum, *Het Werk* (2012), p. 592. De nieuwe editie van de geschriften van Etty Hillesum uit 2021: *Het Verzameld Werk* is nagenoeg gelijk aan de editie uit 2012 die voor dit boek is gebruikt. De paginering komt ook overeen.

2 In *Het Werk* wordt gesproken over een maandagavondcursus (xv), maar Etty Hillesum spreekt zelf over een maandagochtend. *Het Werk* (2012), p. 5.

3 'Kroniek van het GVB in de jaren 1940-1945', Geheugen van de Amsterdamse tram, via: amsterdamsetrams.nl/allerlei/kroniek.htm.

4 *Het Werk* (2012), p. 593.

5 *Het Werk* (2012), p. 592.

6 Vermoedelijk trof Etty bij dit eerste bezoek ook Dicky de Jonge, een jonge vrouw die eveneens op kamers woonde bij de familie Nethe en bij Spier in de leer was. Het protocol van Etty Hillesum werd later teruggevonden door Alexandra Nagel bij Dicky de Jonge – met aantekeningen van De Jonge erop. Omdat het tevens hoogst ongebruikelijk was dat een 'object' werd ontvangen zonder dat daar meer leerlingen bij aanwezig waren, is het waarschijnlijk dat Dicky de Jonge deze eerste sessie met Etty ook bijwoonde. Merkwaardig genoeg wordt zij echter nergens door Etty genoemd. Toen ik Dicky de Jonge er zelf naar vroeg, kon zij zich niet meer herinneren wanneer ze Etty voor het eerst ontmoette.

7 *Het Werk* (2012), pp. 4, 461.

8 Dit is bijvoorbeeld verteld door Johanna Smelik in diverse interviews.

9 *Het Werk* (2012), p. 4.

10 Etty Hillesum in een brief aan Pim Eldering, 1936. Privéarchief Peter Polak.

11 *Het Werk* (2012), p. 593.

12 Nagel (2020), pp. 103-111.

13 Aanbevelingsbrief van C.G. Jung, gedateerd 31 augustus 1940. Kopie in archief uitgeverij Balans.

14 *Het Werk* (2012), p. VIII.

15 *Het Werk* (2012), p. 593.

16 Onderzoekster Alexandra Nagel vond het protocol van Etty Hillesum in het persoonlijke archief van Dicky de Jonge. Zij vertaalde en interpreteerde het protocol voor haar proefschrift over Julius Spier, waardoor het ook voor niet-ingewijden toegankelijk is geworden. Nagel (2020), pp. 68-70.

17 Nagel (2020), p. 69.

18 *Het Werk* (2012), p. 4.

19 *Het Werk* (2012), p. 5.

20 Nagel (2020), pp. 68-70.

21 Nagel (2020), p. 65.

22 Nagel, uitspraak bij verdediging proefschrift te Leiden, 29 januari 2020.

23 *Het Werk* (2012), p. 5.

24 Beuys (2012), p. 128.

25 Presser (1965), deel 1, p. 77.

26 Beuys (2012), pp. 128-129. Beuys spreekt trouwens ten onrechte over de Joodse zangeres Clara de Vries; zij was jazztrompettiste.

27 Presser (1965), deel 1, p. 78.

28 Beuys (2012), p. 130. Beuys wijst erop dat de arbeiders gekort dreigden te worden op hun wintertoeslag. Bovendien was er voor het eerst sprake van al dan niet vrijwillige tewerkstelling in Duitsland.
29 Joods Museum (JM), Etty Hillesum Collectie, F 900257.
30 *Het Werk* (2012), p. 5.
31 *Het Werk* (2012), p. 6
32 *Het Werk* (2012), p. 5.
33 Mak (2017), p. 326.
34 De mannen die bij deze razzia werden opgepakt werden via kamp Schoorl naar de concentratiekampen Buchenwald en Mauthausen gebracht. Niemand van hen zou de oorlog overleven.
35 Beuys (2012), p. 138.
36 Beuys (2012), p. 137.
37 *Het Werk* (2012), p. 4.
38 *Het Werk* (2012), p. 6.
39 *Het Werk* (2012), p. 6.
40 *Het Werk* (2012), p. 3.
41 *Het Werk* (2012), p. 703. Uit een brief van Mischa aan Etty blijkt dat hij op 13 januari 1941 in Apeldoorn zit. Halverwege maart 1941 is hij nog steeds in de inrichting, zoals blijkt uit de brieven van Claartje van Aals. Van Aals (1995), p. 57.
42 *Het Werk* (2012), p. 3.
43 *Het Werk* (2012), p. 15.
44 Beuys (2012), p. 142.
45 *Het Werk* (2012), p. 16.
46 *Het Werk* (2012), p. 19.
47 *Het Werk* (2012), p. 19.
48 *Het Werk* (2012), p. 19.
49 Nagel (2020), p. 69.

HOOFDSTUK 2

1 *Het Werk* (2012), p. 153.
2 *Het Werk* (2012), p. 153.
3 *Het Werk* (2012), p. 149.
4 *Een gesprek over Etty Hillesum*, Denise de Costa in gesprek met Hanneke Starreveld-Stolte en Betty Cordes-Deeg, Metz Audiovisuals (2000).
5 *Het Werk* (2012), p. 206.
6 *Het Werk* (2012), p. 478.
7 Bijvoorbeeld door Lenie Valkhoff-Wolff en Christine van Nooten in interviews met Jan Willem Regenhardt (hierna JWR).
8 *Het Werk* (2012), p. 19.
9 Hofmeester (2013), p. 59.
10 *Het Werk* (2012), p. 747. Het verhaal van Jaap is ontleend aan Jaap Meijer, die de familie Hillesum heeft gekend en een portret van Louis Hillesum schreef. Zie ook: Meijer, J., *Odyssee van een Joods docent* (2013).
11 *Nieuw Israëlietisch Weekblad* (NIW), 6 maart 1908, citaat uit het opgenomen jaarverslag van de Joodse Hulporganisatie Hachnosas Ourechiem.

12 Hofmeester (2013), p. 61.
13 SAA 5225, inv.nr. 926, 18 februari 1907, Riva Bernstein.
14 Interview JWR met Lenie Valkhoff-Wolff (1985).
15 Spector (ed.) (2001), p. 1006.
16 N.A. Trojnitskiy (red.) *Perepis' naseleniâ [Volkstelling].* Vol. 48 *Tsjernigovskaja gubernija.* (Sint-Petersburg, 1905).
17 Wanneer Michael Bernstein zich op 5 juni 1907 laat inschrijven in het Vreemdelingenregister, wordt genoteerd dat hij 'zonder beroep' is. Ook in het Bevolkingsregister en in de latere huwelijksakte van Riva Bernstein en Louis Hillesum wordt geen beroep opgegeven. SAA 5225, inv.nr. 926, 5 juni 1907, Michel Berenstein [sic].
18 Noord-Hollands Archief (NHA), Huwelijksbijlagen Amsterdam, 1912, reg. 21 fol. 3v.
19 N.A. Trojnitskiy (red.) Volkstelling.
20 Interview met Christine van Nooten in: *Het verstoorde leven* (1984).
21 In het Vreemdelingenregister staat dat ze in de 'Gartenstrasse' woonde, wat erop lijkt te duiden dat Riva ook Duits sprak.
22 Klier (1992), p. 942.
23 Klier (1992), p. 943.
24 *Algemeen Handelsblad*, 10 november 1905. Helaas wordt niet vermeld in welke plaats precies deze gruwelen zich afspeelden.
25 Er is altijd aangenomen dat Riva op de bonnefooi naar Amsterdam kwam. De 'ontdekking' van dit familielid is nieuw, en kan ik op het conto schrijven van de twee (Russischsprekende) onderzoekers die mij hielpen bij mijn 'Rusland-research': Remco Reiding en John Stienen. Het viel hun op dat een van de getuigen bij het huwelijk van Riva en Louis een nogal Russische naam had: Mendel Eidinow. Toen zij deze Mendel Eidinow verder natrokken, bleek hij getrouwd met Paulina Lewis, die opvallend genoeg óók uit Kopyl kwam, net als Michael Bernstein. Een verwijzing in een brief van Louis Hillesum aan Christine van Nooten uit 1943 maakte de puzzel compleet. Vergelijk Oord, G. van, 'Omnia salva: Brieven van Louis Hillesum en anderen aan Christine van Nooten', in: *Etty Hillesum in perspectief*, onder redactie van Klaas A.D. Smelik, Gent: 2012, p. 102. In die brief, van 10 maart 1943, schrijft Louis Hillesum: 'De oude vrouw die naar ons was toegevlucht, een oudtante van mijn vrouw, is voor onze ogen door de beulen afgevoerd.' Deze enig bekende verwijzing naar een 'oudtante' van Riva moet wel betrekking hebben op Paulina Lewis. Zij werd 20 maart 1943 vermoord in Sobibór, zie www.joodsmomument.nl, Paulina Eidinow-Lewis.
26 Hij behoorde daarmee tot het 'eerste gilde' van Joodse handelaren dat zich bij wijze van uitzondering wél buiten het Vestigingsgebied mocht vestigen – een privilege dat werd verstrekt tegen betaling van extra belastingen.
27 SAA 5225, inv.nr. 919, 1 juni 1895, Mendel Eidinow.
28 SAA 5009, inv.nr. 2901, p. 3 (verso).
29 Bregstein (1978), pp. 99-100.
30 *Het Werk* (2012), p. 13.
31 *Het Werk* (2012), p. 154.
32 *Het Werk* (2012), p. 6.

33 *Het Werk* (2012), p. 7.
34 *Het Werk* (2012), p. 48.
35 *Het Werk* (2012), p. 48.
36 *Het Werk* (2012), p. 48.
37 *Het Werk* (2012), p. 13.
38 *Het Werk* (2012), p. 38.
39 *Het Werk* (2012), pp. 36-37.
40 Nagel (2020), pp. 124-125.
41 Nagel (2020), p. 134.
42 Nagel (2013), p. 104.
43 *Het Werk* (2012), p. 37.
44 Interview met Frans van Steenhoven door JWR (1985).
45 Veel informatie over de familie Wegerif heb ik ontleend aan een interview met de achterkleindochter van pa Han, Jolanda Bogaert, en haar vader, Hein Bogaert, en aan het priveárchief van de familie Wegerif dat door Hein Bogaert wordt bewaard. In dat archief bevinden zich vele brieven van de oudste dochter van Han Wegerif, Ella, op grond waarvan ik me een goed beeld kon vormen van het warme gezin dat de Wegerifs waren. Ook bevinden zich in dat archief brieven van pa Han en een gezinsdagboekje van Willy Wegerif.
46 Brief van Ella Wegerif aan Gerrit (Gé) Quint, 20-3-1928. Privéarchief Hein Bogaert.
47 *Het Werk* (2012), p. 151.
48 *Het Werk* (2012), p. 475. Etty beschrijft een gesprek tussen haar en Spier, waarin ze openlijk aangeeft dat ze met pa Han slaapt nadat ze hem heeft bezocht.
49 *Het Werk* (2012), p. 37.
50 *Het Werk* (2012), p. 36.
51 *Het Werk* (2012), p. 40.
52 *Het Werk* (2012), p. 233.
53 *Het Werk* (2012), p. 14.
54 *Het Werk* (2012), p. 17.
55 *Het Werk* (2012), p. 17.
56 *Het Werk* (2012), p. 17.
57 Etty kan de aantekeningen alleen van Spier zelf hebben gekregen, omdat zij op dat moment nog niet zelf deelnam aan de cursus. Enkele dagen later, wanneer zij een muziekavond met Spier beschrijft, zegt zij immers dat zij hem 'alleen kende binnen de 4 muren van z'n kamer, binnen de strakke muren van iedere keer die 1,5 uur'. *Het Werk* (2012), p. 46.
58 *Het Werk* (2012), pp. 32-33.
59 *Het Werk* (2012), p. 166.
60 *Het Werk* (2012), pp. 207-208.

HOOFDSTUK 3

1 *Het Werk* (2012), p. 258.
2 *Het Werk* (2012), p. 170.
3 Wanneer deze naamsverandering precies zijn beslag heeft gekregen, is moeilijk na te gaan omdat Hillesum in officiële correspondentie altijd aangeduid werd

als 'Dr. L. Hillesum'. Zeker is dat hij zichzelf 'Louis' noemde in zijn persoonlijke briefwisseling met lerares Christine van Nooten uit 1943. Van Oord, *Hillesum in relatie*, (2013), p. 127 en: Van Oord, *Hillesum in Perspectief* (2012), p. 77 e.v., waarin de brieven van Louis Hillesum aan Christine van Nooten voorbeeldig werden bezorgd door Gerrit van Oord.

4 Al in 1910 – Louis was dertig jaar oud – zond hij een boze ingezonden brief naar het liberale *Algemeen Handelsblad*: hoe kon het dat in een niet-clericaal orgaan de *confessionele* kleur van de kiezers expliciet genoemd werd bij het bespreken van zoiets als een verkiezingsuitslag? Dat gaf toch geen pas? (*Algemeen Handelsblad*, 27 juli 1910). Op eenzelfde manier werd de 'Vereeniging tot het bevorderen van de beoefening der wetenschap onder katholieken in Nederland' van repliek gediend. In 1931 informeerde deze vereniging vriendelijk bij de rector van het gymnasium in Deventer of hij 'naam, bevoegdheid en adres' van de bij hem werkzame katholieke leraren zou willen doorgeven. Het antwoord van Hillesum was kort en duidelijk: *neen*. De rector deed namelijk 'principieel' geen onderzoek naar de confessie van de leraressen en leraren die onder zijn leiding stonden. NL-DVCO 0809, inv.nr. 45, brief 24 november 1931.

5 In Deventer vond Lex Rutgers in de jaren negentig op de zolder van de synagoge aan de Lange Bisschopstraat een aantal schriften van de Nederlands-Israëlitische Gemeente van Deventer terug, waarin jaarlijks werd bijgehouden welke leden hun lidmaatschapsgeld hadden betaald. In de schriften van 1940 en 1941 wordt L. Hillesum genoemd, hij betaalt een bedrag van fl. 57,20. Deze schriften liggen op dit moment in het Stadsarchief van Deventer (DVCO), maar moeten nog worden gearchiveerd. Ook vond Lex Rutgers de lidmaatschapskaart van de familie Hillesum terug. Deze kaart bevindt zich in een bak met kaarten die nu staat bij de synagoge Zutphen, onderdeel van NIG Stedendriehoek, waar Deventer onder valt. Op deze lidmaatschapskaart is te zien dat Etty, Jaap en Mischa werden uitgeschreven toen zij naar Amsterdam verhuisden, maar het vakje onder 'afschrijving' bij Riva en Louis is nog leeg. Op grond van deze lidmaatschapskaart zou je dus kunnen concluderen dat zij altijd lid zijn gebleven van de Joodse Gemeente in Deventer.

6 Leydesdorff (1987), hoofdstuk 3: 'De oude buurt 1900-1920', pp. 95-132.

7 SAA 5000, inv.nr. 1563.

8 *NIW*, 21-2-1879 en 7-9-1883, advertenties.

9 Loe de Jong kwalificeerde de registratie als 'een van de noodlottigste anti-joodse maatregelen in Nederland'. L. de Jong (1972), p. 874.

10 *Het Werk* (2012), p. 33.

11 *Het Werk* (2012), p. 33.

12 Voor een voorbeeld van het inschrijfformulier zie Tammes, *Het belang van Jodenregistratie etc.* (2009), pp. 34-62.

13 Lidmaatschapskaart van de familie Hillesum bij de NIG te Deventer. Deze kaart bevindt zich in een bak met kaarten die nu staat bij de synagoge Zutphen, onderdeel van NIG Stedendriehoek, waar Deventer onder valt.

14 AST, inv.nr. 295/H-J.

15 Tammes (2009), pp. 54-55; Beuys (2012) pp. 125-126; Presser, komt op iets andere cijfers uit: 140.552 Joden, 14.549 half-Joden, en 5719 kwart-Joden Presser, deel 1 (1965), p. 64.

16 www.verzetsmuseum.org. De zogeheten 'stippenkaart' is een van de topstukken van het Amsterdamse Verzetsmuseum.

17 SAA 5000, inv.nr. 1563; SAA 5416, inv.nr. 172.

18 Fuks-Mansveld (1997), pp. 10-20.

19 Fuks-Mansveld (1997), pp. 10-20.

20 Maar liefst drie van de tien kinderen van een broer van Etty's grootvader, die opperrabbijn was in Meppel, moesten worden opgenomen. Esther Hillesum belandde in 1910 in de Joodse psychiatrische inrichting Het Apeldoornsche Bosch. Ook haar veel jongere zuster Henriëtte moest in 1910 naar de toen net geopende instelling in Apeldoorn verhuizen. Henriëtte dacht dat ze van koninklijke huize was en wenste met Hare Majesteit te worden aangesproken. Hun broer Aron werd in 1914 opgenomen in het Utrechts Krankzinnigengesticht. Regenhardt (2012), p. 123, en SAA 5416, inv.nr. 172. Zie ook het artikel van Alexandra Nagel over de Hillesum-stamboom (Nagel, 2015).

21 *Het Werk* (2012), p. 177.

22 SAGV068, inv.nr. 111 deel H 1, p. 69.

23 NL-DVCO, 0579, inv.nr. 843-27. (Arrestatie van Joden. Arrestatiebevelen en doktersattesten op familienaam geordend, ca. 1942.)

24 Rigter (1996).

25 SAA 5182, inv.nr. 4361.

26 Van Nooten (1947).

27 Meijer (2013), p. 138 e.v.

28 Meijer (2013), p. 140.

29 De term 'opstrever' heb ik ontleend aan *Voorbij de Blauwbrug* van Joosje Lakmaker, het verhaal over haar Joodse grootvader. Leman Lakmaker (1885-1942) was van dezelfde generatie als Levie Hillesum, en kwam ook uit de Joodse buurt. Hij noemde zichzelf een 'opstrever'. Een 'opstrever' was in zijn ogen iemand die zich aan dat Joodse milieu ontworstelde, en 'voorbij de Blauwbrug' wist te komen, de Joodse buurt uit.

30 Lakmaker (2008), p. 144.

31 In het archief van de Inspectie (NL-HaNA, Isp. Gymnasiaal Onderwijs, 2.14.01.02) worden 31 'oude' scholen genoemd en 6 'jongere' scholen (opgericht 1911-1920), dit zijn openbare scholen. Als je de bijzondere scholen ook meetelt, zijn het er 44.

32 Via de rubriek 'Godsdienst en onderwijs' in de kranten (via Delpher) en ook via de archieven van de gymnasia valt deze stoelendans heel goed te volgen.

33 In zijn portret van Louis Hillesum verbaasde Jaap Meijer zich erover waarom Hillesum niet actiever solliciteerde in die periode, bijvoorbeeld naar de vacature voor leraar Hebreeuws aan het Stedelijk Gymnasium in Amsterdam (waarvoor Louis ook bevoegd was). 'Uit alle hoeken en gaten kropen 18 kandidaten voor dit nebbisjbaantje van een paar honderd gulden per jaar.' Maar dit was niet zó verwonderlijk; het ging hier immers om een baantje van slechts vier uur per week. Zie: SAA 260, inv.nr. 122, vacature Hebreeuws, 1911, Amsterdam (de advertentie is afkomstig uit het *Weekblad voor gymnasiaal en middelbaar onderwijs*).

34 Herinnering van Leonie Snatager. 'Ze vertelde over haar geniale vader die zo, en passant, zichzelf Russisch had geleerd terwijl hij aan de tramhalte wachtte op

haar moeder.' In: Brief aan Johanna Smelik, 5 maart 1985. Privéarchief Bernard Penney.

35 Bregstein (1978), pp. 252-253.

36 Ter Haar, Van Voolen (1997), p. 80.

37 Bregstein (1978), p. 255.

38 Levie en zijn vader Joseph Ettingen waren bijvoorbeeld de getuigen bij het huwelijk van Louis' broer Salomon en Sophia Mesritz op 17 februari 1910. Ook staan Levie Ettingen, zijn vrouw Mietje Ettingen-Hillesum en de broers Salomon en Louis onder een advertentie i.v.m. de dood van hun gezamenlijke 'onvergetelijke vriendin' Marianna Kater, wat ook aangeeft dat ze naast familie ook vrienden waren. *NIW*, 19 januari 1906.

39 Uit een mail van Bart Wallet van de VU (thans UvA) aan onderzoeker John Stienen: 'Deze Oost-Joodse sjoeltjes trokken ook een beperkt Nederlands-Joods publiek, met name Kehillas Ja'akow (de gemeente van de sjoel aan de Swammerdamstraat). Hillesum paste goed in die trend. Zij gaven de voorkeur aan de Oost-Joodse sjoeltjes vanwege de intensiteit van de diensten, maar ook – zeker in het geval van Hillesum – vanwege de leercultuur.'

40 Mendel Eidinow woonde op de Blasiusstraat 35-II. SAA 5422, inv.nr. 373, gezinskaart Mendel Eidinou [sic].

41 Met dank aan John Stienen, die dit hele netwerk voor mij in kaart bracht. Het voert in het kader van deze biografie te ver om alle verbanden ook met naam en toenaam te noemen, omdat het de lezer dan al snel zou duizelen.

42 NHA, Huwelijksbijlagen Amsterdam, 1912, reg. 21 fol 3v.

43 RAR 0016, inv.nr. 292, brief inspecteur 29-9-1911.

44 *Middelburgsche Courant*, 23-10-1911, stukken voor de gemeenteraadsvergadering van 25 oktober 1911.

45 SAA 5416, inv.nr. 172; Zeeuws Archief, 1005, inv.nr. 10, blad 10, Poortman. Het gaat om het huidige adres Brakstraat 5-7.

46 Teunis (1990), p. 23 e.v.

47 Zeeuws Archief, 1460, inv.nr. 62, leerlingenaantallen.

48 NA 2.14.01.02, inv.nr. 224. En: 'Value of the Guilder versus Euro', International Institute of Social History, via: iisg.amsterdam/en/research/projects/hpw/calculate.php.

49 Zeeuws Archief, inv.nr. 49, aantekeningen betreffende het gymnasium van 10 november 1910 - 23 december 1931.

50 CBG, familieadvertenties tot 1970, Hillesum.

51 Bij de aankondiging in de krant van de ondertrouw werd donderdag 25 juli als trouwdatum genoemd. De huwelijksinzegening zou plaatsvinden in hotel De Harmonie in Hilversum. Maar curieus genoeg heeft deze ceremonie nooit plaatsgevonden. In een latere advertentie werd namelijk aangekondigd dat de voltrekking van het huwelijk van Dr. L. Hillesum en R. Bernstein wegens ziekte 'voor onbepaalden tijd' moest worden uitgesteld. Het ging om meer dan een griepje, maar wat er precies aan de hand was? Louis zelf was in die periode niet afwezig op het gymnasium.

52 Het huidige adres is Molenwater 77, de huizen werden in 1937 omgenummerd. Het grote pand aan het Molenwater herbergde een beneden- en een bovenwo-

ning – de ingang van de bovenwoning werd later dichtgemaakt, maar is links op de gevel nog steeds te herkennen. Ik ga ervan uit dat Louis en Riva de grotere bovenwoning betrokken, die uit de eerste etage en een bovenverdieping bestond. Ze deelden hun huis met een dienstmeisje, de toen 25-jarige Margaretha Damman, die twee maanden na Etty's geboorte bij de Hillesums werd ingeschreven. In de kleinere benedenwoning woonde jarenlang de timmerman Jan 't Hart met zijn echtgenote. Adresboeken Middelburg, 1911 en 1912-1916. En: Zeeuws archief, 1005, inv.nr. 26, Deel 26, Blad 183 (Volgnummer 2).

HOOFDSTUK 4

1 *Middelburgsche Courant*, 15-01-1914.

2 Zeeuws Archief, 25, inv.nr. MDB-G-1914, aktenummer 21, 7 januari 1914, geboorteakte Esther Hillesum. Bij de aangifte nam Louis twee collega's mee: Leendert Alexander Johannes Burgersdijk, die ook klassieke talen doceerde, en Roelf van der Laan, die behalve leraar natuurkunde ook zijn buurman was.

3 In het archief van uitgeverij Balans is de kopie van een versje teruggevonden dat 'Ettie' op 25 april 1924 in het poesiealbum van ene 'Stijn' schreef. De herkomst is niet duidelijk. Wel staat er een datum onder: 25 april 1924. 'Ettie' was toen tien jaar oud.

4 Joods Museum, fotocollectie, F006581. Op de foto staat de naam van de fotograaf. G.M. Pouleijn had een 'Fotografisch Atelier' aan de Korte Noordstraat in Middelburg (*Zeeuwsche Koerier*, advertentie 24-05-1913). Als datum wordt door het JM 21 januari 1914 opgegeven, maar dat kan niet kloppen omdat Etty dan nog maar zes dagen oud is, en de baby op de foto, die haar hoofd al rechtop kan houden, beduidend ouder is. Bovendien draagt zowel Riva als Etty een zomerjurk.

5 Juliet (2016), p. 9.

6 Interview JWR met Lenie Valkhoff-Wolff (1985).

7 Interview JWR met Lenie Valkhoff-Wolff (1985).

8 Meijer (2013), p. 170.

9 Brief van Louis Hillesum aan het college van curatoren in Hilversum, 13 mei 1914. SAGV187, inv.nr. 28.

10 Later werd de straat omgenummerd en het adres is nu Albertus Perkstraat 121.

11 SAGV187, inv.nr. 19: Hillesum ging 2400 gulden per jaar verdienen.

12 NA 2.14.01.02, inv.nr. 198, Toestand gedurende den cursus 1913/1914.

13 SAGV187, inv.nr. 19.

14 RAR, 0016, Persoonsdossiers, inv.nr. 292, L. Hillesum.

15 SAGV187, inv.nr. 28.

16 SAGV187, inv.nr. 2.

17 SAGV187, inv.nrs. 28, 19. Hillesum was op 22 september door de gemeenteraad van Tiel benoemd tot leraar aan het gymnasium.

18 *Het Werk* (2012), p. 357.

19 *Tielsche Courant*, 26 mei 1917.

20 Hansen (1992), p. 14.

21 RAR, 0016, inv.nr. 172, registers lerarenvergaderingen 1895-1971.

22 NA 2.14.01.02, inv.nr. 266.

23 Jonkers (1985), pp. 49-51.

24 NA 2.14.01.02, inv.nr. 266. Uit: 'Het verslag der curatoren aan de inspecteur over de cursus 1917-1918' (d.d. oktober 1918).
25 Nagel (2020), pp. 55-58.
26 Nagel (2020), p. 69.
27 *Het Werk* (2012), p. 45.
28 *Het Werk* (2012), p. 45.
29 Nagel (2020), p. 105.
30 Nagel (2020), pp. 104-107.
31 Interview met Hans Werner Nethe door JWR (1984).
32 *Het Werk* (2012), p. 5.
33 Zie: *Het Werk* (2012), noot 5, pp. 717-718.
34 Na de publicatie van *Het verstoorde leven* in 1981 kreeg Henny Tideman de behoefte om over haar eigen herinneringen aan Julius Spier en over haar leven te schrijven. Ze deed dat in een aantal schriften, die na haar dood in 1989 werden gevonden door haar neef Pim Tideman en zijn vrouw Pia. Onderzoekster Alexandra Nagel kreeg de beschikking over deze memoires, en heeft ze uitgewerkt in twee artikelen. Nagel (2020), *Wie was de 'S' van Etty?*.
35 Interview van JWR met Henny Tideman (1984-1985).
36 Nagel (2020), *Wie was de 'S' van Etty?*.
37 Interview JWR met Henny Tideman (1984-1985). In dit gesprek vroeg Regenhardt waarom Tide pas na de dood van Spier een betere relatie kreeg met Etty. 'Omdat ik toen niet meer jaloers hoefde te zijn,' was het antwoord van Tide.
38 *Het Werk* (2012), p. 46.
39 *Het Werk* (2012), p. 46.
40 *Het Werk* (2012), p. 46.
41 *Het Werk* (2012), p. 64.
42 *Het Werk* (2012), p. 51.
43 *Het Werk* (2012), p. 51.
44 *Het Werk* (2012), p. 51.
45 *Het Werk* (2012), p. 57.
46 *Het Werk* (2012), p. 59.
47 *Het Werk* (2012), p. 59.
48 *Het Werk* (2012), p. 65.
49 Presser (1965), deel 1, p. 123.
50 *Het Werk* (2012), p. 66.
51 Boom (2022), pp. 22-33.
52 Presser (1965), deel 1, pp. 123-125; Beuys (2012), p.148; www.annefrank.org (voor het detail over de roeiers van Poseidon).
53 *Het Werk* (2012), p. 67.
54 *Het Werk* (2012), p. 67.
55 *Het Werk* (2012), p. 64.
56 *Het Werk* (2012), p. 103.
57 *Het Werk* (2012), p. 338.
58 *Het Werk* (2012), p. 540.
59 Meijer (2013), p. 159.
60 SAA 5416, inv.nr. 142.

61 *Het Werk* (2012), p. XIII.

62 Het was John Stienen die de bijzondere ontdekking deed. Hij was voor deze biografie al jaren op zoek naar de Bernsteins. John Stienen spreekt Russisch en had alle onderzoeksmogelijkheden al uitputtend geprobeerd, toen hij op een verloren lockdowndag in de herfst van 2020 op het idee kwam nogmaals *MyHeritage* te proberen, maar de familienamen dan door Google te laten vertalen in het Hebreeuws. Het bleek een gouden greep. Juist een jaar eerder had een achter-achternichtje van Etty in Israël de halve stamboom van de familie op *MyHeritage* gezet – het was een opdracht van school. Twee dagen en vele telefoontjes naar Israël later had John Stienen het verhaal rond: de verborgen geschiedenis van Etty's Russische familie.

63 Het fotoalbum van Marie Mirkin komt uit het privéarchief van haar schoonzoon, Boris Noedelman (1925), die in Israël woont.

64 Met dank aan de zoon van Etty's nicht Inna Bernstein, Jan Noedelman, die vanuit Israël een grote collectie familiefoto's stuurde.

65 SAA 5416, inv.nr. 142.

66 SAA 5417, inv.nr. 436. De nieuwe bewoner werd de kunstschilder Abraham Wolff.

67 Telefonisch interview van John Stienen met Nadjezjda Rafalovitsj-Kosaja, dochter van Rachel, in Israël.

68 Telefonisch interview van John Stienen met Jan Noedelman, zoon van Inna, in Israël.

69 'Een joods kind, een joodse naam', Het Nederlands-Israëlitisch Kerkgenootschap, via: nik.nl/2006/12/een-joods-kind-een-joodse-naam/.

70 Interview JWR met Lenie Valkhoff-Wolff (1985).

71 Over Etty's jaren in Winschoten schreven Els Boon en Han Lettinck een zeer informatief artikel: 'Etty Hillesums Winschoter jaren (1918) en de mensen die haar omringden' (Boon en Lettinck, 2013). Voor deze biografie werd ook gebruikgemaakt van de volledige transcripties van de interviews die Boon en Lettinck maakten met mensen die Etty in Winschoten hadden gekend – of hun kinderen. Deze interviews bevinden zich in het archief van de Mr. J.H. de Vey Mestdagh Stichting Groningen (ADVMS).

72 Boon en Lettinck (2013), p. 187.

73 ADVMS, interview van E.P. Boon en J.J.M. Lettinck met Lies Bollegraaf-de Beer, 9 december 2004.

74 ADVMS, interview van E.P. Boon en J.J.M. Lettinck met Lies Bollegraaf-de Beer, 9 december 2004.

75 Etty Hillesum Studies (EHS) 5, (2013), p. 223, afbeelding 4: briefkaart van Louis Hillesum aan Ro de Beer-Meibergen.

76 Meijer (2013), p. 168.

77 Boon en Lettinck (2013), p. 184.

78 Boon en Lettinck (2010), p. 270.

79 Interview JWR met Betty Cordes-Deeg (1985).

80 *Het Werk* (2012), p. 203.

81 Boon en Lettinck (2013), *NIW* 13 september 1929; *NIW* 27-12-1935. Louis zou ook voorzitter worden van deze commissie. In februari 1936 nam hij vanwege 'gezondheidsredenen' ontslag: *NIW*, 21-02-1936.

82 *Deventer Dagblad*, 23-12-1935.
83 *NIW*, 01-02-1924.
84 Boon en Lettinck (2013), p. 184. Volgens Jaap Meijer bezat de godsdienstleraar, de heer Koppens, 'de laagste rang, buiten het seminarium gehaald' (EHS 5, p. 163). Ook Liesje Bollegraaf mocht er niet naartoe. 'Er was iets met die man,' vertelde mevrouw Bollegraaf later. (ADVMS, interview van E.P. Boon en J.J.M. Lettinck met Lies Bollegraaf-de Beer, 9 december 2004.)
85 De term komt van Hagar Rudnik-Levie, in een interview met de auteur in Israël. Hagar is de dochter van Etty's vriendin Liesl Levie. Zij werd geboren in Berlijn in 1932, en woonde vanaf 1939 in Nederland.
86 NL-DVCO 0809, inv.nr. 113. De aantekening van Louis Hillesum is van zaterdag 9 februari 1929; Jaap was toen net dertien jaar geworden. Het Hebreeuws is gelezen door Micky Yaron in Israël, dochter van Etty's vriendin Liesl Levie.
87 Met dank aan de huidige bewoners van het huis aan de Oranjestraat, die zo vriendelijk waren mij een rondleiding te geven. De oude indeling van het huis was nog goed te zien; in de tijd van de Hillesums had het een grote keuken, een washok, een kamer en suite en drie slaapkamers boven.
88 *Het Werk* (2012), p. 460.
89 Gymnasium Winschotanum (1987), pp. 16, 20.
90 Ibidem, p. 16. Herinnering van F. Jansonius.
91 Archief Gemeente Winschoten, inv.nr. 201. Notulen van vergaderingen van het college van curatoren gymnasium en hoogere burgerschool, 1890-1942 (1 deel).

HOOFDSTUK 5

1 *Het Werk* (2012), p. 84.
2 *Het Werk* (2012), p. 84.
3 *Het Werk* (2012), p. 86.
4 *Het Werk* (2012), p. 83.
5 *Het Werk* (2012), p. 149.
6 *Het Werk* (2012), p. 89, 91.
7 JM F001904: dagboeken van Etty Hillesum. Cahier 2.
8 *Het Werk* (2012), p. 91.
9 Interview JWR met Betty Cordes-Deeg (1985).
10 Interview JWR met Betty Cordes-Deeg (1985).
11 Het gaat om het huidige huisnummer 2.
12 *Getuigenis van Etty Hillesum*, Metz Audiovisuals (1996).
13 *Het Werk* (2012), p. 357.
14 *Het Werk* (2012), p. 357.
15 *Het Werk* (2012), p. 71.
16 *Het Werk* (2012), p. 93.
17 Op papier was de Liro-bank een bijkantoor van de gerenommeerde bank Lippmann, Rosenthal & Co., maar in praktijk was het een roofbank die dienstdeed als bewaardepot van geroofd Joods eigendom.
18 *Het Werk* (2012), p. 92.
19 *Het Werk* (2012), p. 100.
20 Julius Spier logeerde die zomer in het ouderlijk huis van Gera Bongers in Wageningen. Gera behoorde ook tot de Spierclub.

21 *Het Werk* (2012), p. 88.
22 *Het Werk* (2012), pp. 76-77.
23 *Het Werk* (2012), p. 77.
24 *Het Werk* (2012), p. 92.
25 *Het Werk* (2012), p. 92.
26 *Het Werk* (2012), p. 85.
27 *Het Werk* (2012), p. 88.
28 *Het Werk* (2012), p. 91.
29 *Het Werk* (2012), p. 93.
30 *Het Werk* (2012), p. 93.
31 Interview JWR met Betty Cordes-Deeg (1985).
32 NL-DVCO 0807, inv.nr. 38, 'Lijsten houdende de vorderingen van de leerlingen 1910-1918 en 1920-1931'.
33 Telefonisch gesprek JWR met Do Holthuis-ter Haar Romeney (1985).
34 *Een beeld van Etty Hillesum*, Metz Audiovisuals (1998).
35 NL-DVCO 0807, inv.nr. 38.
36 NL-DVCO 0807, inv.nr. 38.
37 NL-DVCO 0807, inv.nr. 38.
38 JM, Fotocollectie, F900231, Etty Hillesum.
39 Telefonisch gesprek van JWR met Leo Zeldenrust, huisarts te Rotterdam, op 3 juli 1985. Aantekeningen uit het priveárchief van Jan Willem Regenhardt. Overigens heeft Zeldenrust het in het telefoongesprek over 1929. In een interview in de *Haagse Post* van 27 november 1981 heeft hij het echter over 'de zomer van 1930'.
40 *Haagse Post*, 27 november 1981.
41 Interview JWR met Betty Cordes-Deeg. Berthold Barend Stokvis (1906-1963) werd psychiater en werkte onder meer in Het Apeldoornsche Bosch en de Neurologische Kliniek in Leiden. Zijn moeder, Margolia Ettlinger, was ook Russisch.
42 *Het Werk* (2012), p. 199.
43 Interview JWR met Eduard Kleerkoper (1984).
44 Meijer (2013), pp. 160-161. Meijer vond het 'bewijs' van Hillesums lidmaatschap in *De Joodsche Wachter*, het orgaan van de Nederlandse Zionistenbond. Op 25 oktober 1918 meldde het blad dat in een algemene vergadering van de afdeling Tiel op 13 oktober afscheid werd genomen van de bestuursleden dr. L. Hillesum en M. van Oss wegens vertrek naar elders.
45 *De Haagse Courant*, 1-7-1918.
46 Ook Jaap Meijer veronderstelt dat de betrokkenheid van Riva en Louis bij vervolgde geloofsgenoten in Rusland de reden was dat Louis zich aansloot bij de Zionistenbond. Meijer (2013), pp. 159-160.
47 *De Telegraaf*, 19 april 1917.
48 Meijer (2013), p. 164.
49 Interview JWR met Eduard Kleerkoper (1984).
50 Interview JWR met Eduard Kleerkoper (1984).
51 Van Baalen (1998), p. 120.
52 Het citaat is van de journalist Asser Benjamin Kleerekooper, zoals opgenomen in zijn 'Zionistisch schetsboek', en geciteerd door onder anderen Van Baalen (1998) en Herman Vrielink: 'Geschiedenis van Joods Deventer', Etty Hillesum Centrum

Deventer, via: ettyhillesumcentrum.nl/de-joodse-geschiedenis-van-deventer/geschiedenis-van-joods-deventer/.

53 Van Baalen (1998), pp. 127-128.

54 Manja Pach, 'Deventer Joden en de Deventer Vereniging', lezing in het Etty Hillesum Centrum Deventer tijdens de Medienedag 2019 van de Kring. Zie ook: 'Deventer Joden en de "Deventer Vereniging", Nederlandse Kring voor Joodse Genealogie, via: nljewgen.org/vereniging/de-lezingen/deventer-joden-en-de-deventer-vereniging/.

55 Telefonisch interview JWR met Frits Adelaar (1915) in Israël. De familie Adelaar was bevriend met de Hillesums, ze hadden een huisje in Gorssel waar ook de familie Hillesum geregeld kwam. Frits Adelaar spreekt over 'een groepje jongeren rond Ru Cohen'.

56 Interview JWR met Eduard Kleerkoper (1984).

57 *Het Werk* (2012), pp. 563-564.

58 Van Baalen (1998), pp. 128-129.

59 Johanna Smelik in de documentaire *Het verstoorde leven* (1984).

60 Interview van de auteur met de huisarts Nico van Hasselt (1924-2018), 24 oktober 2017. Nico van Hasselt werd geboren in Deventer en ging ook naar het gymnasium.

61 Interview JWR met Lenie Valkhoff-Wolff (1984).

62 Regenhardt (2012), p. 94.

63 Interview van JWR met Ima Spanjaard-van Esso (1984).

64 Interview auteur met Theun Karrenbelt, zoon van Janka, en zijn vrouw Marijke (2015). Na de publicatie van het dagboek van Etty Hillesum begon Janka over haar ervaringen met de familie Hillesum te vertellen tegen Theun en zijn vrouw. Marijke meende zich te herinneren dat Riva cello speelde.

65 Interview JWR met Gerard van der Meij.

66 Mailwisseling van de auteur met Maria Brugge, kleindochter van Jan Brugge, oktober 2016.

67 Regenhardt (2012), p. 66.

68 Privéarchief Maria Brugge, kleindochter van Jan Brugge.

69 Nagel (2020), p. 336.

70 *Het Werk* (2020), p. 34.

71 Interview van JWR met Klaas Smelik sr. (1985). De uitspraak dat Etty verstand had van muziek staat niet in het uitgewerkte gesprek dat Regenhardt maakte voor de Etty Hillesum Stichting, en dat bewaard wordt door het Etty Hillesum Onderzoekscentrum (EHOC). Ik vond de aantekening terug in een schriftje uit het privéarchief van Regenhardt, waarin hij zijn eerste aantekeningen van het gesprek met Smelik maakte. Regenhardt werkte zijn interviews niet helemaal letterlijk uit, maar redigeerde de uiteindelijke weergave.

72 Interview van JWR met Klaas Smelik sr. Deze uitspraak komt ook uit het schriftje uit Regenhardts privéarchief. Er stond letterlijk: 'Etty kon ook wat spelen hoor. Dan kwam Mischa naar beneden en die deed altijd van: mens, wat doe je? En dat ze moest ophouden met wat ze zat te verpesten.'

73 NL-DVCO 0809, inv.nr. 60.

74 NL-DVCO 0809, inv.nr. 73.

75 Interview auteur met Nico van Hasselt (2017).
76 Vrielink en Van der Molen (2006), p. 21.
77 Ibidem, p. 22.
78 Ibidem, p. 27.
79 NA 2.14.01.02, inv.nr. 154.
80 NA 2.14.01.02, inv.nr. 154, brief van het gemeentebestuur van Deventer aan J.D.L. de Vries, 24 juli 1930.
81 *De Tijd*, 27 november 1981.
82 Ibidem.
83 Interview JWR met Christine van Nooten (1985).
84 Van Nooten (1947).
85 Interview auteur met Nico van Hasselt. Juffrouw Van Nooten kwam ook wel bij de familie Van Hasselt over de vloer. Van Hasselts vader deed graag onderzoek naar de komaf van mensen, en had geconcludeerd dat ze van 'goede familie was', en dus welkom in het bankiersgezin.
86 NL-DVCO 0809, inv.nr. 50.
87 Interview JWR met Christine van Nooten (1985).
88 NL-DVCO 0809, inv.nr. 122a, Staten houdende de resultaten van de eindexamens, 1884-1972.
89 Ibidem.
90 Johanna Smelik in de documentaire *Het verstoorde leven* (1984).
91 *Deventer Dagblad*, 15 januari 1932.
92 Frans Kools (2012).
93 IISG ARCH02483, inv.nr. 106: Lists of students, attending lectures by Becker at the University of Amsterdam, 1929-1956.
94 *Deventer Dagblad*, 14 juli 1932.
95 Ibidem.
96 *Het Werk* (2012), p. 148.
97 *Het Werk* (2012), p. 99.
98 *Het Werk* (2012), pp. 101, 102, 105.
99 *Het Werk* (2012), p. 101.
100 *Het Werk* (2012), p. 73.
101 *Het Werk* (2012), p. 106.
102 *Het Werk* (2012), p. 105.
103 *Het Werk* (2012), pp. 98 en 109.
104 *Het Werk* (2012), p. 111.
105 Interview auteur met Dicky van den Heuvel-de Jonge (2019).
106 Interview Alexandra Nagel en de auteur met Dicky van den Heuvel-de Jonge (2017).
107 Interview JWR met Dicky van den Heuvel-de Jonge (1984).
108 *Het Werk* (2012), p. 111.
109 Interview auteur met Dicky van den Heuvel-de Jonge (2019).
110 *Het Werk* (2012), p. 111.
111 In het interview dat Jan Willem Regenhardt met Dicky van den Heuvel-de Jonge had in 1984 draaide ze nog om het onderwerp heen en lachte ze dat ze 'te preuts' was om erover te praten.

112 Interview auteur met Dicky van den Heuvel-de Jonge (2019).
113 Mail van Dicky van den Heuvel-de Jonge aan de auteur (2016).
114 Interview auteur met Dicky van den Heuvel-de Jonge (2019).
115 Interview JWR met Dicky van den Heuvel-de Jonge (1984).
116 Interview auteur met Dicky van den Heuvel-de Jonge (2019).
117 *Het Werk* (2012), p. 111.
118 *Het Werk* (2012), pp. 108-110.
119 *Het Werk* (2012), p. 148.
120 *Het Werk* (2012), p. 149.

HOOFDSTUK 6

1 *Het Werk* (2012), p. 177.
2 *Het Werk* (2012), p. 177.
3 Brief van Willy Wegerif aan Ella Quint-Wegerif, 9 december 1931. Privéarchief Hein Bogaert.
4 Brief van Willy Wegerif aan Ella Quint-Wegerif, 9 december 1931. Privéarchief Hein Bogaert.
5 *Het Werk* (2012), p. 178.
6 Etty schrijft op 6 december 1941 dat Mischa 'laatst' werd weggevoerd. Helaas is niet te achterhalen wat de precieze datum van die opname is. In het najaar van 1941 gaf Mischa Hillesum geregeld concerten in Amsterdam, die Etty ook bezocht. Mischa's eerste bekende opname dateert van juli 1940. In januari en maart 1941 bevond hij zich in elk geval ook nog in Apeldoorn.
7 *Het Werk* (2012), p. 177.
8 *Het Werk* (2012), p. 141.
9 *Het Werk* (2012), p. 115.
10 *Het Werk* (2012), p. 163.
11 *Het Werk* (2012), p. 164.
12 Interview JWR met Riet Bongers (1985).
13 *Het Werk* (2012), pp. 164-165.
14 *Het Werk* (2012), zie noot 162, p. 742. De Duitse Joden kwamen vaak eerst in de overvolle getto's terecht van bijvoorbeeld Minsk en Łódź. Om ruimte te maken in de getto's, werd in december 1941 het eerste concentratiekamp in gebruik genomen, in Chełmno, waar de Joden werden vergast in vrachtwagens.
15 *Het Werk* (2012), p. 163.
16 *Het Werk* (2012), p. 163.
17 *Het Werk* (2012), p. 103.
18 Telefonisch interview van John Stienen met Jan Noedelman, zoon van Inna Bernstein en Boris Noedelman. John Stienen werkte het interview voor mij uit op papier.
19 Er is een ingenieur Igor Michailovitsj Poptsov, geboren in Odessa in 1909 die voldoet aan de beschrijving. Hij is al meteen in 1941 vermist; volgens de familie was dat in het Fort van Brest. Het beroep van deze Igor is consistent met dat van de man van Rachel.
20 Met dank aan John Stienen, die de informatie over Rachels werk als arts in het Rode Leger en haar onderscheidingen onder meer opdook in de Russische archie-

ven: RU-TsAMO, Fond 135, Inventaris nr. 12761, Zaak 772, Besluit No. 7 van 28.09.1945, EG 2525. En: RU-TsAMO, kast 49, lade 1: Besluit No. 79 van 06.04.1985.

21 Het kaartje van Michael/Misja Bernstein werd bewaard door Inna en werd ons gestuurd door haar zoon Jan Noedelman in Israël.

22 Boas (1982), p. 260. Boas beweert hier ook dat Jaap 'de meest evenwichtige' was van de drie kinderen, kennelijk zonder te weten dat hij geregeld moest worden opgenomen.

23 Zoals Denise de Costa in *Anne Frank en Etty Hillesum – Spiritualiteit, schrijverschap, seksualiteit* (1996), p. 186.

24 Rachel Sarra Bernstein overleed in 2005, op 91-jarige leeftijd.

25 *Het Werk* (2012), p. 146.

26 *Het Werk* (2012), pp. 149, 150, 242.

27 Interview van JWR met Loet Zimmerman (1985).

28 Interview van JWR met Sara Pelser-Oudkerk (1985).

29 *Het Werk* (2012), p .245.

30 Interviews van JWR met Ima Spanjaard-van Esso ('Hij zei dan: "Ik voel weer dat het mis is. Neem me maar op."') Gerard van der Meij ('Jaap is in Endegeest opgenomen geweest') en Heleen Querido-Pimentel. De archieven van psychiatrische ziekenhuizen zijn vaak slecht toegankelijk of onvolledig, zeker wanneer het om vrijwillige opnames gaat, en bevestiging van deze opnames in Santpoort en Endegeest heb ik dan ook niet kunnen vinden. In een mail aan Erika Prins van 28 maart 2019 laat de archivaris van het Noord-Hollands Archief weten dat de naam Jaap Hillesum niet voorkomt in het stamboek (toegang 366) van het archief van het Provinciaal Ziekenhuis nabij Santpoort te Bloemendaal (Archief 647, Noord-Hollands Archief), wat er volgens haar op wijst dat Jaap Hillesum niet was opgenomen in Santpoort.

31 *Het Werk* (2012), p. 193.

32 *Het Werk* (2012), p. 193.

33 *Het Werk* (2012), p. 140.

34 *Het Werk* (2012), p. 145.

35 *Het Werk* (2012), p. 145.

36 Volgens Jan Willem Regenhardt is het onduidelijk of Mischa ook daadwerkelijk als leerling werd ingeschreven, omdat hij niet in de archieven is terug te vinden: Regenhardt (2012), p. 63. Mischa deed echter wel degelijk officieel eindexamen aan het Conservatorium, zij het pas op 20 maart 1940 (*Algemeen Handelsblad*, 20 maart 1940).

37 NL-DVCO 1414, inv.nr. 356, gezinskaart Hillesum; SAA 5445, inv.nr. 311, woningkaart Ruijsdaelstraat [sic] 32-II.

38 Mischa woonde vanaf 24 april 1934 op de Keizersgracht 612 bij de familie Hess, ook als pleegzoon (SAA 5445, inv.nr. 114). Op 9 oktober 1935 verhuisde hij naar de Minervalaan 10 (waar hij in huis kwam bij de familie Helmann, SAA 5445, inv.nr. 234), op 19 december 1935 ging hij naar het Valeriusterras 7 (bij J. Lelsz, SAA 5445, inv.nr. 366), op 6 april 1937 naar de Johannes Verhulststraat 30 (bij Jan H.J. Koch, SAA 5445, inv.nr. 162) en op 7 december 1937 naar de Middenweg 110 (SAA 5445, inv. nr. 162 en eigen archiefkaart Michael Hillesum: SAA 30238, inv.nr. 344).

39 Interview JWR met Ima Spanjaard-van Esso (1984).

40 SAA 1066, inv.nr. 463. Met dank aan Erika Prins, die deze kaart met belangrijke informatie terugvond.

41 Dit onderscheid naar 'typen' wordt nog steeds gebruikt. Zie bijvoorbeeld ook: 'Multidisciplinaire Richtlijn Schizofrenie' van het Trimbos Instituut, patiëntversie.

42 *Nederlands Tijdschrift voor Geneeskunde*, in memoriam prof. dr. Karl Heilbronner, 10 september 1914.

43 Het archief van de Psychiatrisch-Neurologische Kliniek van het Academisch Ziekenhuis in Utrecht is grotendeels bewaard gebleven. Zie: Utrechts Archief, 623, inv.nrs. 461-545. Helaas is ondanks het dagenlang en intensief napluizen van vele jaargangen het dossier van Mischa Hillesum niet teruggevonden. (Gezocht in: inv. nrs. 461-545: Protocollen van ziektegeschiedenissen (vanaf 1929 uitsluitend mannelijke patiënten), aangelegd, 1925-1939, en aangevuld tot ca. 1975, met enkele foto's.) Sommige delen bleken te ontbreken. Zie ook het addendum bij de inleiding van archivaris T.H.L. van de Sande, opgesteld na het onderzoek van Erika Prins en Judith Koelemeijer naar Mischa Hillesum.

44 SAA 1066, inv.nr. 463, patiëntkaart Mischa Hillesum Apeldoornsche Bosch.

45 Vergelijk ook met wat Etty daar zelf over zegt: 'Vroeger bezochten ze zenuwinrichtingen en dokters en nu bezoeken ze zijn concerten.' *Het Werk* (2012), p. 258.

46 NL-DVCO 0796, 7.2.5: patiëntenregisters 1918-1953.

47 *Het Werk* (2012), p. 148.

48 *Het Werk* (2012), p. 398.

49 Interview JWR met Elly van Creveld (1985).

50 *Het Werk* (2012), p. 703.

51 Van Aals (1995), p. 57.

52 Interview JWR met Jaap Spanjaard (1984).

53 *Het Werk* (2012), p. 155.

54 *Het Werk* (2012), p. 258.

55 JM, D014815, brief van Louis Hillesum aan Etty, 4 december 1941.

56 JM, D014815, brief van Louis Hillesum aan Etty, 4 december 1941.

57 Zie ook het portret dat Reinjan Mulder schetste van zijn oudtante Mien Kuyper-Canté op www.reinjanmuder.nl: 'De geheime liefde van Mischa Hillesum'.

58 Regenhardt (2012), p. 79.

59 *Het Werk* (2012), p. 187.

60 *Het Werk* (2012), p. 204.

61 Interview JWR met Dicky van den Heuvel-de Jonge (1984).

62 *Het Werk* (2012), p. 168.

63 *Het Werk* (2012), p. 168.

64 Regenhardt (2012), pp. 75-76.

65 *Het Werk* (2012), p. 170.

66 *Het Werk* (2012), p. 170.

67 Interview auteur met Dicky van den Heuvel-de Jonge (2019); mail van Dicky de Jonge aan Alexandra Nagel, 26 januari 2016.

68 *Het Werk* (2012), p. 426.

69 *Het Werk* (2012), p. 122.

70 *Het Werk* (2012), p. 218.

71 *Het Werk* (2012), p. 218.
72 Interview auteur met F.K. Adriaanse, die getrouwd was met een kleindochter van Han Wegerif (29 juni 2018).
73 *Het Werk* (2012), p. 459.
74 *Het Werk* (2012), p. 221.
75 *Het Werk* (2012), p. 221.

HOOFDSTUK 7

1 *Haarlems Dagblad*, 12 maart 1942.
2 Interview JWR met Johanna Smelik, deel 1 en 2 (1985).
3 *Het Werk* (2012), p. 289.
4 *Het Werk* (2012), p. 289.
5 *Het Werk* (2012), p. 289.
6 *Het Werk* (2012), p. 290.
7 *Het Werk* (2012), pp. 289-290.
8 Ook in *Het Werk* staat dat het 'waarschijnlijk' om Max Knap (1913-1984) gaat (*Het Werk* (2012), noot 152, p. 741). Maar Max Knap trouwde op 14 januari 1941 met de arts Ans Veeze. Zijn ouders kwamen niet uit Rusland, maar uit Amsterdam en Kralingen. SAA 30238, inv.nr. 1561.
9 Voor de speurtocht naar Max zijn de volgende archieven geraadpleegd: Stadsarchief Amsterdam, Joodsche Raad Cartotheek, het Album Studiosorum van de Universiteit van Amsterdam (UvA), jaargangen 1923 t/m 1941, (dit zijn de inschrijfregisters van de UvA van 1923 t/m 1941 die zich in het Maagdenhuis bevinden), en de presentielijsten van de cursus Russisch voor beginners die Etty in 1932/1933 bij professor Becker volgde. Met veel dank aan Erika Prins, die werkelijk alles uit de kast haalde om Max te vinden, en ook aan Mieke Meijlink, die de belangrijkste kandidaat op het spoor kwam, maar die het toch niet bleek te zijn: Max Reisel. Max Reisel had ouders die oorspronkelijk uit Rusland (Litouwen) kwamen. Hij was één jaar ouder dan Etty, zag er zeker niet slecht uit als jongeman, en trouwde op 1 april 1942 in het stadhuis van Amsterdam. Tot dat moment woonde hij in de Ruyschstraat – die juist in het verlengde ligt van de Ceintuurbaan waar Etty en Max afscheid namen. Voor zover klopte het verhaal. Maar Max Reisel was géén student aan de universiteit. Hij werkte als godsdienstonderwijzer aan een Joodse school. Volgens zijn nichtje, de schrijfster Wanda Reisel, was haar oom Max bovendien een vrome man, erg serieus en wat betreft karakter niet te verbinden aan de 'outgoing' Max van Etty. Natuurlijk weet je nooit hoe gepassioneerd saaie ooms als jongeman waren, maar alles overwegende viel hij toch af, al was het maar omdat hijzelf noch zijn familieleden het vermoeden konden bevestigen. Max Reisel overleed in 1989 in Jeruzalem.
10 Johanna Smelik vertelde in een interview met Jan Willem Regenhardt dat 'het grote liefdesdrama met Max' zich afspeelde toen Etty in een 'pension' op de Ruysdaelkade woonde. Ze vergiste zich hier: de familie Horowitz had geen pension en woonde dus op de Ruysdael*straat*. Maar de tijdsaanduiding die Johanna Smelik hierbij aangeeft – Etty woonde tot november 1933 bij de familie Horowitz – klopt wél. Johanna Smelik kende Etty vanaf 1935 en heeft Max nooit ontmoet, maar Etty had haar wel over Max verteld. Helaas kende ook Johanna zijn achternaam niet. Interview JWR met Johanna Smelik (1985).

11 SAA 5225, inv.nr. 934; SAA 5007, inv.nr. 269; CBG verzamelingen, familieadvertenties, Horowitz tot 1970.

12 Interview JWR met Johanna Smelik, deel 1 (1985).

13 SAA 5445, inv.nr. 311, Ruijsdaelstraat [sic] 31-II. De etage had een oppervlakte van zo'n zestig vierkante meter.

14 Interview JWR met Klaas Smelik sr. (1985).

15 *Het Werk* (2012), p. 152.

16 Interview JWR met Johanna Smelik, deel 1 en deel 2 (1985). Privéarchief Tineke Metz en Wicher Naberman, video-interview Tineke Metz met Johanna Smelik (2004).

17 Video-interview Tineke Metz met Johanna Smelik (2004). Letterlijk zei Jopie: 'En ja, op wie ze zo vreselijk verliefd was toen ze achttien was, was Max, en dat die haar afwees, en dat ze dan zo ongelukkig was... Ja, zo ongelukkig was, dat ze wel zelfmoord wilde plegen.' (Privéarchief Tineke Metz en Wicher Naberman).

18 De buurman van de Hillesums in Deventer bijvoorbeeld, de zenuwarts F.C.A. Bryan, was geneeskundig directeur van zo'n rusthuis in Epe, op de Veluwe, waar 'rustige zenuwpatiënten en rustbehoevenden' zich konden laten opnemen in een 'prachtige boschrijke omgeving'. De zenuwarts bood arbeidstherapie, psychotherapie en ook een hoogtezon (advertentie in *Nieuwsblad van het Noorden*, 13 januari 1940). Ik heb overigens geen aanwijzingen dat Etty of haar familieleden bij deze buurman hun toevlucht zochten. Ik noem het als voorbeeld – en omdat Bryan deel uitmaakte van de leefwereld van de familie. Hij wordt door Etty ook een keer genoemd in haar dagboek. Het rusthuis in Epe bestond vanaf 1940, maar eerder was Bryan ook verschillende keren als 'geneeskundig directeur' betrokken bij rusthuizen.

19 Interview JWR met Klaas Smelik sr. (1985).

20 'Koch, Hendrik', op de website van Leiden 40-45, via www.leiden4045.nl.

21 Interview JWR met Klaas Smelik sr. (1985).

22 Uit een mail van Leonie Snatager-Penney aan Herman Vrielink d.d. 28 november 2004: 'Wat Etty Hillesum betreft: ze kwam van een hoogst-begaafde familie. Je bent waarschijnlijk bekend met het gezegde "Il ni a qu'un pas du sublime au ridicule (pardon my French)", maar diverse familieleden waren soms in het Apeldoornse Bos (de Joodse k.z. instelling). Etty zelf heeft diverse zenuwinzinkingen gehad. M.a.w. hoge intelligentie en emoties liggen in een ander vlak.' (Mailbericht ontvangen via Alexandra Nagel, privéarchief Alexandra Nagel.)

23 Brief van Leonie Snatager aan Johanna Smelik, 5 maart 1985. Privéarchief Bernard Penney.

24 Het ging hier om een lezing van Leonie Snatager in het United States Holocaust Museum, op 18 mei 1995, met de titel: *Amsterdam (1940) and the Generation of Etty Hillesum.*

25 In de archieven van de psychiatrische instelling Brinkgreven bij Deventer bijvoorbeeld komt Etty's naam niet voor. NL-DVCO 0796, Psychiatrisch ziekenhuis Brinkgreven, 1007a, index met diagnoses met verwijzing naar opnames, 1918-1938, inv.nrs. 980, 980a en 981. Ook Etty's broers komen in de archieven van Brinkgreven niet voor. Dat is misschien niet verwonderlijk, omdat de Hillesums, vermoedelijk uit schaamte, liever hulp zochten bij ziekenhuizen en klinieken die (ver) buiten Deventer lagen.

26 Interview JWR met Klaas Smelik sr. (1985).
27 *Het Werk* (2012), p. 465.
28 *Het Werk* (2012), p. 276.
29 *Het Werk* (2012), p. 234.
30 *Het Werk* (2012), p. 234.
31 De Zentralstelle für jüdische Auswanderung ('Centraal bureau voor Joodse emigratie') in Amsterdam organiseerde vanaf het voorjaar van 1941 tot het najaar van 1943 de deportatie van Joden uit Nederland naar concentratiekampen in Duitsland en Polen. Hoewel verbonden aan de in de Euterpestraat gevestigde *Außenstelle* van de *Sicherheitspolizei und SD* (en de *Gestapo*), waren haar kantoren gevestigd in de daartegenover liggende school aan het Adama van Scheltemaplein in Amsterdam.
32 NIOD 182, inv.nr. 3, notulen vergadering van 27 november 1941. Voorbeelden van de eindeloze vragenlijsten die de potentiële emigranten moesten invullen (zelfs het land van emigratie mochten zij zogenaamd kiezen!) zijn ook te vinden in NIOD 182, inv.nr. 77.
33 *Het Werk* (2012), p. 261.
34 Het echtpaar Geiger-Sprüngli had officieel een 'dieet-instituut', waar je alleen op introductie kon komen eten. De eetgelegenheid was gevestigd aan de Nicolaas Maesstraat 66-huis en bood niet alleen een 'vleeschlooze keuken', maar ook naar wens zoutloos, zoutarm, eiwitarm etc. (info uit het unieke fotoboek dat Alexandra Nagel voor mij maakte over de vrienden en bekenden van Etty Hillesum, *Mensen uit het leven van Etty Hillesum in beeld*).
35 *Het Werk* (2012), pp. 396-397.
36 *Het Werk* (2012), p. 100.
37 *Het Werk* (2012), p. 261.
38 *Het Werk* (2012), p. 232.
39 *Het Werk* (2012), p. 184.
40 *Het Werk* (2012), p. 344.
41 *Het Werk* (2012), p. 97.
42 *Het Werk* (2012), p. 246.
43 Nagel (2011), p. 82.
44 Nagel (2011), pp. 82-83.
45 Nagel (2011), pp. 89-90.
46 *Het Werk* (2012), p. 126.
47 *Het Werk* (2012), p. 266.
48 *Het Werk* (2012), p. 268.
49 *Het Werk* (2012), p. 268.
50 *Het Werk* (2012), p. 269.
51 *Het Werk* (2012), pp. 268-269.
52 *Het Werk* (2012), p. 229.
53 *Het Werk* (2012), p. 270.
54 *Het Werk* (2012), p. 279.
55 *Het Werk* (2012), p. 279.
56 *Het Werk* (2012), pp. 266-267.
57 In de archieven (bijvoorbeeld Stadsarchief Amsterdam, archieven.nl of wiewaswie.nl) komt de naam niet voor. Wie het woord intikt bij Google Translate

krijgt een hit in het Arabisch, het betekent dan 'onze literatuur'. Ad Pana komt ook in de Latijnse vorm voor in de homerische hymnen, waar het 'aan de God Pan' betekent.

58 *Het Werk* (2012), p. 313.

59 *Het Werk* (2012), p. 319.

60 Ook het feit dat Spier de brieven kon lezen, wijst erop dat Adpana Duitstalig was, want Spier las geen Nederlands.

61 *Het Werk* (2012), p. 331.

62 Met veel dank aan Erika Prins, die diep in de archieven van de Universiteit van Amsterdam dook en de verschillende data verzamelde en analyseerde. Zij bekeek van 72 studenten rechten die ook in 1932 begonnen hoe hun studie verliep, en kon op grond daarvan een goede indruk krijgen van hoe Etty het in vergelijking tot hen deed. SAA 281, inv.nrs. 207-221.

63 SAA 30068, inv.nr. 543.

64 SAA 30068, inv.nr. 586, pp. 184, 207: Hillesum, Mej. E.

65 *Het Werk* (2012), p. 10.

66 SAA 30068, Inleiding.

67 Interview JWR met Klaas Smelik sr. (1985).

68 UvA, Maagdenhuis, Alba Studiosorum (A.S.), deel 4 en 5.

69 Knegtmans (1998), p. 27.

70 'Verdiende loonen van mannelijke werklieden in een Aantal bedrijven en beroepen te Amsterdam', Statistisch zakboek 1931, p. 170, via www.historisch.cbs.nl.

71 Delpher/boeken: *Handleiding voor studenten aan de Vrije Universiteit te Amsterdam* (1930), p. 20.

72 UvA, Maagdenhuis, Alba Studiosorum (A.S.), deel 4 en 5. In het studiejaar 1939-1940 schreef Etty zich als drs. in de rechten in voor de studie Russische taal en letterkunde aan de Universiteit van Amsterdam.

73 SAA 281, inv.nr. 229, stukken betreffende de heffing van collegegelden 1936-1940.

74 In de periodes dat Etty niet stond ingeschreven aan de universiteit, en dus geen colleges volgde, ging zij soms ook weer bij haar ouders wonen. Zo werd ze in september 1934 voor een lange periode officieel overgeschreven naar Deventer (SAA 5422, inv.nr. 593, gezinskaart E. Hillesum). Pas op 24 maart 1937 liet Etty zich opnieuw inschrijven in Amsterdam, bij Wegerif aan de Gabriël Metsustraat 6 (SAA 30238, inv.nr. 344, archiefkaart Esther Hillesum). Vermoedelijk logeerde zij in de tussenliggende tijd geregeld bij vrienden in Amsterdam of bij haar broer Jaap, die bij de familie Hess op de Keizersgracht woonde.

75 SAA 30068, inv.nr. 566, pp. 80, 85, 99, 100: Hillesum, Mej. E.

76 Knegtmans (1998), p. 36.

77 IISG: ARCH02483, inv.nr. 106, *Lists of students, attending lectures by Becker at the University of Amsterdam 1929-1956.*

78 IISG: ARCH02483, inv.nr. 106, *Lists of students, attending lectures by Becker at the University of Amsterdam 1929-1956.*

79 Knegtmans (1998), pp. 47-48.

80 Herinnering van Jeanne Liedmeier (2008) die van 1933-1939 colleges Russisch volgde bij Becker. Louwerse (2008).

81 *Het Werk* (2012), voetnoot 235, pp. 753-754.
82 Louwerse (2008).
83 SAA 30288: Archief van de Universiteit van Amsterdam; Faculteit der Letteren en rechtsvoorganger: inv.nrs. 766-768 registers van tentamens afgenomen door de Faculteit der Letteren en Wijsbegeerte volgens het Academisch Statuut van 1921. Met indexen van kandidaten. 1921-1955, 3 delen. Hier gezocht naar Slavistiek aan de UvA en nadere gegevens over inschrijvingen, examens, colleges etc. Inv.nr. 767, 8 maart 1932-9 november 1940, deel II Tentamenboek Faculteit der letteren en Wijsbegeerte. Geen Esther Hillesum in de index gevonden, dit zou betekenen dat Etty geen tentamens heeft afgelegd in het studiejaar 1939-1940.
84 Delpher/boeken, Academisch statuut, pp. 103, 107-108.
85 AST, inv.nr. 64, 1940-1941.
86 IISG: ARCH02483, Bruno Becker papers, inv.nr. 106.
87 *Het Werk* (2012), p. 53.
88 Otterspeer (2019), p. 182.
89 NL-HaNA 2.14.58, inv.nrs. 340-344, behandeling van verzoeken van Joodse studenten om toelating tot een universiteit of hogeschool alsmede toelating tot examens. 1941-1943.
90 Presser (1965) deel I, p. 98.
91 NL-HaNA 2.14.58, inv.nrs. 340-344.
92 *Het Werk* (2012), p. 12.
93 *Het Werk* (2012), p. 54.
94 *Het Werk* (2012), p. 54.
95 *Het Werk* (2012), p. 54.
96 *Het Werk* (2012), p. 52.
97 *Het Werk* (2012), p. 56.
98 In haar dagboek refereert Etty aan de afwijzing op 7 oktober 1941, *Het Werk* (2012), p. 132: 'Dat ik geen toestemming heb gekregen om te studeren, daar ligt het ook niet aan.'
99 NL-HaNA 2.14.58, inv.nrs. 340-344.
100 Op 25 januari 1942 schreef Etty een brief naar Aimé van Santen, waarin ze sprak over 'de laatste keren in Leiden', toen Aimé nog zo aan het wrokken was tegen zijn lot en 'deed net of Van Wijk gestorven was alleen maar om joú te pesten'. *Het Werk* (2012), p. 589.
101 *Het Werk* (2012), p. 132: 'Dat ik geen toestemming heb gekregen om te studeren [...] hoogstens zou ik dit dankbaar als excuus kunnen gebruiken om maar niets meer uit te voeren, maar m'n plichtsgevoel verbiedt dat.'
102 IISG: ARCH02483, inv.nr. 106.
103 *Het Werk* (2012), p. 191.
104 *Het Werk* (2012), p. 238.
105 *Het Werk* (2012), p. 236.
106 *Het Werk* (2012), p. 256. Bij de passage over Rilke heb ik dankbaar gebruikgemaakt van het precieze denk- en citeerwerk van Frits Grimmelikhuizen in *Alleen met heel je hart aanwezig zijn – de invloed van Rainer Maria Rilke op het kunstenaarschap van Etty Hillesum*. Frits Grimmelikhuizen, Deventer: 2012.
107 Rilke (2014), p. 25.

108 *Het Werk* (2012), p. 192. Ook geciteerd door Grimmelikhuizen (2012), p. 69.
109 *Het Werk* (2012), p. 594
110 *Het Werk* (2012), p. 228.
111 Nagel (2014), pp. 151-165.
112 *Het Werk* (2012), p. 253.
113 *Het Werk* (2012), p. 253. Het ging hier vermoedelijk om Samuel Jacques Jessurun Lobo, die in Neuengamme werd gefusilleerd op 24 januari (zie noot 253, *Het Werk* (2012), p. 755).
114 *Het Werk* (2012), p. 254.
115 *Het Werk* (2012), p. 254.
116 *Het Werk* (2012), p. 254.
117 Interview JWR met Dicky de Jonge (1984): 'Er was een zekere Frau Stahl in de cursus,' vertelde Dicky. 'Dat was geen Jodin maar wel een Duitse en dat was een vreselijk bot mens.'
118 *Het Werk* (2012), p. 248.
119 *Het Werk* (2012), p. 248.

HOOFDSTUK 8

1 *Het Werk* (2012), p. 293.
2 Interview JWR met Johanna Smelik, deel 2 (1985).
3 *Het Werk* (2012), p. 292.
4 De precieze datering van de eerste ontmoeting tussen Etty en Klaas Smelik sr. is lastig te achterhalen. Klaas Smelik sr. heeft daar zelf verschillende verhalen over verteld (zie het artikel van Klaas Smelik jr.: 'Romantiek aan de IJssel', in: *Etty Hillesum in perspectief*, Etty Hillesum Studies deel 4). Klaas Smelik jr. dateert op grond van zijn onderzoek de ontmoeting in de zomer van 1935 of 1936. Zijn zus Johanna Smelik was er echter van overtuigd dat Etty en Klaas al in 1934 een relatie kregen (interview JWR met Johanna Smelik deel 1, (1985)). Het feit dat Etty Klaas de 'opvolger' van Max noemt, met wie zij in 1933 een affaire had, doet ook vermoeden dat de liefde eerder in 1935 opbloeide, dan 1936. Deze veronderstelling wordt bevestigd door het feit dat Ida Last – die in bijna alle verhalen van Smelik voorkomt – alleen in de zomer van 1935 met haar kindertoneelgezelschap De Vrolijke Brigade door Nederland reisde. (Zie: 'Haar, Ida ter (1893-1982)', op Huygens ING Resources, via: resources.huygens.knaw.nl/bwn1780-1830/DVN/lemmata/data/TerHaar.)
5 Interview van de auteur met Klaas Smelik jr. (2017).
6 *Het Werk* (2012), p. 294.
7 Interview JWR met Klaas Smelik sr. (1985).
8 Interview auteur met Klaas Smelik jr. (2017).
9 Interview auteur met Klaas Smelik jr. (2017).
10 Interview JWR met Johanna Smelik (deel 1, 1985).
11 Interview JWR met Johanna Smelik (deel 1, 1985).
12 Interview JWR met Klaas Smelik sr. (1985).
13 *Het Werk* (2012), p. 293.
14 *Het Werk* (2012), pp. 293-294.
15 *Het Werk* (2012), p. 294.
16 Zie ook het interessante artikel van Klaas Smelik: 'Romantiek aan de IJssel: de

eerste ontmoeting tussen Etty Hillesum en Klaas Smelik senior'. In: *Etty Hillesum in perspectief*, Gent: Academia Press (2012). Klaas Smelik vergelijkt in dit artikel verschillende interviews die zijn vader gaf over de ontmoeting, en komt tot de conclusie dat zijn vader bij de eerste ontmoeting met Etty vermoedelijk werd vergezeld door zijn vrouw, Mien Bender. Etty en Klaas zouden zich afgezonderd hebben toen Mien en Jaap eropuit werden gestuurd om benzine te halen. In andere interviewversies voert Smelik sr. echter consequent Ida Last en haar kindertheatergezelschap op als reisgenoten. Omdat het historisch gezien juist is dat Ida Last in de zomer van 1935 met haar kindertheatergezelschap door Nederland trok, heb ik ervoor gekozen om deze versie te volgen, al is voor de keuze van Klaas Smelik jr. óók veel te zeggen. Voor Ida Last en de zomer van 1935, zie: http://resources.huygens.knaw.nl/vrouwenlexicon/lemmata/data/TerHaar.

17 Wester (2021), p. 204.

18 Uit 'De Vrolijke Brigade' zou later het Kindercircus Elleboog voortkomen.

19 Interview JWR met Klaas Smelik sr. (1985).

20 *Het Werk* (2012), p. 295.

21 *Het Werk* (2012), pp. 294-295.

22 *Het Werk* (2012), p. 294.

23 *Het Werk* (2012), p. 295.

24 Interview auteur met Klaas Smelik jr. (2017).

25 *Het Werk* (2012), p. 295.

26 *Het Werk* (2012), pp. 293, 76.

27 Klaas Smelik & Etty Hillesum & de oorlog. Op verzoek van de auteur geschreven herinneringen van Klaas Smelik jr. (2021) (privéarchief Judith Koelemeijer).

28 Interview JWR met Johanna Smelik, deel 2 (1985).

29 *Het Werk* (2012), p. 76.

30 Klaas Smelik & Etty Hillesum & de oorlog. Op verzoek van de auteur geschreven herinneringen van Klaas Smelik jr. (2021) (privéarchief Judith Koelemeijer).

31 Manschot (1993).

32 *Het Werk* (2012), p. 560.

33 *Het Werk* (2012), p. 553.

34 Leonie Reiman was een artiestennaam. Zij noemde zichzelf ook Leonie Brandt, omdat zij was getrouwd met de Nederlander Karl Brandt.

35 Manschot (1993).

36 'Pütz, Gertrud Franziska (1901-1978)', op Huygens ING Resources, via: resources.huygens.knaw.nl/vrouwenlexicon/lemmata/data/Putz.

37 *Het Werk* (2012), p. 295.

38 *Het Werk* (2012), p. 294.

39 *Het Werk* (2012), p. 295.

40 Video-interview Tineke Metz met Johanna Smelik, 2004 (privéarchief Tineke Metz en Wicher Naberman).

41 *Het Werk* (2012), p. 148.

42 Interview JWR met Johanna Smelik, deel 1 (1985).

43 Manschot (1993).

44 Video-interview Tineke Metz met Johanna Smelik, 2004 (privéarchief Tineke Metz en Wicher Naberman).
45 Interview JWR met Johanna Smelik, deel 2 (1985).
46 Interview JWR met Johanna Smelik, deel 1 (1985).
47 SAA 5422, inv.nrs. 578, 593, gezinskaarten Emile Charles Hess en Jaap Hillesum. Jaap stond sinds 4 oktober 1934 bij Hess ingeschreven, op 24 april 1934 was Mischa al bij deze familie in komen wonen. Mischa vertrok op 9 oktober 1935, Jaap verhuisde op 13 oktober 1936 naar Han Wegerif op de Gabriël Metsustraat. Etty volgde op 24 maart 1937. Etty stond van 19 september 1934 tot 24 maart 1937 ingeschreven bij haar ouders in Deventer.
48 Interview JWR met Johanna Smelik, deel 1 (1985).
49 Ida Hess-Lutomirski was de dochter van David Lutomirski en Augusta Horrwitz (SAA 30238, inv.nr. 525, archiefkaart). Zij was getrouwd met Charles Hess. Ida en Charles zijn beiden overleden op 5 juli 1943 in Rhenen (Joods Monument.nl).
50 Manschot (1993).
51 Interview JWR met Klaas Smelik sr. (1985).
52 Interview JWR met Johanna Smelik, deel 1 en deel 2 (1985). Taco Kuiper (1894-1945) was een pionier op het gebied van de psychotechniek, waarbij psychologische kennis in dienst werd gesteld van bedrijven en maatschappelijke organisaties. Hij nam onder meer beroepskeuzetests af. Etty was enige tijd bevriend met Taco's zus Hannie (1896-1956), die schrijfster werd en trouwde met de predikant Klaas Abe Schipper. Over deze vriendschap met Hannie is verder niets bekend, behalve dat Etty de dominee en zijn vrouw ook later nog bezocht.
53 Interview JWR met Liesl Levie (1984).
54 Mak (2017), p. 307.
55 Interview JWR met Johanna Smelik, deel 2 (1985).
56 Interview JWR met Johanna Smelik, deel 2 (1985).
57 Interview JWR met Johanna Smelik, deel 1 (1985).
58 De historicus Frits Boterman geeft in zijn boek *Tussen utopie en crisis – Nederland in het interbellum 1918-1940* een scherpe analyse van de jaren dertig, waarin hij overtuigend laat zien dat het gangbare beeld van een land waarin weinig gebeurde en dat vrij geïsoleerd stond in Europa inmiddels achterhaald is.
59 Beuker (2020), pp. 43-44.
60 Interview van Max Arian met Eva Tas. In: *Mededelingenblad van het Nederlands Auschwitz Comité*, nummer 3, 1990. Eva Tas herinnert zich de naam van de groep als 'zoiets als' 'Studenten Strijdcomité tegen Oorlog en Fascisme', maar die benaming klopt niet, afgaande op het orgaan van de Studentengroep, *Links af!* Op het eerste nummer wordt duidelijk de naam van de groep aangegeven: 'Studentengroep van den Strijdbond tegen Oorlog en Fascisme'. Met dank aan Chris Beuker, die deze naamsverwarring ophelderde in zijn boek *Etty Hillesum – verwevenheid met het communisme*. De nummers van *Links af!* zijn terug te vinden in het archief van Albert Mellink in het IISG.
61 Telefonisch gesprek van JWR met Eva Tas (z.d.).
62 Arian (1990).
63 Arian (1990).
64 Interview JWR met Gerard van der Meij (1985). Van der Meij heeft het in het

gesprek abusievelijk over de 'Studentenliga tegen Oorlog en Fascisme' – een benaming die nog vaak is overgenomen maar feitelijk niet bestond.

65 SAA 30238 inv.nr. 907, archiefkaart Joseph Jacques van Weezel. Op de etage boven Van Weezel, Pretoriusplein 3-III woonde de bekende communist David Wijnkoop. Het tegenwoordige adres is Steve Bikoplein 3-III.

66 Interview JWR met Gerard van der Meij (1985).

67 IISG, Archief Albert F. Mellink, *Links af!*, nummer 2, 17 februari 1934.

68 Interview JWR met Louis Zimmerman (1985). Etty deed in februari 1937 een beroepskeuzetest bij het psychotechnisch bureau van Taco Kuiper, een pionier op het gebied van de psychotechniek. Etty kende Taco Kuiper persoonlijk en was bevriend met zijn zuster, Hannie Kuiper. Helaas is het verslag van Etty's beroepskeuzetest niet bewaard gebleven. (Mail aan auteur van Ingrid van der Bij m.b.t. het archief van de Nederlandse Stichting Psychotechniek, 22 juni 2021.)

69 Interview met Johanna Smelik in de documentaire *Het verstoorde leven* van Jaap Walvis en Almar Tjepkema, NOS, 1994.

70 Video-interview Tineke Metz met Johanna Smelik (2004).

71 Onder meer in Vrielink (2006) en in Beuker (2020).

72 Morriën (2001), p. 9.

73 Joop Morriën werd zelf geboren in 1928 en werkte sinds 1946 voor *De Waarheid*. 'Tante Mieke', zoals Rita Versteeg in CPN-kringen werd genoemd, was geboren in 1880 en overleed in 1954. De publicatie van Morriën is uit 2001. Het is onduidelijk of Morriën 'tante Mieke' ooit zelf gesproken heeft, of dat hij de verwijzing naar Louis Hillesum, de VVSU en 'tante Mieke' van horen zeggen heeft in CPN-kringen. Voor meer informatie over tante Mieke zie: '14. Het Eerbeek van tante Mieke', De wereld van Gajus, via: dewereldvangajus.nl/13-de-laatste-etappe-2/.

74 Al in 1910 – Louis was dertig jaar oud – zond hij een boze ingezonden brief naar het liberale *Algemeen Handelsblad*: hoe kon het dat in een niet-clericaal orgaan de *confessionele* kleur van de kiezers expliciet genoemd werd bij het bespreken van zoiets als een verkiezingsuitslag? Dat gaf toch geen pas? (*Algemeen Handelsblad*, 27 juli 1910). Op eenzelfde manier werd de 'Vereeniging tot het bevorderen van de beoefening der wetenschap onder katholieken in Nederland' van repliek gediend. In 1931 informeerde deze vereniging vriendelijk bij de rector van het gymnasium in Deventer of hij 'naam, bevoegdheid en adres' van de bij hem werkzame katholieke leraren zou willen doorgeven. Het antwoord van Hillesum was kort en duidelijk: *neen*. De rector deed namelijk 'principieel' geen onderzoek naar de confessie van de leraressen en leraren die onder zijn leiding stonden. NL-DVCO 0809, inv.nr. 45.

75 Deze andere vrienden waren Frans van Steenhoven en Louis Zimmerman. Om het aantal namen in de tekst enigszins te beperken, heb ik hun namen hier weggelaten, maar de uitspraken en voorbeelden in deze passage zijn ontleend aan de interviews van JWR met Frans van Steenhoven (1985) en Louis Zimmerman (1985).

76 Interview JWR met Gerard van der Meij (1985).

77 *Het Werk* (2012), p. 22.

78 *Het Werk* (2012), p. 22.

79 Interview JWR met Frans van Steenhoven (1985).

80 Interview JWR met Gerard van der Meij (1985).

81 Interview JWR met Gerard van der Meij (1985).

82 Met dank aan Juul Muller-van Santen. Juul is de dochter van de communisten Fred van Santen en Betty Richter. Fred en Betty waren goede vrienden van onder anderen Ben Polak, die ook een vriend van Etty was en later de man werd van haar vriendin Petra Eldering. In een gesprek met Juul Muller heeft zij mij veel verteld over het milieu van haar ouders en de sfeer in hun communistische vriendenkring; informatie waar ik dankbaar gebruik van heb gemaakt om hier ook iets van Etty's wereld in die jaren dertig terug te halen.
83 Video-interview Tineke Metz met Johanna Smelik, 2004.
84 Interview JWR met Johanna Smelik, deel 1 (1985).
85 *De Tijd*, godsdienstig-staatkundig dagblad, 30 april 1937.
86 *Het Werk* (2012), p. 703.
87 Video-interview Meins Coetsier met Johanna Smelik (2007).
88 *Het Werk* (2012), p. 295.
89 *Het Werk* (2012), p. 295.
90 E-mailcorrespondentie van de auteur met Alfred Broer, kleinzoon van Douwe J. Vis, mei 2021.
91 Interview JWR met Clara van Mesdag, een leerlinge van Etty (1984/1985).
92 *Het Werk* (2012), p. 296.
93 *Het Werk* (2012), p. 308.
94 E-mailcorrespondentie van de auteur met Alfred Broer, kleinzoon van Douwe J. Vis, mei 2021.
95 *Het Werk* (2012), p. 296.
96 *Het Werk* (2012), p. 299.
97 *Het Werk* (2012), p. 322.
98 *Het Werk* (2012), p. 505.
99 Interview JWR met Swiep van Wermeskerken (1985).
100 Interview JWR met Swiep van Wermeskerken (1985). Volgens Etty zei Swiep: *Bubi, du bist eigentlich ein Biest*, maar dat was onjuist geciteerd volgens Swiep, omdat zij Spier nooit met 'jij' zou aanspreken.
101 Interview JWR met Liesl Levie (1984).
102 Interview JWR met Annette (Nettie) van der Hof (1985).
103 *Het Werk* (2012), pp. 316-317.
104 *Het Werk* (2012), p. 371.
105 *Het Werk* (2012), p. 371.
106 *Het Werk* (2012), p. 310.
107 *Het Werk* (2012), p. 304.
108 *Het Joodsche Weekblad*, 15 mei 1942.
109 *Het Werk* (2012), pp. 371-372.
110 *Het Werk* (2012), p. 372.
111 *Het Werk* (2012), p. 334.
112 *Het Werk* (2012), p. 339.
113 Interview JWR met Johanna Smelik, deel 2 (1985).
114 Interview JWR met Louis Zimmerman (1985).
115 Interview JWR met Louis Zimmerman (1985).
116 Interview JWR met Louis Zimmerman (1985).

1 Brief van Etty Hillesum aan Pim Eldering, juli 1936. Privéarchief Peter Polak.

2 Dit is de brief aan Spier die Etty overnam in haar dagboek. In *Het Werk* (2012) bevindt zich één ongedateerd briefje van Etty aan haar vriend Hans Lakmaker dat waarschijnlijk van voor de oorlog is, maar dat is erg kort en vooral zakelijk. *Het Werk* (2012), p. 869.

3 Ik zag de brief ineens op tafel liggen toen ik een tweede gesprek voerde met Peter Polak in zijn huis in Bergen en hij voor die gelegenheid wat oude papieren en brieven van zolder had gehaald. Ik herkende het handschrift van Etty direct. Het was de enige brief van Etty die Pim had bewaard; ik heb geen andere brieven meer gevonden.

4 Interview Evelien Gans met Ben Polak, 6 juli 1990, ongepubliceerd. Privéarchief Peter Polak. Evelien Gans sprak met Ben Polak in het kader van haar dissertatie: *De kleine verschillen die het leven uitmaken. Een historische studie naar joodse sociaal-democraten en socialistisch-zionisten in Nederland* (1999).

5 Interviews van de auteur met Pims zoons Freek (2018) en Peter Polak (2017).

6 Interview van de auteur met Peter Polak (2017).

7 Herman de Liagre Böhl, ongepubliceerd manuscript over Ben Polak en Petra Eldering. Privéarchief Peter Polak. De Liagre Böhl ontleende deze gegevens aan de autobiografie van Joop Landré, de eerste echtgenoot van Pim: Joop Landré en Sietze Dolstra, *Joop Landré vertelt: een anekdotische autobiografie* (Cadier en Keer 1994).

8 Weisglas (2012).

9 Weisglas (2012).

10 IISG ZK 17440, *De Sleutel*, nummer 1, jaargang 1, oktober 1935.

11 Deze conclusie trek ik niet alleen op grond van het feit dat Etty refereert aan de Spaanse burgeroorlog, die op 17 juli uitbrak. Verderop heeft zij het over de reis naar Rusland die Gerrit Kastein maakte. Volgens Kasteins biograaf maakte hij deze in totaal ongeveer vier weken durende reis naar Moskou en Leningrad vanaf begin juli 1936. Kastein zal dus eind juli 1936 in België zijn aangekomen, vanwaar hij doorreisde naar zijn woonplaats Leiden. Zie: Goudriaan, B. (2010), pp. 67-69. Etty heeft het zelf over drie weken in Rusland – wat dus klopt, aangenomen dat de heen- en terugreis per schip ook nog ongeveer een week duurde. Een laatste aanwijzing vormt de latere verwijzing in de brief naar 'Morgen, vrijdag'. Dat geeft aan dat Etty de brief op een donderdag heeft geschreven, drie dagen nadat ze op een 'maandag' Kastein had ontmoet in Brugge. Op donderdag 30 juli was het tamelijk fris, maar zonnig weer. Op donderdag 8 augustus scheen de zon echter nauwelijks – terwijl Etty het over een 'zonnig' strand heeft. Alles afwegende, moet de brief dus wel op donderdag 30 juli geschreven zijn.

12 Herman de Liagre Böhl, ongepubliceerd manuscript over Ben Polak en Petra Eldering. Privéarchief Peter Polak.

13 Brief Johanna Smelik aan uitgever Geurt Gaarlandt, 9 april 1982. Privéarchief Geurt Gaarlandt.

14 Brief Gerrit Kastein aan Pim Eldering, 4 maart 1936. Privéarchief Peter Polak.

15 Brief Gerrit Kastein aan Pim Eldering, ongedateerd. Deze moet van eind februari 1936 zijn, omdat Kastein in dezelfde brief ook spreekt over de geboorte

van 'de dochter vorige zaterdag'. Privéarchief Peter Polak.
16 Brief van Gerrit Kastein aan Pim Eldering, 4 maart 1936. Privéarchief Peter Polak.
17 Interview auteur met Peter Polak (2016/2017).
18 Brief Gerrit Kastein aan Pim Eldering, ongedateerd. Privéarchief Peter Polak.
19 Goudriaan (2010), p. 69.
20 Goudriaan (2010), p. 54.
21 Nog in juli 1939 was er sprake van dat Pim met Gerrit Kastein mee zou gaan naar een internationaal neurologencongres in Kopenhagen. Maar na nieuwe onenigheid besloot Pim daar op het laatste moment van af te zien. Ze schreef Kastein op 21 juli 1939: 'Toch jammer. Werkelijk jammer. Ik had mezelf, jou, ons graag de kans gegeven die we nooit gehad hebben. Maar onder de huidige omstandigheden zou dat toch niet gelukt zijn. [...] Ik zou het wel erg prettig vinden als je nog eens iets van je zou laten horen. Het feit, dat je de laatste maanden tenminste weer een enigszins normaal-bereikbaar mens voor me geworden was, heeft me beslist goed gedaan. En wat mij betreft kan dat, alle relatief-maatschappelijk-overeind-houdende-bindingen ten spijt, best zo blijven.' Brief Pim Eldering aan Gerrit Kastein, 21 juli 1939. Privéarchief Peter Polak.
22 Interview JWR met Lenie Valkhof-Wolff (1985).
23 Etty's achternicht Liliane, geboren in 1927, kon zich later nog goed herinneren dat Louis en Riva hen met Mischa geregeld opzochten. Dat moet eind jaren dertig geweest zijn, want volgens Liliane waren Etty en Jaap toen al zelfstandig en heeft zij daarom Etty nooit ontmoet. Zie: C. Juliet (2016), pp. 15-16.
24 *Deventer Dagblad*, 1 november 1935.
25 SAA 5466 inv.nr. 39, brief L. Hillesum aan de rector, 25 september 1935.
26 Regenhardt (2012), p. 62. In de brief aan de rector van het gymnasium schreef Louis Hillesum op 25 september 1935 dat hij verwachtte 'nog enkele weken' nodig te hebben voor zijn herstel en dat hij nog 'naar het Zuiden' zou reizen.
27 SAA 1066, inv.nr. 463-1, patiëntkaart Mischa Hillesum Apeldoornsche Bosch, 3 oktober 1940: 'Broer man man. depr. psychose' staat daarop aangegeven over Jaap. Helaas staat er niet bij sinds hoelang deze problemen bestonden, maar het is aannemelijk dat het ook bij Jaap misging in de adolescentie. Volgens vrienden en kennissen van Jaap Hillesum (geïnterviewd door Jan Willem Regenhardt) was hij onder meer opgenomen in Santpoort en in Endegeest (Oegstgeest). In de archieven van deze psychiatrische instellingen zijn daarvan helaas geen sporen terug te vinden, vermoedelijk omdat het in het geval van Jaap ging om vrijwillige opname.
28 Regenhardt (2012), pp. 67-68.
29 De Keizer (1991), pp. 216-223.
30 De Keizer (1991), p. 219.
31 BVD 59/76. Door de CID opgestelde lijst van links-extremistische personen geordend per gemeente, met alfabetische klapper, 1939. Zie: recourses.huygens.knaw.nl.
32 Goudriaan (2010), p. 52.
33 Brief Johanna Smelik aan uitgever Geurt Gaarlandt, 9 april 1982. Privéarchief Geurt Gaarlandt.
34 Interview van de auteur met Maarten en Guite de Groot, kinderen van Kees (2018).

35 Brief Johanna Smelik aan uitgever Geurt Gaarlandt, 9 april 1982. Privéarchief Geurt Gaarlandt.
36 *Het Werk* (2012), p. 28.
37 Ik heb in deze laatste passage een paar zinnen weggelaten omdat Etty hierin informeert naar gemeenschappelijke vrienden die voor het verhaal hier niet relevant zijn en wier introductie te veel uitleg zou vragen. Het gaat om de volgende drie zinnen: 'Weet jij misschien het adres van Hans in Haarlem. En hoe gaat het met Louki, enz., enz.' En: 'Is Klaas Schipper nog bij je geweest.' Verder is de in dit hoofdstuk overgenomen brief compleet en in de originele spelling weergegeven.
38 Goudriaan (2010), p. 73.
39 Lakmaker (2008), p. 227.
40 Goudriaan (2010), pp. 76-77.
41 Lakmaker (2008), p. 227.
42 Lakmaker (2008), p. 228.
43 Goudriaan (2010), p. 74.
44 *Het Werk* (2012), p. 617.
45 *Het Werk* (2012), p. 402.
46 Manschot (1993).
47 Ik vond de foto terug in het archief met negatieven van Bernard Meijlink, dat door zijn zoon Peter wordt bewaard.
48 *Het Werk* (2012), p. 366.
49 *Het Werk* (2012), pp. 346-347.
50 *Het Werk* (2012), p. 347.
51 *Het Werk* (2012), pp. 456-457.
52 *Het Werk* (2012), p. 457.
53 *Het Werk* (2012), p. 125.
54 *Het Werk* (2012), p. 259.
55 *Het Volk*, 22 januari 1905, 7 juni 1912; *Het Limburgsch Dagblad*, 19 juli 1922.
56 *Het Volk*, 15 december 1909, 4 mei 1912, 9 maart 1914, 10 mei 1917.
57 Het schriftje bevond zich in de koffer met de nalatenschap van Ella Wegerif. Privéarchief Hein Bogaert.
58 *Het Volk*, 8 april 1909, 15 maart 1912.
59 SAA 5422, inv.nrs. 164, 25, gezinskaarten H.J. Wegerif en G.H.J. Ankersmit.
60 Dit blijkt onder meer uit een brief van 'tante Lee' aan Ella Wegerif uit 1930. Privéarchief Hein Bogaert.
61 Op zondag 29 november 1942 schrijft Etty vanuit Westerbork: 'Tante Lee's kooktoestel staat daar zo vertrouwd in de hoek', *Het Werk* (2012), p. 613. Begin jaren dertig verhuisde Heleen Ankersmit naar het 'Nieuwe Huis' aan het Roelof Hartplein, vlak bij Wegerif, en het kan niet anders of Etty heeft haar regelmatig ontmoet wanneer zij pa Han bezocht.
62 Brief van Heleen Ankersmit ('tante Lee') aan Ella Wegerif, 12 oktober 1930. Privéarchief Hein Bogaert.
63 Brief van Ella Wegerif aan haar verloofde, de marineman Gé Quint, 10 januari 1928. Privéarchief Hein Bogaert.
64 Brief van Ella Wegerif aan Gé Quint, 8 februari 1928. Privéarchief Hein Bogaert.

65 Brief van Ella Wegerif aan Gé Quint, 7 januari 1928. Privéarchief Hein Bogaert.
66 Brief van Ella Wegerif aan de familie Wegerif, 1 januari 1930. Privéarchief Hein Bogaert.
67 Brief van Han Wegerif aan Gé Quint, 21 oktober 1926. Privéarchief Hein Bogaert.
68 Interview auteur Hein en Jolanda Bogaert (2018).
69 Briefkaart Han Wegerif aan Ella Quint-Wegerif, 20 mei 1936. Privéarchief Hein Bogaert.
70 Kroon en Spoor (1981).
71 *Het Werk* (2012), p. 96.
72 Interview JWR met Johanna Smelik, deel 1 (1985).
73 Interview JWR met Johanna Smelik, deel 2 (1985).
74 Interview van de auteur met Peter Meijlink, zoon van Bernard (2021).
75 *Het Werk* (2012), p. 20.
76 Interview JWR met Johanna Smelik, deel 2 (1985).
77 *Het Werk* (2012), p. 275.
78 Interview JWR met Johanna Smelik, deel 2 (1985).
79 Interview van de auteur met Richard de France, neef van Käthe (2021).
80 *Het Werk* (2012), p. 236.
81 Interview JWR met Leonie Penney-Snatager (1985).
82 Interview JWR met Johanna Smelik, deel 1 (1985).
83 Interview JWR met Johanna Smelik, deel 1 (1985).
84 *Het Werk* (2012), p. 83. In *Het Werk* (2012) staat per abuis 'Prins', waar 'Pim' moet staan – zoals ook in het originele dagboek te zien is. Pim Eldering had in 1940 met haar man Ben Polak een zoon gekregen: Peter.
85 Interview van de auteur met Peter Polak (2016/2017).
86 Interview JWR met Ben Polak (z.j., vermoedelijk 1985). Helaas kon Pim niet meer gevraagd worden naar haar herinneringen aan Etty. Pim Eldering begon al vroeg te dementeren en was na de eerste publicatie van het dagboek in 1981 niet meer in staat om te worden geïnterviewd.
87 'Al het werk liep – als ik er niet was – via Pim,' vertelde Ben Polak tegen Evelien Gans. Ongepubliceerd interview ten behoeve van haar proefschrift. Privéarchief Peter Polak.
88 Goudriaan (2010), pp. 147-148.
89 Interview auteur met Peter Polak (2016/2017).
90 Goudriaan (2010), p. 148.
91 Met dank aan Chaja Polak, dochter van een broer van Ben Polak, Hans, die in 1944 in Dachau werd vermoord. Als kind kwam Chaja veel bij Pim en Ben over de vloer en leerde zij Pim goed kennen. 'Voor Pim zullen de opvattingen van Etty een wegzweven zijn geweest,' vertelde Chaja mij. 'Pim en Ben waren realistisch en praktisch en stonden met beide voeten op de grond. Er moest gehandeld worden, recht worden gedaan' (2021).
92 Grimmelikhuizen (2012), pp. 83-85.
93 *Het Werk* (2012), p. 291.
94 Als vertaald in Grimmelikhuizen (2012), p. 84. Etty citeert het Duitse gedicht

onder meer in *Het Werk* (2012) op pagina 286, en nogmaals als enkele zin op pagina 291. Het gedicht komt uit Rilkes bundel *Gedichte 1906-1926*.

95 *Het Werk* (2012), p. 64.

96 *Het Werk* (2012), p. 296.

97 *Het Werk* (2012), pp. 488-489.

HOOFDSTUK 10

1 Kok en Somers (2017), p. 51.

2 Beuys (2012), p. 181; Kok en Somers (2017), p. 51.

3 *Haarlems Dagblad*, 21 mei 1942.

4 Beuys (2012), p. 181.

5 Onder anderen Mirjam Levie (later Bolle) spreekt geregeld van 'zwarte politie'. Mirjam Bolle (2005).

6 'Het Museumplein in oorlogstijd', Zuid.nl, via: ttps://www.zuid.nl/het-museumplein-in-oorlogstijd/; Stigter (2019), pp. 343-345.

7 'Topografie van de Duitse Terreur', op de website van de Gemeente Amsterdam, 30 april 2020, via www.amsterdam.nl. In de villa van Böhmcker, die overigens zelf in juli 1942 werd overgeplaatst, huist tegenwoordig het Amerikaanse consulaat.

8 *Haarlems Dagblad*, 21 mei 1942.

9 Kevin Prenger, 'Wannseeconferentie', Traces of War, 20 januari 2012, via: www.tracesofwar.nl

10 Prenger (2012), via: www.tracesofwar.nl.

11 Adolf Eichmann vertelde tijdens zijn proces in Jeruzalem dat er tijdens de conferentie wel degelijk zou zijn gesproken over 'toten und eliminieren und vernichten', hij moest er alleen in de notulen voor zorgen dat het taalgebruik verhullend was. 'Ik kan me niet alle details herinneren, meneer de president,' aldus Eichmann, 'maar ik weet dat de heren bijeen zaten en in onverhulde taal – niet de woorden zoals ik ze in de notulen moest opnemen, maar in onverhulde taal – de dingen bij hun naam noemden, zonder ze te verbloemen. Ik zou me ook dat zeker niet meer herinnerd hebben als ik niet meer zou weten dat ik toen bij mezelf heb gezegd: Kijk aan, die Stuckart, juridisch altijd een pietje precies, een kieskeurige wettenfrik, moet je hem nu horen. Al hun woorden hadden niets formeels meer.' 'Wannseeconferentie', Traces of War, via: tracesofwar.nl/articles/1642/Wannseeconferentie.htm.

12 Beuys (2012), pp. 182-183.

13 *Het Werk* (2012), p. 380.

14 Manschot (1993).

15 *Het Werk* (2012), p. 379.

16 Ik vond dit dagboek in het voormalige woonhuis van Leonie Penney-Snatager in Greenbelt, dat haar zoon Bernard na Leonies dood in 2013 volledig intact had gelaten. Voortaan: Therapiedagboek Leonie Snatager. Privéarchief Bernard Penney.

17 Therapiedagboek Leonie Snatager, 22 april 1942.

18 Zie in dit verband ook het interessante artikel van Alexandra Nagel: 'Vriendschap en Therapie – Verstrengelde relaties tussen Julius Spier, Leonie Snatager en Etty Hillesum'. In: *Etty Hillesum en het pad naar zelfverwerkelijking*, Etty Hillesum Studies deel 9, 2017. Voortaan: Nagel (2017).

19 Interview JWR met Leonie Penney-Snatager. Hetzelfde beweerde Leonie Penney-Snatager tegenover de Amerikaanse actrice Susan Stein. Het eerste wat Leonie zei toen zij elkaar ontmoetten was: 'Als ik naar Etty had geluisterd, was ik hier niet geweest!' Interview van auteur met Susan Stein in Greenbelt, zomer 2016.
20 Brief van Leonie Snatager aan Johanna Smelik, 5 maart 1985. Privéarchief Bernard Penney.
21 Therapiedagboek Leonie Snatager. Privéarchief Bernard Penney.
22 *Het Werk* (2012), p. 318.
23 Brief van Leonie Snatager aan Julius Spier, 6 maart 1942. Privéarchief Bernard Penney.
24 Therapiedagboek Leonie Snatager, 18 mei 1942. Privéarchief Bernard Penney.
25 Therapiedagboek Leonie Snatager, 25 mei 1942. Privéarchief Bernard Penney.
26 Therapiedagboek Leonie Snatager, 25 mei 1942. Privéarchief Bernard Penney.
27 Brief Leonie Penney-Snatager aan Johanna Smelik, 5 maart 1985. Privéarchief Bernard Penney.
28 'I was free as a bird' – Engelstalige herinneringen, geschreven door Leonie Penney-Snatager. Privéarchief Bernard Penney.
29 Brief Leonie Penney-Snatager aan Johanna Smelik, 5 maart 1985. Privéarchief Bernard Penney.
30 Therapiedagboek Leonie Snatager. Privéarchief Bernard Penney.
31 Brief Leonie Penney-Snatager aan Johanna Smelik, 5 maart 1985. Leonie schrijft dat de bom op het Rokin viel, maar daarover zijn geen gegevens te achterhalen. In de meldingsrapporten van de Luchtbeschermingsdienst wordt er niets over gezegd ('5227 Inventaris van het Archief van de Luchtbeschermingsdienst', Stadsarchief Gemeente Amsterdam, via: https://archief.amsterdam/inventarissen/details/5227/path/2). Wel is bekend dat er op 11 mei een bom viel op de Blauwburgwal. Vermoedelijk heeft Leonie zich vergist.
32 Brief Leonie Penney-Snatager aan Johanna Smelik, 5 maart 1985. Privéarchief Bernard Penney.
33 Interview JWR met Leonie Penney-Snatager (1985).
34 Interview JWR met Leonie Penney-Snatager (1985).
35 Brief Leonie Penney-Snatager aan Johanna Smelik, 5 maart 1985. Privéarchief Bernard Penney.
36 *Het Werk* (2012), p. 411.
37 *Het Werk* (2012), p. 55.
38 *Het Werk* (2012), p. 55.
39 Biografisch Woordenboek van het socialisme en de arbeidersbeweging in Nederland; Bonger, Willem Adriaan, op: www.socialhistory.org.
40 Mail aan de auteur van Johan Goor, onderzoeker van de geschiedenis van de Economische Faculteit van de UvA, 14 september 2021.
41 *Het Werk* (2012), p. 300.
42 Interview JWR met Hes Hijmans (1985).
43 *Het Werk* (2012), p. 264.
44 *Het Werk* (2012), p. 381.
45 *Het Werk* (2012), p. 306.
46 Het stapeltje met uitgetikte dromen had Leonie in haar therapiedagboek ge-

voegd. Privéarchief Bernard Penney. Zie ook *Het Werk* (2012), noot p. 306: 'ik tik het maar liever', niet bewaard gebleven.
47 Leonie schreef consequent Ettie. Om verwarring te voorkomen, heb ik er Etty van gemaakt.
48 *Utrechtse Courant*, 1 april 1942.
49 *Het Werk* (2012), p. 270.
50 Mail Leonie Snatager aan Alexandra Nagel, 1 december 2009. Privéarchief Alexandra Nagel.
51 *Het Werk* (2012), p. 355.
52 *Het Werk* (2012), pp. 365-366.
53 Therapiedagboek Leonie Snatager, 11 juni 1942. Privéarchief Bernard Penney.
54 Brief van Leonie Snatager aan Johanna Smelik, 5 maart 1985. Privéarchief Bernard Penney.
55 Therapiedagboek Leonie Snatager, 28 mei 1942. Privéarchief Bernard Penney.
56 Therapiedagboek Leonie Snatager, 28 mei 1942. Privéarchief Bernard Penney.
57 *Het Werk* (2012), p. 406.
58 Nagel (2016), pp. 71-78.
59 Nagel (2016), pp. 71-78.
60 Therapiedagboek Leonie Snatager, 3 juni 1942. Privéarchief Bernard Penney.
61 *Het Werk* (2012), p. 330.
62 *Het Werk* (2012), p. 333.
63 Therapiedagboek Leonie Snatager, 7 mei 1942. Privéarchief Bernard Penney.
64 Therapiedagboek Leonie Snatager, 13 mei 1942. Privéarchief Bernard Penney.
65 Therapiedagboek Leonie Snatager, 13 mei 1942. Privéarchief Bernard Penney.
66 Therapiedagboek Leonie Snatager, 13 mei 1942. Privéarchief Bernard Penney.
67 Therapiedagboek Leonie Snatager, 13 mei 1942. Privéarchief Bernard Penney.
68 Therapiedagboek Leonie Snatager, 13 mei 1942. Privéarchief Bernard Penney.
69 *Het Werk* (2012), pp. 377-378.
70 Interview JWR met Hans Werner Nethe (1984).
71 Interview JWR met Hans Werner Nethe (1984).
72 Deze hele passage beschrijft Leonie Snatager op 13 mei 1942 in haar therapiedagboek.
73 Therapiedagboek Leonie Snatager, 13 mei 1942. Privéarchief Bernard Penney.
74 Therapiedagboek Leonie Snatager, 14 mei 1942. Privéarchief Bernard Penney.
75 Therapiedagboek Leonie Snatager, 13 mei 1943. Privéarchief Bernard Penney.
76 *Het Werk* (2012), p. 387.
77 *Het Werk* (2012), p. 389.
78 *Het Werk* (2012), p. 390.
79 *Het Werk* (2012), p. 390.
80 *Het Werk* (2012), pp. 385-386.
81 *Het Werk* (2012), pp. 384-385.
82 *Het Werk* (2012), p. 387.
83 Presser (1965) deel 1, pp. 232-233.
84 *Het Werk* (2012), p. 402.
85 Brief van Julius Spier aan Leonie Snatager, 2 juni 1942. Privéarchief Bernard Penney. Leonie ontving de (doorslagen van) de brieven na de oorlog van Tide, die

ze na de dood van Spier in september 1942 aantrof in zijn huis en voor haar bewaarde.

86 Brief Julius Spier aan Leonie Snatager, 2 juni 1942. Privéarchief Bernard Penney.

87 *Het Werk* (2012), p. 407.

88 *Het Werk* (2012), p. 403.

89 *Het Werk* (2012), pp. 404-405.

90 *Het Werk* (2012), p. 405.

91 *Het Werk* (2012), p. 388.

HOOFDSTUK II

1 *Het Werk* (2012), pp. 481, 483.

2 Ik vond het complete bericht in *Het Vaderland* van 30 juni 1942. Onder de beschikking hing ook nog een instructie waarin bepaald werd welke beroepen voortaan voor Joden niet meer toegankelijk waren.

3 *Het Werk* (2012), p. 480.

4 Van der Boom (2012), p. 54.

5 *Het Werk* (2012), p. 481.

6 Van der Boom (2012), pp. 322-326. Ook volgens Van der Boom had Etty weliswaar een voorgevoel van haar ondergang, en de ellende die haar wachtte, maar koesterde zij ook de hoop er wel door te kunnen komen.

7 *Het Werk* (2012), p. 492.

8 Vergelijk ook Presser (1965) deel 1, pp. 245-246: 'Er zullen echter maar weinigen geweest zijn, die erger voorzagen dan een heel hard bestaan, in armoede en ontbering, buiten Nederland, nog minder, misschien niemand, die vóór de aanvang der wegvoering ook maar enig vermoeden had van wat werkelijk het Joodse voorland was: de gaskamer.'

9 In Nederland laaide deze discussie bijvoorbeeld weer in alle hevigheid op na de publicatie van Bart van der Booms boek *Wij weten niets van hun lot – Gewone Nederlanders en de Holocaust,* in 2012.

10 Van der Boom (2012), p. 52.

11 Van der Boom (2012), pp. 54-55.

12 Van der Boom (2012), p. 56.

13 *Het Werk* (2012), p. 512.

14 'Manuscripten Anne Frank voor het eerst integraal digitaal ontsloten', Anne Frank Stichting, via: annefrank.org/nl/over-ons/nieuws-en-pers/nieuws/2021/9/28/manuscripten-integraal-ontsloten/.

15 *Het Werk* (2012), p. 512. Ook Bart van der Boom wijst op deze opmerkelijke contradictie: Van der Boom (2012), p. 323.

16 *Het Werk* (2012), p. 486.

17 *Het Werk* (2012), p. 502.

18 *Het Werk* (2012), p. 486.

19 *Het Werk* (2012), p. 489.

20 *Het Werk* (2012), p. 488.

21 *Het Werk* (2012), p. 489.

22 *Het Werk* (2012), p. 374.

23 *Het Werk* (2012), p. 375.
24 Interview Betty Rogers met Liesl Levie, z.j. EHOC
25 Interview Betty Rogers met Liesl Levie, EHOC; persoonlijke biografie van haar man Werner door Liesl Levie, getypt, 8 pagina's. Privéarchief Hagar Rudnik-Levie, dochter van Werner en Liesl.
26 Persoonlijke biografie van haar man Werner door Liesl Levie, getypt, 8 pagina's. Privéarchief Hagar Rudnik-Levie, dochter van Werner en Liesl.
27 Persoonlijke biografie van haar man Werner door Liesl Levie, getypt, 8 pagina's. Privéarchief Hagar Rudnik-Levie, dochter van Werner en Liesl.
28 Persoonlijke biografie van haar man Werner door Liesl Levie, getypt, 8 pagina's. Privéarchief Hagar Rudnik-Levie, dochter van Werner en Liesl.
29 *Het Werk* (2012), p. 375.
30 *Het Werk* (2012), p. 10.
31 *Het Werk* (2012), p. 474.
32 *Het Werk* (2012), p. 253. En op pagina 427: 'Groeit er iets tussen Liesl en mij?'
33 Interview Betty Rogers met Liesl Levie, z.j.
34 Interview auteur met Micky Yaron en Hagar Rudnik (2018).
35 Interview auteur met Micky Yaron en Hagar Rudnik (2018).
36 *Het Werk* (2012), p. 313.
37 Nagel (2018), p. 171.
38 Van Vree e.a. (2013), p. 87.
39 Nagel (2018), p. 178. De typering is van Silvia Grohs.
40 Nagel (2018), p. 177.
41 Interview auteur met Hagar Rudnik (2018).
42 *Het Werk* (2012), p. 318.
43 Nagel (2018), p. 169.
44 *Het Werk* (2012), pp. 470, 427.
45 *Het Werk* (2012), p. 313.
46 Interview JWR met Liesl Levie (1984).
47 *Het Werk* (2012), p. 349.
48 *Het Werk* (2012), p. 376. Deze zin is wat cryptisch en lastig te vertalen. Letterlijk schrijft Etty: 'Ja, ich weiß, man bekommt dann eben ein Schicksal anstatt ein Leben.'
49 *Het Werk* (2012), p. 376.
50 *Het Werk* (2012), p. 376.
51 Somers (2010), p. 134.
52 Somers (2010), p. 134; Presser (1965) deel 1, p. 247; Beuys (2012), p. 184.
53 Beuys (2012), p. 185.
54 Somers (2010), p. 35; Uit de notulen van de vergadering van de Joodse Raad op 5 juli 1942: 'Op voordracht van de Voorzitters zullen de autoriteiten lysten van voorgestelde uitzonderingen in overweging nemen. Die lysten – van menschen die voor het gemeenschapsleven der Nederlandsche Joden onmisbaar zyn – worden thans met spoed opgesteld.' NIOD 182, inv.nr. 3.
55 Beuys (2012), p. 187.
56 *Het Werk* (2012), p. 502.
57 *Het Werk* (2012), p. 500.

58 Interview auteur met Hagar Rudnik en Micky Yaron, dochters van Liesl en Werner (2018).
59 Interview auteur met Hagar Rudnik en Micky Yaron, dochters van Liesl en Werner (2018).
60 Interview auteur met Hagar Rudnik en Micky Yaron, dochters van Liesl en Werner (2018).
61 Interview auteur met Hagar Rudnik en Micky Yaron, dochters van Liesl en Werner (2018).
62 Interview Betty Rogers met Liesl Levie, z.j.
63 Interview Betty Rogers met Liesl Levie, z.j. 'We had this discussion often with Etty.'
64 Dochter Hagar is ervan overtuigd dat haar vader een behoorlijke invloed had op Etty. Interview auteur met Hagar Rudnik (2018).
65 Klaas Smelik (2011), p. 73.
66 *Het Werk* (2012), p. 487; Smelik (2011), p. 73.
67 Ook Piet Schrijver wijst erop dat Etty's besef van haar Joodse identiteit groeide naarmate de anti-Joodse maatregelen in aantal, intensiteit en effect toenamen. Schrijver (2003), p. 38.
68 Interview Betty Rogers met Liesl Levie, z.j.
69 Interview Betty Rogers met Liesl Levie, z.j.
70 *Het Werk* (2012), p. 531.
71 Interview Betty Rogers met Liesl Levie. z.j.: 'Etty wrote that I said it is a great privilege that we could bear this. I'm sure that I meant it and that it's so as I said. But I'm not clear why. Perhaps it was after the discussions we so often had. Also today I have felt it a privilege, I would feel guilty only to read about these things, and not to be with the other Jews who suffered. Because I would think that I am better than the others. That was also the thinking of Werner.'
72 *Het Werk* (2012), p. 531.
73 *Het Werk* (2012), p. 510.
74 *Het Werk* (2012), p. 411.
75 *Het Werk* (2012), pp. 494-496.
76 *Het Werk* (2012), p. 497.
77 *Het Werk* (2012), p. 498.
78 *Het Werk* (2012), p. 497.
79 *Het Werk* (2012), p. 499.
80 *Het Werk* (2012), p. 495.
81 *Het Werk* (2012), p. 499.
82 *Het Werk* (2012), p. 491.
83 *Het Werk* (2012), p. 497.
84 *Het Werk* (2012), p. 457.
85 *Het Werk* (2012), p. 457.
86 *Het Werk* (2012), p. 457.
87 *Het Werk* (2012), p. 501.
88 *Het Werk* (2012), p. 503.
89 NIOD 182, inv.nr. 3.
90 *Het Werk* (2012), pp. 504-505.

91 *Het Werk* (2012), p. 511.

92 *Het Werk* (2012), p. 510.

93 Het is niet duidelijk of Werner Levie het woord 'Massenschicksal' ook letterlijk gebruikte. Volgens zijn dochter Renate was het 'geen woord voor haar vader'. Maar dochter Micky sluit niet uit dat het 'algemeen gangbare begrip' Massenschicksal wel degelijk werd gebruikt. Interview auteur met Hagar Rudnik en Micky Yaron, dochters van Werner Levie (2018).

94 *Het Werk* (2012), p. 522.

95 Nagel (2020), pp. 37-38.

96 Mail Alexandra Nagel, gepromoveerd op Julius Spier, aan auteur, 18 november 2021.

97 *Het Werk* (2012), p. 523.

98 *Het Werk* (2012), pp. 506-507.

99 *Het Werk* (2012), p. 504.

100 Han Wegerif in een brief aan Leonie Snatager, 1 oktober 1945. Privéarchief Bernard Penney.

101 'Korte berichten: "Vertel mij verhalen over de oorlog!"', AdRem, april 2016, via: remonstranten.nl/adrem/jaargang-2016/april/korte-berichten/.

102 *Het Werk* (2012), p. 129.

103 Voor meer informatie over Cornelis Wegerif, zie: 'Wegerif, Cornelis (1920 – 1943)', Regionaal Archief Dordrecht, via: regionaalarchiefdordrecht.nl/achtergronden/verzetsstrijders/. Over Jan van Hattum, zie: https://www.ad.nl/amersfoort/dappere-verzetsman-stuurde-gegevens-naar-londen~a933be2e/.

104 Interview JWR met Swiep van Wermeskerken (1985).

105 Interview auteur met Hein Bogaert. In de familie Wegerif was bekend dat Hans Wegerif verzetswerk had gedaan. De familie was er trots op, maar er werd verder niet over gepraat, dus wat Hans precies deed is niet duidelijk. Misschien werkte hij op enig moment samen met zijn neef Cornelis uit Rotterdam. In het Stadsarchief Amsterdam worden een aantal reproducties van pasfoto's bewaard die mogelijk 'in opdracht van verzetsman' Hans Wegerif jr. zouden zijn vervaardigd (Stadsarchief Gemeente Amsterdam, inv.nr. 30549, 121, 'Reproductie van een pasfoto van een anonieme jongen in opdracht van verzetsman "Jongejans" (Jan Hemelrijk) of H.J. Wegerif jr.', via: archief.amsterdam/inventarissen/file/7ed9e3993ef9f53bbe7c3f937dabc35c). Leonie Snatager vertelde dat zij geholpen werd door meneer Leguijt toen zij een onderduikadres zocht. Zij zat enige tijd bij hem ondergedoken en werd door Leguijt vervolgens aan een adres in Amersfoort geholpen. Interview JWR met Leonie Penney-Snatager (1985).

106 *Het Werk* (2012), p. 510.

107 Beuys (2012), p. 190.

108 *Het Werk* (2012), pp. 514-515.

109 *Het Werk* (2012), p. 515.

HOOFDSTUK 12

1 NIOD 182, inv.nr. 44.

2 De term 'staat in de staat' heb ik overgenomen van Presser (1965), deel 1, hoofdstuk IV.

3 NIOD 182, inv.nr. 2.

4 Loe de Jong, *Koninkrijk der Nederlanden in de Tweede Wereldoorlog*, deel 6, eerste deel, p. 259.

5 In de 'Gids van den Joodschen raad voor Amsterdam' uit 1943 worden meer dan 140 verschillende vestigingen genoemd. NIOD 182, inv.nr. 55; zie ook: https://kampwesterbork.nl/de-stichting/nieuws/item/column-6.

6 Loe de Jong, *Koninkrijk der Nederlanden in de Tweede Wereldoorlog*, deel 6, eerste deel, p. 259. Zie ook: NIOD 182, inv.nr. 11.

7 Presser (1965), deel 1, p. 474.

8 Zie ook Presser (1965), deel 1 hoofdstuk IV, 'De Joodse Raad', p. 452 e.v.

9 Somers (2010), p. 37.

10 Presser (1965), deel 1, p. 253.

11 Bolle (2003), p. 60. Mirjam Bolle was in de oorlog nog niet getrouwd en droeg toen nog haar meisjesnaam Levie.

12 Bolle (2003), pp. 31-33.

13 *Het Werk* (2012), p. 516.

14 *Het Werk* (2012), p. 516.

15 *Het Werk* (2012), p. 517.

16 *Het Werk* (2012), pp. 516-517.

17 *Het Werk* (2012), p. 518.

18 Loe de Jong, *Koninkrijk der Nederlanden in de Tweede Wereldoorlog*, deel 6, eerste deel, p. 7.

19 Citaat van Jacob Hemelrijk, de Joodse ex-rector van het gymnasium te Alkmaar, geciteerd door De Jong, *Koninkrijk der Nederlanden in de Tweede Wereldoorlog*, deel 6, eerste deel, p. 8.

20 Presser (1965), deel 1, p. 257.

21 Loe de Jong, *Koninkrijk der Nederlanden in de Tweede Wereldoorlog*, deel 6, eerste deel, p. 9.

22 Presser (1965), deel 1, p. 257.

23 *Het Werk* (2012), p. 519.

24 Interview JWR met Sara Pelser-Oudkerk (1985).

25 Etty vermeldt op 8 juli 1942 dat Jaap 'zal proberen op 8 juli als broeder geplaatst te worden in het Joodsche Ziekenhuis' (*Het Werk* (2012), p. 509). Jaap had kort daarvoor, in mei 1942, het eerste gedeelte van zijn artsexamen behaald.

26 Interview JWR met Sara Pelser-Oudkerk (1985).

27 *Het Werk* (2012), p. 519.

28 *Het Werk* (2012), pp. 519-520.

29 *Het Werk* (2012), p. 513.

30 *Het Werk* (2012), p. 522.

31 'Anne Frank', Joods Amsterdam, 27 september 2019, via: www.joodsamsterdam.nl/anne-frank. De oproep van de Zentralstelle für jüdische Auswanderung afgebeeld op deze site is van 15 juli 1942 en lijkt me daarom exemplarisch voor de oproep die Etty ontving. In een latere fase werd de tekst van de oproep aangepast en uitgebreid.

32 Huurman (2001), p. 192.

33 *Het Werk* (2012), p. 522.

34 *Het Werk* (2012), p. 522.
35 Manschot (1993).
36 Interview JWR met Johanna Smelik, deel 1 en 2.
37 Manschot (1993).
38 Interview JWR met Johanna Smelik, deel 1 en 2.
39 *Het Werk* (2012), pp. 522-523.
40 Manschot (1993).
41 *Het Werk* (2012), p. 524.
42 *Het Werk* (2012), p. 524.
43 *Het Werk* (2012), p. 524.
44 *Het Werk* (2012), p. 524.
45 'Bernard Loopuit', Indexen Gemeente Amsterdam Stadsarchief, via archief.amsterdam.nl/indexen.
46 NIOD 182, inv.nr. 44.
47 *Het Werk* (2012), pp. 524-525.
48 NIOD 182, 2.03: Afdeling Expositur. Expositur, of 'Expo' zoals het in de volksmond ging heten, onderhield de contacten tussen de Joodse Raad en de Zentralstelle für jüdische Auswanderung. Vanwege de taal behoorden veel uit Duitsland en Oostenrijk gevluchte Joden tot deze afdeling. Mevrouw Th. Sluzker en mr. Leo de Wolff verzorgden de voorlichting.
49 *Het Werk* (2012), p. 204.
50 *Het Werk* (2012), p. 704.
51 *Het Werk* (2012), p. 525.
52 *Het Werk* (2012), p. 525.
53 *Het Werk* (2012), p. 525.
54 *Het Werk* (2012), p. 525.
55 *Het Werk* (2012), p. 704.
56 Vrielink (2006), pp. 41-43.
57 JM D015179, brief Louis Hillesum aan Etty Hillesum, tweede helft juli 1942.
58 *Het Werk* (2012), p. 469.
59 NL-DvCO 0579, inv.nr. 843-27. De medische attesten werden geregistreerd bij de Joodse Raad van Deventer. Helaas staat er geen datum op. Het handschrift van de attesten is van Louis Hillesum zelf.
60 *Het Werk* (2012), pp. 349-350.
61 *Het Werk* (2012), p. 349.
62 Dat Etty op dit kantoor terechtkwam, valt af te leiden uit een latere uitspraak van haar. In een brief uit Westerbork van 7 juni 1943 beschrijft Etty dat zij een collega ontmoet 'van de Lijnbaansgracht', op wie zij nooit erg dol was (*Het Werk* (2012), p. 639). Ook in *Het Werk* (2012) wordt ervan uitgegaan dat Etty op de Lijnbaansgracht werkte (noot 526, p. 775).
63 NIOD 182, 2.04: Centrale Voorlichtingsdienst e.v. Volgens het NIOD was de afdeling 'Hulp aan Vertrekkenden' pas vanaf augustus 1942 volledig in bedrijf. Het is dus niet mogelijk dat Etty op deze afdeling als typiste een aanstelling kreeg, zoals in *Het Werk* (2012), noot 526 op p. 775, wordt verondersteld. De afdeling 'Hulp aan Vertrekkenden' bood bovendien vooral praktische en logistieke ondersteuning.
64 Schütz (2011), p. 17.

65 *Het Werk* (2012), p. 527.
66 *Het Werk* (2012), p. 534.
67 *Het Werk* (2012), p. 534.
68 *Het Werk* (2012), p. 526.
69 In *Het Werk* (2012) wordt gesteld dat Etty vermoedelijk werd overgeplaatst naar het kantoor van de Joodse Raad aan de Oude Schans nummer 74 (noot 534 op p. 776), waar de afdeling 'Verzorging van de kampen' zat. Dit is niet aannemelijk, omdat Etty spreekt over een 'plotselinge verhuizing' van de hele typekamer op pagina 532. Bovendien bood het bureau op de Oude Schans voornamelijk praktische ondersteuning, zoals kledingvoorziening etc. Zie Schütz (2011), p. 17: 'De speciale Kampafdeling ressorteerde onder HAV (Hulp aan Vertrekkenden, red.) en was gevestigd op het adres Oude Schans 74. Op de Joodsche Raadkaarten staat "Oude Schans" vermeld als de kampafdeling wordt bedoeld. Afdelingen werden vaak aangeduid met het adres waar zij gevestigd waren. De formele taak van de kampafdeling betrof logistiek: de verzorging van Westerbork in de ruimste zin van het woord: magazijnen, werkplaatsen en klinieken. Men sorteerde en repareerde er tweedehands kleding, zond goederen naar Westerbork en controleerde retourzendingen.'
Deze beschrijving past niet bij het werk dat Etty deed: het uittypen van formulieren, brieven en richtlijnen.
70 *Het Werk* (2012), p. 532.
71 *Het Werk* (2012), p. 532.
72 *Het Werk* (2012), p. 534.
73 *Het Werk* (2012), p. 532.
74 *Het Werk* (2012), p. 534.
75 *Het Werk* (2012), p. 529.
76 NIOD 182, inv.nr. 13, nota van Meijer de Vries aan prof. Cohen, 5 juni 1942.
77 NIOD 182, inv.nr. 2.
78 *Het Werk* (2012), p. 538.
79 *Het Werk* (2012), p. 541.
80 *Het Werk* (2012), p. 528.
81 *Het Werk* (2012), p. 526.
82 *Het Werk* (2012), p. 529.
83 *Het Werk* (2012), p. 525.
84 *Het Werk* (2012), p. 540.
85 *Het Werk* (2012), p. 540.
86 *Het Werk* (2012), p. 541.
87 *Het Werk* (2012), p. 530.
88 *Het Werk* (2012), p. 540.
89 *Het Werk* (2012), pp. 537, 539.
90 Brief van Leonie Snatager aan Julius Spier, 6 maart 1942. Privéarchief Bernard Penney.
91 Interview JWR met Leonie Penney-Snatager (1985).
92 Therapiedagboek Leonie Snatager, 12 juli 1942. Privéarchief Bernard Penney.
93 Brief Leonie Snatager aan Julius Spier, 15 juli 1942. Privéarchief Bernard Penney.

94 Brief Julius Spier aan Leonie Snatager, 24 juni 1942. Privéarchief Bernard Penney.
95 Brief Julius Spier aan Leonie Snatager, 29 juni 1942. Privéarchief Bernard Penney.
96 *Het Werk* (2012), p. 529.
97 Van Vree (2013), p. 123.
98 Interview JWR met Liesl Levie (1984).
99 Interview JWR met Liesl Levie (1984).
100 *Het Werk* (2012), p. 529.
101 Joodse Raad-kaart (JRK) Werner Levie. Cartotheek van de Joodse Raad 1941-1945, Collectie Joods Museum. De JR-kaart van Werner Levie bevindt zich opmerkelijk genoeg niet in het (digitale) Arolson-acrhief. Ariane Zwiers, senior medewerker bij het kenniscentrum van het Joods Museum, was zo vriendelijk de fysieke kaart voor me terug te zoeken en te fotograferen.
102 *Het Werk* (2012), p. 543.
103 Interview auteur met Hagar Rudnik en Micky Yaron (2018).
104 Interview JWR met Liesl Levie (1984).
105 Interview JWR met Liesl Levie (1984).
106 Interview Betty Rogers met Liesl Levie, z.j.; *Het Werk* (2012), p. 525.
107 Ies Spetter: *Buna. Ervaringen in Gestapo-gevangenissen en concentratiekampen. Juli 1942-mei 1945*. NIOD 250d, inv.nr. 857; NIOD 182, inv.nr. 3.
108 *Het Werk* (2012), p. 536.
109 *Het Werk* (2012), p. 537.
110 *Het Werk* (2012), p. 536.
111 *Het Werk* (2012), p. 539.
112 Interview JWR met Johanna Smelik, deel 1 (1985).
113 *Het Werk* (2012), p. 543.
114 *Het Werk* (2012), p. 543.
115 NIOD 182, inv.nr. 44.
116 Brief van Leonie Snatager aan Julius Spier, 2 augustus 1942. Privearchief Bernard Penney.

HOOFDSTUK 13

1 NIOD 182, inv.nr. 69: Medewerkers van de JR in Westerbork moeten een *Armbinde* dragen. Bij verlies moeten zij dit direct melden bij de Zentralstelle für jüdische Auswanderung.
2 Ies Spetter: *Buna. Ervaringen in Gestapo-gevangenissen en concentratiekampen. Juli 1942-mei 1945*. NIOD 250d, inv.nr. 857.
3 Ies Spetter: *Buna. Ervaringen in Gestapo-gevangenissen en concentratiekampen. Juli 1942-mei 1945*. NIOD 250d, inv.nr. 857.
4 *Het Werk* (2012), p. 572.
5 Ies Spetter: *Buna. Ervaringen in Gestapo-gevangenissen en concentratiekampen. Juli 1942-mei 1945*. NIOD 250d, inv.nr. 857.
6 NIOD 250i, inv.nr. 510: Ottenstein, HO (*Dienstleiter zur besonderen Verwendung*).
7 Huiskes en Van der Kroef (1999), pp. 21-24.

8 Siegfried van den Bergh: 'Deportaties'. In: Bettine Siertsema, *Eerste Nederlandse getuigenissen van de Holocaust*, 2018, p. 168. Siegfried van den Bergh werkte lange tijd voor de Joodse Raad in kamp Westerbork.
9 Presser (1965), deel 2, p. 355.
10 Siertsema (2018), p. 168.
11 Presser (1965), deel 2, p. 296.
12 Stertzenbach (2005), p. 41.
13 Presser (1965), deel 2, p. 296.
14 Dit blijkt ook goed uit de brieven van Werner Stertzenbach, een Duitse Jood die al sinds eind 1941 in kamp Westerbork woonde. 'De hele stemming is erg gespannen,' schreef hij op 28 juni 1942 in een brief aan zijn vrouw Stella. In: Stertzenbach (2005), p. 36.
15 Spetter schrijft in zijn verslag (NIOD 250d, inv.nr. 857) 'overmorgen', maar dat kan niet kloppen omdat de Joodse Raad-medewerkers aankwamen op 30 juli en het eerstvolgende transport al op 31 juli was. Ik heb daarom de vrijheid genomen het te veranderen naar 'morgen'.
16 Ies Spetter: *Buna. Ervaringen in Gestapo-gevangenissen en concentratiekampen. Juli 1942-mei 1945*. NIOD 250d, inv.nr. 857.
17 Ies Spetter: *Buna. Ervaringen in Gestapo-gevangenissen en concentratiekampen. Juli 1942-mei 1945*. NIOD 250d, inv.nr. 857.
18 Joodse Raad-kaart Esther Hillesum. De Joodsche Raad Cartotheek is een onderdeel van de oorlogsarchieven van het Nederlandse Rode Kruis (NRK). Dit archief vindt zijn oorsprong in de opsporing van vermisten na de Tweede Wereldoorlog, een taak die door de Nederlandse overheid werd opgedragen aan het NRK. De oorlogsarchieven van het NRK zijn overgedragen aan het Nationaal Archief: NL-HaNA 2.19.296 Archief van het Nederlandse Rode Kruis – Collectie Westerbork. De Cartotheek bevindt zich sinds 2021 in de collectie van het Joods Museum. Voor dit onderzoek verleende het NRK in 2018 digitale toegang tot de Joodsche Raad Cartotheek en de Collectie Westerbork en de reconstructie van de lotgevallen na WOII, 1939-2007 met de toen geldende (en hier gehandhaafde) benaming: NRK 2050.
De kaarten van de Joodsche Raad Cartotheek zijn ook te raadplegen via de website van de Arolsen Archives (AA), Bad Arolsen in Duitsland: https://collections.arolsen-archives.org/en/search/
19 NIOD 182, inv.nr. 3. 'In Westerbork zal zowel de registratie als de schifting plaatshebben tusschen wie wel, en wie niet naar Duitschland gaan, terwijl dat kamp bovendien als reservoir zal dienen, om eventl. onvoldoende transporten aan te vullen. Een en ander heeft ten gevolge, dat een gedeelte van de staf van de Lijnbaansgracht naar Westerbork gaat (deze zal daar bewegingsvrijheid enz. hebben) evenals een filiaal Expositur. Er worden allerlei diensten georganiseerd om steun te bieden aan zowel de achterblijvers als aan de vertrekkenden (bagage verzorgen, ophalen etc.). De Sociale Dienst heeft dan ook een filiaal ingericht in Westerbork.'
Ook Siegfried van den Bergh, medewerker bij de Joodse Raad, bevestigt deze gang van zaken: 'Na het begin van de tewerkstelling van Joden in Duitsland werd half juli 1942 een afdeling van de JR in Westerbork opgericht. De "bankiersfirma" Lippman Rosenthall en Co zou n.l. daar een bijkantoor krijgen. Ieder slachtoffer zou

geld en goed af moeten geven en op een uitvoerig formulier zijn volledige vermogenstoestand behoren in te vullen. Daarnaast zouden wij tot officieuze taak hebben - eerst genoemde was voor ons slechts een vlag waaronder wij het kamp konden binnen varen - zoveel mogelijk hulp bieden aan de verder reizenden.' Van den Bergh (1945), p. 11.

20 Ies Spetter: *Buna. Ervaringen in Gestapo-gevangenissen en concentratiekampen. Juli 1942-mei 1945.*' NIOD 250d, inv.nr. 857.

21 *Het Werk* (2012), pp. 621-622.

22 Stertzenbach (2005), p. 47.

23 Stertzenbach (2005), p. 46.

24 *Het Werk* (2012), p. 622.

25 *Het Werk* (2012), p. 575.

26 *Het Werk* (2012), p. 555.

27 *Het Werk* (2012), p. 555.

28 *Het Werk* (2012), p. 626.

29 Presser (1965), deel 1, p. 268 e.v.

30 *Het Werk* (2012), p. 622.

31 *Het Werk* (2012), p. 524.

32 *Het Werk* (2012), p. 578.

33 *Het Werk* (2012), p. 578.

34 Etty schreef die dag vanuit Amsterdam een brief aan Osias Kormann. *Het Werk* (2012), p. 601.

35 NIOD 182, inv.nr. 3.

36 *Het Werk* (2012), pp. 601-602.

37 Presser (1965), deel 2, p. 326.

38 NIOD 182, inv.nr. 3.

39 Schütz (2011), p 53.

40 NIOD 182, inv.nr.23.

41 NIOD 182, inv.nr. 12.

42 Brief Henny Tideman aan vrienden en patiënten van Spier, 1 september 1942. In dit getypte briefje vraagt Tide vrienden en patiënten van Spier om een financiële bijdrage voor dokters- en andere ziektekosten. Onder het wijdverspreide briefje schreef zij met pen nog wat opmerkingen voor Spiers beste vrienden. Het laatste zinnetje luidde: 'Van Etty een briefje, dat ze misschien toch weg moet. Dat weet hij [Spier] niet.' Privéarchief Hanneke Starreveld, overgedragen aan Denise de Costa.

43 *Het Werk* (2012), p. 543.

44 *Het Werk* (2012), p. 566.

45 *Het Werk* (2012), p. 544.

46 *Het Werk* (2012), p. 555.

47 *Het Werk* (2012), p. 551.

48 *Het Werk* (2012), pp. 550-551.

49 *Het Werk* (2012), p. 557.

50 *Het Werk* (2012), p. 557.

51 *Het Werk* (2012), p. 601.

52 Presser (1965), deel 2, pp. 343-344.

53 *Het Werk* (2012), pp. 557-558.

54 Interview JWR met Hanneke Starreveld-Stolte (1984).
55 Interview JWR met Hanneke Starreveld-Stolte (1984).
56 Interview JWR met Pieter Starreveld (1985).
57 *Herinneringen van Hanneke Starreveld aan Etty Hillesum* (1998). Video. Privéarchief Tineke Metz en Wicher Haberman. Hanneke Starreveld zei in het interview met Tineke Metz letterlijk: 'Over onderduiken viel niet te praten. Dat is haar door veel mensen kwalijk genomen omdat ze over capaciteiten beschikte die weinig mensen kunnen realiseren.'
58 Interview JWR met Pieter Starreveld (1985).
59 *Herinneringen van Hanneke Starreveld aan Etty Hillesum* (1998). Video. Privéarchief Tineke Metz en Wicher Haberman.
60 Interview JWR met Pieter Starreveld (1984).
61 Interview JWR met Pieter Starreveld (1984).
62 Interview JWR met Hanneke Starreveld (1985).
63 Interview JWR met Pieter Starreveld (1984).
64 Interview JWR met Pieter Starreveld (1984).
65 Nagel (2020), *Wie was de S van Etty?*
66 Dagboek Henny Tideman, transcriptie Alexandra Nagel. Privéarchief Alexandra Nagel.
67 *Het Werk* (2012), p. 602
68 Dagboek Henny Tideman, transcriptie Alexandra Nagel. Privéarchief Alexandra Nagel.
69 *Het Werk* (2012), p. 602.
70 *Het Werk* (2012), p. 544. In *Het verzameld werk* staat: 'die jou en mij heeft wakker gemaakt', maar dat moet een vergissing zijn omdat Etty hier heel duidelijk tot God spreekt en ze bedoelt: die jou *in* mij heeft wakker gemaakt. Het handschrift van Etty is vaak moeilijk te lezen.
71 Dagboek Henny Tideman, transcriptie Alexandra Nagel. Privéarchief Alexandra Nagel.
72 Dagboek Henny Tideman, transcriptie Alexandra Nagel. Privéarchief Alexandra Nagel.
73 *Het Werk* (2012), p. 547.
74 *Het Werk* (2012), pp. 545-547.
75 Nagel (2020), *Wie was de S van Etty?*
76 Henny Tideman schreef een verslag van de begrafenis van Spier voor allen die er niet bij konden zijn, onder wie de Starrevelds. Dit verslag werd door Hanneke Starreveld bewaard en bevindt zich in het privéarchief van Denise de Costa. Transcriptie en juiste interpretatie van de liedteksten door Alexandra Nagel. Privéarchief Alexandra Nagel.
77 Interview JWR met Liesl Levie (1984).
78 Verslag van Spiers begrafenis van Henny Tideman. Privéarchief Alexandra Nagel.
79 Verslag van Spiers begrafenis van Henny Tideman. Privéarchief Alexandra Nagel.
80 *Twee vriendinnen vertellen over Etty Hillesum*. Video, Metz Audiovisuals, 2004.
81 *Het Werk* (2012), p. 563.

82 *Het Werk* (2012), p. 566.
83 *Het Werk* (2012), p. 571.

HOOFDSTUK 14

1 *Het Werk* (2012), p. 612.
2 *Het Werk* (2012), p. 614.
3 *Het Werk* (2012), p. 614.
4 De Joodse werkkampen waren in de eerste jaren van de oorlog door de Duitsers ingericht om werkloos gemaakte Joodse werknemers te verplichten tot landarbeid. In de loop van 1942 gingen deze kampen functioneren als 'wachtkamers' voor Westerbork. In de nacht van 2 op 3 oktober werden alle kampen leeggehaald en werden de vele duizenden werknemers naar Westerbork gedeporteerd.
5 Huurman (2001), p. 192, tabel 44 en 45.
6 De Jong (2019), p. 259.
7 De Jong (2019), p. 268.
8 *Het Werk* (2012), p. 612.
9 *Het Werk* (2012), p. 614.
10 *Het Werk* (2012), p. 613.
11 *Het Werk* (2012), p. 613.
12 Braber (1987), pp. 72, 77-79.
13 *Het Werk* (2012), p. 613.
14 Interview JWR met Werner Stertzenbach (1985).
15 Interview JWR met Werner Stertzenbach (1985).
16 Abuys (2003) p. 48 e.v.
17 Braber (1987), p. 71 e.v.
18 Interview JWR met Werner Stertzenbach (1985).
19 NIOD 250i, inv.nr. 509: *Herbert Kruskal, In Westerbork und Bergen-Belsen (September 1942 bis Juli 1944)*, p. 3: 'Die Angestellten des "Jüdischen Rats" waren quasi nur geschäftlich im Lager Westerbork, sie durften um die 14 Tage nach Amsterdam zuruck fahren und wurden von einer anderen Schicht dann abgelösst; sie hatten freien Post- und Pakkerverkehr und waren daher, auch was die Lebensmitelversorgung betraf in jeder Hinsicht unvergleichlich besser daran als die "Lagerinsassen".'
20 Interview JWR met Werner Stertzenbach (1985). Ook in een brief aan Stella Pach noemt Stertzenbach Etty als mogelijke persoon om pakjes aan mee te geven. Op 11 september 1942 schrijft hij: 'Je had het in je brief over een ring. Is dat wel nodig? In elk geval, als je iets belangrijks mee te geven of te vertellen hebt, dan kun dat geven aan mr. Etty Hillesum, Gabriël Metsustraat 6. Etty is een goede bekende van mij, ze werkt hier bij de Joodse Raad en is met verlof. [...] Zij kan je een en ander vertellen.' *Rood en Jood* (2005), p. 51.
21 Manja Pach, 'Etty Hillesum en het verzet'. Notities over haar vader Werner Stertzenbach, geschreven voor de auteur. Het rapport waaruit Manja Pach citeert, trof zij aan in de nalatenschap van haar vader. Het gaat om het verzetsrapport van Theo Pinkowitz, van de Stichting 40-45, opgesteld in 1975. Privéarchief Manja Pach.
De verklaring is van Alice Heymann-David, zij behoorde tot de leiding van het

Huis Oosteinde, de basis van de verzetsgroep Van Dien. Waar de naam 'Van Dien' vandaan komt, is overigens niet duidelijk.

22 *Het Werk* (2012), p. 515.

23 Manja Pach, 'Etty Hillesum en het verzet'. Aantekeningen van Manja Pach, 24 februari 2020.

24 Interview JWR met Hanneke Starreveld-Stolte (1985). Hanneke zei: 'Als je iets tegen Etty vertelde, dan hoorde zij het, drong het door, en kwam er een antwoord. Ik vond dat altijd heel bijzonder.'

25 Moraal (2014), p. 99.

26 Interview Betty Rogers met Liesl Levie, z.j.

27 Interview Tineke Metz met Hanneke Starreveld-Stolte, Metz Media, 1998.

28 *Het Werk* (2012), p. 582.

29 *Het Werk* (2012), p. 608.

30 Jopie Vleeschhouwer overleefde de oorlog niet, evenals zijn vrouw en dochter. Het nakomertje Benjamin, dat werd geboren in Westerbork, zou niet ouder worden dan drie maanden. Alleen zoon Hans kwam terug. Hij zou later emigreren naar Israël.

31 *Het Werk* (2012), p. 564.

32 *Het Werk* (2012), p. 555.

33 *Het Werk* (2012), p. 566.

34 *Het Werk* (2012), p. 577. Zie ook het artikel van Klaas Smelik over 'Etty's wapenbroeder Jopie Vleeschhouwer'. Smelik (2019), p. 129 e.v.

35 *Het Werk* (2012), p. 562.

36 *Het Werk* (2012), p. 569.

37 *Het Werk* (2012), p. 638.

38 Interview JWR met Liesl Levie (1984).

39 *Het Werk* (2012), pp. 606-607.

40 Smelik (2019), 'Osias Kormann en het Joodse bewustzijn', p. 126.

41 *Het Werk* (2012), p. 609.

42 'Etty Hillesum en het verzet'. Aantekeningen van Manja Pach, 24 februari 2020.

43 Janneke Jorna, 'De hel van Ellecom', Oorlogsbronnen, 28 mei 2020, via www.oorlogsbronnen.nl.

44 *Het Werk* (2012), p. 614.

45 *Het Werk* (2012), p. 613.

46 *Het Werk* (2012), p. 561.

47 *Het Werk* (2012), p. 614.

48 NIOD 250d, inv.nr. 857, Ies Spetter. *Buna. Ervaringen in Gestapo-gevangenissen en concentratiekampen. Juli 1942-mei 1945.*

49 Smits (2014), p. 141.

50 De kopie met daarop de aantekeningen van De Jong ontving ik per mail van historica Bettine Siertsema. Bij het NIOD zelf zag ik in het archief (250d, inv.nr. 857) een ander afschrift, zonder de opmerkingen van De Jong erbij. Ik vermoed dat De Jong en Spetter het in hun voorbespreking ook over Etty hebben gehad. Hierdoor wist De Jong direct wie Spetter bedoelde met 'Mr. Hillesum'. Loe de Jong had al in 1944, toen hij in Londen voor Radio Oranje werkte, de twee illegaal uitgegeven

brieven van Etty over Westerbork gelezen. Hij was daarvan erg onder de indruk geweest, en hij had verschillende passages overgenomen in een voorstudie van *Het Koninkrijk der Nederlanden in de Tweede Wereldoorlog*, het levenswerk waaraan hij al in Londen begonnen was. (Info uit: '*Letters from Westerbork*'. Radioreportage van Betty Rogers voor National Public Radio uit 1986 (archief Joods Museum). Rogers interviewde verschillende mensen die Etty hadden gekend, en sprak ook met Loe de Jong (JM, AV-collectie JM, inv.nr. 10000375).

51 Het was historica Bettine Siertsema die de opmerking van Spetter bij toeval ontdekte. Volgens Siertsema zou het zinnetje van Spetter erop wijzen dat Etty 'in de laatste maanden van haar leven' van gedachten was veranderd wat betreft onderduiken. 'Hillesums gedachten over hoe het kwaad bestreden moest worden, hebben in Westerbork een andere richting gekregen,' stelde Siertsema. 'En daar heeft ze naar gehandeld. Aan het lot dat zij voor zichzelf aanvaard had, liet zij deze kinderen ontsnappen' (*Trouw*, 8 december 2018).

52 De titel van Matthew Ies Spetters proefschrift luidde: *The Jews of the Netherlands* (1956).

53 Journalist Max Arian interviewde Ies Spetter in Amerika (*De Groene*, 6 mei 1992: *Overleven – Ies Spetter en het verzet in Auschwitz*). Hij vond Spetter een 'charmante' man en een 'betrouwbare' verteller, die heel concreet gebeurtenissen kon terughalen (telefonisch interview van auteur met Max Arian, 2020).

54 Arian (1992), *Overleven – Ies Spetter en het verzet in Auschwitz.*

55 Via zijn 'man' bij de ambassade kreeg Ies steeds meer contacten in het verzet, onder meer met de groep onder leiding van Joop Westerweel, die vanaf de zomer van 1942 Joodse Palestinapioniers in Nederland hielp onderduiken en voor hen ook een vluchtroute opzette naar Spanje (Arian 1992).

56 NIOD 250d, inv.nr. 857, Ies Spetter. *Buna. Ervaringen in Gestapo-gevangenissen en concentratiekampen. Juli 1942-mei 1945.*

57 Etty verbleef in de eerste helft van 1943 ziek in Amsterdam. Spetter en zijn echtgenote Suze vluchtten in maart 1943, samen met Sally de Jong en zijn vrouw, naar het buitenland; een ontsnappingsactie die door verraad jammerlijk zou mislukken en eindigde in Auschwitz.

58 *Het Werk* (2012), p. 708.

59 Smits (2014), p. 152.

60 SAA 30238, inv.nr. 767, archiefkaart Santje Spetter.

61 Archief Marechaussee Westerbork, Herinneringscentrum Kamp Westerbork, met dank aan Guido Abuys.

62 Abuys (2003), p. 69.

63 Archief Marechaussee Westerbork, Herinneringscentrum Kamp Westerbork, met dank aan Guido Abuys.

64 De verpleegster Jetta Lezer vertelde na de oorlog hoe zij bijna zélf was ontsnapt uit Westerbork in een ambulance. Ze kende de eigenaar van een ambulance die had aangegeven haar persoonlijk met zijn ambulance uit het kamp te willen halen. 'En dan zouden ze met behulp van een goede marechaussee, want die waren er wel, mij meenemen. Ik in uniform in de ziekenauto.' Abuys (2003), p. 57.

65 Abuys (2003), p. 22 e.v.

66 Archief Westerbork, lijst ontvangen van Guido Abuys. In de periode van 20

november tot 5 december 1942 waren er twee geregistreerde ontsnappingen, maar dat waren geen kinderen maar volwassen mannen.

67 *Het Werk* (2012), p. 613.

68 *Het Werk* (2012), p. 615.

69 Dagboek Gera Bongers, 26 oktober 1942. Privéarchief Annette Schouler, Zuid-Afrika.

70 Dagboek Gera Bongers, 26 oktober 1942. Privéarchief Annette Schouler, Zuid-Afrika.

71 *Het Werk* (2012), pp. 622-623.

72 *Het Werk* (2012), pp. 582-583.

73 Herbert Kruskal was in 1900 geboren in Frankfurt am Main, en woonde al sinds 1924 in Nederland. Zijn laatste adres in Den Haag was Mechelsestraat 8 (Scheveningen).

74 *Het Werk* (2012), p. 617.

75 Ook Frits Grimmelikhuizen wijst hierop. Grimmelikhuizen (2012), p. 37.

76 *Het Werk* (2012), p. 623.

77 *Het Werk* (2012), p. 627.

78 *Het Werk* (2012), p. 621.

79 *Het Werk* (2012), p. 624.

80 *Het Werk* (2012), p. 629.

81 *Het Werk* (2012), pp. 708, 822.

82 Van Liempt (2019), pp. 83-85.

83 *Het Werk* (2012), p. 621.

HOOFDSTUK 15

1 Het boekje *Levenskunst* is voorbeeldig uitgegeven door Ria van den Brandt en Peter Nissen (redactie) in de publicatie *Veel mooie woorden – Etty Hillesum en haar boekje Levenskunst*. In de uitgave zijn de oorspronkelijke citaten afgedrukt, die vervolgens door verschillende auteurs in de juiste context worden gezet.

2 Van Oord (2012), p. 97.

3 Van Oord (2012), p. 95.

4 Op dit adres was ook het huis Bets Chaloets gevestigd, dat onderdak gaf aan zionistische jongeren van de Vereniging tot Opleiding van Palestinapioniers.

5 NL-NaHA, 2.09.16, inv.nr. 90488, Hillesum, L., Deventer.

6 Interview auteur met Theun Karrenbelt, zoon van Janka (2015).

7 Stigter (2019), pp. 468-469.

8 *Het Werk* (2012), p. 706.

9 Van Oord (2012), p. 98.

10 Van Oord (2012), p. 94.

11 'Nog een harden strijd voor den boeg. Maar de vrijheid is in aantocht', *Het Parool*, 10 februari 1943, p. 7, geraadpleegd via hetillegaleparool.nl/archief.

12 Bolle (2003), pp. 48-50.

13 Christine van Nooten maakte na de oorlog een selectie uit de brieven en schonk deze in 1946 aan het toenmalige Rijksinstituut voor Oorlogsdocumentatie. (NIOD 250i, inv.nr. 890 1-70, brieven van L. Hillesum aan C. van Nooten.) De brieven die Christine van Nooten aan Louis Hillesum stuurde, zijn helaas niet bewaard

gebleven. Christine van Nooten liet deze brieven in de jaren tachtig zien aan uitgever Geurt Gaarlandt en beloofde ze aan hem na te laten. Na de dood van Christine van Nooten bleken de brieven echter spoorloos verdwenen.

14 Van Oord (2012), p. 97.

15 Van Oord (2012), p. 78.

16 Gaarlandt (2010), pp. 365-375.

17 Etty nam dit dagboek mee toen zij op transport werd gezet naar Auschwitz. *Het Werk* (2012), p. 712.

18 Van Oord (2012), p. 94.

19 Op de Joodse Raad-kaart van Riva staat 'niet sterk', achter gezondheid.

20 *Het Werk* (2012), p. 631.

21 *Het Werk* (2012), pp. 630-631.

22 Brief Leonie Snatager aan Bernard Beran, 22 juni 1998. Privéarchief Bernard Beran (via Monique Cillekens).

23 Brief Leonie Snatager aan Henny Tideman, 30 september 1942. Privéarchief Bernard Penney.

24 Verklaringen Joodse Raad t.b.v. Leonie Snatager. Privéarchief Bernard Penney.

25 Brief Leonie Snatager aan Bernard Beran, 22 juni 1998. Privéarchief Bernard Beran (via Monique Cillekens).

26 Brief Leonie Snatager aan Bernard Beran, 22 juni 1998. Privéarchief Bernard Beran (via Monique Cillekens).

27 Van der Boom (2022), p. 264.

28 In haar verslag voor Bernard Beran wist Leonie niet zeker meer of het Loet was geweest die met het valse persoonsbewijs kwam. Het kon ook zijn dat ze het via een vroeger buurmeisje had gekregen die bij het verzet zat, ze dacht dat die Willie Broekman heette.

29 Brief Leonie Snatager aan Bernard Beran, 22 juni 1998. Privéarchief Bernard Beran (via Monique Cillekens).

30 Interview JWR met Leonie Penney-Snatager (1985).

31 Loet Zimmerman vertelde dit later tegen zijn dochter, Monique Cillekens-Zimmerman. Interview auteur met Monique Cillekens (2018).

32 Interview JWR met Leonie Penney-Snatager (2018). De zin 'Als ik naar Etty had geluisterd, was ik er nu niet meer geweest', sprak Leonie uit tegenover de Amerikaanse actrice Susan Stein, die Leonie in haar woonplaats Greenbelt uitgebreid sprak over Etty. Interview auteur met Susan Stein (2017).

33 Onderduikdagboek Leonie, 18 januari 1943. De originele dagboeken uit de onderduiktijd van Leonie bevinden zich in het United States Holocaust Memorial Museum (USHMM) in Washington. Snatager Family Papers, 2013.451.1. Ik ontving de scans en transcripties daarvan van Bernard Penney.

34 Tekst van de voordracht van Leonie Penney-Snatager over haar Holocaustverleden (2012), via leoniepenney.org.

35 Onderduikdagboek Leonie Snatager, USHMM in Washington.

36 USHMM, Snatager Family Papers, 2013.451.1.

37 *Het Werk* (2012), p. 631.

38 *Het Werk* (2012), p. 632.

39 *Het Werk* (2012), p. 632.
40 *Het Werk* (2012), p. 633.
41 Interview Tineke Metz met Johanna Smelik (2004).
42 Telefoongesprek Tineke Metz met Johanna Smelik (2002). Privéarchief Tineke Metz en Wicher Haberman. Interview JWR met Johanna Smelik, deel 1 (1985).
43 De officier vertelde Smelik dat de Joden in vrachtwagens werden opgesloten en vermoord werden met gas dat naar binnen liep. Dit gebeurde inderdaad op grote schaal in 1941. Interview JWR met Klaas Smelik sr. (1985).
44 Interview JWR met Johanna Smelik, deel 1 (1985).
45 *Het Werk* (2012), pp. 553-554.
46 Interview JWR met 'tante To' Smelik (z.j., vermoedelijk 1985).
47 Ook Gerrit van Oord vermoedt dat Riva in 1943 een poging tot arisering heeft ondernomen: 'Het is moeilijk vast te stellen wanneer zij dit initiatief heeft genomen; plausibel lijkt het begin van 1943, toen de Hillesums in de hoofdstad kwamen wonen en Riva gelegenheid kreeg de Russische moeder van Benno Stokvis te ontmoeten.' Van Oord (2012), p. 8.
48 'Homosexueelen: 35 autobiographieën van Benno Jules Stokvis', Gemeente Amsterdam Stadsarchief, via amsterdam.nl.
49 Stokvis (1968), pp. 31-32.
50 Stokvis (1968), p. 35.
51 'Dr. B.J. (Benno) Stokvis', via parlement.com.
52 NHA, huwelijksbijlagen Amsterdam, 1912, bijl. 2 1, fol. 3v. Riva noemde deze akte als mogelijkheid ook in het gesprek dat zij in 1943 had in Kamp Westerbork met de journalist Philip Mechanicus, die hiervan verslag deed in zijn dagboek. Mechanicus (1989), pp. 138-140.
53 Stokvis (1968), pp. 9-11.
54 Stokvis (1968), p. 11.
55 Van Oord (2012), p. 102. Paulina Lewis werd vermoedelijk op 8 maart opgepakt en 's avonds naar Westerbork gedeporteerd, waar zij op 9 maart werd ingeschreven. Zij werd op 17 maart op transport gezet naar Sobibór.
56 Van Oord (2012), p. 102.
57 Lagrou (1985-1986), Bijlagen, 13, 'Aanbevelingsbrief voor Michaël Hillesum van W. Andriessen en van W. Mengelberg'.
58 Van Oord (2012), p. 107.
59 Van Oord (2012), p. 109.
60 Van Oord (2012), p. 109.
61 Lagrou (1985-1986), Bijlagen, 13, 'Aanbevelingsbrief voor Michaël Hillesum van W. Andriessen en van W. Mengelberg'.
62 *Het Werk* (2012), p. 636.
63 *Het Werk* (2012), p. 634.
64 *Het Werk* (2012), p. 637.
65 Interview JWR met San van Drooge (1985).
66 Interview auteur met Nico van Hasselt (2017).
67 Deze tekst is ook vandaag nog te vinden op een herdenkingssteen in de Broederenkerk in Deventer. 'Wandeling Lebuinuskerk', Theologie.nl, juli 2020, via: theologie.nl. Op deze steen staat 'hij' i.p.v. 'gij', waar in andere citaten juist 'gij' gebruikt wordt.

68 Interview JWR met San van Drooge (1985). Over het precieze tijdstip bestaat verwarring in het interview.
69 Interview JWR met San van Drooge (1985).
70 Interview JWR met San van Drooge (1985).
71 Kroon en Spoor (1981).
72 Van Oord (2012), p. 111.
73 Kroon en Spoor (1981).
74 Bolle (2003), p. 121.
75 Bolle (2003), p. 123.
76 Somers (2010), p. 166.
77 Somers (2010), p. 170.
78 Bolle (2003), p. 123.
79 *Het Werk* (2012), p. 637.
80 Stigter (2019), pp. 343-344.
81 *Het Werk* (2012), p. 638.
82 *Het Werk* (2012), p. 638.
83 Van den Brandt en Nisssen (2017), pp. 29, en 255 e.v.
84 Mail van Alfred Anhalt, pleegzoon van Maria Tuinzing, aan Alexandra Nagel, 16 november 2016. Privéarchief Alexandra Nagel.
85 *Het Werk* (2012), p. 638.
86 Mail van Alfred Anhalt aan Alexandra Nagel, 16 november 2016. Privéarchief Alexandra Nagel. De toen negenjarige Alfred Anhalt was erbij, toen Maria en zijn vader naar Smelik reden om de dagboeken over te dragen. 'Op een dag, kort na 1954, reisden wij naar Klaas Smelik. Maria kweet zich die dag van haar belofte, gedaan aan Etty Hillesum, en overhandigde hem de dagboeken.' Volgens Klaas Smelik sr. en zijn dochter Johanna was het de uitdrukkelijke wens van Etty dat Klaas zou proberen de dagboeken uit te laten geven.
87 *Het Werk* (2012), p. 638.
88 Zij deed dit in de kantlijn van het literaire tijdschrift *Maatstaf*, dat in 1959 de eerste was die Etty's twee lange brieven uit Westerbork zou publiceren. Aantekeningen JWR. Privéarchief Jan Willem Regenhardt.
89 Telefoongesprek Tineke Metz met Johanna Smelik, persoonlijke aantekeningen Tineke Metz, 2004. Privéarchief Tineke Metz en Wicher Naberman.

HOOFDSTUK 16

1 *Het Werk* (2012), p. 639.
2 *Het Werk* (2012), pp. 639-640.
3 HCKW, OD-rapport 7 juni.
4 De Zwarte (2009), pp. 139-140.
5 *Het Werk* (2012), p. 640.
6 *Het Werk* (2012), p. 642.
7 *Het Werk* (2012), p. 639.
8 *Het Werk* (2012), p. 641.
9 Friedrich Weinreb (1910-1988) werd na de oorlog ontmaskerd als zwendelaar. Hij beweerde Joden aan bescherming te kunnen helpen, maar speelde een ingewikkeld spel met de Duitsers, waardoor hij allereerst zichzelf verrijkte en waarvan uiteindelijk veel Joden het slachtoffer werden.

10 *Het Werk* (2012), noot 639, p. 793.
11 *Het Werk* (2012), p. 642.
12 *Het Werk* (2012), p. 642.
13 *Het Werk* (2012), p. 697.
14 Interview JWR met Werner Stertzenbach (1985).
15 *Het Werk* (2012), p. 643.
16 Etty schreef dat ze met Mechanicus wandelde 'over de smalle, dorre strook aarde tussen gracht en prikkeldraad'. *Het Werk* (2012), p. 647. Volgens conservator Guido Abuys van Herinneringscentrum Kamp Westerbork moet dit het stukje land zijn geweest achter de strafbarakken, die door prikkeldraad afgescheiden waren van de rest van het kamp. Gevangenen mochten in principe niet dicht bij de gracht in de buurt komen.
17 Mechanicus (1989), p. 41. Zie ook: Broersma (2019), hoofdstuk 20: Etty.
18 'Het spoor terug: Potret Philip Mechanicus', 23 januari 1990, via VPRO.nl.
19 Broersma (2019), p. 237.
20 *Het Werk* (2012), p. 694.
21 Wanneer Mechanicus precies begon met het schrijven van zijn dagboek is niet bekend. De schriften I en II gingen helaas verloren. Het bewaard gebleven dagboek vanaf schrift III begint op 28 mei 1943. Broersma, (2019) pp. 143-144.
22 Broersma (2019), p. 145.
23 Broersma (2019), p. 145.
24 *Het Werk* (2012), p. 685.
25 *Het Werk* (2012), p. 685.
26 *Het Werk* (2012), p. 647.
27 *Het Werk* (2012), p. 646.
28 Bolle (2003), p. 58.
29 Interview JWR met Gerhard Durlacher (z.j., vermoedelijk 1985).
30 Interview JWR met Gerhard Durlacher (z.j., vermoedelijk 1985).
31 Interview JWR met Gerhard Durlacher (z.j., vermoedelijk 1985).
32 Interview auteur met Micky (Mirjam) Yaron-Levie (2018).
33 Interview JWR met Liesl Levie (1984).
34 Interview auteur met Micky (Mirjam) Yaron-Levie en Renate (Hagar) Rudnik-Levie (2018).
35 Somers (2010), p. 176.
36 Somers (2010), p. 176.
37 Asscher was die dag op de fiets onderweg om te kijken waar hij kon helpen, maar kreeg ruzie met een Duitse politieman omdat hij werd tegengehouden. Hij werd door Duitse soldaten naar het Olympiaplein gebracht, waar hij van Aus der Fünten te horen kreeg dat hij beter naar huis kon gaan (Van der Boom, (2022), pp. 219-220). Kennelijk was Asscher er lang genoeg om ook de familie Levie te ontmoeten.
38 Interview auteur met Hagar Rudnik-Levie (2018).
39 Regenhardt (2012), p. 200.
40 Somers (2010), pp. 177-178.
41 Interview auteur met Hagar Rudnik-Levie (2018).
42 *Het Werk* (2012), p. 644.

43 *Het Werk* (2012), p. 644. Zie ook noot 644, p. 795: 'een prachtig woord bij Jozua'.
44 *Het Werk* (2012), p. 644.
45 Van Oord (2012), p. 112.
46 *Het Werk* (2012), p. 666.
47 *Het Werk* (2012), p. 645.
48 *Het Werk* (2012), p. 645.
49 Mechanicus (1989), p. 80.
50 NRK 250, inv.nr. 386.
51 *Het Werk* (2012), p. 645.
52 *Het Werk* (2012), p. 649.
53 *Het Werk* (2012), p. 650.
54 *Het Werk* (2012), p. 644.
55 *Het Werk* (2012), p. 669.
56 *Het Werk* (2012), p. 651.
57 *Het Werk* (2012), p. 651.
58 Interview auteur met Hagar (voorheen Renate) Rudnik-Levie (2018).
59 *Het Werk* (2012), pp. 657- 658.
60 Interviews JWR met Liesl Levie (1984) en van Betty Rogers met Liesl Levie (z.j.).
61 *Het Werk* (2012), p. 661.
62 *Het Werk* (2012), p. 656.
63 *Het Werk* (2012), p. 655.
64 Vergelijk Philip Mechanicus, die op 5 juli in zijn dagboek schreef dat 'de Joodse Raad geliquideerd was'. Een deel van de leden was teruggezonden naar Amsterdam, en het andere deel kreeg de status van 'Alte Kampinsasse', die al vierenhalf jaar in het kamp vertoefden. Mechanicus (1989), p. 65.
65 *Het Werk* (2012), p. 659.
66 Mechanicus (1989), p. 71.
67 Mechanicus (1989), pp. 70-72.
68 *Het Werk* (2012), pp. 661-662.
69 Eva Moraal, 'Slotke, Gertrud (1902-1971)', Vrouwenlexicon Huygens Instituut, 5 november 2015, via resources.huygens.knaw.nl.
70 Bolle (2003), p. 180.
71 Zie ook: Van Oord (2011), p. 125.
72 *Het Werk* (2012), p. 668.
73 NRK 2050, inv.nr. 386.
74 *Het Werk* (2012), p. 668.
75 Interview JWR met Liesl Levie (1984).
76 Van Oord (2012), p. 117.
77 *Het Werk* (2012), pp. 672-673.
78 Van Oord (2012), p. 113.
79 Van Oord (2012), p. 113.
80 Van Oord (2012), p. 113.
81 *Het Werk* (2012), p. 674.
82 Mechanicus (1989), p. 106.
83 *Het Werk* (2012), p. 682.

84 *Het Werk* (2012), p. 669.
85 *Het Werk* (2012), p. 683.

HOOFDSTUK 17

1 Mechanicus (1989), p. 92.
2 Mechanicus (1989), p. 138; *Het Werk* (2012), p. 696.
3 *Het Werk* (2012), p. 699.
4 *Het Werk* (2012), p. 686. Alle hiernavolgende citaten uit Etty's Westerborkbrief zijn overgenomen uit *Het Werk* (2012), pp. 686-698.
5 *Het Werk* (2012), p. 687.
6 *Het Werk* (2012), p. 688.
7 *Het Werk* (2012), p. 690.
8 *Het Werk* (2012), p. 699.
9 Ik vond deze kopie in het voormalige huis van Leonie Snatager in Greenbelt, Amerika. Blijkens een brief van pa Han aan Leonie van 1 oktober 1945 had Leonie hem om 'Etty's brief' gevraagd. Ze wilde hem overtypen en vertalen voor de Canadees (!) op wie zij verliefd was geworden. Een taalkundige analyse van dit typoscript door lexicograaf en taalkundige Rob Tempelaars, die eerder editeur was van de wetenschappelijke uitgave van Etty's dagboek en brieven, leerde dat het hier om een eerste, complete versie van Etty's tweede Westerborkbrief ging, die door haarzelf nog op tal van punten was aangepast, zowel inhoudelijk als stilistisch.
10 'Theodor Pinkowitz', Westerborkportretten, via westerborkportretten.nl/bevrijdingsportretten.
11 *Het Werk* (2012), p. 686.
12 Interview JWR met Werner Stertzenbach (1985).
13 *Het Werk* (2012), p. 700.
14 Mechanicus (1989), p. 139.
15 Mechanicus (1989), pp. 139-140.
16 NRK 2050, inv.nr. 386.
17 Helaas is in het archief van Stokvis in het Stadsarchief Amsterdam juist het dossier Hillesum niet aangetroffen: SAA 736, inv.nr. 161, alfabetisch naamregister, Hillesum, Dr L c.s. Sperrung no 2525.
18 NIOD 182, inv.nr. 2.
19 JM, D014814: briefkaart Louis Hillesum en Riva Hillesum-Bernstein aan Christine van Nooten, 24 augustus 1943.
20 *Het Werk* (2012), p. 710.
21 Mechanicus (1989), p. 152.
22 Stokvis (1968), pp. 11-12.
23 Ook Gerrit van Oord komt tot deze conclusie. Van Oord (2011), p. 129.
24 Mechanicus (1989), p. 153.
25 *Het Werk* (2012), pp. 710-711.
26 NRK 2050, inv.nr. 629.
27 Mail van Guido Abuys, conservator bij Herinneringscentrum Kamp Westerbork, aan auteur, 29 juni 2022.
28 *Het Werk* (2012), pp. 711-712.
29 Geerlings (2020).

30 Rosey Pool wist kort daarna uit Westerbork te ontkomen en onder te duiken.
31 *Het Werk* (2012), p. 712.
32 *Het Werk* (2012), p. 713.
33 Mail Guido Abuys aan auteur, 24 juni 2022.
34 *Het Werk* (2012), p. 702.
35 NIOD 250d, inv.nr. 475: Cohen, E.A. (16 juli 1919), transport 14 september 1943.
36 NRK 2050 inv.nr. 968: Gretha Bonewit-Kaufman, transport 7 september 1943.
37 NIOD 250d, inv.nr. 475: Cohen, E.A. (16 juli 1919), transport 14 september 1943.
38 NIOD 250d, inv.nr. 475: Cohen, E.A. (16 juli 1919), transport 14 september 1943.
39 De briefkaart bevindt zich in de collectie van het Joods Museum, maar werd tot nu toe nog niet definitief aan pa Han toegeschreven. Het handschrift is echter onmiskenbaar dat van Han Wegerif, net als de ondertekening. JM D015191, brief van vermoedelijk Han Wegerif aan Jopie Vleeschhouwer over het vertrek van Etty Hillesum, 20-09-1943.

HOOFDSTUK 18

1 *Het Werk* (2012), p. 575.
2 Dat de bevelen door luidsprekers klonken, wordt onder anderen verteld door Auschwitz-overlevende Kitty Hart-Moxon in de documentaire *One Day in Auschwitz*. Kitty Hart kwam als zeventienjarig meisje in april 1943 in Auschwitz aan, op hetzelfde perron.
3 *Het Werk* (2012), p. 512.
4 *Het Werk* (2012), p. 513.
5 *Het Werk* (2012), p. 712.
6 Primo Levi (2014), pp. 19-20. Primo Levi kwam in februari 1944 aan in Auschwitz. De situatie op de Judenrampe was toen nog hetzelfde als in september 1943, toen Etty er arriveerde.
7 Voor dit onderzoek zijn tientallen verklaringen gelezen. Zowel van overlevenden uit Etty's transport, als uit de transporten van de weken voor en na 7 september 1943. Al deze transporten uit Westerbork kwamen aan op de Judenrampe.
8 NRK 2050, inv.nr. 968, Gretha Bonewit-Kaufman.
9 NRK 250d, inv.nr. 475, E.A. Cohen.
10 NIOD 250d, inv.nr. 515, N. Engelsman.
11 NRK 2050, inv.nr. 717, Debora Brandel.
12 NRK 250i, inv.nr. 1081, Philip Wegloop.
13 Dit getal is door historica Erika Prins vastgesteld na uitvoerige analyse van de transportlijst van 7 september 1943, zoals die werd opgemaakt in Westerbork. Op grond van de geboortedata konden alle vrouwen van onder de 41 jaar worden herkend, waarna vervolgens is gekeken of zij ook (jonge) kinderen bij zich hadden. NRK 2050, inv.nr. 629, transportlijst 7 september 1943.
14 Danuta Czech noemt voor dit transport als registratienummers de reeks van 61216 t/m 61320, dus 105 nummers van geselecteerde en geregistreerde vrouwen na aankomst in Birkenau. Dit kan heel goed kloppen, want het laagst bekende kampnummer is 61219 (Lucia de Beer-Adler, geb. 27/09/06, nummer 43 op de transportlijst) en het hoogst bekende nummer is 61318 (Kathe/Kaatje Sara Wijnschenk-Kater, geb. 24/05/1917, nummer 840 op de transportlijst). Danuta Czech, *Kalendarium*

der Ereignisse im Konzentrationslager Auschwitz-Birkenau 1939-1945, Reinbek bei Hamburg: Rowohlt, 1989.

15 Voor dit onderzoek zijn door historica Erika Prins vele tientallen verklaringen onderzocht. Om te beginnen natuurlijk van gevangenen die samen met de Hillesums op 7 september 1943 werden gedeporteerd. Van dat transport zijn zes overlevenden bekend: drie mannen en drie vrouwen. Maar ook de vele verklaringen van mensen die in de weken vóór, en in de periode ná de Hillesums werden gedeporteerd, zijn bekeken. Nergens is een verwijzing te vinden naar de familie Hillesum.

16 In Auschwitz is slechts zo'n 7 procent van alle oorspronkelijke documenten bewaard gebleven. Een groot deel van het archief werd door de nazi's verbrand toen zij in januari 1945 halsoverkop het kamp moesten verlaten – in een poging alle sporen van de genocide uit te wissen. Maar ook in de jaren daarvoor al waren grote delen van het archief verdonkeremaand, om het grote aantal vergassingen te verhullen.

17 NIOD 250i inv.nr. 1081, Philip Wegloop.

18 De oorspronkelijke Judenrampe bij Auschwitz is verdwenen, maar er is vlak bij de oorspronkelijke plek een gedenkteken ingericht, met een stuk rails en een goederenwagon zoals die tijdens de oorlog werd gebruikt voor de transporten. Ik heb de wagon met stappen opgemeten, en het getal vervolgens vermenigvuldigd met 12. Daarbij kwam dan nog de ruimte tussen de wagons. Al met al kwam ik, al lopend, uit op een afstand van zo'n honderd meter.

19 Getuige een voorbeeld van zo'n 'intake-document' in het archief van Auschwitz, mij tijdens mijn bezoek getoond door archivaris Piotr Supiński (november 2018).

20 De historica Erika Prins is tot deze conclusie gekomen na nauwkeurige bestudering van de transportlijst van 7 september 1943 op grond van de criteria van het Nederlandse Rode Kruis, waarna deze data vergeleken zijn met de door Danuta Czech vastgestelde kampnummers van Etty's transport, alsmede met de vijftien bekende kampnummers van vrouwen uit Etty's transport, zoals achterhaald via de archieven van het Nederlandse Rode Kruis en het NIOD.

21 Deze gang van zaken is beschreven in de verklaringen van Flora Schrijver-Jacobs (NRK 2050, inv.nr. 970) en Gretha Bonewit-Kaufman (NRK 2050, inv.nr. 968), die beiden met Etty op 7 september 1943 op transport gingen.

22 Deze gang van zaken is beschreven in de verklaringen van Flora Schrijver-Jacobs (NRK 2050, inv.nr. 970) en Gretha Bonewit-Kaufman (NRK 2050, inv.nr. 968), die beiden met Etty op 7 september 1943 op transport gingen.

23 Schrijver (1994), p. 35.

24 Dat het Block 7 was, blijkt uit de getuigenissen van Flora Schrijver-Jacobs (NRK2050, inv.nr. 970) en Gretha Bonewit-Kaufman (NRK 2050, inv.nr. 968).

25 Greta Bonewit-Kaufman, NRK 2050, inv.nr. 968.

26 *Auschwitz - The Final Solution*. BBC Documentaire, 2005.

27 Schrijver (1994), p. 38.

28 Kitty Hart-Moxon vertelde haar verhaal onder meer in de documentaire *One Day in Auschwitz*, BBC 2005.

29 Kitty Hart-Moxon, BBC 2005.

30 Schrijver (1994), p. 37.

31 *Het Werk* (2012), p. 485.

32 NRK 2050, inv.nr. 968, Gretha Bonewit-Kaufman.

33 Schrijver (1994), p. 40.

34 De drie vrouwen die hier worden bedoeld zijn:
1. Gretha Bonewit-Kaufman, zij was de weduwe van Max Baum (in Warschau gestorven), na de oorlog is zij hertrouwd met Philip Bonewit. Na een quarantaineperiode kreeg zij een administratieve positie. Bij de alfabetische volgorde van de registratie viel zij onder de letter B (van Baum), en zij kreeg registratienummer 61220.
2. Gretl (Grete, Gretha) Deen-Kaufman, kwam na de selectie, op voorspraak van de Duitse arts Rohde, als verpleegster terecht in het Revier; zij was getrouwd met Louis Deen, hij stierf in Warschau. Door haar bevoorrechte positie waren haar overlevingskansen groter. Gretl Deen kreeg registratienummer 61232 in haar linkeronderarm getatoeëerd met een driehoekje eronder, volgens de letter D van de alfabetische volgorde bij de registratie.
3. Flora Schrijver-Jacobs was in Westerbork getrouwd met Emanuel van Praag (stierf juli 1944 in Auschwitz-Monowitz) en vlak na de oorlog hertrouwde zij met Abraham Schrijver. Zij kreeg registratienummer 61278 met driehoekje eronder volgens de letter P (van Van Praag) van de alfabetische volgorde bij de registratie.

35 De Israëlische filmmaker Hagai Levi, geciteerd in *De Groene Amsterdammer* van 22 maart 2017. Hagai Levi, bekend van onder meer de dramaseries *In therapie* en *The affair*, werkt aan een bioscoopfilm over Etty Hillesum. Het letterlijke citaat luidt: 'Wat Etty's dagboek zo magisch maakt, is dat ze vrij is op het eind, dat ze tot de hoogte stijgt waar de situatie er niet meer toe doet, zelfs in de gaskamer,' stelt Levi. 'Zelfs dáár kun je nog beslissen over je spirituele vrijheid. Het lukt haar om die plek in het hoofd te bereiken waar je van niets meer afhankelijk bent. Ze heeft zich helemaal bevrijd van het narcisme en het ego dat ons allemaal dwarszit. Het is een extreem modern, extreem intiem, geweldig geschreven verhaal van een spirituele reis.'

36 *Het Werk* (2012), p. 575.

37 In crematorium II stond een aparte verbrandingsoven voor 'persoonlijke documenten' van vermoorde Joden, zo staat te lezen op een plattegrond van dat crematorium in het huidige Museum Auschwitz-Birkenau.

38 NRK Persoonsdossiers, 20705, van Levie Hillesum, Riva Hillesum-Bernstein en Michael Hillesum.

39 Regenhardt (2012), p. 270.

40 Regenhardt (2012), pp. 258-268.

41 NL-HaNA, NRK-persoonsdossiers, nr. 20705 van Levie Hillesum, Riva Hillesum en Michael Hillesum.

42 *Het Werk* (2012), p. 326.

43 Interview JWR met Sara Pelser-Oudkerk (1985).

44 Interview JWR met Sara Pelser-Oudkerk (1985).

45 Joodse Raad-kaart Jacob Hillesum.

46 Gans (2008), p. 250.

47 Gans (2008), p. 250.

48 NL-HaNA, NRK-persoonsdossier, 94426 van Jaap Hillesum.

49 *Het Werk* (2012), p. 487.

EPILOOG

1 Pa Han noemt de 'goede vriendschap' met Pim in een brief aan Leonie Snatager van 10 december 1945. Privéarchief Bernard Penney.

2 David Koning en Pim Eldering waren met elkaar in contact gebracht door hun gemeenschappelijke kennis mr. M.D. Proper (1915-1973), zo beschreef David Koning in zijn inleiding bij *Twee brieven uit Westerbork*, de eerste uitgave van Etty's Westerborkbrieven in boekvorm na de oorlog. (Den Haag: Bert Bakker, 1962.) Het is aannemelijk dat Pim Eldering de met de hand geschreven brieven kreeg van Han Wegerif, aan wie Etty al haar rondzendbrieven stuurde. Han Wegerif en Pim Eldering kenden elkaar goed uit de tijd dat Etty Pims beste vriendin was.

3 Koning (1962), p. 19.

4 'Een transport vertrekt', *Het Parool*, 5 februari 1944, p. 6, via hetillegaleparool.nl/archief.

5 De Keizer (1991), p. 216

6 '*Letters from Westerbork*'. Radioreportage van Betty Rogers uit 1986 (archief Joods Historisch Museum). Rogers interviewde verschillende mensen die Etty hadden gekend, en sprak ook met Loe de Jong.

7 *Het Vrije Volk*, 29 juni 1945.

8 Het ging hier om een – volgens pa Han – 'door Etty zelf geschreven kopie' van haar brief (brief pa Han aan Leonie Snatager, 1 oktober 1945). In deze versie had Etty zichzelf nog op tal van punten verbeterd, door passages in te korten, herhalingen te schrappen, en sommige formuleringen te veranderen. Leonie schreef de brief eerst op de typemachine over in het Nederlands, en maakte daarna een vertaling. Het door Leonie vervaardigde typoscript is het enige volledige typoscript van Etty's tweede Westerborkbrief.

9 Brief pa Han aan Leonie Snatager, 1 oktober 1945. Privéarchief Bernard Penney.

10 Brief pa Han aan Leonie Snatager, 26 november 1945. Privéarchief Bernard Penney.

11 Brief pa Han aan Leonie Snatager, 12 februari 1946. Privéarchief Bernard Penney.

12 Interview auteur met Leopold Walder in Greenbelt, juni 2016. Leopold Walder (1925-2016), een psycholoog uit de gedragstherapeutische school, was decennialang Leonies therapeut. Hij had zelf in Europa gevochten tijdens de oorlog, onder meer in het Ardennenoffensief. Walder noemde Leonies belangrijkste probleem 'dissociation', als gevolg van haar persoonsverandering tijdens de oorlog. Etty was een idealist, Leonie een realist, vertelde hij. 'In tijden van grote stress zoeken mensen houvast. Etty was een gelovige en *she just grabbed the wrong thing*.'

13 Interview auteur met Bernard Penney, jongste zoon van Leonie, juni 2016.

14 Interview auteur met Hagar Rudnik (2018).

15 'Max Osias Kormann', Westerborkportretten, via westerborkportretten.nl/bevrijdingsportretten.

16 'Over Joseph Isidoor Vleeschhouwer', Joods Monument, 7 april 2016, via joodsmonument.nl.

17 Stertzenbach (2005), p. 85.

18 Manja Pach: 'Werners lotgevallen na 1945', geschreven op verzoek van de au-

teur, 23 mei 2022. Privéarchief Judith Koelemeijer.

19 NIOD 249-A0966 – Dossier doodstraf (aanvullingen). Pleidooi mevrouw P.E. Eldering voor tenuitvoerlegging van de doodstraf tegen NSB-prominenten (1945). Anton Mussert zou op 7 mei 1946 worden geëxecuteerd op de Waalsdorpervlakte.

20 NIOD 249-A0966 – Dossier doodstraf (aanvullingen). Pleidooi mevrouw P.E. Eldering voor tenuitvoerlegging van de doodstraf tegen NSB-prominenten (1945).

21 Interview auteur met Peter Polak, 9 december 2016.

22 Interview van de auteur met Chaja Polak, dochter van Hans Polak en nichtje van Pim Eldering (2021).

23 Interview auteur met Peter Polak (2017).

24 *Twee Brieven* (1962), p. 15.

25 Smelik (2003), p. 24.

26 Smelik (2013), p. 25.

27 Telefoongesprek auteur met Geurt Gaarlandt (2022).

28 Het viel niet mee Etty's handschrift te ontcijferen. De transcriptie was in handen van Johanna Smelik, Annetje Schreuder en Els Wefers Bettink.

29 Smelik (2019), p. 52.

30 Interview Tineke Metz met Tien van Heulen, video. Privéarchief Tineke Metz en Wicher Haberman.

31 *Men zou een pleister op vele wonden willen zijn. Reacties op de dagboeken van Etty Hillesum*. Amsterdam: Balans, 1989.

32 *Men zou een pleister op vele wonden willen zijn. Reacties op de dagboeken van Etty Hillesum*. Amsterdam: Balans, 1989.

33 Interview auteur met Klaas Smelik (2022).

VERANTWOORDING EN DANKWOORD

1 Gaarlandt (1989), p. 47.

GERAADPLEEGDE ARCHIEVEN

Archief Staatsmuseum Auschwitz-Birkenau, Oświęcim

Collectie Overijssel locatie Deventer (NLDVCO), Deventer
- NLDVCO 0809 Rector van het Gymnasium
- NLDVCO 0759 Politie Gemeente Deventer, 08: Arrestatie van Joden
- NLDVCO 0796 Sint Elisabethsgasthuis/Psychiatrisch ziekenhuis Brinkgreven, 7.2.5: Patiëntenregisters 1918-1953 (plaatsingslijst)

Etty Hillesum Onderzoekscentrum (EHOC), Middelburg
- Interviews Jan Willem Regenhardt
- Interview Betty Rogers met Liesl Levie

United States Holocaust Memorial Museum (USHMM), Washington
- Snatager Family Papers, 2013.451.1

Cultuurhistorisch Centrum Oldambt, Winschoten
- 6 Gemeente Winschoten (2 – Aanvulling), 1930-1945, 201: Notulen van vergaderingen van het college van curatoren gymnasium en hoogere burgerschool, 1890-1942 (1 deel)

Herinneringscentrum Kamp Westerbork (HCKW), Westerbork

Internationaal Instituut voor Sociale Geschiedenis (IISG), Amsterdam
- ARCH 02483 Bruno Becker papers (1922-1968)
- Archief Albert Mellink

Joods Museum (JM), Amsterdam

Mr. J.H. Mestdagh Stichting Groningen (ADVMS)

Nationaal Archief (NL-HaNA), Den Haag
- NL-HaNA 2.14.01.02: Inspectie Gymnasiaal Onderwijs 1878-1958
- NL-HaNA 2.14.58: Den Haag, ministerie van Onderwijs, Kunsten en Wetenschappen, Afdelingen Hoger Onderwijs en Wetenschappen en het Directoraat-Generaal voor de Wetenschappen

– 2.09.16 Nationaal Archief, archief Nederlands Beheersinstituut
– NL-HaNA 2.09.16 Inventaris van het dossierarchief van het Nederlandse Beheersinstituut (NBI), en van de in beslag genomen administraties, 1945-1967

Nederlands Instituut voor Oorlogs-, Holocaust- en Genocidestudies (NIOD), Amsterdam
– 250d Kampen en gevangenissen
– 250i Westerbork, Judendurchganglager
– 182 Joodsche Raad voor Amsterdam 1940-1945
– NRK-persoonsdossiers

Nederlandse Rode Kruis (NRK), Den Haag
– NRK 2050 (dit archief is overgegaan naar het Nationaal Archief)

Noord-Hollandsarchief (NHA), Haarlem
– NHA 358.157 huwelijksbijlagen van de burgerlijke stand van de gemeente Amsterdam, Archiefdeel van 1811-1932

Regionaal Archief Rivierenland (RAR), Tiel.
– 0605 Archief van het Gemeentebestuur van Tiel: bevolkingsregistratie, 1816-1994
– 0016 Archief van het Gemeentelijk Gymnasium te Tiel, (1694) 1717-1971

Stadsarchief Amsterdam (SAA), Amsterdam
– SAA 5225 Archief van de gemeentepolitie: Vreemdelingenregister
– SAA 5000 Archief van het Bevolkingsregister 1874-1893
– SAA 5007 Archief van het Bevolkingsregister: registers van vertrek, vestiging, verblijf en huisnummering
– SAA 5416 Archief van het Bevolkingsregister: afgedane collectie of overgenomen delen
– SAA 5417 Archief van het Bevolkingsregister: woningboeken
– SAA 5009 Archief van de Burgerlijke Stand
– SAA 5182 Archief van de Secretarie; afdeling Militaire Zaken en rechtsvoorgangers (Militieregisters)
– SAA 5445 Archief van de Dienst Bevolkingsregister: woningkaarten
– SAA 5422 Archief van het Bevolkingsregister: gezinskaarten
– SAA 30238 Archief van het Bevolkingsregister Amsterdam: archiefkaarten
– SAA 260 Archieven van Scholarchen en Curatoren en rector van de Latijnse School, Curatoren van de Openbare Gymnasia en van de rector van het Stedelijk of Barlaeus Gymnasium
– SAA 281: Archief van de Universiteit van Amsterdam; Rector en Assessoren
– SAA 30068: Archief van de Universiteit van Amsterdam; Faculteit der Rechtsgeleerdheid
– SAA 30288 Archief van de Universiteit van Amsterdam; Faculteit der Letteren en rechtsvoorganger
– SAA 5466 Archief van het Vossius Gymnasium
– SAA 736 Archief van Mr. Dr. Benno J. Stokvis

Streekarchief Gooi- en Vechtstreek (SAGV), Hilversum
- SAGV068: Bevolkingsregister van de gemeente Hilversum 1850-1940
- SAGV187: Archief van het Curatorium van het Gemeentelijk Gymnasium te Hilversum 1912-1968

Universiteit van Amsterdam (UVA), Maagdenhuis, Amsterdam
- Album Studiosorum van de Universiteit van Amsterdam (UVA, jaargangen 1923 t/m 1941 (dit zijn de inschrijfregisters van de UVA van 1923 t/m 1941 die zich in het Maagdenhuis bevinden)

Universiteit Leiden, Leiden
- Bijzondere Collecties, Archief inzake de studenteninschrijvingen van de Rijksuniversiteit Leiden, 1877-1977 – Universiteit Leiden (AST)
- Bijzondere Collecties, Archieven van de Faculteiten – Universiteit Leiden (AFA)

  AFA DA, Archief van de verenigde Faculteiten der rechtsgeleerdheid, letteren en wijsbegeerte

  AFA EA, Archief van de Faculteit der Geneeskunde

Het Utrechts Archief, Utrecht
- 623 (Academisch Ziekenhuis te Utrecht (1912) 1925-1959, 2.6: Psychiatrisch-Neurologische Kliniek

Zeeuws Archief, Middelburg
- 1005 Gemeente Middelburg, Afdeling Bevolking, (1863) 1900-1937
- 1460, Stedelijke Scholengemeenschap Middelburg (SSGM) en voorgangers, 1879-1997
- 25 Burgerlijke Stand Zeeland (1796) 1811-1980.
- Adresboeken Middelburg 1911 en 1912-1916 (Zeeuws Archief, studiezaal)

PRIVÉARCHIEVEN

Bernard Beran (via dochter Pauline Beran)
Hein Bogaert
Herman de Liagre Böhl
- Manuscript over Ben Polak en Petra Eldering (ongepubliceerd)

Maria Brugge
Denise de Costa
- (Privéarchief Hanneke Starreveld, overgedragen aan Denise de Costa)

Geurt Gaarlandt
Maarten en Guite de Groot
Tineke Metz en Wicher Naberman (audiovisueel archief)
Peter Meijlink
Alexandra Nagel
Manja Pach

Bernard Penney (VS, dit hele archief is overgedragen aan het Joods Museum)
Peter Polak
Jan Willem Regenhardt
Hagar Rudnik-Levie (Israël)
Annette Schouler (Zuid-Afrika)
Uitgeverij Balans

INTERNETBRONNEN

- Ancestry, Genealogy/DNA, via: www.ancestry.com
- Archief van Nederlandse Krantenartikelen, via: www.delpher.nl/kranten: *Nieuw Israëlietisch Weekblad* (NIW), *Algemeen Handelsblad*, *Middelburgsche Courant*, *Tielsche Courant*, *Deventer Dagblad*, *Haagse Post*, *Haagsche Courant*, *De Telegraaf*, *De Tijd*, *Haarlems Dagblad*, *Nieuwsblad van het Noorden*, *Het Joodsche Weekblad*, *Het Volk*, *Het Limburgsch Dagblad*, *Utrechtse Courant*, *Het Vaderland*
- Archief van Nederlandse boeken tussen de 17de en 20ste eeuw, via: www.delpher.nl/boeken
- Resources Huygens Instituut, via: resources.huygens.knaw.nl
- Digitale database van alle Joodse mensen in Nederland die gestorven zijn in de Tweede Wereldoorlog, via www.joodsmonument.nl
- 'Verdiende Loonen van mannelijke werklieden in een aantal bedrijven en beroepen te Amsterdam', Statistisch Zakboek, 1931, via: www.historisch.cbs.nl
- 'Het Eerbeek van Tante Mieke', De Wereld van Gajus, 8 Juli 2018, via: dewereldvangajus.nl
- 'Het Museumplein in Oorlogstijd: Het Consulaat van de Duitsers', Zuid, 2 mei 2019, via: www.zuid.nl
- 'Topografie van de Duitse Terreur', Gemeente Amsterdam, 30 april 2020, via: www.amsterdam.nl
- Traces of War, via: www.tracesofwar.nl
- 'Verzetsstrijders', Regionaal Archief, via: www.regionaalarchiefdordrecht.nl
- 'Dappere verzetsman stuurde gegevens naar Londen', AD, 15 november 2016, via: www.ad.nl
- Joodse Raad cartotheek, online archief van Arolsen Archives, via: collections.arolsen
- Geheugen van de Amsterdamse Trams, via: www.amsterdamsetrams.nl
- Het Verzets/Resistance Museum, via: www.verzetsmuseum.org
- 'Value of Guilder versus Euro', International Institute of Social History, 14 juni 2021, via: www.iisg.nl
- CBG Verzamelingen, Centrum voor familiegeschiedenis, via: www.cbgverzamelingen.nl
- Lijst van ruim vierhonderd bommeldingen en andere meldingen van oorlogsincidenten in de Tweede Wereldoorlog, via: archief.amsterdam/images/uitleg-onderzoek/bommeldingen.pdf
- Anne Frank Stichting/Museum, via www.annefrank.org
- 'De Joodse Geschiedenis van Deventer', Etty Hillesum Centrum, via: ettyhillesumcentrum.nl

- Reinjan Mulder's Nieuws- en Advertentieblad, via: www.reinjanmulder.nl
- TSL, Tijdschrift voor Slavische Literatuur, via: www.slavischeliteratuur.nl
- 'Memories of a Holocaust Survivor in The Netherlands', Leonie Snatager Penney, via: leoniepenney.org
- Herinneringscentrum Kamp Westerbork, via: kampwesterbork.nl
- Herinneringscentrum Kamp Westerbork, Westerbork Portretten, via: westerborkportretten.nl
- Joodse Sporen in Amsterdam en omgeving, Joodsamsterdam, via: www.joodsamsterdam.nl
- Oorlogs bronnen: Verdiepen in Nederlands oorlogsverleden, Tweede Wereldoorlog, via: www.oorlogsbronnen.nl
- Het Illegale Parool, via: hetillegaleparool.nl
- 'Leonie's Life', via: leoniepenney.org
- Gemeente Amsterdam Stadsarchief, via: www.amsterdam.nl/stadsarchief
- Parlement, onafhankelijke bron voor politieke actualiteit in een parlementair-historische context, via: www.parlement.com
- Theologie, Verdieping en Inspiratie, via: www.theologie.nl
- International Institute of Social History, via: www.socialhistory.org

INTERVIEWS

Interviews Judith Koelemeijer

2015 – Theun en Marijke Karrenbelt, 9 november 2015
– Frits Grimmelikhuizen en Manja Pach, 9 november 2015

2016 – Emanuel Snatager, 12 januari 2016
– Igor Cornelissen, 10 oktober 2016
– Peter Polak, 10 november 2016, 9 december 2016, 16 maart 2017, 21 april 2017, 7 december 2017
– Bernard Penney, 30 mei-3 juni 2016, 2-5 oktober 2017
– Susan Stein, 2 juni 2016

2017 – Juul Muller-Van Santen, 9 januari 2017
– Klaas Smelik, 27 januari en 24 februari 2017
– Dicky de Jonge, 17 juli 2017, 17 november 2019
– Nico van Hasselt, 24 oktober 2017

2018 – Maarten en Guite de Groot, 25 januari 2018
– Freek Polak, 2 februari 2018
– Pauline Beran, 3 april 2018
– Philip Rumke, 16 april 2018
– Monique Cillekens-Zimmerman, 11 mei 2018
– Peter en Mieke Meijlink, 11 juni 2018
– F.K. Adriaanse , 29 juni 2018
– Jolanda en Hein Bogaert, 26 juli 2018
– Micky Yaron en Hagar Rudnik-Levie, 1-4 oktober 2018
– Arie Spiero, 13 december 2018
– Freek Polak, 2 februari 2018

2021 – Richard de France, 1 juni 2021
– Chaja Polak, 20 april 2021

Interviews Jan Willem Regenhardt (EHOC)
- Eduard Kleerkoper, 2 oktober 1984
- Liesl Levie-Wolfsky, oktober 1984
- Hans Werner Nethe, 8 november 1984
- Dicky van den Heuvel-de Jonge, 24 november 1984
- Hanneke Starreveld-Stolte, 30 november 1984
- Henny Neitzel-Tideman, december 1984 en januari 1985
- Clara van Mesdag, 1984/1985
- Jaap Spanjaard, 1984/1985
- Klaas Smelik sr., 20 januari 1985
- 'Tante To' Smelik, z.j., vermoedelijk 1985
- Swiep van Wermeskerken, 26 februari 1985
- Johanna Smelik, 8 maart 1985, twee delen (deel 1 bevindt zich alleen in de nalatenschap Leonie Snatager/privéarchief Bernard Penney)
- Frans van Steenhoven, 25 maart 1985
- Betty Cordes-Deeg, 26 maart 1985
- Annette van der Hof, 12 april 1985
- Hes Hijmans, na april 1985
- Gerard van der Meij, 30 mei 1985
- Riet Koedam-Bongers, 18 juni 1985
- Leonie Penney-Snatager, 2 juli 1985
- San van Drooge, 1985
- Werner Stertzenbach, 1985
- Leo Zeldenrust, 3 juli 1985
- Lenie Valkhoff-Wolff, 1985
- Pieter Starreveld, 1985
- Gerhard Durlacher, z.j. (vermoedelijk 1985)
- Do Holthuis-ter Haar Romeny (telefoongesprek, z.j.)
- Christine van Nooten, 27 maart 1985
- Ben Polak, z.j. (vermoedelijk 1985)
- Frits Adelaar (telefoongesprek, privéarchief JWR)
- Ima Spanjaard-van Esso en Jaap Spanjaard, 12 oktober 1984
- Elly van Creveld, 10 juni 1985
- Eva Tas (telefoongesprek, z.j.)
- Louis Zimmerman, 11 april 1985
- Sara Pelser-Oudkerk, 30 juli 1985

LITERATUURLIJST

Aalders, G., *Leonie. Het intrigerende leven van een Nederlandse dubbelspionne,* Amsterdam: Boom, 2003.

Aals, C. van, *Als ik wil kan ik duiken: brieven van Claartje van Aals, verpleegster in de joods psychiatrische inrichting Het Apeldoornsche Bosch, 1940-1943.* Samengesteld en toegelicht door Suzette Wyers, Amsterdam: Thomas Rap, 1995.

Abuys, G., en D. Mulder, *Een gat in het prikkeldraad. Kamp Westerbork – ontsnappingen en verzet,* Herinneringscentrum Kamp Westerbork, 2003.

Baalen, H.J. van, *Joods leven te Deventer & Omstreken. Omvattende Bathmen, Deventer, Diepenveen, Heino, Holten, Lochem, Olst, Raalte, Twello en Wijhe,* Twello: Robine, 1998.

Bergh, S. van den, *Deportaties. Westerbork, Theresienstadt, Auschwitz, Gleiwitz,* Bussum: Van Dishoeck, 1945.

Beuker, C., *Etty Hillesum – verwevenheid met het communisme,* Soesterberg: Aspekt, 2020.

Beuys, B., *Leven met de vijand. Amsterdam onder Duitse bezetting 1940-1945,* Amsterdam: Cossee, 2012.

Bolle, M., *Ik zal je beschrijven hoe een dag er hier uitziet. Dagboekbrieven uit Amsterdam, Westerbork en Bergen-Belsen,* Amsterdam: Contact, 2003.

Boom, B. van der, *Wij weten niets van hun lot. Gewone Nederlanders en de Holocaust,* Amsterdam: Boom, 2012.

Boom, B. van der, *De politiek van het kleinste kwaad. Een geschiedenis van de Joodse Raad voor Amsterdam,* Amsterdam: Boom, 2022.

Boon, E.P. en J.J.M. Lettinck, *De Joodse gemeenschap in Winschoten en omgeving, 1683-1964. Beerta, Finsterwolde, Midwolda, Nieuwolda, Scheemda, Winschoten,* Groningen: Mr. J.H. de Vey Mestdagh Stichting, 2010.

Boterman, F., *Tussen utopie en crisis. Nederland in het interbellum 1918-1940,* Amsterdam: De Arbeiderspers, 2021.

Braber, B., *Passage naar Vrijheid. Joods verzet in Nederland 1940-1945,* Amsterdam: Balans, 1987.

Brandt, R. van den, en P. Nissen, *Veel mooie woorden. Etty Hillesum en haar boekje Levenskunst,* Hilversum: Verloren, 2017.

Bregstein, Ph. e.a., *Herinnering aan Joods Amsterdam,* Amsterdam: De Bezige Bij, 1978.

Broersma, K., *Buigen onder de storm. Philip Mechanicus, verslaggever tot in de dood 1889-1944,* Assen: Van Gorcum, geheel herziene tweede druk, 2019.

Czech, D., *Kalendarium der Ereignisse im Konzentrationslager Auschwitz-Birkenau*

1939-1945, Reinbek bei Hamburg: Rowohlt, 1989.
Costa, D. de, *Anne Frank & Etty Hillesum, spiritualiteit, schrijverschap, seksualiteit*, Amsterdam: Balans, 1996.
Fuks-Mansveld, R., en A. Sunier, *Wie in tranen zaait... Geschiedenis van de Joodse geestelijke Gezondheidszorg in Nederland*, Assen: Van Gorcum & Comp., 1997.
Gaarlandt, G., *Men zou een pleister op vele wonden willen zijn. Reacties op de dagboeken en brieven van Etty Hillesum*, Amsterdam: Balans, 1989.
Gans, E., Jaap en Ischa Meijer. *Een joodse geschiedenis 1925-1956*, Amsterdam: Bert Bakker, 2008.
Geerlings, A.J.M., *Survivor, Agitator: Rosey E. Pool and the Transatlantic Century*, PhD Vrije Universiteit Amsterdam, 13 mei 2020.
Goudriaan, B., *Verzetsman Gerrit Kastein 1910-1943 – een communistische intellectueel van een vreeswekkende koelbloedigheid*, Leiden: De Nieuwe Vaart, 2010.
Grimmelikhuizen, F., *Alleen met heel je hart aanwezig zijn – de invloed van Rainer Maria Rilke op het kunstenaarschap van Etty Hillesum*, Deventer, 2012.
Haar, C. ter, en E. van Voolen, *Verhalen uit Joods Amsterdam*, Amsterdam: Meulenhoff, 1997 (eerste druk 1993).
Hansen, L., *Leven in geleende tijd – Over Menno ter Braak*, 1992.
Hillesum, E., *Twee brieven uit Westerbork van Etty Hillesum*, ingeleid door David Koning. Den Haag: Bert Bakker/Daamen N.V., 1962.
Hillesum. E., *Het verstoorde leven. Dagboek van Etty Hillesum, 1941-1943*, samengesteld en ingeleid door J.G. Gaarlandt, Haarlem: De Haan, 1981.
Hillesum, E., *Het verstoorde leven. Dagboek van Etty Hillesum, 1941-1942*, Amsterdam: Balans, 2022.
Hillesum, E., *Het denkende hart van de barak. Brieven van Etty Hillesum*, Haarlem: De Haan, 1982.
Hillesum, E., *Het denkende hart van de barak. De brieven van Etty Hillesum*, Amsterdam: Balans, 2022.
Hillesum, E., *Het Werk 1941-1943*. Uitgegeven onder redactie van Klaas A.D. Smelik, tekstverzorging door Gideon Lodders en Rob Tempelaars. Zesde herziene en aangevulde druk, Amsterdam: Balans, 2012.
Hillesum, E., *Het Verzameld Werk 1941-1943*. Uitgegeven onder redactie van Klaas A.D. Smelik, tekstverzorging door Gideon Lodders en Rob Tempelaars. Zevende herziene en aangevulde druk, Amsterdam: Balans, 2021.
Huiskes, G., en R. van der Kroef, *Vluchtelingenkamp Westerbork*. Onder redactie van Dirk Mulder en Ben Prinsen. Westerbork Cahiers 7, 1999.
Huurman, ing. C., *Het spoorwegbedrijf in oorlogstijd, 1939-1945*, Rosmalen: Uitgeverij Uquilair, 2001.
Jong, A. de, *Had het anders gekund? – de dramatische ondergang van dokter Sally, de tweelingbroer van Loe de Jong*, Amsterdam: Van Praag, 2019.
Jong, L. de, *Het koninkrijk der Nederlanden in de Tweede Wereldoorlog*. Deel 4, mei '40 – maart '41, tweede helft, 's-Gravenhage: Martinus Nijhoff, 1972.
Jong, L. de, *Het koninkrijk der Nederlanden in de Tweede Wereldoorlog*. Deel 6, juli '42 – mei '43, eerste helft, 's-Gravenhage: Martinus Nijhoff, 1975.
Jonkers, E.J., e.a. *Gymnasium Winschotanum. Gedenkboek bij het 125-jarig jubileum, 1833-1957*, Winschoten: 1958.

Juliet, C., Sterckx, D., en C. Vigée, *Etty Hillesum, histoire de la fille qui ne savait pas s'agenouiller. Préface de Liliane Hillesum*, Parijs: Arfuyen, 2016.
Keizer, M. de, *Het Parool 1940-1945. Verzetsblad in oorlogstijd*, Rijksinstituut voor Oorlogsdocumentatie, Amsterdam: Otto Cramwinckel, 1991.
Klier, J.D., en S. Lambroza, *Pogroms. Anti-jewish violence in modern Russian history*, Cambridge University Press, 1992.
Knegtmans, P.J., *Een kwetsbaar centrum van de geest. De Universiteit van Amsterdam tussen 1935 en 1950*, Amsterdam: Amsterdam University Press, 1998.
Kok, R., en E. Somers, *Stad in oorlog. Amsterdam 1940-1945 in foto's*, Zwolle: WBOOKS, in samenwerking met NIOD Amsterdam, 2017.
Lagrou, E., *Etty Hillesum 1914-1943, een historisch-biografische studie. Verhandeling aangeboden tot het bekomen van de graad van Licentiaat in de Moderne Geschiedenis*. Katholieke Universiteit Leuven, 1985-1986.
Lakmaker, J., *Voorbij de Blauwbrug. Het verhaal van mijn joodse grootvader*, Amsterdam: Wereldbibliotheek, 2008.
Levi, P., *Is dit een mens*, Amsterdam: Meulenhoff, 2014.
Leydesdorff, S., *Wij hebben als mens geleefd. Het Joodse proletariaat van Amsterdam 1900 – 1940*, Amsterdam: Meulenhoff, 1987.
Liempt, A. van, *Gemmeker – commandant van Westerbork*, Amsterdam: Balans, 2019.
Mak, G., *Een kleine geschiedenis van Amsterdam*, Amsterdam: Atlas Contact, 2017 (eerste druk 1995).
Mechanicus, Ph., *In Dépôt – Dagboek uit Westerbork*. Met een inleiding van dr. J. Presser, Amsterdam: Van Gennep, 1989.
Moraal, E., *Als ik morgen niet op transport ga... Kamp Westerbork in beleving en herinnering*, Amsterdam: De Bezige Bij, 2014.
Morriën, J., *De leiding van de illegale CPN 1940-1943 – Het driemanschap Paul de Groot, Lou Jansen en Jan Dieters in de IJsselstreek en Veluwezoom*, Amsterdam, 2001.
Nagel, A., *De psychochiroloog Julius Spier en de handleeskunde in het interbellum*, Proefschrift Universiteit Leiden, 2020.
Otterspeer, W., *Het horzelnest. De Leidse universiteit in oorlogstijd*, Amsterdam: Prometheus, 2019.
Poppen, J. (red.), Gymnasium Winschotanum. Reünieboek 1987, Scheemda: Actief, 1987.
Presser, J., *Ondergang. De vervolging en verdelging van het Nederlandse Jodendom*, twee delen, 's-Gravenhage: Staatsuitgeverij, 1965.
Regenhardt, J.W., *Mischa's spel en de ondergang van de familie Hillesum*, Amsterdam: Balans, 2012.
Rilke, R.M., *Brieven aan een jonge dichter. Met een woord vooraf van Jean Pierre Rawie*, Amsterdam: Balans, 2014 (oorspronkelijke uitgave 1929).
Schrijver, F., *Het meisje met de accordeon. De overleving van Flora Schrijver in Auschwitz-Birkenau en Bergen-Belsen. Door Mirjam Verheijen*, Utrecht: Scheffers, 1994.
Schütz, R., *Vermoedelijk op transport. De Joodsche Raadcartotheek als informatiesysteem binnen sterk veranderende kaders: repressie, opsporing en herinnering. Een ar-*

chiefwetenschappelijk onderzoek naar de herkomst, het gebruik en het beheer van een bijzondere historische bron. Masterscriptie Archiefwetenschappen, 2011.

Siertsema, B., *Eerste Nederlandse getuigenissen van de Holocaust 1945-1946*, Hilversum: Verbum, 2018.

Smits, B., *Loe de Jong, historicus met een missie*, Amsterdam: Boom, 2014.

Somers, E., *Voorzitter van de Joodse Raad – de herinneringen van David Cohen (1941-1943)*, onder redactie van Erik Somers, NIOD. Zutphen: Walburg Pers, 2010.

Spector, Samuel (eds.) and Geoffrey Wigoder, *The Encyclopedia of Jewish life before and during the Holocaust*, New York: New York University Press, 2001.

Stertzenbach, W., *Rood en Jood*. Uitgave Herinneringscentrum Kamp Westerbork, 2005.

Stigter, B., *Atlas van een bezette stad. Amsterdam 1940-1945*, Amsterdam: Atlas Contact, 2019.

Stokvis, B., *Advocaat in bezettingstijd*, Amsterdam: Polak & Van Gennep, 1968.

Tammes, P., (red), *Oostjoodse Passanten en Blijvers. Aankomst, opvang, transmigratie en vestiging van joden uit Rusland in Amsterdam en Rotterdam. 1882-1914*, Amsterdam: Menasseh ben Israel Instituut Studies nr. 9, 2013. Of gaat het alleen om de bijdrage van Hofmeester, zie: Hofmeester bij de artikelen hieronder.

Trojnitskiy, N.A., (red.) *Perepis' naseleniâ [Volkstelling]*. Vol. 48 *Tsjernigovskaja gubernija*. Sint-Peterburg: 1905.

Vrielink, H., en D. van der Molen, *Louis Hillesum – een portret*, Deventer: Etty Hillesum Centrum, 2006.

Wester, R., *Bestaat er een raarder leven dan het mijne? Jef Last, 1898-1972*, Amsterdam: Prometheus, 2021.

Zwarte, K. de, *Alles ging aan flarden. Het oorlogsdagboek van Klaartje de Zwarte-Walvisch*, Amsterdam: Balans, 2009.

ARTIKELEN

Arian, M., 'Eva Tas 75 jaar in de strijd voor de vrede'. In: *Nederlands Auschwitz Comité*, 34ste jaargang, nr. 3, augustus 1990.

Arian, M., 'Overleven – Ies Spetter en het verzet in Auschwitz'. In: *De Groene Amsterdammer*, 6 mei 1992.

Boas, H., 'Etty Hillesum in niet-joodse en joodse ogen'. In: *'Neveh Ya'akov, Jubilee volume presented to Dr. Jaap Meijer on the occasion of his seventieth birthday', edited by Lea Dasberg and Jonathan N. Cohen*, Assen: Van Gorcum, 1982.

Boon, E., en H. Lettinck, 'Etty Hillesums Winschoter jaren'. In: *Etty Hillesum in relatie*, Etty Hillesum Studies deel 5, onder redactie van Klaas A.D. Smelik, Gent, 2013.

Gaarlandt, J.G., 'Context, Dilemmas, and Misunderstandings during the Composition and Publication of *An Interrupted life: Etty Hillesum's Dairy 1941-1943*'. In: Klaas A.D. Smelik, Ria van den Brandt & Meins G.S. Coetsier, *Spirituality in the Writings of Etty Hillesum: Proceedings of the Etty Hillesum Conference at Ghent University, November 2008*. Leiden-Boston: Brill, 2010.

Hofmeester, K., 'De immigratie van Oost-Europese joden in Amsterdam: omvang, aard en vestiging'. In: Peter Tammes (red.), *Oostjoodse Passanten en Blijvers. Aankomst, opvang, transmigratie en vestiging van joden uit Rusland in Amsterdam en Rotterdam, 1882-1914*, Amsterdam: Menasseh ben Israel Instituut Studies nr. 9, 2013.

Kools, F., 'De econoom die het westen uit de crisis hielp'. In: *Historisch Nieuwsblad*, maart 2012.

Kroon, B., en C. Spoor, 'Etty Hillesum: het denkende hart van Westerbork.' In: *De Tijd*, 27 november 1981.

Louwerse, N., 'Interview met Jeanne van der Eng-Liedmeier'. In: *Tijdschrift voor Slavische Literatuur* (TSL), no. 50 (september 2008) via: www.slavischeliteratuur.nl/tslarchief/.

Manschot, A., 'Het 'zusje' van Etty Hillesum. Een gesprek met Johanna Smelik over een dierbare en onvervangbare vriendschap'. In: *Opzij*, juli/augustus 1993.

Meijer, J., 'De Odyssee van een Joods docent'. In: *Etty Hillesum in relatie*, Etty Hillesum Studies deel 5, onder redactie van Klaas A.D. Smelik, Gent: Academia Press, 2013.

Meijer, J., 'Als maggied vergeten. Doctor Levie Hillesum 1880-1943, de vader van Etty'. In: *Etty Hillesum in relatie*, Etty Hillesum Studies deel 5, onder redactie van Klaas A.D. Smelik, Gent: Academia Press, 2013.

Munters, Q.J., 'Het dagboek van Etty Hillesum in Wageningen'. In: *Oud Wageningen, mededelingen van de historische vereniging Oud-Wageningen*, 21ste jaargang, nr. 1, januari 1993.

Nagel, A., 'Julius Spier zocht en vond houvast in de bijbel'. In: *Etty Hillesum in discours*, Etty Hillesum Studies deel 3, onder redactie van Ria van den Brandt en Klaas A.D. Smelik, Gent: Academia Press, 2011.

Nagel, A., 'Herta Levi, de onzichtbare figuur in de dagboeken van Etty Hillesum'. In: *Etty Hillesum weer thuis in Middelburg*, Etty Hillesum Studies deel 7, onder redactie van Klaas A.D. Smelik e.a., Antwerpen/Apeldoorn: Garant, 2013.

Nagel, A., 'Met 26 jaar opnieuw beginnen... is niet mogelyk. Een portret van Jan Bool, Etty Hillesums studiegenoot'. In: *Etty Hillesum 1914-2014*, Etty Hillesum Studies deel 6, onder redactie van Klaas A.D. Smelik e.a., Antwerpen/Apeldoorn: Garant, 2014.

Nagel. A., 'De Hillesum-stamboom'. In: Klaas A.D. Smelik e.a. (red.), *Etty Hillesum weer thuis in Middelburg*, Antwerpen/Apeldoorn: Garant, 2015.

Nagel, A., 'Leonie Snatager en het Joodse vraagstuk'. In: Klaas A.D. Smelik e.a. (red.). *Etty Hillesum in weerwil van het Joodse vraagstuk*. Etty Hillesum Studies deel 8, Antwerpen/Apeldoorn: Garant, 2016.

Nagel, A., 'Vriendschap en therapie. Verstrengelde relaties tussen Julius Spier, Leonie Snatager en Etty Hillesum'. In: *Etty Hillesum en het pad naar zelfverwerkelijking*. Etty Hillesum Studies deel 9, onder redactie van Klaas A.D. Smelik e.a., Antwerpen/Apeldoorn: Garant, 2017.

Nagel, A., 'Etty Hillesum en de Joods-Amsterdamse toneelwereld'. In: *Etty Hillesum en de contouren van haar tijd*, Etty Hillesum Studies deel 10, onder redactie van Klaas A.D. Smelik e.a. Oud-Turnhout/'s-Hertogenbosch: Gompel&Svacina, 2018.

Nagel, A., 'Henriëtte M. Neitzel-Tideman (bewerking Alexandra Nagel), Wie was de "S." van Etty?'. In: Klaas A.D. Smelik (eindredactie), *Etty Hillesum en de receptie van haar dagboeken* (Cahiers Etty Hillesum 1), Oud-Turnhout/'s-Hertogenbosch: Gompel&Svacina, 2020.

Nooten, C. van, 'Dr. L. Hillesum'. In: *In Memoriam. Uitgave van de raad van leraren bij het voorbereidend hoger en middelbaar onderwijs ter herdenking van de door en ten gevolge van de oorlog gevallen leraren in de periode van 1940-1945*, Groningen, 1947.

Oord, G. van, 'Het vertrek. Een reconstructie van de onverwachte deportatie van de familie Hillesum uit Kamp Westerbork op 7 september 1943'. In: *Etty Hillesum in discours*, onder redactie van Ria van den Brandt en Klaas A.D. Smelik. Gent: Academia Press, 2011.

Oord, G. van, 'Omnia salvia: Brieven van Louis Hillesum en anderen aan Christine van Nooten'. In: *Etty Hillesum in perspectief*, Etty Hillesum Studies deel 4, onder redactie van Klaas A.D. Smelik, Gent: Academia Press, 2012.

Oord, G. van, 'Eerherstel of terugkeer? Jaap Meijers visie op Levie/Louis Hillesum'. In: *Etty Hillesum in relatie*, Etty Hillesum Studies deel 4, onder redactie van Klaas A.D. Smelik, Gent: Academia Press, 2013.

Pach, M., 'Deventer Joden en de Deventer Vereniging', lezing in het Etty Hillesum Centrum Deventer tijdens de Medienedag 2019 van de Kring. Ook gepubliceerd op: www.nljewgen.org/vereniging/de-lezingen/deventer-joden-en-de-deventer-vereniging.

Rigter, R.B.M., 'Geschiedenis van het genezen; trachoom, de gesel van de Amsterdamse Jodenbuurt'. In: *Nederlands Tijdschrift voor Geneeskunde*, 17 maart 1996.

Schrijver, P., 'Etty Hillesum in Joodse contexten'. In: *Etty Hillseum in facetten*, onder redactie van Ria van den Brandt en Klaas A.D. Smelik, Budel: uitgeverij Damon, 2003.

Smelik, Klaas A.D., 'Gedenken is doen. Van een bundel cahiers tot een wereldwijde publicatie'. In: *Etty Hillseum in facetten*, onder redactie van Ria van den Brandt en Klaas A.D. Smelik, Budel: uitgeverij Damon, 2003.

Smelik, Klaas A.D., 'Is Etty Hillesum een martelaar?'. In: *Etty Hillesum in discours*, Etty Hillesum Studies deel 3, onder redactie van Klaas Smelik e.a., Gent: Academia Press, 2011.

Smelik, Klaas A.D., 'Romantiek aan de IJssel: de eerste ontmoeting tussen Etty Hillesum en Klaas Smelik senior'. In: *Etty Hillesum in perspectief*, Gent: Academia Press, 2012.

Smelik, Klaas A.D., 'Etty's Wapenbroeder Jopie Vleeschhouwer'. In: *Flarden van gesprekken. Etty Hillesum discussieert met vrienden over God, lot, lijden en haat.* Oud-Turnhout/'s-Hertogenbosch: Gompel&Svacina, 2019.

Smelik, Klaas A.D., 'Osias Kormann en het Joodse bewustzijn'. In: *Flarden van gesprekken. Etty Hillesum discussieert met vrienden over God, lot, lijden en haat.* Oud-Turnhout/'s-Hertogenbosch: Gompel&Svacina, 2019.

Tammes, P., 'Het belang van Jodenregistratie voor de vernietiging van Joden tijdens de Tweede Wereldoorlog'. In: *Tijdschrift voor sociale en economische geschiedenis* 6, nr. 2 (2009).

Teunis, B., 'Herinneringen aan het Middelburgs gymnasium'. In: *Tijdschriftenbank Zeeland*, Walacria, 1 januari 1990.
Vree, F. van (red.), H. Berg en D. Duindam, *De Hollandsche Schouwburg, theater, deportatieplaats, plek van herinnering*, Amsterdam: Amsterdam University Press, 2013.
Weisglas, M., *De Sleutel: orgaan van het anti-fascistisch studentencomité, oktober 1935-april 1937*, 2012.
Winkler, C., 'In memoriam prof. dr. Karl Heilbronner'. In: *Nederlands Tijdschrift voor Geneeskunde*, 10 september 1914.

BEELD EN GELUID

Een gesprek over Etty Hillesum. Denise de Costa in gesprek met Hanneke Starreveld-Stolte en Betty Cordes-Deeg. Productie: Videowerkgroep van het Etty Hillesum Centrum, Ria ter Haar, Tineke Metz, Wicher Naberman en Gé Tol, Metz Audiovisuals, 2000.
Een beeld van Etty Hillesum. Video, Metz Audiovisuals, 1998.
Getuigenis van Etty Hillesum. Video, Metz Audiovisuals, 1996.
Het verstoorde leven. Documentaire NOS, Jaap Walvis en Almar Tjepkema, NOS 1984.
Herinneringen van Hanneke Starreveld aan Etty Hillesum. Ongemonteerde versie van een gesprek tussen Hanneke Starreveld en Tineke Metz, opgenomen in Amsterdam, 1998, 106 minuten. Videowerkgroep Etty Hillesum Centrum Deventer. Privéarchief Tineke Metz en Wicher Haberman.
Twee vriendinnen vertellen over Etty Hillesum. Video, Metz Audiovisuals, 2004.
Interview Tineke Metz met Johanna Smelik. Video, 2004. Privéarchief Tineke Metz en Wicher Haberman.
Letters from Westerbork. Radioreportage Betty Rogers voor National Public Radio (1986), Archief Joods Museum, AV collectie.
One day in Auschwitz – Kitty Hart-Moxon's Story of Survival. Documentaire, BBC, Steve Purcell, 2015.
Auschwitz – The final Solution. Documentaire, BBC, 2005.

PERSONENREGISTER

Paginanummers in de vorm '1.4*f*' verwijzen naar afbeeldingen in een van de de vier fotokaternen (katern; bladnummer). Paginanummers in de vorm '545n16' verwijzen naar de noten.

FOTOVERANTWOORDING

Katern 1

Pagina 1: vervaardiger onbekend, collectie Joods Museum (JM) F002166.
Pagina 2: Fotografisch Atelier G.M. Pouleijn, Middelburg, 1914.
Pagina 3: American Foto Cy, Leiden, 1931, collectie JM F002172.
Pagina 4, boven: fotograaf J. Bollegraf, Mr J.H. de Vey Mestdagh Stichting;
onder: collectie JM F000969.
Pagina 5, boven: bron onbekend;
midden: collectie JM F001903;
onder: collectie JM F000231.
Pagina 6, boven: privécollectie erven Bernstein;
linksonder: privécollectie erven Bernstein;
rechtsonder: privécollectie erven Bernstein.
Pagina 7, boven: privécollectie erven Bernstein;
onder: privécollectie erven Bernstein.
Pagina 8: privécollectie erven Bernstein.

Katern 2

Pagina 1, boven: collectie JM F900223;
linksonder: collectie JM F900251;
rechtsonder: Kurt Kahle, collectie JM F002168
Pagina 2: collectie JHM F900224
Pagina 3, boven: Kurt Kahle, collectie JM F002171;
onder: A. Hakeboom, collectie Beeldbank Gemeente Deventer 13550.
Pagina 4, boven: collectie JM F900265;
onder: privécollectie erven familie de France.
Pagina 5, boven: herkomst onbekend;
onder: foto Bernard Meijlink, collectie JM F900252.
Pagina 6, boven: foto vermoedelijk gemaakt door Han Wegerif, privécollectie Peter Meijlink;
onder: foto Bernard Meijlink, privécollectie Peter Meijlink.
Pagina 7: foto Bernard Meijlink, collectie JM F001906.
Pagina 8, boven: privécollectie erven Zimmerman;
onder: foto Emmy Andriesse, collectie erven Bool.

Katern 3

Pagina 1, boven: collectie JM F001887;
linksonder: foto Bernard Meijlink, privécollectie Peter Meijlink;
rechtsonder: foto Bernard Meijlink, privécollectie Peter Meijlink.
Pagina 2: foto Emmy Andriesse, privécollectie Peter Polak.
Pagina 3, boven: collectie JM;
onder: collectie JM F001895.
Pagina 4, boven: collectie erven Kees de Groot;
onder: collectie JM F001876.
Pagina 5: collectie JM F900262.
Pagina 6 en 7: collectie JM.
Pagina 8: foto Han Wegerif, collectie JM F001905.

Katern 4

Pagina 1, boven: collectie JM F001877;
linksonder: herkomst onbekend;
rechtsonder: collectie JM F900250.
Pagina 2, linksboven: collectie JM F900242;
rechtsboven: collectie JM F900244;
onder: priv éarchief Dicky de Jonge
Pagina 3, linksboven: collectie JM F001875;
rechtsboven: collectie JM F900248;
linksonder: collectie JM F900236 & F009409;
rechtsonder: herkomst onbekend.
Pagina 4, boven: collectie JM F001873;
onder: herkomst onbekend
Pagina 5, linksboven: herkomst onbekend;
rechtsboven: privécollectie Manja Pach;
onder: collectie JM F001869
Pagina 6: Beeldbank WO2
Pagina 7, boven: © Nationaal Archief/collectie Spaarnestad.
Pagina 8: collectie JM.